GÉOGRAPHIE

Propriété de l'éditeur.

ONÉSIME RECLUS

GÉOGRAPHIE

DEUXIÈME ÉDITION

EUROPE — ASIE — OCÉANIE
AFRIQUE — AMÉRIQUE
FRANCE ET SES COLONIES

PARIS

L. MULO, LIBRAIRE-ÉDITEUR

60, Rue Saint-André-des-Arts, 60

1873

PRÉFACE

Ce COURS est ridigé d'après le programme officiel de l'Enseignement secondaire spécial. Il en reproduit exactement la lettre et l'esprit dans les quatre premières parties : L'Agriculture, l'Industrie, le Commerce et les Colonies ; il le développe dans la cinquième, l'Administration, de manière non-seulement à laisser dans la mémoire des enfants la connaissance des circonscriptions administratives, mais à graver en même temps dans leur esprit l'intelligence de notre administration et de la raison d'être de ses principaux rouages.

C'est la méthode que nous avons suivie dans la rédaction de LA FRANCE AVEC SES COLONIES, dont ce COURS est extrait textuellement [1].

Nous n'avons donc qu'à redire ici les mêmes conseils, en rappelant qu'il importe de ne pas faire de la géographie une sèche nomenclature ; que, pour atteindre ce but, il faut rattacher chaque nom à une idée ou l'accompagner, autant que possible, de quelque trait descriptif qui intéresse le jugement ou l'imagination : qu'enseignée avec cette méthode, la géographie a le double avantage d'être moins aride pour la mémoire et de contribuer, comme

---

1. LA FRANCE AVEC SES COLONIES comprend dix parties *le climat, le sol, la politique, l'agriculture, l'industrie, le commerce, les grandes villes, les colonies, l'administration, la population.* Les parties 4, 5, 6, 8 et 9 composent le présent COURS.

doivent le faire toutes les formes de l'enseignement, à développer le jugement des élèves.

Il y a donc dans ce livre des noms qui doivent être appris et des détails explicatifs qui doivent être lus. Pour marquer aux élèves les points sur lesquels doit se fixer effort de leur mémoire, nous avons écrit en LETTRES CAPITALES les noms que, dans un enseignement élémentaire, il faut savoir d'une manière imperturbable, et en *lettres italiques* ceux qu'il est nécessaire de savoir dans un enseignement un peu plus développé. Les autres sont d'une importance secondaire; mais les élèves seront prêts à répondre sur ces derniers noms, aussi bien que sur les commentaires explicatifs, chaque fois que le professeur les indiquera comme faisant partie de la leçon.

L'enseignement de la géographie doit être vivifié par les yeux. On ne doit jamais lire ou apprendre un nom de lieu, ville, rivière, montagne, province, etc., sans reporter immédiatement ce nom sur la carte; on le fixe mieux ainsi dans sa mémoire, et on le fixe avec la position exacte qu'il occupe relativement à l'ensemble du pays. C'est pourquoi nous avons joint au livre une série de cartes correspondant méthodiquement aux diverses sections de cette géographie et donnant la position de tous les lieux qui y sont cités : en tout seize cartes de France et trois cartes des colonies, dessinées toutes sur la même échelle et donnant, sous seize aspects différents, l'état agricole, industriel, commercial et administratif de notre pays. Notre savant collègue, M. Périgot, a bien voulu nous aider dans cette tâche et a dressé, conformément à cet ouvrage et d'après notre système, la majeure partie des cartes.

Ces cartes sont du format même du livre dont elles sont une annexe indispensable, et l'élève doit toujours les avoir ouvertes devant lui quand il étudie. Si, au lieu de les faire brocher à leur place dans l'intérieur du volume, nous en avons formé un petit atlas séparé, c'est précisément pour éviter que l'élève ait à prendre la peine (dont il se dispenserait peut-être) de tourner chaque fois le feuillet pour vérifier la position des noms qu'il lit.

Il ne suffit pas de voir les cartes : il est bon de les faire, pour se les mieux graver dans l'esprit. Des cartes muettes, du même format que nos cartes de France, servant de cadre que l'élève aura à remplir, seront à la disposition du public.

Un questionnaire est utile dans un livre de cette nature. Si nous n'en avons pas mis un à la fin de celui-ci, c'est que le questionnaire est naturellement indiqué par les mots écrits en capitales et en italiques auxquels le professeur n'aura qu'à ajouter les questions : *Qu'est-ce que... Où se trouve... Où fait-on... Que fait-on... Décrivez telle région... Énumérez...*, etc.

Nous avons emprunté beaucoup de renseignements à l'Exposition universelle de 1867, où se trouvait la collection de nos richesses industrielles la plus vaste qu'on eût jamais rassemblée. Elles sont maintenant disséminées; mais les professeurs pourront, comme nous, consulter avec fruit :

Le *Livre de la Ferme*, par M. P. Joigneaux, 2 vol. gr. in-8;

Le *Journal d'Agriculture*, publié par M. Barral;

La *Stastistique de la France*, par M. Maurice Block, 2 vol. in-8;

La *Stastistique de la France*, série de volumes in-folio publiés à diverses époques par le Ministre de l'agriculture, du commerce et des travaux publics;

L'*Économie rurale de la France depuis 1789*, par M. L. de Lavergne, 1 vol. in-12;

Le *Résumé des travaux statistiques de l'administration des Mines*, publié par le Ministre de l'agriculture, du commerce et des travaux publics, in-folio;

Le *Dictionnaire du Commerce et de la Navigation*, publié sous la direction de M. Guillaumin, 2 forts vol. in-8;

La *Fortune publique et Finances de la France*, par M. P. Boiteau, 2 vol. in-8;

Les *Annuaires de l'économie politique*, publiés par MM. Guillaumin et Block, in-18 ;

Les *Comptes rendus du Commerce extérieur de la France*, publiés par l'administration, in-folio;

Les publications (cartes et statistique) du ministère de la marine;

La *Statistique centrale des chemins de fer*, publiée par l'administration, in-folio;

La *Statistique de l'Instruction primaire*, publiée par le Ministre de l'instruction publique, in-folio;

Les *Comptes rendus de la justice* (criminelle et civile), publiés par le Ministre de la justice, in-folio;

L'*Almanach impérial;*

Notre pays, par M. J. Duval, 1 vol. in-12.

E. LEVASSEUR.

GÉOGRAPHIE

Globe presque régulier tournant sur lui-même, la Terre parcourt annuellement une immense ellipse dont le Soleil occupe un des deux foyers.

Elle est 1,255,000 fois plus petite que l'astre dont elle tient la lumière et la vie. Son étendue est d'environ 51 milliards d'hectares, ce qui représente 939 fois l'aire de la France avec la Corse et sans les colonies (1).

L'homme, régent de ce domaine, ne le connaît pas tout entier, et peut-être y a-t-il des cantons de son empire qu'il ne visitera jamais. Si nous arrivons à fouiller toutes les forêts, à traverser tous les marais et tous les déserts, pourrons-nous un jour atteindre les deux Pôles ? Et combien de glaciers cuirassent des monts trop élevés pour que la poitrine humaine y trouve assez d'air !

Hors ces terres à frimas éternels, hors ces eaux enchaînées par le froid, l'homme sera dans quelques lustres d'années en état de dresser la carte détaillée de tout son héritage. Sans doute aussi qu'avant une semaine de siècles, il aura mis en culture, aménagé en forêts, irrigué, drainé, amélioré le quart de sa pauvre petite planète.

Le quart seulement, parce que les trois autres quarts sont occupés par les rivières, les lacs et les océans. Quelque humble fontaine à bouillons persistants dont on suive la goutte d'eau,

---

(1) Malgré l'axiome, « la force prime le droit, » la France garde d'un bout à l'autre de ce livre l'étendue que lui fait le vœu catégorique des 1,600,000 Français violemment cloués à la « grande Allemagne. »

de ruisselet à ruisseau, de ruisseau à rivière, de rivière à fleuve, de fleuve à estuaire, on arrive toujours à la grande mer qui, dit le poëte norvégien, « voyage éternellement au-devant d'elle-même, » sapant la roche, déposant le galet, le sable et l'alluvion, démolissant les côtes pour les transporter grain à grain et les reconstruire ailleurs.

Le sol ferme, toutes eaux courantes ou dormantes comprises, lacs, étangs, rivières et ruisseaux, s'étend sur treize milliards trois cent soixante-dix-sept millions d'hectares, dont un vingt-quatrième pour les îles. C'est dix-huit cents et tant de mille fois l'aire de Paris dans sa présente enceinte, deux cent cinquante fois la surface de la France. Cela ne veut point dire que la Terre puisse entretenir deux cent cinquante fois autant d'hommes que notre patrie. Par son sol et son climat, le pays compris entre Brest et Menton est bien supérieur à la moyenne du Globe, où d'immenses régions semblent destinées à rester toujours vides, soit par la nature du sol, soit par le froid excessif, soit par l'indigence des pluies. Sans pluies, pas de végétaux, pas d'animaux, pas d'hommes. Sans mer, pas de pluies : la terre ne vaut que par la mer.

Du Pacifique, de l'Atlantique, de la mer des Indes, de l'Océan austral, des mers plus petites, s'élèvent des vapeurs qui se font nuages poussés par le vent vers les côtes. Le nuage est la pluie qui marche. Tout pays où les cieux versent fréquemment leurs nues se cultive et prospère si l'influence de la pluie n'y est point paralysée par la rébellion du sol ou par l'extrême froid provenant de l'altitude, de la latitude ou de la prédominance des vents polaires. Malheur aux contrées où les vents de la mer ne soufflent pas, parce qu'ils ne s'y dirigent point ou que des monts les arrêtent! A des degrés divers, la Castille, la Manche et l'Estramadure, les steppes de l'Atlas, le Sahara, l'Afrique australe, l'Arabie, l'Iran, l'Asie centrale, les plateaux des Rocheuses, la côte péruvienne, le désert d'Atacama, l'Australie intérieure, d'autres pays encore, reprochent à l'absence des vents marins l'aridité qui les enlaidit et les frappe de mort

Quand tant de régions sont constamment fouettées par les averses, il en est d'autres qui, faute de pluies, n'offrent au lieu de champs, de vergers, de forêts et de pelouses, que des rochers, des sables et des déserts ternes ou jaunes. Dans les pays soustraits à l'haleine de l'Océan, il y a des vallées maudites où la terre est dure et presque métallique; les bois y sont des fourrés de buissons, les gazons des touffes d'herbes rôties, les torrents des escaliers de pierres, et les montagnes de longs squelettes. Dans les régions pluvieuses, les monts portent des névés et des glaciers, ils donnent naissance à des torrents qui deviennent les amples et fécondantes rivières du plat pays; dans les régions sans pluies, ils n'ont pas toujours assez d'eau pour donner à boire au voyageur.

La pluie, par sa présence ou son absence, son abondance ou sa rareté, influe plus qu'aucun autre agent sur la production de la vie des plantes, qui entraîne dans son orbite la vie de l'animal et la vie de l'homme. Ainsi la mer est la grande créatrice (puisque de la mer montent les pluies), et avec la mer le soleil, qui nous envoie la lumière et la chaleur.

Partout où il ne pleut pas, le soleil stérilise, mais dès qu'il pleut quelque part, et plus il y pleut, il donne l'être aux arbres et aux herbes. De la force de ses rayons, de la durée de son illumination dépendent les formes immensément diverses de la vie végétale. Il règle les zones de culture : dans l'extrême nord, ses rayons obliques ne peuvent fondre les neiges et les glaces accumulées près du Pôle : comment réchaufferaient-ils le sol, qui parfois est gelé à plus de cent mètres de profondeur? Aussi n'y a-t-il que des mousses, des lichens et des arbres nains dans la zone glaciale, appelée zone arctique ou boréale au nord de l'Équateur, zone antarctique au sud.

Mais, à mesure qu'on s'avance vers le midi, les rayons se rapprochent de la perpendiculaire; les jours, bien que plus courts, y raniment mieux la nature, parce que les nuits sont moins longues; l'effet de chaleur n'y est pas anéanti comme dans la zone circompolaire par des mois entiers passés sans que l'astre vienne à l'horizon. Des arbres superbes, connus en France sous le nom de bois du nord, les sapins, les pins sylvestres, les mélèzes, les épicéas, les bouleaux, font l'honneur de cette zone, qui se nomme la zone froide. En Suède et en Norvége, en Allemagne, en Russie et en Sibérie, dans l'Amérique anglaise, dans le nord des États-Unis, ils forment des forêts solennelles. Si, dans ces forêts, les lianes ne courent point de branche en branche comme dans les bois des Tropiques, si la vie y est moins pressée, les formes moins diverses et moins éclatantes, l'arbre n'y est point serré et comme étouffé par les plantes parasites; il y garde mieux sa noblesse, son profil, son indépendance, et dans les forêts qu'il compose, le regard trouve devant lui des avenues, du jour et des horizons, tandis que dans les selvas sud-américaines, il s'arrête continuellement devant le tissu des végétations folles et des guirlandes de fleurs.

Ainsi, presque au sortir de la zone des frimas sans fin et des arbres noués par la nuit et la glace, on entre dans une région où déjà le soleil luit sur des troncs puissants et des forêts glorieuses, mais où le givre et la neige font encore ployer les rameaux des arbres pendant plus du tiers de l'année. Le blé et presque toutes nos herbes françaises croissent déjà dans la zone froide. A plus forte raison, dans la zone tempérée, dont Londres, Paris, Bordeaux, sont d'excellents types; seulement Londres ne peut faire croître la vigne; Paris a le cep, mais de ses grappes sortent des vins aigres, tandis que Bordeaux a grandi dans le monde par l'excellence de ses crus. On peut donc distinguer une zone tempérée froide, sans vignes, et une zone tempérée chaude, riche surtout par ses vignobles. Le chêne, le tilleul, le frêne, le hêtre, l'ormeau, le châtaignier, le peuplier, sont les arbres les plus communs de ces deux zones, qui portent cinq ou six espèces d'essences résineuses et une douzaine d'essences feuillues.

Avec les oliviers, que suivent les orangers, puis les palmiers, on passe dans la zone chaude, dont Cannes en France, Naples, Cadix, Alger, sont des types, zone heureuse et charmante, nature harmonieuse, terre prodigue. L'homme ne s'y sent pas opprimé par le froid du nord, par le brouillard et la pluie des pays tempérés; il n'y languit pas non plus comme sous l'excès de soleil et la chaleur humide des Tropiques. La civilisation a longtemps élu domicile dans le plus splendide recoin de ce jardin de plaisance de la Terre, sur le bord de la Méditerranée;

elle ne l'a point encore tout à fait quitté, bien qu'elle vive aujourd'hui de préférence chez les peuples de la zone tempérée et de la zone froide. Rien au monde n'égale en beauté sobre ce bassin méditerranéen, auquel prennent part l'Europe méridionale, l'Afrique du nord et l'Asie Mineure. Antiques souvenirs mis à part, bien des hommes se sentent aussi émus sur le bord de son admirable mer que devant l'opulence des forêts les plus dévergondées du Tropique. Le saisissant et le parfait s'y composent pourtant de peu d'éléments, de quelques grandes lignes droites et d'une profusion de lumière : une crique d'eau caressante et bleue, une arête vive, une montagne indigente et cassée, une source transparente, une ruine ; sur la roche un pin parasol, dans la ravine un palmier ; au premier plan des couleurs heurtées, au loin des tons violets, rien de plus. Le beau c'est le simple.

La zone tropicale s'appelle ainsi de ce qu'elle se déploie entre le Tropique du Cancer au nord et le Tropique du Capricorne au sud. Mieux vaut la nommer équatoriale, parce qu'elle accompagne l'Équateur sur tout le pourtour de la Terre. Elle tire son originalité de l'abondance des pluies amenées par des vents réguliers ou variables, et de la chaleur du soleil, dont les rayons sont de moins en moins obliques à mesure qu'on s'approche de l'Équateur, où ils tombent perpendiculairement. Ce mariage de la chaleur et de l'humidité fait naître un merveilleux excès de vie. Les forêts du Tropique brésilien sont le plus grand effort d'invention et de fécondité de la nature terrestre ; l'Inde, l'Indo-Chine, l'Afrique, logent les plus gros quadrupèdes de la terre ; les oiseaux y sont vêtus des plus riches couleurs, les insectes y pullulent. L'homme y porte la peine des splendeurs de ce climat : la chaleur humide, qui va si bien à la plante et aux animaux inférieurs, épuise la constitution humaine. Les indigènes des régions équatoriales étonnent le plus souvent par un visage grotesque, quelquefois hideux, et rares sont chez eux les tribus intelligentes ou belles. L'homme blanc résiste mal à ce milieu, il y dépérit et sa postérité descend à la longue au-dessous de ce qu'elle serait restée en Europe, à moins que le fondateur de la famille n'ait pris pour séjour un site élevé au-dessus du niveau de la mer.

C'est que l'altitude du sol possède un très-grand pouvoir. La latitude fait les climats généraux : le climat glacial, le climat froid, le tempéré, le chaud, l'équatorial. Dans l'enceinte même de ces climats, l'altitude détermine des climats locaux, parfois sur de vastes espaces. A mesure qu'on s'élève au-dessus de l'Océan, la température s'abaisse, tout en devenant plus sujette aux changements brusques ; les différences de chaleur entre le jour et la nuit, entre l'hiver et l'été, s'augmentent. Selon l'exposition, la nature du sol et les autres circonstances du lieu, 160, 200, 240 mètres d'élévation entraînent un abaissement d'un degré dans la moyenne annuelle d'un endroit. Monter de 100 mètres, c'est faire environ 125 kilomètres dans la direction du Pôle. A la ferme péruvienne d'Antisana, la moyenne annuelle de l'année égale presque exactement celle de Saint-Pétersbourg. Or cette capitale européenne se trouve sous le 60° degré boréal, et Antisana tout près de l'Équateur ; mais Saint-Pétersbourg est au niveau de la mer et la métairie du Pérou à plus de 4,000 mètres d'altitude. Si, au lieu de centaines, il s'agit de milliers de mètres, l'écart de chaleur entre le pied et la tête de la montagne peut devenir énorme. Souvent le véritable hiver éternel rayonne en blancs frimas sur les pics supérieurs des hautes chaînes, au-dessus de vallées attiédies par le souffle du prétendu printemps perpétuel.

Dans les contrées du nord, glacées même au bord de la mer, l'influence de l'altitude est peu visible, mais dès qu'on s'approche de la zone tempérée, elle prend corps aux yeux. En France, on monte en quelques heures des vignes et des oliviers du Bas-Languedoc sur les plateaux cévénols où le seigle a peine à croître ; en moins d'un jour on s'élève de la vallée de Prades, étuve méridionale, au sommet presque immuablement hivernal du Canigou. Quand on arrive à l'Équateur même, l'écart atteint son maximum ; on y voit comment dix mètres d'ascension, la hauteur d'une petite maison, compensent douze kilomètres vers le nord. A la base des géants équatoriaux ou seulement tropicaux, le soleil brille sur des forêts miraculeuses, sur des champs d'une fécondité inouïe quand ils sont arrosés, sur des villes où l'homme épuisé soupire après la fraîcheur. Cette fraîcheur, il la trouve déjà à 500, à 1,000 mètres de hauteur, et en même temps que la température annuelle, la flore s'est déjà transformée : des espèces ont disparu, d'autres apparaissent ; quelques-unes montent plus haut que ne semblerait le souffrir leur nature ; d'autres descendent plus bas ; dans l'ensemble les végétations s'échelonnent, dans le détail elles se pénètrent. A 2,000 mètres, plus de danger d'épuisement avant l'âge, même pour le Blanc le plus sensible au milieu morbigène de la zone tropicale, et déjà les arbres de l'Europe se mêlent à ceux du Cancer, de la Ligne et du Capricorne. A 3,000 mètres, on se croirait sous le climat de la Méditerranée et l'on se sent vivre avec bonheur dans des vallées délicieusement tempérées, comme celle de Quito ; à 4,000 mètres, le froid est vif ; à 5,000 mètres, la montagne est inhabitable ; à 6,000, à 7,000 mètres, on se trouve au Pôle, que six à sept kilomètres en hauteur ont attiré au sein de la zone torride, quand il faudrait pour le trouver chez lui faire le quart du tour du Globe, dix mille kilomètres, en tirant vers le nord ou vers le sud.

Par cette puissance qu'a l'altitude de créer des climats étagés, des saisons et des végétations superposées, le Globe gagne étonnamment en variété. Chaque pays fièrement accidenté devient à lui seul une petite Terre, et cela d'autant plus qu'il s'approche de la ligne équatoriale et qu'il peut joindre ainsi le maximum de soleil à tous les degrés de climat et de flore que comporte l'escalier des monts. Mais sans aller jusqu'aux Andes, jusqu'aux îles de la Sonde ou jusqu'à l'Himalaya, la France n'abrite-t-elle pas le palmier des calanques provençales au devant des Alpes, qui mêlent, à quelques lieues au nord, les sapins aux prairies et les lacs gelés aux roches éternellement désagrégées par l'hiver ?

Au régime des vents et des pluies, au voisinage ou à l'éloignement de l'Océan, à la distance du Pôle ou de l'Équateur, à l'altitude, s'ajoute la nature du sol pour former la province géographique. Suivant la contexture du terrain de surface et la qualité des sous-roches, les divers pays sont féconds, médiocres ou stériles, favorables à telle ou telle culture, à telle ou telle nature de bois.

Tantôt ils absorbent volontiers la chaleur du soleil, tantôt ils la repoussent. Tantôt ils sont perméables et secs, hormis dans les cuvettes des vallons où rejaillissent les eaux disparues; tantôt ils sont imperméables, et dans ce cas, humides, prodigues de petites sources, d'étangs, de ruisseaux, de prés, de bouquets de bois trempant dans des fonds mouillés. Un canton granitique n'a jamais l'aspect d'un canton calcaire ou crayeux; ses prédilections ne portent pas sur les mêmes arbres et les mêmes graminées, et, avec le déroulement des siècles, la race qui y séjourne prend un type de visage, une manière d'être, un genre d'esprit, une tournure de langage, une prononciation à part. Le fils de la « terre de granit recouverte de chênes, » lavée par des pluies fines et peu à peu rongée par la vague verte sous le ciel gris, l'homme de Roscoff ou de Douarnenez ne ressemble pas au gai propriétaire des alluvions gasconnes, au riverain de la Corniche, au Saharien séché par le soleil, au Portugais installé sur le rivage du Brésil, à l'Indien dont la hutte touche aux forêts vierges des Amazones. Entre ces divers citoyens du monde, le sol ou le ciel, ou tous les deux, la province géographique en un mot, a mis à la longue des différences physiques et intellectuelles que le *temps* seul modifie ou efface quand l'émigration a porté un homme, une famille, une race dans une patrie nouvelle.

La province géographique ne l'emporte, en effet, qu'avec le temps sur la persistance, peut-être vaudrait-il mieux dire la permanence du type. Toutes les contrées logent côte à côte des hommes, des peuplades, des peuples mêmes distincts par la taille, la forme du crâne, les yeux, les cheveux, la barbe, les lèvres, et aussi par la manière de sentir et de comprendre les choses. Aussitôt, nous crions à l'immuable : mais si ces types différents ne se sont point fondus sous nos yeux, malgré l'influence d'un milieu commun, si même nous n'avons pas encore vu poindre les plus légères modifications, c'est peut-être seulement parce que le temps n'a pas fait son œuvre : suffirait-il d'un jour, d'une année, de dix vies, pour détruire ce qu'il fallut on ne sait combien de milliers de générations pour créer ? Nous comptons nos ans par dizaines, les années de nos familles par centaines, celles de nos peuples par milliers au plus, et les siècles de siècles ne sont qu'un instant pour notre planète, si périssable qu'elle soit, elle, son satellite, ses compagnes et son soleil.

En s'en tenant à notre courte expérience, le milieu, si puissant parce qu'il agit de partout, de toute manière et sans relâche, et le temps lui-même, qui a la force de l'infini, paraissent abdiquer devant certaines persistances de type. Il y a des hommes qu'on dirait irréductibles à d'autres hommes. Sans doute le milieu détruit les divergences secondaires, il passe un niveau d'égalité sur les familles qu'une même origine prédisposait à se ressembler et qui n'ont perdu quelques traits communs que par un long éloignement et des genres de vie divers, mais il ne semble pas capable de rapprocher les types hétérogènes : les hommes blonds persistent parmi les hommes bruns ; le Blanc ne devient pas Nègre, ni l'Irlandais, Chinois.

Ceci dit, la description du monde s'abrége singulièrement. La terre et la mer donnent la vie à quatre ou cinq cent mille espèces de plantes, à deux cent cinquante ou trois cent mille espèces d'animaux. Faut-il, se répétant toujours, traîner après soi la liste de tous les produits d'une contrée ? Les mêmes arbres peuvent-ils croître sous l'interminable procession des grisâtres nues irlandaises et sous les soleils calcinants du Grand Désert, dans « l'immensité jaune que piquent de points blancs Touggourt et Biskara ? » Sur le Gange, à Palmyre, à Thèbes aux Cent Portes, au Brésil, faudra-t-il proclamer qu'on ne trouve point la mousse lapone, les troncs nains rampant sur le sol, les fleurs de la Finlande et les arbres sévères ? On sait où le palmier se balance, et nul ne cherche les « nobles fruits » du midi sur les glaciers du mont Blanc et dans la neige des vallons polaires.

Les contrées où règne le climat du septentrion ont la végétation du septentrion, les zones tempérées celle de la zone tempérée, et dans leurs montagnes, si elles sont montagneuses, la végétation du nord ; enfin les contrées tropicales portent les plantes du Tropique, et là où elles sont sillonnées de hautes chaînes, les plantes de la zone tempérée, de la zone froide et

1.

de la zone circumpolaire. Entre les Tropiques, chaque mont résume toute la création. Maintenant, d'ailleurs, que chaque région habitue chez elle toutes les végétations que favorisent ses climats ou qu'ils souffrent seulement, la prédiction de Virgile est à la veille de s'accomplir dans les bornes du possible : « *Omnis feret omnia tellus* (1). » Depuis Christophe Colomb, nous avons envoyé cent cinquante à deux cents plantes à l'Amérique, et de l'Amérique nous en avons reçu plus de soixante. Presque toutes nos céréales et nos arbres fruitiers viennent d'Asie.

Les meilleurs géographes évaluent à 1,377 millions le nombre des habitants du Globe, trente-six fois seulement la population de la France, qui cependant couvre à peine la 250e partie de la Sphère. Au taux de la France, le monde nourrirait 9 milliards 500 millions d'hommes, six à sept fois plus qu'aujourd'hui, mais on se console de voir la planète insuffisamment peuplée, quand on craint l'avenir parce qu'on se souvient du passé.

La terre fût-elle toute connue, toute défrichée, partout couverte de villes regorgeant d'êtres humains, il serait honteux de s'en réjouir bruyamment. Toute race, toute tribu cultive un sol dérobé ; il n'est pas de sillon qui n'ait bu le sang innocent, pas de rivière qui n'ait été rougie dans une heure d'égarement furieux, pas de cité qui n'ait sous ses monuments religieux et civils des os d'hommes égorgés contre le droit. Que de journées dont il faut crier, comme le chancelier de l'Hôpital, au lendemain de la Saint-Barthélemy : « *Excidat illa dies œvo !* » et pour finir avec le poëte :

Nec postera credant
Sœcula ! Nos etiam taceamus et oblita multa
Nocte tegi nostræ patiamur crimina gentis ! (2).

A l'époque la plus reculée où nous ayions des traces de l'homme, nos pauvres premiers pères, laids, chétifs, mal armés

---

(1) Partout la terre produira tout.
(2) Que ce jour tombe dans le néant ! Que les siècles n'y croient pas ! Silence ! Qu'une profonde nuit couvre les crimes de notre race !

et tremblants, se glissaient obscurément de caverne en caverne. Dans la montagne, dans la gorge inviable, dans la forêt marécageuse, l'ennemi était partout, formidable par sa masse, par sa force ou son agilité, ses griffes, ses dents et ses cornes. Avec le bâton, la pointe, le bois de cerf, la corne affilée, la hache de silex taillée par éclats, l'homme luttait. L'éléphant, le mammouth à toison, le rhinocéros, l'hippopotame, le tigre, le grand ours, des bœufs, des cerfs gigantesques, l'attaquaient jusque dans sa grotte ou lui tenaient tête quand il portait les premiers coups pour gagner la chair de chaque jour. Les ossements de ces ennemis originaires de notre race et les débris des armes grossières qui mirent ces bêtes à mort remplissent encore le sol d'innombrables cavernes jadis habitées, notamment dans le magnifique rocher des Eyzies, sur le chemin de fer de Périgueux à Agen, au confluent de la Beune et de la charmante Vézère. Quand sa destinée naissante était ainsi menacée de périr, l'homme, s'il faut en croire de premiers indices, mangeait déjà l'homme après l'avoir assommé. Nos ancêtres, — car les Aryas dont nous descendons se mêlèrent avec les indigènes, — s'égorgèrent pour la possession des cavernes les mieux à l'abri de l'ours et du tigre, les plus haut situées, les plus vastes, les plus faciles à défendre à l'ouverture, les plus avantageuses par l'existence de mainte issue. Quand ils s'étaient alliés afin de vaincre un troupeau de chevaux, de rennes ou d'aurochs, leur commune nourriture, ils se déchiraient pour le butin. Déjà sévissait la guerre. Elle sévit toujours, seulement l'homme tuait alors à longueur de bras ; plus tard il fut maître de la vie de son frère à la distance du javelot et à la portée de la flèche ou du jet de la fronde. De nos jours, il détruit à huit kilomètres. Nous avons moins à nous vanter qu'à nous excuser de notre civilisation. Elle s'est étendue au loin, en Amérique, en Afrique, en Asie, en Océanie, sur des mers de sang injustement versé. Aujourd'hui encore, elle ne s'avance qu'en poussant les races inférieures à l'hôpital ou à la boucherie. Bien des villes dont l'avenir s'enorgueillira sont encore des savanes et des forêts où les sauvages, se sentant près de la fin de leurs tribus les plus fières, attendent en silence l'arrivée des spoliateurs blancs, et les cités actuelles grandissent dans des cimetières que la fraude et la violence ont peuplés de cadavres. Partout le chétif succombe, le fort reste debout. C'est l'épuration des Spartiates. Tous les conquérants fussent-ils justes et débonnaires, rien n'arrêterait la diminution et la mort des races faibles, que la nature semble avoir condamnées, car elle leur a donné un esprit de résignation infinie, ou la haine d'une demeure fixe, ou l'incapacité de se plier à la vie d'ambition et de travail telle que la comprennent les « civilisés, » ou une fécondité moindre que celle des peuples envahissants, les Blancs, les Chinois et les Juifs.

Cet envahissement porte avec lui sa peine. Ce n'est pas sans revanche que l'Européen trépigne sur le droit des faibles. Les nations qu'il proscrit en masse ne peuvent lui répondre que par des coups de main, des incendies et des assassinats isolés. La grande vengeance vient d'ailleurs : de la patrie même des races ou des tribus vouées à la mort. Le sol qui porte les indigènes, l'air qu'ils respirent, l'eau qu'ils boivent, la forêt qui les ombrage, la montagne où sont leurs cavernes, s'insurgent contre l'étranger. De partout montent des poisons invisibles, et des milliers de familles meurent dans la bataille du colon blanc contre une nature nouvelle. L'acclimatement, presque toujours, coûte beaucoup plus de vies aux conquérants que la victoire en armes. En ouvrant le sol on en fait sortir la fièvre, et toute une horde de maladies qui diffèrent suivant les altitudes et les climats. Si le climat du pays d'où vient l'envahisseur ressemble à celui de la contrée où il va se fixer, l'acclimatement fait un certain nombre de victimes, mais le peuple nouveau ne tarde pas à s'implanter dans le sol, quitte à s'y modifier sous l'influence du milieu. S'il y a trop d'écart entre la métropole et sa colonie, celle-ci souffre et languit, les cimetières s'y remplissent avant les villes et les villages, et de mort en mort, elle disparaît sans rien laisser d'elle-même, ou ses éléments s'absorbent dans le sang du peuple autochthone.

Ainsi, en Cochinchine, au Sénégal, en Guinée, au Gabon, en Guyane, après une surexcitation de quelques jours, le Français se sent menacé. Rapidement ou lentement, il faiblit, vieillit et meurt avant l'âge, ou il revient en France, cassé, la figure jaune et les cheveux grisonnants. S'il résiste à l'anémie, à la dyssenterie, aux maladies d'entrailles, aux affections du foie et aux fièvres pernicieuses, et qu'il devienne chef d'une famille, cette famille est perdue d'avance si par sa mère elle ne s'appuie pas sur la race indigène. De même l'Anglais se soutient mal dans l'Inde et dans la Jamaïque, et le Hollandais succombe dans sa lutte contre l'air de Batavia. Par un contraste naturel, le Cochinchinois, le Yoloff du Sénégal, le Nègre de la Guyane ou des Antilles, l'Indou, le Malais, se font difficilement aux climats du nord. En Europe, ils deviennent le plus souvent la proie de la phthisie et du rhumatisme, qui sont deux des grands chemins du tombeau. Ainsi, l'homme du midi, sous l'air inclément du nord, tend à disparaître comme l'homme du nord sous les cieux cuisants du midi. Il n'en est pas autrement de la plante et de la bête. Le plus gai des animaux, le singe équatorial lui-même, cesse de gambader dans les hauts cordages, quand le vaisseau qui l'emporte vers l'Europe a passé le Tropique, puis il devient inquiet, maussade, rhumatisant ou phthisique, et aux cruautés de la maladie mortelle s'ajoute sûrement la nostalgie des brillantes forêts.

Pour s'en tenir à une contrée dont l'avenir nous importe, à l'Algérie, le Français du nord et de l'est, le Lorrain, le Comtois, le Normand qui s'y installe s'affaiblit sous l'influence des hivers et des étés qui ne sont pas les saisons de son enfance; sa famille n'y succombe point, car la différence entre le climat de la France septentrionale et celui de l'Afrique algérienne n'est pas l'écart absolu dont la constitution de l'homme blanc ne peut triompher, mais il perd beaucoup d'enfants, à moins qu'il ne se soit allié à une femme née dans le midi européen ou dans le pays même. Le Gascon, le Béarnais y souffrent peu; le méridional de Narbonne, d'Aigues-Mortes, d'Avignon ou d'Antibes s'y trouve comme chez lui : à plus forte raison le Corse, le Sarde, le Sicilien, le Maltais, le Catalan et l'Andalous, qui toutefois perdent généralement quelques-uns des leurs dans les défrichements, parce que tout sol remué après un long repos dégage des effluves morbifères. Quand ce beau pays aura rempli son nouveau destin, en devenant sous la main des Français champ, vignoble et verger, son histoire tiendra dans quelques lignes, comme l'histoire de toutes les colonies. Ces campagnes, pourra-t-on dire, ont vu passer des races qui successivement se sont dévorées. Celles que nous appelons autochthones ne le sont que pour notre ignorance. Notre regard perce à peine trente siècles ; à cette distance il hésite devant un crépuscule où flottent des ombres, au delà c'est la nuit opaque. La dernière venue de ces races violenta celle qu'elle rencontra sur ce sol ; elle vainquit par le nombre, la richesse et les armes. Mais quand elle eut acquis la surface en quelques batailles, elle ne dompta la terre elle-même qu'obscurément, à la longue, en couchant sous la racine des herbes des générations de colons morts avant d'avoir porté tous les fruits de la vie.

Quelques nations possèdent un grand pouvoir de résistance aux climats. Ce pouvoir, elles le doivent sans doute à une origine mêlée, et à une longue habitation de leurs ancêtres sous un ciel intermédiaire entre le torride et le tempéré. Ces nations cosmopolites au degré supérieur sont les Juifs, les Espagnols, les Portugais, les Arabes, et plus encore les Chinois, qui se font à tous les sols et à tous les airs, et qui peu à peu envahissent l'Asie, les deux Amériques et les îles de la mer du Sud.

Que faut-il augurer de l'avenir de notre race humaine, qui, hors la découverte de quelques lois physiques, chimiques et mathématiques, n'a poursuivi que la chimère et n'inventa que le néant ? Comme le faux sage de l'Évangile, les nations qui nous entourent se sont orgueilleusement écrié, à l'ouïe de nos désastres : « Nous sommes plus justes que ces Français-là ! » En se glorifiant de la sorte, ces peuples vains et jaloux ressemblent au sexagénaire qui se rirait du vieillard, sans penser que lui-même il touche à l'âge de la marche caduque et des infirmités sordides. Ils sont hommes comme nous, blancs et « civilisés » comme nous, et leur destinée vaut la nôtre. Ils ne tarderont pas à gémir sur les mêmes douleurs, et ils connaîtront à leur tour ce qui nous a rapidement menés à deux pas du tombeau : les mots vides, les théories, l'injustice systématique, le mépris de la loi, l'indiscipline, l'outrecuidance, le scepticisme, et parmi les dissolvants plus nobles, le sentiment de la fraternité universelle qui met un cosmopolitisme vague à la place de l'idée de patrie, déjà moins forte et moins féconde en héroïsme que l'antique idée de cité, car tout sentiment s'affaiblit quand son objet s'étend.

Chez ces nations qui nous méprisent, avant longtemps des patriotes, des apôtres, des savants arroseront en vain des tiges qui ne voudront pas reverdir. Les peuples ont beau savoir que les globes vieillissent et qu'ils peuvent mourir, ils croient à l'éternité de leurs jargons, de leurs légendes, de leurs théories et de leurs docteurs. Qu'ils redoutent plutôt dès aujourd'hui leur avenir, il est sombre comme notre présent. Ils y verront fleurir l'égoïsme, notre plus légitime nature, et grandir la passion du bien-être à tout prix qui mène à l'émasculation et à la couardise. A l'horizon grandit le monarque de l'humanité future, le commerce, fait aux trois quarts d'accaparement, de fraude et d'avidité. Nous eûmes d'abord pour pôle le père de famille, puis la tribu, puis la cité, le forum, plus tard l'église et le couvent. Nous entrons aujourd'hui dans l'ère du tripot, de la bourse et des tabagies.

Et que penser des mauvais jours que nous préparent peut-être les croisements que nous voyons se multiplier sous nos yeux ? Les Blancs, les Noirs, les Chinois, les Indiens, les Polynésiens, toutes les races, toutes les sous-races, toutes les variétés se mêlent par d'innombrables intermariages. Qui oserait prédire ce que vaudra le peuple « universel » qui sortira de ces millions d'alliances ?

La science, qui pendant longtemps a eu la passion de diviser sans preuves, et quelquefois même sans présomptions, n'a pas manqué de partager l'humanité en groupes, de nombres divers selon les savants. En général, on reconnaît une race blanche ou aryane, avec deux courants distincts, un courant brun et un courant blond très-mêlés. Aux Blancs, qu'on nomme aussi Caucasiens, on rattache la race sémitique ou arabe, quand on n'en fait pas un rameau à part. Puis viennent la race jaune ou mongole, qui par les Chinois absorbe plus des deux cinquièmes de l'humanité ; les Malais; la race papouane et la polynésienne ; la race nègre, composée de Nègres et de Négroïdes ; la race indienne.

Cette division se heurte dans le détail à des difficultés insolubles : il y a tant de nuances qu'on ne sait où arrêter les types, tant d'exceptions qu'elles découragent, tant d'obscurité sur les origines et sur les temps antéhistoriques que la modestie dans les conclusions doit dominer toute la science des races. Les milliers de langues et de dialectes de la terre ne donnent point la clef du problème par leurs analogies ou par leurs dissemblances, car beaucoup de peuples ont subi les idiomes de conquérants hétérogènes. C'est ainsi que les Nègres d'Haïti et les Hurons de la Jeune-Lorette (Canada) parlent le français. A un certain recul dans le temps, les documents font défaut, et nous ne savons plus si tel ou tel peuple usait de sa langue nationale ou d'un langage appris des vainqueurs. Nos pères, les Celtes et les Kymris, n'adoptèrent-ils pas le latin?

La seule chose bien sûre, c'est que la race dite blanche ou aryane, parlant des langages d'origine commune, couvre à peu près l'Europe et domine dans le reste du monde, qui reconnaît sa supériorité; ses colons sont en voie de peupler l'Asie du nord, l'Afrique septentrionale et l'Afrique méridionale, l'Australie, l'Océanie et les deux Amériques. Les Arabes gagnent dans l'Afrique centrale par le prosélytisme mahométan et par le commerce, mais partout ailleurs ils reculent devant les Blancs, surtout dans l'Afrique du nord devant les Français. La race jaune, inférieure en étendue d'esprit à la blanche, a pour elle beaucoup d'intelligence pratique et de patience; aussi menace-t-elle de lutter pour la prépondérance avec les Européens dans toutes les contrées chaudes ou torrides. Les Noirs et les Négroïdes habitent principalement l'Afrique, puis l'Amérique, où on les transporta par millions comme esclaves; pour l'intelligence ils ne valent ni le Blanc ni le Jaune, mais ils ont beaucoup de force physique, de vitalité, de fécondité, de gaieté, de qualités affectives. Les Indiens ou Peaux Rouges d'Amérique s'effacent devant les Blancs; leur sang se versa et se verse encore à flots dans les veines des nations espagnoles de l'Amérique centrale et de l'Amérique du sud, comme le sang noir dans les veines des Brésiliens. Les Malais sont soumis aux Européens et envahis par les Chinois. Les Papous diminuent tous les jours et sont menacés de disparaître. Les Polynésiens des îles de l'Océanie, en petit nombre, fuient devant la colonisation européenne dans leurs archipels et jusque sur leurs écueils de corail.

Une autre division est celle de l'humanité en Chrétiens Catholiques, protestants, grecs), en Juifs, en Musulmans, en Brahmanistes, en Bouddhistes et en Idolâtres. A Gotha, un de ces géographes qui ont plus fait pour la gloire de l'Allemagne que son million de héros casqués, divisait ainsi la population du Globe, en lui supposant 1,300 millions d'habitants (au lieu de 1,377) :

Blancs, 30 pour 100; Mongols, 40 pour 100; le reste, Africains, Polynésiens, Indiens, Malais, etc., 30 pour 100.

Chrétiens, 26 pour 100; Juifs, 0,40 pour 100; Religions asiatiques, 46 pour 100; Mahométans, 12,31 pour 100; Païens, 15,39 pour 100. Soit 335 millions de Chrétiens (170 millions de Catholiques, 89 millions de Protestants, 76 millions de Grecs); 5 millions de Juifs; 600 millions de Brahmanistes et de Bouddhistes; 160 millions de Musulmans; 200 millions de Païens.

On divise la Terre en Ancien Continent, en Nouveau Continent ou Amérique, en Australie et îles, et plus habituellement en cinq parties : l'Europe, l'Asie, l'Océanie, l'Afrique et l'Amérique.

PREMIERE PARTIE

ANCIEN CONTINENT (1) ET OCÉANIE

EUROPE, ASIE, OCÉANIE ET AUSTRALIE, AFRIQUE.

EUROPE

L'Europe est presque cinq fois moins grande que l'Asie, quatre fois moins que l'Amérique, presque exactement trois fois moins que l'Afrique ; elle l'emporte sur l'Australie, qui est plus petite d'environ 100 millions d'hectares.

L'Europe n'a que 980 millions d'hectares, le treizième ou le quatorzième seulement des terres, mais elle nourrit plus du cinquième de la population du Globe, et le tiers occidental de son territoire fournit les savants qui changent la face du monde, les inventeurs, les grands poëtes et les grands artistes ; d'elle partent les centaines de milliers de colons qui vont tous les ans porter les langues civilisées et les découvertes modernes aux deux Amériques, à l'Afrique du nord et du sud, à l'Australie, à la Polynésie, à l'Asie septentrionale et à l'Asie centrale. Bientôt la grandissante Amérique sera plus riche d'hommes et d'argent que sa métropole, mais le sceptre du génie, de l'art et de la science ne tombera pas facilement des mains de la vieille Europe.

Par rapport à la France, l'Europe est dix-huit fois plus vaste, mais elle ne renferme pas tout à fait huit fois notre popula-

(1) Moins la France, renvoyée à la fin du volume.

tion. L'ouest et le centre, anciennement colonisés, ont presque tous leurs districts bien peuplés et souvent trop pleins; ils font le tiers de l'Europe. Les deux autres tiers renferment la Scandinavie, dont la race énergique et féconde ne trouve pas à s'épandre sur un domaine restreint par les froids du nord et les froids des monts, la Turquie et la Grèce déchues, enfin l'immense Russie encore semi-barbare. A elle seule, la Russie comprend autant de terrain que le reste de l'Europe, sans avoir plus du cinquième des habitants de la partie du monde.

L'Europe tient à l'Asie par la Russie, et elle en forme aujourd'hui une presqu'île. Dans le lointain des vieux âges, l'Europe occidentale et centrale (la véritable Europe, celle qui réfléchit et invente) était séparée du vieux continent par une mer allant de l'océan Glacial arctique à la mer Noire et à la mer Caspienne; les lacs, les marais, les rivières molles de la Russie polonaise et ruthène et des dépressions au nord du Caucase indiquent le fond de ce détroit disparu.

L'Oural, chaîne peu élevée, indentée par des cols faciles, n'est pas considéré par les Russes comme la limite orientale de leur territoire européen; les Moscovites regardent leur empire comme un tout, ils ne distinguent pas la Russie d'Europe de la Russie d'Asie, et les gouvernements de Perm et d'Orenbourg empiètent par des millions d'hectares sur le bassin de l'Obi, fleuve sibérien. Mais puisqu'il faut donner à l'Europe une borne à l'orient, l'Oural est l'unique frontière naturelle entre les plates étendues de la Sibérie et de la Russie.

Au sud de l'Oural, et jusqu'au Caucase, dans les steppes des Kirghizes, aux bouches de l'Oural et de la Volga, sur la mer Caspienne, aucun obstacle ne marque distinctement le divorce de ces deux parties du monde. Dans les parages orientaux attribués par l'usage à l'Asie, la nature du sol, l'aspect des lieux, la végétation, la population, le climat, sont identique à ce que montre à l'occident la terre dite européenne. Par cette large porte naturelle, grande ouverte entre les dernières collines ouraliennes et les premières aiguilles du Caucase, ont de tout temps passé des hordes d'invasion. Jusqu'aux Mongols, les marées humaines de l'Asie ont débordé sur l'Europe par cette échancrure. C'était le flux, maintenant c'est le reflux ; les Européens, à leur tour, se déversent par là sur l'Asie centrale en qualité de soldats, de marchands, d'industriels, de colons : tout cela russe, il est vrai, c'est-à-dire appartenant à l'une des nations européennes les plus mélangées d'éléments asiatiques.

De l'Oural au Caucase, on accepte habituellement pour frontière le cours moyen et inférieur de l'Oural, affluent de la mer Caspienne ; puis, à partir de l'embouchure de l'Oural, le lac Caspien jusqu'à la presqu'île d'Apchéron ou de Bakou, fameuse au loin dans l'Orient par ses sources de naphte et ses langues de flamme qu'adorent les Guèbres ou Parsis sectateurs du feu.

De la presqu'île d'Apchéron à la lame d'eau où se mêlent la mer d'Azow et la mer Noire, le Caucase, de plus en plus envahi par la colonisation russe, perce de ses pointes argentées tantôt l'éther lucide, tantôt des nuées rampantes appartenant au nord à l'Europe, au sud à l'Asie ; son pic majeur, l'Elbrouz, a 5,646 mètres, 836 de plus que le mont Blanc.

Après le Caucase, l'Europe n'a plus devant elle que des eaux : la mer Noire, le Bosphore, la mer de Marmara, les Dardanelles, l'Archipel, grands lacs, étroits ou larges chenaux de l'autre côté desquels se découpent dans le ciel du Levant les montagnes de l'Asie Mineure. L'Archipel débouche dans la Méditerranée, qui fait la séparation entre l'Europe et l'Afrique et va s'allier à l'océan Atlantique par le détroit de Gibraltar.

Si du point où le Bosphore prend les eaux de la mer Noire on tire une ligne sur Kœnigsberg (Prusse), puis une autre de Kœnigsberg à la petite ville scandinave d'Hammerfest, assez avancée vers le nord pour qu'il y ait des jours et des nuits de deux mois, on divise l'Europe en deux portions qui ont peu de traits communs : à l'orient, la région continentale ; à l'occident, la région péninsulaire.

La région continentale, Russie et ancienne Pologne, ressemble à l'Asie du nord par ses proportions massives, l'immensité et le peu de pente des plaines, la longueur et la masse d'eau des rivières, la nature excessive du climat. Les profondes forêts du nord ne peuvent abriter la Russie des vents malfaisants du Pôle qu'arrêteraient à peine des montagnes ; le voisinage de l'océan Glacial Arctique, celui de la Sibérie, bouche de glace dont l'Oural n'est pas assez haut pour arrêter le souffle, l'éloignement des étendues marines qui adoucissent et égalisent les températures, livrent cette grande plaine, même dans le sud, à des froids extraordinaires que suivent, jusque dans le haut nord, des chaleurs quasi-tropicales. N'ayant de mers qu'au maximum de distance du centre, sans montagnes pour créer des climats locaux et des régions naturelles, cette contrée d'une excessive monotonie a peu de districts qui ne partagent l'uniformité de l'ensemble.

Ainsi de l'est à l'ouest et du nord au sud, avec amélioration dans ces deux sens, la plaine russe s'étend, en se ressemblant toujours, sur la moitié de notre partie du monde. L'homme n'y varie guère plus que la nature. A part des tribus sédentaires ou nomades appartenant à la race dite mongole ou à la grande nation turque, les habitants sont tous les mêmes : des Slaves, d'autant plus purs qu'ils s'éloignent plus de l'Asie, c'est-à-dire de la patrie de peuples hétérogènes qui ont souvent remplacé par un sang étranger le sang slave qu'ils versaient dans les invasions. La domination de la terre slave appartint d'abord aux Polonais, auxquels les Ruthènes ou Petits Russes obéirent longtemps. Mais peu à peu se fondait vers l'est, au centre de la plaine, une nationalité féconde, qui, trouvant devant elle des horizons indéfinis de terres vierges, devint la plus nombreuse et la plus forte parmi ses sœurs. Dès qu'elle fut la première, elle se mit à conquérir au loin, tant sur les Slaves que sur les tribus asiatiques. Aujourd'hui les Russes sont loin de la France comme Paris de Barcelone ; de la Suède à la Chine, de la mer Glaciale aux monts d'Arménie, du fleuve qui porta le radeau de Tilsit aux deux fleuves qui descendent du Toit du Monde (Asie centrale), ils commandent à plus du septième et presque au sixième des terres du Globe.

Une province de la Russie, la Finlande, large isthme aux lacs sans nombre, sert de pont entre la grande plaine et la Scandinavie, presqu'île aux côtes découpées, au climat plus tempéré dans les vallées que ne le voudrait la latitude. Par ce double caractère, par la valeur considérable en toutes choses de ses six millions d'habitants, par la place qu'elle eut dans l'histoire, par les éléments sains et solides que ses émigrants portent à l'Amérique du Nord, la Scandinavie fait bien partie de l'Europe occidentale péninsulaire. Ce qui distingue, en effet, essentiellement l'Europe occidentale du reste de la terre, c'est la merveilleuse série d'indentations de ses rivages; aucun lambeau du Globe n'est en communication aussi intime avec l'eau marine, grande route du commerce, foyer des températures molles, mère des climats sans contraste barbare entre le froid et la chaleur. Il n'y a pas un point de l'Europe péninsulaire qui se trouve à une distance de la mer plus longue que le trajet de Paris à Marseille.

Aussi l'Europe occidentale prime tout autre région du monde par la douceur comparative de son climat. Qui croirait que les mêmes latitudes boréales passent sur le rivage humide de la Norvége et sur la côte groënlandaise, assaillie par les glaçons flottants ou emprisonnée dans les glaces fixes; sur l'Islande, où la différence entre le mois le plus chaud et le mois le plus froid est de 15 degrés, et sur la Sibérie d'Irkoutsk, où ce même écart est de 57 à 58 degrés? Quel contraste entre l'Irlande et l'abominable Labrador, entre Paris et Québec, où le mercure peut geler, entre Cannes et le rivage de la Mantchourie, entre Naples et New-York, entre la rive andalouse et le littoral de Washington ou la plage de la mer intérieure sur laquelle s'ouvre le fleuve de Pékin!

Des deux mers qui serrent dans leurs bras l'Europe occidentale, celle de l'ouest et du nord, l'Atlantique, se réchauffe à l'eau du Gulf-Stream, courant marin considérable, d'une température de plusieurs degrés supérieure à la température des couches d'eau qu'il fend. Venu du golfe du Mexique, l'une des étuves de la planète, le Gulf-Stream baigne les rivages de l'Europe péninsulaire, du Portugal à la Laponie. La mer du midi, la Méditerranée, n'a point part au Courant du Golfe, mais les Alpes et des chaînes côtières la protégent des vents du nord; elle s'étale à ceux du sud, éclos sous le ciel ardent, sur le sol de braise du Sahara; son bassin s'abrite presque constamment au pied de montagnes abruptes réverbérant le soleil; par tout cela c'est la vasque du globe qui échappe le mieux aux influences refroidissantes d'une latitude plus rapprochée de la zone froide que de la zone torride; pas de mer aussi chaude à une telle distance de l'Équateur, à l'exception du fond septentrional de la mer Rouge et du golfe Persique.

La tiédeur des mers où baignent le tronc et les presqu'îles de l'Europe occidentale améliore encore un climat déjà remarquable par la douceur qu'il doit à la pénétration réciproque des terres et des eaux. Par un autre privilége, le sol est harmonieusement mouvementé; tout s'y fait équilibre, les plaines, les vallées, les plateaux et les montagnes. Par le gouffre salé, nous avons ce qu'il nous faut d'air fortifiant d'humidité, de pluie, de chaleur égale, sans parler des centaines de milliers de matelots qui rapprochent les tronçons épars de l'humanité; par la nature du sol, nous avons tous les terrains; la montagne, qui en moyenne reçoit ici deux fois plus d'eau du ciel que le plat pays, 1,300 millimètres par an au lieu de 575, nous donne ses neiges éternelles, réservoirs des torrents, ses vents rafraîchissants, ses hommes bien trempés qui réparent les pertes de la plaine, ses alluvions qui reconstituent les couches arables épuisées.

Les montagnes les plus chères à l'Europe sont les Alpes, parce qu'elles sont les plus belles et qu'elles nous envoient le plus d'eaux vivifiantes. L'Oural ne darde aucun pic hardi dans les cieux; au nord, il s'affaisse obscurément sur des plaines semi-polaires où vont et viennent des hommes nains; au sud, il se perd sur des steppes malheureux où des cavaliers sauvages promènent leurs tentes de feutre, où le froid noir, la chaleur obsédante et les vents violents ont tour à tour l'empire et ne laissent point de place à des mois sereins dans le cycle éternellement renouvelé des années. De ses forêts coulent des torrents pleins en toute saison, mais les rivières où ces torrents vont mourir fuient à l'infini dans les bois déserts vers les landes méridionales ou les plaines gelées du nord.

Le Caucase est sublime. Plus haut que les Alpes, il les défie pour la grandeur et ne leur cède que la grâce et la variété; mais est-ce bien une montagne européenne? Il a beau s'allonger entre l'Europe et l'Asie officielles, c'est à l'Asie seule qu'il tient; il s'y enchaîne par les monts et les plateaux qui d'Arménie passent en Asie Mineure et en Perse. De l'Europe il ne voit que des plaines qui furent une mer entre les deux parties du monde ; ces plaines ont vu défiler les Barbares qui sont devenus les grands peuples modernes, mais elles n'ont été entraînées dans notre orbite que par une récente conquête.

Les collines de Russie n'ont rien de la vraie montagne, ni l'altitude, ni les glaciers, ni les pans fiers, ni les gorges effrayantes. D'énormes fleuves y naissent, la Volga, le Don, le Dnieper, la Dwina, la Néva, la Duna, fleuves côtoyés encore par des solitudes, mais la flamme et la cognée font reculer incessamment la forêt, et des sillons la remplacent où le vent du nord le permet.

Aux monts Scandinaves les grandes cascades, les glaciers dépassant l'horizon, les lacs cristallins avec des sapins et des roches. Sur les fiords norvégiens il y a peut-être des sites plus grandioses que dans les Alpes, mais il faudrait presque mettre l'un sur l'autre les deux premiers sommets de la Scandinavie pour arriver à tenir tête au monarque des Alpes. Puis ces montagnes, jetées dans une presqu'île, sont la vie de cette presqu'île seule et non pas celle de l'Europe.

Les peuples nombreux qui s'appuient aux monts Carpathes ont laissé jusqu'à ce jour à la nature vierge bien des vallées et bien des forêts de cette grande chaîne en demi-cercle. Les Polonais, les Allemands, les Tchèques, les Slovaques, les Hongrois, les Roumains transylvains, moldaves et valaques, les Ruthènes, y boivent les sources de dix mille torrents, pères du Dniester, de la Vistule, de l'Oder, des rivières magyares et roumaines. Mais, malgré leur longueur et leur étendue, malgré leur partage entre dix nations appartenant à quatre races, malgré leur richesse en bois et en eaux, malgré l'escarpement de leurs flancs et la hauteur de leur fronton au-dessus des plaines de l'est et du sud, les Carpathes, seconde montagne de l'Europe en importance, ne peuvent lutter avec les Alpes ; il leur manque les glaciers et l'altitude. Comme en Scandinavie, on ne pourrait dresser un pic égal au mont Blanc qu'en superposant deux des géants de la chaîne.

Les monts de l'Allemagne occidentale et centrale, les Vosges, le Jura, les Monts Français, les massifs de l'Ecosse, du pays de Galles et de l'Irlande n'ont qu'une influence locale ; ils font le relief de quelques provinces, ils abreuvent des rivières moyennes, ils servent d'asile à de vieilles peuplades qui gardent l'antique rusticité pleine de séve, les idées et parfois les langues de jadis. Nul de leur massif ne resplendit de neiges assez hautes pour braver l'été, nul pic n'y monte à 2,000 mètres.

Les Français de six départements, les Basques, les Espagnols de la Catalogne, de l'Aragon, de la Navarre, des Asturies, de la Vieille-Castille et de la Galice sont fiers de la grandeur et du profil de leurs Pyrénées. Mais c'est en vain que ce magnifique mur de montagnes hérisse l'horizon de pyramides bleues et de cimes toujours blanches de neige ; il porte en vain des glaciers, en vain ses cols s'échancrent à des altitudes tout à fait supérieures, en vain ses cirques défient ce que les Alpes montrent de plus solennel, les Pyrénées n'ont qu'une importance internationale : elles font à l'Espagne et à la France une immuable frontière, autrement vraie que celle du Rhin ; elles séparent deux natures et deux climats ; elles jettent de verts torrents à deux peuples, et trois fleuves, l'Adour, la Garonne et l'Èbre, mais tous ces torrents réunis ne feraient qu'un ruisseau à côté de la rivière qui boirait toutes les eaux des Alpes.

Les *sierras* d'Espagne et de Portugal, circonscrites à leur péninsule, n'ont que faire dans l'économie générale de l'Europe, même la Sierra-Nevada, plus élevée que les Pyrénées ; on a détruit leurs forêts, elles n'ont plus assez de sources pour remplir le Douro, le Tage, le Guadiana, le Guadalquivir, et elles stérilisent les plateaux du centre en les sevrant des vents de la mer. Les Apennins d'Italie sont plus longs que les Alpes, mais ils naissent et meurent dans une étroite presqu'île, et leurs têtes les plus orgueilleuses se tiennent à d'humbles altitudes, comparées aux grandes cimes de la Savoie, de la Suisse et du Tyrol. Le volcan de l'Etna, l'une des superbes montagnes de la Terre, ne couvre qu'un lambeau de rivage dans une île ; enfin les chaînes de la Turquie et de la Grèce ne sortent point de leur péninsule, il n'y a point de glaciers dans leurs régions élevées et si leur Olympe fut pris par les Anciens pour le séjour des Dieux, c'est que les Hellènes ne connaissaient pas l'Occident.

Les Alpes, elles, s'épanouissent sur 25 millions d'hectares, et leurs douze cents glaciers, répartis sur la Suisse, l'Autriche, la France et l'Italie, couvrent des centaines de milliers d'hectares. Du pied de ces glaciers s'échappent violemment des flots d'eaux troubles qui vont se clarifier dans les lacs dont elles ressortent bleues ou vertes. Ainsi se forment les plus fameux fleuves de l'Europe : le Rhin des Suisses, des Allemands et des Hollandais, le Rhône des Français, le Pô et ses beaux affluents italiens, l'Isar, l'Inn, la Drave et la Save, branches considérables du Danube. Voilà comment les Alpes étendent leurs bienfaits aux extrémités de l'Europe, jusqu'à la mer du Nord, jusqu'à la Méditerranée, jusqu'à la mer Noire ; c'est dans leurs vallées que les Occidentaux germains ou latins vont se retremper à l'air le plus pur ; c'est au rivage de leurs lacs qu'ils cherchent les plus glorieux spectacles que l'homme puisse contempler, c'est dans leurs déserts suprêmes qu'ils vont fouler les neiges les plus immaculées.

Le quart environ des eaux courantes de l'Europe descend de ces montagnes centrales, dont la cime culminante, le mont Blanc, qui appartient à la France, atteint 4,810 mètres. A lui seul, le massif du mont Blanc porte près de trente mille hectares de glaces éternelles. Sans quitter la Savoie, où il se dresse, les chaînes de la Tarentaise et de la Maurienne sont chargées de glaciers qui renforcent l'Isère ; dans le Dauphiné, le mont Pelvoux partage d'immenses tranches de glace entre l'Isère et la Durance. En Suisse, le mont Rose, rival du mont Blanc, incline ses névés et ses glaciers entre le Rhône et la plaine italienne ; l'Oberland bernois entre le Rhône et le Rhin ; le Saint-Gothard entre le Rhin, le Rhône et le Pô ; la Bernina fournit l'Inn. En Autriche, l'Œtzthal et le Stubaier, l'Ortler, les Hauts-Tauern, ont aussi des « mers de glace » d'une grande étendue.

« Voyez, dit un Allemand, à propos d'une des merveilleuses montagnes de l'Oberland suisse, la Vierge (Jungfrau), voyez cette reine, dans l'air clair et sublime, sur un trône impérissable ; à son front brille une couronne de diamant magique ;

le soleil y lance les flèches de la lumière, mais ces flèches la dorent et ne la réchauffent pas! » Des pics alpins sans nombre ont droit à ce chant du poëte. La limite inférieure des neiges persévérantes se tient dans les Alpes entre 2,500 et 3,000 mètres ; or on n'y compte pas les monts qui s'élancent au-dessus de cette limite ; beaucoup dépassent même 4,000 mètres, c'est-à-dire une altitude supérieure de 600 mètres à celle de la Maladetta (3,404 mètres), qui commande aux Pyrénées. Il y a une différence de 1,406 mètres entre la tête de la Maladetta et la tête du mont Blanc, c'est-à-dire presque toute la hauteur du Puy-de-Dôme, volcan français qui passe chez les Auvergnats pour le sommet du monde : « Si Dôme était sur Dôme, prétendent-ils, on verrait les portes de Rome. » Malgré l'écrasante prédominance des titans de l'Europe centrale sur les géants des Pyrénées, la hauteur moyenne des Alpes ne serait que de 2,350 mètres, tandis que l'altitude des Pyrénées monterait à 2,450. Huit millions d'hommes environ vivent dans les Alpes : les Allemands y font la majorité, puis les Français, que suivent les Italiens ; en dernier lieu viennent les Slaves.

Dans les conditions physiques où se trouve l'Europe péninsulaire, comment s'étonner que, ne faisant pas même le trentième du Globe, elle ait fourni et fournisse encore les peuples et les hommes les plus distingués? Après la Grèce au langage sonore, aux républiques artistes, aux essaims colonisateurs, Rome mit à la place d'une infinité de nationalités détruites le droit, la civilisation, la langue et le sang du Latium : elle devint ainsi la mère ou la tutrice de nations encore debout en Europe et grandissant en Afrique et en Amérique sous le nom de nations néo-latines. Pendant la nuit du Moyen-Age, deux de ces peuples, les Italiens et les Français, ceux-ci moins que ceux-là, représentèrent dans le monde la science, l'art, la poésie ; ils étaient l'espoir de l'avenir, tandis que les théologiens et les sophistes du Bas-Empire versaient le ridicule à flot sur l'illustre nom grec.

A l'aurore de l'ère moderne, deux peuples de l'Europe latine, les Portugais, puis les Espagnols, accomplirent comme explorateurs des mers, des forêts, des savanes, des montagnes inconnues, une immensité de travaux héroïques telle que nul rameau de l'humanité n'a fourni dans si peu d'années autant de navigateurs, de découvreurs de pays, de traceurs de sentiers, d'hommes de coups de main, de conquérants (et aussi de bourreaux): de leur prodigieux labeur tout n'a pas disparu avec les aventuriers du quinzième et du seizième siècle; leur trace est peu visible en Afrique, en Asie, en Océanie, mais la plus belle et la plus féconde portion de la Terre s'est façonnée à la langue et à la civilisation des Lusitaniens et des Espagnols Tandis que les Portugais, les Galiciens, les Castillans, les Andalous, les Catalans, parcouraient le monde nouveau, l'Italie renouvelait l'esprit humain par les grands hommes de la Renaissance.

Dans l'ère moderne, la prépondérance intellectuelle, la supériorité dans les arts et dans l'élégance des mœurs, n'ont jamais, fût-ce un instant, abandonné l'Europe péninsulaire. Depuis des centaines d'années c'est elle qui invente, chante, écrit, peint, sculpte et bâtit pour le reste du monde; c'est elle aussi qui remplit de communautés envahissantes tous les pays de l'univers que ne lui interdisent pas l'excès de chaleur et les poisons paludéens. Dans l'Asie du nord, dans l'Afrique de l'Atlas, dans l'Afrique australe, dans la double Amérique, en Australie et en Nouvelle-Zélande, elle a posé les bases d'empires qui deviendront aussi des Europe, dans le cas douteux où les nouveaux milieux auraient la puissance de développer le germe européen sans l'abâtardir.

Dans cette tâche l'Europe latine, jadis à la tête de l'humanité, prend une part moindre que l'Europe dite germanique et anglo-saxonne. Les Italiens n'ont point perdu leurs dons artistiques et leur intelligence aiguë, mais ils sont en masse ignorants et corrompus. L'Espagnol a toujours sa sobriété, sa résistance physique, sa grandeur d'âme, sa « caballerosidad » et son patriotisme, mais l'Espagne n'a pas conservé sa prépondérance politique et coloniale. Le Portugal a, pour ainsi dire, cessé de vivre après son prodigieux effort de découvertes, de conquête et de colonisation. La France se maintient en tête avec l'Angleterre et l'Allemagne; elle invente, elle essaie, elle perfectionne, mais il lui manque les vastes colonies qui donneraient à sa langue, à sa littérature, à ses idées, à ses systèmes, l'autorité que l'Angleterre tire des innombrables rejetons dont sa souche hérisse l'univers. Par nos départements de l'Est, du Rhône, de la Méditerranée, de la Garonne et des Pyrénées, nous contribuons largement à la colonisation de l'Amérique latine et nous fondons péniblement une nation néo-française dans l'Afrique du nord. Les Portugais soutiennent plus que tout le reste de l'Europe ensemble la race blanche au Brésil. Les Espagnols et les Italiens partagent leurs colons entre l'Amérique espagnole et l'Afrique française.

L'Angleterre déborde sur le monde tempéré et sur le monde austral autre que l'Amérique du Sud .Premiers hommes du monde par l'invention et le calcul, les Anglais le sont aussi par la multitude de pays qu'ils arrachent à la virginité. Comme ils ont pris pied sur beaucoup des meilleures terres du Globe et sur les plus salubres, ils sont aidés par tous dans leur œuvre, mais leurs principaux servants viennent de l'Allemagne et de la Scandinavie. Les émigrants qui contribuent le plus à développer les nouvelles Angleterre descendent précisément de ces Angles, de ces Saxons, de ces Normands, de ces Frisons, de ces Danois qui fournirent à la vieille Albion l'un des deux éléments du sang anglais. L'autre élément fut le celtique, qui se trouve aussi à la base du peuple français : les prétendus Anglo-Saxons ne sont que des Celtes germanisés, ou, si l'on veut, des Germains influencés de sang celtique.

Les Allemands n'aident pas seulement les Anglais. Ce peuple grand par la patience dans le travail, par le don de la poésie et de la musique, n'est pas moins important par l'instinct qui le pousse à planter partout sa tente. S'ils affluent en masse chez les nouveaux Anglais, les Germains versent aussi des colons dans tous les autres coins du monde où la forêt vierge, les prairies, les savanes, les llanos et les Pampas attendent la venue des envahisseurs blancs. Agriculteurs, ouvriers, mineurs, fondateurs de maisons de commerce, chefs d'industrie, professeurs, maîtres d'école, musiciens, brasseurs, on retrouve partout leurs yeux le plus souvent bleus, leur chevelure le plus souvent blonde, et leur figure pleine de santé mais béate et rarement belle, sur un corps de taille haute et de forte encolure plus vigoureux qu'élégant et léger. Ils sont laborieux, économes, amis des nombreuses familles. Sans trop d'épreuves s'ils se sont fixés dans les régions tempérées, après la lutte contre l'acclimatement s'ils ont émigré vers le sud, ils réussissent, et plus d'une fois c'est par leurs villages qu'a commencé la colonisation des provinces désertes.

Puisque l'Angleterre répand le plus l'Europe hors de l'Europe, il faut commencer par elle la description de la patrie des Visages-Pâles dont la Grande-Bretagne est l'avant-garde dans le monde. Viendront ensuite la Scandinavie, l'une des principales sources du sang anglais, puis la Russie, masse continentale où s'attache la presqu'île suédo-norvégienne. Après la Russie, l'Allemagne, l'Autriche, conquise et en partie colonisée par les Allemands, la Hollande, Allemagne alluviale, la Belgique et la Suisse, terrains mixtes où le Germain fait face aux Français.

Ainsi l'on traitera d'abord le nord, puis l'est et le centre. La France, type de l'Occident, sera renvoyée à la fin du livre, avec ses colonies, comme faisant un tout beaucoup plus développé. Suivront les péninsules méridionales, l'Espagne et le Portugal, l'Italie, enfin la Turquie et la Grèce, qui sont vis-à-vis de l'Asie.

ROYAUME-UNI.

Le Royaume-Uni, ou Royaume Britannique, l'archipel le plus grand d'Europe, est séparé de la France par la Manche, de la Belgique, de la Hollande, de l'Allemagne, du Danemark et de la Norvége par la mer du Nord. A l'ouest se prolonge indéfiniment l'Atlantique, route de l'Amérique du Nord, tandis que dans la direction du Pôle s'étend une mer d'abord semée d'archipels, puis dénuée d'îles jusqu'à l'Islande et à la solitaire Jean Mayen. La Manche, mère des naufrages, arrache annuellement de longues tranches de falaises à la côte qui regarde nos départements de la Seine-inférieure, de la Somme et du Pas-de-Calais, puis le flot traîne ces débris à la plage de Hollande et au rivage oriental de l'Angleterre. Ainsi s'agrandissent deux plaines d'alluvions inépuisablement fertiles : en Hollande les *polders*, en Angleterre les *fens* du Wash et de l'Humber. La Manche est peu profonde : si elle baissait de 60 mètres, l'Angleterre aurait un pont vers la France ; si de son côté, la mer du Nord baissait de 200 mètres, l'archipel Britannique tiendrait à l'Allemagne, non à la Norvége, qui est bordée par une fosse de 800 mètres de profondeur.

L'étendue des îles Britanniques, sensiblement égale à celle de la Norvége, n'est guère que de 31 millions d'hectares, moins des trois cinquièmes de la France, mais leur population de 31,817,108 habitants, dix-huit fois plus forte que celle de la Norvége, atteint les cinq sixièmes de la nôtre. C'est qu'il n'y a pas au monde un pays mieux cultivé ; il n'en est guère de si riche en mines ; il n'en existe pas qui extraie autant de houille, qui forge autant de fer (les deux tiers du fer fabriqué sur le Globe), qui tisse autant de laine et de coton. Son peuple est le premier sur terre pour l'activité, l'industrie et le commerce.

Le Royaume-Uni comprend deux grande îles, la BRETAGNE ou GRANDE-BRETAGNE et l'IRLANDE.

LA GRANDE-BRETAGNE, qui renferme à son tour trois pays, l'Angleterre, le pays de Galles et l'Écosse, est l'île la plus étendue d'Europe : avec son cortége d'îles infiniment plus petites, elle a 23 millions d'hectares, habités par plus de 26 milions d'hommes. Proportionnellement, la France contiendrait 23 millions d'âmes de plus. Allongée, plus large au sud qu'au nord, et au nord qu'au centre, elle est entourée par une mer frangée de tant de baies et d'estuaires que le développement de ses côtes dépasse 4.500 kilomètres, et que même au sud, dans la partie la plus ample, il n'est pas d'endroit situé à 90 kilomètres du rivage marin ou des eaux salées qui remontent les fleuves.

L'ouest, le centre, le nord de l'île, c'est-à-dire la presqu'île de Cornouaille, le pays de Galles, le Derby, le Cumberland, le Westmoreland et l'Écosse, sont montagneux. Une plaine très-féconde, de sol calcaire, et des collines d'une admirable verdure remplissent l'est et surtout le sud, l'Angleterre proprement dite, où les prairies forment les trois cinquièmes du domaine cultivé. Peu de montagnes s'élèvent au-dessus de 1,000 mètres, aucune n'arrive à 1,500, mais la nature des roches, la haute latitude, le voisinage d'une mer humide, donnent aux chaînes anglaises, galloises, écossaises, plus de grandeur, d'austérité, de neiges qu'on ne le préjugerait de leur médiocre hauteur. L'abondance de leurs mines de houille, d'étain, de fer et de plomb est pour beaucoup dans la puissance de l'empire Britannique, et de fortes cités industrielles prospèrent dans des vallées et sur des plateaux qui semblaient devoir toujours rester champs de bruyères, pauvres pâturages ou forêts.

Sous d'incessantes nuées toujours prêtes à se fondre en pluie, les monts du Cumberland et du Westmoreland groupent leurs jolis lacs et leurs sommets sauvages le long de la ligne de faîte entre la mer du Nord et la mer d'Irlande ; leurs cimes dépassent 1,000 mètres, altitude qu'atteignent à peine les monts Peak ou monts du Derby : cette dernière chaîne aux grottes célèbres, aux vallons ravissants, n'est pas éloignée de

Manchester. Les monts Cambriens hérissent le pays de Galles, au-dessus des baies de la mer d'Irlande et du canal de Saint-Georges. Les monts Dévoniens (400 mèt.) se redressent entre le canal de Bristol, ou estuaire de la Severn, et la Manche. Des roches désertes, des bruyères attristent leurs versants. Les torrents de leurs vallons supérieurs courent à des vallées attrayantes; les petits fleuves de ces vallées finissent en face de la mer violente sur des plages arrondies en baies qu'animent de gros villages de pêcheurs et des villes de bains luxueuses.

Le massif dévonien s'épointe en une péninsule, la Cornouaille, pays de mineurs, de pêcheurs, de marins. La Cornouaille n'a plus de forêts, sa richesse est dans son cuivre, son étain, son plomb et sa terre à porcelaine. Sa côte poissonneuse, cerclée de falaises dont les grottes riveraines usent leurs parois au clapotement des vagues, se termine par les roches de serpentine du cap Lizard et par les granits du cap Land's End. Les falaises corniques sont le plus souvent constituées par de sombres assises d'ardoises dont les écroulements successifs ont laissé tout un rivage de roches diversement fouillées par la mer enragée qui bat ce littoral. De ces roches, les unes émergent, et la vague ne les dérobe que pour un instant sous des cascades assourdissantes où l'eau verdâtre se mêle à l'écume blanche; d'autres se cachent sous le flot et ne sont pas moins redoutables.

Une telle mer, à l'entrée de la Manche, grande route de navigation, et du canal de Bristol où se blotissent tant de ports, prend sa grande part des deux mille naufrages qui éclaircissent tous les ans la prodigieuse flotte de quatre à cinq cent mille vaisseaux partant des havres britanniques ou y rentrant avec les dépouilles du globe. Elle engloutit aussi beaucoup de bateaux de pêche, car la Cornouaille prête ses anses à plusieurs milliers des 175,000 pêcheurs de l'archipel breton. Jadis les riverains de la mer cornique pillaient les navires jetés par l'orage sur leur côte, souvent ils achevaient les naufragés; quelquefois ils attiraient les navigateurs à leur perte par des lumières trompeuses. Aujourd'hui le Royaume-Uni n'a pas de sauveteurs plus intrépides que les hommes de la Cornouaille.

Des lacs, des marais, des brandes mouillées, sortent des rivières qui ont peu de chemin à faire pour atteindre la mer, mais constamment renforcées par les ruisseaux nés des pluies d'un ciel fertile en ondées, elles roulent, même en été, beaucoup d'eau : ainsi la Thames, ou Tamise, large fleuve de Londres, les cours d'eau qui tombent dans les estuaires du Wash et de l'Humber, la Severn aux bords ravissants, et les clairs et froids torrents de l'Écosse.

Autant qu'à ses ports sûrs et nombreux, autant qu'à la fécondité de tout ce qui n'est pas versant de montagne ou côte hérissée d'écueils, autant même qu'aux minéraux utiles enfouis sous terre, la Grande-Bretagne doit sa force à sa position insulaire, aux vents de mer, au Courant du Golfe. Grâce aux effluves océaniques, il y pleut beaucoup, il y neige peu ; il y tombe annuellement une quantité de pluie variant selon les lieux entre 50 centimètres et près de 4 mètres (côte occidentale du Westmoreland) : la moyenne est de 89 centimètres, 12 de plus qu'en France. Sa latitude en ferait une Scandinavie, un Labrador, une solitude de glaces, de marais gelés, de forêts froides, d'hivers sans terme ; au lieu de cela, c'est une terre brumeuse, aux rivières remplies jusqu'au bord, aux prés verts, aux moissons opulentes, aux arbres hauts et pleins de sève, aux campagnes surabondamment peuplées, aux villes qui sont des fourmilières humaines.

Les frimas n'y règnent que sur la montagne ; dans les vallées abritées, dans la plaine basse, sur le rivage, principalement au sud-ouest, l'Anglais et l'Écossais, à côté du désagrément de brumes épaisses et tenaces, jouissent du privilége d'une température presque toujours la même. Comme dans le nord-ouest de la France, le myrte et le laurier-rose y bravent les mois d'hiver, et la gloire du midi méditerrannéen, l'oranger, en espalier il est vrai, porte des fruits dans les vallons les mieux abrités de la presqu'île qui fait face à notre Bretagne. Plus encore, l'aloës y grandit en allées, et son compagnon d'Afrique, le palmier-dattier lui-même, y nargue l'hiver ; il ne s'y réfugie point dans les serres, il y fleurit et ses fruits mûrissent.

Au long déshonneur de l'Angleterre, il n'est pas de pays où l'homme ait à se plaindre autant des autres hommes. De cette ruche trop vantée on ne doit célébrer que l'ordonnance, la discipline et le labeur. En ceci Albion est perfide, elle éblouit par la bonne tenue, le travail la richesse, la fécondité, l'essor de l'émigration et la multitude des navires ; mais derrière l'étalage de l'opulence, un formidable déploiement de misère, auparavant inconnu dans le monde, menace d'une catastrophe l'oligarchie des « grandes existences anglaises. » Ses lords, ses grands usiniers, ses commerçants, les premiers du monde, ont élevé des fortunes colossales sur l'écrasement de millions de terrassiers, d'ouvriers, de mineurs et de matelots. Comme un dynaste couleur de suie des bords du Niger, ils ont assis les fondements de leurs palais dans le sang des condamnés. On sait quelle destinée accable l'ouvrier des grandes villes anglaises et le mineur étouffant dans les profondeurs de la houille. Le travailleur des champs ne souffre pas moins, car il n'est pas maître du sol qu'il remue. En Angleterre, le paysan n'existe pas, mais seulement le laboureur et le berger à gages ; au-dessus de ces misérables règne le fermier, au-dessus du fermier le landlord, ou grand propriétaire. Il paraît qu'une douzaine de landlords possèdent la moitié de l'Ecosse, et cent cinquante la moitié de l'Angleterre.

Sans le pays de Galles, l'Angleterre n'a que treize millions d'hectares, mais elle compte près de vingt-deux millions d'habitants. Avec la principauté de Galles, elle n'en possédait que neuf au début du siècle. Étant donné le chiffre très-considérable de l'émigration annuelle vers presque tous les pays du Globe, on serait surpris d'un tel accroissement si l'on ne savait que pour cent morts il arrive tous les ans cent cinquante-six nouveaux-nés à l'Angleterre (cent quinze seulement en France). Dans les dix années qui viennent de s'écouler l'Angleterre a gagné plus de 2,500,000 âmes, et maintenant la population y augmente en moyenne de 1,173 individus par jour, sauf la perte par émigration. Si elle était peuplée au même degré, la France aurait 90 millions d'hommes. Plate ou faiblement ondulée, hors en Cornouaille et dans les montagnes voisines de l'Écosse, elle est le centre minier, agricole, industriel, commercial, politique et social du Royaume-Uni, le cœur de l'immense empire Britannique.

Les Anglais, qui de là se sont répandus sur l'Écosse, l'Irlande et le reste du monde, procèdent du mélange de l'ancienne population celtique avec les Germains, les Scandinaves, les Normands de France venus avec et après Guillaume le Conquérant, les très-nombreux Flamands qui s'établirent en Angleterre au xiv°, au xv°, au xvi° siècle, les Wallons qui vinrent à partir du règne d'Édouard VI, et les 120,000 huguenots français qui cherchèrent un asile dans l'île bretonne, à la suite de la révocation de l'édit de Nantes. En échange d'un lieu où reposer leur tête, ils apportèrent aux Anglais diverses industries; les Flamands l'avaient fait avant eux. Presque tout ce qui fait aujourd'hui la suprématie de l'Angleterre lui vint du continent, mais elle a tout perfectionné et agrandi.

La race anglaise, qui aujourd'hui se mélange en Angleterre même d'éléments irlandais, allemands, français, italiens, est fort bien trempée. Pour la force du corps, pour la solidité de l'intelligence, pour la rectitude du jugement, elle n'a rien à envier aux mieux pourvues. Les Anglais possèdent au plus haut degré l'esprit d'initiative et d'invention, l'ardeur des aventures, l'instinct du commerce, la passion de s'enrichir, la ténacité, le courage réfléchi. Mais ils sont très-personnels et descendent aisément jusqu'à l'égoïsme; froidement violents et tournent souvent à l'injustice, à la grossièreté et à la brutalité; inquiets, et leur inquiétude devient défaut de sociabilité, aigreur de caractère, habitudes fantasques, dégoût de la vie et suicide.

La langue anglaise, germaine à l'origine, très-fortement mêlée de français et de mots mutilés et défigurés empruntés à tous les idiomes, est simple, fort riche, singulièrement poétique, malheureusement sourde, et laide dès qu'elle n'est pas parlée avec distinction; elle a été l'organe de plusieurs des principaux génies du monde, savants, penseurs, écrivains et poëtes. Par les colonies que l'Angleterre sème sur le Globe, par la prépondérance industrielle et commerciale des Anglais, elle s'élève de jour en jour au rôle de langue générale, comme le fut le latin, comme l'est pour quelques années encore le français. L'Amérique du nord, l'Australie, l'Afrique du sud, sont ou seront son domaine exclusif; déjà près de 80 millions d'hommes parlent ou comprennent l'anglais, et ce nombre croît d'un mouvement accéléré, de 1,300,000, et peut-être de 1,500,000 par an dès aujourd'hui. Les Anglais sont en grande majorité protestants.

L'Angleterre a 15 villes au-dessus de 100,000 habitants.

Londres, en anglais *London*, capitale, loge 3,983,082 individus dans plus de 300,000 demeures. Cette ville, qui n'avait que 35,000 habitants il y a cinq cents ans, renferme donc maintenant plus du soixante-dix-septième de la population de l'Europe, et le trois cent cinquante-cinquième de celle du Globe. C'est la première ville du monde par le mouvement des affaires et l'immensité du commerce. Non cerclée de murs, sans obstacles naturels devant elle, Londres absorbe, à mesure que la mer des maisons s'avance, des hameaux, des bourgs, de grandes cités. De là son accroissement formidable, et l'on a dit d'elle : ce n'est plus une ville, c'est une province couverte de rues. Elle a cinq fois l'étendue de Paris et deux fois seulement sa population : Londres, où les maisons ne sont pas hautes comme à Paris, renferme de longs parcs, de vastes étendues non peuplées, des quartiers aristocratiques dont chaque palais prend de larges espaces pour ses cours, ses écuries et ses jardins. La ville s'allonge sur les deux rives de la Tamise, large de 350 à 450 mètres, soumise à la marée et accessible aux grands vaisseaux. L'humidité du climat, les brouillards du fleuve, les nuages, les pluies fines, la fumée de la houille, créent une atmosphère lourde, opaque, obscure et désagréable à cette énorme cité. Le commerce de Londres, supérieur à lui seul à celui de n'importe quel pays, hors la France et l'Amérique du Nord, forme les deux cinquièmes du commerce total du Royaume-Uni.

Liverpool (500,000 habitants), sur la Mersey, près de la mer, a grandi tout à coup. Elle ne comptait pas 80,000 âmes au commencement de ce siècle. C'est le second port de l'Angleterre, le centre principal des relations avec l'Irlande. Nul port d'Europe ne reçoit autant de coton d'Amérique, nul n'envoie en Amérique autant d'émigrants d'Europe : Anglais, Écossais, Irlandais, Allemands, Scandinaves.

Manchester (356,000 hab.), à moins de 50 kilomètres de Liverpool, est à la tête des villes du Globe pour le nombre et l'importance des établissements qui travaillent la laine et le coton. Une petite rivière la sépare de son faubourg, **Salford** (125,000 hab.). Pour la croissance rapide, Manchester marche presque de pair avec Liverpool. Elle n'avait pas plus de 94,000 habitants en 1800.

Birmingham (344,000 hab.) dépasse toutes ses rivales dans l'industrie du fer et des autres métaux; elle produit tout objet métallique en quantités incroyables, des plus grosses machines aux plumes d'acier, des armes de chasse et de guerre aux aiguilles les plus fines. Il y a tant de marteaux bruyants, de nuages de fumée, de feux de forge, de visages noircis à Birmingham et dans les environs, que les Anglais appellent la contrée *Pays des Cyclopes* ou *Terre de l'Enfer*.

Leeds (260,000 hab.), tisse plus d'étoffes de laine qu'aucune autre ville du Royaume-Uni.

Sheffield (240,000 hab.), est comme Birmingham un colossal atelier d'ouvriers en métaux : on y fabrique surtout des couteaux et des ciseaux.

Bristol (183,000 hab.), troisième port de l'Angleterre, s'étend le long de l'Avon, faible fleuve que la marée rend navigable. L'Avon se jette dans l'estuaire de la Sévern, qui est l'extrémité la plus reculée du canal de Bristol, où le flux monte à 18 mètres de hauteur.

Bradford (145,000 hab.), non loin de Leeds, a fondé sa prospérité sur la laine, la houille et le fer.

Stoke-sur-Trent (131,000 hab.), livre beaucoup de poteries.

Newcastle (128,000 hab.; 170,000 avec les faubourgs), sur la Tyne, près de la mer du Nord, tient le premier rang pour l'exportation de la houille.

Avec sa banlieue, **Huddersfield** a 130,000 âmes. Cette ville, située entre Manchester et Leeds, tisse la laine en grand.

Hull (122,000 hab.), sur l'Humber, près de la mer du Nord, ne le cède comme port de commerce qu'à Londres, Liverpool et Bristol.

Plymouth, port de guerre, renferme 118,000 habitants, si on lui attribue **Devonport**, ville contiguë.

Sunderland (100,000 hab.), sur la Wear, près de Newcastle, construit un très-grand nombre de navires.

Beaucoup d'autres cités de la Grande-Bretagne approchent de cent mille habitants, quand on leur donne leur étendue véritable, c'est-à-dire quand on leur ajoute la population des bourgs, des villages, des hameaux, des grands établissements industriels qui sont leurs dépendances naturelles. En réalité, certains districts de l'Angleterre proprement dite sont devenus d'immenses villes çà et là pénétrées par la campagne, et tel canton presque désert il y a deux cents ans, compte aujourd'hui par milliers ses cheminées d'usines. C'est principalement autour de Londres et dans le comté de Lancashire (pays de Liverpool et de Manchester) que les rues des commerçants, des industriels et des rentiers empiètent le plus sur le domaine du berger et du laboureur.

Le **PAYS DE GALLES** n'a guère que 1,900,000 hectares et 12 à 1,300,000 habitants. Les vallées y sont profondes, les torrents rapides, la nature sauvage, les montagnes sévères, environnées de nuées, de brumes et de pluies, semées de monuments barbares, de dolmens, de menhirs, de cromlechs, et de ruines énormes de forteresses féodales. Le mont le plus élevé du pays, et en même temps de l'Angleterre, est le *Snowdon* (1,077 mèt.). La houille et le fer remplissent les coteaux et les monts gallois, et l'industrie métallurgique y a pris un développement formidable. La fumée noire des usines géantes y monte lourdement en spirales épaisses dans un air brumeux, opaque et mouillé; des vallons jadis abismaux ou d'un calme austère y retentissent du bruit des marteaux, la cheminée des fabriques y salit l'air et le sol, et les rivières, autrefois transparentes, mènent aujourd'hui des flots contaminés à la Severn, au canal de Bristol, à la mer d'Irlande. Dans les prairies que l'humidité du ciel garde en fraîcheur perpétuelle paissent des troupeaux de petits moutons et de bœufs noirs.

Le peuple gallois, appelé welche par les Anglais, a longtemps combattu contre les Saxons avec un courage digne du peuple qui avait pris pour devise : « la vérité contre tout le monde! » Après les défaites de la fin du XIIIe siècle, les Gallois se retranchèrent dans leurs forteresses naturelles, au-dessus du plat pays saxon. Ils y ont conservé presque partout leur type, leurs mœurs, leur cymraeg, qui est un vieil idiome celtique, mais déjà beaucoup de Gallois parlent aussi ou comprennent l'anglais. Il leur arrivera comme à leurs frères de la Cornouaille, qui ont définitivement délaissé l'idiome antique de leur presqu'île, il n'y a pas encore cent ans. Plus bruns, plus petits, plus trapus que les Anglais, les Gallois s'occupent moins de l'agriculture que de la pêche, du pastorat, du travail des mines et de la métallurgie. Ainsi que tous les peuples bergers, ils sont généralement tristes, contemplatifs et superstitieux. Aucune ville du pays de Galles n'enferme 100,000 habitants, mais **Merthyr-Tydvill** (85,000 âmes) est fort importante par ses forges. Merthyr-Tydvill, sur la Taff, est un groupe d'immenses usines éparses ; elle a été surnommée la *Capitale du Fer*.

L'ÉCOSSE est proverbiale comme la Suisse, l'Italie o l'Andalousie. Veut-on représenter la rudesse des monts, la soli tude des bruyères, la nudité des horizons, on rappelle aussitô les *Highlands* ou montagnes de l'Écosse. Cette contrée est fièr de la calme beauté de ses *loch* (lacs), de l'austérité de ses *glen* (vallons), de la mélancolie de ses *clachan* (hameaux), de la sévé rité de ses ruines féodales, car tout site âpre de cet âpre séjour que Rome ne soumit pas, avait son donjon, tout site gracieu ou retiré et propre à la méditation, son monastère. Malgré le guerres de seigneur à seigneur, malgré la longue lutte na tionale soutenue par les Écossais contre les Anglais, malgré l climat dont les pluies persévérantes descellent insensibleme les murailles, il reste beaucoup de ces manoirs, depuis le ch teau cerné de pins de Glamis, où Macbeth égorgea Malcol jusqu'aux demeures où passa la belle Marie Stuart, qui f reine de France. Il y eut pendant plusieurs siècles de grand relations entre la France et l'Écosse ; ces deux pays se prot geaient mutuellement contre l'absorbante Angleterre, et lon temps nous n'eûmes pas d'alliés plus fidèles que les Écossai

Une autre splendeur de l'Écosse, c'est une mer d'une somb majesté, brumeuse, orageuse, coupée en *firths* (golfes très-ava cés dans les terres), hérissée de caps et de falaises, bardée d'î et de traînées d'écueils, et rapide en ses détroits jusqu'à des vitesses de quinze à vingt kilomètres à l'heure. L'Angleterre elle-même n'a pas un littoral aussi frangé que l'Écosse, et le flot de l'Océan ne s'y rapproche pas autant des montagnes de l'intérieur. Le pays doit beaucoup à la mer; bien des milliers d'hommes s'y soutiennent par la navigation et la pêche, qui ne trouveraient pas à vivre dans les glens marécageux et sur les croupes ingrates qui enlèvent à l'Écosse des millions d'hectares. Les vallées vraiment fertiles y sont rares et de peu d'étendue; la population, très-serrée pour le peu de valeur du sol, s'entretient surtout par les troupeaux, l'industrie, le commerce et la marine.

L'Écosse renferme trois chaînes de montagnes, les Cheviots, sur la frontière anglaise ; les Grampians, au centre du pays; les Monts du Nord, en face des Hébrides, des Orcades et de la mer qui va jusqu'à l'Islande. Ainsi, à l'inverse de l'Angleterre, qui est surtout en plaines et en coteaux bas, l'Écosse est presque toute en montagne. Dans ses chaînes généralement nues, le rustique pin sylvestre domine, et après lui d'autres résineux formant des forêts accrues sans relâche par le reboisement. Le plus élevé des Cheviots dépasse à peine 800 mètres. Dans les Grampians trône le Ben-Nevis (1,331 mètres), sommet principal de tout l'archipel Britannique : il se lève près de la rive d'un *firth* au fond duquel commence le canal Calédonien. Le canal Calédonien va d'une mer à l'autre, des eaux qui touchent presque l'Irlande au littoral d'où l'on verrait, si la distance était moindre, la citadelle des monts norvégiens s'escarper sur les flots : il a profité de plusieurs lacs et de quelques rivières, en un mot de la dépression générale qui sépare les Grampians des massifs du Nord.

Sous une voûte qu'abandonnent peu les nuages, et où le soleil ne brille en tout que 1,600 à 1,800 heures par an, les sources bien abreuvées et les gouttes qui filtrent dans la trame des bruyères s'unissent en rivières limpides qui aiment à se reposer au sein des lacs, après s'être fatiguées et brisées sans fin dans l'effort des rapides, le travail perdu des remous et le sauve-qui-peut des cascades. Parmi ces rivières, toutes très-bien fournies pour la faible étendue de leurs bassins, viennent au premier rang : la Tweed, qui sert un moment de limite avec l'Angleterre ; la Clyde, renommée pour les souvenirs de l'histoire, les paysages de sa vallée supérieure, l'immense industrie et le commerce de ses rives inférieures ; le Forth et le Tay, qui finissent par deux grands *firth* ; la Dee, qui débouche à **Aberdeen**, ville active et populeuse construite en granit ; la Ness, qu'utilise le canal Calédonien. Parmi les lacs, le loch Lomond (11,000 à 12,000 hect.) passe pour le plus beau : voisin de l'estuaire de la Clyde, où il se verse par la rivière Leven, il est dominé par le Ben Lomond (975 mètres). Il a 240 mètres de profondeur.

Les huits millions d'hectares de l'Écosse renferment 3,360,000 habitants.

La majorité revient aux *Lowlanders* ou gens du pays bas, Germains mêlés de Celtes en proportions mal connues. Les Lowlanders parlent anglais ; ils sont supérieurs aux Anglais purs par la taille, la force, la sociabilité, l'amour de l'étude et ne leur cèdent en rien pour l'énergie et les aptitudes agricoles, industrielles et commerciales ; mais souvent l'égoïsme, la sécheresse, la bigoterie, l'intolérance et l'étroitesse d'esprit gâtent ces solides caractères d'hommes. Les *Highlanders* ou gens de la montagne sont restés en partie Celtes par le sang, par les mœurs et la langue ; on les nomme Gaëls. Environ 400,000 d'entre eux ont gardé leur antique idiome. Les Highlanders et les Lowlanders sont protestants. Alliés et non soumis à l'Angleterre, sous le même gouvernement, mais avec des traditions et des mœurs différentes et un autre esprit national, les Écossais partagent avec elle le sceptre de l'industrie, du commerce, de la colonisation : les émigrants les plus intelligents, les plus fermes, les plus travailleurs de ceux que le Royaume-Uni essaime dans le monde sont précisément les Écossais.

Trois villes écossaises ont 100,000 habitants ou plus.

Glascow (440,000 habitants ; 86,000 en 1800), le Liverpool et le Manchester de l'Écosse, occupe le bord de la Clyde.

Édimbourg (180,000 hab.), capitale, centre social et littéraire, dans une admirable position, étend ses vieilles rues et ses beaux quartiers neufs près de la baie du Forth, au pied d'un demi-cercle de hautes roches basaltiques isolées les unes des autres.

Dundee (100,000 hab.), sur l'estuaire du Tay, file, trafique et navigue.

L'IRLANDE, la seconde grande île de l'archipel, est un peu plus vaste que l'Écosse : avec ses 8,225,800 d'hectares, elle est deux fois et demie plus petite que la Grande-Bretagne. Elle ressemble beaucoup à l'Angleterre et à l'Écosse. *Erin* ou la terre de l'Ouest, ainsi que l'appelaient les Erses, ses habitants celtes, Erin a comme elles des côtes extrêmement découpées, surtout au couchant.

Comme elles et plus qu'elles encore, elle doit à sa mer tiède et brumeuse, plus chaude en moyenne d'un degré que l'air reposant sur l'île, un climat d'une égalité et d'une douceur prodigieuses pour une contrée située sous la même latitude que la Russie centrale. Dublin, sur la côte orientale, a la même température annuelle (10 degrés) que New-York, qui se trouve à 13 degrés plus au sud, et le rivage méridional, supérieur encore au littoral de Dublin, est en moyenne aussi chaud, sous le 52e degré, que les plages américaines qui sinuent sous le 38e.

Erin reçoit par tous les vents tant de pluie fines (227 jours par an), que ses rivières, ses lacs, ses marais restent presque constamment fidèles à leur niveau, et que les gazons et les arbres y gardent en été la merveilleuse fraîcheur qui a valu à l'Irlande les noms d'*Ile Verte*, de *Verte Erin*, d'*Ile de l'Émeraude*. On eût pu l'appeler aussi la Terre du Lierre, car le « manteau des ruines » y croît avec une vigueur sans pareille. Le laurier grandit en plein air jusqu'à une hauteur de dix mètres dans le comté de Tippérary, et à Dublin l'un de ces arbres frileux monte à quinze mètres.

L'Irlande est une plaine peu élevée, faite de prairies sèches et de prairies mouillées ou *bogs*, d'îlots d'alluvions, de lacs, de marais, de champs de tourbe, ceux-ci d'une étendue immense, le septième dit-on, de toute la superficie d'Érin. Les grands arbres y sont extrêmement rares, et si les Irlandais coupaient toutes leurs forêts et leurs taillis d'un coup, au bout de sept ans ils auraient, dit-on, consumé jusqu'à leur dernière branche. Pas de montagnes au centre, où nulle part l'altitude ne dépasse 100 mètres ; le long des côtes, des chaînes isolées, tourmentées, nues. Au sud-ouest, dans les monts du Kerry, le Carran-Tual (1,020 mètres) est le géant de l'île ; au pied de la chaîne où il est souverain, miroitent des golfes marins allongés en fiords et les lacs charmants du pays de Killarney « la Suisse irlandaise. » Le lac Neagh, moins beau que les trois lacs de Killarney, mais beaucoup plus grand (38,000 hectares), s'écoule par le Bann vers le littoral du nord. Le Shannon, fleuve central, a peut-être plus d'eau que toute autre rivière de l'archipel ; il traverse des lacs grands et petits et bouillonne en rapides au-dessus de Limerick et de son entrée dans le long estuaire qui le conduit à la mer de l'ouest.

L'Irlande renferme près de cinq millions et demi d'habitants, les sept dixièmes bruns. Or, les nombreux conquérants de l'île, des premiers en date jusqu'aux Anglo-Saxons des derniers siècles, étaient généralement blonds. Les envahisseurs n'ont donc exercé qu'une action restreinte sur les vieux autochthones au visage brun, aux yeux et aux chevaux noirs. Vers le milieu du douzième siècle l'Angleterre commença la conquête de cette île, dont la bulle d'un pape venait de lui faire cadeau. L'Irlande, à cette époque, appartenait à des *septs*, clans qui se bataillaient ; elle contenait aussi des milliers de guerriers et de colons danois. Il faut franchir plus de quatre siècles pour trouver Érin complétement soumise aux exacteurs anglais, à la suite des guerres de religion qui finirent par le protectorat de Cromwell.

Il y a cent ans, l'Irlande ne renfermait que 1,872,000 habitants. Après l'introduction de la pomme de terre, nourrissant plus à champs égaux que l'avoine, la population s'accrut à vue d'œil, concurremment avec la pauvreté, sur les terres fertiles que possédaient quelques milliers de landlords d'Angleterre. Il vint tant d'enfants dans les pauvres cabanes en torchis couvert de chaume, ces enfants résistèrent si bien à l'indigence et à la saleté, côte à côte avec le cochon de la chaumière, qu'il y avait en 1822, 6,800,000 âmes dans Érin, et 8 millions douze ans plus tard : autant que 50 millions d'hommes en France. Ces 8 millions d'Irlandais ne cultivaient pas un sol qui leur appartînt. A l'instar de l'Angleterre et de l'Écosse, l'île était aux mains d'un petit nombre de propriétaires anglais, et de nos jours encore, elle se partage entre environ neuf mille possesseurs : sur ces neuf mille seigneurs terriens, moins de la dixième partie tient à elle seule presque tout Erin, et d'immenses *estates* (domaines), quelques-uns admirablement soignés, entretiennent de grands troupeaux sur de savoureuses prairies coupées de champs de pommes de terre, de champs de lin, de tréflières.

Il y a donc maintenant en Irlande deux millions et demi d'Irlandais de moins qu'il y a trente années. Opprimés par les Anglais, dont les sépare une haine d'origine et de religion ; mourant de faim sur un sol confisqué sur eux par l'ennemi, les fils d'Erin ont émigré, et émigrent en masse vers l'Angleterre, l'Écosse, le Canada, les États-Unis, l'Australie. Ils modifient ainsi de plus en plus, jusque dans la mère-patrie, par l'apport d'éléments anté-celtiques et par le mélange de familles celtes, vivaces, turbulentes et fécondes, la race dite anglo-saxonne qui formait autrefois le fonds principal de la population de l'Angleterre et des colonies anglaises.

Sur une portion de la côte occidentale, dans quelques districts en face de la grande île et dans plusieurs comtés du nord, répondant à l'ancienne province d'Ulster, prédominent les Anglais et les Écossais, principalement des descendants de protestants presbytériens immigrés à l'époque des guerres de religion. Partout ailleurs, surtout dans le centre et vers le sud-ouest, la population est presque exclusivement *erse*, mais si le caractère national reste le même, si l'Irlandais pur est toujours ardent, tracassier, querelleur, sans souci, mobile, peu maître de lui, porté aux extrêmes, s'il a gardé toute sa ferveur pour la religion catholique, il oublie de plus en plus sa vieille langue. En 1861, 1,106,000 Irlandais seulement parlaient erse et pouvaient se rendre compte du cri national de « Erin go bragh ! » « Vive l'Irlande ! » Ils habitaient surtout l'intérieur, par exemple le comté de Tippérary, et les rivages de l'occident et du midi. 165,000 au plus ne connaissaient pas l'anglais.

Les quatre cinquièmes des Irlandais se rattachent à Rome. Les Protestants habitent principalement au nord-est, vers Belfast et Londonderry, dans un pays colonisé par les Anglais, la province d'Ulster terminée çà et là sur la mer par des falaises de basalte. Les autres provinces portent les noms très-peu employés de Leinster, Munster et Connaught.

L'Irlande, agricole et surtout pastorale, est peu industrielle. On n'y trouve pas comme en Angleterre et en Écosse des districts manufacturiers où les grosses villes touchent aux grosses villes, les grandes usines aux grandes usines.

Dublin (300,000 h.), sur le Liffey, près de la mer d'Irlande, s'appelle chez les Celtes irlandais *Balla-na-Cleigh*; c'est la capitale de l'île. Peu d'industrie, vaste commerce. Le quartier riche, ou anglais, n'a guère de rivaux en Europe ; le quartier pauvre, ou irlandais, fait mal à voir.

Belfast (170,000 h.), ville industrielle et port commerçant à l'embouchure du Lagan, est la cité du Royaume-Uni dont la population a le plus grandi dans ces dernières années.

Cork, port excellent de la côte du sud, sur le Lee, avait plus de 100,000 habitants, mais il a diminué avec toute l'Irlande, hors Dublin et Belfast.

Trois îles relèvent de l'Angleterre, Wight, Anglesea, Man, sans compter les îles Normandes, ou îles du Canal, qui sont des dépendances géographiques de la France et n'ont pas encore répudié leur langue et leurs coutumes françaises (*V.* France, 3ᵉ partie).

Wight (50,000 hectares, 51,000 hab.) regarde Portsmouth, grand port de guerre, et Southampton, grand port de commerce. Sa ceinture de flots lui vaut un climat humide et doux, beaucoup de villas et en été le séjour de nombre de riches, d'oisifs, de baigneurs.

Anglesea (48,000 hectares, 45,000 hab.), réunie par deux ponts à la côte galloise, n'a pas d'arbres mais des champs, des prés, de la houille, des mines. Il y a deux mille ans, c'était la métropole religieuse des Celtes qui, de l'archipel breton, de la Gaule transalpine et de la cisalpine venaient s'instruire des mystères sacrés auprès des druides de cette île.

Man, à peu près l'égale de Wight et d'Anglesea par l'aire et la population, se trouve presque exactement à égale distance de l'Angleterre, de l'Écosse et de l'Irlande, qu'on aperçoit, en temps clair, du haut du Snowfell (600 mètres). Gardeurs de brebis, pêcheurs de harengs, les *Manks* parlent un celtique corrompu.

Les **Sorlingues** ou îles **Scilly**, fort nombreuses, ne sont guère que des récifs redoutables. Sur 150, il y en a une dizaine d'habitées. Elles blanchissent à une quarantaine de kilomètres au large du cap Land's End, dont les sépare un détroit que traverse, tous les étés, l'armée compacte des harengs pilchards s'avançant par milliards vers les côtes de la Cornouaille. Il y a des mines d'étain dans ces îles, qu'on croit être les Cassitérides des Anciens.

Les Hébrides, les Orcades, les Shetland sont des archipels écossais.

Les montagneuses **Hébrides** sur le rivage occidental, ont deux grandes îles d'égale étendue (200,000 hectares) et d'égale population (20 à 25,000 âmes), *Skye* et *Lewis*. *Staffa*, rocher de basalte, ouvre à la mer orageuse de ce rivage, par un portique de 35 mètres de haut et de 16 mètres de large, une grotte que les parois volcaniques, les jeux de lumière et d'ombre, le seuil de vagues mouvantes, le vent qui murmure, le flot qui clapote font plus sérieuse et plus sublime que les plus sombres basiliques : c'est la *grotte de Fingal*. Les 300 îles ou îlots de l'archipel, vides, ou temporairement ou toujours habités, donnent asile à 115,000 individus vivant de la pêche, de la chasse aux oiseaux de mer, de la recherche du duvet d'eider, de l'élève des moutons.

Sur la côte septentrionale, les **Ork** ou **Orcades**, moins élevées que les Hébrides, ne portent que de petits arbres et des cultures souffrantes, car malgré l'entour de la mer, l'influence du nord y est déjà considérable : non que l'archipel soit incommodé par la neige ou la glace. Le climat, très-variable, y est plutôt gâté par les nuages, les vents, les pluies persistantes de l'hiver ; la moyenne annuelle est presque de 8° ; 116 jours seulement ont de vraies nuits ; les autres journées sont moins suivies d'obscurité nocturne que de longs crépuscules continués par de longues aurores. Les prairies et les champs de l'archipel ne sauraient faire vivre les trente et quelques mille

Orcadiens qui recourent, ainsi que les insulaires des Hébrides, à la pêche du hareng et de la morue, et à la capture des oiseaux marins. La plus vaste des Orcades, *Pomona*, s'étend sur 55,000 hectares. Dans l'île d'*Hoy*, le Wart-Hill, premier sommet de l'archipel, s'élève à plus de 450, à moins de 475 mètres.

Au nord-est des Ork, deux fois plus près de l'Écosse que de la Norvége, les 90 **Shétland** ont 25 îles habitées ; le reste n'est que *holms* et *skerries* (îlots et écueils). Elles impressionnent par leurs immenses roches riveraines, leurs fiords ou golfes sombres à parois sans verdure, leurs grottes où la mer s'engouffre en tonnant ; elles attristent par les nuées de leur voûte, par leurs bruyères, leurs marais, leurs champs de tourbe et l'indigence d'un sol que le septentrion glacerait si ses vents ne se tempéraient sur les flots. Comme dans les Orcades la neige est rare, la glace de même, le soleil aussi ; la pluie, le vent font rage. La température de l'année y est encore en moyenne de 7° 1/2. Des chevaux à longs poils, grands comme de petits ânes, des moutons et des vaches le plus souvent sans cornes tirent parti d'une herbe drue dans les vallons, ailleurs rare et courte. Les 31,000 Shétlandais sont surtout marins, pêcheurs, chasseurs d'oiseaux de mer, bergers, gardeurs de chevaux. Le point culminant de l'archipel atteint presque 450 mètres.

Réunies sous la même administration, les Orcades et les Shétland ont en tout 400,000 hectares et 63,000 habitants d'origine scandinave. La langue anglaise y a complétement évincé le norse, dialecte norvégien.

SCANDINAVIE.

Géographiquement, la Scandinavie est une péninsule de la Russie. Politiquement, c'est un royaume habité par deux peuples étroitement fédérés, et de même origine, mais non fondus l'un dans l'autre. Trois mers la font presqu'île : à l'ouest l'Atlantique ; au sud la mer Danoise, ensemble de détroits ; à l'est la mer Baltique, séparée des baies du rivage par les *Skæren* : ce nom suédois désigne des archipels de rochers. Les Skæren, granit et gneiss, sont de mornes îlots déserts, nus, sombres et toujours les mêmes.

La Scandinavie a près de 76 millions d'hectares, deux cinquièmes de plus que la France, mais sa population, qui n'atteint pas 6 millions, n'est pas même le sixième de la nôtre. Cette grande contrée est donc presque dix fois moins peuplée en comparaison que la France.

C'est qu'elle est extrêmement improductive. Située tout au nord de l'Europe, elle a une partie de ses terres, le Norrland et le Finmark, dans l'intérieur du cercle polaire. Au sud de ce cercle, dans la Suède propre et la Norvège, le climat reste très-rigoureux ; il ne se modère sensiblement que tout près de la côte, dans les vallées basses, et surtout dans le Gotland, sous l'influence de soleils plus chauds, de deux mers, de lacs superbes, le Wener (520,000 hectares), le Wetter (185,000 hectares), le Melar (122,000 hectares), etc. Aussi le Gotland est-il la seule partie de la presqu'île largement cultivée et passablement peuplée.

Partout ailleurs la culture se restreint au rivage de la mer, aux plaines des fleuves, à la marge des lacs. En dépit de son climat, la Scandinavie nourrirait plus d'habitants si d'immenses plateaux incapables de produire n'y couvraient plus de 50 millions d'hectares, presque la grandeur de la France. Ces plateaux ne portent que des forêts de pins, de sapins, de bouleaux, presque partout négligées et ruinées, des déserts où l'on gèle, des espaces nus, des champs de neige presque sans fin, des glaciers dont quelques-uns descendent jusque dans la mer de Norvège. Il y a dans le double royaume 1,825,000 hectares de neiges éternelles, la surface de trois départements français, 65 fois l'étendue des glaciers du Mont-Blanc. De l'est à l'ouest, à partir de la Baltique, le pays s'élève pour s'abaisser ensuite presque tout d'un coup sur l'Océan, si bien qu'on a pu comparer la Scandinavie à une vague colossale qui se serait subitement figée au moment de briser sa volute : le corps ascendant de la vague serait la Suède, le sommet de la vague et sa chute, la Norvège. Des *tinde*, sommets arrondis, accidentent ces *fielde* ou plateaux polaires; l'un deux, le Ymesfield, point culminant de la péninsule, a plus de 2500 mètres d'altitude.

Des rivières bien plus grandes qu'on ne l'attendrait de la brièveté de leur cours et de l'étroitesse de leur bassin, des *elf* à l'eau souvent noircie par la tourbe des marais et le passage sur des terrains ferrugineux emportent vers la mer le tribut des glaciers, des névés, des lacs et des marécages. Elles coulent à l'est jusqu'à la mer Baltique, à l'ouest jusqu'aux *fiords*, golfes grandioses pratiqués et comme sciés dans la montagne et s'avançant profondément dans les terres. Les fiords de Norvège sont tellement nombreux, quelques-uns pénètrent si loin dans l'intérieur en poussant des deux côtés des sous-fiords que le développement des rivages norvégiens passe de 1,900 kilomètres sans détours à 13,000 kilomètres golfes compris. Dans plusieurs de ces fissures le soleil ne pénètre jamais, et l'eau des glaciers supérieurs tombe de rochers à pic sur des eaux lugubres. Ces cascades font des sauts de plusieurs centaines de pieds et même de plusieurs centaines de mètres, les montagnes qui étranglent les fiords pouvant atteindre des altitudes de 1,000 à 1,600 mètres (fiord d'Hardanger); les flots sur lesquels elles plongent recouvrent souvent des abîmes de plus de 500 mètres de profondeur. Parmi les fiords, le Lysel fiord doit être nommé le premier : nul n'est aussi terrible; il s'amincit en détroits obscurs, larges parfois d'un seul jet de fronde; les deux falaises ont 1,000 mètres de hauteur, et la profondeur des eaux égale ou dépasse la largeur des défilés.

Les rivières suédoises et norvégiennes descendent vers les deux mers par des escaliers de lacs, de gorges, de rapides, de cascades qui sont les plus imposantes de l'Europe par leur masse d'eau, par les sublimes horreurs de leur site, et souvent par leur hauteur. Telles en Suède, la chute de Niaumelsakas sur le Lulea-elf (400 pieds); celle d'Elfcarleby, sur le Dalelf (411 pieds); celle de Tennforsen; les cataractes de Trollhœtta, sur la Gota, beau fleuve sorti du lac Wener et roulant en moyenne 523 mètres cubes d'eau par seconde; les chutes du Motala, qui mettent en mouvement les usines de Norrkœping, le Manchester de Suède : le Motala déverse le lac Wetter. Les cascades norvégiennes l'emportent encore sur les suédoises, tantôt pour le cube des eaux tombantes, souvent pour l'élévation, presque toujours par la grandeur et l'austérité du paysage. Le Sarpsfos (fos veut dire en norvégien cascade) n'a pas plus de 25 à 30 mètres, mais son fleuve est le Glommen, agrandi du Vormen : celui-ci coule avec limpidité dans le Guldbrandsdal, la plus grande vallée de la Norvège, sous le nom de Lougen, puis traverse le Mjœssen, ravissant lac allongé. Le Riukanfos, déversoir du lac de Mjos, s'affaisse d'une hauteur de 670 pieds, d'un seul bond, dans un gouffre aux parois si escarpées et si sauvages qu'il est impossible d'aller contempler d'en bas la sinistre grandeur de la cascade; son torrent, qui se nomme le Maan, se perd plus bas dans le lac de Tyn, sombre et encaissé. Le Leerfos, près de Drontheim, ne tombe pas de haut, mais son volume d'eau est celui d'une rivière très-considérable, tandis que le Bœringfos, formé par la Bjœrœja, saute de 2,000 pieds, et d'autres que lui font une chute aussi profonde.

A l'exception du Gotland et de faibles lambeaux cultivés, tout ce qui, dans les deux pays, n'est pas mont, plateau, neige, glace, fiord, lac, marais ou rivière, appartient à la forêt. Avec le fer de leurs montagnes, l'exploitation des bois du nord est la grande richesse de la Suède et de la Norvège.

LA SUÈDE a plus de 44 millions d'hectares et au delà de 4 millions d'habitants, environ 10 habitants par 100 hectares (il y en a 70 en France). Le dixième du sol appartient aux champs en rapport et aux prairies, un autre dixième aux lacs, vingt-huit centièmes aux forêts, le reste au désert et à la nudité.

Les Suédois, peuple blond de haute taille, parlent une langue parente de l'allemand, le suédois, qui réunit la force et la richesse aux meilleures qualités poétiques. Hors de Suède, le Suédois se parle aussi sur la côte et dans les grandes villes de la Finlande. La Finlande, aujourd'hui russe, appartint longtemps aux Suédois ; sous leur domination les campagnes avaient persisté dans leur vieil idiome finnois, mais les cités s'étaient en partie approprié la langue de leurs maîtres, qui étaient en même temps leurs initiateurs dans les sciences, les arts, la littérature, l'industrie et le commerce. Rattachée à son ancienne colonie par les souvenirs d'une vie en commun et par la résistance du langage suédois sur le littoral finlandais, la Suède lui est réunie en hiver par un lien matériel. Tous les ans la mer peu profonde et peu salée qui sépare les deux pays, la Baltique, gèle d'un bord à l'autre, et la couche de glace est si forte qu'elle porte pendant des mois les hommes, les traîneaux, les convois, de la Suède aux archipels russes d'Aland et d'Abo, puis de là jusqu'à la côte qui relève du czar de toutes les Russies.

Les Suédois sont des protestants luthériens stricts.

Une seule ville suédoise a plus de 100,000 habitants ; c'est **Stockolm**, la capitale (135,000 hab). Comme Venise, Stockholm est une ville des eaux. Il lui manque le soleil du sud, les monuments curieux, le renom poétique de Venise, mais elle ne repose pas comme la reine de l'Adriatique, sur de plates lagunes, en vue d'une côte basse. Elle borde le rivage et remplit quelques-unes des 1,260 îles charmantes du Mœlar, lac limpide, superbe par des centaines de châteaux, des falaises, des rochers nus, des prairies, des pins et des chênes. Stockholm est la première cité commerciale et maritime du royaume. **Gœteborg**, ou **Gothembourg** (55,000 hab.), port qui regarde la pointe du Jutland, tient le second rang.

La **NORVÈGE** a près de 32 millions d'hectares, sur lesquels six à sept cent mille seulement cultivés, à peine l'étendue d'un département français. Elle n'est guère que fiords et plateaux inhabitables, lacs et fonds marécageux, forêts de frênes, de sapins, de pins et d'épicéas, gorges où de foudroyantes cascades s'abîment dans des vallées, dont l'ours, roi du Nord, connaît les bois sévères.

La Norvège, dans ses vallées basses, jouit d'un climat proportionnellement plus doux que la Suède ; ce climat, elle le tient de l'influence du Gulfstream qui lui porte à la fois de la chaleur et de l'humidité. Il tombe annuellement à Bergen deux mètres et demi de pluie, et peut-être pleut-il autant sur certains fiords que dans le Westmoreland même (près de quatre mètres par an : plus que nulle part en Europe). La population, deux fois moins dense qu'en Suède, quatorze fois moins qu'en France, n'est que de 1,700,000 individus, pas autant qu'à Paris.

Les Norvégiens, à peu près les mêmes hommes que les Suédois, sont des coutumiers de la mer, enclins aux lointains voyages, aux aventures, aux découvertes, au commerce Au commencement du moyen âge, sous le nom de Normands, ils piratèrent dans toute l'Europe, mêlèrent partout leur sang à celui des Germains, des Latins, des Celtes, modifièrent et créèrent presque des races (en Normandie, en Angleterre), trouvèrent et peuplèrent l'Islande et certainement découvrirent l'Amérique du nord avant Colomb et ses Espagnols. Aujourd'hui, ils prennent la part principale dans le courant d'expatriation de plus en plus violent qui emporte les Scandinaves vers les régions froides des États-Unis. Les Suédois viennent en seconde ligne, et l'émigration danoise est peu considérable.

Les Norvégiens sont luthériens. Leur langue ne vaut pas le suédois. Elle a été gâtée, quand la Norvège dépendait du Danemark, par l'influence du danois, la moins belle des langues scandinaves, et elle n'en est plus, à vrai dire, qu'un dialecte peu distinct.

Christiana (60,000 hab.), la capitale du pays, occupe l'extrémité d'un fiord allongé, dans la meilleure partie de la Norvège, au sud, à portée du plus grand fleuve national, le Glommen, et du lac le plus célèbre, le Mjœssen.

Au nord de la Suède, de la Norvège, et aussi de la Finlande, la **Laponie** renferme des colons scandinaves de plus en plus nombreux, et des Lapons, peuple de souche finnoise. Les Lapons, olivâtres, malpropres, à cheveux noirs, sont d'une taille très-exiguë ; ils forment l'une des races les plus petites du globe. On est chez eux bel homme à peu de frais; il suffit d'avoir 1^m,50. Quelques-unes de leurs indolentes familles pêchent dans la mer, les lacs, les rivières ; les autres vivent avec leurs troupeaux de rennes dans les forêts de l'intérieur presque toujours ensevelies jusqu'à mi-tronc dans la neige. Le bouleau, le genévrier, l'aune, le saule, composent ces tristes bois, bordant des lacs, des champs de lichens jaunes ou rougeâtres, des tourbières. Sur tous les bassins bas et humides plane, pendant le brumeux été lapon, une nuée de moustiques, martyrisant les bêtes et les hommes qui viennent d'échapper à la dure étreinte de l'hiver. Pour éviter leur trompe, les pauvres rennes fuient jusque dans les glaciers, souvent illuminés par les lueurs de la sanglante aurore polaire.

Peut-être y a-t-il en tout 10,000 Lapons, les deux cinquièmes en Suède. Eux-mêmes donnent à leur patrie le nom de *Same-Ednam*, celui de *Samegierl* à leur langue. Dans ces deux mots se retrouve la racine du nom des Samoyèdes, peuplade à petite taille, et probablement de même origine, qui habite dans les plaines septentrionales de la Russie et de la Sibérie. Jadis les Lapons, maintenant si près de la fin de leur nation dans les districts qu'ils occupent encore, s'étendaient sur toute la péninsule, la Finlande, le Danemark, et jusque sur le nord de l'Allemagne.

De la Suède relèvent l'île d'Œland et l'île de Gotland, dans la mer Baltique ; de la Norvège, les îles Lofoden, dans la mer du Nord.

Œland, en face de la ville de Calmar, donne à 35,000 Suédois les ressources médiocres de 155,000 hectares en forêts, en calcaires rouges couverts de mauvaises herbes, en terres basses labourables. Comme dans toutes les îles du Nord, la mer y aide beaucoup les habitants à vivre.

Gotland, plus éloignée en mer, loge 50,000 hommes sur 230,000 hectares de collines calcaires moyennes et de petits plateaux bas interrompus de marais et de lacs. Son chef-lieu, *Wisby*, touche rarement une pierre à ses maisons d'il y a plusieurs siècles et reste un type achevé des cités du Moyen-Age.

Les îles **Lofoden** (582,000 hectares, 30,000 hab.), accompagnent la côte septentrionale de la Norvège. Hautes (jusqu'à plus de 1,300 mètres), escarpées ou à pic déchirées, séparées les unes des autres, ou isolées du continent par d'étroits passages aux courants violents, elles sont fidèles au caractère de grandeur que la mer et les rochers font à la plage norvégienne.

Ainsi que le rivage de Norvège, elles ont le privilége d'un climat infiniment supérieur en douceur et en égalité à ce que ferait craindre une latitude voisine du pôle. Leurs habitants s'entretiennent par la pêche et par la chasse des oiseaux de mer plus que par le produit des prés et des sillons de leurs rocheuses patries. La plus vaste de leurs îles est *Hindœ* (224,000 hectares). Entre Vagœ et Moska, la mer est rude, mais elle ne fait pas danser les grands navires comme des fétus et ne les engloutit point à jamais. « L'affreux » Malstrœm, le Charybde et Scylla du nord, est un courant rapide, quelquefois dangereux pour les barques ; ce n'est point, comme dans la légende, un entonnoir attirant en tournoyant les navires à des profondeurs d'où ils ne reviennent plus. On pêche en grand la morue en hiver dans les passages des Lofoden.

Hammerfest, petite ville de pêche et de négoce, la plus septentrionale de l'Europe, borde une baie voisine du cap Nord, assiégé de tempêtes. De ce port, des autres fiords de Laponie, on arrive, en gouvernant vers le pôle, à un archipel sans arbres, sans verdure, sans rivières et sans fontaines, sans habitants, sans maîtres.

Le **SPITZBERG** (Mont-Pointu) tient ce nom allemand des pics aigus qui dentellent ses montagnes. Les plus hauts ne semblent pas dépasser 1,400 mètres. Des glaciers énormes bordent ces roches ; ils descendent jusqu'à l'Océan, couvrant de leur froide immensité les dépressions qui deviendraient vallées si le soleil d'été du 80º degré pouvait fondre les glaces accumulées par un presque éternel hiver. Un jour de quatre mois, une nuit d'égale longueur, une saison où des journées sans chaleur alternent avec des nuits pâles, des cieux sans sérénité, des brumes, des vents froids et durs, de sublimes aurores boréales, ainsi se poursuit la morne année du Spitzberg.

moyenne annuelle du climat est de — 8° 6 ; la température
plus chaude observée a été de + 16°.
Le Spitzberg fut découvert par les Hollandais. Des marins
rvégiens ou russes vont pêcher dans ses fiords le phoque,
gal de l'ours blanc, le morse, la baleine, fort diminuée par
e poursuite à outrance.
Sur les roches littorales, des millions d'oiseaux marins pon-
nt et couvent. Chaque espèce occupe en troupes serrées
n gradin. On dirait un amphithéâtre, aux spectateurs pres-
; ; les cris de la foule qui applaudit ou murmure y sont
présentés par l'étourdissant fracas des mâles qui plongent
ur pêcher le dîner des couveuses, qui volent pour le leur
rter, qui se disputent, s'effarent, s'écrient, se combattent,
rapprochent, se fuient à grand tumulte d'ailes. Sur la terre
:me, le renne vit comme il peut sur la neige, la glace et le
cher; il retrouve ici les lichens de Laponie.

DANEMARK.

Au sud de la Suède et de la Norvège, le Danemark, pays
andinave comme elles, entretient un peu plus de 1,800,000 ha-
tants, à peu près la population de Paris, sur une surface
 3,800,000 hectares, quatorze fois moindre que la France. Il
compose d'une partie insulaire, riche et peuplée, et d'une
rtie continentale, moins favorisée, mais formant les deux
rs du royaume.
Avec ses dépendances, la féconde île de **Seeland** ou **Zélande**
passe 700,000 hectares et contient 575,000 habitants. Le
md, bras de mer qui n'a pas 4 kilom. de largeur au point
plus étroit, la sépare de la côte méridionale de Suède. Si
au salée baissait de 20 mètres, Seeland deviendrait terre
édoise. Les autres îles sont : au sud de Seeland, **Laaland** et
alster ; au loin, dans la mer Baltique, entre la pointe de la

Suède et la Poméranie, **Bornholm** ; tout près, à l'ouest, de l'autre côté du détroit du *Grand-Belt*, encombré de bancs de sable, la **Fionie** ou **Funen** (340,000 hectares ; 220,000 habitants). Cet archipel n'a point à s'enorgueillir de sites extraordinaires et de montagnes sublimes ; il ne porte que des collines peu élevées, mais ces collines revêtent des formes gracieuses, leurs gazons sont admirablement verts, et sur leurs chaînes montent et descendent jusqu'à de jolis petits lacs, de superbes forêts de résineux, tels que le sapin, et d'arbres à feuilles caduques, surtout des hêtres. Les îles danoises semblent faites pour inspirer de charmantes idylles. Le grand reparaît, comme toujours, sur les plages de la mer.

Le *Petit-Belt*, voie marine large de 1,750 mètres seulement à l'endroit le plus resserré, sépare l'île de Fionie du **Jutland** 2,500,000 hectares, 700,000 habitants), portion septentrionale de la presqu'île germano-danoise. La partie méridionale et la racine de cette péninsule, le **Sleswig-Holstein**, pays récemment encore danois, dépend aujourd'hui de la Prusse, depuis une annexion violente, prélude de tous les dénis de justice que « l'honnête et bonne Allemagne » s'est juré d'accomplir par la ruse et la force. Le Jutland a des fiords comme la Norvège : tel le Lymfiord qui s'ouvre sur la mer du Nord et court si loin vers l'est à la rencontre de la mer Danoise, qu'il communique maintenant avec elle, à la suite d'une conquête faite par les flots sur le rivage oriental. Mais ces fiords ne sont pas étranglés dans les montagnes, avec des cascades prodigieuses, et des glaciers pour arrière-fond. Il n'y a que des collines dans le Jutland : la plus haute s'élève dans les environs d'Aarhus, à 175 mètres seulement. Toutefois, c'est le Mont-Blanc du Danemark. A l'est de la presqu'île jutlandaise, le long du Belt et du *Cattégat*, se déroulent de bonnes terres, de belles moissons, des bois. Au centre et à l'ouest jusqu'à la mer du Nord se suivent à perte de vue les landes, les sables, les dunes dépossédées de leurs vieilles forêts.

Les Danois ressemblent à leurs autres frères scandinaves par l'énergie, par la ténacité et au besoin l'audace, par l'amour de la famille, par beaucoup de goût pour l'étude et un grand penchant aux idées religieuses et mystiques. Descendus de tribus aventurières, de souche gothique, qui se fixèrent au Ve siècle dans les îles du Belt, et plus tard dans la péninsule jutlandaise, qui s'appelait alors Chersonèse Cimbrique, ils trouvèrent devant eux des Celtes et des Finnois avec lesquels ils se mêlèrent sans doute, comme dans la suite avec des immigrants saxons, frisons, hollandais. Les Danois professent le christianisme luthérien. Leur langue, sœur du suédois, bien moins belle et sonore, est aussi l'idiome national des Norvégiens, de 135,000 habitants du Sleswig septentrional arrachés par la Prusse à leur patrie malgré tous leurs vœux, enfin celui d'une dizaine de milliers de Blancs et de métis d'Esquimaux sur les côtes du Groenland.

Copenhague (180,000 hab. ; 200,000 avec Frédériksborg), capitale du pays et port de l'île de Seeland, longe de ses quais un bras du Sund. Elle a perdu son importance comme cité maritime, mais elle reste le centre de la vie sociale, politique et scientifique du Danemark : à elle seule, elle renferme le dizième de la population du royaume ; les autres villes n'ont aucune influence sur le développement national. C'est le Paris du Danemark. Son nom danois est *Kiœbenhavn*.

A 1500-2000 kilom. de Copenhague, une quatrième nation scandinave vit isolée, sous un climat difficile, dans une île voisine du cercle polaire, entre l'Europe et l'Amérique, au sein d'une mer froide où se rencontrent le flot de l'Atlantique et celui de l'océan Glacial du nord.

L'ISLANDE se trouve deux à trois fois plus près des côtes gelées du Groenland (Amérique), que des fiords brumeux de l'Écosse. Elle appartient au Danemark. En s'y rendant, de Copenhague, les navires touchent aux **îles Fœrœer**, pauvre archipel danois de 25 îles quasi-inabordables, montagneuses, presque toutes basaltiques. L'orge n'y mûrit qu'une fois sur trois, mais les lacs n'y gèlent point. La mer, qu'influence le Courant du Golfe, lénifie leur climat. Elles en ont besoin, étant sous le 62e degré boréal. La moyenne de l'hiver y approche encore le $+4°$.

L'Islande recouvre plus de dix millions d'hectares. Son nom veut dire *Pays de Glace*. *Il est mérité, car le septième du sol est enseveli sous les glaciers, les névés et les neiges.* L'Islande est aussi le pays des laves. Six volcans au moins y brûlent encore, funestes par leurs éruptions de matières minérales qui comblent les vallées, emplissent les lacs et suppriment les rivières. De leurs gueules s'élancent aussi des fleuves bouillants, comme en 1766, à une éruption de l'Hékla, et quelquefois ces torrents, grossis des neiges qu'ils fondent, s'épandent au loin en inondations qui seraient épouvantables si l'Islande était peuplée dans l'intérieur, mais elle n'a d'habitants que sur la côte, principalement au sud. Des *langar* et des *hverar* (sources chaudes), des *geyser*, jets d'eau brûlante, s'élançant jusqu'à 50 mètres dans l'air, sortent de la roche, à deux pas quelquefois de glaciers immenses dont ceux de l'Europe centrale ne donnent aucune idée : le plus vaste, celui de *Klofa*, dépasse 800,000 hectares, étendue d'un de nos grands départements.

Les volcans islandais ont donc vomi dans l'ère historique, et de nos jours aussi, des courants gigantesques de lave qui ont englouti de beaux bassins cultivés ou cultivables. Sous un ciel si froid les laves ne se décomposent pas promptement comme sous les climats chauds, au pied du Vésuve et de l'Etna, et même dans la France centrale, et les bonnes terres, à toujours cachées, ne sont pas remplacées par d'autres qui les valent. Dans les premiers siècles de sa colonisation, l'Islande fut beaucoup plus riche et peuplée. Si sa fortune et sa provision d'hommes ont tant diminué, cela vient peut-être du refroidissement des mers qui l'entourent, mais certainement de l'envahissement des laves. Et maintenant, à part quelques lambeaux de plage, quelques bouts de vallées et de vallons où pousse une herbe savoureuse, on ne rencontre plus en Islande, de l'est à l'ouest et du nord au sud, que *jœkul* (montagnes), glaciers, plateaux nus et sinistres de 500 à 1,000 mètres d'altitude, croupes sauvages, champs de mousse courte, *myrar* (marais), lacs, torrents à rapides et à cataractes, longues et larges coulées volcaniques.

L'Hekla, volcan le plus fameux de l'Islande, a 16 ou 1,700 mètres de haut. Le Skaptaarjœkul est des plus malfaisants. A la suite d'une de ses éruptions, l'air empoisonné de soufre, les pluies de cendres, la famine et une épidémie consécutive enlevèrent, dit-on, 19,000 hommes à ce pays qui ne renferme pas plus d'habitants que quatre ou cinq cantons français. L'OErœfajœkul, auquel on ne connaît pas de manifestation fatale ou de symptôme menaçant, est le point culminant de l'île (1,960 mètres). Les *aa* ou *elf* (rivières) qui descendent de ces montagnes roulent des eaux blanches le plus souvent, dans des lits de lave dont aucun pont ne relie les deux rives; il faut les traverser à gué, non sans danger, car ces torrents sont larges, froids et violents; ils abondent en truites et en saumons, ainsi que les *valn* ou lacs de leurs bassins. Le Myvatn (lac des Moucherons) repose dans une coupe de lave sans profondeur, dans une solitude affreuse et noire; des sources chaudes font planer des colonnes de vapeur dans l'air de ses rives, des millions d'oiseaux d'eau volent sur les bords et dans les îles, des milliards de moucherons bourdonnent à l'entour.

L'Islande, près de trois fois plus vaste que le Danemark, est le patrimoine de 67,000 citoyens seulement. Habitée proportionnellement à la France, elle aurait sept millions d'habitants, *cent fois plus*. Les Islandais eurent pour ancêtres des marins et des colons de Scandinavie, arrivés au neuvième et au dixième siècle, à partir de 874, des Danois, des Suédois, et surtout des Norvégiens de la contrée de Drontheim. Ces fondateurs d'un peuple fuyaient (comme les Puritains anglais) la tyrannie d'un roi, Harald Haarfagar. Les Islandais constituent maintenant la moins mêlée des nations scandinaves, celle qui a le mieux gardé l'ancien type, les mœurs, les qualités, les légendes, la vieille langue de la race gothique. Ils sont luthériens.

Reykjavik, capitale de l'île, est une bourgade de 1,000 à 1,500 hab., aux maisons en planches et en poutres recouvertes de toile à voile fortement goudronnée. Elle tire son nom (*bourg fumant*) des vapeurs flottant au-dessus des sources chaudes du voisinage. Sa température moyenne s'élève à + 5°, sous le ciel du 64° degré. Sur la côte septentrionale de l'île (66° et 67° degré), la moyenne se tient péniblement aux environs de zéro.

RUSSIE

L'Europe, faisant front de tout autre côté sur des mers froides ou tièdes, tient à l'Asie et à l'ancien continent par la Russie. Séparée de l'Asie par la chaîne peu élevée de l'Oural, par de vagues steppes, par la mer Caspienne et par la barrière immensément haute du Caucase, la Russie tient à elle seule plus de place que le reste de l'Europe : son étendue approche de 550 millions d'hectares, dix fois la France et au delà. Avec ses dépendances asiatiques, Caucase, Sibérie, pays de l'Amour, et sans le Turkestan, récemment annexé, l'empire russe dépasse deux milliards d'hectares. C'est 37 à 38 fois la France, plus du septième et presque le sixième de la terre, mers non comprises.

La Russie détient les premiers lacs d'Europe. L'Onéga (877,000 hectares) et le Ladoga (1,830,000 hectares) sont de petites mers. Ses fleuves dépassent tous les autres fleuves européens par la longueur de leur cours, l'étendue de leur bassin, la masse d'eau qu'ils entraînent. L'un d'eux, la *Volga*, dont le nom signifie justement *la grande*, coule pendant plus de 3,000 kilom. (trois fois la Loire), avec un bassin près de trois fois grand comme la France, onze fois comme le bassin de la Loire; deux de ses affluents, la Kama et l'Oka, sont eux-mêmes des cours d'eau auxquels nous ne pouvons opposer que notre Rhône, fleuve peu étendu mais très-abondant.

Ce qui manque à la Russie c'est la montagne. Elle n'a de vrais monts qu'à ses frontières. Dans le Caucase, au sud, entre l'Europe et l'Asie, le mont Elbrous atteint 5,646 mètres. A l'est, aussi entre l'Asie et l'Europe, le plus haut sommet des monts Oural, n'arrive pas tout à fait à 1,700 mètres. En France, en Europe, on considère l'Oural comme la barrière entre la Russie d'Europe et la Russie d'Asie. Les Russes n'acceptent pas cette distinction. Pour eux, deçà, delà, s'étend également la patrie moscovite, l'empire un et indivisible du czar, et les limites administratives franchissent et refranchissent sans respect, d'Europe en Asie, cette longue ligne de croupes nommée par les Sibériens *Kamenni-Poyesa* (la ceinture de pierres). Nos ancêtres furent du même avis jusqu'à Pierre le Grand et plus tard. Ils mettaient la Moscovie en Asie et arrêtaient l'Europe aux limites orientales du royaume de Pologne. L'Oural est boisé, très-veiné de métaux, et l'on y trouve le platine et le diamant.

Si l'on ne tient pas compte des chaînes limitantes, la Russie est très-plate et ses collines les plus élevées ne dépassent guère 300 mètres. Cette vaste contrée serait laide sans ses belles rivières, ses lacs aux rives charmantes, ses interminables forêts de pins sylvestres, d'épicéas, de sapins, de mélèzes, de bouleaux superbes, de chênes, de hêtres, de tilleuls, reculant tous les jours devant les coupes immodérées, les défrichements, l'incendie. Déjà certaines régions autrefois très-ombragées souffrent du manque de bois, ainsi les rives de la Volga. Un appauvrissement notable des eaux de ce fleuve a coïncidé avec le déboisement, et la déforestation continuant, la Volga ne cesse pas de s'amaigrir.

Ces forêts occupent encore le tiers du pays; plus des deux cinquièmes appartiennent aux steppes et au sol inutilisable, eaux, lacs, étangs, marais, *toundras* ou plaines gelées, rocs, terres dont on ne peut rien tirer par leur mauvaise nature ou par la rigueur du froid. Les steppes sont des plaines sans fin, peu ou point ondulées, parfois salées, et nues quand elles n'ont point de forêts de roseaux dans leurs bas-fonds ou qu'elles ne portent pas un léger manteau de plantes épineuses, absinthe, armoise, chardons, molène, achillées. Rebelle à la culture, le steppe se prête au pâturage : là se multiplient ces grands troupeaux de bœufs, de moutons, de chevaux fameux, la grande richesse de la Russie, avec les céréales et les bois.

Le reste se compose de terres et de prairies admirables. Du pied des premières ondulations de l'Oural, dans la région de Kazan, jusqu'à la mer Noire vers Odessa, le *Tchornosjom*, la *Terre Noire*, prend 80 millions d'hectares à l'empire, la France et l'Italie réunies. Avant deux âges d'hommes, le Tchornosjom pourra s'appeler aussi la Mer des Blés. La couche arable de ce sol excellent descend souvent à cinq mètres de profondeur, et maintes fois à vingt. Le pays le plus riche après la Terre Noire, la contrée des prairies en même temps que des céréales rayonne autour de Moscou ; c'est à la fois le centre géographique, agricole, industriel, historique de la Russie, le noyau autour duquel s'est arrondi l'empire ; nulle part la population n'est si franchement russe que dans cette contrée centrale, l'ancienne Moscovie, arrosée par la Volga et l'Oka.

La Volga découle de collines sylvestres appelées ici montagnes, bien qu'elles n'aient guère que 300 mètres d'altitude, mais dans la vraie Russie, la taupinière passe pour un coteau, et les coteaux pour des Alpes. L'ensemble de ces collines se nomme Plateau de Waldaï ou Forêt de Wolkonski. La Volga passe d'abord de lac en lac. Au-dessous de Tver, elle baigne, considérable déjà, *Jaroslaw*, chef-lieu d'un gouvernement dont les habitants se répandent sur toute la Russie, à l'instar de nos Auvergnats, pour rentrer plus tard avec quelque aisance dans leurs campagnes natales. En aval de Jaroslaw, c'est *Kostroma*, qu'entourent de froides forêts. Dans ces forêts court le loup et se promène l'ours, souvent l'effroi du chasseur, quelquefois l'ami de la maison. Débonnaire quand on ne le poursuit pas avec le fusil, le poignard ou la lance, il s'irrite lorsqu'on s'approche de ses arbres à miel.

Le fleuve rencontre l'Oka dans la plaine de *Nijni-Novgorod*, ville qui attire à sa foire fameuse les marchands de l'Europe orientale et d'une partie de l'Asie. L'Oka fait de grands détours au sein des plus riches guérets de la Russie centrale, guérets mêlés de prairies, de marais, de bois. Passé Nijni, le pays, cessant d'être purement russe, nourrit à côté des communautés slaves des peuplades tatares, jadis seules maîtresses du sol. Il fut même un temps où tout le bassin du fleuve ne contenait pas une famille slave, mais uniquement des tribus finnoises et tatares. Jusque vers le Xe siècle, les Slaves restèrent confinés dans l'ouest de la Russie actuelle, sur le Dnieper, le Dniester, la Vistule. Alors leur métropole était *Novgorod*, république florissante, ville si redoutée qu'on disait au loin : « Qui peut lutter contre Dieu ou contre Novgorod la Grande ! » Elle fut détruite au XVIe siècle par un de ces tyrans dont l'histoire moscovite abonde ; elle a maintenant cinquante fois moins d'habitants qu'aux jours de sa force et de son éclat. La rivière où trempent ses maisons, la Volkhow, mène au lac Ladoga les eaux du lac Ilmen. Pendant que brillait Novgorod, des Slaves quelque peu tranformés par leur soumission à des aventuriers normands, établissaient leur seigneurie sur les Finnois du bassin de la Volga ; ils se renforçaient incessamment d'autres Slaves, venus comme eux de l'occident, et se fondaient avec les authochthones, mais en gardant leur langue. La cité régnante des ces Slaves impurs, Moscou, bâtie au milieu du XIIe siècle, prit le pas sur les deux grandes villes des Slaves purs, Novgorod et *Kiew*, cité sainte, qui escalade un escarpement du Dnieper. A peine délivrée des Tatares qui la foulèrent longtemps aux pieds, Moscou entreprit les conquêtes sans fin qui ont soumis à son peuple les Ruthènes, les Polonais, les Lithuaniens, les Finlandais, les Allemands de la Baltique, les Caucasiens, les Arméniens et les tribus du tiers de l'Asie.

Non loin de *Kazan*, en aval, débouche dans la Volga la puissante Kama qu'enflent mille torrents de l'Oural, la Biélaïa, ou Rivière Blanche, et la Viatka.

La Volga, désormais de la taille des très-grands fleuves, longe des collines aussi élevées que les monts Waldaï, d'où proviennent ses premières sources. Ces collines ont un très-grand air, parce qu'elles s'élèvent abruptement et qu'à leur pied la Volga se trouve presque au niveau de la mer. Mieux que les Waldaï, elles peuvent réclamer le nom de montagnes, ayant l'apparence sinon la réalité. De leurs sommets, la vue contemple des plaines immenses, océan d'herbes, avec des îlots d'arbres. Au delà des collines de Simbirsk et de Saratow, à l'isthme de Tsaritzin, la Volga se rapproche du Don, autre artère moscovite fort longue de cours, fort large et fort abondante. On dirait que les deux fleuves vont se confondre, mais tout à coup ils s'écartent, le Don à l'occident, la Volga vers l'orient. Déjà le fleuve coule à une altitude inférieure au miroir général. La mer où il va s'engloutir, la Caspienne, n'est autre chose qu'un lac énorme dont la surface se trouve au-dessous du niveau des océans.

Dans la dernière partie de son cours, la très-poissonneuse

Volga s'épand entre des plaines, où de grands mouvements de peuples se sont faits dans les deux derniers siècles. Il y a précisément cent ans, un chef solide quitta les rivages volgans et les bords des lacs saumâtres du steppe avec 400,000 Kalmouks, fils de Mongols, venus de la haute Asie centrale en deux émigrations, vers 1630 et 1730. Malgré l'armée russe, le chaud, le froid, le vent, les trombes de neige, la distance, malgré le désert, il regagna les plateaux paternels. Ainsi le vide se fait en orient devant les Slaves moscovites.

Au-dessus d'*Astrakhan*, ville de négoce en décadence (il s'y trouve encore des marchands russes arméniens, grecs, persans et tartares), à 80 kilom. de la mer, la Volga s'éparpille en chenaux enfermant un delta. Le bras le plus navigable s'appelle Bachtemir. Les vases du delta s'appuient sur le lit d'une mer peu profonde dont les troubles du fleuve aux eaux argileuses font un marais, embryon d'une terre ferme future. La Volga ne travaille pas seule à remplir la mer Caspienne ; l'Oural, fleuve plus long qu'abondant, qui serpente dans le désert où le Kirghize déplace au loin sa tente, l'Emba, le Kouma, le Kour, y contribuent aussi. Plus encore le Térek ; celui-ci plus abondant que long ; le delta de ce grand torrent, fait des neiges du plus haut Caucase, a gagné cent kilom. sur la mer.

La mer Caspienne s'étale à 27 ou 28 mètres en contre-bas du niveau de l'Océan, et les plaines du nord partagent sa dépression. Si, au lieu de se combler peu à peu d'alluvions par le charriage des fleuves, la Caspienne remontait à la hauteur générale des mers, la Volga s'achèverait dans les environs de Saratow. Aux temps inconnus, elle recouvrait ces plaines et d'autres avec. Elle communiquait avec la mer Noire par les terres basses au nord du Caucase. Le dernier reste du détroit d'aboutchement est la dépression curieuse du Manytch. D'un chapelet de marais dont les sauterelles broutent quelquefois les roseaux, sort languissamment le Manytch, affluent du Don. Dans la direction contraire, une autre traînée de lagunes, rattachées par un lent cours d'eau, conduit à la mer Caspienne. Un torrent issu du Caucase, le Kalaous, verse à la fois ses eaux de neige aux deux rivières dans la saison de la fonte. Il n'y a que deux cents ans on allait encore en bateau

4.

d'une mer à l'autre. Avec des barrages et le secours du Kouma on pourrait rétablir cette voie navigable.

Dans son bassin septentrional, la mer Caspienne a quinze à seize mètres seulement de profondeur, beaucoup moins sur les bancs de sable. Dans le bassin méridional le creux va de 500 à 900 mètres. Presque en face de la bitumineuse péninsule d'Apchéron et des langues de flamme de Bakou, un étranglement de 150 mètres de large donne entrée dans le Karaboghaz (Gouffre Noir), golfe qui s'allonge au loin, dans la direction de la mer d'Aral. Le Karaboghaz épargna peut-être à l'Oxus le tiers de son trajet vers la mer Caspienne, car il put recevoir un des bras de ce fleuve, jadis tributaire du lac Caspien. On ignore comment de mer en rapport avec les autres mers la Caspienne devint un lac privé d'un de ses plus grands affluents. Fût-ce par la diminution des pluies, qui auraient cessé de porter assez d'eau pour combattre l'évaporation? Fût-ce par la formation du Bosphore, qui aurait donné à la mer Noire une issue vers l'ouest? Y eut-il un soulèvement du sol au nord du Caucase?

Le Don fut connu des Anciens sous le nom de Tanaïs. Il s'arrête à la mer d'Azow, golfe de la mer Noire en diminution constante. Le Dnieper (Borysthène) se perd directement dans cette même mer Noire; il recueille les eaux des marais de Pinsk, grands comme un royaume, forme, aux environs d'Ekatérinoslaw, une série de *porogs* (rapides) et suit dans ses grands détours les grands détours du Don. Un de ses affluents, la Bérésina, engloutit en 1812 une vaillante armée française.

Le climat de la Russie est continental, excessif, très-chaud en été même dans le nord, très-froid en hiver même dans l'extrême sud. Il y a bientot 60 ans, l'armée française périt dans la neige et la glace après l'incendie de Moscou; il y a quinze ans, les Français et les Anglais faillirent geler devant les murs de Sébastopol. Du sud au nord, à mesure qu'on se rapproche de la mer Glaciale, de l'ouest à l'est, à mesure qu'on avance vers la Sibérie, l'un des empires du froid, le climat devient plus rigoureux. La moyenne annuelle de Saint-Pétersbourg n'arrive pas à 4 degrés, malgré la chaleur des mois où le soleil reste longtemps sur l'horizon.

Avec le Turkestan, récemment conquis, la population de l'empire russe dépasse certainement aujourd'hui 80 millions d'habitants, plus de deux fois la France. En 1864, elle était de 78 millions, dont 68 millions pour la partie européenne, 4 millions 1/2 pour le Caucase, 5 millions 1/2 pour la Sibérie et l'Asie centrale. Là-dessus, près de 60 millions sont Slaves, dont 55 millions de Russes : Grands-Russes ou Moscovites et Petits-Russes, ou Ruthènes, différant par le type, les traditions, le dialecte.

Les Grands-Russes, qui vivent dans les gouvernements groupés autour de Moscou, sont moins Slaves que les Petits-Russes, bien que l'hégémonie leur appartienne aujourd'hui parmi les Slaves, et que leur dialecte soit langue officielle. Les Petits-Russes font un peuple d'environ 14 millions d'hommes, habitant sur le Don, le Dniéper et le Dniester. Ils remplissent le gouvernement de Kiew, la Podolie, la Volhynie, Minsk, Mohilew, Grodno, une partie de Wilna, cela en Russie. Hors de Russie, ils peuplent la Gallicie orientale, à partir du cours du San, et trois comitats ou départements hongrois du bassin supérieur de la Theiss. Leur langue, peu éloignée du russe, se maintient à l'état d'idiome national, malgré la prépondérance croissante du moscovite, lieu commun de l'empire. Autrefois, le ruthène fut le dialecte littéraire des Slaves ; les vieilles lois, les anciennes chroniques, d'antiques poëmes, sont écrits dans ce langage. Les Petits-Russes possèdent ainsi tout ce qui compose une grande nation : le nombre, un vaste territoire, une langue ayant des monuments écrits. Malheureusement, établis sur la route entre l'occident et l'orient, entre la mer Baltique et la mer Noire, c'est-à-dire entre le nord et le sud, ils ont plus souvent obéi que commandé. Ils furent soumis à la Lithuanie, dont la cour adopta leur langue, puis quand les Lithuaniens s'unirent librement aux Polonais, ils firent partie de la Pologne jusqu'aux partages qui disloquèrent cette nation. La Pologne a conservé chez eux beaucoup d'adhérents.

Cinq millions de Polonais ferment le ban des Slaves de Russie.

A la suite de cette masse compacte arrivent près de 5 millions de Tartares, plus de 4 millions 1/2 de Finnois, 2 millions et 1/2 de Lithuaniens, 2 millions à 2 millions 1/2 de juifs, 850,000 Allemands. Le reste se compose par ordre décroissant, de Géorgiens, de Circassiens, de Roumains, d'Arméniens, de Mongols, de Suédois, de Grecs, de Bulgares, de Serbes. A un autre point de vue, il y a dans l'empire 57 millions de Grecs, près de 7 millions de Catholiques, près de 6 millions de Mahométans, plus de 4 millions de Protestants, 2,300,000 Juifs, 535,000 Arméniens, 480,000 Païens.

Les Russes forment un peuple bien doué, courageux, tenace, patriotique, très-intelligent, mais plus imitateur, il semble, que créateur. Ils ont le goût de l'agriculture, peu d'aptitude pour l'industrie, beaucoup pour le commerce. On raconte que des Juifs hollandais obtinrent une entrevue de Pierre le Grand, à l'époque où cet empereur voyageait pour s'instruire. Ils lui offrirent de l'argent en échange du droit de s'établir en Russie : « Gardez votre argent, mes amis, leur dit le Czar. Un Russe est plus matois que quatre Juifs. » Les mauvais côtés des Russes sont une docilité qui leur rend l'esclavage aisé, l'esprit de ruse, le penchant à la brutalité et à la cruauté. Le passé de cette nation formidable se compose de luttes stériles ou de vastes conquêtes au dehors. Son présent c'est, au dedans, l'affranchissement des serfs, la colonisation, l'accroissement rapide de la population ; à l'extérieur, la guerre et les annexions continuent. Son avenir paraît être celui de puissance prépondérante dans l'ancien continent, où elle peuplera un jour la moitié de l'Europe et la moitié de l'Asie. La langue russe, très-riche en mots, en formes sonores, poétique, difficile à acquérir, se répand avec la conquête et la colonisation dans l'ouest, le centre, le nord de l'Asie. Elle tend à devenir le lien national des nombreuses peuplades slaves qui vivent à l'abri du knout, en Autriche, en Hongrie, en Turquie, et quelque peu en Prusse, peuplades qu'étourdit le renom de la puissance russe. Aveuglées par des ambitieux, des docteurs, des historiens systématiques, elles semblent avoir hâte de disparaître avec leur originalité, leur vertu, leur langue dans la vaste mer de l'uniformité russe. Leur désir fou de perdre l'être fait une menace terrible du souhait fameux d'un poëte moscovite : « O Russie, en avant, et le monde t'appartient ! » Ce vers était un vœu, le voici prophétie. Dans ce grand entraînement vers la Russie, les Slaves de Bohême tiennent la tête, les autres suivent avec ferveur. Les étudiants, les orphéonistes et les gymnastes adoptent les costumes russes pour leurs réunions et leurs fêtes ; la langue russe est étudiée avec passion ; des sociétés dirigent vers la solitude moscovite ou polonaise les émigrants qu'attirait l'appel des États-Unis. On est allé jusqu'à tenter d'entraîner vers les forêts de l'Amour, vers la froide Mantchourie, les Tchèques déjà fixés dans le Grand-Ouest américain. De l'Adriatique à la mer Noire, des sources de la rivière de Berlin aux cimes d'où l'on voit bleuir l'Archipel, des peuples jeunes, puissants par leur foi même à la sainte Russie, ne cessent de lui crier : « vous êtes la grande race qui a reçu mission divine pour rallier les tronçons épars de la grande victime slave ! »

Sur l'uniformité de l'empire, sur ses plaines froides, toujours les mêmes, habitées par les mêmes Russes, parlant la même langue slave et professant la même religion grecque, cinq pays tranchent par des caractères originaux, la Pologne, les provinces Baltiques, la Lithuanie, la Finlande et la Crimée.

La **POLOGNE** envoie presque toutes ses eaux à un fleuve central, la Wisla, en français la Vistule, fille des Carpathes. La Vistule sort des monts Beskides, hauts de 1,500 mètres. Une faible partie du pays appartient à une rivière du bassin de l'Oder, la Wartha dont les flots naissants passent près du sanctuaire de Czenstochowa, où Notre-Dame de la Claire-Montagne a vu s'agenouiller devant elle des millions de pèlerins polonais et tchèques. Le nom de Pologne est le mot slave, *Pole*, plaine, défiguré par nous, suivant notre maussade habitude. La Pologne ne s'enfle en collines qu'au sud, en tirant sur Cracovie. Tout le reste du pays se prolonge en étendues plates, suite de champs, de prés, de bois, de marais.

Il y a deux cents ans, les Polonais dominaient sur d'immenses territoires : sur la Pologne russe actuelle, la Posnanie, une partie de la Silésie, la Poméranie, la Prusse orientale, la Gallicie, la Lithuanie, les provinces Baltiques, la Volhinie, la Podolie, l'Ukraine. Leur aristocratie bruyante, remuante, brave jusqu'aux dernières témérités, commandait de l'Oder au Dnieper, de la mer Baltique au voisinage de la mer Noire. Alors la Pologne était le premier des peuples slaves, la nation la plus forte du nord. Partagée à la fin du siècle dernier entre la Prusse, l'Autriche et la Russie, elle est morte comme puissance politique, mais elle survit comme peuple avec ses traditions, ses regrets, ses espérances, sa religion catholique, sa langue dure, mais virile, la plus développée des langues slaves et illustrée par de grands écrivains. Le domaine de ce vivant idiome ne s'arrête pas à la seule Pologne officielle, il s'étend aussi sur de vastes terres obéissant de force aux assassins de la nation. On parle toujours polonais dans une partie de la Prusse orientale, de la Posnanie, de la Silésie prussienne (Prusse); dans une portion de la Silésie autrichienne, de la Hongrie, de la Gallicie (Autriche); enfin dans les villes et dans certains districts ruraux de l'ancienne Lithuanie et du bassin du Dniéper jusqu'à Kiew (Russie). La Pologne russe n'a pas tout à fait 13 millions d'hectares, dont 2,350,000 en forêts. Elle compte cinq millions et demi d'habitants parmi lesquels plus de 750,000 juifs, environ le dixième des fils de Jacob répandus sur le globe. Dans ses anciennes limites elle nourrirait plus de 16 millions d'hommes, sur 72 millions d'hectares.

Les **PROVINCES-BALTIQUES** (**Esthonie, Livonie, Courlande**), contrée humide où il bruine toujours, ont à elles trois près de 2 millions d'habitants protestants, sur plus de 9 millions et demi d'hectares. Leur nom commun vient de leur situation sur la Baltique, la moins salée des mers. Nulle part le fond de la Baltique n'est recouvert de plus de 250 mètres de flots; la profondeur moyenne, peut-être, ne dépasse pas 50 mètres. Fermée presque hermétiquement à son débouché sur la mer du Nord, bras de l'Océan, par la Suède, l'archipel danois et le Jutland, très-peu chargée de sel, très-peu profonde, elle représente moins une mer qu'un grand lac en train de devenir lagune.

Si la Baltique a une très-faible teneur saline, la cause en est au grand nombre de fleuves abondants en toute saison qu'elle engloutit : torrents lapons, *elf* suédois, affluents des lacs finlandais, la belle Néva, qui déverse des mers intérieures, le Niémen, la Vistule, l'Oder, la Duna, maître fleuve des provinces Baltiques : les Lettes l'appellent Dangawa. Les provinces Baltiques forment dans l'ensemble un pays de marais, d'étangs, de lacs, de champs de céréales, de forêts profondes, séjour du loup, de l'élan, de l'ours. Les paysans y sont des Esthes, des Lives, des Lettes et des Lithuaniens. Les Esthes, de souche finnoise, habitent l'Esthonie et le nord de la Livonie ; leur langue est un grossier dialecte du finlandais. Les Lives, peuplade finnoise aussi, vivent sur une portion de la côte du golfe de Riga ; ils sont maintenant très-peu nombreux et à la veille de disparaître. Les Lettes, d'origine aryane comme nous, se donnent le nom de *Latno-Ichi* ; ils remplissent une partie de la Courlande, le sud de la Livonie, quelques cantons de la vieille Lithuanie et de la Prusse orientale. Leur langue, instrument de 1 million d'hommes, sur un territoire de 3 à 4 millions d'hectares, se maintient ferme dans son domaine, en face de l'allemand et du russe. Dans toute l'étendue des provinces Baltiques les bourgeois des villes et les grands propriétaires sont Allemands et parlent allemand. Ce pays deviendra, dans un avenir prochain, une pomme de discorde entre les Germains, qui veulent tout prendre, et les Slaves, résolus à ne rien céder. C'est à peine si les Allemands des trois provinces riveraines se montent à 130,000, le quinzième de la population. Toutefois ce faible nombre suffit pour qu'on réunisse souvent les trois gouvernements sous le nom commun de Provinces Allemandes, et pour que la « grande Allemagne » réclame toute la contrée comme sienne. Elle voudrait y reprendre pied et fêter ainsi une victoire nouvelle de la théorie si chère aux Germains du *Drang nach Osten*. *Drang nach Osten* signifie élan, impulsion, poussée vers l'est, et les Allemands se disent prédestinés à s'étendre indiscontinument vers l'orient aux dépens des Slaves, race inférieure d'après eux à la race germaine.

En face du rivage d'Esthonie et de l'entrée du golfe de Riga, deux îles relèvent de la Russie, Œsel et Dagoe. Œsel, peuplée d'Esthoniens, porte chez eux le nom de *Koure-Saar*. 50,000 ha bitants seulement y demeurent, sur plus de 500,000 hectares d'un sol bas, marécageux même, coupé de bois et de lacs. **Dago**, beaucoup plus petite, surveille la bouche du golfe de Finlande. Elle renferme des forêts. Malgré le voisinage de l'Esthonie, ses 10,000 insulaires sont en grande majorité des Suédois.

Au sud de la Courlande, dans les gouvernements de l'ancienne Lithuanie, dont la vie se confond avec celle de la Pologne, depuis l'union que les deux pays scellèrent à la fin du XIVe siècle, le lithuanien est l'idiome du peuple, le polonais celui des citadins, des nobles, des propriétaires. C'est de la Lithuanie que la Pologne a reçu son plus noble défenseur, Kosciuszko, et son plus grand poëte, Mickiéwicz. Le lithuanien perd journellement du terrain devant la grande langue slave, devant le polonais et devant le germain. Un million d'hommes s'en servent encore le long du Niémen, de la Wilia son affluent, de la Duna, sur un espace égal au patrimoine du lette, espace circonscrit par une ligne qui partirait de Labiau (Prusse), au nord-est de Kœnigsberg, passerait à Grodno, à Dunabourg, et aboutirait sur la Baltique à Libau. On ne connaît pas de langue aussi rapprochée du sanscrit par ses belles formes que l'idiome des campagnards de Lithuanie. Les Lithuaniens sont les frères aryas qui ont le mieux gardé le dépôt de notre verbe antique. Ils ont aussi conservé plus longtemps qu'aucune autre nation aryane l'antique paganisme de notre race. En 1386, l'année de l'union à la Pologne, ils adoraient encore les vieux dieux, Perkunos, Potrimpos, Poklus et Znicz dont des vierges entretenaient éternellement le feu sacré. A cette époque si voisine de la décrépitude du christianisme parmi nous, ils étaient demeurés simples adorateurs des forces naturelles, et les rapaces chevaliers teutoniques, guerriers qui se souciaient surtout de pillage et de conquête, les rendaient odieux à l'Europe encore fanatique, par le surnom de Sarrasins du nord. Pasteurs et nomades, ils avaient maintenu l'esclavage. L'arc en main, ils tenaient tête à leurs ennemis allemands ou slaves, et chassaient le zubr, énorme buffle qui n'a pas absolument disparu des vastes forêts lithuaniennes, au moins de la forêt de Bialowicza (220,000 hectares).

La **FINLANDE** (son nom finlandais, *Suomenmaa*, veut dire *Terre des Marais*) donne également sur la mer Baltique, à laquelle elle oppose un brise-lame de *skœren*, comme elle le fait vis-à-vis la Suède. C'est une contrée de marécages, de plateaux de mousse, de collines dont les plus élevées peuvent atteindre 400 mètres, de rochers, de forêts (10 millions d'hectares), de belles rivières, de puissantes cascades, de lacs dans des vasques de granit. Elle possède le rapide le plus bruyant, dit-on, de l'Europe, celui d'Imatra, formé par la Wuoxa, qui sort du lac Saïma (400,000 hectares) et se perd dans le lac Ladoga. Ce rapide a 35 mètres de chute en 6 ou 7 kilomètres.

Sur plus de 38 millions d'hectares, la Finlande n'a que 1,850,000 habitants protestants : 150,000 Suédois sur la côte et 1,700,000 Finlandais. Il y a cent cinquante ans, la population ne dépassait guère 150,000 âmes. Les Finlandais, peuple de souche finnoise allié aux nomades de la Russie et de la Sibérie septentrionales, aux tribus turques, aux Hongrois, parlent une langue extrêmement musicale, riche en mots, en formes, en cas, en procédés de dérivation. Dans ce poétique idiome survit en vers héroïques un cycle de légendes du temps païen.

A la Finlande ne s'arrête pas le territoire de ce beau langage, d'autres hommes en usent hors du grand-duché : dans l'Ingrie, que le golfe de la Néva sépare du sud de la Finlande, sur les lacs et dans les vallées du gouvernement d'Olonetz et jusque dans les plaines semi-polaires du gouvernement d'Arkhangel, sans compter l'Esthonie qui parle un dialecte de cette langue. Les Finlandais possèdent ainsi une région deux fois aussi étendue que la France, mais le climat, le sol rocheux, le nombre et l'ampleur des lacs n'y laissent vivre qu'un peu plus de 2 millions d'hommes. Le suédois se maintient dans les villes de la côte, depuis la conquête du pays par la Russie sur la Suède en 1809, et son importance est grande dans les affaires, l'administration, la politique et la littérature.

La capitale du grand-duché n'est plus **Abo**, port de la Baltique, c'est **Helsingfors** (26,000 habitants), sur le golfe de Finlande.

Au nord des cantons réellement cultivables, en marchant du fond du golfe de Bothnie vers l'océan Glacial, la LAPONIE RUSSE fait vivre quelques familles de chasseurs et de pêcheurs, au bord de ses fiords poissonneux et de ses lacs désolés. Des Lapons, des Finlandais, des Russes, des Suédois, des Norvégiens, des Queens, métis de Finlandais et de Lapons, forment en se réunissant les quelques milliers d'hommes de cette région rebutante, au ciel inclément et mélancolique.

Entre la Finlande et la Suède, dans la mer Baltique, les **Aland** (on prononce Oland) donnent asile à 16,000 Suédois, marins, laboureurs et bergers, sur 280 îles et écueils de granit.

La **CRIMÉE** (2 millions d'hectares; 250,000 habitants), l'Italie russe, est une presqu'île couverte aux trois quarts de montagnes calcaires. Elle donne sur la mer Noire et la mer d'Azow, à demi dessalées par les masses d'eaux douces que versent sans se lasser les torrents du Caucase, le Don, le Dnieper, le Dniester et le Danube. Son pic culminant, le Tchatyr Dagh, dépasse 1,550 mètres. La vigne et d'autres plantes du Midi croissent dans les vallons abrités de la Crimée. Des colons russes y prennent insensiblement la place de la population tartare qui émigre vers la Turquie : 300,000 des vieux possesseurs du sol ont déjà quitté le pays.

Cinq villes de Russie ont plus de 100,000 habitants.

Saint-Pétersbourg (540,000 habitants), capitale de l'empire, fut fondée en 1703, par Pierre le Grand, près du golfe de Finlande; elle s'allonge sur les bras de la profonde Néva, bleue et claire pendant six à huit mois et gelée pendant le reste de l'année. La Néva est le Saint-Laurent de l'Europe, seulement il n'y a pas de Niagara sur le trajet d'un de ses grands lacs à l'autre. Dans l'Onéga, aux rives de marbre, entrent des rivières qui ont traversé des lacs. Le Swir, large cours d'eau, mène au Ladoga le trop plein de l'Onéga; du Ladoga, que contribuent à remplir le Wuoxa et le Volkhow, sort la Néva, large de 400 mètres et assez profonde pour les navires. Les inondations de ce fleuve menacent la ville dans son existence même, quand les eaux du golfe de Finlande, poussées par les vents d'ouest, retiennent les eaux descendantes et en exhaussent le niveau. Saint-Pétersbourg a les beautés et les monotonies d'une cité régulière, des rues larges comme des boulevards, des maisons de bois ou de granit finlandais massives comme des palais ou des casernes. A quelque distance, sur un rocher du golfe, **Kronstadt** est le Toulon moscovite.

Moscou (350,000 habitants), en russe *Moskwa*, ancienne capitale, cité sainte des Russes, recouvre un espace immense : les quartiers populeux s'y mêlent aux jardins, aux parcs, aux prairies, aux bouquets de bois, aux champs cultivés, aux étendues vagues. Peintes ou dorées, les coupoles de 400 églises s'élancent de tous côtés dans les airs. Près de la Moskwa, sous-affluent de la Volga, le Kreml ou Kremlin, ensemble prodigieux de forts, de palais, d'églises, est le monument national de la Russie. Moscou est le séjour d'hiver chéri de la noblesse ; elle renferme plus de richesses que Saint-Pétersbourg ; elle a aussi plus d'importance réelle en qualité de grande cité commerciale et de premier centre industriel de l'empire.

Varsovie, en polonais *Warszawa* (prononcez Varchava), en amphithéâtre sur la *Vistule* (en polonais *Wisła*), fut la capitale de la Pologne ; elle en reste la première ville pour l'industrie et le commerce : 250,000 habitants dont un tiers de Juifs.

Odessa (120,000 habitants), sur la mer Noire, date de 1794. Elle exporte d'immenses quantités de céréales.

Riga (102,000 habitants), sur la Duna, près du golfe de Riga, importe et exporte pour les provinces Baltiques.

ALLEMAGNE.

L'Alsace et la Lorraine annexées restent pour nous en dehors de l'Allemagne, car la France garde le droit et ressaisira la force. Le Français vaut amplement l'Allemand, et la France, sol et ciel, plaine et mont, terre et mer, vaut plus que l'Allemagne. Quand la France reniera l'Alsace et la Lorraine, quand l'Alsace et la Lorraine renieront la France, le fait prendra force de droit. Jusque-là, non.

L'Allemagne (en allemand, *Deutschland*), centre de l'Europe, donne au nord sur une mer ouverte, la mer du Nord, chemin de l'Angleterre et de l'Amérique, et sur une mer fermée, la Baltique ; elle touche au sud l'Adriatique, qui mène à la Méditerranée, à l'Afrique, à l'Asie. Elle est reliée à l'orient hongrois, slave et roumain, et presque à l'Asie, par le cours de son plus beau fleuve, le Danube, et rattache l'Europe latine à l'Europe slave.

Y compris les provinces autrichiennes qui faisaient partie de la Confédération avant la bataille de Sadowa, et qui sont peuplées d'Allemands seulement ou d'Allemands mélangés de Slaves et d'Italiens, la surface de l'Allemagne allait à 72 millions d'hectares ; la France n'était donc que les trois quarts de l'ancienne Confédération. Aujourd'hui, l'Allemagne propre ou Confédération du Nord, avec ses annexes du sud, Hesse, Bade, Wurtemberg, Bavière, a 52 millions et demi d'hectares et pas tout à fait 38 millions d'habitants, ce qui la fait un peu plus petite, un peu moins peuplée que la France.

Si l'Allemagne nouvelle et l'Allemagne autrichienne renferment plusieurs millions d'individus n'appartenant pas à la nationalité germanique, hors de l'une et de l'autre, dans la Suisse allemande, dans les départements du Haut-Rhin, du Bas-Rhin, de la Meurthe et de la Moselle, dans le Luxembourg et le Limbourg, dans les provinces russes de la Baltique, vivent d'autres millions d'hommes qui ont conservé la langue allemande.

Vue de haut, l'Allemagne se relève au sud vers les Alpes. Au nord, elle s'abaisse vers la mer, par une plaine immense que l'Océan recouvrirait s'il montait de 150 mètres. Entre la plaine et les Alpes s'élèvent des montagnes moyennes. Comme l'a très-bien dit un poëte : « La haute montagne, la montagne moyenne et la plaine se suivent en Allemagne, du sud au nord, comme l'ode, l'idylle et la prose. »

Les massifs du Pelvoux, du mont Blanc, du mont Rose, les oberlands bernois et valaisan, la Bernina, les géants des Alpes appartiennent à la France, à la Suisse et à l'Italie. Les systèmes alpins formant au sud de l'Allemagne une énorme barrière entre les populations germaniques et italiennes ont aussi une grande élévation. Les massifs de l'Ortler, de l'Œtzthal, du Stubaier, le groupe des Hauts-Tauern, que domine l'obélisque du

Gross-Glockner, portent des neiges éternelles sur leurs montagnes de gneiss, de schiste, de micaschiste, de granit, dépassant 3,000 mètres, allant presque à 4,000. Mais ils ne relèvent plus de l'Allemagne depuis cinq ans ; ils font partie de provinces autrichiennes qui ont quitté la Confédération germanique après Sadowa. Les Alpes bavaroises, beaucoup moins hautes, possèdent les points culminants de l'Allemagne dans ses limites du jour.

Les chaînes de l'Allemagne centrale ont deux fois moins d'élévation que les Alpes bavaroises ; la plupart n'arrivent pas à 1,000 mètres. Une seule, le Riesengebirge (montagne des Géants), d'où descend l'Elbe, atteint la hauteur de 1,600 mètres. Presque toutes sont composées de monts gracieux, appartenant aux formations géologiques les plus diverses, et bien différentes des hautes cimes stériles des Alpes, d'où les rochers brisés s'écroulent en avalanches.

Semblables à nos Vosges, elles attirent par le charme indicible d'une nature que l'homme n'a pas encore violée, par le calme de leurs solitudes, la profondeur de leurs forêts, la mélancolie de leurs lacs, la pureté de leurs torrents, la grâce de leurs cascades, la grandeur de leurs ruines féodales. De leurs roches gazonnées, des clairières de leurs forêts supérieures, le regard se perd en été sur une mer de verdure, en hiver sur un linceul de neige, que parsèment d'obscurs îlots de sapins aux aiguilles frangées de blanc par les frimats.

Ainsi se présentent le Schwarzwald, ou forêt Noire (1,495 mèt.), aux sommets arrondis noirs de sapins comme les ballons des Vosges, le Thüringerwald, ou Forêt de Thuringe, « Arcadie allemande », et le Fichtelgebirge (Monts des Pins), où les cultures alternent avec les forêts.

Quelques groupes ont des formes plus sévères, tel le massif basaltique du Rhœne qui, dit un géographe allemand, étonne ceux mêmes qui connaissent l'extrême Nord par une stérilité égale à celle des hautes régions scandinaves. Vers les sources d'une des deux branches du Weser, le Vogelberg, autre groupe de montagnes désolées, est une des plus grandes masses basaltiques connues. Sur la rive gauche du Rhin, les monts de l'Eifel, volcans éteints, se recommandent par d'anciens cratères changés en lacs. Du côté opposé de l'Allemagne, le Riensengebirge

(1,601 mèt.) couvre la Suisse saxonne de ses superbes falaises et de ses monts cubiques.

Des montagnes moyennes à la mer s'étend, à des centaines de kilomètres, la basse plaine allemande, qui se relie du côté de l'est à celle de la Russie, et vers l'ouest à celle des Pays-Bas et à la France septentrionale. Région d'une extrême monotonie, si l'on n'y rencontrait des lacs aux rives boisées, de grandes forêts, des dunes et des mamelons assombris par les pins, des collines que leur isolement et l'uniformité de la contrée grandissent. Soigneusement cultivée par des paysans qui arrachent au sol tout ce qu'il peut produire, elle nourrit autant d'hommes que si elle était généralement fertile, et ses habitants exercent plus que jamais, par leur ville de Berlin, une influence décisive sur les destinées de l'Allemagne.

La contrée qui borde le littoral jusqu'à une certaine distance dans l'intérieur déploie au loin des landes élevées en moyenne d'une quinzaine de mètres au-dessus de la mer, et des prairies occupant la zone aqueuse naguère couverte de marécages. Quelques-unes de ces prairies occupent 1000, 5000, 10,000 hectares et au delà. A l'est de l'Elbe, dans le Mecklembourg, la Poméranie, la Prusse orientale et la Posnanie, les lacs couvrent en certains districts la moitié du territoire.

Les côtes allemandes se prêtent mal à l'active navigation d'un peuple émigrant et commerçant. Elles bordent à l'ouest la mer du Nord, à l'est la Baltique. Le long de la mer du Nord, profonde de 20 à 30 mètres dans ces parages, le rivage est bas. Les lames de l'Océan y ont dévoré au moyen âge et jusqu'à nos jours de vastes campagnes, dont il ne reste que des îles ou des bancs de sable; l'ancien littoral est indiqué par une série d'îlots en partie rongés. Cependant sur la plus grande partie des côtes, les agriculteurs ont accepté le combat avec le flot, ils lui arrachent des lambeaux de terre, rattachent les îles au continent par des chaussées insubmersibles et dessèchent les marais qu'avait envahis la mer.

Sur le rivage de la Baltique, le domaine des eaux s'est, au contraire, rétréci par la formation de flèches sablonneuses ou *nehrungen*, qui ont séparé de la mer des estuaires ou *haff*, graduellement transformés en terre ferme, grâce aux alluvions des fleuves. Le Niemen, la Pregel, fleuve de Königsberg, l'Oder débouchent dans des haff fermés par des nehrungen. Le Niémen ou Mémel est surtout un fleuve russe. La Prégel entraîne à la Baltique les déversoirs de beaucoup de lacs de la Prusse orientale.

L'Oder descend des forêts de sapins d'une montagne de la Moravie. Il voyage d'abord au milieu de populations slaves, et son principal affluent, la Warthe, rivière de plaine, se tient presque constamment en territoire polonais. L'Oder baigne Breslau et forme le port de **Stettin**, Nantes dont le Saint-Nazaire est Swinemunde, à l'une des deux embouchures du haff. La longueur de ce fleuve dépasse 900 kilomètres, l'étendue de son bassin approche de 31 millions d'hectares, dont une bonne partie en Autriche et en Pologne.

Plus à l'ouest, l'Elbe, artère centrale de l'Allemagne, se mêle à la mer du Nord par le long et large estuaire que sillonnent les navires de Hambourg, la ville affairée. L'Elbe arrive toute faite de la Bohême par de superbes défilés dans des montagnes de grès. Elle passe à Dresde et serpente dans la grande plaine de l'Allemagne du Nord. Sa masse d'eau l'emporte sur celle de l'Oder; sa longueur, quelque peu supérieure à celle de notre Loire, n'atteint pas tout à fait 1100 kilomètres; son bassin comprend plus de 15 millions d'hectares.

Au loin dans la mer, en face de l'estuaire de l'Elbe, HELGOLAND surveille la côte allemande. Il y a 800 ans Helgoland s'étendait sur 80 à 100,000 hectares; elle avait des champs, des prés, des troupeaux, des villes. Les Anglais règnent sur cette île devenue un îlot de grès bigarré de 1400 hect., mal défendu par une falaise de 60 mètres de haut qui s'écroule jour à jour dans le flot. Les Allemands redemandent cette île avec insistance à la Grande-Bretagne : « Campagne verte, falaise rouge, rivage blanc, c'est Helgoland. »

Vis-à-vis d'Helgoland arrive aussi en mer le Weser, issu de l'Allemagne centrale. Ce fleuve a pour branche mère la Werra qui se forme dans la forêt de Thuringe. Renforcé notablement par la Fulda, il passe des jolies montagnes moyennes du centre à l'uniforme laideur de la plaine septentrionale. Son grand port, situé assez avant dans les terres, **Brême** (75,000 habitants), est avec Hambourg le principal point de départ de l'émigration allemande ; c'est à milliers quelquefois par semaine que les futurs citoyens des États-Unis, de l'Australie, du Canada quittent ses quais pour le pont des navires. Le Weser, beaucoup moins considérable que l'Oder et que l'Elbe, a 500 kilomètres de long, avec un bassin de moins de 5 millions d'hectares.

Le Rhin est cher aux Allemands par les souvenirs de leur histoire, par les sites grandioses de sa vallée et surtout par la prétention qu'avaient beaucoup de Français d'en posséder toute la rive gauche. Ce fleuve superbe ne prend pas sa source « au pied du mont Adule, entre mille roseaux, » il sort des glaciers de la Suisse centrale, traverse le lac de Constance (le premier de l'Allemagne pour l'étendue), perce les assises du Jura par la fameuse cascade de Schaffouse, puis s'engage, à Bâle, dans la magnifique plaine rhénane comprise entre les Vosges et la forêt Noire. Au-dessous de Mayence, le Rhin se fraye une issue à travers les monts schisteux de l'Odenwald, baigne la base des anciens volcans du Siebengebirge, et coule en aval de Cologne à travers des plaines presque horizontales. En Hollande, son delta se mêle à celui de la Meuse et de l'Escaut. Le cours du Rhin est de 1320 kilomètres, son bassin de 22 à 23 millions d'hectares.

Le Danube ou Donau, fleuve autrement considérable que le Rhin, n'appartient à l'Allemagne que par son cours supérieur. Grossi des torrents verts de la Bavière, puis de l'Inn, rivière suisse et tyrolienne, qui lui porte plus d'eau qu'il n'en a lui-même, il passe à Vienne, traverse la Hongrie et va se perdre dans la mer Noire.

En Allemagne le climat est assez uniforme. Le sol s'y relevant constamment vers le sud, l'influence de l'altitude compense au midi l'influence de la latitude dans le nord. Augsbourg et Munich ont en moyenne un climat plus froid que Breslau, Stralsund et Copenhague ; Hambourg a presque la même température annuelle qu'Innsbruck. De l'ouest à l'est se fait sentir un notable accroissement des froids de l'hiver. Dans cette direction la température moyenne de l'année s'abaisse : c'est qu'en marchant vers l'est, on s'éloigne des grandes étendues maritimes qui portent les vents chauds du sud-ouest et les vents humides du nord-ouest ; on cesse d'être sous l'influence du courant du Golfe et l'on se rapproche de la grande masse continentale de la Russie et de la Sibérie, d'où viennent les vents glacés de l'est. La chute moyenne annuelle des pluies va de 53 centimètres dans le nord, à 68 ou 69 dans le sud.

En résumé, le climat de l'Allemagne est celui de la zone tempérée froide : la température moyenne annuelle y oscille entre 6° 50 et 11°. La végétation varie suivant la latitude, plus encore suivant l'altitude, l'exposition et la plus ou moins grande distance de la mer. Quelques contrées favorisées, les vallées de la Moselle, du Rhin, du Neckar se vantent de ce qu'elles appellent leur « noble vin de feu. » L'Allemagne a plus de droits à s'enorgueillir de ses forêts, les mieux soignées, les plus sagement aménagées du monde. Elles couvrent plus de 11 millions d'hectares.

Dans l'ancienne Confédération germanique, qui laissait hors de son sein beaucoup moins d'Allemands que l'Allemagne officielle actuelle, vivaient 52 millions d'habitants, sur lesquels 8 à 9 millions de Slaves, 150,000 Danois, 150,000 Lithuaniens, 500,000 Italiens, 10 à 12,000 Wallons ou Français. Les 42 millions d'Allemands proprement dits, fort mélangés d'ailleurs de Celtes, de Slaves, de Hongrois, de Finnois, s'accroissent rapidement par le surplus des naissances, mais cet accroissement est peu de chose en comparaison de ce qu'il serait sans l'émigration.

Habitant un pays dépourvu de frontières naturelles, si ce n'est du côté du sud, les Allemands n'ont cessé de déborder sur les contrées environnantes, autrefois comme conquérants, aujourd'hui plutôt comme industriels, commerçants et laboureurs. Ce sont eux qui détruisirent le monde romain et fondèrent le royaume des Lombards en Italie ; ils envahirent les Gaules et renouvelèrent jusqu'à la Seine les populations devenues dans la suite la nation française. A la même époque et plus tard, ils contribuèrent par les Saxons et les Normands à modeler le fond celtique qui est aujourd'hui le peuple anglais ; plus tard encore, ils conquirent par le fer, mais gardèrent par la charrue, par les métiers, par le travail, de vastes contrées habitées par des Slaves barbares et des Lithuaniens païens, et ce mouvement de colonisation et de civilisation dure encore. Les Allemands sont les éducateurs de l'Orient slave et hongrois. Ils en furent souvent les bourreaux, témoin la Pologne.

Nous, issus de Rome, nous leur devons bien moins qu'ils ne nous doivent. Jadis ils nous portèrent la féodalité à la place du municipe. Au seizième siècle ils murèrent dans la Réforme l'esprit humain auquel des savants, des sceptiques, des artistes de France et d'Italie ouvraient la porte du monde. Au siècle dernier, ils courtisaient leurs petits princes pendant que la France faisait un pas immense en avant. Récemment ils nous ont prouvé que le fond de leur morale est la *Zweckmœssigkeit* (la fin justifie les moyens).

Nous connaissions mal l'Allemagne. Elle nous a montré que son dernier mot, c'est la discipline quasi-pécudesque, la science aux ordres de l'ambition, la brutalité au service de la violence et l'orgueil national tenant du délire. Orgueil mêlé d'injustice qui rend insupportables leurs plus beaux livres et leurs revues les plus savantes. On s'y lasse de l'éternelle divinisation de l'esprit allemand, du cœur allemand, de la profondeur allemande, du sérieux allemand, du courage allemand, de la bonté allemande, de la force allemande, de la beauté allemande, de la pureté allemande, du vin allemand, de la bière allemande.

S'ils possédaient toute la ténacité dont ils se vantent, ils auraient fait de l'Europe une Allemagne, mais leur malléabilité, leur servilité naturelle, leur facilité à apprendre plus qu'à prononcer toutes les langues les ont noyés au milieu de peuples qu'ils auraient pu façonner. La supériorité dans l'agriculture, dans l'industrie, dans le commerce, la supériorité numérique même ne les a pas empêchés de se fondre, et telle ville, telle contrée où l'on ne connaît plus la langue teutonne n'est peuplée que d'Allemands ayant gardé leurs noms tudesques ou les ayant traduits en slave, en hongrois, en italien. Quelques-uns des chefs principaux du mouvement national slave en Bohême, en Moravie, dans l'Autriche du sud, mouvement tout à fait antigermanique, portent des noms purement allemands.

Sans colonies, les Allemands colonisent partout : avec les

Anglais dans les contrées où se parle l'anglais; avec les Russes partout où règne le tzar. Ils ont fourni aux États-Unis des millions de citoyens, aux jeunes nations de l'Amérique du Sud des travailleurs actifs, des commerçants, des professeurs. Ils s'établissent en Algérie, en Australie, dans la Nouvelle-Zélande, dans les îles de la mer du Sud. Les Allemands sont le peuple cosmopolite par excellence. Le Saxon, le Hessois, le Souabois, et à un moindre degré le Prussien et le Bavarois ont pour patrie la terre entière.

Le monde est redevable à l'Allemagne. Elle ne lui fournit pas seulement des colons; elle lui a donné des génies scientifiques (ne nommons que Kepler et Leibnitz), deux des dix ou douze grands poëtes de l'humanité, des musiciens qui ne sentent de rivaux, s'ils ont des rivaux, qu'en Italie. Avec la vieille Grèce, Rome, l'Italie, la France et l'Angleterre, ce sont les Allemands qui ont le plus apporté au trésor de l'intelligence et de l'art. Aujourd'hui c'est avant tout le peuple chercheur, malheureusement ses savants cherchent trop ou croient trop avoir trouvé; ils s'embrouillent souvent et s'expliquent d'habitude assez mal.

Les divisions politiques de l'Allemagne, fort compliquées avant la guerre qui s'est terminée si brusquement par le coup de théâtre de Sadowa, sont encore très-bizarres. La Prusse, qui se composait, avant 1866, de deux grands tronçons, celui des plaines du nord-est et celui des contrées rhénanes, s'est annexé le Hanovre, le Sleswig-Holstein, la Hesse-Cassel, Nassau, et s'est en outre subordonné divers États, la Saxe, Oldembourg, le Brunswick, une moitié de la Hesse-Darmstadt. Elle a dû abandonner le Luxembourg, mais au sud du Mein, qui est censé séparer de la Confédération prussienne les pays restés soi-disant indépendants, le grand-duché de Bade, le Wurtemberg et la Bavière lui obéissent, et l'Allemagne autrichienne, rejetée en dehors de l'alliance, forme, avec la Hongrie et les provinces slaves, l'empire d'Autriche, avec une ville allemande, Vienne, pour capitale.

La **CONFÉDÉRATION DU NORD** a 41 millions et demi

d'hectares et 30 millions d'habitants, c'est-à-dire 73 habitants par kilom. carré, plus que la France; or elle devrait entretenir beaucoup moins d'habitants que notre pays, car ses grandes plaines du nord sont peu fertiles, et dans l'ensemble elle vient bien après la France pour la bonté du sol et les faveurs du climat. La Confédération du Nord comprend la Prusse et ses annexions récentes, le royaume de Saxe et vingt autres petits États.

La **PRUSSE** nouvelle, un peu moins peuplée proportionnellement que la France (69 habitants par kilomètre carré au lieu de 70), compte, sur un peu plus de 35 millions d'hectares, 24 millions de citoyens, dont 7 millions et demi dans les villes. Près de 3 millions d'hommes y relèvent de nationalités autres que l'allemande : 2,500,000 Polonais et près de 150,000 Danois ont conservé leur langue, leurs traditions et l'espoir de se regreffer au tronc dont ils ont été coupés. Les Polonais habitent la Prusse orientale, le duché de Posen et la Silésie; les Danois, le Sleswig septentrional. 150,000 Lithuaniens, nationalité mourante, vivent sur les confins de la Lithuanie russe ; 50,000 Slaves tchèques dans la Silésie ; 86,000 Wendes, des Slaves aussi, sur la frontière de Saxe, à côté des 50,000 autres qui se trouvent encore dans ce royaume. Les 10,000 à 12,000 Français wallons de l'Allemagne habitent sur les confins de la Belgique, au sud d'Aix-la-Chapelle.

La **SAXE**, traversée par l'Elbe, ne fait pas 1,500,000 hectares, mais la population y dépasse 2,400,000 âmes, soit 162 individus par kilomètre carré, presque autant que la Belgique (166), plus du double de la France. La Saxe doit cette densité à l'activité prodigieuse de ses industries. Presque la moitié des habitants y logent dans les villes.

Dans la Confédération du Nord il y a plus de 21 millions de Protestants, au delà de 8 millions de catholiques et 350,000 juifs.

L'allemand qu'on y parle dans quelques provinces, dans la Saxe par exemple, à Hanovre, à Brême, passe pour le plus distingué. La langue allemande, très-riche, forte, non sans dureté, admirablement poétique, est mal armée pour la prose, enchevêtrée, et perd sa clarté par l'abus de mots composés qui ne répondent pas toujours à une idée précise. En Allemagne même, elle se divise en deux grands dialectes, aussi éloignés que la langue d'Oui et la langue d'Oc en France. Le haut allemand est l'allemand littéraire. Le plat allemand se parle dans les campagnes et dans les petites villes du Nord, principalement dans le Mecklembourg où les classes élevées mêmes ne le dédaignent pas. Il sert à près de 10 millions d'hommes : par transitions, il devient au bord de la mer le hollandais et le flamand, qui seraient deux patois informes si des écrivains de génie n'étaient intervenus. Les dialectes germains conservent toujours de la vigueur, de la richesse, de la substance, mais ils tombent facilement dans une très-grande grossièreté de son et d'accent.

Six villes en Allemagne dépassent 100,000 hab.

Berlin (800,000 hab.) grandit avec rapidité, en dépit de sa situation dans une plaine inféconde, au milieu des sables et des pins. Elle s'étend sur une traînante rivière, la Sprée, affluent de la Havel, cours d'eau qui lui-même s'écoule dans l'Elbe par un chapelet de lacs. Berlin, régulière et monotone, naquit comme Paris sur une île et a comme Paris sa cité, sa rive droite et sa rive gauche. Beaucoup de ses maisons de brique recouverte de ciment ou de mortier ressemblent à des palais par leurs statues et par leurs colonnades, mais c'est moins pour ses monuments uniformes que pour la tristesse et la solitude des grandes plaines d'alentour que Berlin a été qualifiée de Palmyre du Nord. Cette ville, qui n'avait que 6,000 hab. au commencement du règne de Louis XIV, s'est développée sur un territoire originairement peuplé de Slaves. Le caractère, les aptitudes de sa population germaine y ont été aussi modifiés par le mélange avec les juifs et surtout avec les milliers de calvinistes fuyant la France après la révocation de l'édit de Nantes. Les Allemands, qui reprochent aux Français de s'appeler eux-mêmes la Grande Nation, nomment ingénument Berlin la capitale de l'intelligence. C'est, en tous cas, un centre industriel très-important, et après Hambourg la première cité commerçante de la Confédération du Nord.

Hambourg (225,000 hab.), sur un bras de l'Elbe, à 100 kilom.

de l'embouchure de ce fleuve, premier port du continent européen après Marseille, promène le pavillon allemand sur toutes les mers. Hambourg fut une des villes anséatiques, avec **Lubeck** (37,000 hab.), qui resta longtemps plus commerçante qu'elle, et avec Brême.

Breslau (172,000 hab.), sur l'Oder, commande à la Silésie, une des provinces jadis slaves, graduellement germanisées par l'immigration allemande.

A **Dresde** (156,000 hab.), il y a tant de tableaux, d'objets d'art que cette capitale du royaume de Saxe a reçu le surnom de *Florence allemande*. Dresde s'étale dans une position ravissante, sur l'Elbe, qui vient de quitter sa prison de Bohême par un défilé pittoresque.

Cologne (en allemand *Köln*) a 125,000 hab. Au-moyen âge ce fut un grand centre religieux, commercial, financier, la première ville allemande. On disait proverbialement : Londres en Angleterre, Paris en France, Rome en Italie, Cologne en Allemagne. Cologne borde le Rhin. Elle a choisi pour élever son église, qui doit être la plus belle du monde, un siècle où les cathédrales ne sont plus la force et l'honneur des cités.

Kœnigsberg, sur la Prégel, est un port animé, mais les gros vaisseaux s'arrêtent à Pillau.

Hors de la Confédération du Nord, le **GRAND-DUCHÉ DE BADE** (1,530,000 hectares ; 1,435,000 hab., deux tiers catholiques) ressemble à l'Alsace, qui lui fait vis-à-vis de l'autre côté du Rhin. Ainsi qu'elle, le grand-Duché se compose d'une plaine féconde et peuplée, de délicieuses vallées et de gorges dont les charmants ruisseaux descendent, clairs, rapides, tapageurs, du haut de mamelons couronnés de sapins. Seulement à Bade ces sapins et ces monts arrondis s'appellent la forêt Noire, et en Alsace les Vosges. **Carlsruhe** (32,000 hab.), la capitale, ne vaut pas **Mannheim**, ville de commerce, elle-même moins connue et moins visitée que **Bade**, ville des plaisirs et du jeu de hasard.

Stuttgart, jolie ville de 70,000 habitants, à 4 kilom. du Neckar, est le chef-lieu du **WURTEMBERG** (1,950,000 hec tares; 1,778,000 hab., plus des deux tiers protestants). Le Wurtemberg a sa part de la forêt Noire, presque tout le bassin du Neckar et une portion de la plaine du Danube. C'est l'ancienne **Souabe**, pays sympathique, par la grâce de ses paysages et surtout par les bonnes et belles qualités de son peuple, intelligent et artiste, confiant, débonnaire, laborieux, attaché à ses devoirs et comme habitué à fournir à l'Allemagne des hommes de talent et de génie.

La **BAVIÈRE**, sur plus de 7 millions et demi d'hectares, ne nourrit pas tout à fait 5 millions d'habitants, dont plus des sept dixièmes catholiques. Elle comprend quelques admirables versants des Alpes, la haute plaine du Danube (la plus vaste des plaines élevées d'Allemagne : 500 à 650 mètres d'altitude), la Franconie ou région des sources du Mein, et, sur la rive gauche du Rhin, le Palatinat qui touche à deux de nos départements, le Bas-Rhin et la Moselle.

Comme **Dantzig** en Prusse, et plus que Dantzig encore, **Nuremberg** (80,000 hab.) a mieux conservé ses maisons du moyen âge qu'aucune autre grande ville de l'Europe centrale. Dans presque toutes les rues on dirait qu'on n'a remué ni pierre ni poutre depuis le XVIe siècle. Bien que riche et toujours industrieuse, Nuremberg a moins d'or et d'hommes qu'autrefois, lorsque « le moindre de ses citoyens vivait plus à son aise que le roi d'Écosse : » tel était à peu près le dicton. **Augsbourg** (50,000 hab.) a baissé aussi ; elle n'est pas, comme aux débuts de la Réformation, la cité la plus opulente de l'Allemagne du Sud, et ni d'elle ni de quatre autres villes, on ne peut plus dire avec le vieux proverbe allemand : les canons de Strasbourg, l'esprit de Nuremberg, la force de Venise, la magnificence d'Augsbourg, l'or d'Ulm dominent le monde.

Munich (en allemand *München*), a succédé à Augsbourg et à Nuremberg; elle compte 170,000 habitants et héberge beaucoup de peintres, de sculpteurs, de musiciens. La présence de ces artistes, ses vastes monuments modernes copiés sur le grec, la richesse de ses galeries et de ses collections d'art l'autorisent quelque peu à se traiter d'*Athènes allemande*. Elle se flatte avec plus de justice d'être la capitale de la bière ; nulle part on n'en boit autant et de meilleure. Munich, résidence du roi de Bavière, n'a point une situation avantageuse, et sa prospérité est d'ordre administratif et factice. Elle s'élève à 588 mètres d'altitude, dans une plaine de graviers élevée, froide, nue et laide, en vue des Alpes, le long du rapide Isar aux belles eaux vertes.

Le **LUXEMBOURG** (260,000 hectares, 200,000 hab.) ne fait pas partie de la Confédération du Nord. Officiellement il dépend du roi de Hollande et s'administre à son gré. Compris entre la Prusse, le Luxembourg wallon ou belge et le département français de la Moselle, il parle un patois allemand. Tous les Luxembourgeois professent le catholicisme. La capitale, **Luxembourg**, contient 15,000 habitants. Sa rivière, l'Alzette, appartient au bassin de la Moselle.

AUTRICHE.

36 millions d'habitants, 2 millions de moins que la France, sur un espace de 62 millions d'hectares, 8 millions de plus que notre territoire ; 58 individus par kilomètre carré, 70 chez nous, voilà l'Autriche comparée à la France.

Le Danube est le grand lien de l'empire d'Autriche.

Dans le grand-duché de Bade, à environ 700 mètres d'altitude, près de Donaueschingen, dans une plaine marécageuse qui fut un lac, se rencontrent deux jolis torrents, nés dans les sapinières de la forêt Noire, la Brege et la Brigach. Ils forment la Donau des Allemands, le Danube, long de 2,800 kilomètres, second fleuve de l'Europe. Plus court que le Volga de quelques centaines de kilomètres, ayant un bassin presque deux fois plus petit (80 millions seulement d'hectares contre près de 150 millions), le Danube l'emporte de beaucoup sur le fleuve russe par la beauté de ses rives, les souvenirs historiques, la diversité des peuples qui vivent sur ses bords et la direction de sa vallée : il mène de l'Orient aux montagnes de l'Europe civilisée, tandis que le Volga conduit des déserts de l'Asie centrale aux froides forêts de la Russie du Nord. Avec la Méditerranée, le Danube est le grand chemin de l'Europe à l'Asie.

La Donau se grossit des eaux vertes qui lui viennent des Alpes de la Bavière, de la Suisse et du Tyrol plus que des petites rivières moins pures que lui envoient les plateaux de la Souabe. Elle-même serait d'un beau vert clair sans les particules argileuses que lui verse le ravinement des pluies d'orages. En général, le Danube est quelque peu louche : *turbidus et torquens flaventes Ister arenas* (1). Il se renforce de l'Inn, l'une des trois ou quatre grandes rivières des Alpes, plus considérable au confluent que le Danube : c'est qu'elle arrive enflée par les glaciers des Grisons, canton suisse dont elle s'échappe en se tordant au fond des gorges de Finstermunz ; les *ferner* ou glaciers du Tyrol et du pays de Salzbourg en font plus bas un très-puissant cours d'eau.

Au-dessous de Linz, vers Grein, la vallée du Danube s'étrangle entre les contre-forts des Alpes et des monts de Bohême ; le lit du fleuve se resserre ; un moment il n'y a plus même 100 mètres d'une rive à l'autre, des rochers tourmentent les eaux qui s'effarent, se brisent et tournoient. Ce passage célèbre se nomme le *Wirbel* ou le *Strudel* (remous, tourbillon).

Délivré des gorges de la haute et de la basse Autriche, le Danube passe à Vienne. Il reçoit par la March ou Morava les eaux de la Moravie, entre dans les plaines basses de Hongrie en aval de Presbourg, absorbe la Drave et la Save, venues des Alpes calcaires, engloutit la traînante et sinueuse Theiss, rivière centrale de Hongrie, puis pénètre en Turquie et tombe dans la mer Noire.

Hormis le littoral de l'Adriatique, la Bohême, qui dépend du bassin de l'Elbe, la Silésie et la Galicie inclinées vers la Vistule et le Dniester, toute l'Autriche relève du Danube.

L'Autriche tient sa bonne part des Alpes. Dans le **TYROL** et les monts de Salzbourg, dans les massifs de l'Ortler, de l'OEtzthal, du Stubaier, des Hauts-Tauern ou Gross-Glockner, elle rivalise

---

(1) Le Danube trouble, roulant des sables jaunes.

avec la Suisse pour l'étendue des glaciers, la hauteur et l'abondance des cascades, la fraîcheur des pâturages, le charme des lacs retenus par des digues de roches aux étranglements des vallées. Par un point les Alpes Tyroliennes triomphent même des oberlands helvétiques : la végétation y étale beaucoup plus de richesse et de variété. Il y a 309 glaciers grands et petits en Tyrol, rien que dans l'OEtzthal et le Stubaier ; le seul OEtzthal renferme 57,500 hectares de glaces, le Tyrol entier 126,500. Là montent les premiers sommets de l'empire, le Gross-Glockner (3,795 mètres) et l'Ortler (3,907 mètres). Nombre de pics dépassent 3,000 mètres.

Dans les monts de la basse Autriche, compris entre l'Ens et le célèbre passage du Sommering, aucun sommet n'atteint 2,300 mètres. Au sud-est, dans les Alpes calcaires où les populations allemandes font graduellement place aux Slaves, les cimes très-élevées sont rares. Le Karawanka, entre la Drau et la Save, se redresse en magnifiques arêtes calcaires d'un rouge pâle ; mais son plus haut piton se tient modestement à 2,280 mètres. Le Terglou, qu'entourent les sources de la Save, a plus de 2,830 mètres ; son nom slave, Triglav, signifie les trois pointes. C'est lui qui porte les dernières glaces orientales des Alpes. On dit que de son sommet se déploie le panorama le plus grandiose de l'Autriche.

Au midi de la Save, et jusqu'au rebord des versants stériles qui longent de près l'Adriatique, s'étend le Carst, plateau de 500 mètres d'altitude. Le Carst, pays calcaire par excellence, tire son originalité de l'âpreté de ses roches vives, de la déchirure et de la cassure de ses arêtes, de la profondeur de ses cavernes, où fuient dans l'ombre, en sourdes cascades, des torrents que revomissent près de la mer des sources magnifiques. Le Timave, rivière de 50 mètres de largeur, qui se jette dans l'Adriatique après un seul kilomètre de cours, reçoit des lacs enfermés sous le Carst le cristal de ses sept fontaines. Les sources du Timave jaillissent au pied de la roche, près de Duino, non loin de Trieste. Les eaux de cette fontaine de Vaucluse sont celles de la Recca, torrent qui s'engouffre avec fracas, près de Neukofl, dans une galerie du Carst.

Une autre rivière transparente sort du sol de l'autre côté

des monts, dans le bassin du Danube : c'est la Poïk. Elle se perd sous terre et parcourt les corridors et les salles de la fameuse grotte d'Adelsberg, où vit un curieux reptile à peu près aveugle, le proteus anguinus. Évadée de la caverne sous le nom d'Unz, elle rentre dans les entrailles du Carst près de Jakobowitz et reparaît par les superbes sources qui forment la Laibach, affluent navigable de la Save.

Le Carst se relie vers le sud-est aux montagnes tourmentées et nues de la DALMATIE. Dans leurs flancs ruinés les chaînons dalmates cachent aussi de très-belles fontaines amenant la fraîcheur et la verdure aux gorges accablées par la réverbération du soleil sur les roches hautaines. Telle jaillit l'Ombla, près de Raguse, petite ville qui fut au moyen âge une florissante république. L'Ombla n'a que 2 kilomètres de long, mais sa source est si forte que la rivière porte aisément bateau. On suppose qu'il faut chercher l'origine de ce cours d'eau dans la Trébenstizza, torrent qui disparaît sur les plateaux turcs de l'Herzégovine.

Du haut des monts de la Dalmatie, fatigués des vents, le regard porte souvent jusqu'à l'Adriatique dont la rive frangée de fiords lumineux ressemble à une Norvège où mûrirait quelquefois le dattier. Il lui manque les glaciers et les cascades, mais ses escarpements littoraux, ses archipels montueux et chaudement éclairés lui donnent la beauté simple qui est la gloire du midi méditerranéen et l'un des charmes de la planète. Jadis, on le prétend du moins, la Dalmatie faisait vivre dix fois plus d'habitants qu'aujourd'hui. Son indigence et sa dépopulation viendraient des Vénitiens qui abattirent ses forêts pour l'entretien de leur marine.

Près de la côte, des îles élevées, accidentées, allongées, portent, du nord au sud, les beaux noms italiens de *Veglia*, *Cherso*, *Lunga*, *Incoronati*, *Brazza*, *Lesina*, *Lissa*, *Curzola*, *Lagosta*, *Meleda*. Deux vents, l'un froid, l'autre chaud, y rendent souvent les plus beaux jours insupportables ; la *bora*, le vent froid, arrive du nord-est ; elle ressemble à notre mistral par sa force et sa tyrannie ; le vent chaud, le *sirocco*, vient du sud-ouest. Tous deux soufflent aussi sur le rivage voisin de ces îles. A l'extrémité méridionale du littoral, un canal étroit de ces îles conduit les flots de l'Adriatique dans le golfe de Cattaro, l'un des mieux abrités du monde. Les montagnes qui se reflètent dans ses eaux appartiennent au massif monténégrin (Turquie).

Des sommets des Alpes calcaires les plus avancés vers l'est, le regard se perd sur une plaine immense où la Duna et la Tisza coulent entre des rives mouillées et fiévreuses. Duna est le nom hongrois du Danube, Tisza celui de la Theiss, et cette plaine est la plaine de la basse plaine de **HONGRIE**, séparée de la haute Hongrie par les pittoresques défilés de Gran, défilés que le Danube a creusés entre des monts de porphyre et de trachyte, et de charmantes collines agrestes. La plaine de la haute Hongrie n'a pas 900,000 hectares ; on l'a nommée le « jardin de l'Occident. » Celle de la basse Hongrie s'étend sur près de 4 millions d'hectares.

La Basse-Hongrie va du Danube aux premiers renflements des Carpathes et des monts transylvains, si plate que, lorsque la Theiss déborde, ce cours d'eau dont les poissons, dit-on, forment le tiers, y recouvre jusqu'à un million d'hectares. Près des rivières, en dépit d'immenses travaux hydrauliques, on ne rencontre guère que flaques d'eaux, bras morts ou dormants, bas-fonds de roseaux où bourdonnent les moustiques, longs marais peuplés d'oiseaux aquatiques et de sangsues, lits de tourbe, *sarretz* ou prairies boueuses. Quand on s'éloigne des rives malsaines de la Theiss, du Szamos, du Kœrœs, du Maros et de leurs affluents, l'aspect change ; la plaine, aux villages rares, gros comme des villes, porte de riches moissons ; et dans les prairies à perte de vue paissent de grands troupeaux de bœufs à cornes gigantesques.

Entre la Theiss et le Danube, dont le cours est exactement parallèle pendant trois à quatre cents kilomètres, se prolonge la Mésopotamie hongroise, la **Puszta**. La Puszta, large de 80 à 90 kil., avec un contour de plus de 500, est un désert plat qui a ses mirages comme l'Égypte, ses sables volants comme les Landes, des chaleurs de Sahara, des froids polaires, des vents affreux, tantôt brûlants, tantôt glacés. L'arbre, la source, le ruisseau lui font défaut sur de larges étendues qu'accidentent mal quelques buissons, et de temps en temps des couches de sel, reste des lacs désséchés.

Pourtant la Puszta, d'ailleurs fertile, est belle : d'abord de la libre expansion du regard qui maîtrise toute la plaine jusqu'à l'hémicycle bleu des Carpathes ; puis de la grâce de ses grandes prairies naturelles. Des *csardas*, maisons basses en pisé, servent de demeure à des bergers nomades et barbares, les *czikos*, gardeurs de chevaux, les *gulyas*, gardeurs de bœufs, les *juhacz*, gardeurs de moutons, les *kanacz*, gardeurs de porcs. Les czikos sont les gauchos de l'Europe. Les sauvages gulyas habitent des chaumières pointues faites de roseaux ; le juhacz préserve du loup ses immenses troupeaux avec le secours de sa hache et de ses chiens féroces; le kanacz promène ses bêtes dans les forêts de chênes et manie sa hachette avec une dextérité redoutable.

Sur la rive droite du Danube, dans la direction des Alpes, la plaine de Hongrie se relève plus vite. Au pied de la forêt de Bakony, monts bas (750 mèt.) vêtus de hêtres et de chênes, le lac Balaton couvre 132,000 hectares, mais il a très-peu de profondeur. Entre la forêt de Bakony et Vienne, le lac Fertœ (Nieusedel), quatre fois plus petit que le Balaton, n'est autre chose qu'un marais à peu près desséché maintenant.

Au nord et à l'est de la plaine hongroise s'étagent les Carpathes et les monts Transylvains. Les Carpathes forment une chaîne importante par sa longueur et par son aire. Elles séparent en partie l'Europe germaine de l'Europe slave. Elles ont pour point culminant le Tatra (2,648 mèt.), massif isolé montant presque aux neiges éternelles : fait de granit et de gneiss, le Tatra darde en l'air des pics pointus prolongeant au-dessus des nuages des versants presque à pic ; à mi-hauteur il porte de petits lacs verts appelés les Yeux de la Mer ; de ses flancs découlent un tributaire de la Vistule, la Dunajec, et la Waag, grosse rivière qui court au Danube par une superbe vallée.

Le PLATEAU TRANSYLVAIN (6 à 7 millions d'hectares ; altitude moyenne 650 mèt.) pourrait se glorifier du nom de Suisse de l'Europe orientale. Ainsi que la Suisse, il partage ses montagnes, ses vallées, ses forêts pleines de lynx, de loups et d'ours, entre trois peuples (Roumains, Hongrois, Allemands) et il domine au midi la plaine valaque et le lointain Danube, comme l'acropole helvétique regarde de haut la plaine lombarde et le Pô. Ses pics les plus élevés, le Negoï, le Buceo, l'Orlalui, n'arrivent pas tout à fait à l'altitude du Tatra. Parmi les provinces de cet empire qui est riche de 18 millions d'hectares de forêts, la Transylvanie tient le premier rang pour l'étendue proportionnelle et la beauté de ses bois, où les arbres touffus de la zone tempérée s'allient aux résineux altiers. Des épicéas, et des sapins y grandissent jusqu'à 200 pieds de hauteur. Les forêts les plus nombreuses et les plus profondes croissent sur le pourtour de la province. Dans la Croatie, dans l'Esclavonie, dans la rude Bukovine, les arbres à aiguilles atteignent aussi la première grandeur.

Les 36 millions d'Autrichiens ne forment pas une nation unie par la langue, la religion, l'histoire et les mœurs. L'empire d'Autriche constitue un assemblage de peuples divers et même ennemis, centralisés par une administration ayant pour chef un empereur d'origine allemande. Les vœux de ces différentes provinces sont différents. Les unes se sentent attirées vers l'Allemagne, d'autres vers la Russie, d'autres encore vers la Roumanie. La prétention légitime qu'ont la Hongrie, la Galicie, la Bohème, les peuplades slaves du sud, de recouvrer leur antique indépendance, ou du moins de garder intact le trésor de leur langue et de leurs souvenirs, met incessamment en question la paix de l'Autriche. Ainsi que pour la Turquie, une confédération libre des peuples qui se sont donné rendez-vous sur les deux bords du Danube et sur les versants des Carpathes, voilà la seule issue du présent et la seule garantie de l'avenir.

On compte en Autriche, en nombres ronds, plus de 9 millions d'Allemands, 16 à 17 millions de Slaves, 5 à 6 millions de Hongrois, près de 3 millions de Roumains ou Moldo-Valaques, près de 600,000 Italiens.

Les Allemands, du sein desquels partit le mouvement de centralisation qui a édifié l'empire, ressemblent à leurs frères d'Allemagne, mais ils ont moins produit dans les sciences, les lettres, les arts. Ils ont beau être plus de neuf millions, d'après les recensements officiels qui leur sont sciemment favorables. Le groupe compacte immédiatement contigu à la « Grande Allemagne », le seul qui pourrait s'unir à la masse germaine sans que sa défection lésât les autres nationalités de l'Autriche, ce groupe ne fait guère plus de la moitié, certainement pas les deux tiers du nombre total attribué par les dénombrements. Les théoriciens du *Deutschthum* (pangermanisme) réclament toute province renfermant des Teutons, que ces Teutons prépondèrent ou soient noyés dans une foule ennemie. Sur l'Elbe, le Danube, la Drave et la Save, les Allemands auraient tort de se choquer à des peuples vivaces appuyés à l'est sur le colosse russe, qui regarde et s'apprête.

L'ouragan qui couve sur les vainqueurs de Sadowa et de Sedan se forme rapidement dans les régions slaves de l'Autriche, en particulier dans la Bohême que des bouches prévoyantes ont appelée *der Keil im Deutschlands Fleische*, le coin dans la chair allemande. Ils peuplent à eux seuls la Haute et la Basse-Autriche, le Tyrol allemand et le pays de Salzbourg ; ils font la majorité dans la Styrie et la Carinthie et sont au nombre de 2,375,000 dans la Bohême, la Moravie et la Silésie autrichienne, trois provinces qu'on réunit souvent sous le nom de Pays de la Couronne de Wenceslas. En Hongrie, ils ne forment nulle part un corps de nation. En Transylvanie, ils sont 235,000 : on les y nomme Saxons, mais leurs ancêtres vinrent surtout de la Flandre et de la contrée d'entre Meuse et Moselle.

Les Tchèques ou Bohémiens, Moraves, Slovaques de Hongrie (6,730,000), les Polonais (2,380,000) et les Ruthènes (3,104,000), en tout plus de 12 millions d'individus, c'est le ban des Slaves du Nord. Chaque groupe a sa langue ; le tchèque se rapproche du polonais, le ruthène du russe, le slovaque des idiomes slaves du sud. Les Ruthènes se rattachent au grand tronc des Petits-Russes ; ils se trouvent dans la Galicie orientale et dans trois comitats (départements) de Hongrie, ceux de Marmaros et de Beregh-Ugocza, sur la haute Theiss, et celui d'Unghwar : celui-ci sur le Bodrog, qui se perd dans la Theiss, au pied des Hégyallja, monts trachytiques (les Hégyallja livrent leurs versants inférieurs aux vignobles universellement fameux de Tokay). Les Ruthènes se donnent le nom de Russy et appellent leur patrie Zemlia rus (terre russe) ; il sont envahissants et gagnent sur tous leurs voisins hétérogènes : sur les Polonais au delà du San, jadis leur frontière, sur les Hongrois, sur les Roumains de la Bukovine.

Les Slaves du sud, Serbes et Croates, Slovènes, plus de 4,300,000 hommes, peuplent des districts de la Styrie et de la Carinthie, la Carniole, l'Istrie et la Dalmatie, quelques parties de la plaine hongroise, la Croatie, l'Esclavonie, les Confins Militaires. Les Slaves autrichiens du sud furent grandement renforcés, dans les dernières années du XVIIe siècle, par l'arrivée de 40,000 familles serbes des montagnes de Prisren fuyant le territoire ottoman. Ils parlent des dialectes du serbe idiome très-voisin du russe. La ville qu'ils regardent comme leur métropole et d'où part leur mouvement national, **Zagreb** voisine de la Save, s'appelle **Agram** hors de l'Europe slave.

Soit dans le nord, soit dans le sud, les Slaves de l'empire font une race robuste, en grand progrès sur son passé. Ce qu'ils ont de civilisation leur est venu principalement des Allemands, qui de tout temps ont émigré chez eux comme agriculteurs, ouvriers et marchands, et s'y sont plus souvent fondus dans la masse slave qu'ils ne l'ont germanisée : de là tant de villages où des noms allemands sont portés par des paysans et des bourgeois usant de dialectes slaves.

Les Hongrois ou Magyares habitent bien plus la plaine que la montagne hongroise. Sous le nom de Szeklers, on en rencontre 575,000 en Transylvanie. Ils ne s'accroissent guère ; on dit leur race peu féconde. Ce sont des hommes à peau brune, à cheveux longs et noirs, à grandes moustaches ; ils ont l'œil brillant et fier : c'est dire combien ils diffèrent le plus souvent de leurs compatriotes allemands et slaves. Peut-être fils des Huns, en tous cas parents des Finlandais et des Turcs, les Hongrois franchirent, il y a mille ans, les Carpathes et tombèrent dans la plaine du Danube, où erraient alors des restes de peuples barbares. Attila avait eu son palais de bois sur la Theiss, les Hongrois se fixèrent aussi de préférence le long de cette rivière. Ils furent d'abord le fléau de l'Europe. Leurs cavaliers rapides poussèrent leurs razzias à travers l'Allemagne jusqu'à Grenoble et à Embrun, dans le Dauphiné. Les empereurs allemands les battirent.

Lorsqu'ils se furent convertis au christianisme, ils se tinrent plus tranquilles dans leurs steppes et adoucirent à la longue, par des croisements avec les Slaves et les Allemands, la laideur primitive de leur race. Mais ils gardèrent, malgré ces mélanges, avec une ténacité merveilleuse, leur langue, leur caractère et leurs passions, leur fierté de Magyare, leur mépris de l'étranger, leur passion pour leur belle patrie qu'ils appellent volontiers le Paradis entre les quatre fleuves et les trois montagnes.

Cette fierté a fait leur force. Pressés et comme étranglés au milieu des Slaves, attaqués par les Turcs, dominés par les Allemands, ils ont tenu bon contre tous, et aujourd'hui ils sont politiquement prépondérants dans la partie orientale de l'empire. Les Hongrois ont conservé de leurs instincts nomades tout ce que la civilisation en peut souffrir. Ils préfèrent la plaine à la montagne, car il est plus commode d'y galoper à cheval, la campagne à la ville, le pastorat à la vie agricole, les cultures faciles à celles qui rapportent beaucoup avec beaucoup de travail. Ils restent aristocrates, amis de l'éclat, obsédés par le point d'honneur, patriotes jusqu'au ridicule, mais par cela même capables de courage et de dévouement, enthousiastes et fermes à la fois, ayant en beaucoup de choses l'esprit juridique et pratique. Ils semblent nés pour commander. Leur langue est riche en formes et sonore. L'espagnol de l'Orient, comme on le nomme, n'a aucun rapport avec l'allemand et les dialectes slaves ou le roumain qui l'entourent, étant des langues qu'on nomme agglutinantes ou polysynthétiques. En Europe, elle s'apparente au finnois et au turc.

Les 2,900,000 Roumains se groupent dans la Transylvanie, la Bukovine, les Confins Militaires, le Banat de Temesvar. Cette race, pauvre et ignorante, intelligente, envahissante, ne se distingue ni par l'idiome ni par les mœurs des Roumains de Moldo-Valachie et de Bessarabie, avec lesquels elle forme une nation compacte de 7 à 8 millions d'hommes. Sa langue descend du latin comme la nôtre, mais elle a accepté un grand nombre de racines slaves.

Les 600,000 Italiens peuplent le sud du Tyrol; ils en chassent lentement mais sûrement la langue allemande, qui recule insensiblement vers le nord, en remontant l'Adige, et qui finira par être repoussée jusqu'à la ligne de faîte entre Pô et Danube. Ils vivent aussi dans la vallée de l'Isonzo, fleuve qui va du Terglou au golfe de Trieste, sur le littoral de l'Istrie, et sur la côte de la Dalmatie. Dans cette dernière province, que l'Italie réclame comme lui appartenant par la langue, il n'y a guère que 20,000 Italiens sur 400,000 habitants.

Par un phénomène étrange, notable surtout en Hongrie, en Transylvanie, dans le Banat et les Confins Militaires, les langues et les nationalités se pénètrent très-peu en Autriche. Il y a telle contrée où des Hongrois, des Slaves, des Roumains, vivent côte à côte depuis des siècles sans avoir rien abdiqué de leurs dialectes, de leurs idées, de leurs usages, de leurs préférences et de leurs antipathies. Souvent deux, trois, quatre communes limitrophes sont aussi étrangères l'une à l'autre que si la mer, de hautes montagnes, des centaines de lieues les séparaient.

On a remarqué que les Slovaques, et surtout les Allemands, passaient plus facilement à une nationalité étrangère que les Roumains, les Ruthènes et les Magyares. Au commencement du siècle, **Klausembourg** était essentiellement allemande. Aujourd'hui c'est la capitale des Hongrois transylvains; les noms germains y dominent encore parmi les ouvriers et les bourgeois, mais ceux qui les portent parlent hongrois et se considèrent comme Magyares. On en pourrait dire autant d'autres villes et d'une quantité de villages devenus hongrois, roumains et slovaques. Dans le banat de Témesvar, par exemple, et dans les Confins Militaires, les Serbes plient rapidement devant les Roumains.

On a recensé en Autriche 27 millions de catholiques, 3 à 4 millions de protestants, presque autant de grecs, et 11 à 1200,000 d'Israélites.

Avant la guerre de 1866, l'empire se divisait en pays faisant partie de la Confédération germanique et en pays non allemands. Maintenant, il comprend les pays cisleithans et les pays transleithans. Les pays cisleithans (en amont de la Leitha, petit affluent du Danube), ou Autriche propre, logent des nationalités qu'aucun lien sérieux n'unit : Allemands, Slaves du sud, Tchèques de Bohême, de Moravie et de Silésie, Polonais et Ruthènes de Galicie. Les pays transleithans, ou Hongrie, comprennent la Hongrie propre, la Transylvanie, les Confins Militaires, l'Esclavonie, la Croatie et la Dalmatie. Pas plus que dans l'autre groupe, il n'y a d'union réelle; les peuples y sont plus désireux de se séparer que de se resserrer et de se soumettre à la prépondérance magyare. Ces haines de nation à nation font perdre aux deux régions officielles de l'Autriche le bénéfice de la fécondité de leur sol et de leurs immenses ressources.

Vienne, capitale de l'empire, a plus de 825,000 habitants avec ses faubourgs, dont un quart au moins sont des Slaves ou des Hongrois. Elle est située au pied des derniers renflements des Alpes, en vue des Carpathes, à 146 mètres d'altitude, près de la limite entre les Allemands et les populations slavo-hongroises. A quelques pas coule un bras du Danube; ce fleuve, en ce point, vient de quitter les gorges de l'Autriche, pour s'épandre en plusieurs branches dans la haute plaine de Hongrie. Vienne se compose d'une vieille ville et de trente et quelques faubourgs, faisant cercle autour d'un glacis de 300 à 400 mètres de largeur. Les édifices historiques, les églises, les palais où s'administre l'empire se pressent dans l'ancien quartier, siége de la cour et de la noblesse, centre d'un prodigieux mouvement de voitures. La température moyenne annuelle de Vienne est d'un degré inférieure à celle de Paris.

Prague (145,000 habitants), la *Praha* des Tchèques, fut un moment la ville savante de l'Europe. Au commencement du quinzième siècle, 200 docteurs enseignaient dans son université, suivie par plus de trente mille étudiants. Alors, dit-on, le clocher de sa cathédrale avait 169 mètres de haut. Admirable par sa situation et par ses monuments du moyen âge, Prague trempe ses pieds dans la Moldava, large rivière brunâtre qui est la vraie branche-mère de l'Elbe, car elle vient de plus loin et elle roule plus d'eau. Devant Prague, qui est située à 300 mètres d'altitude, la glace emprisonne la Moldava 66 à 67 jours par an en moyenne. Un pont de près de 600 mètres de longueur traverse la rivière.

Prague domine la **BOHÊME** (5,200,000 hectares, 4,700,000 habitants), centre géographique de l'Europe et région très-importante dans l'empire par la lutte acharnée que l'élément allemand ou envahisseur y livre à l'élément tchèque ou autochthone; celui-ci perdit sa prépondérance à la déroute de la laison-Blanche, dans la première période de la guerre de Trente-ans. Les Tchèques ont la grande majorité en Bohême, et, après les Juifs, l'empire ne renferme aucune race qui s'accroisse aussi rapidement que la race tchèque. Il n'y a pas deux millions de Germains en Bohême, contre près de trois millions et demi de Tchèques. La nationalité tchèque est le rameau le plus civilisé de tous ceux qui poussent du tronc slave, les Polonais mêmes compris. La Bohême se rattache à la Moravie, également peuplée de Tchèques avec 30 centièmes d'Allemands, par des plateaux doucement ondulés, et par la Moravie elle se relie à la grande voie du Danube. De tout autre côté, des montagnes la serrent, forêt de la Bohême, Erzgebirge, monts des Géants, et le bassin bohémien, ne s'ouvre sur le reste du monde qu'à son extrémité septentrionale. Là, entre les Sudètes et l'Erzgebirge, passe la Labe, l'Elbe des Allemands, dont la haute vallée sinue au pied des falaises et des montagnes cubiques de la Suisse saxonne. Ce défilé, menant de Prague à Dresde, est la principale porte par laquelle les populations allemandes qui assiègent la Bohême pénètrent dans le pays et s'y mêlent de plus en plus aux Slaves indigènes.

Lemberg est la capitale de la **GALICIE** (8 millions d'hectares, dont un peu plus d'un tiers aux Polonais ; plus de 5 millions d'habitants). La Galicie est, comme la Bohême, une des provinces les plus considérables de l'empire ; mais il n'y a pas combat d'influence entre les Allemands et les Slaves. Ce pays froid, fertile et boisé s'incline au nord vers les plaines de la Pologne, au sud-est vers celles de la Russie. Au sud, il s'adosse à des montagnes de grès, les Carpathes, très-boisées, très-sauvages et hautes ici de 1,500 à 2,000 mètres. La Galicie ne renferme que des éléments slaves et l'antipathie de jour en jour plus prononcée entre les Polonais de la Vistule et les Ruthènes du bassin du Dniester ou Ruthénie Rouge, est une brouille de famille. **Lwow** ou Lemberg (70,000 habitants, 1/3 Juifs) s'élève en terre ruthène, vers la frontière des deux nationalités, près de la ligne de partage entre la Vistule et le Dniester. **Cracovie**, sur la Vistule, est loin des 100,000 citoyens qu'elle renfermait dans ses murs quand elle gouvernait la Pologne.

La grandeur de **Pesth** (132,000 habitants) date de ce siècle. Maintenant capitale de la Hongrie et sa ville la plus importante, Pesth se relie, au-dessus du Danube, par un pont suspendu de près de 500 mètres, à **Ofen** ou **Bude**, qui fut la principale cité et la forteresse des Magyares. **Debreczin**, la vraie métropole nationale des Hongrois, n'a pas plus de 60,000 âmes. Sur le steppe aride, les maisons de ce village immense forment un labyrinthe de rues où la poussière de l'été succède aux boues hivernales et printanières.

Trieste (65,000 habitants, 4,000 seulement au commencement du dix-huitième siècle), Trieste est bâtie sur l'Adriatique, au pied du Carst. Les Allemands l'appellent le Hambourg du Midi. Elle a hérité de Venise : la langue italienne, les mœurs d'Italie y règnent, et cette ville n'a rien de slave et d'allemand.

BELGIQUE.

La Belgique soutient 5 millions d'hommes sur moins de 3 millions d'hectares, dont un sixième en forêts ; on y compte 166 habitants par kilomètre carré, contre 70 seulement en France.

La Belgique n'appartient pas à une nation compacte. Deux peuples différents de langages, d'affinités, de tendances, y vivent sous la même loi dans deux pays différents de nature et d'aspect.

Si du champ fatal de Waterloo on tire deux lignes, l'une à l'est vers le point où la Meuse sort de la Belgique entre Liége et Maëstricht, l'autre à l'ouest vers l'endroit où la Lys pénètre sur le territoire belge, on divise le royaume en deux régions : au nord, cinq provinces peuplées de Flamands, au sud, quatre provinces peuplées de Wallons.

Dans une étendue à peu près égale à la surface du pays wallon, le pays flamand a plus d'habitants et plus de richesses. Sur les cinq millions de citoyens du royaume il en réclame près de trois. Les provinces qui le forment sont la Flandre occidentale, la Flandre orientale, le Brabant méridional presque entier, le Limbourg et Anvers. Il va des plages de sable de la mer du Nord, du delta de l'Escaut, des bruyères désertes de la Campine aux collines wallonnes et au département français du Nord, où les Flamands ont des compatriotes, dans les arrondissements de Dunkerque et d'Hazebrouck.

La terre flamande se ressemble partout, campagne plate et merveilleusement travaillée. Le sol, sablonneux le plus souvent et naturellement aride, si l'homme le laissait à lui-même, bornerait sa fécondité à produire des bruyères et des herbes de dunes et de marais. La persistance des paysans flamands a transfiguré ce terroir ingrat à force de desséchements, d'endiguements, d'amendements calcaires, d'irrigations. Le petit peuple de Flandre a beaucoup travaillé, beaucoup inventé; la vie communale, l'agriculture rationnelle, l'industrie, la richesse privée et publique sont nées là de bonne heure et y ont prospéré. Dans les derniers siècles du moyen âge et au commencement de l'ère moderne la Flandre était la contrée la mieux cultivée, la plus industrieuse, la plus opulente du monde, et peut-être aussi la plus libre, et avec l'Italie la plus féconde en artistes. Un moment Gand, aujourd'hui cité de troisième ordre, fut, après Constantinople, la ville la plus peuplée et la plus animée de l'Europe.

Maintenant encore cette contrée tient tête à l'Angleterre par ses cultures perfectionnées, le nombre, l'importance, l'installation et l'activité de ses manufactures, et si elle lui est inférieure par le moindre développement de tout ce qui se rattache à la marine, elle a su tirer un tel parti de ses ressources qu'elle supporte une population beaucoup plus dense. Habitée comme la Flandre orientale, l'Angleterre aurait 40 millions, la France 144 millions d'hommes. Dans cette province, dans le Brabant, dans la Flandre occidentale, les grandes villes touchent par leurs faubourgs à d'énormes villages de maisons en briques, qui se prolongent indéfiniment le long d'une route jusqu'aux premières rues d'une autre grosse cité. Il en est ainsi dans le septentrion de notre département du Nord, qui fait géographiquement partie de la Flandre.

Ainsi, des champs cultivés comme des jardins, et où pas un pouce de terrain n'est perdu ; de vieilles villes, fières des monuments de leur ère communale, de leurs tableaux de maîtres, de leurs colossales manufactures ; de longs villages ; des ateliers qui sont des fourmilières ; des cheminées fumantes ; beaucoup de canaux navigables ; sur la mer du Nord des dunes, près de la frontière des Pays-Bas des landes, telle se déroule la campagne de Flandre. Elle n'est pas belle, mais la nature y est prodigue de tout, hors de soleil, la vie sociale très-développée, et il y fait bon vivre pour le riche. Comme dans tout pays manufacturier opulent et surpeuplé, les pauvres, les misérables y foisonnent. Dans plusieurs districts impaludés la mortalité est grande. Les provinces flamandes enregistrent 90 décès pour 100 naissances, les provinces wallonnes 70 seulement.

De même que le hollandais, dont il est une variante, le patois flamand pèche par la dureté et l'inharmonie. En revanche, de même que les autres idiomes de souche germanique, il est riche, expressif et capable d'un grand développement littéraire. Tous les Flamands sont catholiques. Par le caractère et les aptitudes ils se rapprochent des Hollandais.

Le pays wallon, bien plus beau que le pays flamand, offre une succession de bois et de *hautes fagnes,* ou plateaux boueux, de champs, de prés, de collines, de montagnes qui se relient aux Ardennes françaises. L'aridité des Ardennes belges, leurs landes, leurs marais, leurs bois sombres et froids contrastent, à quelques lieues de distance, avec la platitude des Flandres. L'altitude de ces chaînes sauvages est médiocre : un sommet, voisin de Stavelot et de **Spa**, autrefois ville de jeux de hasard plus encore que ville de bains, s'élève à 680 mètres. Presque toutes leurs vallées charment, quelques-unes ont de la grandeur : ainsi les vallées de la Meuse et de la Semoy, celles de l'Ourthe, de l'Amblève, de la Vesdre, et celle de la Lesse, dont la rivière s'égare longtemps dans l'opaque obscurité de la caverne de Han.

Quatre provinces forment la Belgique wallonne : le Hainaut, Namur, Liége et le Luxembourg Belge, sans compter une partie du Brabant.

Dans presque tous les districts de ces provinces, l'élément urbain et industriel, qui a tant de prépondérance dans les Flandres, cède le pas à l'élément agricole. Les villes y sont moins nombreuses, les manufactures bien plus rares, et la population moins serrée d'un tiers, puisqu'à surface égale la terre wallonne n'a que deux millions d'habitants, et la terre flamande trois. Le sol n'y a pas la même fécondité, ni le climat la même douceur. De grandes richesses se cachent dans les montagnes et les coteaux de cette région, de puissants dépôts de houille, du fer et beaucoup d'autres métaux ; les Belges du sud en ont aussi largement profité que les Belges du nord de l'excellence de leurs alluvions, et si la Flandre est le Manchester du continent, la contrée de Mons et Charleroi en est le Newcastle, et Liége le Birmingham.

Les Wallons, catholiques comme les Flamands, parlent le français ou des dialectes du français. Ils ne se rapprochent pas seulement de nous par l'idiome, mais aussi par le caractère et la tournure d'esprit. Ils font réellement partie de la nationalité française, et en cas d'annexion leur fusion avec le grand corps serait bien vite complète.

Le dernier recensement donne à la Belgique 2,042,000 habitants ne parlant que wallon et 2,406,000 ne parlant que flamand. 308,000 individus (surtout à Bruxelles et dans les grandes villes de Flandre) usent à la fois des deux langues. 35,000 hommes parlent allemand, principalement dans le Luxembourg, 20,000 français et allemand.

Les deux nationalités ne s'aiment point. La jeune littérature flamande, qui aspire à détacher les Flandres de tout ce qui rappelle le wallon, a, pour ainsi dire, pris comme devise : « *Wat walsch, dat is falsch, sla dod!* » Ce qui est wallon est faux, tue !

Par sa population, sa situation au nord du pays, son influence politique, sociale, littéraire, et jusque par le nom de sa petite rivière qui s'appelle, à l'orthographe près, comme le fleuve de Lutèce, la Senne, **Bruxelles** (170,000 habitants, 287,000 avec la banlieue) est le Paris de la Belgique. Un pseudo-Paris que les Belges, paraît-il, estiment plus beau que le vrai et plus important dans l'économie du monde. Comme le pays qu'elle administre, elle héberge deux nationalités, la ville haute, quartier officiel et policé parle français, la ville basse parle flamand.

Non loin de Bruxelles, **Louvain**, ville savante, et **Malines**, ville épiscopale, sont deux cités déchues. Louvain eut 200,000 habitants (aujourd'hui 32,000) et 6,000 étudiants dans son université (600 aujourd'hui).

Anvers compta aussi 200,000 citoyens dans ses murs. C'était alors, vers 1500, la première ville manufacturière d'Europe. De nos jours, elle a 125,000 habitants. Située sur l'Escaut, qui est assez profond pour recevoir les grands navires, vers l'endroit où le lit du fleuve se transforme en estuaire, Anvers est le grand port de commerce, la place d'armes de la Belgique et le dernier refuge de son armée en cas d'invasion.

Gand (120,000 hab.), au confluent de l'Escaut et de la Lys, occupe 25 îles unies par 300 ponts. Ville à la fois industrielle et commerçante, elle reçoit, grâce à un canal, les vaisseaux d'un tirant de 6 mètres. Elle aussi fut plus grande et plus riche qu'en ce siècle.

Liége (104,000 hab.), dans une situation ravissante, est bâtie au confluent de l'Ourthe et de la Meuse. Sa population affairée suffit à une industrie grandiose. Le fer, les métaux s'y travaillent sous toutes les formes. Une usine des environs, celle de *Seraing*, ne redoute aucune comparaison.

Bruges, qui n'a pas 50,000 habitants, en renfermait quatre fois plus au XVe siècle. Cette vieille cité, fort curieuse, attriste par son silence et son air d'abandon.

HOLLANDE.

Sur 3,300,000 hectares, les Pays-Bas, ou Hollande, renferment plus de 3,600,000 habitants, 110 par kilomètre carré : à ce taux, la France contiendrait 60 millions d'hommes. *Hollande* n'est pas le vrai nom de la contrée, mais celui de sa province la plus importante, nom qui a tout envahi à la longue. *Neerlande* terme qui a la même signification que Pays-Bas, devrait s'employer de préférence, mais l'usage ne l'a pas voulu.

En 1225, sur la côte bordée de dunes et flanquées d'îles sablonneuses, une irruption de la mer du Nord mit en peu d'heures à la place d'un lac un grand golfe, le *Zuider-Zée*. 62 ans plus tard, un débordement du nouveau golfe coûta la vie à 80,000 hommes, 20,000 de moins que lors de l'envahissement de la Frise en 1230. Des malheurs de ce genre étaient jadis communs en Hollande, et ils la menacent toujours. Autour de ce Zuider-Zée, espèce de mer intérieure de 300,000 hectares, s'étendent les basses plaines et les sables de la Hollande.

A peine arrivé en Hollande, le Rhin, large et paisible entre des bords plats, se dédouble : le bras de droite, le Rhin ou Leck, se bifurque à son tour plusieurs fois ; le bras de gauche, le Waal, entraîne près des 7 dixièmes de l'eau du fleuve, se joint à la Meuse et mêle les nombreux chenaux de son delta à ceux du delta de l'Escaut.

Ces deltas, les îles de la Zélande, à la fois dunes et marais, le pourtour du Zuider-Zée, la côte frisonne jusqu'à la frontière d'Allemagne, seraient presque partout submergés à mer haute si les Hollandais n'avaient opposé à l'Océan des digues élevées et larges, chefs-d'œuvre d'une volonté et d'une patience aussi persistantes que le flux et le reflux des vagues. Une fois délivrées par des *gracht* ou canaux des eaux qui les noient, les terres basses ou *polders* se couvrent de moissons. La Basse-Hollande serait un marais entrecoupé de golfes et de lagunes ; les Hollandais, qui gagnent trois hectares par jour sur l'Océan, ont voulu qu'elle fût un jardin. Mais ce jardin est toujours à la veille d'être çà et là englouti. La mer y fait en moyenne une grande irruption tous les sept ans.

Sans doute la Néerlande est monotone, mais d'une monotonie originale et gaie. Aussi loin que porte le regard, jusqu'aux dernières teintes de l'horizon, on ne voit que prairies et cultures défendues par des digues, chenaux de déssèchement, canaux de grande navigation sillonnés de barques et de vaisseaux dont les mâts étonnent au milieu des champs de tabac, de lin, de chanvre, de houblon.

Les routes, les plus charmantes du monde, sont faites de *klinkers*, briques sur lesquelles retentit la roue ; elles se sont bordées de gazon, ombragées de chênes, d'ormeaux, de hêtres, de tilleuls, de saules, et à leur extrémité pointent les clochers de villes enrichies par les troupeaux de vaches laitières, le commerce, l'industrie, la navigation et la grande pêche. Elles passent devant des villages prospères, devant des fermes reluisantes de propreté, entourées de bouquets d'arbres fruitiers, de jardins, de plates-bandes de fleurs, de tulipes, d'hyacinthes, de jonquilles soignées avec passion. Des moulins à vent en bois tournent le long des routes et des canaux, faisant de la farine, ou versant dans les gracht l'eau surabondante des champs et des prés.

Ces campagnes audacieusement enlevées à l'Océan, le conquérant qui revient toujours à la charge, vaillamment gardées contre lui, sagement et minutieusement aménagées montrent leur plus grande opulence dans la Zélande, la Hollande méridionale, la septentrionale et la Frise. Dans cette dernière et dans les deux Hollande, le sol humide étale, sous des soleils tamisés par la bruine, les plus vertes et les plus savoureuses de ces prairies sans fin qui occupent près de 1,400,000 hectares dans la Néerlande, au delà des deux cinquièmes du territoire. On vante aussi les terres nourricières de la Groningue, mais cette province n'a presque pas de forêts, non plus que la Drenthe. Il n'y a d'ailleurs que 225,000 hectares de bois dans toute la Hollande.

Dans les territoires méridionaux qui continuent la Campine belge et dans les provinces limitrophes de l'Allemagne, c'est-à-dire sur de larges cantons du Brabant septentrional, du Limbourg hollandais, de la Gueldre, d'Over-Yssel, de la Drenthe, de la Frise et de la Groningue, la population ne fourmille plus comme dans la région opulente du Rhin, de la Meuse et du Zuider-Zée. Sur 1,700,000 hectares, plus de la moitié du royaume, le sol se partage entre les tourbières et les terrains sablonneux. Les *hooge veenen* (tourbières), sans autres habitants que le vanneau et la poule d'eau, s'étendent surtout le long de la frontière allemande, et le Hanovre a sa bonne part de la plus grande d'entre elles, le marais de Bourtange.

Par des travaux qui demandent autant d'exactitude et de

persévérance que l'établissement des digues marines, on fait de ces tourbes des *fehn*, enclos bordés et coupés de canaux, cultivés ou plantés de chênes et d'autres arbres. Il y a des fehn faisant vivre jusqu'à 10,000 habitants. De beaucoup on retire seulement la tourbe, que souvent on brûle aussi pour obtenir des cendres fertiles où l'on sème du sarrasin. « Quand le marais brûle, a dit un poëte du Nord, toute l'Allemagne le sent. » Dans cette partie de la Hollande et dans le Hanovre, les paysans mettent à la fois, en certaines saisons, le feu à des milliers et à des dizaines de milliers de champs de tourbe. L'incendie, ou plutôt la lente combustion du feu sous la cendre, dure des semaines et des mois; un immense nuage de fumée s'élève et le vent du nord-ouest la pousse par-dessus toute la Germanie jusqu'aux plaines de la Hongrie et de la Pologne.

Aux *hooge veenen* se lient des champs stériles, des brandes dont rien ne fait prévoir le terme, tant l'horizon s'y recule. La patience hollandaise y fait venir des moissons, et le domaine du désert s'y restreint de semaille en semaille. Les champs de seigle et de sarrasin s'y agrandissent avec les *essch* : on appelle *essch* des étendues de culture insensiblement surélevées au milieu de la campagne par l'accumulation des mottes de bruyères qui ont passé par l'étable et qui servent d'engrais. Ces *essch*, les villages, des forêts, des plantations envahissantes de pins sylvestres, des menhirs et des dolmens de granit rouge sauvent de la monotonie, mais non de la mélancolie, la région des brandes néerlandaises. A cette région se soudent les landes, les bois et les dunes de la Veluwe et du Gooiland qui bordent le Zuider-Zée méridional.

Les Hollandais passent justement pour lourds, flegmatiques, mais leur lutte de toutes les minutes contre le flot qui gronde à leurs portes et le marais qui tremble sous leurs pas leur a incrusté la persévérance, un courage calme, de grandes facultés d'observation. Au dix-septième siècle, grâce à leurs qualités solides et à leur connaissance de la mer, ils dominèrent l'Océan, fondèrent New-York et faillirent devenir la souche de la nation puissante qui peuple aujourd'hui l'Amérique du Nord. Ils tinrent aussi dans leurs mains la rive éblouissante qui est aujourd'hui la Beiramar du Brésil.

Quand la prépondérance navale leur fut arrachée par les Anglais, ils se replièrent sur leurs deltas. Ils diminuent pas à pas leurs marais, pompent leurs lacs pour en faire des polders, assainissent et fertilisent les landes. Leur lenteur, leur apathie, une certaine grossièreté, leur amour de la minutie, leur méticulosité, l'exagération des instincts mercantiles jettent quelque ridicule sur les Hollandais, les seuls Européens qui, dit-on, aient une lointaine ressemblance physique et morale avec les Chinois, mais un illustre historien va très-loin quand il les appelle « ce peuple qui a fait tant de grandes choses sans grandeur. » Un autre écrivain plus illustre encore, Voltaire, fut aussi fort irrévérencieux : en quittant la Hollande, il s'écria : « Adieu, canaux, canards, canaille. »

La langue hollandaise, expressive, riche, poétique, mais sourde et sans harmonie, se parle hors de Hollande chez les 36,000 Européens et nombre d'indigènes de Java et des autres îles de la Sonde ; chez les Nègres et les Blancs de quelques petites Antilles, de la Guyane hollandaise, et d'une partie de la Guyane anglaise ; enfin dans l'Afrique australe, chez la plupart des colons du Cap et chez les *Boërs* ou paysans des deux républiques d'Orange et du Transvaal. Le flamand, idiôme très-rapproché du hollandais, est la langue de 3 millions d'hommes dans le nord de la Belgique et dans les deux arrondissements français de Dunkerque et d'Hazebrouck.

Dans la Frise, en tirant sur la Basse Allemagne, dont la Hollande, au fond, n'est qu'une province émancipée, les Frisons parlent un dialect plat-deutsch fort rapproché de l'anglais : on va jusqu'à dire que leur patois n'offre aucune difficulté au Northumberlandais qui débarque sur leur côte ; au bout de quelques instants cet Anglais du nord comprendrait la langue du Hollandais de la Frise, et celui-ci le langage de l'Anglais du nord. Le français a longtemps été parlé dans les grandes villes par les puissantes communautés qu'y formèrent, après la révocation de l'édit de Nantes, les nombreux milliers de calvinistes fuyant Louis XIV, ses dragons, ses procureurs, ses bourreaux et ses jésuites.

Les deux tiers des Hollandais sont protestants ; l'autre tiers catholique, à l'exception de 64,000 juifs.

La Haye (90,000 hab.), résidence du roi, la *'S Gravenhaage* ou *Haage* des Hollandais, avoisine la mer; des collines en séparent cette ville aimable mais silencieuse et morte, sans autre importance que son rang de capitale.

Amsterdam (272,000 hab.) fut le premier port du monde, quand la Hollande faisait cinq fois plus de commerce que l'Angleterre, vers 1650, et jusqu'au moment où les deux nations se trouvèrent à peu près de pair, cent ans plus tard. Aujourd'hui encore elle tient tête aux ports les plus actifs du continent. Ses 25,000 maisons reposent sur des pieux qui vont chercher la couche de sable à travers 15 à 18 mètres de tourbe. Une centaine de canaux vaseux divisent la ville en une centaine d'îles réunies par 300 ponts. Amsterdam ne craint plus la mer de Harlem. Ce lac menaçant pour elle a été mis à sec et changé en polders malgré ses 21 kilom. de long, ses 10 kilom. de large et ses 724 millions de mètres cubes d'eau. Les Hollandais parlent d'en faire autant au Zuider-Zée lui-même. Le port communique avec le Rhin et avec la mer par un canal accessible à de grands navires, mais non pas à ceux du plus fort tonnage. Les *Duitch* — ainsi se nomment les Hollandais dans leur langue — vont y remédier par un canal de plus grande section.

Rotterdam (120,000 hab.), sur un bras du Rhin-Meuse, fait un très-grand commerce et expédie beaucoup d'émigrants au delà des mers.

SUISSE.

Que de Venise on remonte le Pô, puis l'Adda ou le Tessin, que venant de la mer Noire on longe le Danube, puis l'Inn, qu'on suive le Rhin à partir de la terne Hollande, ou le Rhône à partir du rivage de la brillante Provence, on arrive également dans un pays de montagnes sublimes, de bassins verdoyants, de lacs profonds, d'âpres gorges où blanchissent des torrents nés dans la neige ou sortis en bouillonnant d'une arcade de glace bleue. Ces montagnes se nomment les Alpes, ce pays s'appelle la Suisse. C'est l'ancienne Helvétie, le centre de la véritable Europe, puisqu'elle se trouve entre la France, l'Italie et l'Allemagne, à la source d'une rivière qui va se perdre au loin dans l'Orient slave et roumain.

Le Mont-Rose (4,638 mètres) et le Mont-Cervin (4,482 mètres) priment dans la Suisse, à laquelle la chaîne où ils règnent ser, de frontière du côté de l'Italie. Dans l'intérieur du pays, dans l'*Oberland* (haut-pays) bernois et valaisan, et dans les Grisons, plusieurs pics dépassent 4,000 mètres : le Finsteraarhorn t l'Aletschhorn, la Jungfrau, le Mœnch, la Bernina, etc.

La Suisse ne renferme pas la montagne culminante des Alpes et de l'Europe, puisque le Mont-Blanc (4,810 mètres) s'élève en Savoie. Elle n'en a pas non plus les principaux glaciers : qu'est le glacier d'Aletsch lui-même, le plus vaste de tous (21,310 mètres de long ; 11,000 hectares), à côté de ceux de la Laponie, sans compter l'Islande? Et pourtant la Suisse l'emporte en Europe. La nature y a mêlé dans une exquise harmonie ce qu'elle a de plus terrible à ce qu'elle a de plus aimable, les glaces, les champs de neige, les monts dont le sommes se perd, les forêts de sapins et de mélèzes, la prairie où let ruisseaux scintillent, la crevasse où les torrents sautent, pressés d'atteindre la vallée pour s'y reposer dans l'eau verte ou bleue des lacs. Il y a en Suisse au moins 1,100 glaciers et 305,000 hectares de glaces.

Les Alpes couvrent en Europe 25 millions d'hectares. La Suisse, avec ses 4 millions d'hectares, ne possède donc qu'une faible partie de « l'Acropole de l'Occident, » et encore tout l'ouest de son territoire, de Schaffouse à Genève, appartient-il à une autre chaîne, le Jura, composé de murs calcaires, dominant de près ou de loin le cours de l'Aar, les lacs de Bienne, de Neufchâtel et de Genève. Le Mont-Tendre (1,684 mètres), entre le Léman et la source du Doubs, rivière française un instant suisse, est le sommet le plus élevé du Jura helvétique.

Entre le canton des Grisons, route de l'Autriche, le canton d'Uri, route de l'Allemagne, le canton du Valais, chemin de la France, et le canton du Tessin, chemin de l'Italie, le massif du Saint-Gothard est en Europe le principal toit de partage des eaux : de son arête, qui s'abaisse un moment pour former un col international, le Rhin court vers le nord, le Rhône vers le sud-ouest, le Tessin fuit vers le midi. Quant à l'Inn, dont le flot ne s'arrête que vis-à-vis de l'Asie, il commence à quelques lieues à l'est, dans le canton des Grisons, tout près de la frontière italienne.

Le Rhin reçoit les eaux courantes de plus des deux tiers de la Suisse. Il se forme dans la vallée majeure du canton des Grisons par l'alliance du Rhin Antérieur, du Rhin Médian et du Rhin Postérieur. Ce dernier arrive de la haute montagne par le formidable étranglement de la Via Mala. Au sortir des Grisons, le fleuve laisse à gauche la trouée de Sargans, dépression très-basse : il suffirait au Rhin de monter de quelques mètres sans être combattu par l'homme pour reprendre son ancien cours et pour aller traverser à l'ouest les lacs de Wallenstadt et de Zurich, au lieu de se hâter vers le nord dans la direction du Bodensee. Le Bodensee, que nous nommons en français lac de Constance, se partage entre la Suisse, l'Allemagne et l'Autriche. Il a 45,000 hectares, près de 320 mètres de profondeur au plus creux, et il faudrait au Rhin, tout-puissant qu'il est, 25 mois pour le remplir, à supposer que le bassin fût entièrement sec. Clarifié par son séjour dans le Bodensee, le fleuve aux eaux vertes perce, au-dessous de Schaffouse, les calcaires du Jura et tombe à Laufen par une chute de plus de 20 mètres de haut ; cette cascade est la première de l'Europe occidentale par le tourbillon, le volume et le fracas des eaux. Entre cette cataracte et Bâle, ville où le fleuve quitte la Suisse, débouche l'Aar qui double presque la masse effrayante sautant des rochers de Laufen, car l'Aar est un immense torrent roulant à la fois les eaux des glaciers des oberland de Berne, d'Uri, de Glaris, de Schwytz et d'Unterwalden et les claires fontaines du Jura. L'Aar débute, ainsi que le Rhin, par des torrents de glaciers, forme la cascade fameuse d'An der Handeck, élevée de 70 mètres, se calme dans les merveilleux lacs de Brienz et de Thoun, puis se rapproche du Jura jusqu'à baigner le pied de ses escarpements, de sa jonction avec l'émissaire des lacs de Neufchâtel et de Bienne jusqu'à sa perte dans le Rhin. L'Aar reçoit la belle Reuss, affluent du lac des Quatre-Cantons, et la Limmat, déversoir des lacs de Wallenstadt et de Zurich.

Le Rhône, l'égal du Rhin, a moins de part aux Alpes suisses, infériorité qu'il rachète par sa parenté avec les Alpes de la Savoie et du Dauphiné. Il descend d'un versant du Saint-Gothard. Ses eaux les plus reculées sont voisines, fors l'obstacle de monts presque infranchissables, des sources de l'Aar, de la Reuss, du Rhin et du Tessin. Après avoir traversé le Valais dans toute sa longueur, après s'être accru des torrents du penchant méridional du grand oberland et avoir mêlé à ses eaux violentes le tribut du Mont-Rose, il se verse dans le lac de Genève pour en sortir magiquement bleu, puis passer en France.

Le Tessin arrose une vallée très-inclinée, qui d'alpestre et froide, devient bientôt chaude, lumineuse, italienne. Il se jette dans le Pô.

Au recensement de 1870, la Suisse avait 2,670,000 habitants, 66 à 67 par kilom. carré; moins que la France, qui en a 70, et cependant on peut la dire proportionnellement très-peuplée. Les terres arables constituent le septième seulement de la superficie ; elles ne forment de tenants compactes que dans le Jura, sur l'Aar, le Rhin et le lac de Constance, et au sud sur le lac Majeur, où déjà croît l'olivier. Partout ailleurs, elles se dispersent dans les évasements des vallées, à la marge des lacs, sur le bord des torrents, et sur les pentes inférieures de la montagne, quand ces pentes ne s'escarpent pas trop.

Sur les versants moyens, sur les plateaux que l'altitude ne glace pas encore, verdoient les pâturages semés de chalets qui enrichissent la Suisse en bestiaux, en lait, en beurre, en fromage. Plus haut, s'étagent les forêts d'arbres du nord ; plus haut encore, c'est le désert : à peine si quelques mousses et de petites fleurs bravent la Sibérie des glaciers et des névés. Mais la Suisse a beau souffrir de la stérilisation par le froid d'une partie de son territoire, la France du midi, la Haute Italie, l'Allemagne rhénane et la Hollande, l'Autriche, la Hongrie, la Turquie s'en réjouissent. De ces solitudes gelées descendent les fleuves qui leur portent la gaieté, la beauté, la vie.

Dans des conditions aussi défavorables, la Suisse ne renferme 66 habitants au kilom. carré que grâce au développement pris par l'industrie, précisément à l'ouest et au nord, dans les districts les plus agricoles. Là, sans parler des grandes fabriques, presque toutes les familles emploient la saison morte des champs à la fabrication de montres, de pendules, de petite bijouterie, de jouets d'enfants, de menus objets en bois. Depuis le traité de commerce, la concurrence de la Suisse a été plus sensible que celle de l'Angleterre aux manufacturiers français.

La Suisse est une confédération de 22 cantons, et de trois sous-cantons, chacun libre chez lui, sous la constitution qui lui plaît. Le plus grand des cantons, celui des Grisons, couvre près de 720,000 hectares ; Rhodes Intérieures, sous-canton d'Appenzell, n'a pas 16,000 hectares. Ce sont les deux extrêmes. L'aire du canton de Berne est de 689,000 hectares ; le Valais en a 525,000. Quatre nationalités vivent côte à côte en Suisse.

La vraie Suisse, nœud des Alpes, la **Suisse allemande**, occupe tout l'est, tout le nord, tout le centre de la République, avec près des sept dixièmes de la population confédérée. Chez elle naquit l'indépendance helvétique : trois Suisses allemands, dit l'histoire, peut-être la légende, jurèrent le serment du Grütli ; les batailles de Morgarten, de Sempach, de Nœfels furent gagnées par des volontaires de cette race, et la Suisse se forma peu à peu, par adhésions successives, autour des montagnes qu'avaient délivrées les héros de ces trois victoires. Les Suisses allemands, environ 1,840,000, parlent un dialecte très-dur de la langue germaine. En général, ils partagent les qualités et les défauts de leur souche. Comme les autres montagnards, ils sont amis de la liberté, ennemis des façons et même grossiers, tenaces, positifs, intéressés.

La **Suisse française**, ou **Suisse romande**, occupe en entier trois cantons, Vaud, Neufchâtel et Genève. De plus, le sixième des habitants du canton de Berne (le Jura bernois), près des trois quarts de celui de Fribourg et les deux tiers de celui du Valais appartiennent à la langue française : en tout plus de 640,000 individus, un peu moins du quart de la population fédérée. Les Suisses français ont une intelligence sûre plus que prompte et brillante ; de la finesse, souvent sous un air apathique. Ainsi que leurs confrères allemands, ils excellent par leurs goûts sérieux, leur esprit positif. Ils contribuent pour une part proportionnellement considérable au mouvement scientifique et littéraire de la France. Par leurs hommes et leurs écrits, Genève et Lausanne ont longtemps été, et sont encore à un degré moindre les villes prépondérantes du protestantisme français.

La **Suisse italienne** comprend les versants tournés vers l'Italie, tout le canton du Tessin, et quelques vallées du canton des Grisons. Elle ne renferme pas même 150,000 individus.

Les **Roumanches** comptent pour 42,000. Le pays de grandes montagnes où prennent naissance l'Inn et les branches originaires du Rhin était jadis exclusivement peuplé par les Roumanches et les Ladins, parlant deux dialectes néo-latins qui, à première vue, ressemblent autant à l'auvergnat qu'à l'italien. Il y a quelques siècles, on ne parlait que roman à Coire, dans les Grisons et dans une partie du Tyrol, mais, dans l'ère moderne, Roumanches et Ladins, resserrés entre deux contrées plus civilisées que la leur, l'Allemagne et l'Italie, n'ayant point de littérature écrite pour garder le trésor de leurs traditions, mélangés peu à peu, d'ailleurs, de colons germaniques, ont commencé à abandonner leur idiôme pour l'allemand. Aujourd'hui on ne se sert des dialectes romanches que dans les vallées de Grodner et d'Enneberg (Tyrol) et dans l'Engadine, ou haute vallée de l'Inn, et dans la plupart des gorges du canton des Grisons. La spécialité des Roumanches est la confiserie. On trouve des pâtissiers, des confiseurs, des cafetiers de cette race dans toutes les villes d'Europe. Beaucoup font fortune et reviennent finir leurs jours au sein des villages qui les ont vus naître. On s'étonne que dans l'âge mûr ou déjà vieux ils quittent la France, l'Italie, la plaine douce et tempérée, pour des vallées glaciales où leur souci constant semble être de se protéger contre le climat paternel par de chaudes et confortables demeures. L'amour du montagnard pour sa montagne résiste à la séduction des soleils chauds et des cités molles, et jusque dans le rayonnant midi de Provence, d'Italie ou d'Espagne, le Roumanche rêve à l'Engadine, aux lacs calmes et froids, aux neiges vierges, aux forêts de mélèzes et aux fiers airolles ou pins cembro gardant leur force et leur taille jusqu'à la rive des glaciers. L'Engadine est la plus haute grande vallée de l'Europe; elle est comprise entre 1,000 et 1,800 mètres d'altitude et reste engourdie pendant plus de la moitié de l'année sous les frimas. Pendant trois autres mois, le froid s'y débat contre la pluie et les premières tentatives de la chaleur diurne. Même en été, les nuits ne s'adoucissent jamais jusqu'à devenir tièdes; on y frissonne toujours un peu quand on n'y grelotte pas.

Environ trois cinquièmes des Suisses professent le protestantisme, les deux autres cinquièmes le catholicisme.

Dans la Suisse, il n'y a pas de ville de 100,000 habitants.

En Suisse allemande, **Berne** (36,000 hab.), capitale fédérale, baigne son pied dans l'Aar.

Lucerne (12,000 hab.) se mire dans la Reuss, au déversoir du lac des Quatre-Cantons, encaissé entre les monts d'Uri, de Schwytz, d'Unterwalden, d'où descendit l'indépendance de la Suisse.

Zurich (21,000 hab.), sur la Limmat, au point où s'épanche le lac de Zurich, est une ville de sciences et de lettres, « l'Athènes helvétique. »

Basel (Bâle), ville de 38,000 habitants, sur le Rhin, l'emporte sur les autres villes pour le commerce et la finance.

Dans la Suisse française, **Genève** est la cité la plus riche et la plus animée de la république. Il y a une vie intellectuelle considérable dans cette ville de 48,000 habitants. Genève se trouve à l'endroit où le Rhône sort du lac Léman (54,000 hectares; profondeur maxima, 308 mètres) par deux bras limpides, près de l'Arve, qui puise ses eaux troubles et froides aux glaciers du Mont-Blanc.

Lausanne (20,000 hab.) s'étale sur une colline dominant le lac Léman.

FRANCE.

Voir à la troisième partie.

ESPAGNE.

L'Espagne couvre presque autant d'espace que la France, 49,500,000 hectares. Avec le Portugal, son complément naturel, elle forme la péninsule Ibérique, vaste de près de 60 millions d'hectares.

Large d'un peu plus de 20 kilomètres, 13 kilomètres au point le plus resserré, entre Punta de Canales et Punta Cires, le détroit de Gibraltar fait communiquer l'Atlantique et la Méditerranée et sépare en même temps l'Europe de l'Afrique, l'Espagne du Maroc. Il livre passage à un courant sans lequel la Méditerranée, séchant en partie, se réduirait à un petit nombre de grands lacs. Le Bosphore qui entraîne avec lui la masse d'eau du Don, du Dnieper, du Dniester et du Danube, le Nil, le Pô, le Rhône, l'Èbre, les affluents et les affluenticules fournis par le Caucase, l'Asie Mineure, la Turquie, la Grèce, l'Italie, la France, l'Espagne et le nord de l'Afrique, font en vain tomber nuit et jour leur immense flot d'eau douce dans l'urne de la Méditerranée. L'évaporation enlève trois autant de trésors liquides à la mer qui s'épand de la roche o souffrit Prométhée jusqu'aux monts que fendit Hercule. Par le détroit de Gibraltar, qui n'a pas moins de 920 mètres de profondeur, le vrai Père des Eaux, l'Océan rétablit l'équilibre, et la Méditerranée n'abandonne pas le seuil de ses merveilleux rivages.

Ainsi, au sud, le détroit de Gibraltar divise l'Espagne de l'Afrique. Au nord, le pays est rattaché à la France et à l'Europe par l'isthme de Languedoc et Gascogne, long de plusieurs centaines de kilomètres. Sur toute l'étendue de cet isthme, de l'Océan à la Méditerranée se lèvent, rarement noirs de forêts, souvent blancs de neiges et de glaces, les pics aigus des Pyrénées, borne immense entre deux contrées, deux climats, deux civilisations. Partout ailleurs, la mer est aux portes, Océan ou Méditerranée, excepté sur la frontière factice du Portugal. L'Espagne possède 2,125 kilomètres de côtes, dont 1,149 le long de la Méditerranée.

On l'a dit de tout temps avec raison, ce n'est pas le détroit de Gibraltar, mais les Pyrénées qui séparent l'Europe de l'Afrique. L'Espagne ressemble plus au Maroc qu'à la France: même aspect de sol, même végétation dans la montagne et les steppes, mêmes cultures dans les vallées où l'eau vivifie les plantes que le soleil fane et brûle ailleurs, même ciel d'airain, même torridité des saisons. Sur les *sierras* ou chaînes autres que les Pyrénées et les monts Cantabres on se croirait dans les Kabylies de l'Atlas.

L'Espagne est moins une nation compacte qu'une fédération de peuples d'origine commune, séparés quelquefois par des déserts, et généralement par de hautes sierras dont les *puertos* (ports ou cols) élevés sont souvent impraticables par l'amas des neiges et la violence du vent.

Le centre, et presque la moitié de la Péninsule, constitue le plateau de Léon et Castille. Plateau double, car la sierra granitique de Guadarama et de Somo-sierra le divise en plateau de la Vieille-Castille ou de Léon et plateau de la Nouvelle-Castille et de l'Estramadure.

Le plateau de la **Vieille-Castille**, au nord-ouest, est compris entre 570 et 1,400 mètres d'altitude. Il s'étend sur le Duero, le fleuve de la Péninsule dont le bassin est le plus vaste, et il renferme trois villes des plus célèbres, sinon des plus grandes en Espagne. **Burgos**, dont la cathédrale est splendide, se glorifie d'avoir donné naissance au grand pourfendeur des Maures, au Cid Campeador qui battit cent fois les Arabes et les fit reculer vers le sud. Bien des guerriers brillèrent dans cette épopée de sept à huit cents ans qui commença par des batailles voisines du golfe de Gascogne et finit par la prise de Grenade, près de la Méditerranée et vis-à-vis de l'Afrique, mais de tous les hidalgos qui chassèrent les Maures vers la plage d'où ils étaient partis, aucun ne resta aussi fameux que le Cid, héros des romances populaires. **Valladolid** fut à son jour capitale de l'Espagne et s'illustra par ses auto-da-fé ; sur sa grande place brûlèrent à centaines, peut-être à milliers, des juifs, des hérétiques, des relaps, au temps où florissait la très-sainte Inquisition. **Salamanque** est l'université nationale. Le Duero descend de d'âpre sierra neigeuse de Urbion (2,246 mètres), près de Soria, dans le pays où s'élevait Numance, la ville qui aima mieux périr que se rendre. Sobres, tenaces, courageux, passionnés, fanatiques, les Espagnols sont les premiers hommes du monde pour défendre les villes rue à rue, maison à maison jusqu'au dernier souffle du dernier citoyen.

Le plateau de la **Nouvelle-Castille**, au centre de la presqu'île, entre la sierra de Guadarama et la sierra Morena, se scinde en deux le long des monts de Tolède et de la sierra de Guadalupe. Un peu moins élevé que le précédent, il renferme Madrid, chef-lieu du royaume. L'un de ses fleuves, le Tage (Tajo), baigne l'ancienne capitale, **Tolède**, ville merveilleuse par ses vieux monuments et sa physionomie moyen-âge, à la fois espagnole et arabe, monastique et guerrière.

Les deux plateaux sont tristes, pauvres, presque hideux. Ils sont faits de plaines jaunes ou grises très-fertiles en grains, mais sans arbres, de ravins sans eau, de steppes où broute le mérinos ; de loin en loin se voient des villages à demi ruinés, des maisons en pierre ou en boue croulantes et qui semblent désertes ; à l'horizon montent des sierras pelées, couturées par les torrents d'occasion ; en hiver règnent la neige, la glace et la fange, en été la poussière sous un soleil de plomb ; des vents violents soufflent toute l'année.

L'Espagne centrale ne fut pas toujours aussi morne. Sa dégradation, sa laideur viennent de deux causes. Les forêts, les bouquets de bois, les arbres de clôture même ont disparu sous la pioche et la hache du colon, qui s'est cru pratique et n'était qu'insensé ; il ne veut pas d'arbres parce que les oiseaux qui picorent le grain feraient leurs nids dans les branches : « *Arbol, pajaro,* » dit-il, « un arbre, des oiseaux. » Les forêts qui tendent incessamment à se reconstituer, et voici la seconde cause, disparaissent incessamment aussi sous la dent des mérinos transhumants. Deux fois par an, en hordes sans fin, ces malfaiteurs ravagent le sol qu'ils abroutissent, extirpant l'herbe et livrant ainsi sans défense la terre au ravinement des orages. Les cultivateurs le souffrent par force ; la *mesta*, grande compagnie à monopole, fait abattre les travaux de clôture, puis le pays appartient à de grands propriétaires non résidents qui ne soignent pas leurs immenses *estados* (domaines).

Au sud-est du plateau castillan, la **Manche**, où Cervantès fait naître Don Quichotte, le champion du droit, est une affreuse plaine aux ruisseaux salés et traînants. Devant l'aridité de ces campagnes espagnoles du centre, sous l'accablement tombant du ciel en rayons et montant du sol en réverbérance, on comprend la passion pour la source et pour l'eau courante qui se fait jour dans les poëmes de l'Orient, de la romance castillane ou africaine aux psaumes hébreux et au Cantique des Cantiques.

Les deux grands fleuves du plateau de la Nouvelle-Castille sont le Tage et le Guadiana. Le Tage ne coule guère entre les « bords fleuris » des vieilles romances, mais au fond de ravins tortueux, au milieu de champs arides, jaunes et saupoudrés de poussière rouge en été. Ce ne sont que roches à pic, mornes sans arbres, herbes grillées, arbustes flétris au bord des eaux fangeuses. En aval du Pont de l'Archevêque (Puente del Arzobispo), la vallée du Tage se transforme tout à fait en ce que les Espagnols nomment un *cañon*, c'est-à-dire un profond étranglement. Plus on s'approche de la frontière hispano-portugaise, plus le défilé se creuse et se resserre, plus les rocs se redressent. On pourrait presque franchir d'un bond ce fleuve qui s'élargit en lac à quelques lieues plus bas et donne à Lisbonne un des plus amples ports de l'univers. C'est au Saut du Bohémien (Salto del Gitano) qu'il y a le moins d'espace entre les deux rives. Le Tage roule des paillettes d'or, et les Anciens le citaient à côté du proverbial Pactole, de l'Hermus jauni par l'or, et du somptueux Gange, trésor de l'Inde.

Le Guadiana ressemble au Tage en ce que ses plateaux lui fournissent peu de sources, sous un ciel parcimonieux de pluies. Des treize lagunes de Ruidera, étagées entre 750 et 843 mètres d'altitude, procède une rivière qui disparaît plus bas dans des plaines marécageuses. A 608 mètres au-dessus de la mer, près de Villarrubia, elle ressort par des sources considérables, les Ojos de Guadiana (yeux du Guadiana), à raison de trois mètres cubes d'eau par seconde, puis elle serpente dans l'horrible Manche et dans le triste Campo de Calatrava. Elle entre ensuite dans l'**Estramadure**, contourne la colline de **Medellin**, où naquit Cortez, conquérant du Mexique, et où dorment des milliers de Français et d'Espagnols morts dans une des batailles de la triste guerre d'Espagne. Au-dessous de **Mérida**, ville orgueilleuse des ruines de son aqueduc romain, il baigne **Badajoz**, forteresse espagnole qui du bas de sa plaine regarde Elvas, place de guerre portugaise juchée sur une haute colline du prochain horizon. C'est en Portugal que le Guadiana, de Serpa à Mertola, s'engage dans un chenal de roche vive d'une telle étroitesse qu'il semble en certains passages incapable de donner issue au plus infime ruisseau. Un fleuve s'y tord pourtant, faible pendant neuf mois de l'année mais parfois enflé par les orages. Ces défilés dans le roc, leurs avenues obscures, leurs gouffres d'eaux immobiles, leurs rapides, la cascade du Saut du Loup (salto del Lobo), il y a là une des merveilles de l'Ibérie.

Sur ces plateaux du centre habite le Castillan, « le Castillan grand et rare, dit le poëte ; son destin le fit le restaurateur et le maître de l'Espagne. » Il a donné au pays sa langue littéraire, et quelques traits de son caractère au peuple espagnol. Autour de ce plateau central rayonnent quatre autres régions.

Entre la Vieille-Castille et la mer de Biscaye, les monts Cantabres continuent les Pyrénées et parfois s'élancent presque aussi haut qu'elles. Sur leur versant septentrional s'étend une contrée étroite, tout à fait à part en Espagne, au ciel humide, au climat tempéré, très-fraîche, bien cultivée, bien peuplée, pleine de paysages gracieux sur le rivage, de sites grandioses dans la montagne. Cette contrée est, pour ainsi dire, l'Espagne européenne.

A l'est les **Provinces Basques** ont conservé en partie

leurs *fueros* (lois et droits d'autrefois) : là, dans le Guipuzcoa, la Biscaye, une partie de l'Alava et de la Navarre, là vivent les anciens Ibères, les Basques, qui se nomment eux-mêmes *Escualdunac*, gens beaux de visage, de corps, d'attitude ; lestes, forts, gais, indépendants. Presque tous, un demi-million, parlent encore leur vieille langue, l'une des plus riches en formes et des plus difficiles qu'on connaisse.

Au centre demeure sur une belle côte, dans un labyrinthe de gorges et dans un superbe entassements de sommets, le peuple des **Asturies**, fier d'habiter les seules montagnes que les Arabes n'ont jamais soumises. Au milieu de ces montagnes excellent les pics appelés Picos de Europa : l'un d'eux monte à 2,678 mètres ; il vient en troisième rang en Espagne, après la sierra Nevada et les Pyrénées. Le quatrième rang appartient à un massif qui se relève entre les gorges du Tage et la plaine de Medina del Campo, vers les sources du Tormes, rivière de Salamanque. Dans ce massif (2,400 mètres), la sierra de Gredos, la neige persiste presque toute l'année sur les hauteurs qui portent les noms retentissants de los Hermanillos de Gredos et de la Plaza del Moro Almanzor.

A l'ouest des Asturies, la **Galice**, pluvieuse, frangée de baies, riche en très bons ports, est la Bretagne espagnole, mais une Bretagne autrement pittoresque et accidentée que la nôtre, car au lieu de collines elle dresse de grandes montagnes. Elle a pour fleuve le Miño, qui dans son cours inférieur sépare l'Espagne du Portugal et agrémente une vallée féconde. La vraie branche mère du Miño est le Sil, qui se tient presque perpétuellement au fond de gorges d'une effrayante profondeur, telles qu'il y a souvent 400 mètres à pic entre le rebord du versant et le lit de la rivière. Avant de s'unir au Miño, le Sil traverse le Monte Furado (*montagne percée*) par une galerie qu'on croit de main d'homme, et faite peut-être pour des travaux de mines. Les Galiciens, ou Gallegos, Auvergnats de la Péninsule, émigrent dans toutes les villes espagnoles et portugaises, comme hommes de peine, porteurs d'eau, moissonneurs. Ils ont beaucoup contribué à la colonisation de l'Amérique néo-latine.

Entre le plateau central et les Pyrénées, dont l'Espagne

possède le plus haut pic, le Néthou, ou Maladetta (3,404 mètres), se développe le bassin de l'Èbre, tributaire de la Méditerranée. L'Èbre doit peu aux montagnes de rebord du plateau central espagnol. Presque toutes ses eaux courantes d'été lui descendent des Pyrénées : « L'Ega, l'Arga et l'Aragon font l'Èbre, » dit un proverbe d'Espagne ; il faut y ajouter le Gallego et la Sègre qui recueillent tous les torrents nés dans les sierras aux têtes argentées dont l'autre versant enfante le Gave, la Neste, la Garonne, le Salat et l'Ariège. Un puissant canal d'irrigation, qui prend habituellement 14 mètres cubes par seconde, a été tiré de l'Èbre. On peut demander encore plus à ce fleuve et rendre ainsi à la vie des fonds magnifiques pulvérulentés par le soleil. L'Èbre arrose **Saragosse** (68,000 hab.), la Sagonte et la Numance de l'Espagne moderne, la capitale de l'Aragon.

Sur l'Èbre moyen fait front l'**Aragon**, terre brûlée, négligée, en beaucoup d'endroits stérile et dépeuplée. Les Aragonais, race énergique, très-sobre comme toutes les peuplades espagnoles, préfèrent la guerre, la chasse, la contrebande, les aventures à la culture du sol. C'est le grand justicier d'Aragon qui s'adressait ainsi au roi, le jour de l'avénement du monarque, au nom des états du pays : « Chacun à part, nous sommes autant que vous. Unis, nous sommes plus forts. Nous vous faisons notre roi pour garder nos droits. Sinon, non ! »

La **Catalogne** s'appuie sur l'Èbre inférieur et sur la Méditerranée jusqu'au cap Creus, frontière de la France. Le fleuve s'y perd en mer par deux branches enfermant un delta, l'île de Buda. Le gain du continent sur l'eau marine est ici de 24 kilomètres, car il y a cette distance entre la rive actuelle et l'antique embouchure. La Catalogne n'est que monts ruinés, *suredas* (bois de chênes-liéges) et gorges de torrents, avec une étroite lisière de terres sur le bord de la Méditerranée. Les Catalans, qui rivalisaient sur mer au moyen-âge avec les républiques italiennes, sont les plus actifs, les plus industrieux, les plus marins, les plus commerçants des Espagnols, et probablement les plus travailleurs des Méridionaux. Partout où ils émigrent, et ils émigrent partout, ils arrivent à l'aisance, ou font fortune. Ils usent d'un idiome à part, aussi rapproché des patois du midi de la France que de l'espagnol. Ils ont des traditions à part, des tendances politiques à part et se considèrent moins comme Espagnols que comme Catalans.

Les Catalans peuplent aussi l'archipel des **Baléares** (480,000 hectares; 280,000 âmes) dont les habitants, sous le nom de Mahonais, font beaucoup pour la colonisation de l'Afrique française. Le temps n'est pas éloigné où il y aura dans notre Afrique plus de sang mahonais que dans les Baléares. Majorque et Minorque commandent la route de France en Algérie, à 300 kilomètres environ de cette dernière. Il y a 85 kilomètres de moindre distance entre l'archipel et sa métropole.

Vue de son plus haut belvédère, la Silla de Torellas (1,570 mètres), **Majorque** se ramifie en chaînes dépouillées avec les bois clair-semés d'oliviers sauvages, de chênes-verts, de pins d'Alep secoués et tordus par les vents. Entre les collines et l'ourlet de la mer, des lits secs de ruisseaux gercent des plaines fertiles. **Minorque**, moins féconde et plus venteuse que Majorque, n'a point de collines au-dessus de 368 mètres. **Iviça** vient en troisième ligne pour l'étendue ; elle couvre de pins un chaînon de coteaux sans terre végétale. **Palma**, chef-lieu de Majorque, domine tout le groupe des Baléares, mais le port principal est **Mahon**, dans Minorque. Un proverbe espagnol le proclame : *Junio, julio, agosto y Puerto-Mahon, los mejores puertos de Mediterranea son* (1).

Au sud de la Catalogne, à l'est des plateaux, sur le rivage de l'éblouissante Méditerranée, le **pays de Valence**, où l'on parle aussi catalan, et le **pays de Murcie** sont l'Italie de l'Espagne. Le ciel n'y verse de pluies qu'en automne et au printemps, le climat n'y subit point de brusques variations, le palmier y croît en forêt à Elche, près d'Alicante : le palmier d'Elche, fort aidé dans sa croissance et dans sa force par la salinité des eaux qui l'arrosent, s'élève à vingt mètres de hauteur et produit de bonnes dattes; il fournit l'Europe catholique

---

(1) Juin, juillet, août et Port-Mahon, voilà les meilleurs ports de la Méditerranée.

de palmes pour les processions et les cérémonies. Dans toute cette région, l'irrigation fait des merveilles. A côté des *campos secanos*, champs non arrosés, brûlés, arides, jaunâtres et comme morts, éclatent la fécondité, la fraîcheur et la vie dans les *campos huertos*, champs arrosés, jardins maraîchers, jardins fruitiers, riz, céréales, vignes, mûriers, olivettes, cultures industrielles. De la plaine où fut l'indomptable Sagonte, aujourd'hui Murviedro, jusqu'aux limites de la province d'Alicante, la Turia (10 mètres cubes par seconde à l'étiage) et le Jucar (24 à 32 mètres cubes) font la fameuse *huerta* de Valence. Des dérivations de la Segura (10 mètres cubes) procède la huerta de Murcie, moins fameuse, quoique aussi bien ordonnée et aussi opulente. Où les rivières abondantes comme la Turia, le Jucar et la Segura manquent, des barrages de dimensions colossales, jusqu'à 50 mètres de haut, arrêtent la course des eaux d'orage au fond de vallons profonds, étranglés entre les rochers ; les lacs ainsi formés sont dérivés en été sur les cultures. Les contempteurs de l'Espagne font remonter aux seuls Maures l'honneur de ces travaux grandioses. Ils ont tort. Ce qu'il y a de gigantesque, de complet, d'admirablement entendu dans les irrigations de la Péninsule vient du peuple espagnol lui-même et date de notre siècle ou des siècles qui ont suivi la destruction de l'empire hispano-arabe.

La Sierra Nevada monte un peu plus haut que les Pyrénées elles-mêmes. Elle a pour maîtres sommets l'Alcazaba (3,313 mèt.), le Veleta (3,470 mèt.) et le Cerro de Mulahacen (3,554 mètres). Ses neiges enflent le Génil et le Daro qui arrosent l'admirable *vega* de Grenade : **Grenade** (67,000 hab.), ville tombée, sans rivale en Espagne par sa situation, ses souvenirs, son Alhambra, monument le plus fameux de l'art arabe.

La Sierra Nevada contemple de fort près la côte méditerranéenne, qui est ici la zone la plus chaude de l'Europe avec l'Algarve portugaise : la moyenne de l'année y est de 20 degrés, à peu près le double de la moyenne annuelle de Paris. Au pied des versants du nord se creuse le bassin du Guadalquivir, fleuve dans le nom duquel il n'est pas difficile de reconnaître les mots arabes *Oued-el-Kebir*, la Grande Rivière. Le Guadalquivir s'augmente sur sa rive droite de torrents singuliers, qui naissent dans les plaines que limite au sud la Sierra Morena ; mais au lieu de se diriger naturellement au nord vers le Guadiana, qui est voisin et dont peu d'obstacles les séparent, ils aiment mieux pourfendre la Sierra Morena par des travaux gigantesques et courir au midi vers le Guadalquivir. Le Jucar, d'autres rivières encore en font autant : à force de détours, d'étranglements, de précipices, elles arrivent à la mer par la voie la plus difficile. Le Guadalquivir arrose **Cordoue**, qui fut grande sous les rois maures, quand elle avait, dit-on, plus d'un million d'habitants, Séville, et tombe dans la mer près des vignobles de **Jerès** (52,000 hab.) et de la ravissante **Cadix** (72,000 hab.), grand port océanique de l'Espagne.

Le bassin du Guadalquivir et le versant de la Sierra Nevada qui fait face au Rif marocain composent l'**Andalousie**, illustre en Europe et hors d'Europe par ses montagnes blanches de neige sous un soleil africain, par les souvenirs héroïques et les édifices du temps des Maures, par la grâce de ses femmes et l'excellence de ses chevaux. A l'étranger, le seul nom d'Andalousie éveille un monde d'idées poétiques, d'impressions gaies et charmantes. Pour le climat, la végétation, l'aspect général, cette province, que nulle autre ne dépasse en fertilité et en richesse, peut s'appeler à bon droit l'Afrique de l'Espagne. Sans la différence de religion, de civilisation, de costume, on ne distinguerait guère l'Andalousie du Maroc ou de la province d'Oran. Les Andalous, Gascons de l'Espagne, ont pris une grande part à la colonisation de l'Amérique latine.

Les Espagnols sont des Ibères auxquels se mêlèrent des Phéniciens, des Celtes, puis des Romains, puis des Germains, enfin des Arabes et des Berbères, surtout en Andalousie, à Murcie et à Valence. Tout balancé, ses vertus et ses vices, ce peuple est très-grand, très-viril, et d'une originalité saisissante. Il a pour meilleures qualités le sérieux, la fierté, la dignité, la volonté escarpée, le courage, la ténacité et l'amour de la patrie comme l'entend le Camoëns, *não movido de premio vil, mas alto e quasi eterno* (1). Souvent ce sérieux dégénère en sauvagerie, cette fierté en forfanterie, cette dignité en vanité, cette volonté en aveuglement, et ce courage s'accompagne de fanatisme, de férocité, de soif de vengeance. Nulle part les guerres civiles ne sont aussi promptes à éclater qu'en Espagne, aussi longues à apaiser, aussi prêtes à renaître.

L'Espagne a produit de grands écrivains, des poëtes, des peintres de tempérament, de sombres politiques, des capitaines au cœur de fer, peu de savants. De tous les peuples civilisés qui ont dominé le monde, les Espagnols ont le moins fait pour la science. A ce point de vue, ils arrivent bien après les Grecs, les Romains et les Italiens, les Français, les Anglais, les Allemands. Leur grandeur dans l'histoire, c'est le tenace héroïsme qu'ils ont toujours opposé aux envahisseurs, Romains, Arabes ou Français, c'est la part qu'ils ont prise dans les découvertes du Nouveau Monde, c'est l'ardente bravoure avec laquelle leurs *conquistadores* ont traversé et soumis des empires, suivis seulement de quelques centaines de Castillans, d'Estramaduriens et d'Andalous. S'ils n'avaient versé le sang innocent pour la rage de l'or, on dirait de ces héros, rien qu'à considérer leur courage, qu'ils n'ont point fait mentir la fière devise gravée sur le pommeau de l'épée castillane : « *No me saques sin razon, ni me envaines sin honor !* » — « Ne me tire pas sans raison, ne me rengaîne pas sans honneur ! »

La langue espagnole, dérivée du latin, comme le portugais, l'italien, le français, le valaque, préémine par la fierté, l'ampleur, la sonorité magnifique, mais dès qu'on le parle trop vite, sans soin et sans finesse, elle devient vulgaire, monotone, criarde et penche à la ritournelle. Peu de langages modernes voient devant eux un tel avenir. Si l'Espagne a perdu l'empire du monde, les pays d'outre-mer qu'elle dompta apprirent et n'oublièrent pas le castillan, qui reste l'idiome de l'Amérique centrale et de la plus belle moitié de l'Amérique du Sud. Les contrées où l'espagnol est langue nationale compteront plus tard des centaines de millions d'hommes. Déjà il y a hors d'Europe beaucoup plus d'espagnolisants qu'en Espagne.

(1) Non pour un prix vil, mais élevé et presque éternel.

Le catalan de la Catalogne, des îles Baléares, de Valence, idiome dur et laid, s'éloigne beaucoup de l'espagnol pour se rapprocher du provençal. Le galicien ressemble au portugais. Le basque se parle chez 500,000 Escualdunacs.

Tous les Espagnols reconnaissent le pape.

On a dit sans preuves que l'Espagne eût quarante millions d'habitants sous les Romains et sous les Maures. Il ne lui en reste que seize, avec cinq villes atteignant ou dépassant cent mille âmes.

Madrid (300,000 hab.), capitale du royaume, n'a pour elle que sa situation au cœur de la Péninsule. Elle a grandi d'une grandeur factice, à 650 mèt. d'altitude, sous un climat tantôt trop froid, tantôt trop chaud, sur le Manzanarès, ruisseau de rien : on dit de lui qu'on en a vendu l'eau pour payer les ponts, et que c'est la première rivière du globe pour y naviguer à cheval et en voiture. « L'air de Madrid, prétend le dicton, est si subtil, qu'il tue un homme et n'éteint pas une bougie. »

Barcelone (200,000 hab. ; 260,000 avec les faubourgs) est le chef-lieu de la Catalogne. Elle distance de beaucoup Madrid par l'industrie, par le commerce, par son port, le plus actif de l'Espagne et l'un des premiers de la Méditerranée. A quelques lieues de cette ville, non loin du Llobrégat, petit fleuve arrivant des Pyrénées, le Montserrat jaillit isolé dans la plaine à 1,237 mètres de hauteur. Il n'y a guère de montagne aussi indépendante, de rochers aussi gigantesques. On y monte encore en pèlerinage, mais le monastère a perdu son opulence et les treize ermitages sont vides.

Séville (120,000 hab.) sur le Guadalquivir, accessible aux vaisseaux de mer, se recommande par ses courses de taureaux, ses fêtes, ses mœurs gaies et originales, son tombeau de Christophe Colomb, avec cette simple inscription : *Á Castilla y á Leon otro mundo dió Colon*. — Colomb a donné un nouveau monde à l'Espagne. « Qui n'a pas vu Séville, disent les Espagnols, n'a pas vu de merveilles. » On trouve ailleurs pareille emphase.

Valence (110,000 hab.), sur le Turia ou Guadalaviar, à six kilomètres de la mer, est une ville de fabriques et l'entrepôt de sa huerta.

Malaga (100,000 hab.), sur la Méditerranée, à petite portée de l'Afrique, au pied de monts sauvages appartenant à la Sierra Nevada, vend le vin célèbre qui croît sur ses coteaux schisteux.

Tout le sol de l'Espagne n'appartient pas aux Espagnols. L'imprenable **Gibraltar** (30,000 hab.), qui a donné son nom au grand détroit d'entre deux mers, est une dépendance de l'Angleterre. Ainsi les Anglais ont longtemps gardé dans leurs mains tenaces un point du littoral français, Calais, qu'ils n'ont rendu qu'à la force.

Gibraltar, perdue par l'Espagne au commencement du siècle dernier, est une ville de guerre, de commerce et de contrebande située vis-à-vis de l'africaine Ceuta. Elle gravit le versant inférieur d'un rocher de 450 mètres de hauteur lié au continent par une langue de sable. Sur un des penchants de ce rocher gambadent les seuls singes en liberté d'Europe. Cette acropole britannique enlève à peine quarante hectares à l'Espagne, mais elle commande l'entrée et la sortie de la Méditerranée.

PORTUGAL.

Le Portugal est compris entre l'Espagne et l'océan Atlantique, sur lequel il développe de 650 à 700 kilomètres de côtes tantôt rocheuses, tantôt sablonneuses. C'est l'ancienne Lusitanie. Il a près de huit millions et demi d'hectares, environ le sixième de la France.

Ce lambeau détaché de l'Espagne prolonge les sierras espagnoles, et ses quatre grands fleuves, le Minho, le Douro, le Tejo (Tage), le Guadiana, ont leurs sources et presque tout leur cours en Espagne.

Le Portugal déroule quelque plaines vastes et fécondes,

telles que celle du Tage au-dessus de Lisbonne, mais la masse du pays se compose de *serras* (chaînes) plus souvent torréfiées par le soleil que rafraîchies par les eaux et verdies par la forêt. La chaîne la plus importante, la serra da Estrella, a pour *cantaro* culminant une cime de 1,993 à 2,294 mètres, évaluations extrêmes. Cantaro veut dire cruche en portugais : les montagnards de l'Estrella donnent ce nom aux sommets élevés d'où descendent les eaux vives. Ainsi les anciens représentaient la source d'un fleuve par une urne penchée. Il y a de la neige une partie de l'année sur les principales sommités de l'Estrella, et sur plusieurs montagnes entre le Douro et le Minho. Aux serras s'épaulent des plateaux tantôt froids et stériles, tantôt tempérés et féconds ; sur leurs flancs, à leur pied, des ravins, des gorges, des cirques, des vallées produisent, du palmier à la pomme de terre, toutes les plantes propres au climat portugais : climat chaud sans être torride dans les plaines et près de la mer, froid sans être glacial dans les montagnes.

Le Portugal s'étendant surtout en latitude, les provinces du nord ne ressemblent pas tout à fait à celles du centre, et celles-ci à celles du sud. Dans le nord, les provinces de Traoos-Montes, de Minho, de Douro, de Beira se rapprochent assez par leur physionomie et par leurs cultures de la Galicie, pays espagnol que ses tendances, ses relations, ses habitudes, son idiome rattachent, d'ailleurs, plutôt au Portugal qu'à l'Espagne. Les Gallegos (Galiciens) ont de tout temps fortement influé sur les belles régions du Minho et du Douro. Ils y envoient incessamment des hommes de peine, des domestiques, des porteurs d'eau, des vignerons, des vendangeurs, des moissonneurs, une foule de petites gens en quête de travail. Le prince des poëtes portugais, le Camoëns, descendait d'une famille galicienne dont le manoir était voisin du cap Finisterre. La population de cette région, au loin connue par son vin du Douro, ne se maintient que par une forte natalité et par l'immigration des Gallegos, car elle s'appauvrit constamment par une émigration disproportionnée vers le Brésil. Ainsi le Gallego travaille et peuple pour les Portugais, surtout pour les Portugais du nord. Celui-ci n'en méprise pas moins ce travailleur opiniâtre et honnête : « Il faut, dit-il, deux cents Gallegos pour faire un homme. »

Le centre du Portugal, sur le Mondego et le Tage, comprend l'Estramadure et une partie de la Beira au nord, d'Alemtejo au sud. Il reçoit énormément de pluie sur sa côte : à Coïmbre, il tombe trois mètres et demi d'eau par an, presque autant que dans le Westmoreland et sur les rivages de la Norvège. Les cultures restent les mêmes que dans la région du nord, et non loin de Coïmbre, le second vignoble portugais, celui de la Bairrada, inférieur seulement au vignoble du Douro, enrichit plusieurs petites villes. A Lisbonne il y a des palmiers. Dans l'Alemtejo, le sol se partage en vastes domaines cultivés négligemment et d'un aspect désolé. Malgré sa fertilité, cette province nourrit proportionnellement sept fois moins d'hommes que les terres morcelées de la vallée du Minho. Des *charnecas*, landes mouillées de cette province, s'exhalent des miasmes, et l'Alemtejo est décrié pour ses mauvaises fièvres.

A mesure qu'on s'avance vers le midi dans la province d'Alemtejo, la chaleur se renforce, le paysage prend l'aspect et les teintes d'Afrique. Au delà des champs d'Ourique, où se fonda l'indépendance du Portugal par une victoire sur les Arabes, quand on a franchi la serra de Monchique (903 mètres), on descend dans l'Algarve, étroite province abritée du nord, tout ouverte au sud, de la montagne à la mer. La moyenne annuelle sur la côte y est de 20 degrés, contre 15 au nord du Portugal, dans le pays du Minho. Dans l'Algarve on ne se croirait guère en Europe. Ce pays est l'Andalousie portugaise, et comme en Andalousie, le sang arabe y a grandement influencé la population. Le nom d'Algarve n'est même que la corruption du mot arabe *El-Gharb*, l'Occident.

Les Portugais sont formés d'éléments ibères, celtiques, romains, germains, avec mélange de sang arabe au sud du Tage. Ils sont au nombre de quatre millions, sans compter les 363,000 habitants des Açores et de l'île africaine de Madère. Ils ne tirent pas de leur pays tout ce qu'il pourrait donner. Jadis ils ont fait de grandes choses : à la fin du moyen-âge et au commencement de l'ère moderne, ils reconnurent les côtes d'Afrique, doublèrent le cap de Bonne-Espérance, changèrent la direction du commerce du monde, dominèrent l'Inde et l'Océan. Alors le grand Camoens s'écriait en parlant de ses compagnons d'armes : « Voyez comme ils vont joyeux, par mille routes, pareils aux lions bondissants et aux taureaux sauvages, livrant leur vie à la faim, aux veilles, au fer, au feu, aux flèches, aux boulets, aux régions brûlantes, aux plages froides, aux coups des idolâtres et des Maures, à des périls inconnus du monde, aux naufrages, aux poissons, à la mer profonde. » Leur puissance aujourd'hui n'est qu'un vieux souvenir, leur activité maritime et commerciale, leur ardeur d'aventures ont disparu. L'énergie de la nation s'est transportée de l'autre côté de l'Atlantique, au Brésil. Là le Portugal a fondé et développe tous les jours par une forte immigration un nouveau peuple portugais qui compte déjà trois fois plus d'habitants que la mère-patrie, sur un territoire *quatre-vingt-huit* fois plus vaste, et le plus fécond de la terre.

La langue portugaise procède du latin. Même, elle en est très-voisine, et le serait plus encore, si un très-grand nombre de ses mots n'avaient perdu une syllabe ou laissé tomber des consonnes importantes, surtout *l* et *n*. Elle se prête infiniment à la poésie, et sa richesse laisse peu d'expressions et de tournures à désirer. Ce qui la gâte fort, c'est un accent vulgaire et la fréquence des nasales. On la parle, en dehors du Portugal, dans les colonies portugaises, dans le Brésil, et sur des plages d'où la domination de Lisbonne a depuis longtemps disparu, ainsi à Malacca. Seize millions d'hommes au moins l'ont pour idiome national, et ce chiffre, croissant rapidement, deviendra énorme avec le temps, le Brésil ayant place pour des centaines de millions d'hommes.

Tous les Portugais sont catholiques.

Lisbonne, en portugais **Lisboa**, capitale du Portugal, renferme 225,000 habitants ; elle en avait plus du double quand elle était la première ville de commerce de l'univers. Le tremblement de terre de 1755 y écrasa 30,000 personnes sous des ruines.

Lisbonne s'élève sur la rive droite du Tage, au point où ce fleuve, qui vient de former un bassin bleu d'eau salée de près de 20 kilom. de long sur 10 de large, se rétrécit pour aller se faire dévorer à 15 kilom. plus bas par la mer. Derrière les collines que gravit l'amphithéâtre des maisons, se profilent les bleus sommets de la sierra déchirée de Cintra (529 mètres). Le fleuve, ou plutôt le golfe, les navires trop clair-semés du port et de la rade, la ville, les collines avec leurs innombrables *quintas* (villas), la plaine du Tage et à l'horizon du midi les montagnes fuyant au loin font un spectacle grandiose. Il y a beaucoup de nègres et de mulâtres à Lisbonne, presque tous des Brésiliens.

Porto, ou **O Porto** (le port) a 90,000 âmes. A 4 ou 5 kilom. de la mer, cette ville occupe le penchant d'une rude colline, sur le Douro, bleu et salé, large d'un peu plus de 200 mètres. Une ligne de faubourgs unit la ville à Foz-do-Douro.—Foz est le mot portugais qui désigne l'embouchure d'un fleuve ou d'une rivière.—L'ouverture du Douro, sur cette côte sablonneuse et rocheuse, fait tort par ses grands dangers à la prospérité de Porto. Cependant cette place, débouché du Portugal septentrional, entretient un grand mouvement de navires, quelques-uns pour l'Angleterre, presque tous en destination du Brésil, de Para à Rio Grande del Sul. A Porto s'embarquent à peu près tous les émigrants qui vont renforcer l'élément national dans l'empire lusitano-brésilien. A l'exception des Portugais des îles africaines, de ceux qui abandonnent annuellement l'Algarve et de ceux qui partent de Lisbonne, c'est de Porto que s'en vont les dix à vingt mille hommes qui se hasardent tous les ans sur l'Océan vers ce Brésil dont on raconte tant de merveilles dans les chaumières des sierras lusitaniennes. Porto fait le commerce des vins d'élite auxquels il a donné son nom et qui viennent des collines schisteuses bordant en amont le cours encaissé du fleuve. Si l'on remonte le Douro au-dessus des derniers vignobles, on entre dans des gorges d'une grandeur austère. Le Douro, quelquefois violent, quelquefois immobile et alors étroit comme un ruisseau et sinistrement profond, se perd au pied de rochers immenses, noirs, gris ou ternes. Là rien du monde, ni champs, ni maisons, ni hommes ; peut-être en haut, bien loin, des moutons avec leur berger sauvage, quand les parois à pic font place un moment à des versants bosselés de roches aiguës et croulantes. Voilà par quelle fissure le Douro passe des plates étendues de la Vieille Castille aux vignobles étagés de Porto.

Coimbra, en amphithéâtre sur le Mondego, au pied de la serra da Estrella, n'a que 18,000 habitants, mais c'est la ville savante du royaume, le siége de sa seule université, son ancienne capitale et le site des plus attachants souvenirs de sa vieille histoire. Parmi les étudiants à noire soutane qui suivent ses cours, il y a beaucoup de Brésiliens.

ITALIE.

L'Italie est favorablement située. Au nord, elle touche aux Alpes, centre de l'Europe civilisée; au sud, de ses derniers promontoires, on voit par les temps clairs les montagnes africaines de Tunis. Placée au centre du bassin de la Méditerranée, elle en resta longtemps la reine. Elle le serait encore, si la France, presque deux fois plus vaste, plus peuplée, plus riche, plus active, n'avait sur cette mer l'embouchure de son plus grand fleuve, son premier port de commerce, son premier arsenal maritime, huit départements, et, vis-à-vis, les mille kilomètres de côtes de l'Algérie, où peu à peu s'élabore un nouveau peuple français.

Avec les États du pape (1,180,000 hectares; 725,000 habitants), récemment annexés, l'Italie n'a pas même 30 millions d'hectares, sur lesquels vivent 25 millions d'habitants. Dans cette proportion, la France aurait 45 millions d'habitants au lieu de 38.

L'Italie se divise naturellement en trois parties : l'Italie continentale ou Haute-Italie, l'Italie propre, apennine ou péninsulaire, les îles.

La **Haute-Italie** (10 millions d'hectares), au nord, **Piémont, Lombardie, Vénétie, Émilie**, renferme, avec la

Toscane, l'élément vivant de la nation. Là se trouvent l'agriculture perfectionnée, l'industrie, la fourmilière active et pressée, la source de l'argent et des hommes, le centre de tous les mouvements, hors le mouvement littéraire, aussi prononcé à Florence, et le mouvement théologique et clérical concentré à Rome. C'est l'Europe de l'Italie, comme la Calabre, la Sicile et la Sardaigne en sont l'Afrique. Les Romains ne la comprenaient pas dans l'Italie, ils l'appelaient Gaule Cisalpine, et de fait, la population, d'un fonds gaulois ou celtique, se modifia seulement et ne se perdit pas quand elle admit de force les guerriers et les colons latins, puis les Germains.

La Haute-Italie, enfermée entre les Alpes de France, de Suisse, d'Autriche, la mer Adriatique et les Apennins, est un pays complet. Elle détient peut-être les meilleures plaines d'alluvions de l'Europe; ses rivières puisent à des glaces, à des neiges que l'été ne fond qu'à demi et que chaque hiver ramène à leur épaisseur et à leur étendue primitives; des lacs merveilleux — il n'y en a pas de plus beaux — reçoivent les torrents de la montagne, les épurent et les régularisent; nulle part les cours d'eau ne se prêtent mieux à d'immenses irrigations; le climat y est doux sans amollir, il y pleut, surtout vers l'est, mais sans y trop pleuvoir; dans la plaine tout est fécond, dans la montagne moyenne tout est charmant, dans les Alpes tout est sublime. Ainsi qu'on l'a dit de l'Allemagne, mais dans le sens opposé, du sud au nord et non du nord au sud, la plaine, la colline, la montagne s'y suivent comme la prose, l'idylle et la poésie. Les deux plus hauts pics de l'Europe centrale, le mont Blanc (4,810 mèt.) et le mont Rose (4,638 mèt.), appartiennent à la Haute-Italie par un de leurs versants.

Toutes les eaux méridionales du grand demi-cirque décrit par les Alpes entre le golfe de Gênes et l'Adriatique s'écoulent dans le Pô et dans l'Adige. Le Pô, long de 675 kilom., descend du mont Viso, pyramide superbe entre l'Italie et la France. Son trajet en montagne est fort court. Arrivé dans la grande plaine piémontaise, il baigne Turin. A droite, il recueille les torrents peu fournis des Apennins, à gauche les fortes rivières envoyées par les Alpes. Le lac Majeur purifie pour lui le

Tessin, le lac de Côme clarifie l'Adda, le lac de Garde le Mincio. Le lac Majeur, profond de 854 mètres, a sa tête en Suisse, dans le canton du Tessin ; il est tortueux, fort allongé (84 kilom.), étroit entre des montagnes escarpées. Son aire dépasse 20,000 hectares. Le lac de Côme, plus petit que le lac Majeur (16,000 hectares), moins profond (604 mèt.), et presque deux fois moins long, est encore plus beau. Des Alpes élevées le resserrent au septentrion, et des glaciers étincellent au loin dans l'entrebâillement des gorges ; au midi la mollesse, la douceur et la chaleur remplacent l'âpreté, la rudesse, le sublime et les frimas; en quelques lieues on a changé de nature autant que si l'on avait franchi un large bras de mer en allant du nord au sud. Sur tout le pourtour du lac les plus belles villas du monde baignent dans l'eau les murs de leurs charmants jardins. Le lac de Garde appartient à l'Autriche par son enfoncement septentrional. C'est le Benacus tant célébré par l'aimable Catulle. Il a presque l'étendue réunie du lac Majeur et du lac de Côme (35,000 hectares), mais ses eaux d'une pellucidité merveilleuse n'ont nulle part 300 mètres de profondeur.

Le Pô passe près de **Pavie**, ville universitaire qui fut témoin d'une de nos grandes défaites dans les guerres insensées que nous fîmes en Italie. Il arrose **Plaisance**, qui eut sa grandeur comme capitale d'un duché, puis **Crémone**. Il laisse à gauche, sur le Mincio, **Mantoue** dont la gloire est plutôt d'avoir vu naître Virgile dans ses environs que de s'enfermer dans des fortifications qu'on dit imprenables. Plus bas, un de ses bras passe à **Ferrare** qui fut une grande ville et le séjour du Tasse et de l'Arioste, deux poëtes qui y avaient trouvé un Mécène. Traînant en dépit des lacs qui limpidifient ses trois grands affluents, une masse considérable de troubles, le vieux Éridan dépose beaucoup; son lit s'exhausse par les alluvions; sa plaine humide, où croît le riz qui aime l'excès d'eau, a dû être protégée par des levées comme celle de la Loire, et son delta, marais malsain, s'avance annuellement de plus de 80 mètres dans l'Adriatique. La ville qui a donné son nom à cette mer, Adria, jadis riveraine, se trouve maintenant à plusieurs lieues dans l'intérieur des terres. Le fleuve tombe dans la mer par sept branches. Son débit moyen, très-considérable, en fait presqu'un cours d'eau de la force du Rhône.

L'Adige, l'Etsch des Allemands, vient des monts du Tyrol. Sa vallée supérieure a été peuplée et l'est encore en partie par des Germains, mais la langue allemande y recule rapidement devant l'italien, et avec la langue les mœurs. Il baigne **Trente** et **Vérone**, ville très-forte. Son cours inférieur s'enlace avec les bras du delta du Pô.

L'**Italie apennine**, d'une étendue de 15 millions d'hectares, se hérisse en tous sens de montagnes. Il y a bien quelques vallées étroites, de petites plaines, mais presque tout le territoire apennin n'est que pics, dômes, monts à table, plateaux, boursouflures, roches calcaires, parois nues, cirques, forêts de résineux, de chênes, d'ormes et de bouleaux. Plus on va vers le midi, plus la péninsule s'amincit, plus les Apennins s'enchevêtrent et se déchirent. Au sud de l'ancien royaume de Naples, les **Abruzzes** cachent sous leur nom moderne cet héroïque Samnium, citadelle naturelle qui arrêta longtemps la fortune de Rome. La **Calabre** surpasse encore les Abruzzes par ses failles profondes, ses chaînes dévastées, ses forêts abandonnées à elles-mêmes. Le point culminant des Apennins, le Grand Sasso d'Italia, ou Monte Corno, entre Rome et la côte de l'Adriatique, près d'Aquila, n'atteint pas tout à fait 3,000 mètres.

D'une mer à l'autre, la presqu'île italienne n'a jamais 200 kilomètres de large. Les deux versants ne se valent pas. Le versant de l'Adriatique, plus étroit que l'autre, a des côtes découpées, des torrents courts, violents, capricieux. Ses peuples n'ont pas marqué dans l'histoire. Sur le versant occidental, le rivage se frange de baies importantes ; la distance plus grande entre la mer et l'arête de la montagne y laisse place à des bassins de fleuve, et sur deux de ces fleuves se développèrent des civilisations dont l'une commanda longtemps et façonna le monde. Là coulent le charmant Arno, le Tibre, remarquable par la constance de son volume d'eau, le Garigliano, qui tombe par les deux belles cascades de Sora, l'une de 500, l'autre de 80 pieds de haut. Le Garigliano reçoit le Fibreno :

8.

Touvre ou Sorgues de l'Italie, le Fibreno puise, dit-on, son admirable fontaine, l'une des plus abondantes de la péninsule, au lac sans écoulement visible de Celano, le Fucinus des Latins. Les eaux de ce lac portèrent un jour 19,000 condamnés qui s'entre-égorgèrent dans un combat naval, sous les yeux de l'imbécile empereur Claude, de ses favoris et des prostituées de Rome. On fêtait, ce jour-là, l'inauguration du canal creusé pour dessécher le lac, pernicieux aux riverains par ses fièvres. Dans la suite, l'émissaire s'obstrua et le Fucino regagna les terrains perdus. On vient de le mettre en partie à sec une seconde fois. Son altitude est de 665 mètres.

Les autres grands lacs de l'Italie péninsulaire bordent le bassin du Tibre : le lac de Trasimène, ou lac de Pérouse (19,000 hectares), sans effluent visible, repose à 558 mètres d'altitude, entre des monts gris d'oliviers. Le lac de Bolsena (10,000 hectares), à 300 mètres au-dessus de la mer Tyrrhénienne, communique avec elle par la Marta ; sa plus grande profondeur est de près de cent mètres ; la fièvre règne dans les campagnes qui s'étendent de sa rive au cirque des hauteurs. Sur la route de Bolsena à Rome, le lac de Bracciano (8,500 hectares), à 743 mètres, se déverse par l'Arone, petit fleuve. Le lac Albano se blottit au sud-est de Rome, dans une vasque de 340 mètres de profondeur, qu'on croit un volcan éteint. Semblable au Celano et au Trasimène, il n'a point de dégorgeoir apparent.

Sur l'Arno vivaient les Étrusques, race appliquée et industrieuse, à laquelle Rome naissante emprunta une partie de sa civilisation et de sa religion. Le peuple étrusque étendait jusqu'au Tibre sa confédération de cités ; il franchissait même ce fleuve, puisqu'il avait fondé douze villes dans la riante et fertile région qui se nommait la Campanie et s'appelle aujourd'hui le Labour. La voluptueuse Capoue était une de ces colonies. Dans les premiers temps de l'existence de Rome, la future maîtresse du monde, bâtie sur la rive gauche du Tibre, se trouvait à un jet de pierre du domaine étrusque. D'une nation à l'autre il n'y avait que la longueur d'un pont de bois dont on enlevait les planches en temps de guerre. Au commencement de la République, Rome appartint même pendant plusieurs années aux Étrusques.

Aujourd'hui, la vieille Étrurie est habitée par un mélange d'Étrusques, de Celtes, de Romains, de Germains, par les Toscans, les mieux doués des Italiens. C'est en Toscane que de grands prosateurs et poëtes fixèrent la langue italienne, et nulle contrée n'a fourni plus de génies de premier ordre au monde, écrivains, artistes ou savants.

La **Toscane**, dans sa petitesse, réunit trois régions : sur la mer Tyrrhénienne qui agite ses eaux bleu pur devant les ports de Corse, de Sardaigne, de Sicile, les *Maremmes* occupent le bas-pays à l'embouchure de fleuves côtiers dont le moins faible est l'Ombrone. Les 150,000 hectares des Maremmes fournissent à de grands troupeaux de moutons et de bœufs sauvages, gardés par des bergers plus sauvages encore, leurs mares, leurs prairies mouillées et leurs pauvres pâtures. Du sol des districts humides monte la terrible *malaria* (fièvre paludéenne). Sur le sol sec, les makis recouvrent ce que ne prennent pas les terrains nus et les bois touffus de pins, de chênes-liége et de chênes. Dans le val d'Arno et sur les avant-monts, la vigne toscane enlacée au peuplier mûrit le premier des vins d'Italie; à ses côtés le terne olivier croît lentement, mais pour des siècles; une irrigation parfaite décuple la valeur d'une terre infiniment divisée, infiniment soignée, très-régulière dans ses compartiments. Dans la région montueuse, les forêts de chênes hantées par les porcs, les chênes-liége, les châtaigniers qui font vivre l'homme, le hêtre, le tremble s'échelonnent ou se confondent sur les versants moyens, tandis que le mélèze, le pin, le sapin possèdent les sommets que la neige visite en hiver pour y persister jusqu'aux chaleurs. Cette région de l'Apennin fournit les marbres les plus célèbres du monde, dans les montagnes qui s'élèvent sur l'arrière-plan du littoral compris entre l'embouchure de l'Arno et le superbe port militaire de la Spezzia. De là sortent les merveilleux marbres statuaires de Carrare, de Massa, de Serravezza et de l'Altissimo.

En face de la Toscane, sur le chemin du rivage septentrional de la Corse, l'île **d'Elbe** enferme à peine 30,000 hectares entre des rivages hauts et précipités. Le mont Capanne porte le plus haut la tête entre les pics de granit et les dômes de serpentine de cette île : il dépasse 1,000 mètres. Un vers de Virgile proclame l'île d'Elbe inépuisable en métaux, non sans raison. Ses mines de fer, déjà travaillées par les Étrusques, pourront suffire pendant des siècles à une immense exploitation. La mer d'alentour abonde en poissons, en thons principalement. Les 30,000 insulaires pêchent, naviguent, arrachent le fer à la montagne. Le chef-lieu, **Porto-Ferrajo**, groupe ses maisons au bord d'une rade que peu valent en Méditerranée.

Sur le Tibre a grandi Rome. Le Tibre, le Tevere des Italiens, n'est pas un fleuve des Amazones, loin de là, mais il tient plus de place dans l'histoire des hommes que tous les fleuves du Nouveau-Monde ensemble, avec leurs bassins de savanes et de forêts dix fois vastes comme toute l'Italie et ses trois grandes îles. A peine a-t-il de trois à quatre cents kilomètres de cours, pas même la longueur des grands affluents de notre Garonne. Il surgit dans les Apennins toscans, se plie et se replie dans une vallée resserrée et sévère, et reçoit des torrents fournis par des montagnes blanches de neiges en la saison, comme le Soracte d'Horace. Telle est la Nera, formant la cascade de Marmora et se renforçant du Velino qui lui arrive par une magnifique cataracte, au-dessus de Terni, patrie de Tacite. Tel encore le Teverone, torrent des cascatelles de Tivoli.

La ville-empire du Tibre régna pendant des siècles, de la Perse à l'Écosse et du Danube au Sahara. Dans ses jours de puissance et de gloire elle donna beaucoup de son sang, toute sa langue et ses mœurs aux nations appelées d'après elle romanes, latines ou néo-latines, nations qui sous le nom d'Italiens, de Français, d'Espagnols, de Portugais, de Roumains, possèdent aujourd'hui les plus beaux pays de l'Europe et finiront par peupler l'Afrique du nord, l'Amérique centrale et l'Amérique du Sud.

Les Napolitains habitent sur le Garigliano et le Volturne; au-pied du Vésuve et jusqu'au détroit de Messine; autour du Gran-Sasso, premier pic des Apennins ; sur la Pescara et l'Ofanto dont la perte en mer regarde au loin le rivage albanais et dalmate ; sur le golfe qui berça la corruption de Tarente et de Sybaris. C'était, il y a quelques années, le **royaume de Naples ;** ce fut jadis la Grande-Grèce, si fine, si riche, si élégante. Bien que vifs, brillants, passionnés et doués de beaucoup des qualités de leurs ancêtres grecs et romains, les Napolitains, les Abruzziens, les Calabrais, sont les Italiens qui font le moins pour la puissance de leur patrie et pour sa grandeur scientifique, artistique et littéraire.

L'Italie insulaire comprend trois îles. La Corse appartient à la France. La Sicile et la Sardaigne dépassent en étendue les autres îles méditerranéennes.

La **Sicile** est séparée de la terre mère par le Faro, ou détroit de Messine, qui n'a pas 4 kilomètres de large.

Il fallait le génie conteur des Grecs pour faire de ce passage sans péril une avenue de flots bouillonnants lancés contre des rochers sinistres. Charybde y engloutissait la mer et la revomissait par la bouche de sa caverne, et sur l'autre bord, les six têtes monstrueuses de Scylla dévoraient les marins effarés que le courant entraînait en vain avec une rapidité furieuse. De belles eaux transparentes, de belles roches ; sur les deux rives un panorama sublime, le Phare de Messine n'a jamais eu d'autres terreurs.

Il n'y a que cent kilomètres entre les caps de Marsala et le cap Bon, promontoire tunisien, quelques heures de navigation pour une barque ; aussi les Arabes de la Berbérie dominèrent-ils longtemps dans l'île, comme autrefois les Carthaginois, venus du même rivage. L'Italie faillit devenir musulmane, ainsi que le fut l'Espagne. A partir du huitième siècle jusqu'au onzième, les îles et l'ancienne Grande-Grèce luttèrent à fortunes diverses contre les soldats de l'Islam. Pendant le reste du moyen-âge, et même fort avant dans l'ère moderne, elles redoutèrent les pirates africains qui venaient se pourvoir d'esclaves sur leurs côtes.

Les chaînes calcaires, prolongement de l'Apennin napolitain, couvrent l'île de chaînons plongeant tantôt sur la mer, tantôt sur d'étroites plaines d'une fécondité rare. Dans ces plaines sous un soleil qui chauffe autant qu'en Afrique, croissent les arbres et les plantes de l'Afrique. Dans la basse montagne, le dattier, le figuier de Barbarie, l'agave font place à l'oranger, à l'olivier, à la vigne. Sur les plateaux de l'intérieur, d'une altitude moyenne de 500 mètres, on rencontre l'isolement du steppe sans cultures et sans habitants, des ravins sans eau, des plaines que le ciel brûle, des mamelons que le vent fouette et glace. Le pic culminant des monts calcaires de la Sicile, le Pizzo de Case, n'a pas tout à fait 2,000 mètres, mais dans l'est, non loin du port superbe de **Messine** (63,000 hab.), au-dessus de la plaine de **Catane** (65,000 hab.), la plus vaste de l'île et la plus fertile par son sol de cendres et de laves décomposées, s'élève le premier volcan d'Europe. Ce volcan est l'Etna (3,320 mèt.), maître sommet de l'Italie, les Alpes à part.

Voisin de la mer, l'Etna ne perd rien de sa hauteur, et qui le voit du rivage donnerait à sa pyramide, terminée par deux pointes, la hauteur des géants des Alpes ou du Caucase. A ses pieds et sur les premiers versants jusqu'à 800 mètres d'altitude, 300,000 hommes s'acharnent à replanter la vigne et l'arbre dans les laves délitescentes qui ont passé leur brûlant niveau sur des vergers cachés pour toujours ; là fleurissent des campagnes soignées comme des jardins, des vignobles, des villes populeuses. Plus haut une ceinture de forêts de chênes, de châtaigniers, de pins, de hêtres, de bouleaux ; plus haut encore une zone de neiges, et au-dessus des neiges que fond, vers le sommet, la chaleur interne du volcan, la région du feu, avec ses centaines de cratères, ses nuages de cendres, ses colonnes de fumée rougie par la flamme, son spectacle grandiose sur la Sicile, la Calabre et la mer.

La déforestation enlève tous les jours aux versants etnéens une partie de leur beauté. Des quinze villes, des villages entourant le géant sur 180 kilomètres de pourtour, les bûcherons, les charbonniers vont porter la cognée dans les bois ou brûler les troncs et les rameaux abattus. Quelquefois aussi les laves rasent des pans de forêts, jusqu'à cent mille arbres et au delà par éruption, soit que ces laves fuient du cratère comme le ruisseau d'un lac trop plein, soit qu'elles percent la roche lentement dévorée par le flot en fusion de la matière interne et fléchissant enfin sous le poids de la mer minérale. Peu de courants pérennes descendent du massif, l'eau des pluies et des sources filtre dans le crible de la cendre et des scories.

Au large de la côte septentrionale de Sicile, les cratères de **Volcano**, **Stromboli**, volcan actif, **Salina**, **Alicudi**, **Felicudo**, îles volcaniques, s'élèvent sur la route de l'évent etnéen à la bouche de feu vésuvienne, dans le groupe nommé **Iles Lipari** ou **Îles Eoliennes**.

La Sicile a trois millions d'hectares et près de deux millions et demi d'habitants. Elle est donc proportionnellement plus peuplée que la France, et pourtant on assure que le dixième seulement du sol s'y cultive. On prétend que l'île comptait douze millions de citoyens, lorsque trônaient **Syracuse** qui a 17,000 habitants et en eut plus d'un million, Agrigente, aujourd'hui Girgenti, et nombre d'autres cités grecques riches, voluptueuses, artistiques. Provenus d'un mélange de races où les Grecs, les Romains, les Arabes ont pris la plus grande part, les Siciliens d'aujourd'hui, pareils à leurs compatriotes de l'autre côté du Faro, ne font point grand honneur à l'Italie. Ils ont une intelligence lucide, un courage à l'épreuve, un amour de la patrie profond et toujours prêt à l'action, mais leur sauvagerie native, la férocité qui se dégage à tout propos d'un fond de passions mal contenues, le fanatisme et l'ignorance les retiennent dans les limites de la barbarie.

A 90 kilomètres au sud de la Sicile, à 250 de l'Afrique, **Malte**, rocher calcaire sur lequel il pleut rarement, fut au moyen-âge le siége des chevaliers de Malte, ordre de moines, d'infirmiers, de guerriers qui brava victorieusement la puissance des Turcs et arracha une infinité de prisonniers chrétiens aux pirates musulmans. Sur une terre venue en partie par bateau de Sicile, sous un climat où le thermomètre ne descend pas au-dessous de zéro, et que caractérisent des étés secs et des hivers à vents impétueux, les Maltais cultivent le coton devant lequel ont disparu les forêts du temps passé. Malte dépend géographiquement de l'Italie, mais appartient à l'Angleterre. Très-pressée sur le sol, car l'archipel maltais a 150,000 habitants sur moins de 40,000 hectares, la population, de religion catholique, parle un mauvais arabe mêlé d'italien. Les Maltais émigrent beaucoup vers la Tunisie, et plus encore vers la province de Constantine. **La Valette**, capitale de cette île, est une forteresse sérieuse, comme toutes celles d'où les Anglais commandent à la mer.

Un peu plus rapprochée de l'Afrique (moins de 200 kilomètres) que de l'Italie, la **Sardaigne** était appelée par les Grecs *Ichnusa* parce qu'elle a la forme d'une sandale. Elle ne ferait qu'un avec la Corse sans le détroit de Bonifacio, large à peine de 6 kilomètres. Sur le rivage, les plaines sont par endroits si marécageuses que les Romains avaient fait de l'île une Cayenne pour leurs déportés. Généralement ces plaines sont fertiles, mais mal cultivées; elles produisent les plantes communes à l'Italie, à l'Espagne à l'Afrique du Nord. Une grande partie du sol reste à l'état de steppe brûlé et de vaine pâture, faute de travail, faute d'irrigation sous un ciel avare de pluies.

Des bois de vieux chênes-liége, des forêts dont les Sardes mêmes ne connaissent pas toutes les profondeurs, des monts qu'ils n'ont pas tous foulés recouvrent cette île, demeurée en dehors du nivellement et de la civilisation. Le mont Gennargentu a 1,800 mètres d'altitude.

Sur presque autant d'hectares que la Sicile, la Sardaigne contient quatre fois moins d'habitants, et cependant la Sicile est aux neuf dixièmes inculte. Les 600,000 Sardes ont comme les Siciliens du sang arabe dans les veines, mais peu de sang grec ; ils reçurent dans l'antiquité force éléments ibères, et au moyen-âge des éléments catalans. Ainsi parmi les peuples italiques le peuple sarde s'éloigne le plus des origines celte, étrusque, latine et grecque dont la combinaison a produit les nationalités de la péninsule. De même, de tous les dialectes italiens, le dialecte sarde s'écarte le plus de la langue commune. Au fond c'est une langue à part.

En réunissant tous les Italiens sous des traits communs, on se voit en face d'une nation qui le cède à peu d'autres. Par ses armes, ses lois, sa langue, Rome fut la maîtresse du monde ancien et l'institutrice de l'Occident. L'Italie perdit cette royauté et ne la regagna pas, mais au moyen âge elle fut encore une fois à la tête de l'humanité par ses institutions libres, son génie industriel, son activité commerciale, les découvertes de ses savants, les œuvres de ses artistes et de ses poëtes. Aujourd'hui elle a perdu l'avance, mais elle n'est pas encore lasse de produire de grands esprits, des intelligences aiguisées, vives et sûres, des politiques fins et persévérants, des hommes d'affaires, des commerçants adroits, des savants, de bons écrivains, des musiciens de génie.

Pour reprendre leur place aux premiers rangs, les Italiens, principalement ceux du sud, auront à se débarrasser de défauts graves. Leur habileté, leur finesse touchent à la mauvaise foi, leur enthousiasme à l'idolâtrie, leur antipathie à la haine sauvage. Trop de sentiments, trop d'actes bas se mêlent à leurs passions : l'envie, la susceptibilité, le penchant à calomnier, la soif de vengeance, une patience infinie pour attendre l'heure de laver l'injure, une promptitude et une sûreté de mains redoutables dans l'accomplissement du crime. Nulle part il n'y a plus de *vendetta* et d'assassinats qu'outre-monts.

On reproche à tort aux Italiens la paresse. Les Piémontais, les Lombards, tous les Italiens du nord ont autant d'activité que d'industrie ; l'Italien du midi, ami de ses aises, indiscipliné, fantasque, est capable d'efforts soutenus. Partout où les Italiens émigrent, à Marseille, à Paris, dans la province de Constantine, à l'isthme de Suez, en Orient, à la Plata, ils se font presque autant remarquer par leur assiduité au travail que par leur caractère difficile et leurs éclats de vengeance.

L'Italie entière use de dialectes italiens, à l'exception de fort belles vallées alpestres où se maintient le français : les vallées qui du mont Blanc et des pics du col d'Iseran s'ouvrent sur la Doire Baltée, rivière d'Aoste ; celles qui débouchent au pied du mont Cenis et à la sortie du tunnel international de Modane, sur la Doire Ripaire, rivière de Suze ; celles enfin qui partent de monts voisins du Viso pour descendre vers Pignerol et Luserne. Ces dernières, sur le Pellice, l'Angrogne, le Chisone, sont l'asile des vingt et quelques mille hommes de l'*Israël des Alpes*, du petit peuple vaudois qui a maintenu pendant des siècles sa foi protestante et sa liberté dans la montagne contre ses persécuteurs catholiques de France et d'Italie. Le nombre des Italiens du Piémont parlant français se monte à peu près à 125,000.

Dans l'ancien royaume de Naples et dans la Sicile, un peu plus de 20,000 individus ont conservé le grec des émigrants leurs pères, 50,000 à 60,000 l'albanais. Les Albano-Italiens descendent des Chkipétares qui abandonnèrent l'Albanie après la mort de leur héros national, Scanderbeg, et la prise de possession de la terre natale par les Turcs. A toute époque il y eut des relations entre le sud de la presqu'île et le littoral de l'ancienne Épire dont les chaînes riveraines, les monts Acrocérauniens d'autrefois, peuvent, dans les très-beaux jours, se voir de la côte italienne par-dessus l'étroite Adriatique.

La langue italienne se divise en nombreux dialectes, généralement assez distants les uns des autres. Le piémontais est une espèce de patois aussi provençal qu'italien; le vénitien, le milanais, le romagnol, le napolitain, le sicilien, le sarde diffèrent assez entre eux pour qu'on ne se comprenne pas sans étude. Le dialecte le plus parfait, devenu la langue littéraire, est le dialecte de Florence. Il a mérité sa haute fortune pour avoir servi à de très-grands écrivains. La richesse, l'harmonie, l'aptitude à la musique, la flexibilité poétique distinguent ce beau langage issu du latin. Faute de colonies, il y a devant lui peu d'avenir.

Tous les Italiens naissent catholiques, à l'exception des 22,000 protestants vaudois du Piémont, et des Albanais de l'Italie méridionale qui ont gardé le rite grec.

Il y a en Italie huit villes de plus de 100,000 habitants.

Turin, ou **Torino** (180,000 hab.), dans une large plaine, en vue des Alpes, sur le Pô, est une ville froidement régulière. Elle a perdu la moitié de son importance depuis qu'elle n'est plus la capitale de l'Italie.

Le port de Turin, **Gênes**, compte 130,000 habitants. Gênes la Superbe a des palais de marbre en amphithéâtre. Autrefois elle domina la mer et commanda aux îles grecques, à la Crimée et aux côtes d'Orient. Elle a donné au monde Christophe Colomb. Le Génois est une personnalité : avide, mercantile, tenace, ingénieux, jamais en défaut, il émigre partout, brocante partout, fait fortune partout.

Gênes avait ruiné Pise. A son tour elle perdit la prépondérance devant **Venise**, qui domina sur les mêmes mers et régna en Orient sur les mêmes îles et les mêmes rivages, sur le littoral dalmate, sur la Morée, sur les deux grandes îles de la Méditerranée orientale, Candie et Chypre. Venise n'a plus que 115,000 habitants. 140 grands palais — plusieurs sont déserts, beaucoup délabrés — rappellent qu'elle fut longtemps le siége de l'aristocratie la plus formidablement organisée. Rattachée maintenant à la terre ferme par un pont colossal de 222 arches, la « Ville des Eaux », la « Cité des Lagunes », s'élève dans l'Adriatique, sur les îles Rialto et Giudecca, bancs de sable que les alluvions des fleuves côtiers auraient déjà noyés dans un marais, si on ne les eût détournées par de grands travaux. Des canaux à l'eau souvent trouble et fétide coupent ces îles en tout sens, bordés de maisons qui trempent leur pied dans le flot : « As-tu vu Baïa, dit Gœthe, alors tu connais la mer et les poissons. Voici Venise, tu vas connaître le marais et les grenouilles. » Ces canaux, traversés par 450 ponts, sont les rues de Venise, dont les gondoles, ou barques, sont les fiacres et les omnibus, et les gondoliers les cochers. Le voisinage de Trieste, port mieux partagé, interdit à Venise l'espoir de redevenir la « Reine de l'Adriatique ».

Milan (200,000 hab.) resplendit au moyen âge comme un phare de liberté, d'industrie et de richesse. Située entre les Alpes et le Pô, dans une plaine féconde, c'est encore une ville très-animée, et après Florence la cité la plus intelligente de l'Italie.

Une ville de 115,000 habitants a servi pendant quelques années de capitale à l'Italie, **Florence** (Firenze), aux vieux palais grandioses et presque sinistres. Florence, la mère ou la nourrice de bien des grands hommes, l'Athènes italienne, occupe les deux rives de l'Arno, petit fleuve qui a son embouchure à quelques kilomètres au-dessous de la ville de **Pise**.

Cette dernière cité, Pise la morte, comme disent les Italiens, eut plus d'habitants que n'en renferme aujourd'hui Florence. On y compta un moment 150,000 âmes, comme à **Sienne**, autre cité toscane dans les montagnes du bassin de l'Ombrone. **Pise** (35,000 hab.) n'est plus le grand port du littoral étrusque. **Livourne**, qui l'a remplacée, est une ville de commerce à moitié juive à la veille de contenir 100,000 habitants. **Bologne** approche aussi de ce chiffre ; elle est située entre les Apennins, le bas Pô, et le rivage marécageux de **Ravenne**, qui fut le port principal des Romains sur l'Adriatique.

A 25 kilomètres de la mer, sur le Tibre jaune, accompagné d'échoppes, d'ordures, de haies d'épines, de rives de sable, **Rome**, dont le nom dit tout, a 220,000 habitants. C'est la résidence du pape, et le gouvernement italien s'y installe. Silencieuse et dormante, hors dans les jours de plaisir et de grandes pompes religieuses, Rome se compose de ruelles tordues menant à de grandes places. Elle a des monuments de tous les âges, qui ont gardé quelques centaines des soixante mille statues de la ville impériale, des palais, des colonnades, de misérables demeures. L'histoire d'une cité qui mit une seule nation à la place de cent peuples égorgés par le fer ou assimilés par la langue latine et le droit romain y revit dans les débris de la plus solide architecture qui fut jamais. Dans le Colysée, amphithéâtre encore debout, 107,000 spectateurs à la fois pouvaient applaudir ou siffler l'homme luttant à mort contre l'homme ou le monstre, et la bête féroce aux prises avec la bête. Des ruines et des jardins, d'où s'élancent des cyprès et des pins parasols, font à la ville immortelle une vaste banlieue dont les derniers vieux murs, les derniers aqueducs en briques et les derniers arbres se perdent dans les solitudes fiévreuses de la Campagne de Rome.

Par ses 420,000 habitants, dans des rues en amphithéâtre, **Naples** (Napoli) excelle sur toutes les villes d'Italie. Sa beauté fameuse ne réside pas comme celle de Rome dans la grandeur des souvenirs et dans la puissance ou l'antiquité des monuments ; elle est toute dans le calme et le brillant de l'air, la douceur du climat, la gaieté d'une mer lumineuse, les contours harmonieux d'un golfe d'où surgissent de hautes îles rocheuses. Une riche végétation couvre les cratères morts des Champs Phlégréens, cratères intacts ou ébréchés, secs ou remplis par des lacs. Au-dessus des groupes de collines de lave s'élance le double sommet du Vésuve. Ce volcan terrible n'a pas 1,000 mètres de haut. De son cratère s'épancha, il y a 1,800 ans, le flot de lave et s'éleva le nuage de cendres qui ensevelirent Herculanum, Stabies et Pompéïe. « Voir Naples et mourir, » dit le proverbe italien.

Palerme (170,000 hab.), port de mer, est la capitale de la Sicile. Elle est assise au pied du mont Pellegrino, dans le bassin fécond de la Conca d'Oro.

Cagliari, ville de médiocre importance, commande à la Sardaigne. C'est un port du littoral méridional de l'île.

TURQUIE D'EUROPE.

Peuplée dans l'antiquité, au nord par des tribus sauvages, au sud et sur les côtes par des colonies grecques, la Turquie d'Europe fut au moyen âge la province-mère de l'Empire d'Orient. Lentement démembrée, puis totalement conquise au quatorzième, au quinzième et au seizième siècle, par les Turcs, nation mahométane venue de l'Asie centrale, elle tomba dans un état de demi-barbarie dont elle se relève peu à peu.

Sa situation est admirable, à l'extrémité de l'Europe, à deux pas de l'Asie, près de l'Égypte, l'un des grands chemins de l'Orient, entre la mer Noire, qui touche au Caucase, et la mer Adriatique, qui baigne l'Italie et débouche sur le bassin central de la Méditerranée. Le privilége de posséder les embouchures et le cours inférieur du Danube, route entre l'Asie et l'Europe centrale, des côtes prodigieusement découpées, des ports excellents, la variété et la fécondité du sol, les aptitudes de ses principales nations lui assurent un avenir digne du passé.

Diminuée de la Grèce en 1827, la Turquie n'a plus que

52,500,000 hectares. C'est la superficie de la France, pour une population deux fois moindre : 18,500,000 habitants suivant les uns, 15,000,000 seulement d'après d'autres.

La Turquie ne porte point de monts exceptionnellement élevés dans sa presqu'île triangulaire privée de son extrémité, la Grèce. Ses pics supérieurs, célébrés par la poésie grecque, ne dépassent pas 3,000 mètres. Pourtant l'Europe n'a pas de pays plus montagneux : la Turquie est sans grands plateaux, sans larges plaines, excepté sur le Danube. Des chaînes qu'on rassemble sous le nom de Balkan (ancien Hœmus) serrent de près la mer et se croisent en tous sens, ne laissant place qu'à des bassins de lacs, à d'étroites vallées, à des gorges de torrents. Sur ces chaînes se dispersent des forêts livrées à elles-mêmes et menacées dans leur existence. La grande artère de l'empire, le Danube, engloutit les rivières les plus abondantes, la Save, la Morava, l'Aluta, le Pruth. La Maritza, autrefois Hebrus, court vers l'Archipel. Il en est ainsi de la Strouma (Strymon) et du fangeux Vardar (Axios), qu'Homère appelle modestement le plus beau des fleuves de la terre. Comme le Danube, le Vardar a ses Portes de Fer, rapides, qu'étreignent des roches calcaires élevées. Les produits du sol sont ceux de la France au nord, sur le Danube et dans la montagne ; au sud et le long de l'archipel ceux de la Provence et de l'Italie.

Les 15 à 18 millions d'hommes de la Turquie n'appartiennent ni à la même race ni à la même religion. Cette contrée, point de rencontre des trois parties de l'ancien continent, également accessible par la mer, par les plaines du nord, par le val du Danube, a été de tout temps envahie par des conquérants. Elle est si belle et si agréable que les envahisseurs y sont restés.

La race dominante des Turcs ou Osmanlis, numériquement l'une des plus faibles, habite surtout Constantinople, les environs de cette ville et les principales cités de l'empire. Les Turcs sont indolents de corps, paresseux d'esprit, médiocrement intelligents, cruels s'il y a lieu, mais honnêtes, débonnaires, résignés, très-courageux et très-tenaces dans la guerre, aptes à commander. Ils font au moins un million d'hommes, au plus douze cent mille ; leur nombre diminue constamment et vite. Leur langue n'a point de rapport avec les nôtres. Parlée en divers dialectes dans l'Asie Mineure, dans l'Asie centrale et septentrionale, et jusqu'en Russie sur d'immenses espaces, elle a des liens de parenté avec le hongrois, le finlandais et d'autres idiomes dits agglutinants ou polysynthétiques. Les Turcs professent l'Islam.

Les Albanais, que les Turcs appellent Arnautes, se donnent eux-mêmes le nom de Chkipétares (montagnards). Leur origine est obscure. Pour quelques-uns ils procéderaient d'une peuplade venue du Caucase aux derniers jours de l'Empire romain. On a lieu de croire qu'ils descendent, avec mélange, des antiques Pélasges qui foulèrent le sol de la Grèce avant les Hellènes. Ces Pélasges, peuple d'agriculteurs, probablement parent des Hellènes et des anciens habitants de l'Italie, ont laissé des monuments à grands matériaux d'une solidité qui dédaigne les siècles et d'une grandeur brute qui leur a fait appliquer le nom de monuments cyclopéens. On retrouve surtout ces murs vieux de trois à quatre mille ans dans le Péloponèse, principalement dans l'Arcadie où les Pélasges furent moins violentés qu'ailleurs en Grèce par les invasions postérieures. Ils se rencontrent aussi dans la portion méridionale de l'Albanie, jadis l'Épire. Pressés par les Hellènes, plus intelligents ou mieux armés, les Pélasges perdirent l'empire. Dans le Péloponèse, en Hellade, en Italie, ils furent détruits, ou diminuèrent et disparurent, ou se fondirent dans des éléments nouveaux. Leur vieille langue, qu'on croit avoir eu plus de fraternité avec le celte qu'avec le grec, aurait servi de base au latin.

Les Albanais ne se seraient maintenus que sur le territoire haché de l'Albanie de nos jours. Vers le milieu du quinzième siècle, les Turcs devinrent les maîtres du pays après une lutte forcenée où brilla au premier rang l'Albanais Scanderbeg, l'un des plus vigoureux héros que l'histoire connaisse. Les douze à quinze cent mille Chkipétares ont une langue à part, très-dure. Ils forment un peuple à moitié sauvage, très-énergique, terrible dans les combats, avide de gain, de mouvement, de coups à donner et à recevoir, cruel à l'occasion, peu scrupuleux et se faisant aisément mercenaire. Comme ils appartiennent à des *phar* ou clans jaloux entre eux et à des religions ennemies, les Turcs lèvent dans le pays même les soldats qu'il leur faut pour y combattre l'indépendance nationale. L'Albanie se déchire de ses propres mains, clan contre clan, musulman contre chrétien catholique ou grec. Les mercenaires chkipétars mahométans au service du Grand Seigneur ont été le plus solide pilier de l'édifice impérial. On dit les Albanais robustes et beaux dans la montagne, petits et assez laids sur la côte. Le petit fleuve Scoumbi les divise en deux grandes familles : au nord les Guègues ou Albanais Rouges, dans l'ancienne Illyrie, au sud les Tosques, dans l'ancienne Epire. Il y a des différences notables, autant, par exemple, que du français à l'espagnol, entre les dialectes de ces deux tribus.

Les Grecs, la nation la plus vive, la plus intelligente, la plus Brillante, la plus active, la moins scrupuleuse, la plus commerçante et la plus riche de la Turquie, occupent au nombre d'un million à douze cent mille, comme les Turcs, les îles et les côtes de l'Archipel et les grandes villes au sud des Balkan.

Les peuples de race ou de langue slave, cousins des Russes et des Polonais, font à eux seuls plus du tiers de la population de la Turquie.

En Bulgarie, en Roumélie et dans la plus grande partie de la Macédoine, vivent les Bulgares, nation arriérée de quatre millions d'hommes imparfaitement slaves par le sang et plutôt parents des tribus turques ou tatares de l'Asie Centrale. Les Bulgares, race pacifique, prolifique, agricole, gagnent incessamment du terrain. Ils ont évincé les Grecs de beaucoup de cantons. Leur langue originaire s'est modifiée au point de rentrer dans la série des idiomes slaves. Les Bulgares appartiennent au christianisme grec ou au catholicisme. — En Serbie, les Serbes, les mieux doués des Slaves du sud, usent d'une langue très-rapprochée du russe, et sont de la religion grecque. Avec leurs frères, les Bosniaques, les Herzégoviniens, les Monténégrins, ils constituent en Turquie seulement, sans compter les Serbes de la plate Sirmie et tous leurs autres compatriotes d'Autriche, une nation de 2,500,000 hommes.

Non compris les Macédo-Valaques, peuplade mixte de

400,000 âmes, établie principalement en Thessalie, autour de Metzovo, les Roumains sont quatre millions au moins en Moldo-Valachie et sur la rive droite du Danube. Cette nation d'avenir se ressent d'un long esclavage. Elle se forma par le mélange d'envahisseurs slaves avec les descendants des colons italiens et gaulois transplantés en Dacie par Trajan après la conquête de la région. Ce grand empereur est encore très-populaire dans la Roumanie : chaque vallée y a son *campul* (camp) et son *pratul* (pré) *Trajanului*. Les Roumains, catholiques grecs, parlent un idiome très-voisin des autres langues néo-latines, tout mélangé qu'il est de mots slaves.

Il y a aussi en Turquie 600,000 Circassiens et Tatares, 400,000 Arméniens, plus de 200,000 Bohémiens, 70,000 juifs.

Le tiers environ des habitants de la Turquie s'adonne à l'Islam. Le pays relève d'un sultan, souverain absolu, et en même temps chef des musulmans de l'empire. Ce potentat est considéré par tous les mahométans comme la suprême autorité religieuse sur la terre.

Politiquement, la Turquie comprend les pays immédiatement soumis et les pays tributaires.

PAYS IMMÉDIATEMENT SOUMIS : entre le Balkan, le Despoto-Dagh, ancien Rhodope, la mer Noire et la mer de Marmara, la **Roumélie**, jadis Thrace, fut colonisée par les Grecs qui y fondèrent Byzance, et Abdère, la ville ridiculisée du monde hellénique. Là se trouve Constantinople, capitale de l'empire turc, la ville peut-être la plus favorablement située du globe.

Antique Byzance, Istamboul des Osmanlis, **Constantinople** s'élève au bout de l'Europe, en face de l'Asie, sur le beau golfe de la Corne-d'Or, port des plus vastes et des mieux abrités. Elle occupe l'endroit où le Bosphore, bleu, profond, rapide, verse à la mer de Marmara les eaux que la mer Noire a reçues du Don, du Dnieper, du Dniester, du Danube et des fleuves côtiers du Caucase et de l'Asie Mineure. Pour une longueur de 4 kilomètres, le Bosphore a 1,800 mètres de largeur moyenne, avec une profondeur moyenne de 27 mètres et demi. Son débit à la seconde doit approcher de 30,000 mètres cubes, deux fois ce que lui portent les tributaires de la mer Noire. La Méditerranée envoie donc des renforts à la mer Noire par des contre-courants, autrement celle-ci finirait par se vider.

Le Bosphore a été trop vanté. Il y a dans le monde de plus beaux détroits, des chenaux plus grandioses par les rochers du rivage et les montagnes de l'arrière-plan, mais ils ne réfléchissent pas dans leur onde une ville pareille à Constantinople. Constantinople est superbe par sa position, par sa vue magnifique sur l'Olympe de Brousse, par les palais, les châteaux, les kiosques, les villas, les avenues, les bouquets de cyprès, les jardins de sa banlieue. Elle enferme 80,000 maisons, la plupart laides et tristes, bordant des rues étroites, tortueuses, mal pavées, tour à tour boueuses ou poussiéreuses, pleines de chiens faméliques et galeux mangés par les mouches. De cette mer de ruelles souvent dévorées par l'incendie, de ces impasses dont la saleté engendre la peste et le choléra, s'élancent les dômes et les minarets des édifices publics, des 5,400 mosquées, des bains, des hôtels ou caravansérails. On appelle *Fanal* ou *Fanar*, un quartier peuplé de Grecs, qui de tout temps ont joué dans l'empire un grand rôle, rarement honorable, sous le nom de Fanariotes. Parmi les 24 faubourgs, *Galata*, *Tophana*, *Péra* logent beaucoup de chrétiens, Grecs ou Francs : ces derniers sont les Européens autres que les Grecs. **Scutari**, entourée de cimetières, semble de loin bâtie dans une forêts de cyprès ; ce faubourg s'étale sur la rive gauche du Bosphore, en Asie. On donne à Constantinople 1,075,000 habitants : 650,000 Mahométans, 150,000 Arméniens, 100,000 Grecs, plus de 50,000 Francs et de 40,000 Juifs.

La seconde ville de l'empire se trouve aussi en Roumélie ; on la nomme **Andrinople**, en turc Édirné. Elle a 150,000 habitants, dont 50,000 Grecs, et s'étend sur les rives de la Maritza.

La Macédoine, d'où partit Alexandre le Grand pour conquérir la moitié du monde ancien, borde l'Archipel et va du Rhodope à l'Olimbos, ou Élimbos, l'Olympe, séjour des dieux de la mythologie grecque (2,925 mètres). Quinze montagnes environ reçurent le nom d'Olympe chez les Hellènes de l'Asie, de l'Europe et des îles. L'Olympe macédonien et thessalien ne passa point le premier pour la demeure de Jupiter. Les Grecs, venant de l'Asie Mineure, attribuèrent d'abord cet honneur à l'Olympe asiatique de Bithynie; celui qu'on voit de Constantinople et de la mer de Marmara. La principale ville de la Macédoine, **Salonique** se baigne dans un golfe de l'Archipel; les deux tiers de ses 60,000 à 70,000 habitants sont juifs. Elle touche à la racine d'une presqu'île terminée par trois pointes, l'ancienne Chalcidique : l'une des trois pointes est le mont Athos (1,900 mètres), couvert de monastères, de *scètes* ou gros villages d'ermites, garni de cellules; il y a 935 églises et chapelles dans le massif de l'Athos. Sur ses hardis promontoires, dans ces charmants ravins se laissent vivre 6,000 moines grecs d'une merveilleuse ignorance.

La **Thessalie** est le pays des plus vieilles légendes grecques à partir de l'installation des Hellènes en Europe. Là, d'après la mythologie, les Titans entassèrent pour escalader le ciel le Pélion (aujourd'hui Zagora, 1,600 mètres) sur l'Ossa (aujourd'hui Kissabos, 1,925 mètres); là vivaient les centaures, mi-homme, mi-cheval; de là partirent les Argonautes pour la conquête de la Toison d'or. La Thessalie va du golfe de Salonique au Bora-Dagh (jadis le Pinde).

Entre le Pinde, le Tcha-Dagh (antique Scardus, 2,600 mètres), la mer Ionienne et la mer Adriatique, profonde ici de 1,000 mètres, s'étend l'**Albanie**, autrefois Illyrie et Épire, labyrinthe de montagnes de craie, de défilés profonds, de jolis lacs, de torrents arrosant les pâturages d'une nation qui a plus de bergers que d'agriculteurs. **Scodra** ou **Scutari** et **Janina** ont à peu près une population égale : 25,000 habitants. Toutes deux se tiennent au bord d'un lac. Le lac de Scutari se déverse dans la mer par la Boyana; il est voisin du Drin, grande et pittoresque rivière qui sort du lac d'Ochrida, le plus vaste de la Turquie. Le lac aux eaux noires de Janina est l'Achérusia des anciens. Deux rivières sauvages l'alimentent, l'Achéron et le Cocyte; nulle n'en sort, il s'écoule dans un *katavothra*, entonnoir continué par un cours d'eau souterrain. L'Achéron passe dans le pays de Souli, fameux par l'héroïsme que ses montagnards, Albanais mêlés de Grecs, déployèrent, il y a 50 à 60 ans, contre les Turcs. Les Hellènes avaient donné les noms d'Achéron et de Cocyte à deux des fleuves de leur Enfer ou Tartare, lugubre séjour dont l'attente dut peser douloureusement sur les Grecs qui crurent aux inventions des poëtes et des prêtres : les âmes des hommes, ombres vaines, « semblables à des songes légers, » y regrettaient la « douce vie, » le brillant soleil, et voltigeaient obscurément dans les ternes prairies d'asphodèles, au bord de lourds torrents à l'eau répulsive. Dans les montagnes voisines de Janina, peut-être à Janina même, quelques bouquets de chênes proviennent sans doute des arbres prophétiques de Dodone, l'oracle le plus ancien de la Grèce. La Haute-Albanie n'a pas perdu toutes ses forêts de hêtres, de chênes et de pins hantées par les ours. La Basse-Albanie garde ses marais et en retire la fièvre intermittente. Les districts les plus nus sont ceux de l'ancienne Épire, la noire Épire d'Homère.

L'**Herzégovine** supporte impatiemment la domination turque. Ses habitants, slaves et chrétiens, vivent sur des hauts plateaux arides et dans des gorges dont les torrents coulent à ciel ouvert à la rencontre de la Narenta, tributaire de l'Adriatique, quand ils ne filtrent pas imperceptiblement dans les fissures du calcaire ou ne sautent pas tout d'un coup dans un gouffre.

Dans la **Croatie turque** et la **Bosnie**, régions de montagnes hachées, se reproduisent les pertes et les renaissances de torrents communes aux districts calcaires. Ces deux pays appartiennent au bassin de la Save, rivière qui les sépare de l'Autriche où se prolongent au loin la nationalité et la langue slaves des Croates et des Bosniaques turcs ; seulement les Slaves autrichiens sont tous chrétiens, tandis que sur les domaines du Grand Sultan un très-grand nombre professent la religion de Mahomet. **Serajévo** ou **Bosna-Seraï**, capitale de la Bosnie, compte selon les évaluations, de 35 à 50 et même 70,000 âmes.

La **Bulgarie** court des Balkan au Danube, de la mer Noire à la Serbie. Province très-fertile, grenier de Constantinople et d'une partie de l'empire, elle se termine sur la mer Noire et les branches du delta du Danube par la basse et marécageuse Dobroudja. Des centaines de milliers de Circassiens et de Tatares, fuyant la domination russe au Caucase et en Crimée, s'y sont ajoutés récemment à la masse bulgare, slave et chrétienne. Sur 400,000 immigrants, plus de 250,000 ont succombé ; la faute de l'hécatombe revient à la fois aux Turcs qui n'ont pas su installer la nation expatriée dans les territoires qu'ils lui destinaient, et aux arrivants eux-mêmes, colons paresseux, guerriers sauvages, mahométans arrogants au milieu des chrétiens. Les sites étaient mal choisis, et le milieu nouveau, la fièvre, la pauvreté, la nostalgie ont fait leur moisson. — Des hommes de toutes nationalités, des Russes, des Ruthènes, des Bulgares, des Roumains, des Grecs, ont leur demeure fixe ou temporaire dans le delta du Danube. C'est à une douzaine de lieues en aval du confluent du Pruth que le fleuve se dédouble : la branche du nord, la Kilia, enlève plus de la moitié de la masse, évaluée en moyenne à 8,500 mètres cubes par seconde, plus de trois Rhônes. La branche méridionale se scinde en son tour en deux bras : le Saint-George et la Soulina, cette dernière plus navigable que les autres par la nature et par l'art. Le delta comprend 210,000 hectares de terres émergées, de vases, de joncs, de lacs, de rivières venant du Danube quand le Danube gonfle et retournant au Danube quand le Danube s'amincit sous les chaleurs. Il empiète annuellement sur la mer Noire par l'accession des alluvions fluviatiles, le Danube amenant avec ses eaux environ 6 millions de mètres cubes de troubles par an.

PAYS TRIBUTAIRES. La ROUMANIE ou MOLDO-VALACHIE (12 millions d'hectares, près du tiers en forêts) comprend deux régions semblables par le climat, le sol, l'origine du peuple, sa langue et sa religion : la **MOLDAVIE**, à l'est des monts Carpathes, sur le Séreth et le Pruth ; la **VALACHIE**, au sud de ces mêmes montagnes, jusqu'au large Danube.

Cette double province est admirablement située sur le cours du Danube inférieur, qui commence à baigner le pays à Orsova, aux Portes de Fer. Ce nom de Portes de Fer, Demirkapi chez les Turcs, désigne un étranglement du fleuve entre des montagnes : à droite un contre-fort des Balkan, à gauche une ramification des monts Transylvains. En un point, le Danube se rétrécit de 1,200 à 170 mètres, mais sa profondeur est alors de 50 mètres. De l'amont à l'aval le fleuve tombe de cinq mètres dans le défilé des Portes de Fer. Son principal affluent en Valachie, la belle Aluta, l'Oltul des Roumains, s'échappe des hautes plaines de la Transylvanie par les défilés grandioses de la Tour-Rouge.

La vaste plaine valaque, parcourue par des rivières traînantes, est d'une rare fertilité. Quand des milliards de sauterelles n'en broutent pas les récoltes, elle approvisionne pour sa part de blé les régions de l'Europe occidentale. En en remontant les rivières, on arrive dans les Carpathes. Là, sans perdre de vue la plaine opulente qui, moins les irrigations et la population dense, pourrait se dire le Piémont et la Lombardie de l'Europe orientale, on se trouve dans des monts ravissants par leurs forêts, leurs gorges, leurs torrents, leurs zigzags ou leurs ondulations, les Alpes sans les lacs et les glaciers. Le Négoï porte la tête à 2,600 mètres ; l'Orlalui et le Buceo s'élancent presque aussi haut ; de même la Piatra Czalheu, en Moldavie.

A la Roumanie ne se borne pas tout le peuple roumain. Fogaras, d'où partit au XIIe siècle le restaurateur de la nation, Rodolphe le Noir, est une ville de la Transylvanie, sur l'Aluta. La capitale d'Etienne le Grand qui gagna, dit-on, quarante batailles sur les ennemis de sa race, se trouve aussi en dehors de la Roumanie actuelle, à Suciava, dans la Bukovine (Autriche). A moins de cent ans de nous, ce n'est pas la Roumanie, c'est encore la Transylvanie qui a la première essayé de refaire la patrie complète, par les mains du paysan Horâ, l'empereur de Dacie (1784). Hors de son domaine politique présent, la Roumanie réclame comme siens par la fraternité du sang, l'idiome, les traditions, quatre millions d'autres hommes. Cette moitié extérieure de la nation fait corps avec la masse moldo-valaque, ou n'en est séparée que par des cordons étroits d'étrangers pliant de plus en plus devant la féconde rusticité des Roumains. Dans la Bessarabie, qui relève de la Russie, dans la Transylvanie, le Banat de Témesvar, les Confins

Militaires, pays dépendant de l'Autriche, on a uniformément remarqué que la race valaque gagne incessamment du terrain sur les autres. Dans la Bukovine seulement elle recule devant les Ruthènes. Il y a peu d'années que les Roumains de Turquie ont rapproché leurs deux tronçons, soumis maintenant au même gouvernement, une royauté payant tribut au sultan.

La capitale, **Bucharest** (122,000 hab.), à 90 mètres d'altitude, sur la Dimbovitza, sous-affluent du Danube, mêle quelques maisons élégantes ou massives et beaucoup de clochers et d'églises aux chaumières de ses rues, que la pluie fait ruisseaux de fange, et le soleil lits de poussière. L'ancienne métropole de la Moldavie, **Iassy** (70,000 âmes), occupe les bords d'un affluent du Pruth.

La **SERVIE** ou **SERBIE** n'a guère que 1,250,000 habitants sur moins de quatre millions d'hectares, une petite nation dans un petit pays, mais les Serbes ont assuré leur indépendance au commencement de ce siècle par les victoires de deux paysans de la montagne, et leurs frères de Turquie et d'Autriche les considèrent comme le noyau de la future nationalité des Jougo-Slaves (Slaves du Sud), que des patriotes rêvent de reconstituer sur le Danube, la Save et la Drave. Les Serbes ont assez de jeunesse et de verdeur pour mener ce mouvement, s'il se produit, et si les Slaves danubiens tentent de refaire leur traditionnel empire de Douchan : sous ce chef, les Serbes commandaient au loin dans la montagne et sur le fleuve, et les empereurs de Byzance tremblaient devant eux. Beaucoup de force, de virilité, d'intelligence et d'honnêteté, une langue sonore, une poésie héroïque, des chants populaires superbes donnent à ce peuple un rang très-distingué parmi les Slaves.

Belgrade (22,000 hab.), au confluent du Danube et de la Save, est la résidence du prince et la plus grosse ville de la Serbie. La ville vraiment nationale, site de beaucoup de légendes et d'actions sombres ou héroïques, **Kragoujevatz** envoie ses eaux à la Morava, principale rivière de la Serbie intérieure. La Morava se forme dans les montagnes, aujourd'hui extra-serbiennes, où la vallée de la Stinitza vit le désastre de Kossovo et la fin de l'empire de Douchan. Soixante-dix-sept mille Serbes, disent les chants nationaux, y périrent sous les coups des Turcs. Sur le territoire serbe, la Morava, qui coupe en deux la principauté, s'élargit du tribut de torrents bien entretenus par des forêts profondes : dans ces forêts dominent les arbres à feuilles caduques, et parmi ceux-ci le chêne dont les glands engraissent de grands troupeaux de porcs. La montagne principale du pays, le Kopavnik, sur la frontière méridionale, élève sa cime à près de 1,900 mètres.

Le **MONTENEGRO** tient de ses habitants slaves le nom de Tchernagora, et des Turcs le nom de Kara-Dagh. Ces trois expressions signifient également Montagne-Noire. A peine si le Montenegro possède 450,000 hectares, les trois quarts d'un département français, avec 100,000 habitants au plus. C'est un entassement de monts calcaires déchirés où trône le Dormitor, qui approche de 2,500 mètres — il n'appartient à la principauté que par ses contre-forts méridionaux, sa pointe est dans la Bosnie. — Quelques forêts ; çà et là des ruisseaux entraînés par leur pente vers le lac de Scutari et l'Adriatique, ou au nord vers la Save lointaine. Partout ailleurs des roches fendues, des traînées de blocs, des croupes arides, des gorges altérées, quelques versants de prairies et des lambeaux de sol arable misérablement exigus. Dieu, dit la légende monténégrine, descendit un jour sur terre avec un sac plein de rocs et de pierres pour toutes les vallées du monde. Le sac creva précisément sur le Montenegro.

Les Monténégrins, barbares, fous de leur liberté, tenaces pour la défendre, n'ont jamais été réellement soumis. Leur capitale, **Cettigne**, petit village en dépit du séjour du prince, se trouve à plus de 1,100 mètres d'altitude, à distance presque égale de l'Adriatique, du lac de Scutari et du fond du golfe de Cattaro. Elle occupe un bassin fermé où la fonte des neiges amasse des torrents que le sol ne boit pas toujours assez vite, aussi le Paris des Monténégrins a-t-il été plusieurs fois ravagé par les eaux.

La Crète, Thaso, Samothrace, Imbro, Limno, îles méditerranéennes, relèvent du Grand Sultan.

La **Crète**, comme grandeur, ne le cède en Méditerranée qu'à la Sicile, à la Sardaigne, à la Corse. Avec ses 860,000 hectares, cette île à portée de l'Europe, de l'Asie et de l'Afrique, fut un des plus anciens théâtres de la civilisation grecque. Elle s'appela la Crète aux cent villes. Cent villes ennemies, et l'éternelle guerre des cités contre les cités y paralysa l'essor du beau génie des Hellènes. Les noms de ses républiques, dont les plus puissantes furent Gortyne, Kydonie et Cnosse, ceux de ses montagnes revenaient à chaque instant dans les vieilles légendes grecques. On célébrait ses vallées pour leur charme, ses cités pour leurs voluptés, ses habitants pour la promptitude de repartie et pour le peu de scrupule en paroles et en promesses qui leur valut une réputation semblable à celle des Gascons de nos jours : Gascons parmi Gascons, car les Grecs faussaient la vérité aussi souvent qu'ils la rendaient aimable. Il y avait chez eux beaucoup d'hommes semblables au guerrier vanté par Homère comme « plus habile que les autres mortels dans l'art de prononcer des discours ambigus ».

Après les Arabes au IX° et au X° siècle, après les Vénitiens, la Crète est tombée aux mains des Turcs qui la nomment Candie. Elle a gardé son beau climat, mais il y a moins de bosquets dans ses plaines, moins de forêts dans ses montagnes. Celles-ci tiennent le milieu de l'île, d'une extrémité à l'autre. A l'orient se ramifient les monts Dicté, aujourd'hui Pitia ou Lassiti, le massif le moins élevé. A l'occident, les Monts-Blancs, Leuca-Ori ou Asprovouna, multiplient leurs dômes et les roches calcaires éclatantes au soleil d'où sans doute elles ont tiré leur nom. On les appelle encore Monts Sphakiotes parce qu'elles sont l'asile des indomptables Sphakiotes qui se vantent avec raison d'être les descendants les plus purs des vieux Hellènes crétois. Les Sphakiotes, très-beaux hommes, la plupart blonds, résistèrent avec acharnement dans leurs monts inviables à tous les envahisseurs de l'île. Tandis que les Crétois de la plaine et de la rive apostasiaient avec facilité du temps des Arabes et du temps des Turcs, ils sont restés chrétiens. Ils ont aussi maintenu leur dialecte grec, qui rappelle l'antique dorien : en cela, ils n'ont point surpassé leurs frères du bas pays qui, tout en se faisant mahométans, continuèrent à parler le grec; ils le parlent encore. La langue turque est presque inconnue dans l'île, quelques fonctionnaires, quelques familles seulement n'ont pas d'autre langue. Ainsi de l'albanais. Si les Sphakiotes ont abandonné l'arc et la flèche si renommés de leurs ancêtres, ils sont restés fidèles, et les autres insulaires avec eux, aux qualités et aux défauts des Crétois d'autrefois. A côté du courage brillant, de l'intelligence fine et aiguisée, de l'éloquence, de l'esprit de repartie, ils triomphent dans l'art d'accommoder la vérité, dans la ténacité à courir après l'or, dans la persévérance à épargner, et comme leurs pères ils se feraient volontiers condottieri ou pirates. Beaucoup, fatigués de rester pauvres sur leurs champs de pierres, vont tenter la fortune en plaine. L'Élino-Seli, monarque des monts Sphakiotes, dépasse de 12 mètres le sommet suprême du massif central de Crète, le Psiloritis (2,420 mèt.). Le Psiloritis ne livre plus au vent les vergers et les forêts qui l'embellissaient quand il s'appelait l'Ida, mont cher à Vénus. De même que toute l'île, il s'est déboisé: au lieu des grandes forêts de la Crète antique, Candie n'a plus que des bouquets de châtaigniers, de pins, de cyprès, d'yeuses, de chênes-lauriers, de caroubiers, d'oliviers, et des vignes aux vins de feu.

Des 210,000 Crétois, un tiers ou un quart professe l'islamisme. Les Crétois musulmans ne se fixent guère hors des villes et loin de la côte. Les chrétiens forment la population agricole. Mêlés d'éléments arabes, vénitiens, arméniens, albanais et turcs, longtemps abrutis par le joug et les corvées, plus que décimés dans les guerres de l'indépendance, ils ne sont pas encore assez nombreux pour redonner à l'île sa parure de jardins et sa ceinture de cités élégantes.

Les deux grandes villes de la Crète bordent la côte septentrionale, dotée de ports excellents et vastes. Le siége du gouvernement turc, **Candie** ou **Megalo-Castro** (12,000 hab.), a grandement pâti du tremblement de terre de 1856 : ces commotions sont fréquentes dans l'île. **La Canée**, en vue des Monts-Blancs, rôtis et dépouillés, renferme 18,000 âmes.

Thaso, près de la côte de la Roumélie, loge 6,000 hommes sur un territoire de 20,000 hectares, accidenté de montagnes que noircissent des forêts de pins. Ces montagnes s'élèvent presque à 1,000 mètres.

Samothrace, plus éloignée que Thaso du rivage roumélien, vis-à-vis de l'embouchure de la Maritza, n'a pas même 10,000 hectares.

Imbro n'est pas loin de la rive d'Asie, au débouché des Dardanelles dans l'Archipel. Comme Thaso, elle étend ses monts, en partie boisés, sur 20,000 hectares, avec 4,000 habitants.

Limno, ou **Staliméne**, a fermé tous ses soupiraux volcaniques ; leurs éruptions avaient tellement impressionné les anciens qu'ils avaient fait de Lemnos — c'est le vieux nom de l'île — le séjour de Vulcain, le grand forgeron de dessous terre. 40,000 hectares, 10,000 hommes, pas d'ombrage, un sol de provenance volcanique excellent, voilà Limno, qui s'éloigne à peu près autant du rivage de Troie (Asie) que de la pointe du mont Athos (Europe).

Ces quatre îles, toutes florissantes du temps des anciens Grecs, et peuplées alors de villes ingénieuses d'où sortaient des poëtes, des artistes, des rhéteurs, ont aujourd'hui pour habitants des commerçants et des marins parlant le grec moderne. Dans toutes les quatre, la capitale est un petit bourg du nom de **Kastro** (forteresse).

GRÈCE.

Avec les îles Ioniennes, annexées récemment, la Grèce a 5 millions d'hectares et 1,458,000 habitants, moins que la population de Paris. Cela ne fait que 29 individus par kilom. carré. Il y a de cela deux mille ans, quand les Grecs s'appelaient Hellènes et que florissaient ces villes aimables, artistes et fières, dont les noms retentiront toujours, la Grèce était beaucoup plus peuplée ; elle était plus féconde. Les hommes l'ont ruinée.

Les forêts, que chantaient les poëtes, ont été dévastées par le plus grand des malfaiteurs, par l'homme ; et la dent des troupeaux que font paître les Vlaques, bergers d'origine inconnue, en empêche la restauration. Les sources ont séché, les rivières, devenues torrents, n'ont d'eau que pour décharner la montagne et entraîner vers la mer les alluvions de la plaine.

Plus de campagnes riantes. A la place d'une nature où la grâce et la fraîcheur s'alliaient à la beauté des profils, à l'éclat du ciel, à la grandeur des horizons, il ne reste dans les cantons les plus fameux jadis que des monts sans bois, sans prairies, sans fontaines, des roches étranges et arides, des gorges où le soleil brûle, des vallées tantôt sèches, tantôt noyées et malsaines, des hautes plaines où les eaux se perdent dans des katavothra. Çà et là des villes pauvres, des villages morts; des *palæocastra* et des *palæokhori*, sites de ruines ; de vieux bourgs et des forteresses sur une dent de rocher ; partout de très-vieux débris, la plupart insignifiants et n'ayant d'autre valeur que les souvenirs de la république dont ils furent le temple, l'acropole ou l'agora.

De l'antique Hellénie, le voyageur ne retrouve guère que l'olivier, vanté par Sophocle, « cet arbuste d'un vert sombre, que jamais général d'armée, jeune ou vieux, n'osera arracher, car les yeux de la vigilante Minerve le protégent toujours. » Il y retrouve aussi ce que l'homme ne peut ni dominer, ni ruiner, ni flétrir, le soleil chaud, le ciel clair, la mer bleue, les lignes pures.

La Grèce actuelle ne prend qu'une partie du territoire continental et des îles qui, en Europe et en Asie, ont conservé la langue et quelque chose du caractère et des aptitudes des anciens Hellènes. Deux millions au moins de Grecs parlant le romaïque ou grec moderne vivent sur le littoral, dans les grandes villes, dans les îles de la Turquie et de l'Asie Mineure, faible reste de ce que fut la nationalité hellénique, car les Grecs se montrèrent grands colonisateurs. Favorisés par le développement de leurs côtes qui en faisait un peuple de marins, comme par un excès de décentralisation qui réveillait au plus haut point l'initiative individuelle dans leurs turbulentes républiques, les Hellènes jetèrent leurs colons sur tous les rivages du vieux monde. Ils peuplèrent la Thrace, la Macédoine, les rivages orientaux de l'Adriatique, la Sicile, la Grande-Grèce, la Provence, la Cyrénaïque, la Basse-Égypte, une partie de l'Asie Mineure, la Bactriane même, et toutes les îles de l'Archipel et de la Méditerranée orientale.

Cette expansion de la race amena naturellement l'expansion des idées, des sciences et des arts de la Grèce dans tout le bassin de la grande mer intérieure. Le génie hellénique brilla de splendeur à Pergame, à Alexandrie, à Cyrène et à Syracuse, comme à Athènes et à Corinthe. Quand plus tard la civilisation antique sombra sous les vagues barbares, ce fut une colonie grecque, Byzance, qui en garda le dépôt. En colonisant au loin, la Grèce, qui d'ailleurs fut l'institutrice des Romains, eut en Orient l'influence que Rome exerça dans l'Occident par ses armes, sa centralisation, son droit.

Dans son étendue actuelle, la Grèce comprend un tronçon continental, la Morée et les îles.

Le tronçon continental ou Hellade enclôt deux millions d'hectares, avec 330,000 habitants. La mer Égée, la mer Ionienne et le golfe de Corinthe baignent la Hellade, qui s'attache à la Thessalie et à l'Épire, provinces turques, et comprend trois nomarchies ou départements : l'Acarnanie et l'Étolie, la Phthiotide et la Phocide, le Béotie et l'Attique. Pays sans plaines, sans larges vallées, destiné par la nature à héberger des peuplades isolées les unes des autres et plus portées à se divise. qu'à se fondre, la Grèce continentale forme un dédale confus de montagnes de 1,000 à 2,600 mètres de haut qui ont perdu leurs noms harmonieux. Le Parnasse (2,035 mètres) domine le méchant village albanais qui fut Delphes, premier oracle grec et « nombril de la terre »; il s'appelle aujourd'hui Liakura ou Likéri. L'Œta, dont les forêts de chênes commandent les Thermopyles, a pris le nom de Katovothra, l'Hélicon celui de Zagora, le Cithéron celui d'Élatéas.

Des trois nomarchies helladiennes, la première, l'Acarnanie et l'Étolie, contraste violemment avec la Grèce d'Attique et de Péloponèse. Terre verte au lieu de roche rôtie, elle reçoit de ses monts torturés, de ses forêts larges et touffues, de ses lacs, assez d'eau courante pour constituer de vraies rivières. De grands troupeaux animent ses pâturages. Ses habitants, guerriers à demi sauvages et robustes brigands, disputent aux Maïnotes la gloire d'avoir conservé pur le sang des Hellènes.

La Phocide a le grand privilége de s'appuyer à la fois à la mer d'Orient et au golfe de Corinthe, qui conduit à la mer d'Occident. La Phthiotide est le frais bassin de la Hellada, rivière rapide qui se nomma Sperchius.

Dans la Béotie, le Parnasse, l'Hélicon, jadis ruisselant de sources et plein de torrents sautant dans les bois, et les monts Ptoüs, aux roches verticales, enserrent le Copaïs, lac-marais de 25,000 hectares. Le Céphise et l'Hercyne, frais ruisseau de cristal né des fontaines de Léthé et de Mnémosyne, remplissent de leurs crues le bassin du Copaïs. Vingt-trois katavothra évidés dans la masse des roches du Ptoüs font une issue souterraine aux eaux: issue insuffisante, les conduits étant à demi fermés par les matières qu'amènent les ruisseaux de déversement. En été, l'aire lacustre que le soleil délivre du couvert des eaux paludéennes devient prairie ou se cultive, le reste porte des joncs et des roseaux. Une partie n'assèche jamais.

L'Attique est soudée à une presqu'île, la **Morée**, par l'isthme de Corinthe, dont la destinée prochaine est d'être coupé pour que la mer Ionienne s'unisse à la mer Égée. Il n'y aura pas là de grandes montagnes à transforer, à gravir, à descendre comme dans l'Amérique centrale, et d'immenses sable à creuser ainsi qu'à l'isthme de Suez. Les chaînes de la Hellade ne s'y lient pas à celles de la Morée par une haute arête ; il y a dépression dans l'isthme, et en un lieu 40 mètres seulement d'altitude. Au point le plus étroit, l'isthme a 4 ou 5 kilomètres de largeur. Le golfe de Corinthe ou de Lépante, qu'il sépare du golfe d'Égine ou d'Athènes, s'allonge entre la Hellade au nord, et la Morée au sud, pendant 125 kilomètres, avec une largeur très-variable : 1,000 mètres à l'entrée, 35 kilomètres au plus ample. Au septentrion de même qu'au midi il s'accompagne de monts élevés qui tantôt laissent à leur pied une étroite lisière de terrain, tantôt s'affaissent précipitamment sur le flot. Une pauvre petite ville sans animation, sans luxe et sans commerce veille à la racine de l'isthme, à la base des monts moréens. C'est **Corinthe**, qui fut la cité grecque la plus opulente et contint, dit-on, 500,000 âmes, autant que toute l'Attique et trois ou quatre fois plus qu'Athènes avec ses ports sous Périclès. La Morée, l'ancien Péloponèse, a 2,150,000 hectares et près de 600,000 habitants. Son nom moderne lui vient de la ressemblance de son contour avec celui de la feuille du murier (môros en grec). Elle dresse autant de montagnes que la Hellade : le Saint-Élie y atteint 2,370 mètres ; le Chelmos et l'Olenos, ancien Érymanthe, ont une altitude un peu moindre. L'élévation du sol vaut à la masse de la Morée un climat frais dans la montagne moyenne, froid dans les districts les plus hauts, particulièrement dans l'Arcadie, région pastorale qui mérita de passer en proverbe chez les anciens. C'était pour eux l'idéal de la beauté champêtre, et ses bergers passaient pour les plus simples et les plus heureux des hommes. Aujourd'hui l'Arcadie, comme autrefois sans doute, a plus de grandeur sauvage que de grâce, et ses pasteurs sont des paysans grossiers. Il s'y trouve un grand nombre de bassins fermés et de katavothra. Mantinée, Tégée, Stymphale, Orchomène, Phénée, ces villes si grandes dans notre souvenir, si petites dans le vallon où naquit leur légende, où s'écoula leur histoire, sont situées dans des cuvettes de ce genre. Des katavothra donnent passage à leurs eaux, mais quand ces issues souterraines se bouchent, le bassin redevient ce qu'il fut jadis, un lac changeant d'où monte le méphitisme, père des fièvres. Le lac de Phénée, profond, d'aspect sombre, s'étend sur 25,000 hectares, à 760 mètres d'altitude. Sept monts pyramidaux l'environnent, tous les sept très-élevés et brunis par des forêts de pins. Ces pyramides, presque toute l'année neigeuses, font partie des monts Aoraniens dont les contre-forts septentrionaux s'avancent en promontoires sur le golfe de Corinthe. Les eaux que le lac de Phénée puise aux urnes de ses sept montagnes boisées se dérobent par un chenal souterrain et fournissent le Ladon, qui est l'une des fortes rivières du Péloponèse. Les deux autres grands cours d'eau de la Morée, l'Alphée, qui reçoit le Ladon, et l'Eurotas, se voient arrêtés aussi dans leur bassin supérieur par des masses rocheuses ; ils s'échappent également par des katavothra. Le Styx, ruisseau qui court vers le golfe de Corinthe, s'appelle aujourd'hui Mavro-Nero, l'Eau Noire. Sa couleur, la sauvagerie du torrent, sa cascade de 150 mètres, ses gorges sinistres, ses roches lugubrement ternes, sans herbe et sans feuillage, les abîmes où se heurtent ses flots glacés lui donnèrent chez les pâtres arcadiens, et plus tard dans toute la Grèce, la renommée d'être un fleuve des Enfers.

La Morée comprend, outre l'Arcadie, quatre nomarchies : l'Achaïe et l'Élide, la Laconie, la Messénie, l'Argolide et Corinthe.

Les îles — près d'un million d'hectares et de 450,000 habitants — sortent des flots d'une mer superbement azurée. Ce sont l'Eubée, les Sporades, les Cyclades, enfin les îles Ioniennes, qui viennent d'ajouter un cinquième à la population du royaume.

L'**Eubée**, ou **Négrepont** (408,000 hectares ; 72,000 habitants), terre allongée et montagneuse, ne prend en largeur que 8 à 40 kilomètres, pour une longueur de 175 kilomètres. Ses monts dépassent souvent mille mètres, quelques-uns atteignent quinze cents et quasi deux mille ; presque tous sont nus. L'Eubée est séparée de la Hellade par un canal d'eaux bleues large à peine, à Chalcis, comme la Seine entre les quais de Paris. Devant **Chalcis**, qui est la capitale de l'île, un pont de trois arches seulement mène au rivage béotien sur le continent.

Les **Sporades**, dont l'antique nom grec signifie les dispersées, sont de petites îles.

Les **Cyclades,** îles calcaires ou volcaniques déboisées, brûlées et sans eau, ont pour habitants des marins actifs et des négociants habiles. **Délos**, l'île célèbre d'Apollon et de Diane, se nomme à present Sdili. **Naxos** est la terre la plus grande, la mieux arrosée, la plus féconde et la plus jolie du groupe. Elle a près de 30,000 hectares. Le mont Zia et le mont Koronos y portent leur cime à près de 1,000 mètres de hauteur. Cette île est encore très-riche en débris du temps où elle appartint aux croisés francs et plus tard aux Vénitiens. Le sang français et le sang italien sont à l'origine des meilleures familles naxiennes. **Syros**, ou **Syra**, ne contient que 11,000 hectares, mais elle tient le premier rang dans l'Archipel pour la population, le commerce et la richesse. **Andros** a une quarantaine de kilomètres de longueur. **Tino** couvre plus de 20,000 hectares. **Paros** a toujours ses marbres, **Antiparos** sa merveilleuse grotte. Dans la fameuse **Santorin**, le Saint-Élie se dresse à 800 mètres. Cette île enferme, entre des falaises qui montent jusqu'à la hauteur de 400 mètres, un golfe très-profond bordé en partie, du côté libre, par l'île volcanique escarpée de Therasia. De ce golfe s'élèvent Palæo-Kaïmeni, volcan soulevé 196 ans avant notre ère, Mikro-Kaïmeni, émergée vers 1570, et Néo-Kaïmeni, née dans la première décade du xviii⁰ siècle. **Milo**, volcanique aussi, abrite un très-vaste et très-bon mouillage, la baie de Kastron.

Les **Iles Ioniennes** parsèment les côtes de l'Épire, de la Hellade et du Péloponèse. Vastes de 260,000 hectares, avec plus de 250,000 habitants, elles appartenaient à l'Angleterre, qui les a cédées récemment à la Grèce. Leurs montagnes calcaires, dépouillées et pauvres en eaux comme dans les autres îles grecques, donnent beaucoup de vin et d'huile. Tous les Ioniens parlent grec, un grand nombre connaît l'italien, l'archipel ayant longtemps appartenu à Venise et ayant été fréquenté à toutes les époques par les marins des côtes d'Italie. Aussi, dans les sept îles, la race hellène, plus pure de sang slave, albanais et turc que dans la plupart des cantons continentaux de la Grèce, est fortement mêlée de principes italiens, et pour ne citer qu'une différence entre les Ioniens et les Grecs de la Hellade et de la Morée, ceux-ci n'ont aucunement le génie de la musique, tandis que les Ioniens ressemblent aux fils de l'Italie par leur oreille, leur âme, leur voix musicales. L'île septentrionale, la plus importante de l'archipel, **Corfou**, jadis Corcyre, doit son importance prépondérante à son étendue, au nombre de ses habitants, à sa ville et à son excellent port nommés Corfou comme elle. Un peu au sud, **Paxo**, qui regarde, ainsi que Corfou, la côte montagneuse de l'Épire, est la terre la plus petite du groupe. Toujours en tirant vers le midi, **Sainte-Maure** tiendrait à l'Acarnanie sans un chenal étroit et nullement profond, qui se traverse à gué en marée basse. Quand Sainte-Maure s'appelait Leucade, un de ses promontoires était célèbre dans le monde hellénique pour les nombreux amants, vrais ou légendaires, qui de son sommet sautèrent dans l'abîme pour en finir avec l'amour malheureux. **Théaki** n'est qu'une dépendance de Céphalonie. **Céphalonie** dispute le premier rang à Corfou pour l'aire, la population et la bonté de son port, Argostoli. Elle enferme les plus hautes montagnes de l'archipel. C'est une des patries du raisin de Corinthe avec l'antique Zacynthe, **Zante**, charmante et fertile, nommée par les Vénitiens, la Fleur du Levant. Céphalonie et Zante commandent l'entrée du golfe de Corinthe. **Cérigo**, jadis Cythère, tout à fait à part des autres îles Ioniennes, lutte contre les mêmes flots que ceux qui se heurtent aux caps de la Morée méridionale. L'annexe de Céphalonie, Théaki, dont le port est magnifique, porta le nom d'Ithaque. Elle peut compter sur une célébrité sans fin pour avoir été, d'après la charmante Odyssée d'Homère, le patrimoine du « pasteur des peuples », Ulysse, vrai type de sa nation. Ulysse ne se trouva jamais en défaut; il était brave, brillant, beau diseur, mais sa « divine » sagesse touchait de près à la fourberie. De son temps, dans « l'âpre » Ithaque, aussi nommée par lui la « riante », dominait le mont Nérite, « au feuillage toujours agité par les vents », et Zacynthe était ombragée de forêts. Depuis l'industrieux héros, ces îles ont perdu leurs bois, Cythère ses bosquets voluptueux.

Les Grecs d'aujourd'hui ne valent pas ces Hellènes qui civilisèrent le monde et dont on n'a point dépassé les sculpteurs, les architectes, les écrivains et les poëtes. Il y a eu tant d'invasions, tant de massacres dans ce petit coin de terre, tant de races y ont passé depuis 1500 ans, que le vieux sang hellène doit avoir absorbé beaucoup d'éléments étrangers. Même, d'après plusieurs savants, les Grecs actuels ne seraient pas des Grecs, mais des Slaves mêlés de Bulgares, d'Albanais, d'Italiens et de Turcs. Fils ou non des Hellènes, les Grecs ont gardé presque intacte la langue magnifique qui, d'Homère à Lucien, produisit de si grands chefs-d'œuvre. Sans parler des Étoliens et des Sphakiotes de Crète, les Grecs les moins mêlés, ceux qui représenteraient vraiment les Hellènes, sont les montagnards de la sauvage Maïna. La Maïna, ou **Magne**, surveille la vallée de l'Eurotas, le bassin où Sparte se fit puissante par sa loi sévère, ses précautions pour ne procréer que des enfants vigoureux, sa gymnastique et son esprit de cité. A son tour, elle est dominée par la plus haute montagne péloponésienne, le Saint-Élie, sommet majeur parmi les cinq têtes du vieux Taygète aux flancs boisés. Il n'y a guère de chaîne plus sauvage en Orient. Surtout l'arête méridionale qui s'abîme dans la mer au cap Matapan, l'ancien Ténare, promontoire que la tempête soufflète avec fureur : ses voisins, témoins de mille naufrages, l'ont appelé le Tueur d'hommes ; les anciens en avaient fait l'entrée des Enfers. La portion du Magne qui se dirige sur le Ténare est un pêle-mêle de roches de marbres et de porphyre dont la pointe ou le fronton portent des fortifications, des guets et des tours de défense. Elle n'a point usurpé ses deux noms de Kakovouni, Mauvais Mont, et de Kakovouli, Mauvais Conseil ; ses fils s'y livrent depuis des semaines de siècles à la guerre civile, de bourg à bourg, de famille à famille, d'homme à homme. Plus encore que la Corse, c'est la terre des vendetta. Les Maïnotes descendent à la fois des Spartiates et des immortels ennemis de Lacédémone, les Messéniens. La haine des deux cités de la Grèce antique règne encore entre les Maïnotes qui rattachent leur origine à Messène et ceux qui se croient issus de Sparte. Ces montagnards vivent difficilement sur leurs crêtes et dans leurs ravins. Quand ils ne se battent pas chez eux, — dans le Magne, homme, femme, enfant, tous ont leur fusil, — quand ils ne brigandent pas dans la montagne, ou qu'ils ne piratent pas quelque peu dans l'Archipel, ils émigrent comme nos Limousins et vont ramasser un petit pécule dans les villes.

Les Grecs sont intelligents, éloquents, très-fins, raisonneurs, subtils, plus portés au trafic et à la navigation qu'à la culture. Ils sembleraient se rapprocher plutôt de leurs prédécesseurs du Bas-Empire que des hommes qui, d'Eschyle à Philopémen, ont honoré l'humanité, s'ils n'avaient à un haut degré plusieurs qualités viriles, de la ténacité, surtout du courage : leur guerre moderne de l'indépendance ne le cède pas à la guerre de Marathon, Missolonghi dépasse les Thermopyles, et le premier tiers de notre siècle a vu mourir plus d'un Léonidas dans les gorges de la Hellade.

Ce n'est plus comme artistes que les Grecs montent au-dessus des autres hommes; l'esprit de recherche qui leur fit faire de grandes découvertes les a abandonnés; les métiers languissent et l'agriculture souffre chez eux; mais ils sont restés, sinon des colonisateurs, du moins des marins et des commerçants de premier ordre. Leur souplesse, leur activité, leur persévérance dans le trafic les mènent souvent à la fortune, au besoin par des sentiers obliques.

Comme les Juifs, comme les Arméniens, ils exploitent l'Orient turc et le sud de la Russie, mais ils sont plus universels que leurs rivaux en négoce. Le fils de Jacob et l'Haïkane n'ont que le commerce pour élément, de la haute banque aux brocantages les plus bas. Le Grec n'est pas seulement traficant sur les rivages osmanlis, sur le Danube, à Odessa. Il s'occupe de tout; il est médecin, professeur, interprète, ministre de la religion grecque, agent d'administration. Et partout il réussit par son esprit retors, son activité, son avidité de gain, son esprit d'épargne. A Constantinople et dans presque toutes les villes commerciales de la Méditerranée, à Marseille, par exemple, il y a une aristocratie de Grecs puissamment riches.

Eussent-ils plus d'esprit de suite, de dévouement, de patriotisme, d'honnêteté qu'ils en ont, ni leur habileté dans le conseil, ni leur solidité dans l'action ne leur vaudrait l'avenir auxquels ils prétendent comme nation. Les Grecs sont trop peu nombreux pour succéder aux Turcs dans l'empire de l'Orient : on en compte au plus trois millions et demi contre huit millions de Slaves au moins.

Les Albanais constituent un élément fort important dans la Grèce actuelle. On les évalue à 250,000, le cinquième des habitants du royaume. Plus énergiques que les Grecs, mais moins intelligents, ils abdiquent généralement leur langue et s'effacent comme nationalité, tout en modifiant fortement la population au sein de laquelle ils immigrent.

La majorité des Grecs appartient à la religion grecque.

Athènes n'a que 50,000 habitants. De ses monuments du vieil âge peu sont intacts, plusieurs dégradés, beaucoup méconnaissables. Au lieu de bâtir la capitale de la Grèce sur le site de la glorieuse république, au dommage de la ville moderne et des ruines du passé, dans le voisinage de deux ruisseaux qui tarissent, on eût dû l'installer sur le bord même de la mer, au port du **Pirée** (7,000 hab.). — **Hermopolis** (35,000 hab.), dans l'île de Syra, s'étage en amphithéâtre. C'est la première ville commerçante du royaume. — **Corfou**, dans l'île de même nom, a 25,000 habitants. — **Zante** en compte 20,000. — **Patras** (20,000 hab.) est un port du golfe de Corinthe, dans la Morée.

ASIE.

L'Asie, la plus grande et la plus massive des cinq parties du monde, est la base à laquelle viennent se rattacher, comme à un tronc solide, l'Afrique et l'Europe : l'Afrique, inférieure en grandeur, en fertilité, en importance historique, l'Europe, cinq fois plus petite, mais supérieure par ses heureuses proportions, ses relations avec la mer, son climat, ses peuples.

L'Asie est réunie à l'Afrique par l'isthme sablonneux de Suez, et séparée d'elle par la mer sans profondeur qui va de cette ville à la traînée de Périm, par laquelle toutes deux se réunissent presque une seconde fois. Elle n'est pas en tous points nettement séparée de l'Europe : celle-ci n'est, en somme, qu'une de ses presqu'îles, comme la Bretagne une péninsule de la France. La Méditerranée, les mers et les détroits issus de la mer Noire, cette dernière, l'énorme Caucase, l'Oural trois fois plus bas, plus émoussé, mais beaucoup plus long, forment la frontière entre les deux parties du monde.

L'Asie a 4 milliards 500 millions d'hectares, quatre cinquièmes pour le tronc, le reste aux presqu'îles. C'est environ le tiers de la terre sans les mers, près de cinq fois l'Europe, plus de cinq fois l'Océanie. L'Afrique n'a que les deux tiers de cette surface, l'Amérique les neuf dixièmes. La plus longue ligne tracée sur l'Asie, du détroit de Behring à Suez, dépasse 10,500 kilomètres. Du nord aux pointes du sud, il y en a 7,000.

L'Asie est le continent par excellence, celui dont la surrection au-dessus des mers a été la plus grande, dont l'ossature est la plus colossale. Elle ne perdrait guère que les deux tiers de ses terres si la mer montait subitement d'un millier de mètres. L'Europe a plus de plaines basses que de montagnes ou de plateaux ; elle n'a à l'intérieur que deux centres montagneux et les autres s'élèvent dans des presqu'îles secondaires. L'Amérique n'est qu'une double plaine entre deux mers avec une ligne de partage excessivement accentuée, mais étroite et rejetée tout à fait à une extrémité. L'Océanie est le continent maritime. L'Afrique seule est, comme l'Asie, une terre de hauts plateaux, mais avec des proportions moins grandioses. L'Asie, elle, est un ensemble de grandes plaines basses et de plateaux immenses.

Que le voyageur arrive par le nord, l'ouest, le sud ou l'est, la grande masse de l'Asie lui sera toujours cachée par des montagnes énormes. S'il vient par le nord, par les steppes des Kirghises ou les plaines du Touran, par l'Angara ou les steppes glacés de Baraba et de Barnaoul, hauts à peine de 100 à 150 mètres, il verra se dresser devant lui l'Altaï, élevé de 3 ou 4,000 mètres. Si c'est par l'ouest, après avoir suivi les minces vallées du littoral de l'Anatolie, il se trouvera sur une haute plaine semée de lacs sans écoulement. En poursuivant sa route à l'est, il descendra vers les vallées plus basses arrosées par l'Euphrate et le Tigre; mais, cette dépression franchie, il gravira de nouveaux sommets, traversera les plateaux persans, et de steppe en steppe, il se trouvera au pied des âpres montagnes de l'Indou-Koh. S'il vient de l'est, les pentes des belles vallées de la Chine le ramèneront après mille détours en face de ces inévitables hauteurs. Et que dire de son admiration s'il arrive du sud, par l'Indus et le Gange, lorsqu'il verra tout à coup devant lui un mur éblouissant de 25,000 à 30,000 pieds de haut, presque deux monts Blanc, trois Maladetta, quatre à cinq Puy de Sancy?

L'Oural est une chaîne, ou plutôt une succession de massifs séparés par de profondes dépressions. Long de 1,800 à 2,000 kilomètres, haut en moyenne de 1,000 mètres, de 1,500 à 1,800 sur ses pics les plus élevés, il garantit mal l'Europe des frimas polaires apportés en Sibérie par les vents du nord et du nord-est. Il est à peu près sans influence sur la constitution physique et le climat de la Sibérie; il sépare constamment l'Europe de l'Asie et les eaux qui vont à l'Obi de celles qui courent à quatre fleuves européens : la Petchora, la Dwina, le Volga et l'Oural; mais cette ligne de faîte est parfois si peu accentuée qu'il suffit d'un coup de pioche, d'une planche, d'une brouettée de terre, pour diriger au choix les eaux vers la Sibérie ou la Russie. Au centre, l'Oural est une des plus riches montagnes minières qu'on connaisse; au sud, il se cache sous des forêts profondes.

Le Caucase ressemble aux Pyrénées : il s'élève aussi de mer à mer, abrupt, haut, déchiré en pics, entre deux climats et deux mondes. Il va de la mer Noire à la mer Caspienne, sur une longueur d'au moins 1,000 kilomètres. Isolé au nord et tombant de ce côté par une pente rapide sur les steppes plats de la Russie méridionale, il se lie au sud avec les montagnes qui couvrent l'Asie Mineure et l'Arménie. Son point culminant est l'Elbrouz (5,646 mèt.).

Les chaînons qui remplissent l'Asie Mineure courent en tous sens dans une extrême confusion, entre la Méditerranée, la mer Noire et la dépression du Tigre et de l'Euphrate. Ils portent différents noms, dus aux circonstances locales, aux langues des peuples, au désordre de nomenclature commun chez les nations demi-sauvages. Les nomades, et, parmi les nomades, les Arabes s'élèvent rarement à la compréhension d'une unité géographique; ils donnent vingt noms différents à la même rivière ou à la même chaîne. Les anciens appelaient Taurus ce vaste entre-croisement de montagnes.

Au sud du Taurus, le Liban, chaîne étroite, s'allonge entre les sables de la Syrie arabique, à laquelle il envoie des sources bientôt desséchées, et la Méditerranée, dont il est éloigné de quelques lieues parcourues par des torrents capricieux ou des ravins sans eau. Il commence près de l'antique Antioche, court au sud, serre entre deux chaînons parallèles et fort rapprochés le bassin de l'antique Balbeck, ou Syrie Creuse, et finit au sud de la mer Morte. Par sa vallée du Jourdain, son lac de Tibériade, sa mer Morte, ses monts de Palestine, il revient à chaque ligne dans les traditions religieuses des Juifs et des Chrétiens, et, par sa côte phénicienne, dans l'histoire du commerce antique.

Les monts de l'Arménie, la plupart nus, monotones, laids, mais pleins de belles sources et de torrents clairs, entrent par beaucoup de leurs pics dans la région des neiges éternelles : la maîtresse montagne arménienne, le Grand

Ararat (5,219 mèt.), est admirable de majesté. Aux chaînes arméniennes s'appuient celles de Perse : l'une, les monts Elbrous, longe le rivage méridional de la mer Caspienne à une faible distance, et sépare ainsi cette mer des plaines salées et sablonneuses de l'Iran ; son premier pic, le volcan de Demavend, a 4,400 mètres.

Malgré leur altitude, ces chaînes où plusieurs pics montent plus haut que les géants de notre Europe, ne sont pour ainsi dire que les avant-postes, les bastions détachés de l'acropole de l'ancien continent, de l'Asie Centrale. L'Indou-Koh et le Bolor à l'ouest, l'Altaï au nord, les monts de Chine à l'ouest, l'Himalaya, au sud, portent cette Asie Centrale, sillonnée à l'intérieur par le Karakoroum, le Kouen-Loun, les Thian-Chan ou Monts Célestes et d'autres chaînes dont on ne connaît pas encore la situation, la nature, les altitudes, les renflements et les entre-croisements. Il est probable que l'Australie centrale, l'Afrique même seront connues avant que les prodigieux nœuds de montagnes de l'Asie intérieure aient livré tous leurs secrets. Les monts de la Chine sont encore inconnus, leur hauteur ignorée ; l'Altaï, moins élevé qu'il le paraît parce que les plaines de Sibérie sur lesquelles il se dresse sont fort basses (200 à 400 mèt.), n'a guère de pics supérieurs à 3,000 mètres ; mais les Monts Célestes, le Bolor, le Kouen-Loun, le Karakoroum, l'Himalaya, se hérissent de pics qui le cèdent rarement aux pointes les plus fières de la Cordillière des Andes, et souvent les dépassent.

Le roi des conteurs, le bon Homère chante dans son Odyssée deux héros, le divin Otos et l'illustre Ephialte. Pour monter au ciel, ils tentèrent d'entasser sur l'Olympe, l'Ossa, et sur la tête de l'Ossa, le Pélion couvert de bois. Ils ne réussirent point, n'ayant encore que neuf ans d'âge et neuf aunes de taille, mais eussent-ils empilé l'une sur l'autre les trois hautes montagnes thessaliennes, ils seraient encore restés à plus de 2,000 mètres au-dessous du pic majeur de l'Himalaya, pointe suprême de la terre. Le mont Everest, ou Gaurisankar, porte ses dernières glaces à près de 9,000 mètres, presque deux fois l'altitude du mont Blanc, 130 fois celle des tours de Notre-Dame de Paris. A cette hauteur, l'homme ne peut plus vivre, il respire à peine et perd le sang par les pores. Dans le Karakoroum, supérieur en altitude moyenne à l'Himalaya, et où nul col ne descend au-dessous de 5,640 mètres, le Dapsang monte à 8,640 mètres. Dans le Kouen-Loun, on ne connaît pas encore de pic atteignant 7000 mètres. Ainsi l'Asie possède les cimes culminantes du monde, comme elle en possède le fond le plus bas, la mer Morte, située à près de 400 mètres au-dessous du niveau des mers. Le glacier de Biafo a 51 kilomètres d'étendue, plus de quatre fois la longueur du premier glacier des Alpes. Jusqu'à présent, c'est la plus vaste aire de glace qu'on ait vue hors des deux zones circompolaires.

L'Himalaya naît à l'intérieur du grand coude formé par l'Indus en face des derniers rameaux de l'Indou-Koh. Il court vers l'est, entre les vallées du Tibet et les basses plaines de l'Indus et du Gange, sépare ce dernier fleuve du puissant Jarou-Dzang-Bô ou haut Brahmapoutre, atteint ce fleuve, s'y affaisse à pic, et renaît de l'autre côté de la colossale coupure que le torrent s'est creusée à plusieurs mille pieds de profondeur. Les trois ou quatre énormes cours d'eau qui fuient vers le sud en fertilisant la belle Indo-Chine ont aussi, à ce qu'on suppose, accompli le même travail héroïque. Au moins l'un d'eux, le Mékong, français par ses embouchures.

L'Himalaya, fendu chaque fois, se relève toujours, et chacun de ses points de renaissance est le départ de grandes masses qui accompagnent les fleuves et déterminent leurs bassins. L'une de ces masses semble se souder à travers les flots à l'île de Sumatra, et avec elle à l'archipel de la Sonde, par le cap Negrais et les écueils des Andaman et des Nicobar. En même temps qu'il atteint et franchit peut-être les eaux du sud avec ces grands bras, l'Himalaya expédie d'autres rameaux vers la Chine et, réuni aux branches du Kouen-Loun, forme le relief de cet empire.

Les plateaux enchaînés dans ces montagnes sont en grande partie inconnus. Celui du Tibet, entre l'Himalaya et le Kouen-Loun, est le plus élevé du monde. Celui du Turkestan chinois, entre le Kouen-Loun et les monts Célestes, moins haut, moins froid, est le bassin du Tarim, qui se jette dans le Lob, lac sans écoulement. Le plateau de Gobi ou Mongolie, au nord-ouest, entre les monts de Chine et les monts de Sibérie, a généralement de 400 à 700 mètres d'altitude. Au sud par leur élévation, au nord sous l'influence combinée de leur hauteur et d'une latitude septentrionale, ces trois plateaux sont livrés à un climat déplorable : la température, très-extrême, y est abominablement froide pendant la moitié ou les trois quarts de l'année. Des hautes montagnes s'abattent avec fureur des vents glacés, et ces mêmes chaînes, barrières du côté de l'Océan, empêchent les nuées du Pacifique et de la mer des Indes de venir tomber en pluies sur un sol resserré par les frimas.

Deux grandes presqu'îles, l'Arabie et l'Inde, ont leurs montagnes à part.

L'Arabie a été peu parcourue par les modernes, et les géographes arabes sont emphatiques et sans précision. Ce qu'on sait, c'est que des montagnes, plus hautes au sud qu'au nord, et longeant la mer Rouge, puis l'océan Indien, y supportent des plateaux aussi secs que les plateaux de l'Asie intérieure, mais brûlés par le soleil au lieu d'être stérilisés par le froid.

Dans l'Inde, au sud de la dépression de l'Indus et du Gange, les monts Vindhya, les Gates occidentales et les Gates orientales servent d'appui au plateau triangulaire du Décan. Les premiers traversent l'Inde d'une mer à l'autre, les Gates serrent de près l'Océan.

Les montagnes de l'Asie ne sont donc pas, comme en Europe, des massifs autour desquels rayonnent, dans une parfaite harmonie, des collines, des plaines, des vallées arrosées par des fleuves petits, mais bien réglés ; ni, comme en Amérique, une interminable chaîne tantôt simple, tantôt renflée et multiple, jetant ses eaux vers des fleuves grandement proportionnés. Au contraire, elles forment un immense entre-croisement dont les branches déterminent de vastes hauts plateaux le plus souvent sans communication avec la mer.

L'Asie tourne sur l'océan Glacial, considéré comme tel jusqu'aux froides embouchures de l'Amour, un rivage presque égal à celui qu'elle présente aux brises tempérées du Pacifique ou aux chaudes haleines de la mer des Indes. L'Europe, elle, a sur l'océan Polaire deux fois moins de côtes que sur la mer Atlantique tempérée par l'influence du Gulf-Stream, et trois fois moins que sur cette Méditerranée dont le bassin est l'asile de la température la plus égale de l'ancien monde. Quant à l'Afrique, elle nage tout entière entre des mers chaudes, et ne présente qu'une pointe aux brises de la mer polaire australe. La plus grande masse de l'Amérique gravite autour d'une méditerranée plus chaude que la nôtre. L'Asie échappe en partie aux influences bénignes des grandes eaux par le rapprochement souvent étroit, quelquefois immédiat, de ses montagnes avec la rive des océans, fait qui lui est commun avec l'Afrique, l'Australie et une partie des deux Amériques, et qui la distingue essentiellement de l'Europe, où les montagnes sont généralement des massifs intérieurs au lieu d'être des rebords de plateaux.

L'Asie est située presque tout entière dans la zone tempérée, à l'inverse de l'Afrique, de l'Amérique du Sud, de l'Océanie, assises dans la zone torride. Elle n'a dans cette dernière zone que le septième de ses terres. Elle n'atteint pas l'Equateur, elle touche au contraire la zone polaire, où elle a le dix-septième de son sol. De là le climat hyperboréen des plaines sans fin du Nord, tandis que de l'Inde à la Méditerranée se fait sentir dans tout le sud-ouest l'influence de l'énorme foyer de chaleur de l'incandescente Afrique.

Arrivons en Asie avec la civilisation, à travers la Russie demi-européenne, demi-asiatique, par la grande route de Moscou à Péking. L'Oural franchi, on entre dans une plaine indéfinie, ouverte au nord, fermée au midi, habitable dans les vallées du sud, impatiente de l'homme et de ses travaux dans le Nord. Trois fleuves immenses y coulent silencieusement vers le nord à travers d'impraticables marécages. La végétation y est rabougrie, les hommes aussi, et certaines tribus de la Sibérie septentrionale ont pour géants des hommes qui chez nous seraient au dessous de la moyenne. Forcés par l'âpre nature à ne compter que sur le hasard pour leur vie de chaque jour, ils sont restés nomades et pêcheurs, et, comme tels, sans beaucoup d'influence. Cette région contient le quart de l'Asie. Elle communique à l'ouest par une ample ouverture, à l'est par d'étroits défilés, avec deux autres régions qui lui sont supérieures, bien que l'une et l'autre aient encore à se plaindre de leur climat excessif.

La région de l'ouest est celle de la mer Caspienne et du lac d'Aral, le steppe des Kirghises au nord, la plaine de Touran au sud. Située en partie au-dessous du niveau de la mer, elle est plate, ouverte aux vents les plus aigres, riche en plantes salines venant à foison sur un sol jadis couvert par deux lacs insensiblement diminués. Hors de la portée des irrigations, elle est faite pour des peuples cavaliers et nomades, habitués à déplacer leurs tentes vers de nouveaux pâturages. Les Kirghises qui parcourent les steppes du nord forment avec les Turcomans et diverses tribus peu connues la plus forte masse de nomades de l'ancien monde. Les recherches de la linguistique, l'explication des traditions de l'antiquité grecque, hindoue et persane, semblent avoir prouvé que les peuples indo-européens, et en particulier les Celtes et les Kymris, nos pères, ont vécu ou passé dans les vallées du Sir et de l'Amou et dans les montagnes qui les ferment.

La région orientale à la Sibérie est le bassin de l'Amour, protégé du nord, ouvert au nord-est. Le bassin de l'Amour s'étend sous un climat très-froid, mais encore tolérable ; à quelques lieues de plaines polaires où l'homme périrait de faim sans le renne, il y a place pour des millions d'Européens, au pied de versants noirs de forêts où chassent le tigre et la panthère à longs poils. Par là autant que par la voie de mer, l'Europe entrera en relations avec la Chine.

A l'orient de cette terre nouvellement ouverte, et séparée d'elle par une mer presque intérieure, s'étend le vaste archipel du Japon, montueux, bien arrosé, riche de ses mines et de son climat insulaire, froid au nord, assez chaud au midi pour l'oranger, muni de beaux ports, habité par une race bien douée : l'empire du Japon est la Grande-Bretagne de l'Asie.

La Chine, adossée à de hautes montagnes qui lui versent à profusion des rivières superbes, développe 800 lieues de côtes sinueuses sur l'océan Pacifique. Elle semble en aspirer les tièdes vapeurs par tous ses pores. Protégée du vent de l'intérieur par les innombrables sinuosités de ses monts, elle est baignée vers son milieu d'une voluptueuse atmosphère; elle est fraîche au nord, mais toujours tempérée, tiède au sud, mais non torride. Elle réunit ainsi par gradations successives tous les climats intermédiaires entre le trop chaud et le trop froid. Par une conséquence naturelle, elle nourrit toutes les plantes correspondantes, car la végétation n'est que la résultante des facultés du sol et des puissances du climat : l'homme la dirige, mais ne la crée pas. Les Chinois ont calomnié leur belle patrie quand ils l'ont appelée l'Empire des Fleurs; ils n'ont dit que la moitié de la vérité, c'est aussi l'empire des fruits. Ainsi placée dans des conditions parfaites, la Chine pouvait faire naître une civilisation.

Des millions d'hommes vivaient sur ce sol admirable, quand l'Angleterre, la France, l'Allemagne, n'étaient qu'une forêt marécageuse, avec des sauvages armés de haches de silex. Ils y vivaient en société, plus instruits que nous ne l'étions au quinzième siècle, moins grands sans doute que les citoyens de Rome, et moins artistes que les Grecs, mais plus actifs et plus industrieux. 450 millions d'hommes, le tiers de l'humanité, grouillent aujourd'hui dans le Céleste Empire, parlant des dialectes de la même langue, professant en général une certaine morale pratique plutôt qu'une religion réelle, tous également aptes au commerce, à la plus astucieuse diplomatie, aux arts d'imitation, aux fonctions administratives les plus déliées. S'ils n'ont pas fait un pas depuis des siècles, il ne faut l'attribuer ni à leur sol ni aux langueurs de leur ciel, mais à leur système d'écriture qui demande vingt ans pour être connu, à une docilité de caractère qui leur fait regarder l'imitation et l'adoration des ancêtres, la routine sous toutes ses formes, comme la première des vertus, enfin et surtout à ce que la Chine est la patrie de l'égoïsme transcendental.

Au midi de l'Asie, deux grandes presqu'îles épanouies à leur base s'effilent vers le sud, opulent contraste avec la Sibérie qui s'engourdit vers le nord. L'une est l'Inde, l'autre l'Indo-Chine.

La beauté, la richesse de l'Inde furent de toute antiquité proverbiales. Les latitudes de cette péninsule, sa situation au vent d'Afrique et d'Arabie en auraient pu faire un pays torride, et le voyageur qui arrive par les bouches de l'Indus pourrait le craindre à la vue du désert de Thour, voisin du delta de ce fleuve. Mais les têtes d'argent de l'Himalaya versent la fraîcheur par mille courants dans l'air, et sur la terre par d'intarissables rivières, affluents de l'Indus et du Gange. Les deux fleuves sont eux-mêmes, par la masse de leurs eaux, et par les courants d'air que déterminent leurs vallées, autant de modérateurs des chauds rayons du tropique du Cancer. Au sud, le sol élevé du Décan, les forêts des Vindhya et des Gates, les moussons, les vents du large et la mer qui enceint le plateau, rendent supportable, et parfois agréable, un climat qui sans tout cela serait excessif. L'Inde est brûlante, mais, arrosée comme elle l'est, les excès de soleil se transforment pour elle en excès de vie.

Une terre aussi privilégiée fut peuplée de bonne heure. Les plus vieilles traditions nous la représentent déjà comme exubérante de productions, de richesses, de villes ; les Orientaux allaient y puiser la science pour la porter à l'Occident, et les philosophes de l'Égypte et de la Grèce tournaient un œil d'envie vers ces gymnosophistes, qu'on disait posséder toute la vérité, et dont la sagesse se bornait à diviniser la nature. Ce grand mouvement de civilisation avorta, soit par la division de la population en castes ennemies se méprisant de la plus haute à la plus basse, soit que là aussi la nature, trop forte pour l'homme, l'enivre et l'énerve, soit que le génie indou ait brusquement replié ses ailes devant une longue suite d'invasions qui ne lui ont apporté que des éléments antipathiques, comme la stérilité de l'esprit arabe et la brutalité des Mongols.

Le nom seul d'Indo-Chine vaut toute une description : l'Indo-Chine est un pays de transition entre le Céleste Empire et l'Inde, pour les langues et les races comme pour le climat et la végétation. Seulement, à mesure qu'on marche vers l'Orient, de l'Assam au Tonquin, la nature et la civilisation chinoises prédominent de plus en plus. La prise de possession de la Cochinchine par la France donne à cette région une importance nouvelle.

Une troisième presqu'île, l'Arabie, fait front sur trois mers chaudes. Les vents du nord ne l'atteignent qu'après s'être desséchés sur les sables de la Babylonie, ceux de l'Afrique la frappent sans avoir été rafraîchis par la mer Rouge et les vagues brûlantes de la mer des Indes. L'Arabie est une Afrique torride liée à l'Asie comme pour lui donner tous les contrastes. La race qui s'y est formée s'est répandue au loin, portant avec elle ses instincts nomades. Les Arabes ne se sont fixés au sol qu'en de rares districts; ils sont campés comme une horde de passage sur la Barbarie, qu'ils dominent pourtant depuis mille ans, et sur une portion de l'Arabie elle-même qu'ils occupent depuis l'ère antéhistorique. Ils ont donné au monde occidental ses révélations, l'une immédiatement, par Mahomet, les deux autres, celle de Moïse et celle du Christ, par une de leurs tribus, les Juifs. Zélateurs de la révélation de Mahomet, les Arabes émigrèrent en armes, au galop des chevaux. Ils conquirent l'Asie jusqu'aux îles de la Sonde, domptèrent et peuplèrent l'Asie grecque, l'Égypte, l'Afrique jusqu'à Tanger, l'Espagne, le sud de la France. Leurs chevaux burent les flots de la Loire, du lac de Constance, du Danube, et Sidi-Okba, l'un des héros de cette Iliade-Odyssée, arrivé sur la côte océanienne du Maroc, lança son cheval dans les flots, pour témoigner qu'il avait atteint les limites de la terre. Cependant, même à cette époque où toutes leurs facultés brillèrent, ils améliorèrent peu la moitié du vieux monde qu'ils avaient soumise en courant; ils montrèrent ainsi combien leur génie était incomplet. Dans leurs écoles fameuses de Cordoue, de Fez, de Bagdad, dont les professeurs étaient peut-être plus souvent des Persans et des Kabyles que des Arabes, ils enseignèrent moins la philosophie et le droit que la théologie, la médecine qu'une pharmaceutique mystique, l'astronomie que l'astrologie, et la science que l'imagination.

Le plateau de l'Asie Mineure comprend deux régions, distinctes dans la géographie comme dans l'histoire : l'Asie Mineure propre, l'Iran ou Perse.

L'Asie Mineure propre est de toutes les contrées du globe celle que baignent le plus de mers : à l'ouest, la Méditerranée, l'Archipel, la mer de Marmara ; au nord, la mer Noire ; à l'est, la mer Caspienne ; au sud, la mer Rouge et le golfe Persique. Parmi ces mers, celles du nord lui apportent des brises fraîches, celles du sud des vents de feu, une, la Méditerranée, des brises tempérées. Ces influences diverses, jointes à la structure du terrain, sillonné au nord par des monts qui se mêlent comme les mailles d'un filet, au midi par la seule chaîne du Liban, étroite et courte, créent dans l'Asie Mineure des pays distincts. Au sud c'est la plaine elliptique du Tigre et de l'Euphrate, l'ancienne Assyrie et Babylonie, patrie des grands empires, terre aujourd'hui presque aride sur laquelle empiètent les sables d'Arabie, mais fertile autrefois et pouvant le redevenir par les dérivations de ses fleuves. A l'ouest de cette plaine, c'est le Liban, avec la dépression de la mer Morte. Entre l'Euphrate et le Liban, se chauffent les sables de l'Arabie septentrionale. Au nord de ces régions s'élève la véritable Asie Mineure, première patrie de la civilisation européenne. L'Asie Mineure a colonisé la Grèce.

Le plateau de l'Iran, entouré de monts très-élevés, et ne faisant front qu'à la Caspienne et au Golfe Persique, est une région sèche. Peu ou point de pluie, climat froid dans les montagnes, âpre et venteux sur les plaines sablonneuses ou salines, hauteurs jetées au hasard sur des steppes à perte de vue, pas d'arbres : tel est l'Iran. Autrefois peuplé par une race conquérante, rattachée à la nôtre à son origine mais fortement mélangée depuis d'éléments arabes et turcs, l'Iran est retiré, comme caché et oublié entre son rideau de montagnes.

Restent le centre de l'Asie, les hautes terres intérieures, soumises aux excessives influences d'un climat exclusivement continental. Quelquefois sédentaires, communément nomades, des tribus turques ou mongoles habitent avec leurs troupeaux ces régions désolées, désertes hors des vallons irrigables. L'Asie centrale compte dans l'histoire. Ses peuplades, endurcies par la lutte contre un sol avare sous un climat affreux, aimèrent de tout temps les migrations et les batailles, et, à certaines époques, leur trop-plein déborda sur le monde. Déjà, dans l'ère antéhistorique, c'est de là que se peuplèrent peut-être les pays de l'Aral et de la Caspienne, et, de proche en proche, tout l'Occident. Plus tard, aux temps historiques, à chacune de leurs émigrations vers les lointains du soleil couchant, correspondirent les départs des masses qu'ils choquaient sur leur route. Comme les cercles concentriques autour d'une pierre tombée dans l'eau paisible, maintes fois les races se mirent en mouvement, se heurtant, se poussant jusqu'en Slavonie, en Allemagne, en Gaule, en Angleterre, en Espagne, en Italie, en Afrique. Et ce n'est pas vers l'Occident seulement qu'ils lancèrent leurs hordes, mais vers l'Orient, vers l'Inde, conquise par les Mongols, vers la Chine, soumise par Gengis-Khan en 1200, par les Mantchoux au xviie siècle. Le monde n'oubliera jamais Timour le Boiteux, qui dressait des pyramides de têtes aux portes des cités vaincues. Aujourd'hui la Grande Muraille de Chine, bâtie contre les guerriers du plateau, s'effondre sans péril pour la fourmilière humaine de l'Empire du Milieu.

Si l'Asie a été prépondérante dans l'ère des migrations armées et des révélations, elle ne l'est plus depuis que cet âge a passé. La Russie la presse au nord par ses colons; l'Angleterre se maintient au sud, mais elle ne peut coloniser l'Inde et elle est trop fière pour mêler beaucoup sa race avec des nations inférieures. La France domine le delta cochinchinois et remonte le Mékong. La Californie, l'Orégon, la Colombie se peuplent d'Européens et parlent de très-haut à l'Orient chinois et japonais. Voici l'Asie sous la tutelle presque toujours odieuse de l'Europe et de la grandissante Amérique, tandis qu'au sud de ses presqu'îles un nouvel essaim de peuples ambitieux travaille, bourdonne et s'accroît sur les plages australiennes.

L'Asie prend au globe quatre milliards cinq cents millions d'hectares, le tiers des terres, quatre-vingt-trois fois la France. Sur les 1,375 millions d'habitants du monde, elle en renferme presque les trois cinquièmes, 805 millions : vingt et une fois la France. Elle est donc proportionnellement quatre fois moins peuplée que notre territoire. Sa population, fort mal répartie, est extrêmement clair-semée dans le Nord, le Centre et les déserts de l'Ouest, d'une densité peu commune dans presque toute la Chine et dans certains districts de l'Inde.

Les trois cinquièmes des Asiatiques appartiennent à la race ou aux races dites jaunes ou mongoles, les deux autres cinquièmes à la race blanche, tantôt pure, tantôt mêlée. Les Juifs n'y sont même pas deux millions. Les Chrétiens y comptent pour une quinzaine de millions au plus, dans les pays russes, les colonies européennes et l'Asie Mineure. Les

Musulmans, répandus par masses compactes, ou par îlots et traînées, de Constantinople aux montagnes de Chine, sont beaucoup plus nombreux que les Chrétiens, mais bien moins que les Bouddhistes et les partisans des autres religions étrangères à la révélation arabe ou juive. Le cinquième au plus des Asiatiques se réclame du Dieu des Monothéistes.

ASIE RUSSE.

Les possessions russes en Asie comprennent deux pays distincts : la Sibérie avec les nouvelles acquisitions, Amour, Turkestan, Dzoungarie, et les provinces transcaucasiennes, ensemble plus de 1,550 millions d'hectares, avec 10 millions d'hommes.

La **SIBÉRIE** fut d'abord une province tartare dont le khan résidait à Sibir, petite ville proche du site où s'éleva plus tard Tobolsk. Vers 1580, un aventurier cosaque, Iermak, fit la conquête de ce khanat pour le compte du czar moscovite ; et, depuis lors, à mesure que les Russes s'étendaient sur ces immenses solitudes, l'acception de Sibérie a grandi jusqu'à désigner enfin un pays plus grand d'un tiers que l'Europe.

La Sibérie, augmentée par l'annexion récente des steppes kirghises, de l'Amour, du littoral de la mer japonaise, du Turkestan, de la Dzoungarie, a 1,500 à 1,550 millions d'hectares et 5 millions 1/2 à 6 millions d'habitants. Elle embrasse un demi-cirque de plaines ouvertes au nord sur l'océan Glacial, fermées à l'ouest, à l'est, au sud par des montagnes. Cet océan Glacial, mille fois digne de son nom, cache ses eaux verdâtres sous des glaces flottantes et sous des champs de glace fixe d'une colossale étendue. Les banquises mêmes de l'Amérique polaire boréale tiennent moins d'espace, elles dont les explorateurs hasardés vers l'extrême Nord sur des traîneaux attelés de chiens ont maintes fois sondé du regard pendant des semaines l'immuable et décourageant recul d'horizon.

Les Russes, dont la patrie forme une masse compacte presque uniformément située dans le climat glacial ou climat froid, ne font pas de distinction entre leur territoire européen et la Sibérie. Pour eux tout cela est la Russie. Ainsi le gouvernement de Perm, ville d'Europe, franchit l'Oural pour englober le cours supérieur de rivières appartenant au bassin asiatique de l'Obi. L'Oural va des plaines polaires où errent les nains Samoyèdes aux steppes où les Kirghises changent en été selon le temps, la nécessité, le caprice, l'emplacement de leurs tentes de feutre. De ses derniers renflements méridionaux aux flots du lac Caspien et aux monts de l'Asie centrale, il n'y a point de montagnes, pas même de collines un peu élevées pour séparer les plates étendues de la Sibérie de celles du Touran. Le vide entre l'Oural et la mer Caspienne a été nommé par des historiens la *Grande Porte des Peuples* en souvenir des migrations qui de tout temps entrèrent par cette coupure en Europe.

L'Oural tire une grande importance de ses mines d'or, de cuivre, de fer, de platine. Il fut peut-être la patrie, en tout cas un lieu de campement des races finnoises qui peuplaient l'Europe orientale antérieurement à toute histoire.

L'Altaï, puis les monts de la Daourie, les Jablonoï et les Stanovoï forment les gradins méridionaux et orientaux du demi-cercle de plaines de l'Asie du Nord. Au sud des Jablonoï s'étend le bassin de l'Amour. L'Altaï, riche en mines comme l'Oural, patrie comme lui de races indigènes, source des puissantes rivières de la Sibérie, est l'asile de ses vallées les plus fertiles et les mieux abritées du Nord. On lui donne pour pics culminants le Mounkou-Sardyk (3,490 mèt., un peu plus que le maître sommet des Pyrénées) et le Bieloukha (3,350 mèt.). Dans la presqu'île du Kamtchatka s'élèvent des volcans magnifiques : le Klioutchewskaïa-Sopka (4,804 mèt.), cuirassé de neiges, a presque la hauteur du mont Blanc ; à côté de lui, flambent ou fument treize autres volcans qui se rattachent à deux traînées marines de hautes montagnes de feu : la traînée des **Kouriles** va, par une dizaine de cratères éveillés ou dormants, rejoindre les volcans japonais ; les trente et quelques volcans actifs de la traînée des **Aléoutiennes** sont comme les piles d'un pont prodigieux qui mènerait d'Asie en Amérique.

Vu la mer comparativement chaude qui les enveloppe, ces dernières îles connaissent peu la gelée, mais d'autant plus la brume et la pluie. Comme Alaska, promontoire qui les contemple d'Amérique, elles sont en proie à une espèce de déluge tamisé. Le blé n'y peut mûrir, les arbres y manquent presque entièrement. Les indigènes, parents des Esquimaux américains, ont fort diminué depuis la première apparition des pêcheurs russes, des négociants, des acheteurs de fourrures. De 10,000, ils sont descendus à 450 et font place insensiblement à des familles de métis. Ces îles, d'une étendue totale de près de 1,700,000 hectares, ont été vendues aux États-Unis, en même temps qu'Alaska.

Du pied des hautes montagnes du sud coulent vers la mer du Nord des fleuves grands parmi les plus grands, fleuves qui ne sont violents et rapides que dans le pays de leurs sources. Sortis de la montagne, ils promènent paisiblement leurs larges eaux entre des rives plates et des rideaux de forêts, puis ils coulent dans les *toundras* silencieuses. Les toundras sont des marais sans arbres, presque toujours gelés.

L'Obi a pour véritable tête l'Irtych, rivière relevant à la fois de l'Altaï par ses sources, de l'Oural par ses affluents et traversant le lac Dsaïsang. Par sa longueur, l'Irtych égale au moins le Danube. L'Obi proprement dit quitte la montagne à Barnaoul. En ce point, que 1,800 kilomètres en ligne droite séparent de l'embouchure, il n'est plus qu'à 115 mètres d'altitude. Qu'on juge du peu de pente des plaines de Sibérie! Son cours dépasse 4,000 kilomètres, la surface de son bassin 320 millions d'hectares. L'Obi tombe en mer presque vis-à-vis de la **Nouvelle-Zemble**, double grande île allongée, ayant une épine dorsale de montagnes, quelques lacs, des mousses, de petits bouleaux, des ours blancs, des rennes, des baies poissonneuses.

Comme l'Obi, l'Iéniséi impose son nom à une rivière plus puissante, la Selenga, formée sur le plateau de Mongolie et dont une branche baigne de ses eaux naissantes les ruines de Karakoroum, la capitale de Gengis-Khan. La Selenga, à l'altitude de 400 mètres, traverse le Baïkal, qui est le lac des Quatre-Cantons de l'Asie; seulement, au lieu de quelques milliers d'hectares, le Baïkal a l'étendue de huit départements français (5 millions d'hectares), 600 kilomètres de longueur, 60 à 100 de largeur, 1,248 mètres de profondeur. Cette nappe d'eau superbe, bleue, vive, se gonfle souvent et se démène en tempêtes comme la mer. Les montagnes qui en font le tour ont leurs têtes dans la neige éternelle. Le Baïkal se déverse par la belle Angara, qui arrose Irkoutsk. De la source de la Selenga à l'Océan, le cours du fleuve dépasse 5,000 kilomètres, son bassin renferme environ 288 millions d'hectares.

La Léna commence dans les montagnes du lac Baïkal, et se jette par un delta dans la mer Glaciale, presque en face des **îles Liakhow**, ou **Nouvelle-Sibérie**, archipel inhabitable, qui fut plein de vie dans une ère antéhistorique, comme le témoignent des fossiles sans nombre de mammouths, de buffles, de rhinocéros. La Léna, un peu moins longue que l'Obi et l'Iéniséi, égoutte plus de 200 millions d'hectares.

L'Amour est constitué par le Kérou-Loun ou Argoun, venu des steppes mongols, et la Chilka, alimentée par les montagnes métalliques et aurifères de Nertchinsk. Il coule dans une vallée déserte dont les sites sublimes n'ont pour admirateurs que les employés, les soldats, les colons très-rares encore qui suivent le cours des eaux sur les bateaux à vapeur russes. Après avoir reçu la Kamara, l'impétueuse Zéya, la Bouréïa, il rencontre le Soungari qui a recueilli les sources de la Mantchourie. Celui-ci vient de bien moins loin ; et il faudrait près de deux Soungari bout à bout pour faire une rivière aussi longue que l'Amour depuis la source du Kérou-Loun, mais il semble que le Soungari entraîne plus d'eau. Ainsi qu'en aval de tous les confluents de rivières diversement colorées, on distingue ici parfaitement les deux rivaux dans le lit commun. Or l'Amour, arrivé rapide et clair, laisse les trois quarts du canal au tranquille Soungari dont les eaux sont d'un verdâtre fangeux. Devenu l'un des plus grands fleuves du monde, l'Amour s'agrandit encore par l'accession de l'Oussouri, tourne vers le nord et va se perdre dans le détroit qui sépare le continent de la grande île de Saghalien. C'est un malheur pour ce fleuve et les belles terres de son cours moyen que cette dernière direction de sa vallée. S'il continuait à descendre vers le sud-est, comme du confluent de l'Argoun et de la Chilka à l'alliance avec le Soungari, il irait tomber dans une mer libre de glaces, au lieu de s'ouvrir sur des flots glacés pendant une partie de l'année. De l'origine du Kérou-Loun à l'embouchure de l'Amour, il y a 6,000 kilomètres, détours compris.

Dans les landes de Baraba, de l'Ichym, des Kirghises, et dans les cantons de la Mongolie devenus russes, les rivières, généralement faibles, même dans la haute montagne, par la sécheresse du climat, se versent dans d'innombrables lagunes et dans des lacs sans écoulement. De ces lacs, le plus grand est le Balkach (2,221,000 hectares), autant marais que lac sur une partie de son contour, et n'ayant nulle part plus de 20 à 25 mèt. de profondeur. Dans son bassin, comme dans toute cette partie de l'Asie, les chaleurs de l'été peuvent monter à 40 degrés à l'ombre, et le froid de l'hiver approcher de 40 degrés. C'est une oscillation de 80 degrés. Peu de climats sont aussi terribles. Les eaux claires du Balkach, salées et imbuvables, sont attristées par de mornes paysages, steppes nus, sables mouvants, delta de ruisseaux, champs de roseaux où le sanglier se vautre, où les moustiques bourdonnent. Le Balkach reçoit l'Ili, rivière importante dont la vallée est sur la route la plus directe entre l'Europe et la Chine centrale. L'Issyk-Koul, au pied des Thian-Chan, à 1,365 mèt. d'altitude, est un beau lac de montagnes.

La Sibérie est le pays le plus froid qu'il y ait. On y a constaté des températures de 60 degrés au-dessous de zéro. Le pôle du froid, dans l'ancien monde, serait aux environs du cap Taïmir. La pente du sol étant très-faible, l'altitude des districts du midi, plus élevés que ceux du nord, ne compense pas l'influence de la latitude, et le climat empire à mesure qu'on s'avance vers le rivage de la mer Glaciale. La température s'abaisse aussi dans la direction de l'est. Tout à fait au nord, aux bouches des fleuves, s'étendent d'épouvantables déserts de mousses et de glaces, les toundras. Le terre y est glacée à plusieurs centaines de pieds de profondeur, et le soleil des plus longs jours de l'été n'en dégèle que la surface. En vain, la mer qui borde les toundras est indentée de baies magnifiques, en vain les fleuves, venus de mille lieues, y sont si grands que le Rhône de France et le Rhin d'Allemagne ne sont auprès d'eux que de gros ruisseaux, la glace enchaîne l'eau et le sol. Elle règne, et avec elle règne la mort. Quelques bannis polonais et russes, quelques sauvages s'y défendent contre la nature.

Plus au midi, la plaine, toujours livrée aux âpretés du Nord, est pourtant moins froide en hiver, plus chaude en été. La culture n'y est pas impossible, des villes, des villages y prospèrent. Au sud enfin, dans le haut des fleuves, d'admirables vallées, qu'on appelle complaisamment « les *Italies sibériennes*, » n'attendent que des colons pour prospérer. A l'est, le **Kamtschatka**, malgré sa position insulaire et ses volcans, grelotte dans la neige, et comme lui le rivage de la mer d'Okhotsk. Au sud-est, les rives du moyen Amour valent presque les vallées de la Russie centrale. Ce n'est point le tigre très-robuste et très-sanguinaire des profondes forêts amouriennes qui empêchera les colons slaves de défricher la région médiane du fleuve, les bassins des grandes rivières nées dans les Jablonoï et les gorges des petits fleuves qui courent au littoral de la mer du Japon. Ce n'est pas non plus l'ours colossal que l'on voit grimper au sommet des poteaux télégraphiques plantés dans ces déserts, déçu par les susurrements de l'air qu'il prend pour des bourdonnements d'abeilles. Si la colonisation de ce pays d'avenir marche avec lenteur, la première cause est l'énorme éloignement des gouvernements russes assez peuplés pour entretenir une émigration vers des zones nouvelles. Tels paysans moscovites ont perdu trois années en route, de leur village d'Europe à leur futur séjour d'Asie.

La Sibérie ne produira de grandes richesses agricoles que lorsque les bassins du sud et le val de l'Amour seront peuplés. Jusqu'ici la chasse aux fourrures, l'Oural et l'Altaï par leurs mines, ont fait son travail et sa fortune.

Depuis la plus haute antiquité, la Sibérie est habitée par des peuplades finnoises, turques et mongoles, qui s'effacent tous les jours devant l'ascendant des Européens : colons russes ou allemands, descendants des Suédois pris à Poltawa, soldats russes et cosaques, bannis russes et polonais, ces derniers au nombre de 100,000 peut-être. De ces peuplades, les unes, nomades, chassent et pêchent, surtout dans le nord où le commande la misère du sol ; d'autres, dans le sud, où la terre est moins indigente, sont fixées à la glèbe. Les unes ont adopté le christianisme russe, les tribus turques professent l'islamisme, les mongoles, le bouddhisme. Enfin, vers le pôle, quelques milliers de sauvages ont pour religion le chamanisme ; cette foi consiste dans la terreur des mauvais esprits, que les prêtres apaisent par des sortiléges.

La maîtresse ville de Sibérie, **Irkoutsk**, n'a pas plus de 30,000 habitants. Elle se trouve à 409 mètres d'altitude, dans un climat dont la moyenne annuelle n'arrive pas tout à fait à zéro, sur l'Angara, dont les larges eaux sortent pures du lac Baïkal. Irkoutsk est trois fois plus près de Pékin que de Saint-Pétersbourg. **Ékatérinembourg** (22,000 hab.), sur la grande route de Russie en Chine, est une ville de mines importante. **Tomsk** (21,000 hab.) occupe la rive d'un affluent de l'Obi. **Tobolsk**, au confluent de l'Irtych et du Tobol, l'ancienne capitale de la Sibérie, la première ville fondée en Asie par les Moscovites, héberge de 15 à 20,000 habitants.

La région de l'Amour et le littoral de la mer japonaise n'ont encore que des embryons de villes. C'est à peine si les terres commencent à s'y ouvrir par la charrue, et les forêts des collines à s'amoindrir sous la hache des colons russes, cosaques, allemands, finlandais, paysans des provinces Baltiques. Sur le littoral opposé au Japon, à l'embouchure du Sin-Fui, **Vladi-Vostok** (maître de l'Orient) devient un puissant port de guerre. La mer n'y reste pas gelée pendant plusieurs mois tous les ans, comme dans les établissements que la Russie a créés plus au nord. **Nicolaiewsk** occupe le bord du bas Amour.

Saghalien, appelée aussi **Tarakaï**, n'a pas moins de sept à huit millions d'hectares, le septième ou le huitième de la France. Elle appartenait en commun, il y a quelques années à peine, à la Chine et au Japon. Aujourd'hui, elle fait partie de l'empire des czars. Des forêts d'arbres à feuilles persistantes couvrent la chaîne qui séparent l'île en deux versants. Sur la mer japonaise, le versant occidental, le plus tempéré des deux, porte des bois de bambous, tandis qu'il fait très-froid sur le rivage oriental plongeant dans la rude mer d'Okhotsh : de ce côté pèsent souvent, de la rive à la montagne, des brouillards glacés et tenaces. Outre ses pêcheurs sauvages, ses Aïnos velus, il n'y a pas 5,000 habitants dans l'île, presque tous militaires. Saghalien a été désignée comme lieu de déportation pour les condamnés politiques de la Russie.

TURKESTAN RUSSE.

Au sud de leurs steppes, les Moscovites viennent d'annexer à l'empire, sous le nom de province du Turkestan, une partie notable du bassin du fleuve Sir ou Sihoun, l'ancien Jaxarte, frère jumeau de l'Amour ou Djihoun, jadis Oxus. Ces deux fleuves considérables descendent des revers de l'Asie centrale. Tous deux, à l'issue de vallées grandioses, entrent dans les tristes plaines du Touran dont le vent fouette les sables salés, les rougeâtres argiles, les armoises, les ternes euphorbes, les salicornes couleur de sang. Il siffle aussi dans les joncs et les roseaux des immenses lagunes à moustiques, quand des escadrons de sauterelles n'ont pas dévoré la flexible forêt jusqu'à la vase d'où sortent ses tiges. L'été du Touran est torride, son hiver très-froid, l'air d'une sécheresse exceptionnelle, et le sol n'est fertile que par les canaux des rivières. Partout ailleurs, c'est le désert. Appauvri par les saignées, les infiltrations et l'évaporation, encombré par des bancs de sable, le Sir, qui a commencé, sous le nom de Naryn, dans un glacier de 21 kilomètres de longueur, le glacier Pétrow, finit dans la mer d'Aral. L'Aral couvre 6,200,000 hectares. Ce lac, à l'eau peu salée, est tout ce qui reste de l'ancienne mer qui s'agita sur les steppes touraniens.

Les steppes du Touran sont incroyablement nus. De la mer d'Aral au fleuve Oural, on ne rencontre qu'un arbre, un peuplier; or la distance est de 500 kilomètres. Les Turcomans, cavaliers émérites, assassins consommés, sont grandement fiers de cette aridité de leur patrie : « jamais, disent-ils, nous n'avons reposé à l'ombre d'un arbre ou à l'ombre d'un roi. » Il n'y a donc point dans le Touran de forêts pour abriter les bêtes fauves ; les ennemis de l'homme s'y réfugient dans les fourrés de roseaux du bas Sir et du bas Amou ; le loup y rôde ; le sanglier s'y vautre ; le tigre y guette, chasseur terrible et bien armé qui ne vit pas seulement, comme on le croit, dans les chaudes forêts du Tropique. La mer d'Aral diminue. Un dos de terrain affreusement stérile, l'Oust-Ourt, la sépare de la mer Caspienne, qui elle aussi s'amoindrit.

Le Turkestan russe a 80 à 100 millions d'hectares. A côté des 60,000 Russes déjà installés dans le pays, on compte plus d'un million de Kirghises, 123,000 Sartes, 71,000 Tadjiks ou Persans, 51,000 Usbeks, nationalité turque. Moins les Européens, tout ce monde obéit aux dogmes musulmans. Les Kirghises, qu'il conviendrait d'appeler de leur vrai nom Kazaks, mènent la vie nomade ; les autres peuples habitent dans des villes de boue.

Il y a 65,000 âmes à **Tachkend**, capitale du Turkestan russe. La population y est des plus mêlées : il s'y trouve des Sartes, des Tatars Nogaïs, des Kirghises, des Usbeks, des Kachgariens venus du haut Turkestan, des Persans amenés comme esclaves par les Turcomans coupeurs de route, puis enrichis par le commerce des Russes, des Juifs, des Indous, des Afghans. Tachkend porte sur un sol remué par les tremblements de terre ; elle se tient près des montagnes, sur un affluent du Sir.

Au bord de l'aurifère Zérafchan, l'ancien Sogd, dans une vallée délicieuse, **Samarcande**, cité déchue, commanda à l'empire de Tamerlan, qui eut quelque temps pour capitale Chehr-i-Sebz, la patrie de cet exterminateur boiteux. On a reproché à la race turque de n'avoir produit que des ravageurs. Nul ne peut la défendre de ce reproche, et pourtant il y a peu de nations plus cordiales et plus débonnaires que les Turcs. Leurs chefs ont abusé de leur bravoure, de leur résignation et de leur fanatisme musulman. De son éclat passé, il reste à Samarcande des mosquées, une école célèbre, 20,000 âmes, et une banlieue verdoyante le long des dérivations du Zérafchan.

DZOUNGARIE.

La Russie vient d'englober la Dzoungarie, qui relevait, il y a quelques mois, de la Chine, sous le nom de Thian-chan-Pé-Lou. Ces quatre syllabes chinoises veulent dire le pays au nord des monts Célestes. Cette contrée n'appartenait au grand Empire d'Asie que depuis une centaine d'années.

L'Altaï ferme la Dzoungarie au nord; au midi, ce sont les monts Célestes. Beaucoup de lacs, des *noor* comme les appellent les Mongols, accidentent cette froide région. La plus grande rivière, l'Ili, gagne le lac Balkach.

Les conquérants chinois du siècle dernier détruisirent presque tous les anciens habitants, les Dzoungares ou Kalmouks, branche des nomades Mongols. On dit qu'ils égorgèrent un million d'hommes. Le pays se repeupla, peu à peu, d'éléments disparates : Turcs, Kirghises, Mantchoux, Chinois, etc. Ces derniers, déportés, soldats, colons ou fils de colons, ont été massacrés presque tous dans la révolte qui vient d'enlever le Thian-Chan-Pé-Lou à l'empereur de Pékin. La ville principale, **Ili** ou **Kouldja,** est située sur l'Ili.

TRANSCAUCASIE RUSSE.

On nomme Transcaucasie l'ensemble des pays conquis par les Russes au delà du Caucase ou cédés au czar par la Perse et la Turquie. Sur une étendue de 21 à 22 millions d'hectares, on y compte une population d'un peu plus de 4 millions d'habitants.

De célèbres voyageurs anglais, grands connaisseurs de montagnes, — ils ont gravi tous les pics sublimes ou dangereux des

Alpes, — viennent de faire une longue exploration du Caucase. Ils ne savent s'ils le préfèrent ou non aux Alpes. Celles-ci triomphent de la beauté de leurs lacs, le Caucase n'a pas de lacs; elles ont plus de frimats, beaucoup plus d'eau, plus de grands glaciers, de névés, de hautes cascades; elles sont plus étendues, plus diverses, plus charmantes, et pour ainsi dire plus jeunes. Le Caucase est plus sévère, plus grandiose; ses monts ont plus de roideur, plus d'élévation et des formes plus nobles, ses gorges plus de profondeur. Beaucoup de ses vallées perdent toute grâce par leur affreuse nudité, mais celles qui n'ont pas été dépouillées étalent une végétation supérieure à celle des Alpes en puissance et en variété. L'Elbrouz a 5,646 mèt.; le Kochtantau, 5,210 mèt.; le Dychtau, 5,100; le Tau-Tœtœnal, 4,875; le Basardchousi, 4,487; l'Ouchba, terminée par deux pics superbes, brille d'une beauté indescriptible.

L'Elbrouz et le Kasbek sont manifestement deux anciens volcans. Il n'y a plus de cratères fumants dans la chaîne, mais des sources chaudes abondantes, les puits de naphte et de bitume, les volcans de boue, et les fusées de flamme de la presqu'île d'Apchéron (mer Caspienne), prouvent que les fournaises intérieures ne sont pas éteintes.

Au sud du Caucase, des chaînes, qu'on a fort bien appelées l'Anticaucase, vont se nouer aux mailles montagneuses de l'Arménie, et par elle aux monts de la Perse et de l'Asie Mineure. Le *Grand Ararat* (5,219 mètres) trône sur les frontières de l'Arménie russe, de la Turquie d'Asie et de la Perse. L'Arche de Noë n'y a sûrement pas abordé, comme les Arméniens le proclament avec orgueil, mais l'Ararat n'a pas besoin de souvenirs pour être magnifique. Peu de montagnes dominent avec une pareille majesté. Le petit Ararat, son voisin, ne s'élève qu'à 3,900 mètres.

De l'Anticaucase et du Caucase découlent à milliers les veines qui forment la Kour, rivière violente. Du plateau d'Arménie descend l'Araxe, torrent rapide à la vallée rude, nue, morne; il se verse dans la Kour au milieu des landes de Mougan qui fourmillent de serpents dangereux. Autrefois il eut son embouchure à lui dans la mer, jusqu'au moment où la masse des eaux suivit des canaux d'irrigation tirés de son sein dans le voisinage et dans la direction de la Kour. La Kour est un affluent de la mer Caspienne.

Le climat de la Transcaucasie et de l'Arménie russe varie à chaque pas selon l'altitude et l'exposition des lieux habités. Tiflis, à 428 mètres au-dessus des mers, a la moyenne annuelle de Rome ou de Valence, mais les chaleurs y sont plus fortes, les froids plus durs.

Il y a dans le Caucase plus de 150 pics dépassant 3,000 mètres. Si Pline disait vrai, on y comptait de son temps presque autant de tribus et de sous-tribus, de langues et de dialectes. Il raconte qu'à Dioscurias, ville de la Colchide (Géorgie actuelle), il fallait 130 interprètes pour se tirer d'affaire. Encore aujourd'hui le Caucase est une des stations ethnographiques les plus curieuses du globe. C'est bien à tort qu'on a donné à la race blanche le nom de race Caucasique, puisque les types les plus divers se rencontrent sur les deux versants de la chaîne. Dès l'ère demi-fabuleuse, au temps de Prométhée enchaîné près de la mer Noire, des peuples nombreux semblaient s'y être donné rendez-vous, et, depuis, ces peuples, du sommet de leurs rochers, ont vu les vagues humaines qui ont changé la face de l'Europe et de l'Asie, passer et repasser dans les steppes du nord sans noyer leurs nationalités, trop hautes pour être atteintes. Ces migrations, qui ne détruisirent aucune des tribus du Caucase, y augmentèrent l'anarchie des races. Parmi tant de peuplades qui longèrent ces monts, plusieurs tentèrent de les franchir malgré l'aspérité des sentiers perdus sur l'abîme, malgré les cols encombrés de neige, malgré les 300 tours et le rempart de terre élevés par Justinien de Derbend à Apchéron (225 kilomètres), et détruits par les Mongols au douzième siècle. Tous ces envahisseurs furent attaqués par les montagnards, mais jamais si bien exterminés qu'il n'en restât quelques débris, sources de nouvelles tribus ou ferments qui purent modifier les anciennes.

Depuis que les Russes ont soumis le Caucase, après une guerre des deux côtés héroïque et tenace, le vide se fait dans la montagne. Ce que tant de siècles avaient laissé immuable aura changé dans quelques années. En haine des Moscovites chrétiens, quelques-unes des peuplades musulmanes vaincues émigrent en masse sur les terres du Grand Seigneur et sont remplacées par des *stanitza*, villages russes ou cosaques. Aujourd'hui 925,000 Slaves occupent, sur les deux versants, des territoires jadis ennemis. Au Caucase aussi l'uniformité prévaudra, comme dans le reste de l'empire russe. Deux cent mille Circassiens au moins ont fui vers l'Asie Mineure et la Turquie d'Europe ; les deux tiers sont morts de fatigue, de nostalgie, d'épidémies, de fièvres; d'autres ont repris la route des sommets paternels. Ces Circassiens passent pour le plus beau peuple de la race blanche, et leurs femmes sont la parure des harems de l'Orient.

C'est le versant européen du Caucase qui héberge le plus de nationalités. Sur le versant asiatique, la prépondérance est aux 852,000 Géorgiens, chrétiens de religion grecque, qui se nomment eux-mêmes Iron et parlent une langue originale. Ils partagent le renom de beauté des Circassiens, et leurs filles ornent aussi les sérails de Turquie et d'Orient.

Sur la Kour, qui bruit dans les rochers, **Tiflis** (72,000 hab.), ancienne capitale de la Géorgie et chef-lieu de la Transcaucasie, s'appelle de son nom indigène Mtkwari ; les palais et les belles maisons y cèdent le pas aux *saklis*, huttes en terre à demi enfouies dans le sol. On parle, dit-on, 70 langues dans cette ville peuplée de Géorgiens, de Tatars, d'Arméniens, de Turcs, de Persans, de Juifs, de Russes, de Français et d'Allemands.

Au sud des Géorgiens, 562,000 Arméniens habitent le bassin de l'Araxe, ensemble de plateaux froids, de vallées sévères, de montagnes dépouillées si hautes que beaucoup portent des neiges éternelles. Les Arméniens parlent une langue à part, ils sont chrétiens. Comme trafiquants déliés et tenaces, ils tiennent tête aux Juifs et aux Grecs, et on les retrouve en nombre dans toutes les villes de commerce de l'Orient et de l'Europe.

Érivan (15,000 hab.), principale cité de l'Arménie russe, gèle pendant de longs mois, à 1,075 mètres d'altitude, entre l'Araxe et les hauteurs qui enserrent le morne lac de Gogtcha, dont les eaux d'un beau bleu dorment à 1,500 mètres au-dessus de la mer. Plusieurs colonies russes entourent déjà ce lac ; la jeune Russie rappelle Rome par la persistance et la sûreté de ses envahissements. Amas de ruelles ignobles, sur un plateau sans arbres où les vents sont rudes, Érivan a le spectacle magique des deux pyramides du Grand et du Petit Ararat. Elle souffre des deux extrêmes de son climat. On y a vu un froid de — 32 degrés, une chaleur, à l'ombre, de près de 44.

TURQUIE D'ASIE OU ASIE MINEURE.

Le nom de Turquie d'Asie n'a qu'une valeur politique, c'est à dire passagère. *Asie Mineure* est préférable. Le nom d'*Asie*, borné d'abord à la Lydie, s'étendit dans la suite aux pays voisins, puis à tout le continent. On fut alors obligé de créer l'expression d'Asie Mineure, par opposition à la grande masse de toute la partie du monde.

Dans les premiers siècles de notre ère on eût pu appeler aussi bien cette contrée l'*Asie Grecque*. Sous la domination romaine les Hellènes avaient fini par couvrir de leurs colonies ou par influencer de leur langue des pays auparavant sémitiques : la Syrie, la Judée, dont les nouveaux livres sacrés furent écrits en grec, la plus grande partie du bassin de l'Euphrate. Ils avaient même poussé leur invasion jusqu'à la Bactriane, où un roi grec « embellit mille cités » dans un royaume fondé par des vétérans d'Alexandre.

L'Asie Mineure, du côté de l'est, fait front à la Transcaucasie et à la Perse. Au midi se perdent d'horizon en horizon les sables et les pierres du désert syro-arabique. Au nord s'espacent les flots des Dardanelles, de la mer de Marmara, du Bosphore et de la *Kara-Deniz* des Turcs, la mer Noire. A l'ouest, la Méditerranée et l'Archipel frangent des baies protégées par un chapelet d'îles, qui furent des républiques puissantes et policées au temps où la civilisation du monde était concentrée entre l'Euphrate et Tarente. Dans ces limites, l'Asie Mineure occupe 124 millions d'hectares, plus du double de la France, avec 15 millions et demi d'habitants, soit 12 à 13 par kilomètre carré (en France, 70).

Géographiquement, l'Asie Mineure comprend trois régions : le Plateau, l'Euphrate et la Syrie.

Le Plateau de l'Asie Mineure se noue à celui de l'Arménie. Tous deux forment une seule et même région élevée et froide. Une ligne menée du fond du golfe d'Alexandrette au lac Ouroumia bornerait presque constamment ces hautes terres du côté du sud.

Le géant des monts d'Arménie, le Grand-Ararat (5,219 mètres), est planté comme une immense borne volcanique à la triple frontière de la Russie, de la Perse et de la Turquie d'Asie. A sa base s'attachent les premières des montagnes qui vont s'épanouir au loin dans le réseau de l'Iran et dans les chaînes de l'Asie Mineure. Des pics trapus, arides et gris ; des croupes uniformes, des versants connus des ours quand ils ne sont pas absolument déshabillés des vastes forêts d'autrefois ; rarement de gais vallons ; des plaines âpres de 1,500 à 2,000 mètres d'altitude fouettées par des vents glacés ; des ruisseaux froids et pellucides aux bords sans ombrage ; un hiver terrible, un été brûlant : telle est l'Arménie Turque. Vers les sources de l'Euphrate, il y a quelques montagnes de plus de 3,000 mètres. Le Palandœken, au midi d'Erzeroum, monte à 3,145 mètres. Le Bingel-Dagh (mont des Mille-Lacs), réservoir de l'Araxe, aurait, suivant les évaluations, de 3,120 à 3,750 mètres : les Arméniens y placent le site du paradis terrestre.

Dans l'Asie Mineure propre, les chaînes dont l'entrelacement divise le plateau en hautes plaines indépendantes avaient reçu des anciens les noms de Taurus et d'Antitaurus, que rien n'empêche de leur conserver. On aurait ainsi dans ce coin de l'Asie le Liban et l'Antiliban, le Caucase et l'Anticaucase, le Taurus et l'Antitaurus. Le pic culminant du Taurus paraît être l'Edchich, ou Arghi-Dagh (*dagh* veut dire en turc mont, chaîne). C'est l'Argée des Grecs. Il domine le plateau de Kaïsarieh ; sa hauteur est de 3,841 mètres. Les neiges éternelles du sommet ne sont plus illuminées par des jets de flamme et des vagues rouges de laves en fusion, car l'Argée est un volcan éteint, de même que l'Hassan-Dagh, qui a 1,000 mètres de moins. Le Metdesis atteint 3,573 mètres. Beaucoup de ces montagnes perdent de leur majesté et, en apparence, de leur hauteur réelle par l'élévation considérable de leur piédestal de plateaux : ainsi à la base de l'Argée, la plaine de Kaïsarieh, l'ancienne Césarée, qui compta, dit-on, 400,000 habitants, a près de 1,100 mètres d'altitude ; celle d'Erzeroum, 1,800 à 2,000 mètres. L'élévation des plateaux de l'Asie Mineure oscille généralement entre 900 et 1,500 mètres.

Les chaînons du Taurus ont quelques versants boisés, frais et verts, patrimoines de la panthère ; le tigre s'y rencontre quelquefois, le lion très-rarement. Les hautes plaines, fermées à la pluie sans laquelle toute vie avorte, se déroulent en steppes altérés où la végétation languit, s'engourdit sous les froids et se grille aux chaleurs. De ces plaines, les unes sont traversées par des rivières sinueuses, violentes et sans profondeur, qui vont tomber par d'étroites vallées dans la mer Noire, la Méditerranée ou l'Euphrate ; les autres, insalubres par impaludation, versent leurs filets d'eau dans des lacs sans écoulement, la plupart saumâtres. La plus vaste nappe d'eau de l'Asie Mineure est la lagune très-salée de Touz-Gueul (320,000 hectares ; altitude 950 mètres). En Arménie, le lac Van, le Tosp des Arméniens, couvre 375,000 hectares, à 1,625 mètres d'altitude, dans un encaissement de montagnes dont toute la neige ne fond pas en été. Ses eaux saumâtres n'ont pas d'écoulement. On a prétendu que par des canaux cachés elles vont fournir des flots aux sources abondantes du Tigre.

A Erzeroum (moyenne annuelle 6°44), il gèle quelquefois en juin. Les plateaux qui bombent le sol entre la mer Noire et la Méditerranée ont à se plaindre d'aigres hivers, et les hameaux s'y composent le plus souvent de maisons dont le sommet seul apparaît ; la demeure presque entière est enfouie dans la terre : de la sorte elle se défend contre les étés brûlants et les mois glacés. Le rivage méditerranéen est depuis longtemps célèbre par la douceur de sa température ; Smyrne (moyenne annuelle

18°), type de ce beau climat, voit pourtant quelquefois des neiges dans ses jardins de roses. Le littoral du Pont-Euxin, humide et verdoyant, brille en certains vallons par une magnifique exubérance ; là fleurissent les vergers appelés par les Turcs *ayatch deniz* ou mers d'arbres ; la moyenne annuelle de Trébizonde approche de 15°. De l'Asie Mineure l'Europe a tiré plusieurs de ses arbres à fruit.

L'Asie Mineure, d'où le génie hellénique partit pour conquérir en définitive le monde, de siècle en siècle, et d'étape en étape, était jadis peuplée de Grecs sur tous ses rivages et dans une partie de l'intérieur. Le reste abritait dans ses gorges des Thraces, des Gaulois, des tribus mi-sauvages qui s'hellénisaient tous les jours. Elle est aujourd'hui partagée surtout entre les descendants de ces mêmes Grecs et les Turcs, nation numériquement et politiquement prépondérante. Dans l'Arménie, la majorité des habitants de plusieurs districts est arménienne.

Les Turcs ou Osmanlis vivent au nombre de dix à onze millions sur les hautes plaines intérieures. C'est un peuple musulman, lourd, mais laborieux, consciencieux, honnête. Malgré leurs qualités solides et leur tempérament rustique, ils diminuent sans cesse par l'effet de la maladministration ; ils sont accablés d'impôts, pressurés par les fonctionnaires et supportent seuls le poids de la conscription.

Les Turcomans, tribus mahométanes d'origine turque, rôdent sur les plateaux que les Osmanlis cultivent.

Les Grecs, environ un million, se trouvent dans les îles et sur les côtes, comme partout très-intelligents, vifs, brillants, retors, commerçants habiles. Presque tous appartiennent à la religion grecque.

Les Arméniens, hommes très-bruns, de taille moyenne, au nombre de près de trois millions et demi dans l'empire, sont des trafiquants aussi consommés que les Grecs. Ils s'appellent *Haïkanes* dans leur langue antique, rude et gutturale. On ne saurait exagérer leur ressemblance intime avec les Juifs. Ainsi qu'eux ils ont perdu leur nationalité, mais comme eux ils se cramponnent à ce qui la rappelle ; mieux que les Israélites leur hébreu, ils ont conservé l'idiome aryen de leurs ancêtres :

c'est parce qu'ils n'ont pas été chassés de leur patrie ; seulement, à partir du xe siècle, ils ont pris l'habitude de l'émigration ; rien qu'en 1829, 160,000 Haïkanes, dit-on, quittèrent leurs demeures paternelles pour aller s'établir en Russie. Les Arméniens sont dispersés dans l'Asie Mineure, à Constantinople, dans la Turquie, la Hongrie, la Pologne, la Russie méridionale, la Perse, la Tartarie, la Chine même. Partout ils se distinguent par leur fidélité à leur secte chrétienne dont le patriarche réside à Etchmiadzin, près d'Erivan, tandis que le lien commun scientifique, intellectuel et littéraire de la race, est le couvent de l'île St-Lazare, près Venise. Au milieu des Musulmans aussi bien que des Catholiques et des Grecs, ils restent attachés à la lettre de leurs traditions. Semblables aux descendants de Jacob, ils sont volontiers banquiers, marchands, brocanteurs, et ils n'aiment point la guerre. Il y a chez eux un grand penchant vers la vie de famille.

Dans les montagnes où se forme le Tigre, et qu'on réunit sous le nom d'Alpes du Kourdistan, les Kourdes, race énergique de bergers, de laboureurs, de bandits, pratiquent un islamisme sunnite grossier. Partagés entre la Turquie et la Perse, ils obéissent aussi mal à l'une qu'à l'autre. Ils usent d'un dialecte persan mêlé d'arabe et de syriaque. Ces deux derniers éléments, venus après coup, ne touchent point au fond de l'idiome kourde, qui est une langue aryane au même titre que les Kourdes sont un peuple arya, frère par l'origine des Persans et cousin des Blancs d'Europe. Les Kourdes obéissent à la loi fatale qui pèse sur les montagnards et fait leur puissance dans le monde. Il y a moins de fertilité sur les Alpes du Kourdistan que dans les plaines épandues à leur base ; d'autre part, les familles monticoles sont fécondes : aussi les Kourdes descendent-ils en bandes d'émigrants et vont-ils se fixer sur les plateaux de la Perse et de l'Anatolie, dans le Taurus, dans la Mésopotamie septentrionale, dans la Syrie du nord, sur le cours moyen du Kizil-Irmak, principal fleuve envoyé par l'Asie Mineure à la mer Noire. Dans leurs patries nouvelles ils restent longtemps pâtres nomades sous des tentes en poil de chèvre ; ils élèvent des chevaux et des bœufs, et pillent au loin les villages, les marchands, les caravanes. Peu à peu ils se fixent, ne gardent la tente dans le voisinage de leurs maisons que pour s'y réfugier temporairement contre les ardeurs de l'été ; ils cultivent, conservent leur langue et deviennent un élément très-important de la population.

L'Asie Mineure propre, divisée par ses maîtres en Anatolie, Caramanie et Arménie, a pour ville principale Smyrne (150,000 hab.), en turc Ismir. Smyrne, sur un golfe de la Méditerranée encadré de montagnes forestières, est la première place de commerce de la Turquie d'Asie, le centre des relations de l'Europe avec le Levant. Les Francs — c'est le nom des Européens en Orient — y augmentent insensiblement en nombre; souvent il leur faut fuir la peste, fréquente dans cette ville sale et chauffée par un soleil violent. Au sud de ce port, la côte se découpe en golfes profonds où régnèrent Éphèse, élégante et corrompue, et Milet, métropole de 80 à 100 colonies grecques.

On donne 100,000 habitants à **Brousse**, ville industrielle bâtie dans une admirable contrée, au pied de l'Olympe d'Asie, haut de près de 2,000 mètres et ruisselant de sources vives. L'Olympe de Brousse reçut le panthéon grec avant l'Olympe de Thessalie. Le premier séjour que la race aryane attribua à ses dieux fut sans doute l'un des grands pics de l'Asie centrale. Dans leur migration vers l'ouest, les Hellènes transportèrent la demeure céleste sur la montagne qui leur parut la plus belle, l'Olympe, massif régulier, monumental, couvert de forêts, avec des neiges au front, et à ses pieds le rivage d'une mer charmante. Brousse était la capitale de l'empire ottoman avant la prise de Constantinople. Elle se relève du tremblement de terre qui l'a jetée à bas en 1854.

Scutari renferme bien une centaine de mille âmes avec sa banlieue, mais, bien que séparée, par le Bosphore, de l'Europe et de Constantinople, elle n'est en réalité qu'un des faubourgs de Stamboul, sa ville des morts, car les Osmanlis se font de préférence enterrer aux pieds des cyprès de son immense cimetière. A l'autre extrémité de la mer de Marmara, vis-à-vis de l'île de Ténédos, la montagne qui s'appela l'Ida, le Kas-Dagh (1,750 mèt.), regarde les champs où fut Troie.

Nombre de cités se donnent une cinquantaine de milliers

d'habitants. Sur la mer Noire, **Trébizonde** est un port actif. — Sur les plateaux de l'intérieur, **Tokat** exploite des mines de cuivre. — **Sivas** borde le Kizil-Irmak (fleuve Rouge), l'antique Halys : en suivant les méandres de ce cours d'eau de la source à l'embouchure, on quadruple et au delà la longueur de la ligne droite. — **Angora** est célèbre par ses chèvres, ses chats, ses chiens, ses lapins à longs poils. Les montagnes circonvoisines furent la seconde patrie d'un peuple issu de notre sol gaulois, les Galates, qui plus tard s'adjoignirent des éléments grecs. Ces cousins d'Asie n'ont laissé d'eux rien de bien visible. — **Koutaia** commande à l'Anatolie. — **Konieh**, jadis Iconium, occupe le bord d'un torrent, dans un bassin fermé, sur le plateau de l'Haïmaneh. — **Afioum-Kara-Hissar**, sur ce même plateau plante le pavot et vend l'opium. — **Erzeroum**, le Garem des Arméniens, s'étend sur l'Euphrate naissant, dans une plaine trop froide pour les arbres fruitiers.

Des îles habitées surtout par des Grecs, marins actifs, accompagnent la côte de l'Asie Mineure. Tantôt elles continuent des presqu'îles, tantôt elles regardent des golfes. Du nord au sud, les principales sont Métélin, Scio, Samo, Rhodes et Chypre, moins gracieuses aujourd'hui que lorsqu'elles donnaient au monde charmé des poëtes, des artistes, des savants, des littérateurs hellènes.

Métélin (160,000 hectares, 40 à 50,000 hab.) commande au nord le golfe de Smyrne, vis-à-vis du rivage où florissaient Phocée, fondatrice de Marseille, et, plus loin dans les terres, Pergame, jadis l'un des centres de la civilisation et de l'élégance grecques. Métélin, montagneuse et boisée, fut célèbre sous le nom de Lesbos par sa poésie, ses voluptés, ses beaux-arts. L'Olympe de Lesbos s'élève à 1,000 mètres.

Chio ou **Scio**, jadis Chios, a 100,000 hectares, 50,000 habitants. Sur ses monts dépouillés (Saint-Élie, plus de 1,300 mèt.) croît un raisin muscat donnant un vin parfait. Les Sciotes ont beaucoup travaillé à l'indépendance de la Grèce, et, de nos jours, à sa prospérité. A eux peut-être la palme de l'intelligence parmi les Grecs modernes. Ils ont le don du commerce. « Il faut, dit-on dans ces parages, deux Juifs pour faire un Grec, deux Grecs pour faire un Sciote. » Partout où ils sont mêlés à d'autres Hellènes, en Turquie, en Asie, à Smyrne, ils prennent le haut bout. Scio, riche et très-commerçante, entretient toute une flotte de caboteurs ayant un faible pour la piraterie.

Samo, autrefois Samos, arrive à 50,000 hectares, avec autant d'habitants. Le Kerki (1,600 mèt.) atteint une région de l'air où les neiges persistent longtemps. Un bras de mer sépare Samo des ruines d'Éphèse.

Rhodes (115,000 hectares, 30,000 hab.) mettra longtemps à se relever des tremblements de terre de 1851, 1856, 1863, mais elle s'en relèvera; ses montagnes sont fertiles, son climat doux, riant et salubre, sa situation à distance égale de Constantinople et d'Alexandrie extrêmement avantageuse. Rhodes resplendit chez les anciens par son commerce, par sa puissance, et pendant quelques olympiades par sa prépondérance sur mer. Au moyen âge, elle s'illustra par les combats de ses chevaliers de Saint-Jean de Jérusalem contre les Turcs, alors tout puissants. La résistance, acharnée comme l'attaque, dura 112 ans, jusqu'en 1522. La décadence de Rhodes date de cette dernière année. L'Atayaro, pointe culminante, dépasse un peu 1,300 mètres.

Chypre, plus vaste que toutes les autres îles réunies, réclame presque un million d'hectares, mais en cultive à peine 200,000. Sous un soleil qui est le soleil de l'Algérie croissent sans peine les plantes propres au pourtour de la Méditerranée, le caroubier qui s'y étale dans toute sa force et produit un fruit comestible, le cotonnier, la garance; la vigne s'y glorifie d'un cru fameux, le vin de la Commanderie. Malheureusement l'île craint les sauterelles; elle a de longues saisons sans pluies, beaucoup de terre hors de la portée des irrigations, et peu de bois: il n'y a maintenant de vrais massifs que sur les têtes couvertes de pins de l'Olympe, chaîne de 2,000 mètres d'altitude gardant jusqu'en été les neiges de l'hiver et dominant le littoral méridional de Chypre, le bon port de Larnaca, et les ruines de la puissance vénitienne à Famagouste. Au-dessus du rivage septentrional monte la chaîne moins élevée de Cérines, qui se ramifie en promontoires (les caps allongés de Chypre lui méritèrent le surnom d'*île aux Cornes*).

Sur cette côte, et sur toute l'enceinte de flots de l'île on pêche en grand l'éponge. Chypre donna son nom au cuivre et au cyprès. Elle fut chez les vieux Grecs l'île de Vénus, célèbre par ses temples de Paphos, d'Idalie, d'Amathonte, par ses fêtes, ses mœurs polies, sa corruption, son printemps perpétuel, son vin : « le vin de Chypre a créé tous les Dieux, » dit le refrain de Béranger. C'était l'île fortunée de l'Orient ; des villes élégantes et joyeuses s'y cachaient du soleil dans les bosquets de cyprès d'un rivage maintenant aride et dans des vallons qui ont perdu la source, l'ombre et le zéphir. Il y avait alors, on le prétend, trois millions d'âmes dans Chypre. Aujourd'hui, sous les Turcs, après la domination des Romains, des Byzantins, des Français, des Templiers, des Vénitiens, cette île fiévreuse, au ciel brûlant, au sol dégradé, renferme au plus 200,000 habitants, les deux tiers Grecs, le reste Osmanlis. Le dixième de cette population, 20,000 hommes, généralement Turcs, vivent dans la capitale, **Nicosie**, assise dans la vallée centrale de Chypre, entre l'Olympe et les monts de Cérines.

L'Euphrate, à partir du point où il quitte le plateau de l'Asie Mineure, s'engage dans une grande plaine qui est en même temps celle du Tigre. Cette plaine et les vallées qui débouchent sur l'une et l'autre rivière forment une région qui eut son histoire, et qui a gardé sa physionomie, région limitée au nord par le Taurus, à l'est par les monts Neigeux des Grecs, les Alpes du Kourdistan, réservoir d'intarissables fontaines. A l'ouest, des arènes incandescentes bornent ses fertiles bas-fonds et vont mourir au pied du Liban. Au sud, elle confond ses marais et son delta avec le golfe Persique, et ses sables avec les sables d'Arabie.

Sur le penchant du mont Dumby, à 2,570 mèt. d'altitude, l'Euphrate coule d'une source fort célèbre dans les légendes arméniennes. Sous le nom turc de Karasou, eau noire, il serpente au sein du plateau d'Erzeroum, puis entreprend de percer le Taurus. Devenant alors torrent violent et très-étroit, il descend, par plusieurs centaines de rapides et de chutes basses, dans la plaine de Mésopotamie, l'El-Djezireh (île) des Arabes. Il s'y déroule d'abord sans obstacles, mais bientôt sa rive droite se borde de sables qui, poussés par les vents à l'encontre du fleuve, le forcent à s'éloigner de la Méditerranée et à tourner au sud-ouest. Vers Bagdad, les deux cours d'eau, sur le point de se confondre, s'écartent de nouveau pour enfermer l'antique Babylonie.

Dans la portion de son cours comprise entre la sortie de la montagne et la rencontre du Tigre, principalement dans la Babylonie, les rives de l'Euphrate charment par leurs sites, leurs bouquets de palmiers, leurs îles ombragées, leur éclairement lumineux ; elles impressionnent par les vieux souvenirs, les grandes ruines et les aqueducs assyriens dirigeant sur les champs l'eau puisée dans le fleuve par des roues à godets de cinquante mètres de circonférence. Des rapides violents, des maigres, des rochers embarrassent la navigation de l'Euphrate inférieur.

Le Tigre est très-rapide ; son nom serait, dit-on, un mot du vieux persan signifiant *flèche ;* on allait jusqu'à dire qu'il faisait autant de chemin en un jour qu'un bon marcheur en sept. Ses premières fontaines sourdent dans les montagnes du Kourdistan, à une altitude très-inférieure à celle de la naissance de l'Euphrate. Il coule sous terre, pendant 3 kilom., se tourne et se retourne au fond des gorges, puis entre en Mésopotamie. Les fortes rivières des Alpes kourdes lui donnent plus d'eau qu'en roule le fleuve rival. Celui-ci s'épuise par les saignées d'irrigation, par les canaux des anciens, négligés des Arabes et où l'eau s'endort en marais ; de jour en jour il devient plus faible parce qu'un bras nouveau s'en est détaché, qui, d'année en année plus considérable, fait boire une grande partie des eaux aux sables syro-arabiques. A la rencontre des deux fleuves, le limpide Euphrate n'a que 125 mètres de largeur ; le Tigre, jaune et plus profond, en a 200. En dépit de cette infériorité, l'Euphrate est plus important, parce qu'il s'approche jusqu'à 225 kilom. seulement de la Méditerranée et que la direction de sa vallée moyenne et inférieure en fait l'un des grands chemins entre l'Occident et l'Orient. L'Euphrate est un fleuve international, le Tigre une rivière de province.

Les deux rivières réunies — il fut un temps où chacune eut son embouchure à part — forment le Chat-el-Arab, qui se perd par un delta dans le golfe Persique. Le Chat-el-Arab reçoit les navires d'un assez fort tonnage et coule devant **Bassora,** ville de commerce de 60,000 habitants, en très-grande partie Arméniens. De la source de l'Euphrate à l'embouchure du Chat-el-Arab, le développement du cours approche de 2,500 kilomètres ; la surface du double bassin dépasse celle de la France de 12 millions d'hectares.

Le climat de la région euphratique est frais dans le haut bassin du Tigre et dans les vallons du Kourdistan, partout ailleurs brûlant. Au Kourdistan, les prairies, les ruisseaux et les forêts ; aux plaines basses, le palmier, le sable et des mirages rappelant l'Arabie ou l'Égypte. La Mésopotamie et la Babylonie étaient autrefois un merveilleux pays à céréales ; les eaux des deux fleuves, distribuées en canaux, y faisaient grandir des moissons étonnantes ; sans exagération, le grain y rapportait 200 pour 1. Cette fécondité renaîtrait si un État qui ne serait ni arabe ni turc recreusait les canaux, au lieu d'invoquer Allah et de bâtonner la plèbe.

L'Irak-Arabi se nomma Babylonie, l'El-Djezireh Mésopotamie et le Kourdistan Assyrie. Cette triple région servit de théâtre à des civilisations qui furent, en leur temps, la gloire et l'exemple du monde ; leurs ruines énormes passionnent les artistes et les savants de l'Europe, mais ne sont qu'un thème à légendes pour l'Arabe de la tente, insoucieux des palais de Sémiramis, de Nabuchodonosor, de Tigrane et des Séleucus. Autrefois habitée par des populations sémitiques, en train de s'helléniser, cette terre les a vus disparaître dans les invasions romaine, parthe, persane, arabe, mongole, turque. Seuls, surtout aux environs d'Harran, les anciens Syriens ont persisté, et avec eux le syriaque, leur langue. Les Nestoriens (125,000) passent pour les descendants des dix tribus d'Israël et se servent du syriaque dans leurs rites religieux. Dans le Kourdistan habitent les Kourdes. Dans la plaine les Arabes dominent. Dans les villes il y a beaucoup de Turcs, des Persans, des Indous, des Arméniens.

Dans la contrée de Mossoul, près du Tigre, les Yézides adorent le diable : « pourquoi s'adresser, disent-ils, au Dieu tout bon et tout prévoyant ? celui qu'il faut fléchir, c'est le méchant, c'est l'ennemi. » Leur ville sainte, la patrie de leur prophète, le lieu de leur pèlerinage se nomme Lalech. On rencontre aussi des Yézides en territoire moscovite, dans l'Arménie.

Les ruines de Babylone, qui renfermait tant de grands monuments de briques cimentées de naphte dans son enceinte de 90 kilomètres de tour, enfermant plus de 50,000 hectares, s'étendent dans le voisinage de l'Euphrate. Les murailles élevées par Nabuchodonosor avaient 48 mètres de haut, 20 de large, avec des tours de 105 mètres d'élévation. Les ruines de Ninive, qui fut un ensemble colossal de petites et de grandes villes, longent le Tigre, non loin du pied des Alpes du Kourdistan et de la ville de Mossoul, qui a donné son nom à la mousseline.

Aujourd'hui la principale ville de la région, **Bagdad**, est bâtie sur le Tigre, près des débris de Séleucie et de Ctésiphon. Séleucie fut avant Antioche la somptueuse capitale des rois de Syrie, qui de fait ou de nom régnèrent un moment du Bosphore à l'Indus. Ctésiphon s'élevait sur la rive opposée du Tigre. Bagdad est le centre du commerce entre l'Arabie, la Turquie, la Perse, le Turkestan et l'Inde. Pendant de longues années elle eut la gloire de s'appeler la reine des lettres et des sciences ; elle fut le séjour de la vie policée, la capitale de l'empire arabe, le site de beaucoup de contes merveilleux des Mille-et-une-Nuits. Un instant, elle posséda peut-être deux millions d'habitants, aujourd'hui elle en compte à peine 80,000 dans des maisons croulantes, bordant des ruelles et des culs-de-sac.

Entre la Méditerranée, les collines de calcaire et de craie dominant les sables de Palmyre, le désert de l'Arabie, la mer Rouge et le désert d'Égypte, la **SYRIE** et la **PALESTINE** allongent du nord au sud leurs monts dont les fameuses forêts de cèdres ont diminué, mais non pas disparu. Ces monts s'appellent le Liban et l'Antiliban. La dépression profonde que les anciens avaient nommée **Syrie creuse** (Cœlésyrie) les sépare.

Le Liban paraît tirer son nom du mot hébreu *laban*, être blanc : sans doute à cause de ses dômes couverts de frimas, bien que ces frimas ne soient pas éternels, car le plus haut sommet de la Syrie, le Dhor-el-Chotib (3,066 mètres), ne garde pas tout l'été le blanc manteau de l'hiver. Le Liban suit le bord de la Méditerranée, au fond peuplé de fines éponges, tantôt de trèsprès, comme au mont Carmel, tantôt à une distance de 25 à 40 kilom., et lui envoie une multitude de maigres torrents, dont les fureurs n'ont que quelques heures de durée. Leurs cascades se taisent presque toute l'année, faute d'eau.

L'Antiliban borde la mer des sables, comme le Liban la mer des eaux. Au Grand-Hermon, il se bifurque en deux branches, qui, sous divers noms, serrent entre leurs monts arrondis la vallée du Jourdain et la mer Morte, et font le relief de la Palestine. Au sud de cette dernière, dans une presqu'île contiguë, qui lui est rattachée par les souvenirs d'une même histoire, au nord de la mer Rouge, entre le golfe de Suez et le golfe d'Akabah, le massif granitique du Sinaï se dresse en pics imposants : Serbal, aux sept pointes, mont de Moïse, mont Horeb, mont de Sainte-Catherine (2,250 à 2,900 mèt.). A ses pieds, des ravines sans eaux débouchent sur le désert ou sur les deux golfes.

Le fleuve de la Syrie est le faible Oronte, qui passe par les ruines de la triste Antioche et sépare le Liban du Taurus. Antioche fut la troisième ville du monde. Pendant un temps elle ne s'inclinait que devant Rome et Alexandrie. Le fleuve de la Palestine s'appelle le Jourdain (148 kilom.), rivière bien mince, mais fort originale. Sa vallée est comme une fente de la terre, et le lac qui la termine, la dépression la plus profonde connue. Les trois branches mères du Jourdain puisent leurs sources à une altitude supérieure à celle de la mer, mais le premier lac que traverse le fleuve est à peine au-dessus de la lame océanique. Ce lac aux bords marécageux s'appelle dans la Bible Eaux de Mérom, et chez les Arabes du jour lac Houleh. la source originaire du Jourdain, la fontaine de Banias, fuit d'une grotte calcaire, dans un merveilleux site. Au pied d'un grand frêne et d'un grand hêtre sort la seconde source, Tell-el-Kady : comme la veine d'eau de Banias, elle émerge avec abondance et avec une fraîche limpidité ; la troisième branche, l'Oued Hasbany, roule des eaux louches.

En hébreu *Yardan* veut dire celui qui descend, et le Jourdain, en effet, coule rapidement. En arabe, le fleuve se nomme Cheriat-el-Kébir, le grand abreuvoir. Le second lac qu'il remplit (mer de Kinnereth, de Galilée, lac de Génésareth, de Tibériade) miroite à 189 mètres en contre-bas de la Méditerranée. Le fleuve en ressort, large en moyenne de 25 à 30 mètres, et serpente entre des rideaux de roseaux et de tamarisques, au fond du Ghor, vallée déserte, encaissée, qui brave les vents, recueille et multiplie par leur concentration tous les rayons du soleil syrien. La moyenne annuelle y atteint 24 degrés (17 seulement à Jérusalem). Aussi cette vallée forme-t-elle une petite zone tropicale au sein de la zone tempérée. Beaucoup de plantes, de poissons, d'oiseaux, lui sont communs avec l'Afrique.

Le Jourdain tombe dans la mer Morte, lac en diminution, vaste de 120,000 hectares. La mer Morte s'allonge du nord au sud, à 392 mètres au-dessous du niveau de la Méditerranée. On a conté mille fables sur l'horreur de son site, de ses bords, de ses eaux, sur la suspension de la vie dans son air et sur ses rivages. Ses eaux, profondes de 300 mètres dans le bassin septentrional, renferment du sel à presque saturation et des substances chimiques ennemies de la vie animale ; entre autres le bitume, d'où le nom de lac Asphaltite souvent donné à la petite mer Juive. Non par l'effet de son sel, mais à cause des matières chimiques, les eaux de la mer Morte ne souffrent pas de plantes aquatiques et n'hébergent point de poissons. Des monts déchirés de la Judée et de Moab, les oueds ou ouadi — c'est le nom arabe des torrents — descendent sans une goutte d'eau dans leur lit, escalier de grosses roches que les trombes arrachent à la montagne. Sous un tel soleil, à l'embouchure de ces traînées de pierre, à la racine de ces versants altérés, les rivages du lac consternent par leur brûlante aridité, mais les moindres sources vives créent des oasis qui pourront se multiplier et enlever à la mer Morte un peu de son sinistre renom.

Sans s'écarter beaucoup de ses rives, dans la Judée, terre autrefois « découlant de lait et de miel, » bien des gorges où la « rose de Saron et le muguet des vallées » ont cessé de fleurir, sont encore plus désolées, plus sèches, plus affreuses que la mer Maudite. Le sol qui fait venir l'épi, le figuier, l'olivier, la vigne, y recouvre plus rarement encore le squelette fauve, rouge ou blanc des rochers. La montagne moyenne et les hauts sommets du vieux royaume d'Israël ont mieux gardé leurs antiques richesses, malgré les ravages du déboisement. La Syrie n'a point perdu « les fontaines des jardins, les puits d'eau vive et les ruisseaux découlant du Liban » que chanta le poëte du Cantique des cantiques. Certains districts à mi-mont déploient d'opulentes cultures sur des versants frais, ombreux, admirables par leurs roches, leurs bois, leurs cascatelles, tandis qu'au loin blanchissent les cimes des monts et bleuissent les lointains de la mer.

La Syrie fut d'abord habitée par des peuplades parentes des Arabes, puis par les Juifs, Sémites aussi. Au temps de Jésus-Christ on la voit déjà à demi hellénisée. Depuis, les invasions musulmanes ont tout fondu dans une masse où les religions sont distinctes, mais où la langue arabe se parle seule, hors dans quelques bourgades qui jargonnent un syriaque corrompu. Les Arabes mahométans dominent dans les plaines. Dans le Liban septentrional vivent 100,000, d'autres disent 200,000 ou même 300,000 Maronites, catholiques employant dans leurs rites un antique langage qu'ils ne comprennent plus. Industrieux et âpres au travail, ils ont transformé leurs rochers en fermes de rapport et en jardins de plaisance. Les Druses (100,000) peuplent le même pays que les Maronites, qu'ils égorgent de temps en temps. Ils descendent des anciens Syriens, comme les Maronites. Ni musulmans ni chrétiens, méprisant l'une et l'autre religion, ils se sont octroyé une révélation à eux. Leur caractère, leur persévérance, leur travail, les rapprochent des Maronites, qu'ils dépassent en énergie.

La population totale de la Syrie et de la Palestine peut monter à 2 millions d'individus au maximum.

Alep (100,000 hab.), capitale de la Syrie, sur un torrent qui assèche dans le désert, s'élève à égale distance de la mer à l'Euphrate, sur la route la plus courte entre les deux. De là son importance. Un tremblement de terre la renversa il y a cinquante ans.

Sur un littoral à dunes mouvantes, le port principal du pays, **Beirout**, débouché de Damas, dont la séparent 150 kilomètres, aurait, dit-on, 100,000 habitants. Fût-elle plus grande encore, elle ne rappellerait que de bien loin l'antique prospérité de ses voisines, Saïda et Toûr, jadis Sidon et Tyr, maintenant pauvres bourgs sur une côte ardente, au pied du Liban.

A 750 mètres d'altitude, au pied de l'Antiliban, près du désert syro-arabique, au nord-est des volcans morts du Djebel-Hauran, **Damas** (120,000 hab.) ne fabrique plus d'armes d'acier fameuses. Il lui reste ses étoffes de soie, son grand mouvement d'affaires avec la côte et l'intérieur, et ses belles eaux, Abana et Parpar, qui donnent la vie à une végétation superbe. Aboulfeda, géographe arabe, fait de la banlieue de cette ville le premier des quatre paradis terrestres ; mais il était de Damas.

Jérusalem se brûle au soleil, entourée d'un aride horizon. A 50 kilomètres en ligne droite de la Méditerranée, à 25 de la mer Morte, à 779 mètres au-dessus de la première, à 1,171 au-dessus de la seconde, la ville de David languit dans un pays de monts calcaires secs, sur des coteaux dont les noms ne s'effaceront de la mémoire des hommes qu'avec la fin de l'histoire. Sion était la colline sacrée des Israélites, elle portait le Temple ; le Golgotha ou Calvaire est celle des chrétiens. Entre le plateau de la ville et le mont des Oliviers, le Cédron, qui vient de la vallée de Josaphat, roule dans une gorge ténébreuse des cailloux vers la mer Morte. 25,000 hommes au plus, israélites, chrétiens, musulmans, vivent dans cette laide et misérable bourgade sans industrie, sans commerce, sans animation, sans avenir. L'emphase orientale nous l'a peinte dans le passé vingt fois trop grande et trop riche, mais sûrement elle était plus vivante, plus forte et plus gaie quand le Juif glorifiait la « Cité de David dont Dieu est l'architecte et le fondateur, » et quand il s'écriait « que tes tabernacles sont beaux, ô Jacob, et tes pavillons, ô Israël! » Jérusalem entretient ses relations avec l'Occident par le port de l'amphitéâtrale **Jaffa**.

ARABIE.

Nous connaissons peu, malgré de récents voyages, l'Arabie, l'El-Djézireh des Arabes, vaste environ de 275 millions d'hectares, plus de cinq fois la France. Elle est sans limites précises au nord, où elle se perd dans les sables du désert syrien. Partout ailleurs elle regarde les mers : à l'ouest, la mer Rouge, qui la sépare de l'Afrique ; au sud, la mer des Indes ; à l'est, le golfe Persique.

La mer Rouge s'allonge sur 2,300 kilomètres environ, avec une largeur de 200 à 250. Étant données de telles dimensions, on pourrait presque considérer la mer Rouge comme un estuaire s'il s'y jetait quelque grand fleuve au nord, et si son extrémité méridionale, au lieu d'être une bouche évasée, n'était un détroit de 20 à 30 kilomètres seulement de large : le détroit de Bab-el-Mandeb, où l'Afrique et l'Asie se rapprochent, et que commande Périm, clef de la mer dans des mains anglaises. La mer Rouge forme comme une longue fournaise entre les monts réverbérants de l'Arabie et de l'Afrique. Cette vraie cuve d'évaporation reçoit quelques fortes sources riveraines et visibles, ou sous-marines, mais pas un seul torrent pérenne, et la côte africaine semble s'entendre avec le littoral arabe pour n'envoyer que des ouadis d'occasion. L'Océan des Indes, heureusement, frappe à sa porte pour lui verser incessamment des flots ; sans lui il n'y aurait aucun équilibre entre l'acquisition d'eaux douces et la dépense d'eaux salées. Le jour où le détroit de Bab-el-Mandeb se fermerait, la mer Rouge deviendrait rapidement une lagune qui n'aurait d'eau qu'au temps des pluies, et en toute autre saison des lits de sel. Elle ne serait plus qu'un *chott*, une *sebkha*. Cela au bout de 60 ans, puisque la mer Arabique perd 7 mètres par évaporation dans l'année, et que sa profondeur moyenne ne dépasse pas 400 mètres. Ses eaux sont très-chaudes, jusqu'à 32 degrés, et très-salées, plus que celles d'aucune autre mer. Le peu de profondeur, les coraux, les bancs de sable en rendent la navigation difficile, mais l'isthme de Suez vient d'être percé, et la mer qu'il séparait de la Méditerranée s'animera d'un immense mouvement de navires entre l'Occident et l'Orient.

Des dunes et des falaises bordent également le golfe Persique ; des bancs de sable l'embarrassent aussi ; il s'ouvre sur la même mer des Indes par le détroit d'Ormuz. Le fleuve de l'Asie Mineure, le Chat-el-Arab, fait du Tigre et de l'Euphrate, lui porte ses eaux. Les fonds du golfe, surtout aux environs des îles Bahrein, sont semés d'huîtres perlières arrachées annuellement de leurs demeures sous-marines par des milliers de plongeurs.

Sur ces deux golfes, sur l'Océan, s'élèvent les montagnes qui portent les plateaux de l'Arabie intérieure, montagnes roides, dépouillées, stériles, brûlantes. Elles bordent souvent de très-près la rive. Entre leur racine et les plages de sable marin s'allongent sur les trois mers trois littoraux étouffants et malsains, ensemble de chaînes de dunes, de terres basses, de vallées de peu d'étendue où les ouadis ne sont pas les « chemins qui marchent » de Pascal, mais des chemins où l'on marche : ils n'ont d'eau que celle des pluies, que l'Arabie ne prodigue guère. Année ordinaire, le littoral arabe garde des cieux d'airain pendant huit à neuf mois ; les trois à quatre autres mois fournissent des pluies d'orage. Quelquefois tout l'an se passe sans une goutte d'eau. On a subi jusqu'à 54 degrés à l'ombre à Moka.

Les monts les plus élevés du pourtour de l'Arabie s'élèveraien aux environs de Mascate, vers l'entrée du golfe Persique : là le Djebel-Akhdar (le mont Vert) s'élancerait au-dessus de 2,000 mètres. Derrière le rideau des hauteurs qui bordent la mer des Indes commence le Sahara arabe, le Roba-El-Khaly, ou Dahna, affreux désert ; les feux de l'air et les fonds aréneux y boiraient les sources, s'il y jaillissait des fontaines. Le sable, en certains districts, s'y est accumulé en lits d'une colossale profondeur.

Dans le Dahna, l'homme ne pourrait s'aventurer sans le chameau, capable de faire 200 kilomètres en une journée, 1,200 pendant la semaine, dans le sable en feu, sous le ciel de braise, mangeant peu, ne buvant pas. De ce désert majeur naissent les deux Néfoud, écharpes sablonneuses que les Arabes nomment les filles du Dahna. Les Néfoud montent vers le nord, l'un à l'ouest, l'autre à l'est, entourent le plateau de l'Arabie centrale, et vont se rejoindre dans les sables de Syrie.

Le Nedjed était connu chez nous pour ses chevaux illustres, avant que les derniers voyageurs nous eussent annoncé que c'est une grande et fertile région, tempérée, çà et là froide en son temps, très-salubre et bien peuplée. Le Nedjed couvre à peu près la moitié de l'Arabie, et, en lui ajoutant les bons districts du pourtour de la presqu'île, il se trouve que les terres habitables font les deux tiers de la péninsule, et le vrai désert un tiers seulement.

Le Nedjed mérite mieux l'antique appellation d'Arabie Heureuse que le littoral embelli de ce nom par les Grecs et les Romains, l'Hyémen, que cernent la mer Rouge, le golfe d'Aden et la montagne côtière. Il apparaît au voyageur comme un plateau de pâturages, sillonnés de monts calcaires où la roche est rarement recouverte de terre. Certains de ces monts atteindraient 3,000 mètres. Des fontaines y sourdent, des oueds y coulent, qui sont bus par les irrigations et ne vont point jusqu'aux trois mers. L'altitude considérable du sol rafraîchit les étés ; s'il n'y a sur la côte que des journées torrides, il est dans le Nedjed des heures fraîches, presque froides; de temps en temps tombent des flocons de neige.

Cette Arabie, isolée du reste du monde par sa ceinture de rochers et de déserts, cette Afrique de l'Asie, a produit une très-forte race : les Arabes, maigres, secs, bronzés, mais aussi beaux qu'il est possible à l'homme de l'être ; misérables, mais durs au mal, à la soif et à la faim, braves et conquérants. Depuis l'origine de l'histoire, nous voyons déjà les Arabes aux prises ; ils luttent contre leurs frères les Hébreux sous le nom d'Amalécites, d'Ammonites, d'Iduméens, de Madianites, de

Moabites ; contre les sang-mêlés d'Égypte dans l'invasion des Pasteurs, qu'on suppose avoir été des nomades arabes ; contre les Romains sous le nom de Nabathéens. A la suite de continuelles migrations, les Arabes avaient déjà couvert de leurs colonies et arabisé toute la basse vallée de l'Euphrate et la Syrie, quand, au VIIe siècle, ils coururent à la conquête du monde. On connaît cette épopée, la grandeur rapide et la prompte décadence de cet empire universel arabe. Tant d'efforts ne restèrent pas vains. Aujourd'hui l'Arabie n'est plus dans elle-même : elle est surtout dans le nord de l'Afrique, en Égypte, en Tripolitaine, en Tunisie, en Algérie, au Maroc, dans le Grand-Désert, en Syrie, sur l'Euphrate, tous pays où domine la langue arabe. Sans parler de ses progrès journaliers dans le Soudan, de sa diffusion religieuse, scientifique et littéraire dans tous les pays musulmans, en Turquie d'Europe et d'Asie, en Perse, dans l'Inde. Le génie arabe, comme voilé dans sa patrie, a resplendi à Koufa, à Bagdad, à Gasnah, à Kaïrouan, à Mazouna, à Tlemcen, à Cordoue. A la différence d'Antée luttant contre Hercule, la race arabe prit toute sa force quand son pied ne foula plus le sol natal.

Le café, les dattes, la gomme, le cheval, le chameau, les perles font toute la fortune de l'Arabie, avec l'argent jeté dans ses villes saintes par les 50 à 100,000 pèlerins qui y viennent chaque année.

L'Arabie compte de 5 à 12 millions d'habitants, on ne sait au juste. En admettant 12 millions, 10 millions au moins sont des Arabes, mahométans fanatiques comme il convient aux gardiens du Saint-des-Saints de l'Islamisme. Il y en a de sédentaires, il y en a de nomades, mouvant leurs tentes à la recherche des sources, des pluies, des pâturages, et aussi des caravanes, qu'ils détroussent, à l'exception de celles qui vont visiter les villes sacrées de la Mecque et de Médine.

Les deux autres millions, pour compléter les douze, sont des Juifs, des Indous, des Banians établis comme négociants dans les ports de la mer Rouge, des Nègres, ceux-ci les plus nombreux ; dans tel district méridional du Nedjed ils forment un tiers de la population, ailleurs un quart, dans le pays de Mascate un cinquième. Hommes libres ou esclaves bien traités par leurs maîtres, ils dégradent par les intermariages la noblesse du visage arabe, et ne cessent de modifier les aptitudes de la race. Est-ce par l'effet de mélanges très-suivis entre le Noir et l'Arabe, est-ce par une communauté d'origine immémoriale, les Arabes du Sud ressemblent presque autant aux Abyssiniens qu'à leurs compatriotes du Nedjed et des déserts du Nord.

Hors l'Hedjaz et l'Yémen, qui relèvent de la Turquie, les tribus arabes, commandées par une aristocratie guerrière ou sacerdotale, sont indépendantes de l'étranger.

L'HEDJAZ, sur la côte de la mer Rouge, renferme le Bled-el-Aram (pays sacré), berceau de l'islamisme. Là règnent, à 375 kilomètres l'une de l'autre, la Mecque et Médine. **La Mecque** (50,000 hab.), à 85 kilomètres de Djeddah, son port sur la mer Rouge, est bâtie dans une vallée sablonneuse, au sein d'un désert déchiré par des monts rocailleux, sans arbres et sans eaux vives. Tous les ans, cette solitude se peuple subitement de 50,000 chameaux et de 100,000 pèlerins. Ces enthousiastes, ces imitateurs, ces curieux viennent, suivant leur loi religieuse, de tous les pays musulmans de la terre, pour visiter la pierre apportée par l'ange Gabriel et jeter 63 pierres au diable dans la vallée de Muna, où Satan apparut au premier homme. Cette pierre sacrée se conserve dans un petit monument, la Kaaba, centre aujourd'hui du musulmanisme, comme il l'était de l'Arabie idolâtre avant que Mahomet eût détruit les idoles. A **Médine** (15 à 20,000 hab.; 180 kilomètres de la mer), les fidèles vont honorer le tombeau du prophète, et souvent prendre la fièvre intermittente.

Au sud de l'Hedjaz, aussi sur la mer Rouge, l'**YÉMEN** s'illustrait jadis par ses parfums; maintenant il est célèbre par son café moka, le meilleur du monde, et nous n'en buvons guère. Il y a de grands sites dans les étranglements de ses monts rocheux et dans les vallons arrosés par des filets d'eau descendus de la chaîne côtière. Au pied de cette chaîne, des pics de laquelle on voit bleuir au loin les montagnes africaines, **Aden** (30,000 hab.), donne son nom au golfe par lequel la mer des Indes s'avance à la rencontre de la mer Rouge.

Aden, bonne rade, a pris le premier rang parmi les ports de l'Arabie depuis que les Anglais s'en sont emparés pour y garder l'entrée de la mer Rouge et y créer une station de leur commerce des Indes. On traite de « Gibraltar Oriental » cette ville attristée par un horizon de rochers nus et bruns. La moyenne annuelle y approche de 27 degrés.

Le **TELAGMA**, lisière de la mer des Indes, s'adosse aux montagnes de l'**HADRAMAOUT**, habitées par les Auvergnats et les Savoyards de l'Arabie. Il se continue par l'**OMAN**, dont la principale ville est **Mascate**. On évalue diversement la population de ce port actif à 10-60,000 âmes. L'iman de Mascate, jadis possesseur d'une longue suite de côtes en Arabie et en Afrique, a beaucoup perdu de sa puissance.

L'**ASHA**, rivage brûlant, longe le golfe Persique vis-à-vis de la rive persane, habitée aussi par des tribus arabes : ce golfe aurait donc autant de droits que la mer Rouge à s'appeler *arabique*. De son fond jaillissent d'abondantes sources d'eau douce. Elles feraient mieux de sourdre sur le littoral.

Dans le **NEDJED** prépondèrent les Wahabites, qui ont leur capitale à **Er-Ryad**. Secte moderne de l'Islam, les Wahabites voulaient ramener la religion à sa teneur primitive, à peu près comme les protestants essayèrent de ramener le christianisme à la Bible. Ainsi que les premiers mahométans, ils ont aussitôt couru aux aventures. Mais l'indifférence religieuse atteint les Musulmans eux-mêmes. La guerre de prosélytisme des Wahabites n'a pas ressemblé à la guerre sainte de la génération qui suivit Mahomet ; les Wahabites ne se sont pas répandus sur l'univers avec la rapidité d'une traînée de poudre enflammée. Ils n'ont point régénéré l'Islam.

Au nord du Nedjed, dans le **DJEBEL-CHOMER**, des chaînes granitiques et des pics de basalte font descendre l'élément de la vie au désert, l'eau, vers les ouadis d'un groupe d'oasis peuplées.

PERSE OU IRAN.

Historiquement et géographiquement, le plateau d'Iran ou d'Eran va de la mer Caspienne à la mer des Indes, de la crête des monts qui s'abaissent vers le Tigre à la tranche de ceux qui dominent la vallée de l'Indus. Dans ces limites entrent 275 millions d'hectares, cinq fois la France. La Perse actuelle prend la moitié de cette surface, 125 à 150 millions d'hectares. Elle occupe l'occident de l'ancien Iran ; l'orient, démembré, a formé trois États indépendants, l'Hérat, l'Afghanistan, le Béloutchistan.

Enfermée entre des murs de montagnes qui arrêtent les vents de mer, pères des nuages, la masse des terres d'Iran constitue un haut plateau très-sec. Il n'y pleut presque jamais, ni de la mer Caspienne, ni de l'océan Indien ; l'horizon y est limpide, les cieux sereins. Des vents affreux tombent des sommets de la ceinture montagneuse, mais, au lieu d'averses bienfaisantes, ils amènent en hiver un air glacé qui blesse la plante, en été des tourbillons de poussière et des trombes de sables violemment arrachés à l'arête des dunes. A l'ouest, au pied des Alpes du Kourdistan, à la base des monts Elbourz au nord, les torrents et l'eau vive des sources émaillent la haute plaine de vallons arrosés, de jardins, de champs de riz et de céréales, de prairies. Dès qu'on s'avance vers le centre du pays, les accidents de terrain se changent en vagues ondulations. Le désert envahit de plus en plus le plateau avec sa grandeur et sa netteté d'horizon, mais aussi avec la tristesse de ses solitudes, le poudroiement de ses arènes, l'éclat pénible aux yeux de ses lacs salés, bus, fors le sel, par l'été, ses chaleurs sans air et les *burran* ou tourmentes de neiges de son hiver. Des villages faits de boue parsèment ces étendues mortes et souffrent de la fièvre qui se dégage des canaux croupissants et des bas-fonds putrides. Des colonnades ou des massifs de cyprès, des peupliers, des *chinar* (platanes orientaux) marquent le cours des ruisseaux pauvres. Parfois des nuages poussiéreux se rapprochent, il en sort des escadrons de cavaliers turcomans qui brûlent, renversent, pillent, et entraînent à coups de sabre les villageois vers les marchés d'esclaves du Turkestan. Souvent des ruines encore solides, des murs de palais, des restes de beaux jardins, de vastes amas de décombres ravivent le souvenir des grandes villes qui brillaient dans l'Iran, quand son peuple n'avait pas perdu de sa valeur par le mélange avec le sang arabe, qu'il avait ses idées et ses dogmes à lui, que ses plaines étaient mieux irriguées, plus habitées, ses collines plus vertes avec plus de bois.

Les plateaux de la Perse se terminent par le Grand-Désert Salé, région repoussante. C'est le Decht-i-Kouvir, d'où les Guèbres adorateurs du feu, les misérables descendants des Perses de Cyrus et de Chosroès, espèrent encore voir sortir un jour, en vengeur, en conquérant, en pontife leur dernier roi, Yezdegerd, détrôné par les envahisseurs mahométans. Le Decht-i-Kouvir ou Perse Stérile recouvre plus du quart, peut-être le tiers du royaume.

L'altitude du plateau d'Iran varie entre 650 et 2,250 mètres, en moyenne 1,200 mètres. L'hiver y est aussi dur que dans les départements les plus froids de la France, sous une latitude égale à celle de l'Algérie et du Sahara septentrional, et l'été accable par la chaleur, l'absence de sources et d'arbres, la réverbération des rayons sur les collines de sable et les champs de sel.

Les montagnes fermant à la Perse l'accès de la mer Caspienne, et portant de ce côté son plateau, se lient au massif arménien, là où l'Ararat (5,219 mèt.) darde sa pyramide sur la triple frontière russe, turque et persane. Le Savalan, dans la province d'Azerbaïdjan, entre la mer Caspienne, le lac Ourmia et le cours de l'Araxe, arrive presque à la hauteur du mont Blanc; il atteindrait, dit-on, 4,752 mètres. Juste au nord de la capitale du royaume, dans la chaîne de l'Elbourz, interposée entre le plateau persan et le lac Caspien, le Demavend (4,400 mèt.), volcan neigeux qui a fermé ses fournaises, domine avec grandeur l'horizon de Téhéran.

L'Elbourz, Olympe iranien, plus vieux que le plus antique Olympe des Hellènes, est l'Albordji du livre sacré des anciens Perses, la mère de tous les fleuves qui s'approvisionnent de flots à l'inépuisable source d'Ardouissoura : cette fontaine, issue du trône divin, était plus puissante que la fontaine de Jouvence cherchée par les conquistadores en Amérique ; elle ne rendait pas seulement la jeunesse, les morts revenaient à la vie en buvant son eau bienheureuse. L'Ardouissoura baignait le Paradis persan, entre deux tapis de fleurs et deux rideaux d'arbres merveilleux. Aujourd'hui l'Elbourz, loin de faire descendre dans la plaine des eaux éternellement revivifiantes, prive Iran des pluies du Nord et lui enlève ainsi des milliers de ruisseaux.

Entre l'Elbourz, aux flancs forestiers, et la plage caspienne, s'arrondit en arc de cercle une bande étroite de terres fécondes, bien arrosées par les torrents de la chaîne, souvent mouillées par les pluies du ciel, entrecoupées de forêts à tigres. Une végétation puissante y fleurit, le palmier y croît, mais l'excès d'humidité y engendre la fièvre paludéenne, et des tremblements de terre font chavirer parfois les villes des deux provinces de cette zone, le Ghilan et le Mazandéran.

Au nord-ouest, à l'ouest, les monts du Kourdistan et du Louristan fournissent des eaux intarissables, d'un côté au Tigre et au Chat-el-Arab, de l'autre au plateau d'Iran avec lequel ils contrastent par la grandeur de leurs gorges, la grâce de leurs vallons et la fraîcheur de leurs sommets. Au midi, dominant les « jardins de roses » de Chiraz, des chaînes sèches, prodigieusement stériles, hormis dans de rares mais charmantes oasis arrosées, barrent aux habitants du plateau le chemin du golfe Persique ; leurs versants sont tellement roides que les sentiers qui les gravissent se nomment des échelles. La mince zone côtière du golfe, fermée au nord par la chaîne à pic à laquelle elle s'adosse, exposée aux souffles de l'Arabie, a beaucoup à souffrir des soleils épuisants, des sables volants, des vents torrides, des fièvres. C'est la *tierra caliente* d'Iran ; les Persans l'appellent Guermésir.

Iran est une contrée historique. Sa nation naquit du même sang que les Blancs d'Europe et tint toujours la première place en Orient par son intelligence, et quelquefois par un grand déploiement d'énergie. Ecbatane, Suze, Persépolis se firent obéir par des empires immenses. Les Persans se mêlèrent à l'histoire de la Grèce qui les vainquit, à celle de Rome dont ils arrêtèrent la marche vers les Indes, à celle des Arabes, qui détruisirent son antique originalité en lui portant une nouvelle religion, et plus tard à celles des Indous, des Mongols, des Turcs.

Ils ont été fort mélangés d'éléments arabes et turcs, et ce peuple brillant de beauté physique et d'esprit, poétique, poli, sociable, semble avoir beaucoup perdu par ces alliances. Les Persans d'aujourd'hui sont en décadence comme tous les Orientaux. Ils s'en vont de maladies difficiles à guérir : l'indolence, l'intolérance, la bassesse envers les grands et les riches, le respect de la force, l'amour de paraître, le penchant à la dissimulation, l'ignorance. Ils s'appellent eux-mêmes *Tadjiks*, mot qui signifierait les invaincus ou les invincibles. Ils ne peuplent pas seulement la Perse ; ils forment la grande majorité dans les khanats du Turkestan, la moitié de la population de l'Afghanistan et du pays de Hérat. On en trouve beaucoup en Asie Mineure, enfin les Afghans et les Béloutchis parlent des idiomes parents de la langue persane.

Celle-ci, sœur à l'origine de nos langues indo-européennes, s'est mélangée d'arabe et de turc, à son détriment ; elle a abandonné une partie de ses vieilles racines et beaucoup de son antique physionomie, mais elle a produit, surtout en poésie, une littérature qui fait les délices de l'Orient, et par les chefs-d'œuvre d'Hafiz, de Firdousi, de Saadi, elle a pénétré comme langue littéraire dans toute l'Asie avoisinante, à peu près comme le français en Europe. C'est à Chiraz qu'on la parle avec le plus de pureté et le meilleur accent.

Les Kourdes, parents peut-être des Tadjiks par l'origine, plus sûrement par le langage, vivent dans les Alpes du Kourdistan. De nombreuses tribus turques rôdent dans les steppes et les montagnes du nord-est : de l'une d'elles sort la dynastie actuelle des schahs ou rois de Perse. La côte du golfe Persique est peuplée d'Arabes.

D'après les documents les plus récents, la Perse a le dixième de son sol en culture, un autre dixième en prairies, un vingtième en forêts. Le reste, les trois quarts, n'est que désert, sables, pierres, roches, fonds de sel, eaux et marais. Elle renferme 5,000,000 au plus d'habitants : 30 p. 100 citadins,

30 p. 100 nomades, 40 p. 100 paysans. Il y a 3,000,000 de Persans, 1,100,000 ou 1,200,000 Turcs et Turcomans, 400,000 Kourdes, 300,000 Arabes. 2,500,000 parlent persan, 1,600,000 des dialectes turcs, dans l'Azerbaïdjan, et en général au nord de la route de Téhéran à Hamadan; dans la capitale même le turc est d'un usage très-fréquent. Sur le golfe Persique l'arabe domine.

La Perse a produit une des religions de l'antiquité, celle des livres sacrés du Zend, la religion de Zoroastre, adoration du soleil et du feu. Seuls les Guèbres ou Parsis, descendants les plus directs des vieux Perses, ont conservé ce culte; ils ne sont pas même 8,000 dans leur antique métropole, mais ils forment, hors d'Iran, des communautés commerçantes d'une intelligence rare, d'une honnêteté éprouvée; on les retrouve à Bombay et dans d'autres grandes villes de l'Inde, dans l'île de Ceylan, sur la côte arabique de la mer Rouge, à Aden, en Turquie d'Asie, sur la côte orientale d'Afrique, à Port-Louis (dans l'île Maurice), à Londres, ailleurs encore. L'immense majorité des Persans est musulmane, de la secte des Chiites, et comme telle ennemie des musulmans Sunnites, Turcs, Égyptiens, Barbaresques, etc.

Téhéran, capitale depuis 1798, sur un plateau, en vue du Démavend, à 15 kilom. du pied de l'Elbourz, à 110 de la mer Caspienne, s'est établie à 1200 mètres environ d'altitude, sur un sol salé. En hiver, elle contient, dit-on, 120,000 habitants, dans des ruelles aux maisons de terre séparées d'une morne campagne par un mur fait de terre aussi. En été, le schah et 40,000 individus fuient la ville, ses fièvres intermittentes, ses chaleurs étouffantes et malsaines, ses punaises venimeuses, et vont s'installer sous la tente, à l'issue des fraîches vallées de l'Elbourz. A quelques kilomètres, à **Rei**, de belles ruines marquent le site de l'ancienne Rhagæ.

La vieille capitale, **Ispahan** ou **Isfahan** (60,000 hab.; 600,000, peut-être un million sous le grand roi Abbas) a gardé de ses splendeurs d'il y a deux siècles de vastes palais, des mosquées fameuses, de beaux ponts et des bazars immenses, agrandis encore par leur solitude : on arrive à ces témoins de la grandeur passée par des rues désertes, d'une saleté obscène. Ispahan borde le Zajenderoud, qui filtre dans le sable du plateau, puis reparaît. Aux portes de cette ville, Tamerlan dressa son infâme pyramide de 70,000 têtes coupées. Nul conquérant connu n'a fait mieux.

Chiraz, l'un des quatre paradis des Orientaux, l'Athènes persane, « le séjour de la science, » n'est plus qu'une triste ville de 30,000 âmes, insalubre, fiévreuse, sujette aux épidémies, et parfois éprouvée par les tremblements de terre. Elle s'élève au milieu de jardins superbes et de massifs de cyprès. En Perse et hors de Perse on a toujours exalté son gai climat, ses vins, la senteur de ses roses, l'esprit et la gaieté de ses habitants. A une douzaine de lieues, dans la vaste plaine fiévreuse de Merdacht, sur le torrent de Bendémir qu'absorbe un lac salé, les ruines de Persépolis réveillent les plus grands souvenirs de l'empire persan dont cette cité fut la capitale magnifique. Des colonnes, de grandes murailles, des inscriptions cunéiformes, des roches pointues, la plaine immense, au loin des montagnes sombres, voilà ce qu'est devenue la ville brûlée par Alexandre de Macédoine et par une belle courtisane grecque. Pasagarde, bâtie par Cyrus, a conservé le tombeau de ce tout-puissant monarque. A quelques lieues au nord des restes de Persépolis, Ecbatane, la pompeuse métropole des Mèdes, n'a rien laissé de son passage dans l'histoire ; sur son emplacement s'élève **Hamadan** (40,000 hab.). Suse, autre grande cité de la Perse antique, était située au delà des monts bordant à l'occident les plateaux iraniens, dans le bassin de l'Euphrate.

Supérieure à la vieille et à la nouvelle capitale, **Tauris ou Tébris** (100-160,000 hab.), dans l'Arménie persane, a aussi plus d'animation, d'activité, d'entrain commercial. C'est une des grandes étapes du trafic entre l'Europe et l'Asie. Tauris, dont l'altitude atteint 1,500 mètres, expédie ses eaux au lac Ourmia (440,000 hectares), bassin très-salé, sans écoulement visible, encadré de monts aux flancs sévères, aux têtes neigeuses.

Quelques voyageurs donnent généreusement 100,000 habitants à trois autres villes commerçantes : à **Kachan**, entre Ispahan et Téhéran; à **Balfrouch**, près de la Caspienne ; à **Mé-**

ched, dans l'ancien pays des Parthes, au sein des montagnes qui séparent l'Iran du Touran. Méched, ville sainte, reçoit annuellement dans ses murs plus de 50,000 pèlerins qui viennent prier devant la tombe de l'iman Riza.

Les pays détachés d'Iran sont le Béloutchistan, l'Afghanistan, l'Hérat.

Le **BELOUTCHISTAN**, l'antique Gédrosie, détient 45 millions d'hectares et sa population peut aller à 2 millions d'habitants. D'abord dépendance de la Perse, puis de l'Afghanistan, il appartient, depuis un peu plus d'un siècle, à des tribus libres de l'étranger. Sur le golfe d'Oman, une côte incendiée, étouffante, stérile, déserte ; derrière cette côte des montagnes nues, grillées, à pic ou très-escarpées ; quand on les a gravies, un plateau de cailloux et de dunes qui va se joindre aux plaines hautes de la Perse et de l'Afghanistan ; sur ce plateau, des vallons, des étendues de pâturages, des collines arides, c'est là tout le Béloutchistan. On comprend que cette région de roches dépouillées, de champs de pierres, de coteaux indigents et de plaines de sable soit presque déserte et que ses habitants soient des nomades enclins à corriger, par le brigandage, l'avarice de leur sol et la dureté de leur ciel sans pluie. La Gédrosie faillit dévorer l'armée d'Alexandre le Grand à son retour de l'Inde.

L'islamisme (secte sunnite) règne sans partage dans les villes et sous les tentes de leut re des nomades, divisés en une cinquantaine de tribus, dont les *serdars* (chefs) reconnaissent plus ou moins la suzeraineté du khan de Khelat. Ces tribus appartiennent à deux nations très-mal connues, les Béloutchis, race prépondérante, et les Brahouis. Les Béloutchis, qu'on dit beaux, agiles, bien constitués, parlent un idiome voisin du persan. Les Brahouis ont une langue qu'on rapproche tantôt de la langue d'Iran, tantôt de l'indoustani.

Khelat règne, avec seulement dix à douze mille habitants.

Elle est assise dans une étroite vallée, à 1700 ou 1800 mètres d'altitude, sous un climat très-froid.

L'AFGHANISTAN, supérieur en étendue à la France, a 66 millions d hectares, 86 millions avec lek hanat de Koundouz. Il continue jusqu'à l'Inde et jusqu'aux monts de l'Asie centrale le haut plateau de la Perse propre. A l'occident, rien ne le sépare d'Iran qu'une ligne idéale sur de vagues étendues, et le voyageur arrivé sur la frontière commune aux deux pays ne voit de tous côtés que des plaines de sable et de sel côtoyées par un lointain horizon. A l'orient, au contraire, les limites sont fièrement marquées par les monts Soliman qui, s'abaissant rapidement du côté de l'Indus, se ramifient à l'infini dans l'intérieur de l'Afghanistan. Avec leur prolongement, les monts Hala, séparant le Béloutchistan du bas Indus, les Soliman forment la chaîne indo-persique. Le Soliman, l'un de leurs principaux sommets, s'élève à 2,450 mètres. Le Sefid-Koh, plus au nord, atteint 4,700 mètres. Près de Caboul, le Cohibaba, mont qui se rattache à l'Indou-Koh et à l'immense Asie Centrale, porte sa plus haute cime à 5,600 mètres.

A ces solides arcs-boutants s'appuient des plateaux et des vallées très-élevées et très-froides, dont le niveau s'abaisse dans la direction de l'est vers l'Indus, et dans celle de l'ouest vers le lac salé de Hamoun, où vont tomber l'Hilmend et les torrents qui n'ont pas été bus jusqu'à la dernière goutte par le steppe.

L'Afghanistan répond en tout ou en partie à ce que les anciens appelaient Arie, Arachosie, Drangiane. Sur ses hautes terres, sous un climat sec et sain, excepté dans les plaines méphitiques voisines du lac Hamoun, vit une population qu'on n'a jamais recensée : aussi l'a-t-on portée à cinq et même à dix millions d'âmes, quand le nombre probable est six à sept fois moins élevé, 1,500,000 environ.

Les Afghans sont d'origine douteuse ; on a voulu en faire des frères ou des fils du peuple Juif. Ils se donnent le nom de *Pouchtaneh* dans leur langue, qui est parente de la langue persane. Endurcis par un climat sévère, robustes, très-braves, pillards, sanguinaires, ils réussirent, vers le milieu du dernier siècle, à échapper au joug des Persans. Depuis, la disposition de leur pays, forteresse naturelle, les a préservés du joug; ils ont défendu avec succès leur indépendance contre leurs anciens maîtres et contre les Anglais de l'Inde. Le plus grand nombre des Afghans ne s'est pas encore décidé à abandonner la vie nomade; tous sont musulmans sunnites, et par là ennemis irréconciliables des Persans chiites. Les Tadjiks (Persans) habitent en corps de nation dans les steppes environnant le lac Hamoun. Les Pouchtaneh qui se piquent de distinction parlent couramment le persan, langue officielle et commerciale dans tout l'Afghanistan.

Sur une terre si montagneuse, un peuple si turbulent ne supporte pas la centralisation; les Afghans sont divisés en tribus qui se déchirent souvent. La tribu des Douranis, la plus puissante, contribua plus que toute autre à gagner au pays son indépendance. A côté des Afghans, l'Afghanistan donne asile à des Indous et à des Béloutchis.

Caboul (50,000 hab.) est la capitale d'un des deux grands khanats de l'Afghanistan. Elle se trouve à 2,000 mètres d'altitude, près du Cohibaba, sur le Caboul, affluent de l'Indus. La vallée du Caboul termine à l'orient la route la plus courte entre l'Europe et l'Inde.

Candahar, chef-lieu de l'autre khanat, égale en population Caboul; son altitude est moindre.

Les Afghans ont étendu leur domination au delà des monts du nord, sur le **KHANAT DE KOUNDOUZ**, appartenant au Turkestan par sa situation dans le bassin supérieur de l'Amou ou Oxus, le plus méridional des deux grands fleuves du Touran. Le khanat de Koundouz remplit en partie l'ancienne Bactriane. Cette annexion ajoute à l'Afghanistan environ vingt millions d'hectares et un million d'habitants. **Koundouz**, capitale du khanat, compte, dit-on, 25,000 âmes.

Le **KHANAT DE HÉRAT** peut avoir 15 à 20 millions d'hectares et un million d'habitants. Officiellement, il dépend de la Perse; en réalité, il obéit à l'influence anglaise, qui y lutte de loin contre les progrès des Russes en Turkestan. Là se réunissaient autrefois la Parthie, l'Hyrcanie, la Bactriane.

Le khanat de Hérat est, dans son centre, une région de montagnes, de plateaux, de vallées formées par les branches de l'ancien Paropamisus. Au sud, vers le lac Hamoun, au nord en tirant sur les plaines de Touran, se déroulent des steppes misérables et déserts, trop froids pendant une moitié de l'année, trop chauds pendant l'autre moitié. La population se compose de Persans, d'Afghans, de Turcomans, tous professant l'islamisme.

La capitale, **Hérat** (50,000 hab.), tire une importance immense de sa situation sur la route de Caboul et des Indes quand on vient de la mer Caspienne et de la Russie d'Europe. On l'appelle la première clef de l'Inde : Caboul en est la deuxième. Tamerlan résida à Hérat. L'altitude de cette ville est de 850 mètres.

Au nord-est de Caboul, entre la colossale barrière de l'Indou Koh et le cours de l'Indus, au point où ce fleuve quitte les gorges du Tibet pour les plaines de l'Inde, s'étend le montueux **CAFIRISTAN**, que nous ne connaissons pas. Ses eaux se versent dans le Caboul. Les habitants s'appellent en leur langue *Siapoch*. Leur type, paraît-il, s'approche de celui des Européens aux yeux bleus, à la chevelure et à la barbe blondes. Peut-être proviennent-ils d'une tribu laissée dans ces Alpes par nos ancêtres, lorsqu'ils commencèrent les migrations qui les menèrent dans l'Inde, en Perse, en Europe. Les Siapoch sont païens et ennemis sans merci des musulmans : d'où le nom de Cafiristan, Terre des Infidèles, donné par ceux-ci à ce massif de montagnes et de vallées élevées.

BAS-TURKESTAN ET TOURAN.

Dans son acception la plus large, le Turkestan comprendrait toutes les contrées qu'occupent dans l'Asie Centrale les tribus de race turque, environ 500 millions d'hectares, avec 10 millions d'habitants. Le Turkestan Oriental a été soumis à la Chine et vient de se libérer ; le khanat de Koundouz obéit aux Afghans ; les Kirghises et autres peuplades ont accepté la suzeraineté russe, qui s'est aussi récemment imposée au khanat de Tachkend et à Samarcande. Le pays restreint appelé Turkestan porte aussi le nom de Tartarie Libre ou Grande Boukharie.

Le Turkestan, Bactriane et Sogdiane des Grecs, a pour limites la mer Caspienne, les monts que les anciens nommaient Paropamisus, la paroi grandiose du Grand Plateau d'Asie et une ligne fictive irrégulière du côté des nouvelles acquisitions russes. Depuis la perte des khanats de Koundouz et de Tachkend, et d'une partie de la vallée de Samarcande, sa surface est descendue à 100-120 millions d'hectares, deux fois la France. Physiquement, il se partage en deux régions : la montagne et la plaine ou Touran, celle-ci deux fois plus vaste que celle-là, l'une et l'autre reliées par le cours de deux grands fleuves, le Sir et l'Amou.

Les monts où se forment le Sir et l'Amou paraissent avoir été l'une des premières étapes de la race supérieure qui conquit l'Europe, absorbant ou détruisant des autochthones moins beaux, moins forts, moins intelligents et plus mal armés. Dans aucun des cantons du globe où son destin l'a poussée, cette race des Aryas n'a rencontré de montagnes plus austères que l'entassement d'où ruissellent les sources des deux fleuves touraniens : l'Indou-Koh, le Bolor, le steppe de Pamir ou Toit du Monde, les monts Thian-Chan ou Célestes. Neiges et glaces de pics hautains montant à 5,000, 6,000, peut-être à 7,000 mètres et plus, ruisseaux des montagnes moyennes, le Sir et l'Amou reçoivent tout dans leur lit rapide. Pourtant, à la sortie de leur bassin d'origine, ils roulent beaucoup moins d'eau qu'on l'attendrait de l'élévation des chaînes nourricières ; cela parce que l'air qui baigne les versants de l'Asie Centrale est très-avare de neige et de pluie.

La plaine de Touran conduit à la mer d'Aral les deux fleuves jumeaux et parallèles. Le Touran est un triste désert : il y fait trop froid — 30 à 40 degrés au-dessous de zéro, — il y fait trop chaud — 35 à 40 degrés au-dessus, — l'air y garde une transparence admirable, mais par excès de sécheresse, et presque jamais il ne pleut sur ses dunes, sur ses marais, ses lagunes salées, ses plaines de sable, de cailloux, de coquilles marines. On ne voit de prairies, de cultures, d'arbres, de vie que le long des deux fleuves et des canaux d'irrigation qui les épuisent dans leur trajet sans affluents entre la montagne et l'Aral.

La plaine de Touran s'élève peu au-dessus du niveau général ; l'altitude de la mer d'Aral ne dépasse pas 10 mètres, et la mer Caspienne est inférieure de 30 mètres au miroir des océans. L'Amou se dédoublait jadis : la branche de droite tombait dans l'Aral ; le bras de gauche gagnait la Caspienne et on le reconnaît encore à des bords souvent effacés, à un lit presque toujours comblé par des sables, aux ruines des villages qui accompagnaient son cours. S'il reprenait cette antique voie, et que son cours fût tenu navigable, l'Amou deviendrait un des grands chemins entre l'Orient et l'Occident. On a songé à verser le Sir dans l'Amou : de la sorte on pourrait peut-être faire revivre le bras mort et le pousser jusqu'à la mer Caspienne. Mais il vaut mieux établir une bonne route et réserver les deux fleuves pour l'irrigation du désert que de se débattre éternellement contre les bancs de sables, les rapides et les eaux courtes de l'été.

Bien qu'elle absorbe le Sir et l'Amou, et quelques ruisseaux traînants échappés à la sécheresse du steppe, la mer d'Aral diminue d'année en année, soit par un écoulement souterrain vers le niveau inférieur de la Caspienne, soit par l'excès d'évaporation. Ainsi de la mer Caspienne, aux rivages enlaidis par des flaques salées, des roseaux, des marais, des joncs, des fondrières. Entre le lac Caspien et le lac d'Aral s'étendent le bas plateau d'Oust-Ourt et l'affreux désert de Khovarezm, ou désert des Turcomans, ce que le pauvre Touran a de plus aride, avec le désert de Kizilkoum, entre le Sir et l'Amou.

Trois, quatre, cinq millions d'habitants, on l'ignore, mais en cas pareil le chiffre le plus mince est le plus vraisemblable, vivent dans le Touran et les deux grandes vallées qui y débouchent. Les Usbecks ont encore des tribus nomades, mais le plus grand nombre s'est fixé. Dépossédés deux fois, par Gengis Khan et Tamerlan, ils dominent le pays, non par le nombre, mais par l'énergie et l'habitude du commandement. Leurs frères par l'origine et le langage, les Turcomans, effrontés coupe-jarrets, se partagent en hordes qui font au loin des razzias en territoire persan; ils errent entre l'Aral et la mer Caspienne et dans les steppes voisins du Sir et de l'Amou. Ces Mahométans fanatiques, sunnites comme les Usbeks, font partie comme eux de la grande race turque, peu intelligente peut-être, mais à coup sûr héroïque : elle envahit l'Europe à la fin du moyen-âge, lutta dans mille batailles contre les Hongrois, les Polonais et toute la chrétienté, tenta l'assaut de Vienne et fit pendant cent cinquante ans trembler nos hommes les plus fiers. Les Tadjiks ou Persans, chiites ainsi qu'en Perse, forment la majorité; ils habitent les villes, dont ils sont les citoyens les plus civilisés, et une partie des districts du sud.

Ce pays sur lequel la Russie a toujours l'œil ouvert, car ses deux fleuves conduisent à l'Inde, se divise en khanats dont les limites sont peu stables.

Kokand, sur le Sir, aurait 100,000 habitants, 100 écoles musulmanes et 300 mosquées.

Boukhara se trouve à 350 mètres d'altitude, dans la vallée du Zérafchan, qui n'atteint pas l'Amou. Elle compte 150,000 individus, dont plus du tiers Persans. C'est une ville de commerce, un grand rendez-vous de caravanes, le siège des écoles réputées les plus savantes, et l'un des centres religieux les plus actifs de l'Islam. « Sur les sols sacrés de Boukhara et de Samarcande, il faudrait marcher non sur les pieds, mais sur la tête. »

Khiva occupe le centre d'une oasis créée par une dérivation de l'Amou.

HAUT-TURKESTAN.

Sous le nom chinois de Thian-Chan-Nan-Lou, qui signifie Pays au sud des Monts Célestes, le Haut-Turkestan faisait partie du grand empire asiatique depuis une centaine d'années. Il vient de s'en détacher.

Son étendue est évaluée à 155 millions d'hectares.

De trois côtés des montagnes énormes l'enchaînent; il s'étend librement à l'est pour finir sans limites précises dans le vague du désert mongol. Au nord, les Thian-chan, ou Monts Célestes, interposent leur masse immense entre le Thian-Chan-Nan-Lou et la Dzoungarie ou Thian-Chan-Pé-Pou (Pays au nord des Monts-Célestes). Cette chaîne, toute rayonnante de grands glaciers, et par endroits volcanique, n'a pas moins de 3,500 à 3,600 mètres d'altitude moyenne. Le Bogda-Dola, qu'on croit son pic suprême, se profile au-dessus du champ brûlant d'Oumroutsi, solfatare de vingt kilomètres de tour; il monte à 6,500 mètres, 50 à 100 mètres de plus que le Tengri-Khan (Roi des Esprits). A l'ouest, les monts Bolor (Monts des Nuées) séparent le Haut-Turkestan de la Grande Boukharie. Ils sont aussi neigeux que les Thian-Chan, et que le Kouen-Loun, qui s'étage au sud jusqu'à des hauteurs de plus de 7,150 mètres.

De ces trois chaînes découlent des torrents sans nombre. Les uns filtrent et sèchent dans la plaine, d'autres, détournés par des canaux, irriguent le sol, qui sans leur eau produirait peu, car ici les cieux mesurent avarement la pluie. Beaucoup de rivières se réunissent dans un lit commun, le Tarim, qui finit au lac Lob (265,000 hectares), dominé au loin par le Bogda-Dola.

Il paraît qu'à l'est du Lob le terrain continue de s'affaisser, à travers le désert de Mongolie, jusqu'aux bords même du Hoang-Ho. Suivant la tradition chinoise, le Tarim rejoignait jadis le Fleuve Jaune près de la Grande-Muraille, par un lit aujourd'hui sec et partout effacé. Si la légende ne ment pas, le Hoang-Ho fut en son temps le premier fleuve du monde, avec 8 à 10,000 kilomètres de longueur.

On ne connaît nullement le nombre des habitants du Haut-Turkestan. Seulement, on sait que le pays n'est point, comme le bruit en courait, une plaine aride avec des troupeaux gardés par des hommes à cheval, un désert, et, dans ce désert, quelques oasis et des jardins le long des torrents et des canaux. Le sol, au contraire, y est admirablement cultivé, il nourrit de belles récoltes, des vignobles, des vergers magnifiques, de vraies huertas comme à Valence, et l'irrigation est parfaite chez ces barbares d'hier, restés nomades, paraît-il, jusqu'à une époque voisine de la nôtre. Les races sont les mêmes que dans le Bas-Turkestan : des Turcs impatients de tout joug et parlant le plus pur dialecte de leur langue au loin répandue, des Tadjiks, plus industrieux, mais moins énergiques. Les uns et les autres font profession d'islamisme. Il n'y a de nomades et de bouddhistes que quelques Mongols, Mantchoux et Chinois.

Kachgar (150,000 hab.), à 1,250 mètres d'altitude, est la cité la plus importante de l'Altéchar, confédération de six villes. A 1,150 mètres, **Yarkand** ouvre 160 mosquées à ses 120,000 citadins.

INDE.

380 millions d'hectares, 200 millions d'habitants, au nord les plus hautes montagnes du globe, au sud la mer des Indes, d'un bout à l'autre une végétation superbe, sous ces grands traits se présente l'Inde, berceau de civilisations très-antiques, de beaucoup de philosophies, de plusieurs religions, d'une poésie épique et lyrique grandiose.

Presqu'île triangulaire, quasi équilatérale, l'Inde, vue de haut, est un plateau moyennement élevé, bordé sur deux côtés par l'océan Indien, sur le troisième par des plaines chaudes et des déserts au delà desquels se lèvent à l'ouest les monts d'Iran, au nord les chaînes sublimes qui portent l'Asie Centrale. Peu d'îles sur une côte d'un développement d'au moins 10,000 kilomètres. Le rivage occidental voit blanchir au loin les écueils des Laquedives et des Maldives, près de la pointe terminale du triangle. A l'est, Ceylan, la perle de l'Inde et sa forteresse maritime, est séparée du continent par le détroit de Palk. Peu de vrais ports, si ce n'est dans quelques parages de la côte occidentale, peu de bonnes anses d'abri sur des plages tantôt vaseuses, tantôt sablonneuses, tantôt rocheuses, le long d'une mer tourmentée par les cyclones.

L'Himalaya fait l'Inde. Sans lui les vents du nord glaceraient l'air de la presqu'île et y arrêteraient l'essor de la sève ; dès lors plus de végétation fougueuse, de plaines exubérantes, de jardins magnifiques, et par sa latitude la moitié de ce grand pays serait une région tempérée au lieu d'une région tropicale. Les flancs noirs de forêts, les sommets d'argent de l'Himalaya arrêtent les nuages emportés vers le septentrion, et les forcent à retomber en frimas et en pluies sur les gorges où grandissent les fleuves qui vont arroser la plaine. Que l'Himalaya et les chaînes presque aussi puissantes qui se dressent derrière lui s'affaissent, et l'Inde perdra ses journées de feu, le soleil et l'eau : elle ne sera plus l'Inde. Le talus himalayen coupe si bien la route du nord aux immenses provisions de nuées fournies par la cuve de la mer des Indes et amenées par les vents réguliers de la mousson qu'il reçoit plus de pluies que tout autre versant du globe. A Cherra Ponji, sur une chaîne au nord de laquelle s'étale le majestueux Brahmapoutre, il tombe par an près de 15 mètres d'eau du ciel, sept fois la quantité observée dans les montagnes exceptionnellement pluvieuses de France, près de vingt fois notre moyenne annuelle, quatre-vingt-cinq fois plus que sur Alexandrie d'Égypte ! Ainsi va le monde. Au Bengale et à l'Arracan le déluge sans fin, aux Saharas l'aridité sans espoir !

Himalaya veut dire *demeure de la neige*. La limite inférieure des neiges qui ne fondent jamais s'y trouve, sur le versant septentrional, ou versant tibétain, à 5,254 mètres, et sur le versant méridional, ou versant indou, à 4,892 mètres d'altitude. Quelle immense quantité de frimas persistants, neiges et glaces, doivent s'accumuler sur les têtes de cette chaîne, puisque des centaines de sommets s'y dressent au-dessus de 5,000 mètres! On y a déjà mesuré 216 pics : 17 ont plus de 7,500 mèt., 40 plus de 7,000, 120 plus de 6,000. Le premier parmi ses frères est le Mont Everest, ou Gaurisankar, appelé aussi Tchingo-Pamari (8,840 mèt.). Le Snowy-Peak (Pic Neigeux), à 55 lieues à vol d'oiseau au nord-est de Cachemire, a 8,619 mètres. Le Kinchinjunga monte presque à 8,600 ; le Dhawalagiri (8,175 mèt.) groupe autour de ses cinq pics un cortége de sommets neigeux. Le Tchamalari ne dépasse pas 7,300 mètres.

Le versant méridional, exposé à de plus chauds soleils, devrait garder moins de neiges que les pentes septentrionales, tournées vers d'autres montagnes glaciales assises elles-mêmes sur de froids plateaux. Or, le contraire a lieu : parce que l'Himalaya, première et plus haute barrière du côté du sud, fait faire halte à l'humidité d'où procèdent les chutes de neiges. Les bassins creusés derrière la chaîne, entre elle et le Karakoroum, entre le Karakoroum et le Kouen-loun, les plateaux du Tibet, en un mot, sont d'une sécheresse prodigieuse ; l'air, pauvre en molécules aqueuses, n'y peut fournir que peu de frimas aux versants sur lesquels il repose. De là l'infériorité du Tibet, l'immense supériorité de l'Inde : pour l'un les vallées sèches, arides, gelées, venteuses à 3500-4500 mètres d'altitude ; pour l'autre, la pluie, le soleil, l'irrigation, la fécondité, la richesse. Pourquoi faut-il ajouter la fièvre, le choléra, l'énervement ?

Et que dire des famines et des cyclones ? Souvent des sécheresses persistantes tuent les récoltes sur de grands districts ; des millions d'hommes périssent. Non pas des milliers, des *millions*, et des provinces indoues contemplent le spectacle misérable que vit maintefois l'Europe au moyen âge : un peuple entier mourant dans la torture, les uns affolés, les autres résignés et silencieux, avec le typhus, la fièvre et la peste pour les survivants. Les cyclones tuent cent fois moins, mais leur rapide fureur montre aux vermisseaux humains quel mince accident ils sont sur la croûte du globe microscopique dont ils se disent les rois. En quelques minutes, le ciel noircit, le vent souffle comme pour ébrécher la planète, il arrive de partout, il monte, il descend, il plonge, il tourne et remplit en criant tout l'air jusqu'aux lourdes nuées. La mer s'enfle, les rivières se tourmentent, elles montent à cinq et dix mètres et leurs flots s'écroulent sur la plaine, portant des vaisseaux de haut bord dans les champs rasés avec leurs moissons, leurs fermes, leurs villes et leurs hommes. Dans un seul cyclone, l'Hougli, bras du Gange, a détruit ou avarié 155 vaisseaux à Calcutta et, l'ouragan fini, *vingt mille* individus étaient morts.

Au pied même de l'Himalaya s'étend le Teraï, lisière marécageuse, terre à brouillard malsaine et fatale, en vue des jardins mêlés de forêts où les Anglais ont bâti leurs sanatorium. Les sanatorium sont des stations élevées où les Européens cherchent à se guérir par l'air frais d'en haut des miasmes puisés dans l'atmosphère étouffante d'en bas.

A l'extrémité nord-ouest, l'Indus contourne l'Himalaya pour entrer dans l'Inde ; à 1,400 ou 1,500 kilomètres de là, à l'extrémité opposée de l'arc de cercle décrit par la chaîne (la convexité regardant le sud), le Brahmapoutre en fait autant. Entre les deux fleuves court le Gange, qui n'est pas né comme eux de l'autre côté du grand mur des monts.

L'Indus ou Sind, avant d'entrer dans l'Inde, a coulé derrière l'Himalaya, sur un haut plateau et au fond de gorges sinistres, juste assez larges pour qu'il passe en grondant. Il a déjà plus de 200 mètres de largeur quand le Caboul lui amène les eaux d'une partie de l'Afghanistan. Plus bas, à mi-chemin du Caboul à l'Océan, une rivière considérable, le Tchinab, lui porte, avec son propre tribut, le tribut du Djélam, l'ancien Hydaspe, venu du merveilleux bassin de Cachemire, celui du Ravi, qui passe à Lahore, celui du Soutledje, qui commence derrière l'Himalaya, dans le lac sacré de Rawana Hrad (3,575 mètres d'altitude), puis fend la chaîne par de grandioses défilés. Ces quatre rivières et l'Indus arrosent le Pendjab, qui fut le terme, non de l'ambition d'Alexandre, mais de la patience et du courage de ses Macédoniens. Pleinement constitué dans sa grandeur par l'arrivée de ces eaux, l'Indus serpente au pied des monts Indo-persiques, laissant à gauche les vastes sables du Désert de Thour. Son delta, que forment onze bras, dont un seul persiste toujours, est un triste bas-fond de marais et de sable. De sa source au golfe d'Oman, l'Indus parcourt près de 3,000 kilom.; l'aire de son bassin (110 millions d'hectares) contiendrait deux France, et le fleuve verse en moyenne 5,550 mètres cubes d'eau par seconde à la mer, 17,500 dans les crues. Comparé au Rhône, il roule un volume double pour la moyenne de l'année, mais le fleuve français ne le cède même pas d'un tiers au fleuve indou quand tous deux sont en grande crue.

Le Gange est moins long que l'Indus de quelques centaines de kilomètres, et il roule un peu moins d'eau, ne recueillant pas comme lui les émissaires de glaciers du versant septentrional de l'Himalaya. Les Indous en ont fait leur fleuve sacré. Le torrent initial, le Baghirati, s'élance, à 4,000 mètres d'altitude, d'une grotte de glace voisine du fameux pèlerinage de Gangotri. Il prend le nom de Gange à l'accession de l'Alacananda. En quelques lieues d'une course furieuse dans les précipices, il descend des frimas éternels dans des plaines où l'été ne fuit que devant le printemps, et le printemps que devant l'été, dans le jardin, le verger et le grenier de l'Inde. A l'issue des monts, à Hardvar, son altitude n'est plus que de 350 mètres environ, pour plus de 2,000 kilomètres de circuits jusqu'au golfe du Bengale; il est déjà fort considérable, mais un grand canal lui enlève les six septièmes de ses eaux, pour l'arrosement des plaines du Doab. La Djumna, au-dessous d'Allahabad, mêle aux flots turbides du fleuve, moins abondant qu'elle, les flots clairs qui ont serpenté dans la vallée où resplendirent les palais de Delhi et d'Agra.

Dès lors le Gange est un grand fleuve, même à l'étiage, en dépit des saignées énormes faites par l'irrigation à ses branches supérieures. Son débit moyen est de 5,099 mètres cubes par seconde, son débit de crue de 11,468, pas tout à fait le volume des inondations du Rhône. Il côtoie des champs de riz, d'indigo, de canne à sucre, de coton, auxquels ses inondations et ses canaux d'arrosage rendent perpétuellement la fécondité; il passe à Bénarès, la cité sainte où des centaines de milliers de pèlerins viennent tous les ans se baigner dans ses ondes, il baigne Patna, puis il entre dans les marais d'un delta où il se joint au Brahmapoutre. La surface de son bassin est de 93 millions d'hectares.

Le Brahmapoutre réunit les eaux d'un bassin peu connu, mais sûrement très-vaste, peut-être de 150 millions d'hectares; son débit, 11,000 mètres cubes par seconde en moyenne, le fait l'égal de l'Indus et du Gange réunis. C'est que le Brahmapoutre reçoit les torrents presque toujours gonflés de quelques-unes des vallées de la terre les plus constamment fouettées par la pluie. On croit que ce fleuve continue le Yarou-Dzang-Bô du Tibet. Malgré la supériorité de son volume d'eau sur le Gange, il a beaucoup moins d'importance que son rival : le Gange fit toujours plus grande figure dans le monde ; des empires sont nés et sont morts sur ses rives, des villes fameuses y ont lui, puis se sont éteintes, d'autres y brillent encore ; les événements accomplis sur ses bords ont souvent décidé du sort de la presqu'île ; c'est le fleuve saint d'un peuple religieux de plus de 120 millions d'hommes ; sa plaine est large et d'un sol généreux ; il est navigable ; il irrigue. Le Brahmapoutre, lui, n'est qu'une rivière sur d'affreux plateaux froids et vides, et plus bas un gigantesque torrent au fond d'obscurs défilés.

Le delta des deux fleuves jumeaux, le Banga des Indous, — nous en avons fait le mot Bengale, — est arrêté depuis longtemps dans son développement vers l'ouest et vers le sud par une fosse marine de 4,000 mètres de profondeur, le Gouffre-Sans-Fond, situé à 50 kilomètres en avant des embouchures. Là s'engloutissent les vases, les détritus, et dans les inondations des îles de boue tout entières. Cette cuvette sous-marine, qui ne sera comblée que dans le lointain des âges, reçoit les bras du double fleuve. Le Gange propre, dont l'embouchure embarrassée d'îles et de vases se mêle à la grande branche du Brahmapoutre, est le bras le plus oriental ; le plus occidental est l'Hougli, chenal large et profond que les navires de 600 tonneaux remontent jusqu'à Calcutta, la capitale opulente des Anglo-Indiens. L'Hougli, Gange commercial, restera tel jusqu'à un bouleversement des vases du delta.

Le delta du Gange, un des plus vastes du globe, est un inextricable entre-croisement de fleuves silencieux, qu'un violent mascaret parfois soulève et fait bruire, et que bordent d'impénétrables fouillis où veillent le tigre, l'éléphant, le rhinocéros et la panthère; un chaos de lacs amers, de flaques vaseuses, d'îles inconsistantes, faites par une inondation, détruites par une autre, de champs incultes, de champs de riz ; c'est un fœtus de la terre et des eaux. Sous une chaleur lourde et humide des poisons rampent dans l'air des lagunes corrompues : de là surgit le choléra, qui a fait le tour du monde, là s'élabore peut-être quelque grande épidémie de l'avenir. La partie la plus marécageuse du delta la plus voisine de la mer, porte le nom de Sunder-Bunds. A l'orient du Brahmapoutre, qui entraîne deux fois plus de limon que le Gange, la terre gagne rapidement sur la mer par l'empiètement des alluvions.

La région parcourue par les trois grands fleuves, entre l'Himalaya presque infranchissable au nord (cols rares, à 5,200 — 5,800 mètres d'altitude) et les monts Vindhya, faciles à franchir, au sud, prend environ la moitié du pays et forme l'Inde chaude, l'Inde véritable. Pour l'abondance, la force, l'éclat de la végétation, ses terrains inclinent vers deux pôles : le pôle de l'infécondité, le Sahara indou, c'est le désert de Thour, près du delta de l'Indus. Qu'on y arrive du nord, du sud, de l'est, le jardin devient désert, et la forêt avec ses clairières à l'horizon borné se change en sables sans limites, éparpillés au loin par le vent. Le pôle de la fécondité, le delta électrique, humide, orageux du Bengale, touche aux faubourgs de Calcutta.

L'Inde méridionale, le triangle baigné de flots, s'étale en vain sous les Tropiques et même se rapproche beaucoup de l'Équateur par sa pointe terminale; il y fait moins chaud que dans l'Inde septentrionale. Comparée à celle-ci, c'est l'Inde tempérée, excepté sur la zone restreinte des côtes. Le long du rivage, sur la mer d'orient comme sur la mer d'occident, les vents du large diminuent peu la chaleur tropicale, souvent même ils l'augmentent, quand de l'Océan s'élèvent d'épais nuages électriques.

L'Inde triangulaire, le Décan, sur ses plateaux élevés de 650 à 800 mètres, et même de 1,000 mètres vers le midi, atténue l'influence de la latitude par l'influence plus grande de l'altitude. Le marchand, le soldat de l'Europe, qui meurt de chaleur humide sur la côte, chemine pendant quelques heures sur le flanc bienfaisant des monts du littoral, et, dès qu'il en a franchi l'arête, il revit à l'air frais, sec et révigorant du plateau. Sur le rivage de Malabar il tombe annuellement jusqu'à sept ou huit mètres de pluies et 597 millimètres seulement à Pounah, ville du Décan protégée contre les nuées marines par le rideau d'une chaîne côtière.

Au nord, le Décan s'assied sur les monts Vindhya (2,000—2,300 mètres), que côtoie la vallée de la Nerbudda, profonde, étranglée, insalubre. A l'ouest, très-près de la rive océanique, s'échelonnent en terrasses les Gates occidentales (mont Taddiamdamala, 1,735 mètres), aux versants chargés de bois de tek, de sandal et d'ébène. A l'est sinuent les Gates orientales plus basses que les occidentales et plus éloignées de la mer : derrière la côte sablonneuse et malsaine de Coromandel, leurs flancs s'ouvrent pour laisser passer trois fleuves, le Godavéry, la Kristna, le Cavéry qui ont traversé le plateau dans toute sa largeur, étant nés dans les Gates d'occident, à une faible distance de la mer de Bombay. Au sud de la presqu'île, dans le massif où s'enracinent à la fois les deux Gates, le mont Dodabetta (2,680 mètres) s'élance au-dessus d'une dépression curieuse, le Gap, de l'autre côté duquel se massent les Alighiri, ou monts de Travancore, groupe très-élevé où les Anglais ont installé des sanatorium. Le Gap n'a que 130 mètres d'altitude ; il établit un passage entre la côte de Coromandel et la côte de Malabar, malheureusement trop au sud. Son importance serait bien autre s'il ouvrait une communication entre les deux mers sous la latitude de Goa ou de Bombay.

Le Décan, que vivifient à la fois le soleil et d'abondantes rivières, ne peut pourtant pas entrer en lutte pour la fécondité avec l'Inde septentrionale, mais il l'emporte de beaucoup par sa salubrité, et l'Européen ne s'y étiole pas comme sur les alluvions du Bengale. En certains districts, ce plateau est un des rares pays du monde embellis par le soi-disant printemps perpétuel de tant de climats trop célèbres.

L'Inde possède tous les climats, celui du pôle dans le haut Himalaya, celui de l'Europe chaude ou tempérée dans la montagne moyenne, celui du tropique dans le Bengale, le long du Gange, aux bords de l'Indus et sur les littoraux. Ayant tous les climats, elle a tous les produits : les compter, ce serait faire le catalogue de la création. Sa mer a les perles, ses montagnes ont le diamant, tous les métaux, la houille. Au riz, sensiblement inférieur à celui d'Amérique, aux diverses espèces de bananes, donnant à égale étendue de terrain cent trente-trois fois autant de substance nutritive que le blé, à la canne à sucre, au coton, au cafier, aux plantes qui portent les épices ou les aromes, au pavot d'où sort l'abrutissant opium, au tabac « opium de l'Occident, » à l'indigo, se sont ajoutés, dans ces derniers temps, le thé et le quinquina. Ce dernier se cultive maintenant dans l'Himalaya, dans le Décan, à Ceylan, entre 300 et 2,000 mètres d'altitude, surtout vers 900.

Ces produits bruts sont transformés par les Indous avec une dextérité parfaite. Les châles, les indiennes, les tapis, les étoffes de soie, les objets d'orfévrerie de l'Inde valent ce que nous produisons de plus beau. Naturelles ou industrielles, les richesses de la péninsule alimentent un commerce déjà immense, croissant avec rapidité d'année en année; il a surtout lieu avec l'Angleterre, l'Allemagne, la France, les États-Unis et la Chine.

Avant l'ère historique, l'Inde appartint à des peuplades noires ou négroïdes, aux Dasyous et aux Mletchas, autochthones se rapprochant sans doute du pauvre type australien. Quelques-unes de ces tribus primitives existent encore dans des cantons reculés du Décan. A ces indigènes succédèrent des nations plus puissantes, probablement venues de l'Asie centrale, les Dravidas (Tamouls, Malabars, Telingas, Toulouvas, Carnates, etc.), encore debout de nos jours dans le Décan, et ayant gardé leurs langues apparentées aux idiomes tibétains.

A leur tour, ces conquérants furent soumis, détruits, absorbés ou modelés par des envahisseurs blancs, les Aryas. Arrivant on ne sait trop de quelle partie de l'Asie du centre, les Aryas qui peuplèrent l'Inde se séparèrent, peut-être vers le xve siècle avant notre ère, de leurs frères les Iraniens, puis par la grande porte de l'Occident, la vallée du Caboul, ils pénétrèrent dans le pays de l'Indus et du Gange. Ensuite ils gravirent le Décan, chassant devant eux les autochthones méprisés, flétris du nom de Soudras, et les Dravidas.

Les vaincus se mêlèrent aux vainqueurs, non du fait des femmes aryanes et des hommes soudras, mais du fait des hommes aryas et des femmes soudras. Ainsi s'altéra la noblesse et la blancheur du visage blanc, au dommage de l'orgueil de race. En revanche, ainsi s'acclimata, sans trop de perte, le conquérant du nord sous un climat qui l'aurait détruit à la longue : l'infusion du sang méridional donna un point d'appui solide à l'acclimatement des aventuriers aryas dans l'Aryavarta, l'Aryabumi, l'Aryadeça. Ces trois noms se rapportent aux bassins de l'Indus et du Gange. Le Décan fut ravagé, disloqué, soumis, mais il maintint son originalité de races et de langues.

La conquête de ce grand territoire assurée, les Aryas indous se développèrent normalement, comme ils ne le firent plus depuis, suivant leur génie, sans influences étrangères. Les temps qui précédèrent la conquête d'Alexandre nous montrent sur les deux fleuves une race douce, intelligente, poétique, passionnée pour les rêveries de la philosophie, parlant la plus belle langue de la terre, le sanscrit, plus riche, plus fort, plus élégant, plus ample, plus sonore que le grec même. Alors florissait dans sa jeunesse, la religion de Brahma, qui tremble aujourd'hui dans la décrépitude. Les castes qui divisent encore si misérablement la nation étaient déjà constituées depuis longtemps. Le peuple, façonné à une servilité dont il se consolait par la religion, les systèmes, la poésie et le soleil, obéissait à l'aristocratie théocratique des brahmines et à l'aristocratie militaire des princes ou rajahs. A cette époque, la philosophie indienne, si fameuse dans l'antiquité, créait, modifiait, reprenait sans cesse des conceptions, ingénieuses ou puériles, mais le triomphe de cette race d'élite fut la poésie. Aucune langue n'a produit d'épopées pareilles au Mahabharata, au Ramayana, et à ces poëmes de cent mille vers, aussi bien sonnants que les chants du divin aveugle. En même temps, l'architecture et la sculpture évidaient dans la profondeur des rochers ces temples souterrains, où vit encore un peuple de statues mutilées. Sur le Décan, à Ellora, toute une montagne a été fouillée, les temples y suivent les temples et toujours les statues des dieux succèdent aux statues, et les bas-reliefs à d'autres bas-reliefs taillés dans un basalte noir.

550 ans environ avant l'ère chrétienne, Gautama, fils d'un roi des montagnes du nord, prêche, à l'encontre du brahmanisme, une doctrine nouvelle qui déclare tous les hommes frères et repousse le système des castes. Cette doctrine devint plus tard une religion complète qui absorba tous les dieux indous. Elle prit de son fondateur, que la reconnaissance des néophytes avait appelé Bouddha (Sagesse, en langue pali), le nom de bouddhisme, sous lequel elle est aujourd'hui fort répandue, et aussi fort corrompue et tout à fait détournée de sa simplicité originaire par l'exégèse de ses docteurs et les rites de ses innombrables prêtres. C'est maintenant un ensemble de pratiques, et les hommes qui cherchent à s'affranchir de la tyrannie de ses cérémonies et de ses formules se perdent dans le Nirvana ou Nirenpan, théorie de l'anéantissement personnel.

La doctrine de Çakya-Mouni, autre nom de Gautama, périt sous la force, mille ans après sa naissance, dans le pays où avait prêché le révélateur. Le bouddhisme n'a plus son centre dans l'Inde. Son lama, sorte de pape, réside dans le Tibet, et des centaines de millions d'hommes le révèrent dans le Nepaul, à Ceylan, en Indo-Chine, en Chine, en Mongolie, dans l'Asie Centrale, et jusque dans les toundras de la Sibérie.

Après l'apparition du Bouddha, à partir d'Alexandre le Grand, l'Arya indou semble énervé par le climat. Il dit avec le proverbe arabe : « Mieux vaut être assis que debout, couché qu'assis, mort que couché. » Au huitième siècle arrivent les cavaliers arabes, déjà maîtres d'une partie du monde ancien ; ils cherchent à imposer à l'Inde leur religion, et avec elle leur esprit écourté, emphatique et sans profondeur. Ils ne réussirent pas comme dans l'Asie occidentale et dans le nord de l'Afrique, et la péninsule resta polythéiste. Au XVIe siècle, un descendant de Tamerlan fonda le célèbre empire mahométan de Delhi dont l'Europe se faisait conter avidement les merveilles. L'empire du Grand Mogol disparut à son tour, et après les Portugais, les Hollandais, les Français, l'Angleterre prit la prépondérance dans l'Inde, puis s'empara définitivement du pays. De nos jours, tout ce que les Anglais n'y possèdent pas directement leur appartient réellement sous une vaine apparence d'autonomie.

Dans l'Inde anglaise (255 millions d'hectares; 148 à 149 millions d'habitants, en y comprenant les possessions indo-chinoises), les États Feudataires et Ceylan mis en dehors, on compte près de 110 millions d'Indous et de 25 millions de Musulmans, 10 à 12 millions d'indigènes de race non aryane, 3 millions de Bouddhistes, 1,100,000 d'Asiatiques chrétiens. Les États Feudataires (176 millions d'hectares) renferment environ 35 millions d'habitants. Cela fait pour l'Inde européenne, l'Indo-Chine anglaise comprise, 184 millions d'habitants, et avec Ceylan 187 millions. Les Anglais ne sont point nombreux, 130,000 au plus; ils commandent, dirigent des plantations ou de grandes usines, font le commerce. Les Eurasiens, métis anglo-indous méprisés par leurs pères, comptent environ 800,000 individus. Les Topassi, bâtards des Portugais et des femmes indigènes, arrivent à un demi-million. Les Européens résistent mal au climat de l'Inde, hors les Portugais, qui auraient fait souche dans la presqu'île si leurs émigrants avaient été plus nombreux et leur domination plus longue. Les Anglais perdent annuellement en moyenne 94 des leurs sur 1,000 dans le plat pays; dans leurs sanatorium de l'Himalaya et des monts du Décan, il n'y a plus que 20 décès sur 1,000. L'Européen vit sans trop de peine sur la grande chaîne et sur les plateaux du Décan, et il a été longtemps question de coloniser l'Himalaya avec des émigrants de la Grande-Bretagne.

Les Indous parlent surtout l'indoustani, qui descend pour une part du sanscrit, langue morte comme le pracrit et le pali. Le sanscrit subsiste encore, ainsi que chez nous le latin, comme langue religieuse du brahmanisme. Le pali est la langue sacrée de Ceylan et de l'Inde bouddhiste. Du pracrit et du pali, filles du sanscrit, l'influence du persan et de l'arabe a fait naître l'indoustani, autrement dit l'ourdou, et ses 80 dialectes. L'ourdou, langue du gouvernement et du commerce, se comprend d'un bout de l'Inde à l'autre; c'est, en définitive, l'idiome général, et il tend à restreindre dans les hautes classes l'usage du persan qui, de même que le français en Europe, était resté jusqu'à notre époque l'idiome du bon ton dans la péninsule. L'indi sert à

40 millions d'agriculteurs ; il descend du sanscrit. Dans le Bengale on parle bengali ; dans la présidence de Bombay, le guzarate et le mahratte. Dans le Décan règnent des langues absolument étrangères au sanscrit et à ses dérivés : ce sont le télinga, le tamil, le canara, le toulou, le malayalam, à côté desquels commence à s'introduire aussi l'ourdou. L'anglais, fort répandu, prend tous les jours plus d'influence comme idiome de la haute société, de la politique, des principaux journaux, mais il ne peut prétendre à remplacer l'ourdou, parlé par plus d'hommes qu'il n'y d'Anglais dans le monde. Les 25 millions de Musulmans, fils des conquérants mongols mêlés de Persans, de Turcs, d'Indous, ont maintenant l'ourdou pour langue maternelle.

Excepté les Musulmans, les Bouddhistes et les Chrétiens, formant ensemble trente millions d'hommes, l'Inde professe le brahmanisme, la religion de ses vieux hymnes et de ses grands poëmes. Elle adore Brahma, l'être préexistant dont le trône couronne la fabuleuse montagne de Mérou, soi-disant centre de la terre et prétendue source de l'Indus et du Gange. Brahma crée, Vichnou conserve, Siva détruit ; les petits dieux et démons fourmillent. Les animaux dans le corps desquels la divinité s'incarne souvent, et où s'installent souvent par métempsycose les esprits des morts, sont plus respectés, plus aimés, mieux traités par les Indous que les humains leurs frères. La vache, par exemple, est extrêmement révérée. Il y a, ou il y a eu, dans ce pays sympathique à nos muets compagnons dans la vie, des hôpitaux pour les bêtes blessées, vieilles ou malades, comme nous avons nos hôtels-Dieu, nos hospices d'incurables, et nos Invalides. Les prêtres s'appellent brahmines : ils forment une caste, celle qui s'est le moins mêlée et représente le mieux les anciens Aryas. Au-dessous de cette caste suprême, les kchatryas (guerriers) sont, à leur tour, plus élevés que les vaïsyas (cultivateurs, industriels, commerçants). Les brahmines, les kchatryas, les vaïsyas constituent les trois castes nobles et pures. Les vaïsyas ne cultivent point et ne fabriquent point par eux-mêmes, mais par le bras des impurs soudras (ouvriers, domestiques). Après les soudras viennent les gens sans caste : tels les parias, si dédaignés, si abhorrés, si maltraités que leur nom a passé dans nos langues modernes pour désigner le misérable par excellence.

Si les brahmines seuls font une caste à peu près pure, si, au-dessous d'eux, les kchatryas et les vaïsyas ont admis beaucoup de sang hétérogène, il se trouve dans l'Inde quelques nationalités qui, en masse, ont conservé plus intégralement que d'autres l'ancien dépôt dont les Aryas étaient si fiers, eux qui parlaient avec tant de mépris du sang des tribus inférieures. En tête arrivent les Radjpoutes et les Sikhs, les plus Aryas des Aryas indous : les Radjpoutes occupent la plus grande étendue du pays compris entre l'Indus, la mer, le Décan et le bassin du Gange. Les Sikhs se tiennent sur l'Indus moyen et sur ses tributaires et sous-tributaires du Pendjab. De la rive droite de l'Indus aux monts Soliman, et dans le Rohilcund, qui affleure le Gange au sud-est de Delhi, vivent des tribus d'Afghans.

L'Inde anglaise se divise en quatre présidences : la présidence du Bengale, celle d'Agra, celle de Bombay, celle de Madras.

Calcutta est la capitale de la présidence du Bengale, et en même temps de toute l'Inde, la résidence du vice-roi anglais. Bâtie sur l'Hougli, bras du Delta du Gange, elle doit sa haute fortune à l'Angleterre. Avant la conquête il y avait là un marais désert, qu'a remplacé une ville de 400,000 habitants (12,000 Européens, autant d'Eurasiens), de plus de 600,000 avec les faubourgs. La Ville Blanche « ou Ville des Palais » brille de magnificence, la Ville Noire, ou ville des indigènes, est ignoble. Des soleils terribles (moyenne annuelle 26°8), le défaut de pente du sol, la mauvaise qualité de eaux y « engraissent » la mort. A certains mois, le séjour en est pernicieux à l'Européen. L'administration, les hauts personnages, les riches Anglais se réfugient alors à **Simla**, charmant sanatorium de l'Himalaya.

L'ancienne capitale du Bengale, **Mourchidabad**, sur un bras du Delta, en pleine décadence, a gardé 150,000 habitants.

Dacca, jadis très-importante, n'a plus que 100,000 hab. Elle se trouve aussi dans le Delta, entre le Gange et le Brahmapoutre.

Ganda, l'antique métropole du Bengale, était encore une

ville du Delta, entre les deux fleuves : ses ruines couvrent 11 à 12,000 hectares. Paris n'a pas même 8,000 hectares.

Patna, sur le Gange, approche de 300,000 âmes.

Bénarès, la ville sacrée, s'enorgueillit de ses mille pagodes (temples indous), de ses quarante mille brahmines et fakirs (prêtres et moines), de son Gange, où se plongent pour se purifier des pèlerins sans nombre. — 150 à 200,000 hab., d'autres disent 600,000. Comme à Calcutta, beaucoup de palais et encore plus de chaumières, avec des singes sur les toits.

Lucknow (300,000 hab.) groupe ses vieux et riches palais, ses belles maisons européennes, ses huttes d'argile sur un affluent du Gange.

Cawnpore (110,000 hab.) borde le rivage du Gange.

Au pied de l'Himalaya, dans le Rohilcund, **Rampour** et **Bareilly,** sur des tributaires du Gange, renferment l'une et l'autre plus de 100,000 personnes.

Dans la même contrée, sur le fleuve, au point où il émerge des défilés himalayiens, **Hardvar** a bien souvent plus de 100,000 Indous dans ses murs, le « bain d'absolution » dans le Gange y menant annuellement jusqu'à deux millions de pèlerins.

Sur la Djumna, **Agra** (125,000 hab.) fut, au temps du grand Abbas, une des plus brillantes villes du monde. Elle a conservé quelques-uns des plus beaux monuments de l'Inde, forteresses, palais, mosquées, arcs-de-triomphe, mausolées, et au loin d'immenses débris autour de l'enceinte actuelle.

Sur la même rivière Djumna, en amont d'Agra, non loin des sables du désert de Thour, **Delhi** a gardé 200,000 habitants à peine. Elle en avait dix fois plus quand elle s'appelait Séjour du Grand Mogol et Première Ville de la terre. On ne sait pas de cités qui ait été plus souvent anéantie, et qui se soit plus souvent renouvelée. Déjà, dans une antiquité reculée, elle fut sous le nom d'Indrapastha la ville maîtresse de l'Inde. Comme aux murs d'Ispahan, Tamerlan éleva devant ses portes de hautes pyramides de têtes séparées du tronc par le sabre. **Umbella,** près de Delhi, est une résidence d'été de la cour et des grands personnages.

Dans le Pendjab, chez les Sikhs difficiles à dompter, mal

aisés à tenir, **Lahore**, sur le Ravi, contient 100,000 habitants: autant qu'**Amritsir**, qui fabrique le cachemire en grand.

Dans le Sinde, près du Delta de l'Indus, **Kouratchi** (100,000 hab.), sur la côte, devient l'un des ports les plus actifs de l'Inde.

De l'autre côté du Delta, à l'origine de la presqu'île de Guzarate, très-féconde, mais très-malsaine, **Ahmedabad**, bien que fort déchue depuis le dix-septième siècle, loge encore 130,000 individus. Non loin d'Ahmedabad, il y a 150,000 personnes à **Baroda**, sur la Vichvamitra.

Entre le Décan et le cours du Gange, cinq villes passent pour avoir à peu près cent mille âmes : **Indour**, au pied des monts Vindhya ; **Oudjen**; **Adjmir** ou **Merwar** ; **Bhourtpour** ; **Gwalior**, dont la forteresse, élevée de plus de 100 mètres au-dessus de la plaine, a reçu des Anglais le surnom de Gibraltar de l'Inde.

Sur la côte occidentale du Décan, **Surate**, sur le Tapti, a grandement perdu de son commerce et de ses 500,000 âmes.

Bombay (820,000 hab., dont 10,000 Européens et Eurasiens et beaucoup de descendants des Portugais) est la ville la plus peuplée de l'Inde et l'une des plus rapprochées de l'isthme de Suez. Un jour elle tiendra le premier rang parmi les ports de la Péninsule. Elle occupe une île voisine du continent et de deux autres îles, **Salcette** et **Elephanta**, fameuses par leurs temples souterrains, qui sont pourtant moins beaux que ceux d'Ellora.

Cochin (100,000 hab.) vaut beaucoup moins qu'au temps de la splendeur portugaise. C'est un bon port, au nord du cap Comorin.

Sur la côte orientale du Décan, **Madras** compte 16 à 17,000 individus de race européenne sur 400,000 habitants. Ainsi que Calcutta elle a sa belle « Ville Blanche » et sa « Ville Noire. » On ne connaît guère d'aussi mauvais port. La moyenne annuelle de Madras atteint presque 28 degrés.

Sur le plateau, le plus grand centre est **Haïderabad** (100 à 200,000 hab.), à peu de distance des mines de diamant de Golconde. — **Pounah** (150,000 hab.) est bâtie à 545 mètres d'altitude, au pied des Gates occidentales. — **Nagpour** contient 120,000 âmes.

Les États en apparence indépendants occupent les pentes de l'Himalaya :

Le **BOUTAN**, au nord du Delta du Gange, sur le versant himalayen dont le Tchamalari est le pic principal, contient environ 7 millions d'hectares. Ses 500,000 habitants, de souche mongole, reconnaissent la doctrine du Bouddha. La capitale se nomme **Tassisoudon**.

Le **NÉPAL** ou **NÉPAUL**, près de deux fois grand comme le Boutan, possède les plus hauts monts de la terre. On lui donne 2,500,000 habitants, les uns Indous, les autres Tibétains ou métis des deux races. Les Indous sont brahmanistes fervents, le reste bouddhiste. L'ourdou tend à y devenir la langue générale. La capitale est **Khatmandou**.

Le pays de **CACHEMIRE** est connu dans le monde par son doux climat, sa ceinture de montagnes neigeuses, hautes de 5 à 6,000 mètres, ses lacs bleus et la fraîcheur de sa vallée. Le Djélam y serpente avant de devenir l'une des cinq rivières du Pendjab. Cette contrée a pour habitants des Indous mêlés d'Afghans et parlant l'ourdou, les uns musulmans, les autres brahmanistes. La capitale **Srinagar**, ou **Cachemire**, à 1,750 mètres d'altitude, a dû aux nombreux canaux du Djélam son surnom de Venise Orientale. Dans la campagne d'alentour, des platanes gigantesques ombragent des villas d'où la vue est sublime quand on regarde en haut les sommets cuirassés de glaciers, ravissante quand on contemple en bas la vallée que les poëtes indous, persans et arabes ont nommée le chef-d'œuvre de la nature. Cachemire (60,000 hab.) servait de résidence d'été au Grand Mogol.

Le **LADAKH**, traversé par l'Indus, est comme étouffé entre l'Himalaya et le Karakoroum ; il a **Leh** pour capitale.

Malheureux reste des conquêtes du grand Albuquerque, **l'INDE PORTUGAISE** ne s'étend plus que sur 425,000 hectares, avec 525,000 habitants. — **Villa Nova de Goa** (20,000 hab.), sur la côte, au sud de Bombay, a remplacé l'ancienne Goa, aujourd'hui village perdu dans les décombres de demeures où vivaient 200,000 hommes. — **Diu** (10,000 âmes) se trouve sur la côte du Guzarate. — Au nord de Bombay, dans les ruines de **Bassein**, qui fut une grande cité portugaise, le héros lusitanien, Albuquerque, dort dans une tombe abandonnée sous la ronce. Du temps de ce hardi capitaine, le Portugal faisait la loi dans tout l'Orient, et surtout le long de la « célèbre côte de l'Inde, où la gent lusitanienne a remporté des victoires, pris des terres et des cités où elle vivra pendant de longs siècles, au milieu de nations variées, de provinces infinies, les unes mahométanes, les autres païennes avec des lois écrites par le démon. » (Camoëns.)

Pour l'**INDE FRANÇAISE**, V. France : Colonies asiatiques.

CEYLAN (6,350,000 hectares, l'étendue de dix à onze départements) regarde le Décan méridional par-dessus le détroit de Palk et le golfe de Manaar, l'un et l'autre fonds de perles exploités au printemps. La lame de mer qui sépare cette île du continent n'a qu'une faible profondeur, et encore est-elle sillonnée par des traînées d'écueils et des bancs de sable, le tout faisant comme une espèce d'isthme déchiqueté appelé le Pont de Rama. Malgré la proximité de l'Inde, malgré la maigreur du détroit, Ceylan, par sa flore et sa faune, s'écarte visiblement du Décan. On a même pu prétendre, tant s'impose la différence, que l'île est le reste d'un continent recouvert maintenant par la mer des Indes, et dont Madagascar et les Seychelles firent partie.

Comme l'Inde, la féconde Ceylan se distingue par une flore puissante et magnifique. Dans le nord de l'île l'empire des arbres est au palmier ; dans le sud, il y a vingt millions de cocotiers. La cannelle, qui fut si profitable aux Hollandais, quand ils possédaient Ceylan, a presque entièrement disparu ; le café a pris sa place et fait la fortune des nouveaux maîtres, les Anglais. Ainsi que la cannelle, la pêche des perles est en décadence et le commerce d'éléphants diminue de jour en jour : l'éléphant de Ceylan n'a pas de défenses.

Dans les basses terres, le climat ceylandais énerve ; à partir de 1,000 à 1,500 mètres d'altitude, on trouve le printemps sans fin. La plus haute montagne est le Pedro Talla Galla (2,540 mèt.). Moins élevé de 250 mètres, le Samanala, ou Pic d'Adam, se termine en un roc obéliscal qu'on gravit par des échelles et des chaînes. Les Bouddhistes, les Brahmanistes, les Mahométans, les Chinois eux-mêmes s'y hissent en pèlerinage. Ils y viennent adorer une empreinte dans la roche ; dans cette empreinte les Bouddhistes voient le pied du Bouddah, les Brahmanistes le pied de Siva, les Mahométans le pied d'Adam, les Chinois le pied de Fo. De leur temps, les Portugais y virent le pied de saint Thomas. Pendant les 150 ans que le Portugal domina dans l'île, jusqu'à la prise de Colombo par les Hollandais en 1656, la race lusitanienne marqua fortement le pays à son empreinte ; aujourd'hui encore on parle un portugais corrompu dans les villes et dans quelques districts, et il y a 150 à 200,000 catholiques, beaucoup plus que de protestants. La religion de la très-grande majorité est le bouddhisme. On dit que le tiers des champs en rapport de Ceylan appartient aux couvents bouddhistes, et, sous le nom de Lanka, l'île est révérée au loin par les peuples qui ont gardé la doctrine de Çakya Mouni.

Quand Ceylan ne faisait pas encore partie de l'empire de Lisbonne, elle obéissait à des princes indous, descendants de conquérants qui avaient assujetti le pays 543 ans avant notre ère. Vers le XII° siècle, sous ces rois indigènes, resplendit une civilisation dont les modernes ne peuvent se glorifier d'avoir égalé tous les monuments. Le temps n'a pas réduit encore à néant les édifices, les sculptures et les statues de Pollanarua, la capitale du grand Phrakrama. Au milieu de bois à la végétation violente, Anuradhapoura, sans parler de son figuier âgé de plus de 2,000 ans, montre toujours son immense temple souterrain de Mihintala et les ruines d'une pagode en briques tellement colossale qu'on en pourrait faire une muraille « de dix pieds de haut, d'un pied d'épaisseur, allant de Londres à Édimbourg. » Mais ce qui fait honte à nos piètres œuvres, ce sont les immenses barrages-réservoirs de la région septentrionale de l'île. Les grandes montagnes se tenant dans le sud, le nord n'a pas de grandes rivières, il n'est pas non plus visité par les pluies de la mousson; les anciens Ceylandais avaient corrigé la nature par la création d'une trentaine de lacs et de près de sept cents petits bassins. Le barrage de Padivil avait 25 mètres de hauteur et 18 kilomètres de longueur. Son épaisseur à la racine était de 70 mètres, de 10 mètres au sommet! Que sont en comparaison nos travaux?

Sur les 2,330,000 insulaires, il y a, dans le sud, 1,450,000 Cingalais descendant du mélange des autochthones avec les Indous, les Malais et les Arabes. Au nord vivent 750,000 Tamils, originaires du Décan. 130,000 hommes sont de souche arabe; 3,000 sont des Européens; 5,000 sont issus de relations entre les Portugais et les indigènes; il y a, d'ailleurs, dans le type de beaucoup de Cingalais des traces de sang lusitanien. Dans les districts du centre rôdent encore les sauvages Vaïdas, qui vont nus, et, dit-on, comptent à peine jusqu'à cinq. Ils passent pour les anciens possesseurs de l'île.

Le seul bon port de Ceylan s'ouvre sur la côte orientale, **Trinquemalé**, où la flotte du bailli de Suffren battit les navires anglais. Pourtant le grand rendez-vous des courriers à vapeur se trouve dans le sud, à **Pointe-de-Galle**, et la capitale anglaise sur la rive occidentale, à Colombo. **Colombo** (100,000 h.) a succédé à **Kondy**, ville de l'intérieur, boulevard de la nationalité cingalaise jusqu'à la fin du siècle dernier.

En face de la côte de Malabar, les **Laquedives** forment un archipel de coraux, émergeant avec leurs palmiers et leurs bananiers d'une mer excessivement profonde. Leurs 10.000 habitants, marins et pirates, sont des Arabes musulmans mêlés d'Indous.

Au sud des Laquedives, et semblables à elles, les innombrables **Maldives** sont aussi peuplées de mahométans, Indous croisés d'Arabes, écumeurs de mer quand on oublie de les surveiller. On donne aux Maldives, avec trop de générosité peut-être, de 50,000 à 200,000 habitants.

INDO-CHINE.

L'Indo-Chine, admirablement nommée, est le pays de transition entre l'Inde et la Chine.

A mesure que, du delta du Bengale, on s'avance vers l'Orient, la physionomie du pays, le type des habitants, les langues se rapprochent de plus en plus de la nature chinoise. En même temps, le nombre des Chinois, trafiquants et agriculteurs, venus directement du grand empire des Jaunes ou descendants d'émigrants, augmente dans de grandes proportions. Il y a peu de Chinois en Birmanie ; à Siam il y en a beaucoup ; dans la Cochinchine et le Tonquin on les rencontre en masse. L'empire d'Annam, qui renferme dans ses limites ces derniers pays, a son autonomie et sa langue, mais l'influence sociale, artistique, littéraire de la Chine y domine tellement, que l'Annam pourrait à la rigueur passer pour une province de l'Empire du Milieu. A Siam, l'influence est moindre, en Birmanie presque nulle, mais le développement de l'émigration chinoise, l'activité, la patience, l'intelligence des fils de la Chine semblent devoir leur donner tôt ou tard la prépondérance dans toute la presqu'île. Ainsi se terminerait à leur avantage un mouvement qui date de loin. Jadis les Indous tenaient une plus grande place qu'eux dans la péninsule dont ils quittèrent les vallées devant des conquérants venus de l'Asie Centrale.

Ce que n'indique pas le nom d'Indo-Chine, cette presqu'île forme aussi la transition physique et le principal membre d'union entre l'Asie et le grand archipel indo-australien.

L'Indo-Chine est une presqu'île d'environ 180 millions d'hectares, trois à quatre fois la France. On suppose que sa population monte à 30-35 millions d'hommes. Séparant la mer des Indes de la mer de la Chine, elle s'adosse à l'Himalaya oriental, le Sin-Chan, groupe de montagnes inconnues d'où lui viennent ses chaînons et ses eaux. Du côté du sud, elle pousse au loin dans la mer la presqu'île de Malacca, la mieux caractérisée de la Terre par sa longueur de 1,200 kilomètres avec une largeur moindre à la base que vers l'extrémité.

Pour une surface égale seulement à la moitié de l'Inde, l'Indo-Chine, frangée de baies profondément enfoncées dans les terres, possède une plus longue étendue de côtes. Commercialement, peu de contrées du globe sont mieux situées et la France a très-bien fait de s'emparer du delta, malheureusement malsain, de son principal fleuve. La route de mer entre l'Inde et la Chine, deux des terres les plus vastes, les plus peuplées, les plus fécondes et les plus riches sous le soleil, passe au long de ses côtes, autour desquelles se groupent les îles opulentes qui sont le joyau de la planète, l'archipel de la Sonde, Bornéo, les Philippines. Quant à la voie de terre du Gange au fleuve Bleu et au fleuve Jaune, elle empruntera sans doute la vallée de l'Iraouaddi, principal cours d'eau de la Birmanie.

L'Indo-Chine est divisée en bassins allongés, par des chaînes courant du nord-ouest au sud-est. Ces chaînes, on les ignore presque autant que le Sin-Chan, leur massif d'émergence; rarement la hauteur de leurs sommets dépasse 2,500 mètres. Les monts de la presqu'île de Malacca font un petit monde à part, qu'une dépression isole du reste des montagnes indo-chinoises leur point culminant, le Titih-Bangsa, atteint 1,950 mètres.

Deux des fleuves de l'Indo-Chine sont considérables, ils ont de vastes deltas, une masse d'eau immense, un cours très-long. L'un coule en Birmanie, l'Iraouaddi, dont les Européens ne connaissent pas la vallée supérieure. Les Chinois l'identifient avec le Yarou-Dzang-Bô, cette puissante rivière tibétaine que nous considérons comme le haut Brahmapoutre. Par ses bouches, l'autre fleuve, le Mékong, qui s'engloutit sur la rive où naufragea le Camoëns, appartient à la France. On l'a remonté jusqu'en Chine, mais son cours supérieur est encore un mystère. Le Salouen, cours d'eau birman, roule aussi de larges flots .Le Ménam, fleuve siamois, a moins de grandeur.

Un climat tropical, funeste à l'Européen, une végétation

splendide comme en tout pays d'eau et de grand soleil, des produits qui sont ceux de la Chine, de l'Inde ou de Java, voilà pour compléter la physionomie de l'Indo-Chine.

Comme la végétation, l'homme y varie. A l'ouest du Siam, l'antique influence de l'Inde n'a pas tout à fait péri, les noms de lieux, de monts, de rivières sont indous, l'idiome sacré est le pali, fils du sanscrit. Calcutta est la ville où règne la puissance et d'où vient la lumière; enfin, les Anglais de l'Inde dominent directement sur une grande partie du pays, ils menacent et mènent l'autre. A partir du Siam, l'influence chinoise s'accroît, puis domine. Au midi, la presqu'île de Malacca nourrit des Malais parlant des dialectes malais. Ainsi, il y a dans l'Indo-Chine un occident plus ou moins anglo-indou, un midi malais, un orient semi-chinois. Politiquement, la presqu'île se divise en six parties : l'Indo-Chine anglaise, la Birmanie, Siam, les cantons malais libres, l'Indo-Chine française, l'Annam.

L'INDO-CHINE ANGLAISE, enlevée pièce à pièce aux Birmans, comprend trois provinces : l'Arracan, lisière du golfe du Bengale; le Pégou, basse vallée et delta de l'Iraouaddi; le Ténasserim, zone étroite entre les monts du Siam et la rive marine, en tout 22 millions et demi d'hectares, avec environ 2 millions d'habitants, en majorité Birmans. Les Indous n'arrivent pas à 100,000, les Chinois à 10,000, les Européens à 3,000. La population croît rapidement par une forte immigration provenant des territoires restés birmans et les indigènes disent : « dans la Birmanie anglaise les villages deviennent des villes, dans la haute Birmanie les villes deviennent des villages ». La capitale, **Rangoun**, sur un bras de l'Iraouaddi, compte 63,000 âmes, 6,000 de moins que **Moulmein**.

Sur la côte et dans la mer de la presqu'île de Malacca, 307,000 individus, dont 104,000 Chinois et 1,600 Européens, peuplent ce que les Anglais appellent Établissements des Détroits, ou Province de Wellesley. Ce petit pays ne leur a coûté que peu d'efforts, pas une vie d'homme et 2,000 dollars seulement payés à un prince indigène. La petite île de Poulo-Pinang, ou du Prince-de-Galles, fait partie de cette colonie; de même, l'île de Singapore (50,000 hectares).

À **Poulo-Pinang** (60,000 hab.) se trouve le séminaire catholique de l'extrême Orient. Il en sort des missionnaires d'une foi merveilleuse, mais ils ont entrepris l'impossible, l'Orient chinois ne veut pas être chrétien.

Singapore, fondée il y a cinquante années, est un port excellent, commandant la pointe de la presqu'île malaise et les nombreux chenaux de la mer des Passages; — on appelle de ce dernier nom l'extrémité méridionale du détroit de Malacca resserrée entre l'île de Sumatra et la péninsule. — Singapore prospère sous un climat comparativement salubre pour les Européens, et si égal qu'il ne subit que deux degrés de différence entre la moyenne du mois le plus chaud et la moyenne du mois le plus froid. Dans cette ville parfaitement située on compte déjà 100,000 habitants, dont 55,000 Chinois, faisant un immense commerce avec l'Inde, la Chine, le Japon, l'Europe. Les tigres, venus à la nage du bout de la péninsule et fixés dans les jongles ou fourrés épais de l'île, étaient, il y a quelques années, le fléau des faubourgs. « Ailleurs, disait-on, le tigre vit de bêtes ; à Singapore, il vit d'hommes. »

Entre Poulo-Pinang et Singapore, **Malacca**, d'où la presqu'île a pris son nom, dépendit du Portugal, puis de la Hollande. La langue portugaise s'y maintient, fort corrompue toutefois. Malacca est un port sans commerce, une ville finie.

En mer, sur le trajet d'un arc-de-cercle qui irait du delta de l'Iraouaddi à la pointe septentrionale de Sumatra, s'égrène le chapelet des îles Andaman et des îles Nicobar.

Les **Îles Andaman** appartiennent à l'Angleterre qui en use comme d'un lieu de déportation pour ceux dont elle débarrasse l'empire indou. Dans leurs forêts erre une race à part, les Mincopies, inférieurs, dit-on, aux peuplades les plus obtuses de notre triste humanité, où les peuples dits supérieurs valent si peu.

Au sud des îles Andaman, les **Îles Nicobar**, peuplées de Malais, relevaient nominalement du Danemark, qui vient de les céder à l'Angleterre. Sur près de 200,000 hectares, elles sont la patrie d'environ 5,000 sauvages.

La **BIRMANIE**, royaume gouverné par un despote, a l'étendue de la France, mais seulement 4 millions d'hommes. Elle s'allonge du nord au sud, de même que ses fleuves, l'Iraouaddi et le Salouen.

Les Birmans s'appellent eux-mêmes Mramna. Bien pris, robustes, courageux, encore à demi barbares, ils procèdent évidemment d'ancêtres arrivés de la Haute-Asie. Leur langue, très-pauvre en formes, est presque aussi monosyllabique que le chinois, mais elle est moins imparfaite. Le bouddhisme domine dans le pays.

En Birmanie, les capitales naissent d'un caprice royal, elles meurent d'une fantaisie. **Ava**, sur l'Iraouaddi, n'est plus qu'une ville déserte, avec les ruines d'une multitude de temples de Bouddha aux toits blancs ou dorés. **Amarapoura**, riveraine aussi de l'Iraouaddi, lui avait cédé le rang de capitale, qu'elle a perdu, à son tour, au profit de **Mandalay**, autre fille du même fleuve.

SIAM, royaume despotique, séparé au siècle dernier de l'empire birman, s'étend sur 60 à 70 millions d'hectares. Il ne possède que 6 millions d'habitants, mais il faut considérer que la plus grande partie de sa population se concentre dans la vallée et dans le delta du Ménam, fertilisés tous deux par les débordements périodiques du fleuve. Le reste du pays, désert immense, forêts et montagnes, ne demanderait qu'à produire, ayant le sol profond et puissant, la chaleur, l'eau des monts. Il y a dans l'Orient beaucoup de contrées généreuses laissées dans l'abandon à quelques pas de peuples actifs, industrieux, avides de fortune. Ainsi, dans le nord de la Chine, les rives de l'Amour restent presque vides, à portée de Pékin, capitale d'un empire qui remplit le monde de ses émigrants, où le peuple vit sur les bateaux, la terre lui étant trop étroite, et où il y a si peu de places vacantes que l'infanticide y est une forme de la prévoyance.

Sur 6,000,000 d'habitants, on compte 15 à 1600,000 Siamois ou Thaï, plus de 3 millions de Laos, dont les cinq sixièmes indépendants, 600,000 Malais tributaires, 500,000 Cambogiens, 450,000 Chinois, ceux-ci répandus surtout dans les villes ; ils ont le négoce, l'argent, l'influence. Les Thaï, que réduisent à rien le despotisme du maître, les exactions des administrants et le fétichisme pour les grands personnages, ne s'en appellent pas moins, dans leur langue, Hommes Libres : le mot *Thaï* ne signifie pas autre chose. On prétend que l'équivalent siamois de régner, *sarémival*, veut dire en français « dévorer le peuple ». L'esclavage pèse sur le tiers environ des habitants du royaume.

Le siamois est un idiome monosyllabique peu développé. Il diffère à peine du laotien, et seulement pour des détails de prononciation et d'accentuation ; il ne s'éloigne guère non plus du cochinchinois. Le bouddhisme règne sur les Siamois, qui révèrent le Çakya-Mouni indou sous le nom de Sommonacodum, et le premier des deux rois du pays possède au loin dans l'Indo-Chine un grand prestige religieux. Les Laotiens du haut Ménam et du Mékong se relient aux Thaï, non-seulement par le langage, mais par l'origine. Les Siamois propres ne sont que des Laotiens plus façonnés à l'administration, à la civilisation, au servage, au commerce.

La capitale, à demi chinoise, s'appelle **Bangkok** (150 à 450,000 habitants). Elle a succédé à deux autres villes reines, devenues peu de chose, Ajuthia et Nophaburi, situées toutes deux sur le Ménam, comme Bangkok. Celle-ci est bâtie sur les canaux impurs du large et profond fleuve, incommodé à son embouchure par une barre ; c'est le malheur de ce port magnifique, capable de donner aisément place à des milliers de navires. Au sein d'un delta plat comme les polders hollandais et noyé annuellement pendant plusieurs mois, la ville des Thaï, confusément assise sur des îlots vaseux, ressemble à une Venise vivante comme l'autre est morte, à une Reine des Eaux faite de demeures en bois de tek et de temples bouddhistes coiffés de toits à tuiles peintes. Beaucoup de maisons et de boutiques flottent sur des radeaux de bambous.

L'empire d'**ANNAM** renferme 10 à 12 millions d'habitants dans ses 50 à 60 millions d'hectares, l'étendue de la France.

Après avoir longtemps disputé aux Siamois la possession du Camboge et du pays des Laotiens, il a perdu récemment le delta du Mékong ou Cochinchine française. Il lui reste la Cochinchine annamite, rivage étroit sur la mer méridionale de Chine, et le Tonquin, sur la baie de Tonquin, défendue du large par l'île d'Haïnan.

Annam signifie en chinois le *sud tranquille*, ou *agréable*. De la Chine vient toute la civilisation de son peuple. La littérature chinoise, les mœurs chinoises y règnent sans partage. Pourtant la langue annamite a gardé son indépendance; elle touche au chinois par le monosyllabisme et la physionomie générale; les vocabulaires sont distincts. Le bouddhisme s'attribue la majorité des Annamites; la doctrine de Confucius a beaucoup d'adhérents.

La capitale de la Cochinchine annamite, et en même temps celle de ce despotique empire, c'est **Hué**, ville marine à laquelle on prête tantôt 50,000, tantôt 100,000 habitants.

Le Tonquin, très-peuplé, fut une province de la Chine. Il a pour maîtresse ville **Kecho**, qui contient, dit-on, 100,000 habitants, toute déchue qu'elle est. Kécho trempe ses pieds dans un gros fleuve descendu de l'Himalaya chinois, le Sonkoï, navigable pour les bâtiments calant 3 à 4 mètres : des bancs de sable contrarient ses trois embouchures.

Il y a 4 à 500,000 chrétiens dans le Tonquin.

Pour la **COCHINCHINE FRANÇAISE** et le **CAMBOGE**, V. France : Colonies asiatiques.

LES ÉTATS MALAIS LIBRES, espèces de seigneuries démembrées d'un vieil empire malais disloqué depuis des siècles, sont habités par des Malais musulmans, par les Sémang, nègres très-petits, à chevelure laineuse, et par des Chinois. Les « fils du Milieu » font la majorité dans la presqu'île de Malacca (400,000 habitants). Les États libres occupent le midi de la péninsule.

ARCHIPEL INDO-CHINOIS.

De l'Indo-Chine et de la Chine à l'Australie sortent du flot des traînées d'îles de toutes grandeurs, semblables à une flotte de gros navires, de bricks, de barques à l'ancre dans la mer des Indes.

Ces îles ont apparence d'avoir été jadis réunies aux deux continents qu'elles rapprochent. Elles formaient alors une sorte d'Asie centrale entre l'Asie du nord et l'Australie ou Asie du sud, comme l'Amérique centrale entre les deux demi-continents du nouveau-monde.

Par la magnificence de leur végétation, elles égalent au moins les plus étonnantes vallées de l'Inde et du Brésil ; elles les distancent par une plus constante égalité de climat et par l'admirable harmonie du relief du sol. Tout l'archipel se découpe en montagnes ; à presque tous les paysages de ses îles généralement allongées les volcans prêtent la noblesse de leur forme, ou la mer la grâce de ses baies, les franges de sa vague et l'infini de son horizon.

L'archipel a beau être situé tout entier dans la même mer, aux deux côtés de la ligne équatoriale, en vain ses îles ont à peu près le même climat chaud humide, elles ne constituent pas un tout compacte, mais deux groupes, le groupe indo-chinois ou indo-malais et le groupe australien : le premier rattaché à l'Asie et le second à l'Australie par une mer sans profondeur. Au groupe de l'ouest, une civilisation et des religions venues de l'Asie, des forêts exubérantes rappelant l'Inde et l'Indo-Chine, l'éléphant, le rhinocéros, le tigre royal, les bêtes à cornes, les grands animaux sauvages, les singes de l'Asie et du vieux monde, et, chose étrange ! le tapir du nouveau, mais rien de l'Australie. Au groupe de l'est, rien de l'ancien continent, ni bêtes énormes, ni félins, ni singes ; des eucalyptus, des acacias, le kangourou, l'opossum, l'ornythorinque, le casoar, la flore et la faune de l'Australie.

L'archipel indo-chinois comprend les grandes îles de la

Sonde, Bali, Bornéo et les Philippines. Les petites îles de la Sonde, Célèbes, les Moluques, la Nouvelle-Guinée forment le groupe australien.

La portion asiatique du grand groupe s'appelle généralement archipel indo-malais, du voisinage de l'Inde et de la race prépondérante des Malais. On peut le nommer aussi bien l'archipel indo-chinois de ce qu'il continue pour ainsi dire l'Indo-Chine, et aussi de ce que le rôle des Malais étant terminé, celui des Chinois y commence.

Les premiers habitants à nous connus de ces jardins de l'Équateur furent les Alfoures ou Haraforas, nègres de petite taille. A une époque reculée, ils se trouvèrent en face d'une race envahissante. De leurs pauvres peuplades les unes furent exterminées, d'autres s'effacèrent dans le sang vainqueur, quelques-unes se maintinrent à demi ; on les rencontre, toujours païennes et barbares, çà et là dans l'intérieur des îles, en particulier dans le nord de Luçon, l'une des Philippines.

Les hommes qui anéantirent, absorbèrent ou refoulèrent les Alfoures s'appellent Malais. Ils font la très-grande majorité de la population de l'archipel. Leur nation la plus brillante, la javanaise, se civilisa, voici près de deux mille ans, au contact de l'Inde ; elle devint brahmaniste et conquit, convertit, colonisa autour d'elle. Ses entreprises la menèrent aussi dans la presqu'île de Malacca : là, les Malais tournèrent à l'islam, et, propagandistes fanatiques de cette nouvelle religion, l'imposèrent à leur île d'origine et à l'archipel.

Les Malais parlent, en beaucoup de dialectes, une langue riche et sonore. Un savant qui les a mis à leur vraie place les divise en quatre grands groupes civilisés, avec nombre de peuplades demi-civilisées ou sauvages : les groupes civilisés sont les Malais de Malacca, de Sumatra, de Bornéo ; les Javanais, dans Java, Sumatra, Madura, Bali, Lomboc ; les Bougis de Célèbes et de Soumbava ; les Malais des Philippines. Les Malais demi-civilisés vivent dans les Moluques. Les Jakouns, dans la presqu'île de Malacca, les Battas dans Sumatra, les Dayacs dans Bornéo sont les principales peuplades malaises sauvages.

Les Malais ne sont pas beaux. Leur face large et plate porte l'empreinte mongole. Ils ont le nez petit et écrasé, les pommettes saillantes, des yeux noirs très-légèrement obliques, une chevelure noire, une peau brun rougeâtre, pas de barbe, peu de poils. Ils sont petits, trapus et robustes. Leur intelligence a peu de force et d'ampleur ; ils ne se sont pas civilisés d'eux-mêmes : ce qu'ils produisirent de supérieur à la barbarie, ils le firent sous l'influence indoue ou sous l'influence arabe, ou sous la chinoise, après avoir été convertis à des doctrines étrangères, au brahmanisme, à l'islam. Maintenant ils prospèrent sous le patronat soigneux de la Hollande. Le Malais n'a aucun goût pour l'étude. Au moral, il ne vaut guère. La cruauté lui est facile ; il a de l'impassibilité, mais cette impassibilité vient de la paresse d'esprit et de l'indigence de sensibilité. Il est aussi peu communicatif que sont expansifs et bruyants les sauvages Papouas sur lesquels la race malaise gagne incessamment du côté de l'Orient.

Cultivateurs, négociants, pirates, les Malais dominaient quand arrivèrent les Européens : d'abord les Portugais, puis les Hollandais. Les Malais perdirent alors l'empire, mais la nature des Blancs se plie mal à un climat chaud humide dont la moyenne annuelle est accablante ; les fils de l'Europe commandent dans ces îles, ils n'y font point souche. Les Chinois sont tout autres ; ils ne commandent point, mais ils arrivent par milliers où les Blancs ne viennent pas par dizaines ; leur industrie, leur patience, leur résignation, leur sobriété, leur économie ont raison de tout ; enfin le climat leur va. Aujourd'hui que les Chinoises émigrent, que par elles des familles jaunes s'accroissent sur un sol où les gens à tresses vivaient en célibataires ou ne créaient que des métis, la puissance réelle, celle de la race qui travaille le plus, passe insensiblement des Malais aux Chinois. Avec le temps, a-t-on dit, l'archipel aura pour les prolétaires chinois une importance aussi grande que l'Amérique pour les prolétaires européens. C'est par les marchands, les ouvriers et les paysans de l'Empire des Fleurs que la Sonde, Bornéo, les Philippines, les Moluques, la Nouvelle-Guinée prodigueront enfin leurs richesses, l'or, l'étain, les métaux, les bois fins, tek, ébène, acajou, santal, le camphre, le poivre, la girofle, la muscade, la cannelle, le riz, la canne à sucre, l'indigo, le cacao, le café. Ils fouilleront et cultiveront sans trêve la plaine, les versants, et jusqu'à la gueule des cent vingt volcans sifflants, fumants et flambants de l'archipel. En ce moment leur chiffre se tient encore entre deux et trois millions. Toute grande ville a son quartier chinois, toute mine, toute carrière, ses mineurs ou ses carriers de Chine.

Les Européens, presque tous Hollandais, sont soixante à quatre-vingts fois moins nombreux. On ne compte dans les **INDES ORIENTALES HOLLANDAISES** — elles s'étendent à la fois sur l'archipel indo-chinois et l'archipel australien — que 36,000 Européens, dont 29,000 nés dans le pays même : 5,000 en Hollande et 2,000 dans divers pays d'Europe. Ces chiffres laissent en dehors 12,000 soldats hollandais, force qui suffit aux habiles exploiteurs de ces îles pour tenir en laisse plus de 22 millions d'hommes, sur un territoire de 160 millions d'hectares, trois fois la France. S'il n'y a pas 40,000 Européens dans un archipel qui en a tant vu venir depuis des siècles, il faut en imputer la cause, non-seulement au climat, mais à ce que les Hollandais ne se fixent pas dans ces îles sans esprit de retour. Dès qu'ils ont une fortune, la plupart regagnent la Hollande, principalement la province de Gueldre.

SUMATRA fait face à la presqu'île indo-chinoise de Malacca ; le détroit de peu de largeur et de peu de profondeur qui l'en sépare, et qu'amoindrissent encore des groupes d'îles, recouvre sans doute les terres effondrées par lesquelles l'isthme indo-australien se soudait à la masse de l'Asie.

La France l'emporte à peine en étendue sur cette île. Sumatra n'a pas moins de 52 millions d'hectares, moitié au nord de l'Équateur, moitié au sud. Ce que les rayons à pic du soleil lui versent de trop en chaleur, en sécheresse et en épuisement est heureusement contre-balancé par des pluies abondantes et par l'influence de hautes montagnes. Parmi les *gounong* (pics), six à sept sont des volcans actifs ou assoupis, sinon éteints. Le Gounong d'Indrapour porte sa tête à 4,200 mètres : avant l'annexion de la Savoie, nul mont de France ne s'élevait à pareille altitude. Dans les forêts se promène l'orang-outang, le premier des animaux par l'intelligence après l'homme.

Quelle population forment ensemble les nationalités de Sumatra : Malais musulmans ou païens de la côte et des vallées; Battas ou Malais anthropophages du plateau de Toba, autour de la vasque d'un grand lac; Orang-Koubous velus et abrutis, bêtes autant qu'hommes, esclaves des Malais ou vivant libres dans des huttes de bambous accrochées aux branches des arbres, on ne le sait pas et les uns parlent de trois à quatre, d'autres de six, d'autres de huit millions d'âmes. Les Hollandais, qui retirent de l'île du poivre et de l'étain, y règnent sur les trois quarts du territoire et sur 2,450,000 individus. Les Chinois n'affluent pas encore, malgré le voisinage de Singapore, ville d'où beaucoup d'entre eux émigrent vers les différents points de l'archipel.

Dans la Sumatra hollandaise, la grosse ville se nomme **Palembang**. Elle est bâtie à l'origine du delta du fleuve Mousi. 70,000 hommes résident dans cette cité commerçante, en majorité Malais, puis Chinois et Arabes, avec quelques Européens. La plupart de ses maisons de bois, quelquefois vernissées, flottent sur des radeaux de bambous ancrés à la rive et suivent fidèlement le flux et le reflux.

Sur la mer profonde qui se déroule à l'infini vers le sudouest, de petites îles font une chaîne sensiblement parallèle au littoral de Sumatra. Sur ce versant, l'épine montagneuse de la grande île s'approche considérablement du bord de l'Océan, et ses torrents parcourent en quelques heures le chemin de leur source à leur embouchure. Le versant oriental, qui a des plaines amples et de larges rivières dans de longues vallées, possède aussi des îles annexes, plus importantes que celles de la côte occidentale. — **Lingen** (230,000 hectares) se trouve sur la route de Palembang à Singapore. — **Banca**, très-voisine de Sumatra, regarde les embouchures du delta du Mousi. 45,000 Malais, 15,000 Chinois peuplent insuffisamment cette île de

1,200,000 hectares, dont la capitale se nomme **Muntok**. Dans ses montagnes de 2,000 à 2,220 mètres d'altitude, les Chinois exploitent, pour le compte des Néerlandais, des mines d'un excellent étain. Le détroit de Gaspar interpose sa vague encombrée de petites îles entre Banca et **Billiton** (650,000 hectares ; 22,000 habitants) : celle-ci n'est pas plus éloignée de Bornéo que de Sumatra.

Entre Sumatra et Java, dans le détroit de la Sonde, il n'y a que de petites îles. Une tradition javanaise renvoie à mille ans seulement en arrière la scission qui se serait faite entre les deux grandes terres.

Une comparaison fait comprendre la fertilité de **JAVA** ; « le chef-d'œuvre de la création. » Avec son annexe, **Madura**, cette île nourrit plus de 16 millions d'hommes sur moins de 13 millions et demi d'hectares. Peuplée au même degré, la France, où plusieurs millions d'individus demandent leur vie à des industries inconnues à Java, aurait soixante-quatre millions d'habitants, au lieu de trente-huit. En 1780, les Javanais n'étaient que 2 millions, et en 1810 que 4,800,000. Ce merveilleux accroissement provient du développement de la culture sous la surintendance des Hollandais.

Java s'étend sur 950 kilomètres, avec 200 kilomètres de largeur. Par sa situation plus près du dixième degré que de l'Équateur, par sa minceur qui la livre entière aux souffles de l'Océan, elle n'est pas tout à fait aussi torride que la masse de Sumatra. Comme cette dernière, d'ailleurs, elle est faite de montagnes. Quarante-cinq volcans au moins, dont vingt-huit ou trente sont encore des « chaudières de l'enfer, » se profilent dans la longueur de l'île, visibles des deux mers. A l'ouest, ils perdent de leur majesté par l'élévation du plateau où ils s'enracinent. A l'est, beaucoup de ces *gounong*, ayant pour piédestal des plaines basses, ne cèdent rien de leur taille, d'où l'air de grandeur de leur pyramide, beaucoup sont isolés, de là une grâce en même temps qu'une fierté sublimes. Précisément de ce côté s'élance le plus haut volcan javanais, le Sémirou (3,800 mètres). Sur les versants moyens de la montagne de Java, le tek, arbre au bois défiant presque éternellement la pourriture, s'amasse en vastes forêts. Au-dessus de ces forêts, on marche sur les *batouangas* (coulées de laves : littéralement rocs brûlés) ou sur des pentes dépouillées, ou bien encore dans des bois où le tek ne domine plus. Au-dessous, règnent les vergers opulents, les champs en terrasses, les plantes vivrières et les cultures industrielles. Dans les régions occidentales de l'île, la végétation acquiert plus de force et d'éclat, sous un climat plus humide, que dans les vallées orientales, où commence à se faire sentir l'influence du foyer de sécheresse de l'Australie.

Révérés jadis par les Malais non encore musulmans comme les plus terribles serviteurs de Siva, Dieu de la mort, les volcans de Java fumaient alors au-dessus de vallées où des milliers de pèlerins venaient adorer leurs déités dans des temples magnifiques, honneur de l'art javanais. A partir de la fin du XVe siècle, époque du triomphe définitif du Coran dans l'île, les monuments de la civilisation brahmanique s'effondrèrent, mais toutes leurs ruines n'ont pas disparu, et en maints lieux, dans la profondeur des bois, des restes grandioses témoignent d'une civilisation brillante, fondée sur la foi que l'islamisme a remplacée, mais ses mosquées ne valent pas les demeures des dieux indous. Dans l'est, dans le centre de l'île, le poids des années fait crouler de merveilleux édifices dont l'infatigable végétation du Tropique s'est hâtée de disjoindre les briques et les pierres : des palais, des temples, des forteresses, des aqueducs, des bains, des tombeaux. Chaque heure abat une statue plus grande que nature, chaque seconde aide à l'effacement des bas-reliefs, et des sculptures infinies que des légions d'artistes patients avaient ciselées dans le dur trachyte. Des routes en briques que la forêt n'a pas toutes ensevelies menaient de grand temple à grand temple et de grande ville à grande ville. Le Javanais voit s'en aller ces fortes œuvres avec le fatalisme du musulman.

La nature, elle, reste la même. La végétation de Java ne craint pas de rivales. Nul coin de la Terre n'a tant de ressources.

C'est bien le jardin, le parc et la plantation par excellence, la gloire du Tropique d'Asie. C'est aussi le trésor des Pays-Bas. La Hollande tire d'énormes revenus de cette île, dont elle a enrégimenté les cultivateurs et monopolisé les produits, riz, café, denrées coloniales. Java est une usine, les Malais et les 250,000 Chinois en sont les ouvriers, les 29,000 Européens les contre-maîtres, le gouvernement néerlandais le patron qui organise, surveille, tyrannise avec sagesse, et s'enrichit. Les insulaires de Java ont deux langues écrites avec un alphabet original, le Kavi et le Javanais, dialecte du Malais. Le hollandais est connu dans les villes.

La malsaine **Batavia**, capitale des Indes Orientales hollandaises, sur des canaux, au bord d'un golfe peu profond, fut, au XVIIe siècle, un des premiers emporium de l'univers. Sa prospérité, son commerce ont baissé. Avec tous ses faubourgs elle compte 120,000 habitants. **Djodjocarta**, sur la côte méridionale, **Souroucarta**, dans les terres, **Sourabaya**, sur le rivage du nord, en face de l'île de Madura, atteignent ou dépassent 100,000 habitants. Les trois plus fameux sites de ruines javanaises se trouvent dans le pays de Djodjocarta et de Souroucarta. Le temple de Borobodo s'élève à l'ouest de Djodjocarta : « toute l'industrie, tout le travail que l'homme a dépensés pour la grande Pyramide d'Égypte ne sont qu'un effort insignifiant comparés au labeur qu'exigea ce grand temple sculpté dans l'intérieur de Java. » Ainsi parle Wallace, l'un des meilleurs explorateurs du siècle. Les restes immenses de Brambanam se voient entre Djodjocarta et Souroucarta. Gounong-Prau, est à 60 kilom. au sud-ouest de Samarang. Kediri et Malang se visitent de Sourabaya.

Bali (625,000 hectares) avoisine de très-près Java, le détroit de Bali n'ayant qu'une petite largeur. Elle ne se serait séparée de la grande île qu'en 1204, probablement dans une tourmente volcanique. Bali relève des Hollandais, et ses habitants de la branche javanaise des Malais. Le brahmanisme n'en a point été banni par la religion de Mahomet. Peu d'îles peuvent se vanter d'une meilleure culture et d'une irrigation si parfaite. Au-dessus de la capitale, **Karangassim**, le volcan d'Agoung monte à 2,400 mètres. Entre Bali et Lomboc, le détroit de Lomboc, profond, à courants rapides, sépare nettement l'archipel indo-malais des îles que leur végétation et leurs animaux rapportent à l'Australie

---

A **BORNÉO** la Hollande a pouvoir nominal sur une étendue presque égale à celle de la France, et sur treize à quatorze cent mille individus.

L'île de Bornéo dispose à peu près également ses terres des deux côtés de l'Équateur. Sa superficie monte à 66 millions d'hectares, un sixième de plus que la France, mais sa population s'élève à peine à 2 millions et demi d'habitants. Le monde n'a qu'une île plus grande, la Nouvelle-Guinée. Après Bornéo vient Madagascar.

Si près de Java, parfaitement explorée et toute cultivée, Bornéo reste presque ignorée et déserte. Les côtes seules sont connues. Il n'y a guère d'habitants que sur le rivage de la mer et sur le bord des rivières, sombres ou même noires à la suite des orages, sans doute à cause des vastes champs de houille affleurant leurs eaux rayées par les crocodiles. A la houille s'ajoutent des richesses de tout genre, des mines d'or exploitées par les Chinois, des diamants, des gîtes d'antimoine et d'autres métaux, tous les produits des plantations de Java, les bois de luxe, d'ébénisterie, de teinture, les épices de cette éblouissante région de la terre. D'interminables forêts où errent l'orangoutang, l'éléphant, le tigre, le rhinocéros, le buffle, le petit ours noir, ondulent avec les collines de la zone riveraine; elles vont gravir les montagnes de l'intérieur, ajoutant tous les ans une couche de feuilles pourrissantes, de rameaux et de troncs morts à l'alluvion accumulée sur le sol depuis des siècles de siècles.

Les monts bornéens, tels qu'on les connaît, semblent n'avoir rien eu à démêler avec les forces souterraines qui ont poussé des centaines de volcans hors des mers de l'archipel. Bornéo serait donc comme un petit continent non volcanique entouré de satellites hérissés de pics de feu. On donne au Kini-Balou, mont de l'extrême nord, supposé le point culminant de l'île, une hauteur de 4150 mètres, altitude un peu supérieure à celle de nos Alpes dauphinoises.

Sous le nom générique de Dayacs vivent dans Bornéo des Malais païens, trois fois plus nombreux que les Malais musulmans qui les asservissent. Les Dayacs, un peu plus grands que les Malais civilisés, valent mieux qu'eux par le caractère; ils ont plus d'honnêteté, plus de vivacité, plus de gaieté, plus de tempérance. Les Nègres alfoures remplissent quelques villages reculés et misérables. Les Malais, grands seigneurs par le travail forcé des Dayacs, méprisent l'agriculture et les métiers, qui peu à peu deviennent l'office du Chinois. A Bornéo, plus que dans toute autre île de l'archipel indo-chinois, les « fils du Milieu » ont place nette devant eux. C'est à peine s'ils sont 200,000, mais déjà ils peuplent les districts de l'or et le mouvement d'immigration, prononcé depuis le milieu du siècle dernier, s'accélère tous les jours. Une vie d'homme verra peut-être la majorité se déplacer à leur profit dans cette île, évidemment destinée à se transformer en une colonie de la Chine. La langue malaise est d'un usage général à Bornéo.

Aucune ville des nombreux sultanats malais soumis à la Hollande ou tout à fait indépendants de sa suzeraineté ne vaut la peine d'être nommée.

Sur la côte du nord-ouest, vis-à-vis de la Cochinchine française, **Labouan**, petite île pourvue de mines de houille, apporte à l'empire colonial anglais un contingent de 12,000 hectares et de 40,000 individus.

Au nord-est de la côte bornéenne, les îles **Soulou** forment pont entre Bornéo et les Philippines. Nous avons estropié leur vrai nom, qui est Jolo. Nominalement, elles relèvent de l'Espagne. 100,000 hommes environ habitent cet archipel montagneux, dont le fond de mer fournit des perles de la plus belle eau. Des Malais musulmans, dangereux pirates, y font la loi à des captifs chrétiens enlevés par les corsaires et à des Guimbas, indigènes asservis qui tendent à disparaître.

Avec les **PHILIPPINES**, on s'éloigne notablement de l'Equateur pour se rapprocher du Tropique du Cancer, et en même temps du rivage méridional de la Chine. De Hong-Kong, port chinois, à Manille, capitale des Philippines, on ne met que trois jours en bateau à vapeur.

Vingt-neuf à trente millions d'hectares, effectivement ou nominalement occupés par l'Espagne, quatre à cinq millions d'habitants, c'est le lot de cet archipel, volcanique autant que Java, et suivant de près cette île hollandaise en fécondité, mais non pas en richesse. L'indolence de ses maîtres européens et des races soumises laisse le sol de ses îles heureuses prodiguer inutilement des trésors. Les Espagnols de Manille ont bâti de belles églises, ils ont élevé des cloîtres solennels, ils ont beaucoup catéchisé les indigènes, mais hors des pratiques du catholicisme, ils ne leur ont rien appris. Les Philippines regorgent de richesses, depuis les beaux bois de construction, qui ne cachent aucune bête féroce, jusqu'au palmier dont la fibre est l'abaca ou chanvre de Manille. Elles remplaceraient facilement, pour le tabac et le sucre de canne, la « toujours fidèle » Cuba, qui finira, malgré ce titre, par échapper à l'Espagne. Sur les 34 provinces de l'Archipel (35 avec les Mariannes), il n'y en a pas une qui ne puisse devenir colonie de grand produit, grâce à l'excellence du sol, aux six mois de pluies de la saison des *collas* et aux six mois de soleil de la saison des *nortadas*.

Les Philippines prirent leur nom du roi qui gouvernait à l'Escurial quand l'Espagne mit le pied, en 1571, sur l'archipel que Magellan avait découvert cinquante années auparavant. Ce navigateur portugais au service de Castille et Léon aborda, en 1521, à Butuan, dans la grande île de **Mindanao**, sur laquelle les Jésuites eurent plus tard des vues dans la seconde moitié du dernier siècle ; ils essayèrent d'y installer le despotisme théocratico-patriarcal qui leur réussit dans les Missions de l'Amérique espagnole : l'esprit de certains peuples doux, inertes, faciles au bonheur, s'y prête admirablement. Magellan, peu après la découverte, fut tué d'une flèche, tandis qu'embourbé dans un marais, il s'avançait péniblement contre un parti de sauvages. Là même, dans l'île de Mactam, il repose aujourd'hui, au milieu de grands palétuviers. Mindanao, où il avait planté la bannière espagnole, est encore presque indépendante ; sa capitale castillane, **Samboanga**, se fait obéir à peine de quelques tribus, immense minorité sur les 700,000 musulmans fanatiques de cette île montueuse de 9 millions d'hectares dont le bois de tek et le café feraient la fortune. Les indigènes une fois bridés, les colons espagnols n'y auraient d'autres ennemis que de monstrueux boas et la fièvre sur le bord des rivières marécageuses.

Les deux vastes îles de Luçon ou Manille et de Mindanao, des îles moyennes et petites, et beaucoup d'îlots constituent l'archipel, que parcourent des montagnes de 1,000 à 1,300 mètres de hauteur moyenne, avec des pics de 2,000 à 3,000 mètres. **Luçon** (13 millions d'hectares) a passé sous le joug espagnol par la patience des missionnaires plus encore que par la supériorité des armes. On y trouve douze volcans. Le plus fameux est le volcan de Taal, baigné par le limpide lac de Bongbong et servant lui-même de coupe à des eaux vertes, car le fond de son cratère est rempli par un lac. Le Taal fut terrible, sa violence s'est amortie, mais des ébauches d'éruption et une épaisse colonne de fumée font craindre qu'il sorte de sa léthargie. Dans une presqu'île du midi, se dressent côte à côte les huit volcans de Camarines. Mindanao ne compte que trois monts à cratères : en tout, pour l'archipel, quinze bouches de flamme, sans compter les cheminées de quelques petites îles.

Dans les campagnes de Luçon, tellement fécondes que les

villages de dix à vingt et trente mille habitants n'y sont point rares, dans Mindanao, dans les îles de second et de troisième ordre, on trouve des Tagales, des Negritos, des Malais, des Chinois, les premiers chrétiens, les seconds païens, les troisièmes sous la loi de l'Islam. Les Negritos sont des sauvages noirs, lippus, aux cheveux laineux, au nez écrasé, à la taille minime. Ils n'ont pas été sans influence sur la formation de la race tagale, provenue sans doute du mélange des indigènes avec les Musulmans qui envahirent l'archipel il y a déjà dix siècles. Depuis que les Tagales ont reçu le christianisme, ils n'ont cessé de lutter contre les Malais, pirates qui considèrent comme œuvre pie une razzia sur les infidèles.

L'agilité plus que la force distingue les Tagales, pourtant la vigueur ne manque pas à leur corps souple et bien pris. Ainsi que beaucoup de peuples orientaux, ils endurent le mal avec ténacité et regardent la mort en face. Pour leurs maîtres ils se battent avec héroïsme, mais ils travaillent sans énergie.

Par bonheur, le Chinois est là qui s'emploie comme jardinier, agriculteur, ouvrier, commerçant. Il combine, il essaye, il brocante, il s'enrichit; il s'empare de l'industrie, du commerce, déjà un peu du sol, et il n'est point d'humeur à lâcher dans l'avenir ce qu'il aura pris. De l'alliance des Chinois avec les femmes Tagales proviennent les Sangleys, supérieurs aux Malais, et destinés peut-être à dominer un jour dans l'archipel.

Il faut que le Chinois soit doué d'une persistance singulière. Il envahit les Philippines, il y fait fortune, il y crée une race de métis vigoureux malgré le mépris qui le poursuit, malgré la haine que lui voue l'indigène, malgré le mauvais vouloir du gouvernement qui essaye de le repousser par des capitations, des impôts disproportionnés, des droits de patente exorbitants.

Manille, dans l'île de Luçon, se compose de deux villes séparées par le fleuve Pasig: sur une rive, la Manille officielle et guerrière, place murée; sur l'autre rive, six faubourgs commerçants, dont le plus chinois, en d'autres termes le plus actif, se nomme Binondo. Manille, à moitié effondrée par le tremblement de terre de 1863, est aussi connue par ses cigares que la Havane. La Pasig débouche dans un des grands golfes de la Terre, le golfe de Manille, qui a 150 kilomètres de circonférence.

CHINE.

L'EMPIRE CHINOIS se déploie entre l'Asie russe, le Turkestan, l'Iran, l'Inde, l'Indo-Chine et l'océan Pacifique. Même après les cessions considérables de territoire faites dans ces derniers temps à la Russie, son étendue monte encore à 1,216 millions d'hectares, en y comprenant toutefois le Thian-Chan-Nan-Lou et le Thian-Chan-Pé-Lou, qui viennent de se séparer à l'instant de l'empire et qui ne lui reviendront pas. Déjà même la Russie a mis la main sur le Thian-Chan-Pé-lou ou Dzoungarie. 1,216 millions d'hectares, c'est bien plus que l'Europe, c'est plus du quart et près du tiers de l'Asie, c'est *vingt-deux à vingt-trois fois* la France. Sa population s'élève à 475 ou 500 millions d'habitants, *douze à treize fois* la France. Seuls dans le monde l'empire anglais (2 milliards 98 millions d'hectares) et l'empire russe (2 milliards 84 millions) occupent plus d'espace. Viennent ensuite, après la Chine, les États-Unis (935 millions d'hectares) et le Brésil (837 millions). Si l'on considère les deux Thian-Chan comme définitivement séparés, la surface de l'empire chinois n'est que de 1 milliard 62 millions d'hectares. Pour le nombre d'hommes, aucun État du globe n'approche de la Chine, l'empire Britannique ayant à peine 200 millions d'habitants, l'empire Russe 80 millions, les États-Unis 40, le Brésil 12.

Un pays aussi vaste qu'un continent, touchant au nord le 53e, au sud le 18e degré de latitude, à l'ouest le 69e, à l'est le 134e degré de longitude, assis d'un côté sur les plus hauts plateaux de la Terre, baigné de l'autre pendant des milliers de kilomètres par la plus grande mer, un tel pays ne peut avoir partout le même climat, le même sol, la même nature, les mêmes produits, le même peuple. L'empire chinois se divise en quatre grandes régions au moins : la Chine propre, la Corée, la Mantchourie, les Hauts-Plateaux. Politiquement, on y distingue la Chine, la Corée, la Mantchourie, la Mongolie, le Tibet. La Chine propre n'absorbe en surface que le tiers de l'empire, mais elle renferme les 18/19 de la population. A elle la grande agriculture, l'industrie, le commerce, la science, la domination ; les autres pays lui obéissent immédiatement, ou lui payent tribut, ou reconnaissent simplement sa prépondérance.

La **CHINE** compte un peu plus de 400 millions d'hectares et 450 millions d'habitants; elle soutient donc 112 à 113 individus par kilomètre carré, tandis que la France n'en nourrit que 70.

C'est que les Chinois, les maîtres en agriculture, font produire à leur sol très-fécond, sous leur climat très-heureux, tout ce que la terre et l'eau peuvent faire naître, et tout ce que le soleil peut mûrir.

La Chine s'ouvre à l'Orient sur le Pacifique. Au nord, la mer Jaune, qui se comble de plus en plus d'alluvions fluviales, s'avance profondément entre la Corée et la côte chinoise, jusqu'à une petite distance de Pékin. Au sud de la mer Jaune, les grandes découpures sont rares, mais non les bons ports, les estuaires, les anses. De ce côté, la Chine est bien pourvue. Elle a sur son littoral tous les abris qu'il faut aux navires exigés par le commerce du plus riche pays du monde. La houille, qui fait que les vaisseaux courent au lieu de flotter, ne manque pas non plus : rien que dans la Chine septentrionale les terrains houillers reconnus à ce jour couvrent six fois l'espace de tous les districts à charbon d'Angleterre.

A l'ouest, vers les hautes terres, les frontières de l'empire sont peu connues. Au nord, la Chine s'arrête à la *Grande-Muraille*, ce monument étonnant de la patience et de la niaiserie chinoises. Voilà près de deux mille ans qu'elle fut bâtie. Les Chinois ne craignirent pas d'élever ce ridicule ouvrage contre un peuple indigent cent fois plus petit par le nombre. Des millions de vies s'y consumèrent peut-être, puis la Grande-Muraille fut enjambée par les envahisseurs, au grand ébahissement des eunuques laborieux qui se croyaient en sûreté pour le reste des âges à l'ombre d'un parapet de brique et de chaux. Sa longueur dépasse 2,000 kilomètres ; elle grimpe avec les montagnes jusqu'à des altitudes de 1,600 mètres, elle descend dans les ravins, coupe les torrents, fait des zigzags dans les plaines, et, commençant aux montagnes mongoles, va finir sur le Soungari, branche de l'Amour. Elle consiste en deux murs de 8 mètres de haut, dont la construction a demandé « plus de briques que n'en contiennent à la fois toutes les maisons d'Angleterre et d'Écosse. » Entre les deux murs, séparés par quatre mètres d'intervalle, se tasse un remblai de terre. De mille en mille pas, quelquefois de cent en cent, veillent des tours armées de canons. Au nord, la Grande-Muraille se termine par une forte barrière de pieux.

La Chine est parcourue par des chaînes encore presque ignorées des Européens, chaînes qui se détachent des bastions de l'Asie Centrale, particulièrement du Kouen-Loun. Elles vont en s'abaissant peu à peu dans la direction du Pacifique et s'effacent enfin sur les plaines du rivage, après avoir été d'abord sommets neigeux, puis montagnes moyennes cultivées ou boisées, enfin coteaux plantureux. Les Nan-Ling ou monts du Sud séparent de la Chine tropicale le double bassin du fleuve Jaune et du fleuve Bleu, ces deux énormes veines d'eau qui, voisines vers leurs sources, infiniment éloignées ensuite, se rapprochent de nouveau de détour en détour, pour aller confondre leurs deltas dans les plages les plus tièdes, les plus fertiles et les plus populeuses de l'Empire. Les Nan-Ling, où s'escarpent des pics à neiges persistantes, l'emportent en altitude sur les Pé-Ling ou monts du Nord, allongés entre les deux fleuves.

Le fleuve Jaune, en chinois Hoang-Ho, tire ses eaux d'origine de l'Asie Centrale. Du pays des Mongols, il passe dans la Chine, qu'il quitte pour faire un énorme méandre vers le nord. Rentré en Chine, il roule des eaux très-capricieuses dans un lit d'une grande largeur, qui parfois se rétrécit à 350 ou 400 mètres, mais alors la profondeur est grande et le courant très-rapide. Après avoir franchi et refranchi la Grande-Muraille, il féconde une ample vallée et finit dans un delta de plus de 25 millions d'hectares qui a rattaché à la côte ferme des monts isolés jadis en mer : les monts du Chan-Toung, au pied desquels naquirent avant notre ère deux des grands sages de la Chine, Confucius et Mencius. Cinquante mille années suffiront, paraît-il, au delta du Hoang-Ho, qui marche sans relâche en avant, pour remblayer la mer Jaune tout entière, tant ce fleuve violent, qui doit son nom à des eaux jaunies par les particules terreuses, porte d'alluvions aux rivages de la Chine centrale. On évalue à 188 millions d'hectares l'aire du bassin du Hoang-Ho. Le débit moyen du fleuve ne serait que de 4,100 mètres cubes par seconde, moins que le Rhône et le Rhin réunis. Le volume d'étiage, alors, serait peu considérable, car les crues ont une très-grande puissance ; elles causent tant de ravages que les fils de Han, ainsi se nomment eux-mêmes volontiers les Chinois, ont donné au Hoang-Ho le surnom de « Crève-cœur de la Chine. »

Le Yang-Tsé-Kiang entraîne moins de troubles que son frère jumeau, et s'il mérite aussi le nom de fleuve Jaune, ce n'est que dans son cours inférieur, quand il s'est sali aux affluents impurs et aux berges terreuses de la plaine.

La trimonosyllabe Yang-Tsé-Kiang veut dire en chinois fleuve Bleu, et ce titre porte à faux. En amont de son entrée dans la grande plaine de Chine, le Yang-Tsé roule des eaux claires et rapides d'un vert magnifique. Il se constitue, dans la montagneuse province du Yu-Nan, au sein d'une gorge à grandiose allure, par la réunion de deux torrents énormes, portant chacun un nom fait de trois monosyllabes : l'un s'appelle Rivière au Sable d'Or, l'autre Rivière à l'Eau Blanche. Ils sont d'égale force. Le Sable-d'Or et l'Eau-Blanche naissent tous deux au loin dans la Haute-Asie, aux pieds des monts Kouen-Loun. L'un des deux bras doit passer, déjà considérable, à peu de distance des sources du fleuve Jaune, et l'autre serpenter au fond de défilés séparés par la haute montagne des gorges de notre Mékong cochinchinois. Des monts à la mer, le fleuve Bleu arrose une vallée d'une fertilité rare, même en Chine : on en tire trois, quatre, cinq récoltes par an ; la terre, parfaitement arrosée et drainée, soigneusement fumée, jamais lasse, y produit le riz, le tabac, le coton jaune dont se fait le nankin, la canne, des fruits, des épices, du thé, l'assoupissant et mortel pavot, qui tend à remplacer en beaucoup d'endroits les rizières depuis un traité imposé par les Anglais, enfin tout ce que l'on demande à ses fonds privilégiés. Le mûrier y forme des forêts, les villes de cent à cinq cent mille, et même de cinq cent mille à un million d'habitants s'y entassent dans la plaine du fleuve, sur ses bords, sur ses eaux ; des centaines de milliers d'individus vivent dans des bateaux, de la pêche ou des légumes de leurs jardins, et ces jardins ne sont eux-mêmes que des radeaux de bambous portant quelques pelletées de vase arrachées au Yang-Tsé-Kiang. Sur le chemin des montagnes à la mer, le fleuve recueille les émissaires de deux grands lacs voisins de sa rive droite, le Toung-Ting et le Po-Yang. Vers Nankin, à 350 kilomètres de la mer, le flux et le reflux commencent à se faire sentir, puis le fleuve entre dans son delta, qui touche à celui du Hoang-Ho. A son embouchure, il a sept lieues de large entre des rives effacées. Le Yang-Tsé-Kiang coule pendant 5,000 kilomètres. Pour la longueur, c'est le quatrième cours d'eau de la Terre, le sixième pour l'étendue du bassin. Pour le débit, il vient peut-être au second ou au troisième rang, après le fleuve des Amazones, avant ou après le Rio de la Plata. A 1,600 kilomètres du Pacifique, au-dessus du confluent de la rivière sortie du lac Toung-Ting, il roulerait aux basses eaux près de 13,000 mètres cubes d'eau par seconde, plus que le Gange ou le Rhône et autant que le Nil en grande crue. A l'embouchure, ce débit serait doublé (?). Ses inondations sont aussi formidables que celles du Hoang-Ho. A Han-Caou, où pourtant il s'étale dans un large lit, il monte fréquemment à dix mètres au-dessus des eaux d'étiage. Les Chinois sont fiers de leur fleuve, ils l'appellent *Fils de l'Océan* et *Ceinture de la Chine*. Comme le Hoang-Ho, le Yang-Tsé-Kiang coupe le Canal Impérial, premier canal du monde : sa longueur approche de 2,000 kilomètres, il a de 60 à 300 mètres de large, il porte des milliers de jonques (vaisseaux chinois), des canots sans nombre, des hameaux de bateaux, des villes flottantes, et sur ses deux rives se déploient quelques-unes des principales cités de l'empire. Il rattache Pékin aux deux fleuves. Les canaux sont très-communs en Chine. Avec les rivières navigables, ils remplacent les chaussées, bien plus rares qu'en Europe.

Le climat de la Chine varie à l'infini, comme ses altitudes et ses latitudes. Très-froid au nord, il se tempère sur le Hoang-Ho et le Yang-Tsé-Kiang et devient torride au midi des Nan-Ling. A latitude égale, il ne vaut pas le climat de l'Europe. Pékin, située plus au sud que Naples, passe, après de très-fortes chaleurs, par des froids aussi vifs que ceux de l'Allemagne. La moyenne annuelle y est de 12°6 ; celle de Canton est de 21°6.

Riches par ce que prélève sur une terre généreuse une agriculture modèle, les Chinois ont eu le mérite de mettre en œuvre leurs produits par des procédés de leur invention. L'Europe a inventé de son côté, et poussé plus loin leurs découvertes, mais les Chinois l'ont de beaucoup précédée dans les métiers. Le Chinois passe pour inimitable dans les travaux qui demandent une assiduité minutieuse. De lui plus que de tout autre on peut dire que le génie est une longue patience, mais encore faut-il que ce génie s'appuie sur une méditation vaste, impossible à l'esprit chinois. Nul peuple ne doit élever la prétention d'égaler le « fils du ciel » pour la conduite de toute la vie vers un seul but, l'argent, avec un seul moyen, le patient labeur. Seuls l'opium qui enivre, le jeu qui serre à la gorge et qui entraîne, peuvent jeter le Chinois hors du sentier de la fortune.

Demander aux riverains du fleuve Jaune et du fleuve Bleu les aptitudes supérieures qui ont grandi l'Européen, la passion de la science, l'amour du vrai, l'avidité du beau, c'est trop exiger d'une race sans idéal et sans goût. Vivre commodément, s'il se peut, au besoin souffrir sans plainte et mourir sans murmure, le Chinois ne va point au delà. Il n'a pas l'impatience d'esprit qui fait qu'en tout temps, en tout lieu, en tout métier, en toute théorie, l'Européen veut aller plus loin, ce plus loin fût-il hors d'atteinte ou n'en approchât-on que par des sentiers finissant contre un gouffre.

Les Chinois remplacent la science et l'enthousiasme par le culte des ancêtres. Ils ont une espèce de passion pour la mort. Leur premier souci, c'est d'épargner l'argent d'une bière confortable et capitonnée ; chez eux le cercueil, meuble de luxe, s'étale à tous les yeux dans la maison, attendant celui qu'il doit dévorer. En Chine, on ne trouble pas l'asile des morts ; les cimetières empiètent à l'infini sur la terre des vivants, jusqu'à s'étendre quelquefois à perte de vue, de montagne à montagne. Que la guerre civile, les fièvres ravageuses arrêtent pendant quelques semaines les rites funèbres, les routes se bordent de cercueils, le mort dedans, jusqu'à des temps plus calmes. Hors de Chine, l'émigré qui s'enrichit ne se laisse point dompter par la civilisation étrangère ; mais il a une faiblesse, une seule : il tient à être ramené comme cadavre en Chine, dans une bonne bière, s'il n'a pas eu le bonheur de rentrer vivant dans la patrie.

Au tendre respect de la mort s'allie une immense vénération pour les parents ascendants. La ville où s'est commis un parricide est rasée, et ne se rebâtit pas ; les habitants se transportent autre part. On obéit strictement au père, comme celui-ci obéissait au grand-père, et en remontant toujours, on voue aux antiques générations la seule obéissance possible vis-à-vis des morts, le respect pour leurs idées, leurs erreurs et leurs lois.

Par suite de cette vénération pour le jadis, le convenu, l'officiel, le Chinois n'ose toucher à l'héritage des ancêtres, il n'augmente pas ses découvertes, il ne perfectionne pas ses méthodes vieilles de plusieurs milliers d'années. Le fils du Ciel est comme le castor, il travaille méthodiquement et se répète toujours. Ses facultés d'imitation sont grandes, ses facultés d'invention semblent éteintes.

Le commerce de la Chine avec le Japon, l'Indo-Chine, les îles de la Sonde, l'Australie, les États-Unis et l'Europe, déjà immense, grandit sans trêve. L'importation, opium, fourrures, tabac, etc., est bien moins considérable que l'exportation, et l'empire s'emplit d'or et d'argent au détriment du reste de la Terre. Les échanges avec l'Europe et l'Amérique se font dans une quinzaine de ports désignés : les plus importants, du nord au sud, sont Tien-Tsin, port de Pékin, Chang-Haï, débouché du Hoang-Ho et du Yang-Tsé-Kiang, Han-Caou sur ce dernier fleuve, Fou-Tchou, Amoy, Canton.

A l'emploi parfait de son sol et de ses eaux, à son industrie, à son commerce, la Chine doit son immense population, dont la croissance ne s'arrête pas, en dépit des maladies, des famines, de l'émigration grandissante, de l'infanticide en masse. L'empire n'avait, dit-on, que 177 millions d'habitants en 1749; en 1812 on en comptait déjà 361 millions, et en 1842 414 millions. Aujourd'hui on peut évaluer la population de cette fourmilière humaine à 450 millions d'individus. Les missionnaires russes l'évaluaient, il y a quinze ans, à plus de 500 millions.

Ce ne sont point là les seuls Chinois à considérer. De la ruche travailleuse s'échappent tous les ans, malgré les lois, malgré l'opinion, des essaims d'émigrants, principalement fournis par les deux provinces méridionales, Fo-Kien et Canton. Ces expatriés se jettent sur le Tonquin, dont ils finiront par faire une colonie, sur la Cochinchine et le royaume de Siam, où des villes sont moins siamoises que chinoises, sur les Philippines, où ils ont donné naissance à une importante population mixte. A Java, à Sumatra, à Bornéo, dans les îles de la Sonde et les Moluques, ils s'emparent de tout, de l'agriculture, des mines, de l'industrie, de la banque, du commerce. Singapore n'est ni anglaise ni malaise, elle est chinoise. Ils fondent sur la Californie, où ils triomphent des Américains dans le petit commerce et la culture maraîchère; ils y produisent à moins, vendent moins cher, se contentent de moins; ils sont plus persévérants, plus travailleurs; l'Américain, l'Anglais, l'Irlandais, l'Allemand, le Canadien, le Français donnent, a-t-on dit, de plus grands coups de pioche, mais à la fin de la journée, le Chinois a plus pioché et enlevé plus de terre. Dans les mines d'or abandonnées par le Blanc, l'homme jaune à tresse trouve encore la fortune. De même en Australie, où, comme aux États-Unis, on a parlé souvent d'expulser les Chinois, tant on craint de voir fléchir, à concurrence libre, le génie des Européens devant l'indomptable médiocrité des fils du Céleste Empire. Enfin, on les engage par masses comme travailleurs agricoles dans les colonies où les Nègres se reposent, par la paresse, de trois cents ans de colonisation forcée, à Cuba, dans toutes les Antilles, dans les Guyanes, dans d'autres contrées de l'Amérique méridionale, dans les archipels de la mer du Sud. Rien n'arrête l'envahissement. Un Chinois accourt ; il meurt, ou repart chargé d'or, deux Chinois, dix Chinois le remplacent. Un Chinois fait faillite, très-rarement, cent Chinois arrivent à l'aisance. L'intérêt de leur commerce veut-il qu'ils soient mahométans, ou chrétiens comme dans l'intolérante Manille ? Ils le deviennent, en attendant le retour en Chine avec l'argent du catholique ou du musulman. Maintenant que les Chinoises émigrent aussi — récemment encore l'expatriation était interdite aux femmes — des nations chinoises vont se créer dans la Malaisie, dans l'Amérique, dans les mers du Sud et les fils du Ciel raviront de vastes territoires à la barbarie des Malais, à l'indolence des Noirs et à la somnolence des Indiens, des Castillans et des Portugais.

La Chine tient donc à la fois son importance colossale, de sa population, qui est le tiers de celle du globe, et de la masse d'émigrants qu'elle répand sur le monde torride. Elle tire aussi une grande puissance de son unité dans la race, dans la langue, dans les idées ; toute la Chine est chinoise ; ses provinces sont presque uniformément habitées par les mêmes hommes ayant à peu près le même type, les mêmes mœurs, les mêmes aptitudes, le même respect pour les traditions des ancêtres, la même vénération pour l'empereur de Pékin. Une même littérature très-conventionnelle nourrit leur esprit, une même science fausse leur est enseignée par les mêmes faux savants ; ils se pavanent des souvenirs de la même histoire. Cette histoire se meut tellement en dehors de la vie générale du monde, elle est tellement concentrée dans l'Orient chinois, tellement adultérée par l'emphase, tellement hérissée de monosyllabes qui nous paraissent toujours les mêmes, qu'elle reste sans intérêt pour nous.

L'idiome chinois, parlé par près de 500 millions d'hommes, se divise en plusieurs dialectes voisins les uns des autres, comme par exemple le français de l'espagnol ou de l'italien. De jour en jour ces dialectes reculent devant l'idiome officie-

du nord, la plus misérable des langues ; elle est sans flexions, faite de monosyllabes, et si pauvre qu'un seul et même mot acquiert cinq, dix et jusqu'à vingt significations selon le geste, le ton, l'accent et la position. Souvent deux Chinois, ne se comprenant plus, se voient forcés de recourir à leurs pinceaux et à leurs tablettes pour fixer par l'écriture l'idée qui échappe au pouvoir de la parole. Ce triste langage a le malheur d'être enchaîné par une écriture soi-disant figurative, qui ne figure plus rien. Les signes, d'abord grossièrement représentatifs, se sont corrompus avec le temps et les voici transformés en écheveaux de lignes rebelles à la mémoire. Il y a 80,000 à 100,000 de ces signes, mais un certain nombre, 214, ceux-ci indispensables, peuvent être considérés comme faisant la base du système et servant de racines. Avec quelques milliers de signes on se fait comprendre partout, mais vécût-on deux vies, on n'épuiserait pas en Chine la science de la lecture et de l'écriture.

Les Chinois écrivent au pinceau — c'est le cas de dire qu'ils peignent — de haut en bas, le long de lignes verticales tracées de droite à gauche. Malgré les difficultés de l'écriture et l'indigence affreuse de l'idiome, la patience chinoise a élevé l'édifice littéraire le plus vaste de l'Asie, poésie, éloquence, philosophie, histoire, plus un trésor fort mélangé de connaissances concentrées dans une encyclopédie de 6109 gros volumes.

La vraie religion de la Chine est une morale pratique empruntée aux ouvrages de Confucius, philosophe que les Chinois révèrent comme le plus grand des hommes. Dans les classes élevées cette morale règne sans partage ; dans les classes inférieures, le bouddhisme s'y allie, en qualité de religion positive, sous le nom de religion de Fo. Une morale terre à terre, sagement raisonnée, et quelques superstitions, voilà, au fond, toute la foi de ce peuple profondément rationaliste. Chez les gens de loisir la religion du philosophe Lao-Tseu possède beaucoup d'adhérents : elle est faite pour plaire à l'esprit chinois, car elle n'enseigne qu'un épicuréisme tempéré par la modération.

Dans l'ouest et le sud-ouest, en particulier, dans les Alpes du Yu-Nam fendues par le Yang-Tsé-Kiang et le Mékong, les

Musulmans demeurent fidèles à leur révélation. Ce ne sont point des Chinois ; leurs traits plus nobles témoignent d'une autre origine. Ils descendent de guerriers islamites appelés, au VIIIe siècle, par un empereur qui résidait à Si-Ngan-Fou, alors capitale. Ces Arabes se payèrent de leurs services en restant dans le pays. Ils reçurent dans leur sein beaucoup de négociants de leur race, et voici douze cents ans qu'ils gardent leur religion et conservent, malgré des mélanges, un type saillant bien éloigné de la platitude du visage chinois. Ils viennent de se séparer de l'empire. Leur capitale, **Tali**, envoie les eaux de son lac au Mékong.

Les Chrétiens, les Juifs, les adorateurs du feu persistent aussi dans leur culte. Au XVIe siècle, au commencement du XVIIe, les pères Jésuites, les plus habiles des hommes, étaient en voie de conquérir la Chine au catholicisme. Ils avaient converti des millions d'hommes quand leurs missions tombèrent, à la suite de débats avec les Dominicains, les premiers des moines pour l'intolérance. Rome donna raison aux Dominicains, et maintenant il n'y a dans l'empire que quelques centaines de milliers de chrétiens.

Le gouvernement chinois est un despotisme légal complet, fortifié par une véritable idolâtrie pour l'empereur, atténué par l'influence d'une aristocratie littéraire et bureaucratique dont les membres s'appellent mandarins. Pressée de nos jours par la Russie au nord et sur ses rivages par les grandes nations maritimes, la Chine s'ouvre en ce moment à l'Europe, mais elle ne craint rien pour son avenir, car elle est trop inerte pour être vaincue, trop peuplée pour être dénationalisée, trop active pour s'appauvrir. Elle est indestructible au dedans. Elle continuera à grandir au dehors par l'essaimage, remplaçant toujours les vertus supérieures par le travail, l'impassibilité, la ruse et le nombre. « La goutte, dit le vers latin, perce le roc, non de vive force, mais en tombant souvent. »

La Chine se partage en 18 provinces, subdivisées en *fou*; les fou se divisent en *tchou*, les tchou en *hien*. Les villes sont aussi fou, tchou, hien, selon qu'elles sont capitales d'un fou, d'un tchou, d'un hien.

L'empire a pour chef-lieu **Pékin** (Cour du Nord), ville sans beauté malgré des ponts de marbre et d'amples édifices. Pékin borde un sous-affluent de la mer Jaune, à 150 kilomètres du rivage. Cette capitale en décadence, à laquelle on a tour à tour donné deux, trois, quatre, cinq et jusqu'à dix millions d'habitants, n'en compte que 600,000 à 1,000,000, vivant moitié dans la ville impériale ou tatare, moitié dans la ville chinoise. Si les appréciations variaient tant, c'est que l'intérieur de Pékin renferme de grands jardins, des espaces vagues, des palais énormes et de vastes temples décorés avec bizarrerie. Les maisons, de bois, à toits de tuiles, n'ont qu'un étage. — **Toung-Tchou**, voisine de Pékin, et **Tien-Tsin**, port animé, sur le Pei-Ho, contiennent 200,000 à 300,000 habitants. — **Nankin** (Cour du Sud), capitale de la Chine jusqu'en 1363, occupe le bord du fleuve Bleu. C'était encore, il y a moins de vingt ans, l'une des premières cités de l'empire par ses manufactures, son commerce et sa population. Par sa position, par ses souvenirs surtout, elle était le centre national de la Chine. Une armée de rebelles l'a renversée de fond en comble en 1853. — **Sou-Tchou-Fou**, « la Venise chinoise, » sur des îlots et sur le Canal Impérial, au milieu d'une mer de rizières, se qualifie de ville du bon ton, du luxe, de l'élégance, des amusements raffinés, des meilleurs théâtres, du plus fin langage, du plus pur accent, des dames au plus petit pied; « Le ciel là-haut, sur terre Sou-Tchou-Fou, » dit le proverbe. Il y avait 400,000 âmes, d'autres disent deux à trois millions, dans ce « Paris et Athènes » de la Chine, saccagé aussi par les rebelles. — **Chang-Haï**, port de mer profond, sur le jaune et sale Whampou, près de l'embouchure du fleuve Bleu, devient rapidement une des premières places de commerce de l'univers, ce qu'elle doit à la proximité des grands districts à thé et à soie. Elle n'a pas moins de 1,500,000 âmes. — **Hang-Tchou**, qui compte, dit-on, un million d'habitants, est un port très-actif, à l'extrémité méridionale du Canal Impérial. En renom elle égale presque Nankin, pour les plaisirs c'est une seconde Sou-Tchou-Fou. — **Ning-Po** (300,000 âmes) fait un grand commerce; la mer qui borde son rivage bat les quatre cents îles de l'**Archipel des Chousan**. — **Fou-Tchou-Fou**, sur un affluent d'un golfe du détroit de Formose, n'a pas moins de 800,000 habitants. Elle vend le meilleur thé noir connu et expédie des masses d'émigrants. Après Chang-Haï, c'est le port le plus animé de l'Empire. — **Amoy**, port très-commerçant, est aussi le lieu d'embarquement d'une multitude d'émigrants. Elle occupe une île proche du rivage. — A 100 kilomètres de la mer, sur la rivière des Perles, qui se jette dans le golfe où s'élèvent les îles de Hong-Kong et de Macao, **Canton** compte un million d'habitants avec la population de dix mille bateaux à l'ancre sur le fleuve. Cette ville de commerce, le Chang-Haï, le Pékin, le Sou-Tchou-Fou de la Chine du midi, perd de son animation depuis que Chang-Haï a pris un grand essor. De même que la capitale de l'empire, elle comprend une ville tatare et une ville chinoise. Comme Fou-Tchou et Amoy, Canton embarque beaucoup d'émigrants pour les mers du Sud, les Antilles et les deux Amérique. Jusqu'à nos jours l'exode chinoise s'est presque entièrement circonscrite aux habitants des deux provinces surpeuplées où commandent Fou-Tchou et Canton. Les Chinois du nord quittent peu le territoire national, et c'est dans la direction de l'Amour qu'ils émigrent, transformant ainsi graduellement la Mongolie et la Mantchourie en provinces du Royaume des Fleurs. A cinq ou six lieues de Canton, le mont Lofau, montagne sacrée, a 1,500 mètres de haut; les Chinois lui donnent 36,000 pieds.

Dans l'intérieur de l'Empire, **Si-Ngan-Fou** (300,000 hab.), sur un tributaire du Hoang-Ho, se compose aussi d'une ville chinoise et d'une ville tatare. **Les empereurs y résidèrent autrefois.** — **Thai-Yuan-Fou**, au sud-ouest de Pékin, sur un affluent du Hoang-Ho, s'élève dans la province où naquit probablement la nationalité chinoise. — **Kaï-Foung**, sur le Hoang-Ho, régit la province appelée par les Chinois le Jardin de l'Empire. — Dans le centre de la Chine, sur le fleuve Bleu, au sein d'une vallée qui est plus que celle de Kaï-Foung le jardin de la Terre des Fleurs, **Ou-Tchang** (600,000 hab.), fait face à **Han-Caou** (600,000 âmes), séparée par une étroite rivière d'une autre grande cité **Han-Yang**. Ces trois villes font un seul et même énorme centre de commerce, à 1000 kilom., environ au-dessus de l'embouchure du fleuve. Avant les guerres civiles récentes, elles avaient ensemble trois à quatre millions d'hommes, huit millions d'après le missionnaire Huc. — **Nan-Tchang-Fou** (300,000 hab.), entre le fleuve Bleu et les monts Nan-Ling, sur le lac Poyang, vend les porcelaines fameuses que fabriquent les 500 fours de **King-Te-Ching** (1,000,000 d'hab. ?) — A **Tchon-King**, en amphithéâtre sur le fleuve Bleu, il y aurait un million d'âmes.

La Chine possède encore d'autres cités renfermant plus de cent mille âmes. Malgré leur importance, malgré leurs monuments bizarres, ces villes sont indignes d'être décrites. Toutes se ressemblent et leurs noms baroques se fixent mal dans la mémoire.

Vis-à-vis des rivages d'Amoy, **Formose**, qu'isole de la côte ferme un canal de 150 à 200 kilomètres d'ampleur, s'appelle en chinois Tai-Ouang. Elle s'étend sur trois millions et demi d'hectares, avec une longueur d'environ 400 kilomètres, sur une largeur près de quatre fois moindre. Pour la beauté de son climat, de son aspect et de sa végétation, cette île reçut des marins lusitaniens qui la reconnurent le nom portugais, en même temps que latin, de Formosa, *la Belle*, et elle le garde encore avec justice.

Des montagnes volcaniques dont les pics supérieurs s'élanceraient à plus de 3,500 mètres divisent Formose en deux penchants : à l'ouest, le long d'un rivage bas, semé d'écueils et gâté de sables, vivent des Chinois venus du littoral d'en face et de la province de Canton. A l'est, sur la grande mer, les eaux sont très-profondes dès le rivage, les monts surgissent abruptement du flot, souvent avec une rare grandeur ; de ce côté, il n'y a pas de place pour des plaines, pas d'espace pour des rivières développées. Ce versant et l'intérieur appartiennent aux Igorrotes, tribus sauvages qui semblent parentes des indigènes de Luçon (Philippines). On estime qu'il y a quatre millions d'habitants à Formose, et dans ce nombre les Chinois comptent pour les millions, les indigènes pour quelques dizaines de milliers seulement. La capitale, **Tai-Ouang**, renfermerait 100,000 âmes.

Tout à fait au midi de la Chine, à l'entrée du golfe de Tonquin, vis-à-vis des côtes de l'Annam, **Haï-nan** ressemble à Formose par sa population, chinoise sur la rive et sauvage dans les monts. Dans le sud de l'île, ces monts sont granitiques et portent quelques cimes à 2,000, 2,500 mètres d'altitude ; ailleurs on rencontre des cimes volcaniques dont les foyers sont éteints. Sur les chaînes de l'intérieur, le pin chinois forme des forêts, en compagnie du cocotier qui ombrage aussi, avec le banian, tous les vallons du littoral. Haï-Nan ne vaut pas Formose : il y fait plus chaud, principalement dans le sud, garanti du nord par des bastions montagneux ; le climat y est moins salubre, surtout dans ce même midi ; les typhons y sévissent. Enfin, sur une étendue à peu près égale à l'aire de Formose, elle ne renferme guère que deux millions d'hommes, presque tous chinois.

Dans le golfe de Canton, les Anglais possèdent, depuis 1842, l'île montueuse de **Hong-Kong**, très-petite (7,500 hectares), très-chaude, insalubre en été. Quand l'Angleterre y a pris pied, Hong-Kong ne donnait asile qu'à de pauvres familles de pêcheurs chinois, et, en 1867, il y avait déjà 117 à 118,000 habitants, dont 2,151 blancs. **Victoria**, qui renferme à elle seule presque toute la population de l'île, est une place fort commerçante, sur une rade sûre. Elle a définitivement ruiné le trafic de l'île voisine, **Macao**, colonie portugaise de 3,100 hectares et 100,000 habitants.

Le voyageur qui va de Pékin vers le nord n'a fait que peu de chemin depuis cette capitale quand il arrive à la Grande-Muraille ou à la barrière de pieux à demi détruite qui continue le mur flanqué de tours. En franchissant cette barrière, on passe de la Chine propre dans la Mongolie chinoise.

La **MONGOLIE CHINOISE** diffère de la Mongolie propre

en ce que les vieux maîtres du sol, les Mongols, y reculent continuellement devant l'invasion d'agriculteurs chinois. Ils se divisent en quarante-neuf bannières ou clans dont les princes se glorifient d'avoir le conquérant Gengis-Khan pour aïeul. Tous ne sont plus nomades comme autrefois, beaucoup d'entre eux cultivent le sol et peu à peu la mer des herbes diminue pour faire place aux cultures des Mongols et aux champs soigneusement ordonnés des Chinois. La vie errante est à la veille de disparaître chez eux devant la civilisation des fils de Han, dont le mouvement colonisateur prend tous les jours un plus grand essor dans ces régions. Les Mongols étant bouddhistes, le pays est rempli de couvents, de chapelles, de lieux de pèlerinages ; les prêtres et les moines y fourmillent. La capitale, **Ché-Hol**, s'élève dans le midi de la contrée, près de la Chine, loin du fleuve principal de la Mongolie chinoise, le Sira-Mouren, qui prend le nom de Liau-Ho dans son cours inférieur.

A l'ouest de la Mongolie chinoise, la Grande-Palissade sert de limite officielle à la Mantchourie.

La **MANTCHOURIE** s'étend sur 127 millions d'hectares, très-insuffisamment occupés par dix ou douze millions d'habitants, car le sol est fertile, l'eau très-abondante, le climat des plus salutaires. Pays qui n'est pas encore apprécié à la valeur de son avenir, il tient sa renommée parmi nous de l'importance politique qu'eut autrefois son peuple. Les Mantchoux franchirent, il y a 225 ans, la Grande-Muraille et imposèrent à la Chine sa dynastie actuelle. A leur tour, les Chinois, plus redoutables dans la paix que dans la guerre, prirent, d'abord par familles, puis par bandes, la route de la Mantchourie, en qualité d'agriculteurs et de marchands, et presque tous ayant pour première patrie le Chan-Toung, l'une des provinces septentrionales de l'Empire du Milieu. A mesure que les Chinois arrivent par le sud, les Mantchoux se déplacent insensiblement vers le nord.

Aujourd'hui les Chinois prépondèrent dans la Mantchourie,

non pas seulement par la supériorité de leurs ambitions, de leur activité, de leur travail, mais aussi par le nombre. L'immigration croissant, ils ne tarderont pas à absorber complétement les Mantchoux, dont déjà l'idiome s'efface rapidement devant la grande langue littéraire de la Chine. Dans ces régions du Soungari et de l'Amour, glaciales en hiver, mais parfaitement cultivables et très-saines, il y a place pour de nombreux millions d'hommes, et la colonisation chinoise y marche infiniment plus vite que la colonisation russe. La Mantchourie est, avec la Dzoungarie, le pays d'Asie où se rencontreront le plus près la civilisation blanche et la civilisation jaune. Là, les paysans des deux maîtresses branches de l'humanité se trouveront en contact; partout ailleurs en Chine l'Europe n'oppose que spéculateur à spéculateur, acheteur à marchand.

La Mantchourie méridionale, celle qu'a le plus envahie l'élément nouveau, relève pour la plus grande part du bassin du Sira-Mouren ou Liau-Ho, tributaire du golfe de Pé-Tchi-Li. Sa grande ville, **Moukden** (150 à 200,000 hab.), la Chin-Yan des Chinois, borde un affluent de ce fleuve. C'est le Saint-Denis des empereurs de la dynastie régnante.

La Mantchourie septentrionale incline ses nombreuses rivières vers le Soungari, très-grand cours d'eau que les Mantchoux tiennent pour la branche mère de l'Amour. Quand ces deux rivaux s'atteignent, l'Amour est limpide, le Soungari sale, mais en apparence plus fort. Le Soungari descend de montagnes trop hautes sous ce climat très-froid pour que la neige abandonne tous leurs sommets en été, aussi leur fière chaîne se nomme-t-elle Chan-A-Lin, les Longs Monts Blancs : leurs forêts qui dérobent les cavernes du tigre, de la panthère et de l'ours noir envoient torrent sur torrent au Soungari, et celui-ci, bien que peu éloigné encore de ses sources, a déjà 250 à 300 mètres de largeur devant le chef-lieu de la contrée, **Ghirin**, ville bâtie dans une des plus admirables situations que l'on connaisse.

Les Chinois ont aussi la majorité dans la Mantchourie du nord; leur nombre y augmente avec vitesse et leur langue y étouffe la langue des Mantchoux, idiome bien supérieur au chinois et remarquable par sa douceur; il n'admet jamais deux consonnes de suite, l'une fût-elle même une liquide. Les Mantchoux ont un tempérament robuste, un caractère honnête et paisible. Ils professent le bouddhisme.

La **CORÉE** (23,000 millions d'hectares : 37 départements français) nourrirait à peu près 9 millions d'habitants. Les Russes, et l'on dit aussi les Allemands, convoitent cette presqu'île attachée à la Mantchourie comme un bec d'oiseau de proie.

La Corée se recourbe entre la mer Jaune et la mer du Japon. Si elle ne s'allongeait pas sous des climats plus froids que le ferait supposer une latitude égale au nord à celle de la Provence, au sud à celle de l'Algérie, tout en elle rappellerait l'Italie sans la Corse, la Sardaigne et la Sicile : sa forme, sa direction, son prolongement dans une mer intérieure ; sa latitude, sa séparation en deux bassins hachés par de petits fleuves côtiers, celui de l'ouest le plus large ; l'élévation sur son axe longitudinal d'une haute chaîne de montagnes analogue aux Apennins. Le voisinage des frimas de la Sibérie orientale, plus puissants que toutes les glaces des Alpes, en abaisse notablement la température et la Corée n'a pas le ciel de la belle côte ligurienne, de Naples et de Palerme. Le climat, d'ailleurs, y est plus doux que dans la Mantchourie et la Chine septentrionale. L'hiver n'y a pas la même brutalité et la mousson du sud-ouest apporte des pluies fertilisantes.

Sur le littoral d'occident, qui regarde la mer Jaune, et le long duquel la marée s'élève à une grande hauteur, il y a moins de bons ports que sur le littoral d'orient, tourné vers la mer du Japon. En avant de ce rivage, les archipels de petites îles sont si touffus que le despote coréen, tributaire de la Chine, s'appelle complaisamment le Roi des Dix Mille Iles. La seule montagne dont on sache exactement l'altitude n'a pas tout à fait 2,500 mètres, mais on présume que des pics sensiblement supérieurs s'élèvent entre le 40º et le 42º degré. Le Ya-Lou-Kiang, fleuve principal, vient du revers méridional de la chaîne dont le penchant septentrional épanche ses eaux dans le Soungari; c'est une rivière fort abondante, ainsi que le Tou-Moun, qui a trois cents mètres de largeur.

Les Coréens forment une nation à part, qui a reçu dans son sein beaucoup d'éléments chinois, japonais et mantchoux. Ils professent le bouddhisme et usent d'une langue différente de la langue de Pékin, mais écrite avec les mêmes caractères et fortement influencée par elle. La capitale a deux noms, un nom coréen : **Séoul**, et un nom chinois : **King-I-Tao**.

La **MONGOLIE** (338 millions d'hectares, 3 millions d'habitants) n'est point soumise à la Chine, mais seulement alliée. Redoutés par le peuple du Céleste Empire, les Mongols, descendants des terribles compagnons de Gengis-Khan, considèrent, il est vrai, l'empereur chinois comme leur chef et lui envoient des tributs annuels, mais ces tributs sont loin de valoir les cadeaux que le Fils du Ciel leur fait en échange. Avec le temps, grâce au bouddhisme, grâce aussi à la modération de la Chine et à l'exemple des Chinois, cette race de cavaliers, qui eut un moment le monde pour domaine, qui couvrit l'Asie de mares de sang et reçut les ambassadeurs des plus grands rois dans Karakoroum, a fait place à une nation de bergers pacifiques. Les Mongols n'ont gardé du passé que leur organisation militaire, leurs khans ou chefs, leurs aïmaks ou tribus, divisées en bannières.

Les Mongols, qui sont des bouddhistes fervents, ont pour langue sacrée le tibétain. Leur langue nationale ne se rapporte pas au chinois. Dans le fond du passé, ces pasteurs logés sous des tentes de feutre ne firent peut-être qu'un seul et même peuple avec les ancêtres des hommes qui labourent maintenant les rives du fleuve Bleu, car le type physique du Chinois est bien avec quelques modifications le type du Mongol.

Les Mongols Khalkhas habitent le nord, les hautes vallées où l'Iénisei, les tributaires du lac Baïkal et l'Amour roulent leurs premières eaux. Là végète **Ourga** (7,000 hab.), bien petite, bien pauvre et bien tranquille, comparée à ce que fut, il y a 600 ans, **Karakoroum**, la résidence aujourd'hui ruinée de

Gengis-Khan. Ourga, qui n'est qu'à 250 kilomètres de la frontière russe, occupe la berge d'un affluent de la Sélenga, et celle-ci se perd dans le lac Baïkal.

Les Mongols Tcharras errent dans l'horrible **Gobi**, ou **Chamo**, l'un des saharas de l'Asie, mais un sahara où il gèle pendant une partie de l'année, le plateau se trouvant à 800-1500 mètres de hauteur au-dessus des mers, aux latitudes de la France. Des vents violents y secouent le sable des dunes, ils y glacent l'eau de ruisseaux traînants et de lacs sans beauté. Sous un soleil sans vertu, sous un ciel sans pluie, le sol, même généreux, devient ingrat comme la roche ; par places, le chameau à deux bosses du Mongol, son cheval, sa vache y broutent un misérable gazon, mais la grande végétation manque. Dans toute la traversée de ce désert, sur la route du Baïkal à Pékin, il n'y a que cinq arbres, pour une largeur de 800 kilomètres.

Des aïmaks mongoles parcourent aussi les plateaux tourmentés du lac salé de Koukou (350,000 hectares) et ceux où le Hoang-Ho et le Yang-Tsé-Kiang se constituent au pied des Kouen-Loun.

Le **Tibet** (169 millions d'hectares, 11 millions d'habitants) est resserré entre le Kouen-Loun, l'Himalaya et le Karakoroum. Ayant dans l'intérieur ou à la frontière les plus hautes chaînes du monde, il possède aussi les plus hautes vallées (3,200 à 4,800 mètres) : celle de l'Indus naissant et celle du Yarou-Dzang-Bo, qu'on croit être le Brahmapoutre supérieur. Nés dans le voisinage l'un de l'autre, ces deux fleuves se fuient: l'un descend vers l'ouest, l'autre vers l'est; tous deux débouchent dans l'Inde, aussi brûlante que sont glacés les hauts bassins du Tibet. L'habitation la plus élevée de la terre es le couvent tibétain de Hanlé, à 4,565 mètres. Des trois vertèbres montagneuses la moins élevée semble le Kouen-Loun, où l'on n'a pas vu de pic au-dessus de 6,710 mètres; la plus élevée en moyenne est le Karakoroum, mais les premiers pics du globe s'élancent de l'Himalaya. Le Dapsang, dans le Karakoroum, a 8,630 mètres, le Diamar et le Machabroum en ont 8,000.

Sur les deux fleuves, sur les bords du lac Tengri (800,000 hectares), autour du lac sacré de Palté, anneau d'eaux bleues avec une grande île au centre, le climat est également glacial, par suite de l'altitude, et désastreusement sec parce que les monts du sud arrêtent la course des pluies. Aussi y a-t-il peu de régions aussi arides que le Tibet. Heureusement, le soleil du trentième degré de latitude brille avec chaleur, il fait revivre un sol mort sous la neige et la glace de six mois d'hiver, et par lui le Tibet a des grains, des fruits, des pâturages pour ses animaux domestiques à longs poils.

Les Tibétains, qui se donnent le nom de Bothias, font un peuple à part, ni indou ni chinois, mais plus rapproché des Chinois que des Indous par le type, les mœurs et la langue. Convertis au bouddhisme, il y a 1250 ans, ils demeurèrent les plus fermes adhérents de cette doctrine, qui, de chez eux, fit la conquête de la Haute-Asie. Aujourd'hui le Tibet est le centre de la religion du Bouddha et sa langue en est l'idiome sacré. Trois mille temples et cloîtres couvrent le pays, autels et séjours d'une centaine de milliers de lamas ou prêtres composant l'aristocratie et le gouvernement. A la tête des Calottes Jaunes, prêtres non mariés, règne un roi-pontife, incarnation du Bouddha, le Dalaï-Lama, « Mer de la Sagesse ». Les Calottes Rouges, prêtres mariés, dépendent du Bogdo-Lama, autre Bouddha incarné qui, tout dieu qu'il est, n'est pas aussi dieu que le Dalaï-Lama. Il y a un grand Lama féminin dans une île du lac Tengri.

Lhassa (80,000 hab.), capitale du Tibet, Rome du bouddhisme, est bâtie à plus de 3,000 mètres d'altitude, sur un affluent du Yarou-Dzang-Bô. Là réside le pape oriental, dans une colossale demeure, ensemble de temples et de palais dont l'ordonnance manque d'harmonie.

JAPON.

En face du delta du Hoang-Ho et du Yang-Tsé-Kiang, de la Corée, du littoral mantchoux que la Chine a cédé à la Russie, cinq grandes îles et 3500 à 4000 petites constituent l'archipel Japonais ou Japon.

Des cinq grandes îles, celle du nord, montueuse, fort étroite et fort allongée, Krafto, qui est aussi appelée, suivant les langues, Tchoka, Saghalien, Tarakaï, fait depuis peu d'années partie intégrante de l'empire Russe.

Depuis que le Japon a perdu les huit millions d'hectares de Tarakaï, il n'a plus que 36 millions d'hectares, l'étendue de 60 départements, et une population tour à tour évaluée à 18, à 25, à 30 et même à 40 millions d'hommes.

Les îles japonaises, disposées en arc de cercle, enferment la mer intérieure du Japon, dangereuse au navigateur par ses tourmentes et par les écueils, les bancs, les coraux du bord. On en sort, au sud, par le détroit de Corée, encombré d'îles : **Tsou-Sima**, l'une d'elles, a déjà tenté l'ambition des Russes par sa position favorable et ses ports, mais ils ont dû l'abandonner. L'issue septentrionale est la passe de Tarakaï, ou Manche de Tatarie, si étroite qu'on en nia longtemps l'existence. A l'est, on débouche sur la haute mer par les canaux ouverts entre les grandes îles.

A partir du midi, par où la civilisation chinoise entra dans l'archipel, les îles du Japon se suivent ainsi : archipel des **Liou-Khiou** (700,000 hectares ; 500,000 habitants, Japonais bouddhistes avec mélange de Chinois) ; **Kiousiou** (3,800,000 hectares) ; **Sikok** (1,800,000 hectares) ; **Nippon, Niphon** ou **Japon** (22,500,000 hectares) et **Yéso** ou **Matsmaï** (7 millions d'hectares).

Toutes, des plus grosses aux plus minces, portent des montagnes qui souvent se couronnent de neiges persistantes malgré les fournaises qui brûlent dans leurs entrailles, car les pics du Japon, pays à tremblements de terre, sont des volcans

17.

refroidis, tièdes ou flambant encore. De ces *sima* ou *yama*, le plus haut se nomme Fousi-Yama. Il se dresse dans l'île de Niphon, sur le rivage de la baie d'Yedo et sa tête porte à 3,800 mètres. Ce merveilleux cône, mont sacré des Japonais, renferme un cratère de 4 à 5 kilomètres de profondeur, qui n'a rien vomi depuis fort longtemps. Dans l'île de Kiousiou, l'Unsen, dont le cratère dévora, il y a trois cents ans, les chrétiens précipités dans son gouffre, s'est rendu terrible, à la fin du siècle dernier, par une affreuse éruption. Peu de temps après, son voisin le Miyi-Yama engloutit 53,000 Japonais sous des niagaras d'eau et de boue.

Un climat insulaire, humide, tempéré, salubre, étend sur l'archipel entier son influence qui adoucit et modère. Ainsi que l'Europe occidentale, le Japon a le bonheur d'être frôlé par un « courant du golfe », le Kuro-Sivo, que nous appelons Courant de Tessan, du nom du marin qui en a constaté l'existence.

Kuro-Sivo signifie en japonais Fleuve-Noir. Ses eaux sont, en effet, d'un bleu sombre. Venu des régions équatoriales du Pacifique, il l'emporte en chaleur de 6 à 7 degrés sur la mer dans laquelle il coule au travers de Yédo. Quand il a quitté les parages du Japon, il incline à l'est, frappe la Californie, puis prend le chemin de sud pour aller s'abîmer dans la cuve tropicale dont il est sorti.

Sous la latitude de l'Europe méridionale et du nord de l'Afrique, le Japon n'est point très-chaud, mais la température y a bien plus de douceur et d'égalité que dans la Mantchourie et la Chine du nord. D'ailleurs, le Japon, s'allongeant extrêmement dans la direction du septentrion au midi, change de climat sous ses diverses latitudes. Le nord d'Yéso rappelle l'Écosse pour le climat, les bois d'arbres résineux, les rivières à saumons, la mer poissonneuse. Dans Niphon, terre privilégiée où les pluies estivales créent une végétation brillante et robuste, le thé, le coton réussissent; Kiousiou produit l'orange et la banane, l'archipel des Liou-Khiou, la canne à sucre.

Le sol, issu en maints cantons de la décomposition des matières volcaniques, exubère partout où le Japonais en prend soin, or ces insulaires, agriculteurs entendus, ne laissent perdre aucun pouce de terrain et travaillent leurs montagnes en terrasses aussi haut qu'ils peuvent monter. La terre prodigue les arbres, les fruits, le riz, les légumes, le sous-sol les richesses métalliques. La bonté du climat, les pluies fréquentes, l'eau d'arrosage prise aux torrents viennent en aide à la fécondité naturelle, et le Japon semble un immense verger-parterre en terrasse, accidenté de forêts, de lacs et de roches rougeâtres. Les officiers de marine, les soldats et les marchands européens qui ont fait le tour de ses îles, qui ont vu leurs plages frangées, leurs ravissantes campagnes et dans le fond le sévère profil des monts et des bois et les gracieuses pyramides des volcans, ont voué au Japon un souvenir enthousiaste. C'est bien là, disent-ils, que tout s'arrange à souhait pour le plaisir des yeux, principalement sur les rivages du Souvo-Nada. Le Souvo-Nada, ou mer Intérieure, est le grand lac marin à trois passes compris entre Niphon, Sikok et Kiousiou.

Les Japonais se disent descendus du croisement d'un peuple autochthone, parent des indigènes de Formose, et d'immigrants des îles Kouriles. Ils repoussent ardemment toute idée de filiation chinoise; ils semblent pourtant provenir du mélange de colons chinois avec des indigènes qui n'auront été qu'en partie détruits. Cette invasion de l'élément chinois aurait eu lieu mille à douze cents ans avant notre ère. Les Japonais ont certainement du sang de Chine; leur type le prouve. Plus grands que les fils de l'empire du Milieu, mais tout aussi glabres, ils ne sont pas plus beaux de visage, et la ressemblance du costume aidant, on les en distingue à peine.

Comparés à leurs innombrables voisins du grand Empire, les Japonais ont droit au premier rang. Ils sont au moins aussi habiles à tirer parti de leur mer, de leur sol, de leurs plantes industrielles, de leurs métaux; ils sont aussi patients et aussi ingénieux, et à coup sûr plus virils, plus ouverts, plus aimables. On les croit plus capables que les riverains du fleuve Bleu de passer de leur civilisation à la civilisation de l'Europe. De tous les peuples non aryas, nul n'est si près de nous, et si préparé à nous suivre.

La langue japonaise, différente de la langue de Chine,

paraît en relation avec les idiomes mantchoux et mongols; elle a eu, comme le chinois, le malheur de s'emprisonner dans des caractères figuratifs compliqués à l'infini. Elle a beaucoup pris à l'idiome de l'Empire, qui est jusqu'à un certain point la langue savante et littéraire de l'archipel. De temps immémorial, Yédo et Miako se sont conformées au goût de Nankin, de Sou-Tchou-Fou et de Pékin.

La religion la plus répandue, le bouddhisme, n'a pas évincé la vieille religion de Sinto, elle s'est plutôt entée sur elle ; les deux cultes ont mêlé leurs dieux, leurs saints, leurs rites, leurs absurdités, leurs légendes ; ils vivent fraternellement côte à côte et souvent le même temple sert aux deux confessions. Au fond, malgré cent cinquante mille temples et couvents, les Japonais sont fort indifférents en religion. Il y a environ cinq fois plus de *teras* (temples bouddhistes) que de *mias* (temples sintistes). La doctrine de Confucius a peu d'adhérents.

Il n'y a pas longtemps, le Japon était encore plus fermé que la Chine aux étrangers, plus replié sur lui-même. La peine de mort menaçait tout Japonais quittant le pays, et le bourreau tranchait la tête au marin ou au pêcheur qui remettait le pied dans la patrie après avoir été sauvé du naufrage par des étrangers. De nos jours, tout change, même le Japon. Le gouvernement a ouvert aux nations maritimes des ports de plus en plus nombreux ; avant longtemps nous les verrons tous libres, et bientôt ce peuple sera entraîné dans le tourbillon général. Déjà les Japonais émigrent en qualité de travailleurs vers les îles de la mer du Sud.

A la veille d'événements actuels qui transformeront le Japon dans tout son être, le pouvoir suprême appartenait au daïri ou mikado, en résidence à Miako. Protégé tour à tour par chacun des grands vassaux, le mikado avait pour lieutenant chargé du pouvoir exécutif le taïkoun, résidant à Yédo. Depuis les dernières années du xvie siècle, le taïkoun, tout en continuant à obéir au mikado, était reconnu comme le suzerain des dix-huit grands daïmios ou gokchis, princes feudataires, ayant chez eux droit de haute et de basse justice, et assez indépendants de la puissance centrale. Avec les 344 petits daïmios, les

18 grands daïmios formaient une féodalité robuste, semblable à celle qui mena l'Europe au moyen âge.

Les deux capitales, assez voisines, ont leur site dans l'île de Niphon.

Miako s'appelle aussi Kioto, ce qui veut dire *capitale* ; son fleuve a nom Yédagava. Miako est à la fois la Rome des pèlerins du Japon, le Paris de ses artistes, le Manchester de ses industriels. Sur 6 à 700,000 habitants, elle compterait plus de 50,000 prêtres, avec 500 temples, dont un paré, prétendent les Japonais, ou enlaidi par 333,333 statues de dieux. — En descendant le Yédagava, à 50 kilom. de Miako, on trouve **Osaka** (100 à 250,000 hab. ; on lui donne même un million d'âmes). C'est la cité de la villégiature, le rendez-vous de l'aristocratie. Le fleuve, qui gagne la mer à quelques kilomètres en aval, se heurte, à son embouchure, contre une barre dangereuse. — Il y aurait 150,000 âmes à **Hiogo**, port d'Osaka.

Yédo (1,700,000 habitants?), sur les bras de l'Okava, se baigne aux bords d'une baie profonde et magnifique, à 75 kilom. du Fousi-Yama, à portée de la chaîne élevée de Hankoui. Sur les 8,500 hectares de la ville, qui a 38 kilomètres de pourtour, s'entremêlent les rues de maisons à un étage, 1,500 temples, des couvents, des palais de daïmios, des jardins, des champs, des bouquets d'arbres. Le palais-forteresse du Taïkoun, isolé par un fossé profond, n'a pas moins de 8 kilom. de circonférence. En suivant la baie d'Yédo, dans la direction du sud, on atteint, à 24 kilomètres de la grande cité, le port de **Yokohama** (100,000 hab.), récemment encore simple hameau de pêcheurs.

Dans l'île de Kiousiou, **Nagasaki** (100,000 âmes) avoisine des volcans. Sa position en fait un avant-poste du Japon du côté de la Corée et de la Chine. L'excellent climat de cette ville lui a procuré le surnom de Sanatorium de Chang-Haï. Une petite île de ce port, **Décima**, resta longtemps le seul point de l'archipel où les Hollandais pussent s'établir, et il n'y avait alors, parmi les Européens, que les Hollandais qui eussent le droit de toucher le sol du Japon.

Dans l'île de Yéso, **Hacodade** (25,000 hab.) borde le détroit de Tsongar, creusé entre Yéso et Niphon. Peu de rades valent celle d'Hacodade, encadrée par des montagnes où se distinguent un volcan actif et le mont de la Selle (1,000 mèt.). La neige y tombe en moyenne 48 jours dans l'année.

Dans le nord de Yéso, dans le sud de Tarakaï, dans les Kouriles, arc de cercle d'îles volcaniques allant des fournaises du Japon à celles du Kamtschatka, vivent encore quelques milliers d'Aïnos.

Les Aïnos dominèrent jadis sur de plus vastes domaines; ils possédèrent une partie de la Sibérie orientale, le Kamtschatka, presque tout Niphon. Les Mantchoux les resserrèrent sur le continent, les Japonais dans les îles. Il n'y a pas d'humains si chevelus, si barbus, si velus; on les pourrait appeler des hommes à fourrure. Eux-mêmes se disent issus d'un chien et d'une déesse. On ne sait à quelle race les joindre, bruns comme ils le sont au milieu de peuples jaunes, velus au milieu de nations sans barbe, ayant les yeux droits quand leurs voisins les ont obliques. Ils sont petits, avec de forts membres; ils chassent, ils pêchent et ne cultivent point. Ils adorent l'ours et vont si loin dans leur sympathie pour cet animal qu'ils font allaiter les oursons par leurs femmes. Les Aïnos ont sans doute contribué à la formation de la nation japonaise.

OCÉANIE.

A part un continent, le plus petit d'ailleurs de la terre, cette cinquième partie du globe ne se compose que d'îles disséminées sur des espaces marins immenses : par là elle a mérité son nom d'Océanie. Elle s'appellerait aussi le Nouveau-Monde à meilleur titre que l'Amérique, sa découverte étant postérieure.

L'Océanie comprend : 1° un continent, l'Australie, formant à elle seule, sans son annexe de Tasmanie, les sept huitièmes de la surface totale de la partie du monde, évaluée à 927 millions d'hectares, 17 fois la France ; 2° les îles de l'archipel Indo-australien que leur proximité, leur flore, leur faune rattachent à l'Australie plus qu'à l'Asie : les petites îles de la Sonde, la Nouvelle-Guinée, les Moluques, Célèbes ; 3° la double île de la Nouvelle-Zélande ; 4° une multitude d'écueils, de bancs, d'îles, d'archipels égrenés au loin sur le Pacifique, dans la direction des États-Unis et de l'Amérique espagnole. 290 de ces îles, sans tenir compte des îlots, ont été lentement bâties sur des plateaux sous-marins très-voisins de la surface de l'Océan par des insectes madréporiques, qui ont ajouté de la sorte cinq millions d'hectares à la terre habitable. Les îles madréporiques s'élèvent avec le secours des temps immenses, par couches d'une imperceptible minceur. Ce travail cyclopéen de nains innombrables se fait encore sous nos yeux, et sur les assises que cachent des eaux n'ayant pas plus de 50 mètres de profondeur, avec une chaleur d'au moins 19 degrés, surgissent incessamment des écueils ignorés par les navigateurs. A peine hors du flot, l'îlot madréporique se couvre de végétations tropicales ; l'homme vient ensuite. Presque tous ces archipels se trouvant au midi de l'Équateur ont reçu le nom d'îles des mers du

Sud. La population de l'Océanie entière monte à plus de 7 millions d'habitants, dont 2 millions au moins sont d'origine européenne. Les Blancs croissent avec une rapidité extraordinaire dans l'Australie et la Nouvelle-Zélande ; dans quelques années l'Océanie, antipode de l'Europe, sera presque européenne.

AUSTRALIE.

L'Australie, seul continent tout à fait austral, relève en entier de l'Angleterre. Dans son enceinte de quatorze à quinze mille kilomètres de côtes maigrement découpées, elle enferme 760 à 765 millions d'hectares, quatorze fois la France, avec 1,600,000 habitants.

Il y a des raisons de croire qu'elle fut jadis une Asie méridionale, nouée à l'Asie actuelle par un isthme que les volcans et la mer transformèrent en une chaîne d'îles.

Différente de l'Asie par la situation, l'étendue, la disposition du sol, le climat, les habitants, elle lui ressemble en un point. Comme l'Asie, l'Australie dérobe un intérieur stérile et répulsif derrière un rivage souvent paré de séductions. L'Asie cache par de fières montagnes littorales les nefoud de son Arabie et les steppes de son plateau d'Iran ; du sud, de l'est on arrive aux atroces plateaux gelés du centre par des vallées merveilleuses et les seules rives affreuses de l'Asie sont comme invisibles, car leurs toundras sans peuple bordent une mer sans navires. Et pourtant que de déserts, que de sols d'airain au nord de l'Inde resplendissante, à l'ouest des jardins de la Chine, à l'orient des vallées qui furent l'un des premiers séjours de notre race !

De même en Australie. A la rive de la mer des Indes, les baies brillantes, les ravins touffus, les charmantes ouvertures de vallées, les forêts, les hauteurs grandioses, les pluies, le climat tempéré par le vent marin ; derrière la montagne, les étendues plates, les vallées effacées, les rivières sans eau, les marais, les herbes sèches, les épines, les solitudes, les chaleurs terribles, les vents sahariens. Le centre de l'Australie rappelle de près le Sahara par l'aridité, le ciel torride et l'immensité des déserts.

En vain l'Australie occupe autant d'espace que 1250 départements français, elle ne sera jamais très-peuplée. La nature, si prodigue pour l'Europe, le bassin de la Méditerranée et les deux Amérique, l'a positivement maltraitée : elle ne vaut pas l'Afrique où les plateaux frais équilibrent au moins les aires brûlées et les côtes malsaines, elle ne vaut pas l'Asie où l'opulence de l'Inde fait oublier l'indigence de la Sibérie.

En Australie, la plaine l'emporte sur la montagne, la région torride ou chaude sur la région tempérée ; le désert prime la terre habitable, la zone sans eau l'emporte sur la zone arrosée. A peine si quelques pics entrent dans la région du ciel où la neige ne fond pas ; les plus grands fleuves y sont des chapelets d'étangs, les lacs des marais de six pouces de profondeur. A l'arrivée des Européens, la solitude australienne appartenait à des animaux misérables : son plus grand quadrupède, le kangourou, n'eût pas résisté aux moindres bêtes de proie du vieux monde, et si le peuple des oiseaux était largement représenté dans l'air et les mammifères marins dans l'eau salée des côtes, tout le reste de la création vivante pouvait surprendre par l'originalité de ses formes, mais la taille, la force, l'élégance et l'instinct développé lui faisaient défaut. Quant à l'homme, il était au-dessous de ce que les voyageurs avaient vu jusqu'alors. L'Européen et les animaux qu'il mène avec lui ont remplacé le nègre austral et les animaux à poche ou à bec de canard, ils semblent prospérer sur ce sol, mais ils n'en sont pas originaires. L'Australie les souffre, et probablement les énerve, mais elle ne les a pas créés.

Seule, la flore australienne, originale comme tous les produits du continent, se présente avec grandeur. Elle a peu de variété : tel district n'offre jusqu'à l'horizon qu'une plante, et la moitié, sinon le plus grand nombre des arbres appartient à deux genres seulement, les acacias et les gommiers, mais quelques espèces atteignent des dimensions formidables. Certains eucalyptus montent à plus de cinq cents pieds anglais (150 mètres de haut); la flèche de Strasbourg et la pyramide de Chéops cacheraient leur sommet dans les dernières branches de ces colosses. Si l'eucalyptus australien ne l'emporte pas en diamètre sur les sapins de la Californie, il dépasse en hauteur les plus altiers de ces séquoia wellingtonia dont il faut pourtant chercher la tête à plus de 130 mètres en l'air.

Malgré l'élévation de ses eucalyptus au tronc odoriférant, malgré d'autres arbres hauts et élancés, la forêt d'Australie vient bien après nos bois et les bois d'Amérique. Elle n'a ni la grandeur sobre et sévère des forêts du nord de l'Europe et du Canada, ni les teintes automnales des forêts des États-Unis, ni la grâce des palmiers oasiens, ni la fougue des selvas de l'Amazone. Des branches rares d'où ne descend aucun chant d'oiseau; sur ces rameaux, un feuillage terne et sans abondance laissant tomber plus de soleil que d'ombre sur un gazon sec et grisâtre; peu de sous-bois, point de lianes entre les troncs droits et espacés d'où s'exhale une odeur aromatique. Qu'il y a loin de ces espèces de clairières à balivaux à nos portiques de sapins, à la nef de nos chênes, à nos ténèbres fraîches et à la grande ombre opaque de nos rameaux toujours verts ! Sur le rivage queenslandais et dans les régions du nord tournées vers l'Équateur, la forêt australienne se renforce; elle a ses palmiers, ses enlacements de lianes, ses parois serrées, ses voûtes obscures. Elle devient à sa façon « forêt vierge. »

La disposition du territoire colonisé à l'origine par les Anglais le fait ressembler, toutes proportions gardées, à la côte espagnole du Pacifique : une fertile et riante lisière maritime, région mamelonnée de 45 à 50 kilomètres de largeur, s'y appuie à des chaînes bien humbles à côté des Andes, même par leurs fronts les plus fiers. A l'angle sud-est du continent, dans les montagnes Bleues et les Alpes d'Australie, le mont Hotham, le mont Kosciusko et cinq ou six autres s'élèvent à 2000-2200 mètres, plus que les monts d'Auvergne, mais bien moins que les Pyrénées, et pas la moitié des Alpes. Si le continent austral, encore inconnu dans tout l'intérieur et même assez près des rivages, n'a pas de sommets plus élevés, il ne peut rien opposer, fût-ce de loin, aux chaînes sublimes de l'ancien et du nouveau monde. Grand malheur pour une contrée tropicale par la moitié de ses terres, et chaude par l'autre moitié, sous un ciel sans pluies pendant de longs mois.

Arrivé au sommet des chaînes littorales, on trouve de petits plateaux, puis on descend comme dans l'Amérique du Sud vers des plaines intérieures, généralement d'une telle horizontalité qu'on y voit, sur certains points, les rivières remonter en temps d'inondation dans le sens de leurs sources. En Amérique, ces plaines, llanos, selvas ou pampas, visitées presque constamment ou à intervalles réguliers par des pluies abondantes, forment sur d'immenses districts une région d'avenir qui n'attend que l'homme; en Australie, la pluie tombe rarement et par caprices et les terres plates de l'intérieur en souffrent doublement : la sécheresse les rôtit, puis quand les abats d'eau se prolongent, elles deviennent marais et les bras morts des rivières se changent en fleuves sans rives entraînant dans leurs flots les bœufs et les moutons morts de soif à côté des sources taries. Un pareil pays se prête à l'élevage des bestiaux; si l'année est humide, les bêtes à laine et les bêtes à cornes croissent merveilleusement en nombre ; leurs peaux, leur suif, leur toison font la fortune du *squatter* ; si le soleil brûle l'herbe, s'il boit la fontaine, les troupeaux dépérissent, mais sur des milliers de têtes, des centaines échappent à la mort, et quand les nuages reviennent, les pertes se réparent. Aussi l'Australie passe-t-elle pour la terre promise des éleveurs. A ses pâturages sans bornes autant qu'à ses mines d'or elle a dû le prodigieux développement de sa richesse. Cette prospérité tend à se ralentir. L'intermittence des pluies est très-grande, les sources sont trop faibles et trop peu constantes, les montagnes trop avares d'eau, le soleil trop accablant pour que l'agriculture fonde en Australie des communautés puissantes comme celles qu'une même colonisation anglaise a établies dans l'Amérique du Nord. Les Australiens sont complaisants pour leur patrie quand ils se la représentent faisant avant longtemps la loi au monde à l'égal des États-Unis.

On ne peut pas dire que ce continent n'a point de ressources. L'agriculture sur les rivages, la pâture dans l'intérieur, les mines dans la montagne occupent des centaines de milliers d'hommes, bientôt des millions, mais ces ressources ne sont point proportionnées à la grandeur du territoire, et dans de vastes cantons l'homme blanc devra lutter contre un climat assoupissant.

Est-ce parce que le soleil leur enlevait le ressort et la volonté, est-ce parce que leur terre natale ne leur offrait pas « l'épi d'où naissent les cités, » les plantes et les animaux domestiques sans lesquels il n'y a pas de culture, est-ce pour toute autre raison, les Européens se trouvèrent à leur arrivée en Australie vis-à-vis d'une race nègre hideuse, faible, sans intelligence, insouciante et paresseuse; avec cela, fanatique d'espace et de liberté nomade, incapable de se plier à une occupation, à une idée, à une demeure. Comme toujours les blancs ont plus songé à détruire qu'à gagner l'indigène; là aussi ils ont piétiné dans le sang de l'innocent avec la brutalité propre aux colons anglais. Sans doute le sauvage australien n'était pas domptable, mais qu'avait-il donc fait pour être chassé au chien comme une bête enragée?

Les sauvages d'Australie se distinguent par leurs cheveux lisses des nègres à cheveux laineux que les Malais rencontrèrent dans l'archipel jeté entre les pointes méridionales de l'Asie et le continent austral. Leurs hommes grands ont à peu près la taille de nos hommes moyens, leurs hommes moyens celle de nos hommes petits. Comme ils vont à peu près nus, ils ne voilent aucune de leurs laideurs, depuis leur ventre bombé jusqu'à leur visage simiesque sur lequel proéminent des lèvres jetées en avant par l'inclinaison en dehors des mâchoires. Sous leur chevelure touffue et noire, leur crâne enferme une intelligence tellement peu développée que ces pauvres « frères » n'ont pas inventé de nom de nombre au delà de trois : quatre, c'est deux et deux ; cinq se dit deux, deux et un ; six, sept, huit, se traduisent par « beaucoup. » Le nègre australien chasse et pêche à l'aventure; très philosophe en gastronomie, il mange de tout, volontiers des vers, au besoin des cadavres déterrés. La plus rudimentaire des cinq parties du monde a donné la naissance, ou fourni l'asile à la moins relevée des familles humaines.

Les balles, l'eau-de-vie, la misère, les maladies, la surprise douloureuse et comme l'arrachement du gond que ressent le sauvage à la vue des inventions du blanc ont déjà réduit à quelques dizaines de milliers le nombre des indigènes australiens dans les cinq colonies anglaises du continent et dans les districts qui les avoisinent. Quant à ceux qui se promènent dans les contrées encore mystérieuses du nord, de l'ouest et du centre, on n'en sait pas le nombre, mais par analogie, par ouï-dire, et aussi en concluant du peu de ressources probables de ces cantons, on les suppose très-clair-semés. En admettant 50,000 sauvages pour le territoire parcouru, et autant pour l'inexploré, on exagère sûrement.

L'Australie, reconnue depuis 182 ans par les Hollandais, et certainement entrevue auparavant par les Portugais vers 1530, n'avait pas un seul habitant européen lorsque débarquèrent, en 1788, sur la côte orientale, devenue depuis les Nouvelles-Galles du Sud, quelques centaines de galériens, avec des soldats de garde et un gouverneur de la future colonie. Ainsi commença l'empire anglais austral. Sidney en fut longtemps la seule ville, le gouvernement britannique dirigeant sur ce seul point les condamnés, ou *convicts*. De 1788 à nos jours l'Angleterre a introduit dans le continent austral et son annexe, la Tasmanie, 125,000 galériens environ.

En 1828, il y avait 36 à 37,000 blancs dans les Nouvelles-Galles du Sud, alors tout le territoire colonial. En 1833, le nombre des Européens dépassait 60,000, et déjà le recrutement de l'Australie ne se bornait plus aux seuls criminels; l'Angleterre, l'Écosse et l'Irlande envoyaient des familles d'émigrants libres. Ce mouvement, faible à l'origine, a grandi, d'abord insensiblement, puis s'est accéléré tout à coup par la découverte de mines d'or d'une fabuleuse richesse. De 1848 à 1867, l'Australie et la Nouvelle-Zélande ont reçu annuellement plus de 40,000 colons (88,000 en 1852). Le climat, très-sain, quoique chaud, venant en aide par le petit nombre de décès à l'accroissement provenant de l'immigration et des naissances, la population se développe avec une rapidité que les États-Unis eux-mêmes n'ont pas connue. Les 60,000 Blancs de 1833 avaient atteint, par les nouveaux venus des familles et l'arrivée de colons métropolitains et allemands, le chiffre de 400,000 au moins lors de la découverte des mines d'or. En 1857, ce dernier nombre avait plus que doublé ; en 1861, on comptait 1150 à 1200,000 Blancs. Aujourd'hui l'Australie, divisée en cinq provinces, renferme 15 à 1600,000 Européens. Avec la Tasmanie et la Nouvelle-Zélande, l'Océanie Anglaise n'a pas moins de 1900,000 à 2 millions d'hommes de descendance européenne.

Les États-Unis et l'Amérique Anglaise du nord deviennent la patrie nouvelle de tant d'Irlandais, — sans tenir compte des Gallois, des Highlanders d'Écosse et de ce qu'il y a de sang celte dans les Français, les Franco-Canadiens, les Jerséyais, etc., — que, chaque année, d'importants éléments celtiques s'y ajoutent, pour la modifier, à la race à tort nommée anglo-saxonne. Ceci a moins lieu pour l'Australie, dont les diverses provinces sont les colonies les plus anglaises de sang et d'allures. Les Anglo-Écossais y ont toujours formé la masse de l'immigration ; les colons irlandais ne manquent point, mais leur influence ne contre-balance pas celle des nombreux arrivants anglais et germains.

L'immigration latine a peu d'importance. Il y a à peine en Australie quelques milliers de Français, d'Espagnols, de Portugais, d'Italiens. Autrement se comporte l'immigration chinoise. Venus, ainsi que presque tous les Jaunes qui semblent vouloir couvrir le monde, de la Chine méridionale, les Chinois furent attirés en Australie par l'or ; en vain prit-on, de même qu'en Californie, des mesures fiscales pour éloigner ces rivaux antipathiques, ils ne se rebutèrent point. Il est dans leur caractère de vaincre par la patience, le travail, la sobriété. Les champs d'or abandonnés comme épuisés par les mineurs blancs sont précisément ceux que les Chinois attaquent ; et ils y font fortune, ceux du moins qui ne se ruinent pas jour à jour par le jeu et l'opium, les deux passions mortelles des disciples du sage Confucius.

L'exploitation des *placers* n'est plus leur unique travail. Les Chinois australiens se livrent à la culture maraîchère, au commerce, au brocantage, à la grande banque ou à la petite semaine, aux métiers. En tout cela ils excellent, grâce à un soin tenace. Depuis quelque temps leur nombre diminue, en même temps que les mines d'or s'appauvrissent, mais l'entraînement qui les jetait par milliers, il y a dix ou quinze ans, sur les plages victoriennes pourrait bien renaître, et le sang chinois couler encore dans les placers sous le couteau des Européens. L'incompatibilité d'humeur est terrible entre *John Chinaman* et les Anglo-Australiens.

Dans le nord du continent, frappé par un soleil qui épuise les Blancs, le Chinois prendra peut-être une place que les colons lui disputeront moins que dans les districts tempérés du sud. Dans la colonie de Queensland, les grands propriétaires ont commencé à introduire des insulaires des mers du Sud pour cultiver leurs champs de coton et de canne à sucre. Queensland ne couvre pas la région du continent la plus torride, mais déjà le climat n'y permet guère à la race blanche la continuité du travail en plein champ, et même, dit-on, l'influence du milieu y fait poindre dans la population anglo-européenne une dégénérescence dont on ne prévoit pas le terme. Il semble que les coulies chinois sont par leur résistance au soleil, leur amour du travail, le fonds immense de peuple où l'on peut puiser, les colons prédestinés de l'Australie septentrionale ; celle-ci touche d'ailleurs, à un grand archipel de plus en plus envahi par la Chine.

Les Nouvelles-Galles du Sud sont en date la première colonie anglo-australienne ; Victoria s'en est détachée en 1851, Queensland en 1859. L'Australie Méridionale reçoit des immigrants depuis 1836. L'Australie Occidentale remonte à 1829. L'Australie du Nord, dépendance officielle de celle du Sud, voit venir, en ce moment, des colons, après plusieurs tentatives manquées. La Tasmanie, séparée du continent par un détroit, fait une colonie à part.

NOUVELLES-GALLES DU SUD.

Ainsi que les quatre autres provinces australiennes, les Nouvelles-Galles du Sud (en anglais **NEW SOUTH WALLES**) s'administrent à leur gré par des assemblées élues.

80 millions d'hectares, un peu plus du dixième du continent, 500,000 habitants, moins du tiers et plus du quart de la population de l'Australie entière, c'est aujourd'hui la part de la plus ancienne colonie anglo-australienne, mais les limites changent souvent dans cette région neuve où la marée de l'immigration se porte tantôt sur un point, tantôt sur un autre, et fait naître en quelques années de vivaces nations ayant soif d'autonomie. Les Nouvelles-Galles du Sud furent toute l'Australie, de 1788 à 1829, époque où se fonda la colonie de Perth (Australie Occidentale). En 1851, elles perdirent le territoire de Victoria, en 1859 l'immense Queensland et elles pourraient se voir encore diminuées par l'érection en colonie indépendante des districts intérieurs appelés la Riverina.

La chaîne de monts voisins du rivage qui portent du nord au midi les noms de monts de la Nouvelle-Angleterre, monts de Liverpool, montagnes Bleues, chaînes de Cullarin, de Gourock, de Manero, de Muniong, divise les Nouvelles-Galles du Sud en deux régions, l'une petite, l'autre grande et monotone.

A l'est de la montagne, jusqu'au bord de la mer, s'allonge la charmante zone côtière, premier théâtre de la colonisation anglaise. A l'ouest s'ouvrent les plaines à pâture, où se dressent de loin en loin des coteaux peu élevés au-dessus de leur base. Dans ces plaines coulent paresseusement la Macquarie, le Darling, le Murrumbidgi, le Lachlan, le Murray, les plus grandes rivières connues de l'Australie. Toutes cinq roulent de belles eaux à la sortie des gorges où sourdent leurs premières fontaines, mais, arrivées dans les terres sans pente, elles s'y amoindrissent par l'imbibition, l'évaporation, la nourriture des plantes riveraines, la stagnance des canaux latéraux qui se transforment en bras morts. Le Murray, qui reçoit tout, est le fleuve des Amazones du continent. Il naît sur les flancs du Kosciusko (2,190 mètres), dont le sommet plane sur 1,800,000 hectares, sépare les Nouvelles-Galles de Victoria, arrose les bonnes plaines de la Riverina, tombe dans le lac d'Alexandrina et en ressort pour se jeter dans la mer, à la côte du sud, par un chenal sans profondeur. Le Murray, navigable pendant une partie de l'année, porte, dans la saison, des bateaux à vapeur. Avec le Murrumbidgi, c'est la seule rivière du territoire colonisé qui coule toujours.

Comme l'eût dit Sully, l'agriculture et la pâture sont les deux mamelles des Nouvelles-Galles. Il y a dans la colonie vingt-sept moutons pour un homme : d'où une exportation de laines très-considérable. De nombreux mineurs européens ou chinois s'occupent dans les champs d'or. La transportation n'ayant cessé qu'en 1843, une portion notable de la nation descend des criminels du Royaume-Uni. Est-ce au ferment laissé par de pareils ancêtres qu'il faut attribuer la fréquence des crimes dans la colonie? L'influence des familles honnêtes de l'immigration libre amortira peut-être ce levain dangereux.

En 1794, les Nouvelles-Galles avaient 4,400 habitants ; en 1828, 36,500 ; en 1833, 61,000 ; en 1863, 379,000 ; aujourd'hui près de 500,000. L'excédant des naissances (43 pour 1000) sur les décès (18 pour 1000) a dès maintenant plus d'action sur l'accroissement que l'excédant des arrivées sur les départs. L'assiette des communautés est encore peu stable en Australie; chaque colonie reçoit des immigrants de la métropole, de l'Irlande, de l'Allemagne, des autres provinces australiennes, mais elle se draine en même temps par une contre-émigration. Ainsi les Nouvelles-Galles perdent des habitants par une filtration continuelle au nord vers Queensland, mais, au sud, beaucoup de Victoriens se portent sur les districts pastoraux de la Riverina. La langue anglaise est la seule parlée. La religion anglicane et les sectes protestantes réunissent la très-grande majorité des Néo-Gallois.

Sidney (75,000 hab., 100,000 avec les faubourgs), sur une des baies les plus vastes, les plus sûres, les mieux découpées du monde, est la première ville anglo-australe par la date de sa fondation, l'importance des fabriques, la culture de l'esprit, l'agrément de la vie. Pour le commerce elle ne vient qu'après Melbourne.

VCTORIA OU AUSTRALIE HEUREUSE.

Le plus mince des États australiens, la Victoria domine en ce moment dans le monde austral anglais par sa richesse, son activité, le nombre de ses citoyens. C'est la province la plus méridionale, et par conséquent la plus fraîche et la plus commode à l'Européen, puisqu'au sud de l'Équateur le froid vient du midi, et la chaleur du nord. Melbourne, à peu près sous la même latitude qu'Alger, a tout au plus la moyenne annuelle de Nimes ou d'Avignon (14°).

Sur 23 millions d'hectares, le trente-troisième du continent, Victoria loge plus des deux cinquièmes de la population de toute l'Australie. En 1836 il n'y avait pas 250 habitants, et 10,000 en 1840. A partir de 1851, la découverte de mines d'or par un Anglais revenu de Californie y détermina un *rush* prodigieux. *Rush* veut dire en anglais mouvement violent et précipité, arrivée à flots ; ce mot s'emploie pour désigner les irruptions de peuple sur un point donné. Les *rush* sont très-communs en Australie et dans la Nouvelle-Zélande. Dès que la renommée annonce un nouveau champ d'or, des dizaines de milliers d'aventuriers courent de partout vers le nouvel eldorado, des villes se fondent et de grands districts s'animent. Quand les placers se sont épuisés, la solitude reprend momentanément son empire, à moins que de belles terres ou de belles eaux n'aient fait naître des communautés agricoles ou industrielles à côté des camps de mineurs.

Dès 1852 Victoria comptait 168,000 habitants. Elle s'était détachée, l'année d'avant, des Nouvelles-Galles du Sud. En 1862, les Victoriens dépassaient 550,000 ; ils sont aujourd'hui 750,000. Comme dans les Nouvelles-Galles, la croissance de la population provient surtout du fonds même, par surabondance des naissances, puis des alluvions de l'immigration métropolitaine et allemande. Les champs d'or contiennent de 250 à 300,000 individus, dont 65,000 mineurs. Les Chinois, au nombre de 45,000 il y a dix ans, ne sont plus que 20,000, les trois quarts mineurs. Les indigènes n'arrivent pas à 1700 : il y en avait 5000 au début de la colonisation. Ils errent dans la forêt, dans la plaine, sans souci. L'hiver ils se réfugient dans les gorges les mieux abritées, ils regagnent le plat pays quand les chaleurs recommencent. Si la faim les talonne, suivis de leurs chiens, vrais squelettes aboyants, ils chassent l'opossum, le kangourou, l'ours australien ou kaola, le wombat, le porc-épic, les serpents, les lézards, les fourmis blanches, ou vont gagner quelque monnaie, du tabac et du rhum au service des Blancs.

Victoria tient sa part des Alpes Australiennes ; elle possède même le mont Hotham (2,287 mèt.), supposé le pic le plus haut du continent. Elle partage avec les Nouvelles-Galles le privilége de posséder une grande partie du cours du maître fleuve australien, le Murray, qui lui sert de frontière.

De même que dans la colonie de Sidney, l'anglais est la seule langue, et la religion protestante prépondère sous la forme anglicane officielle ou sous forme de sectes. La seule différence entre l'État de Victoria et sa métropole d'il y a vingt ans consiste en ce que dans l'Australie Heureuse, — quelquefois on appelle ainsi Victoria, — le climat moins chaud favorise mieux les produits de l'Europe, et généralement se refuse aux plantes tropicales. Puis, si Victoria donne plus d'or, elle nourrit moins de moutons.

Melbourne, capitale, sur le Yarra-Yarra et sur la baie d'Hobson, renferme, avec ses nombreux faubourgs, 194,000 habitants. Cette population et l'étendue de son commerce, le plus considérable du continent, lui donnent droit au surnom de *Reine du Sud*, populaire chez les Anglo-Australiens.

QUEENSLAND.

Queensland signifie en anglais Pays de la Reine. Les Anglais ont la manie de donner à tout ce qu'ils découvrent, fleuves, lacs, vallées, cascades, et à tout ce qu'ils fondent, villes, comtés, provinces, des noms, toujours les mêmes, dont l'éternelle répétition irrite. Déjà des milliers de noms retentissants ont fait place à leurs sourdes syllabes. Les Waterloo, les Wellington, les Victoria, les Albert, couvrent maintenant la moitié du globe. Les deux grands lacs des sources du Nil sont le lac Albert et le lac Victoria ; la merveilleuse chute du Zambèse est la cascade de Victoria ; l'Australie des grands champs d'or s'appelle Victoria ; nombre de villages, de bourgs, la capitale de Vancouver, celle de la colonie de Hong-Kong, celle des Seychelles, un des principaux cours d'eau de l'Australie Centrale, un lac de la Haute-Asie, des rivières et des criques sans nombre, des détroits, des archipels polaires, des districts, des townships ou cantons, tout cela se nomme Victoria. On n'achèverait pas, même sans compter les Queenstown (Ville de la Reine), et une masse de noms géographiques dont la racine déterminante est *queen* (reine).

Queensland s'étend sur 136 millions d'hectares, près du cinquième du continent, et plus de deux fois et demie la France. Elle continue au nord les Nouvelles-Galles du Sud, dont elle s'est démembrée il y a douze ans. A une distance variable du littoral, la mer queenslandaise bouillonne sur une digue d'îlots madréporiques ayant 1,500 kilomètres de développement. Le long de cette chaussée de récifs incessamment accrus par leurs humbles architectes, les naufrages menacent les navires, mais ceux-ci trouvent de bons abris dans les bassins protégés par la digue, et des criques sûres découpent le rivage sur un front de 3,600 kilomètres.

La lisière marine de Queensland peut recevoir à la rigueur le nom de tempérée aux environs de la ligne de démarcation tracée contre les Nouvelles-Galles, mais en marchant au nord, le climat finit par devenir torride et pénible à l'Européen, surtout à l'Européen de souche anglaise, écossaise, irlandaise ou allemande, à peu près seul colon dans cet immense territoire. Dans les cantons du sud le Blanc travaille encore, et là s'est porté jusqu'à ce jour l'élan de la colonisation, en vertu d'une température moins extrême, et plus encore du voisinage des Nouvelles-Galles d'où partit le mouvement. Dans les cantons du nord, l'Européen, inégal au labeur en plein air, appelle déjà à son secours des insulaires des pays tropicaux, particulièrement des Nouvelles-Hébrides et des îles Marshall, sans doute en attendant de meilleurs travailleurs, les Chinois.

Derrière les chaînes littorales, suite des chaînes côtières du pays de Sidney, se déroulent au loin vers le centre aride de l'Australie des étendues pastorales, semblables à celles qui commencent à la base orientale des montagnes Bleues; seulement il y fait encore plus chaud, vu la latitude, et les monts moins hauts n'y donnent pas l'existence à des rivières de la force du Murray et du Murrumbidgi. Les moutons s'y propagent grandement, en dépit des sécheresses; souvent il survient des diminutions partielles, mais dans l'ensemble ils se multiplient très-vite et font la fortune des éleveurs.

En 1859, année de la séparation, Queensland contenait à peine quelques milliers d'habitants sur de petits districts proches de la frontière néo-galloise. Par une immigration anglaise très-active, par un développement naturel de l'ancien fonds (15 naissances contre 4 morts), la population était de 30,000 individus en 1861, de 45,000 à la fin de 1862, de plus de 100,000 en 1870.

Brisbane (15,000 hab.), capitale, s'élève à l'embouchure d'un large fleuve.

AUSTRALIE MÉRIDIONALE.

A l'ouest de Victoria, sur le même rivage, l'Australie Méridionale contient, dans ses limites primitives, à peu près cent millions d'hectares. Les explorateurs qui ont fouillé le centre du continent, souvent au prix de leur vie, et reconnu les premiers la zone littorale du nord étant des Australiens du Sud, la colonie s'est annexé le **TERRITOIRE DU NORD**, sur lequel se tente en ce moment même la colonisation. L'adjonction de ce territoire, vaste de 253 millions d'hectares, rend absurde le nom d'Australie Méridionale, puisque la plus grande masse des terres de la province appartient maintenant au nord du continent. Le nom d'Australie Centrale vaudrait mieux, car le centre de la partie du monde est en même temps le centre de gravité de l'État, mais si l'essai d'établissement réussit dans le nord, le Territoire ne tardera pas à s'ériger en pays indépendant.

Avec le Territoire du Nord la surface de la colonie monte à 351 millions d'hectares, presque la moitié de l'Australie et près de sept fois la France. Le dixième seulement de cette immensité peut supporter le laboureur et le berger ; il n'y a de bons districts que sur la côte ; tout l'intérieur, même fort près du rivage, ne comporte guère que des déserts mouchetés de pâtures en temps pluvieux et grillés en temps sec ; les lames d'eau pompeusement appelées lacs, le lac Torrens, le lac Gardner, le lac Eyre, ne sont que des marais, les uns en plaine, les autres dominés par des coteaux.

La colonisation de l'Australie Méridionale a commencé en 1836. Elle s'est rapidement propagée, malgré la rareté des sols excellents, parce que l'espace s'ouvre à l'infini devant le colon et que l'air est d'une très-grande siccité et d'une salubrité parfaite. Toutes les plantes de l'Europe tempérée et de l'Europe méridionale réussissent dans l'Australie du Sud ; le blé, nos fruits, nos légumes, la vigne, l'olivier, l'oranger y prospèrent sous la main de paysans presque tous anglais ou irlandais, à l'exception d'une dizaine de milliers d'Allemands. Les montagnes regorgent de métaux, particulièrement de cuivre.

La population, de langue anglaise, généralement de religion protestante, monte plus lentement qu'à Victoria, mais sûrement, car la principale cause d'accroissement réside, ainsi que dans les autres colonies anglo-australes, dans la prépondérance considérable des naissances (40 à 45 pour 1,000) sur les décès (15 à 18 pour 1,000). L'immigration du Royaume-Uni ou des autres provinces australiennes est combattue par la contre émigration. Le nombre des habitants ne dépassait guère 20,000 en 1845 il approche maintenant de 200,000.

La capitale, **Adélaïde** (28,000 hab.), à 12 kilomètres de Port-Adélaïde, sa place marine, s'étend sur le bord du petit fleuve Torrens, près de la base des monts Lafti (800 mèt.).

AUSTRALIE OCCIDENTALE.

Plus de trois fois aussi vaste que la France, et faisant presque le quart du continent, l'Australie Occidentale groupe 25,000 hommes à peine dans deux ou trois recoins de son territoire de 173 millions d'hectares. Cela ne fait guère qu'un habitant pour 7,000 hectares. Proportionnellement, la France est quatre mille cinq cents à cinq mille fois plus peuplée.

Quand même les neuf dixièmes de ce pays aux trois quarts inconnu ne seraient que cailloux, sables, lande stérile, le reste, sous un climat d'une salubrité sans reproche, pourrait entretenir cent fois plus d'habitants que la colonie n'en renferme encore, mais l'émigration européenne ignore ces parages.

A côté des naissances, fort supérieures en nombre aux décès, le seul contingent annuel apporté à la population consiste en galériens expédiés d'Angleterre. Aucun autre État australien ne reçoit maintenant de condamnés. Les débuts de la colonisation remontent à 1829.

Perth, capitale, occupe la rive d'un fleuve qui se jette près de là dans la mer. De ce fleuve, appelé rivière des Cygnes, l'Australie Occidentale a pris aussi le nom de Colonie de la rivière des Cygnes (*Swan-River-Colony*).

TASMANIE.

La baie de Melbourne s'ouvre sur les eaux du détroit de Bass, large de 240 kilomètres, semé d'îles contenant un guano pénible à extraire, qu'on exploite pour le compte des Victoriens. Plusieurs de ces îles sont peuplées d'Européens et de Sealers, métis assez beaux descendant d'Anglais pêcheurs de chiens de mer, et de négresses australiennes et tasmaniennes.

Sur ce détroit de Bass, en face de Victoria, s'élève la Tasmanie, cent douze fois plus petite que le continent qu'elle accompagne. Elle n'en a pas moins 6,800,000 hectares.

Il n'y a pas vingt ans la Tasmanie s'appelait île de Van Diemen. La colonisation y avait débuté presque avec le siècle (1803) par des convois de galériens. En 1853, année où la déportation cessa, les habitants commencèrent à se plaindre du nom de leur patrie, nom qui prêtait à un funeste calembour par à peu près : au lieu de Van-Diemen, les Anglais appelaient l'île Van Demon's Land (pays du diable) et les insulaires Van Demonians (messieurs les diables). Pour écarter le mépris que leur attirait ce jeu de mots, les fils des *convicts* donnèrent officiellement à Van-Diemen le nom de Tasmanie, dérivé de Tasman, le navigateur hollandais qui découvrit l'île au milieu du XVIIe siècle.

La Tasmanie est, pour ainsi dire, la ville d'été de l'Australie, comme la côte de Provence et de Ligurie est notre ville d'hiver. Nous cherchons la chaleur à Cannes, à Nice, à Menton, les citadins et les squatters d'Australie, fatigués de leurs vents sahariens, les Anglais de l'Inde et de la Chine épuisés par le Tropique viennent chercher en Tasmanie la fraîcheur, l'humidité, l'ombre, la santé, la joie.

La Tasmanie est charmante. Sur des côtes bien frangées, élevées, ouvertes aux vents frais et tièdes, s'ouvrent de ravissantes vallées remontant vers des plateaux brillantés de lacs, vers des croupes chargées de forêts intactes et des pics que la neige blanchit pendant la moitié de l'année. Pas de neiges persistantes, nul pic, même le mont Humboldt, n'atteignant 1,700 mètres, mais le climat verse assez de pluies pour que les rivières, les cascades, les prairies ne manquent jamais d'eau.

C'est la mieux dotée de toutes les colonies anglo-australiennes, et avec cela celle qui prospère le moins. Les décès n'y détruisent pas le bénéfice des naissances, mais une émigration de tous les jours affaiblit le pays ; les jeunes Tasmaniens se répandent dans l'Australie et la Nouvelle-Zélande, laissant derrière eux les vieillards et les enfants. Dans les trois années qui suivirent la découverte des fonds d'or de Victoria, l'île, moins peuplée qu'aujourd'hui, perdit 10,000 de ses fils au profit du continent.

En 1846, les Tasmaniens blancs, au nombre de 66,000, comptaient dans leurs rangs 29,000 galériens. En 1857, le chiffre des Européens montait à 80,000 ; maintenant il dépasse 100,000. Les Tasmaniens noirs n'existent plus. On ne sait combien de milliers d'hommes de leur race peuplaient l'île à l'arrivée des premiers misérables européens ; en 1815, ils étaient encore 5,000. Dès 1810, la chasse au noir faisait la distraction des galériens ; la loi, d'ailleurs, n'avait décrété que le fouet pour l'Européen qui coupait le nez ou les oreilles à un nègre et lui enlevait le petit doigt pour s'en faire un bourre-pipe. Après 1815, la chasse à courre contre les sauvages s'étendit avec frénésie. A partir de 1835, on déporta ce qui restait de la race, 210 individus, dans la petite **île de Flinders**, où elle est descendue dans le néant. En 1866, il y avait encore quatre indigènes, trois femmes hors d'état d'avoir des enfants, et un homme de 27 ans, qui a fait un voyage en Angleterre pour montrer à la nation meurtrière le visage du dernier des Tasmaniens.

Hobarton, capitale, sur le Dervent, au pied du mont de la Table (1,200 mètres), près de la mer, au sud de l'île, contient plus du cinquième de la population de la colonie.

ARCHIPEL AUSTRALIEN.

Au nord de l'Australie, à l'extrémité d'une presqu'île que la colonisation n'a pas encore abordée, le détroit de Torrès secoue ses eaux dangereuses sur des roches, des coraux et des bancs de sable, entre le continent et la Nouvelle-Guinée, première île du Monde pour sa grandeur.

Ile, disons-nous, mais la **NOUVELLE-GUINÉE** est peut-être un archipel : avant qu'on la connût mieux, la Nouvelle-Zélande passait aussi pour une île unique. En supposant que nuls détroits ne partagent la Nouvelle-Guinée en plusieurs terres, elle forme un petit continent vaste comme 110 à 120 départements français, avec une longueur de 2,200 kilomètres sur une largeur maxima de 650. Des monts dont plusieurs doivent dépasser 5,000 mètres puisqu'ils portent une tiare de neige éternelle dans le voisinage de l'Équateur ; des forêts merveilleusement belles, vues du rivage, mais peu d'Européens en ont longé la frange et aucun n'a pénétré au loin dans leurs profondeurs ; dans ces forêts les oiseaux le plus brillamment empennés ; une flore, une faune qui se rapprochent de celles de l'Australie, bien que celle-ci soit un pays de vents secs, de plaines ouvertes, de déserts, tandis que la Nouvelle-Guinée est une terre humide et grasse ; nous ne savons pas autre chose de cette grande île, dont les voyageurs n'ont entr'aperçu que la dixième partie. Il n'y a pas de contrée au monde que nous ignorions autant, hormis le centre de l'Asie, de l'Afrique et de l'Australie où de plus immenses espaces n'ont point encore attristé ou ébloui de regards européens.

Le détroit de Torrès n'a que 225 kilomètres de largeur, moins que le tiers de la Méditerranée entre la France et l'Algérie, aussi la Nouvelle-Guinée est-elle véritablement une dépendance de l'Australie. Les Moluques, Célèbes, les petites îles de la Sonde s'éloignent plus du continent austral pour s'avancer vers l'Asie, mais une certaine ressemblance dans la végétation et dans les animaux leur donne avec la Nouvelle-Guinée et l'Australie de nombreux traits communs, et il vaut mieux les rattacher à ces dernières qu'à l'Asie.

D'ailleurs, au moins en ce qui concerne la Nouvelle-Guinée, l'assimilation à Java, à Sumatra, à Bornéo, aux Philippines serait fort difficile. Si ces îles appartinrent à l'origine à des négroïdes, les Alfoures et les Papouas, elles renferment surtout aujourd'hui des Malais et des Chinois. La Nouvelle-Guinée a gardé sa vieille population, les Papouas ; elle n'est point devenue une province malaise, quoique les Malais y gagnent du terrain et les Chinois n'ont point commencé à l'envahir. Quant aux Européens, les Anglo-Australiens ont jusqu'à ce jour négligé ces parages. Les Mormons, dit-on, ont un moment songé à y mettre leur révélation à l'abri des profanes. Des Allemands parlent d'y planter la glorieuse bannière de la civilisation allemande, fondée sur l'intelligence allemande, la moralité allemande, la chasteté allemande, et la crainte allemande de Dieu.

Les Hollandais seuls ont tenté quelque chose. Leur souveraineté, toute nominale, se borne à des archipels côtiers et à quelques districts du rivage.

Les Papouas, tous païens, ont fait donner quelquefois à leur patrie le nom de Papouasie. Noirs comme les sauvages d'Australie, mais bien supérieurs à eux, ils sont plus grands en moyenne que l'Européen et très-hauts sur jambes; ils ont le nez proéminent, la barbe frisée et assez fournie; les cheveux, frisés aussi, gros et raides, font au-dessus et aux deux côtés du front comme une espèce de bonnet à poil en demi-circonférence avec la racine du nez pour centre. Ils ont de l'intelligence, un certain sentiment artistique, du courage, de la gaieté, de l'impétuosité, du ressort, de la férocité. Ils massacrent avec plaisir l'inconnu qui leur tombe sous la main. Rien ne semble capable de les plier au joug de l'étranger. Leur amour de l'espace n'a de limite que la dernière heure de leur dernier jour. Incapables de domesticité, ils disparaîtront devant le Blanc et le Chinois quand leur jour aura sonné. Ainsi disent les voyageurs qui les connaissent, et ils sont peu nombreux, car l'hostilité des Papouas ferme l'île aux étrangers plus que les forêts sans fin, les monts sans route, et les torrents sans pont.

Les **MOLUQUES** émaillent une mer d'un bleu très-foncé. Elles comprennent trois grandes îles, Gilolo, Céram et Bourou, et beaucoup de petites dont les plus connues sont Ternate, Tidore, Amboine et Banda. On appelle aussi les Moluques les îles des Épices, de leur principal produit savamment exploité par les Hollandais. L'archipel se rattache plus ou moins intimement par des îles et des écueils aux Philippines, à la Nouvelle-Guinée, à Célèbes, et à Timor, où se termine le chapelet de la Sonde.

Gilolo, faite de quatre presqu'îles en patte d'araignée, a plus de 300 kilomètres de longueur. Elle embrasse 2,600,000 hectares, plus de quatre de nos départements. L'Équateur coupe cette île à peu près inconnue, des coraux gênent la navigation près de ses côtes, des volcans y profilent leur haute pyramide. L'île a échappé presque tout entière à ses autochthones, les Alfoures, qu'on ne retrouve plus que dans la péninsule du nord. Ce sont ici des sauvages de haute stature, d'un teint comparativement clair, barbus, de bons agriculteurs, des chasseurs et pêcheurs hardis. Des Malais musulmans, qui donnent à Gilolo le nom d'Halmaheira, ont pris la place des Alfoures. Les Hollandais ont rangé l'île sous leur suzeraineté. Le long de la côte occidentale s'élèvent, du nord au sud, les îles de Ternate, de Tidore, de Mareh, de Motir, de Makian, de Kaioa, de Batchian, patries du clou de girofle, qu'ont monopolisé les Néerlandais.

Ternate (84,000 hab.) a parfois éclairé des rouges lueurs de son volcan le littoral de la grande île voisine : « Vois, dit le Camoens, vois Ternate et Tidore avec leur cime brûlante qui lance d'ondoyantes flammes. Vois les arbres portant les clous ardents qu'achètera le sang portugais. Il y a dans ces îles des oiseaux d'or qui ne descendent jamais à terre : on ne les contemple que morts. » Le volcan de Ternate, sommet assez arrondi n'a pas 1,500 mètres de haut. On rencontre dans l'île quelques Hollandais, des Malais mahométans, légèrement mêlés autrefois avec des sauvages de Gilolo, comme le témoigne leur langue, et des Orang-Sirani ou Nazarenes. Les Orang-Sirani parlent malais ; ils ont perdu le portugais de leurs ancêtres européens, mais ils ont gardé la religion chrétienne. Les tremblements de terre ont quelquefois abîmé la ville de Ternate.

Tidore porte un volcan plus beau que le volcan de Ternate, plus pyramidal, plus élevé : son altitude est de 1,750 mètres (?). La population dominante de cette île, les Malais tidoriens, ont le type, la langue, la religion des Malais de Ternate.

Mareh est entourée de récifs de corail, ainsi que **Motir**, volcan éteint. **Makian** se tapit au pied d'un volcan diminué par l'éruption de 1646, qui en fit écrouler la cime : en 1862, le cratère de Makian a détruit beaucoup de vies humaines et envoyé ses cendres jusqu'à Ternate, à 80 kilom. au nord. Dans les petites **Kaioa**, l'islamisme règne sur des Malais influencés par l'élément papoua.

Batchian, plus ample que ses sœurs, a des fontaines chaudes et des geysers comme l'Islande et la Nouvelle-Zélande. Malgré ses richesses minérales, malgré sa houille, sa résine de dammar, ses forêts, sa beauté, elle contient peu d'habitants ; il n'y a guère âme qui vive dans les hautes montagnes de l'intérieur. Les Malais de Batchian parlent un langage fait de malais et de papouan. A côté de ces musulmans, les Orang-Sirani se distinguent par leur religion chrétienne, leur visage plus brun que le visage malais, mais où apparaissent quelques traits européens, leur dialecte malais où sonnent çà et là des mots lusitaniens.

Obi émerge au midi de Batchian, dans la petite Méditerranée moluquienne comprise entre Gilolo, Ceram et Buouore. **Dammer** n'est séparée de l'extrémité méridionale de Gilolo que par un petit détroit. **Guébé** s'élève entre une des deux pointes orientales de Gilolo et l'archipel de la Nouvelle-Guinée. **Morty** (315,000 hectares), île de sable et de corail, a dû faire corps avec le grand tronc de Gilolo : il n'y a pas plus de 40 kilomètres de Morty au cap terminant la péninsule gilolienne du nord.

Bourou (330,000 hectares), pleine de forêts, donne asile à des Malais sectateurs de l'islam et à des sauvages ressemblant aux autochthones du nord de Gilolo. En s'en rapportant à quelques traditions des insulaires des Tonga et des Samoa Bourou aurait été le point de départ des émigrations qui de proche en proche ont peuplé les îles de la mer du Sud de tribus polynésiennes.

Céram (1815,000 hectares) a, comme Gilolo, plus de 300 kilom. de longueur, mais elle s'allonge de l'est à l'ouest et non du nord au sud. Cette île, toute en forêts, n'a de demeures humaines que sur la côte, le long de laquelle les habitants plantent le cacao et le café ou vivent sans travail à l'ombre du palmier sagou. Cet arbre précieux, qui vient dans les fonds humides et les terres tour à tour noyées et abandonnées par l'eau de mer, fournit aux insulaires de **Céram** leur pain et leur maison : le pain par la fécule tirée de sa moelle, la maison par les nervures médianes de ses feuilles colossales, nervures si solides qu'elles servent de poutres et de planches. La population dominante est une race indigène que son type rapproche des Papouas et des Alfoures de Gilolo et de Bourou. L'islamisme s'étend sur la côte du nord et de l'est, le christianisme dans le sud-ouest.

A 100 kilomètres au nord de Céram, entre cette île et l'archipel néo-guinéen, **Mysol** a sa côte peuplée de Papouas influencés de sang malais, et dans son intérieur des tribus de Papouas sauvages. A la prédominance du type non malais, on pressent l'approche de la grande Papouasie ou Nouvelle-Guinée.

En face des rivages méridionaux de Céram, à l'occident, la montueuse **Amboine**, faite de deux terres ralliées par un isthme de sable, nourrit 162,000 hommes sur moins de 100,000 hectares. C'est une Java au petit pied. La Hollande tire de beaux revenus de ses plantations de muscade, mais le clou de girofle, importé de Ternate, n'y a pas réussi. Les riches cultures, sur un sol rouge que perce le corail, n'occupent point toute l'île ; il y a encore de profondes forêts à Amboine, dans la montagne où les volcans ont cessé d'érompre. Les Malais forment la majorité parmi ces insulaires. A côté d'eux vivent des Orang-Sirani, chrétiens dont le visage porte l'empreinte lusitanienne, des métis de Malais et de Papouas, des Chinois, des Hollandais. Dans la ville d'**Amboine** (10,000 hab.), réside le gouverneur des Moluques néerlandaises ; le malais que les chrétiens y parlent renferme beaucoup de mots portugais.

Au midi de Céram, le petit archipel de **Banda** fournit aux Hollandais de très-grands profits par ses plantations de muscade, les plus importantes du monde. Les quatre îles de ce groupe ont le bonheur de se trouver en dehors du cercle d'influence des vents brûlants que souffle vers le nord la bouche de chaleur du sahara australien. Il y pleut considérablement, et sur le terrain volcanique, la noix de muscade mûrit à la perfection sous l'ombrage des grands arbres. « Vois, dit le Camoens, qu'on pourrait citer cent fois à propos de ces mers, pleines jadis de la grandeur portugaise, vois les îles de Banda, émaillées de couleurs, de fruits rouges, d'oiseaux diversicolores vivant du tribut de la noix verte. » Le superbe volcan de Banda fume toujours. « C'est un cône parfait, ayant le profil et presque la régularité des pyramides d'Égypte. » L'archipel de Banda craint les tremblements de terre. Ses habitants, originairement Papous, se sont considérablement modifiés par des apports malais, arabes, portugais et néerlandais.

Au sud-ouest de Banda, la chaîne volcanique de cet océan se continue par le volcan de **Gounong-Api**, mince île isolée aux confins de la mer de Banda et de la mer de Florès. De Gounong-Api, il n'y a que cent et quelques kilomètres jusqu'à **Wetter** et **Roma**, deux îles volcaniques arides situées dans l'orbite de Timor. Plus près de Timor que Wetter, **Poulo-Cambing**, ou simplement **Cambing**, est volcanique aussi. — Le mot malais Poulo veut dire île.

Des caps orientaux de Céram part une traînée d'îles de diverse grandeur dirigées vers l'Australie et la Nouvelle-Guinée : Kilwaru, Céram-Laut, Manowolko, Goram, les îles Matabello, l'île Ké, Timor-Laut.

Kilwaru, très-petite île de sable et de corail, porte une ville sur pilotis, ville commerçante fréquentée surtout par des négociants bougis et des marchands de Céram. **Céram-Laut** est environnée d'écueils de corail. **Manowolko**, longue de 24 kilomètres, n'entend bruire aucun ruisseau sur ses roches de corail, qui s'achèvent sur la mer par des falaises d'une soixantaine de mètres de hauteur. Le peuple, de race papouane, de religion païenne, a pour aristocratie des Malais et des Bougis légèrement transformés par quelques infusions de sang papou. On parle à Manowolko le même langage que dans l'orient de Céram et qu'à Goram.

Goram, cerclée de coraux, a 15 kilomètres de longueur. Ses habitants, d'origine mêlée, aiment le commerce et la navigation ; ils vont trafiquer au loin, dans de simples canots, sur une mer hérissée d'écueils. Goram obéit à la religion de Mahomet.

Les îles **Matabello**, **Kisiwoï** et **Uta** sont protégées du large par une ceinture de corail. Leurs sauvages, Papouas et païens, habitent de petits villages perchés sur des roches de même origine que la barrière de récifs. Par **Téor**, dont les insulaires sont aussi païens et papouas, par **Boon**, par **Kaniloor**, on arrive à l'île de **Ké**.

Ké projette sur la mer des falaises calcaires, prolongement des montagnes de l'intérieur. Ses habitants, de purs Papouas restés païens, tirent des superbes forêts de l'île des bois qu'on dit plus incorruptibles que le teck lui-même. Avec ces bois ils construisent des pirogues aussi élégantes au repos que solides dans la tempête. Il est resté plusieurs mots portugais dans le malais dont use la race mêlée peu nombreuse de Ké.

Timor-Laut (500,000 hectares), île fort boisée, appartient aux Papouas. Elle n'est pas plus loin de l'Australie septentrionale que de Céram.

Arou se trouve sur le chemin de Ké et de Timor-Laut à la Nouvelle-Guinée. Ses indigènes, Papouas sans mélange qui n'ont point abandonné leur immémorial paganisme, lui donnent le nom de Tana-Busar, ou Grande-Terre : à côté d'elle, en effet, les îles de son groupe sont insignifiantes. Arou a 130 kilom. de longueur, pour une largeur de 60 à 80. Cette île est fort curieuse. Des chenaux ouverts de l'est à l'ouest la scindent en trois îles basses, Wokan au nord, Maykor au centre, Kobror au midi. Ces chenaux d'eau salée admettent les grands navires d'une extrémité à l'autre, mais leur largeur n'est pas en raison de leur profondeur : on dirait des fleuves de 200 à 500 mètres de largeur. Des forêts interminables, partant de la côte, et des chenaux cachent l'oiseau de paradis, les kangurous, le gibier volant ou bondissant que perce de sa flèche le Papou, infaillible archer. Ces forêts s'étendent également sur les terres plates du nord et du centre et sur les collines calcaires du sud : collines plongeant dans la mer par des falaises où l'insulaire, à des hauteurs périlleuses, va chercher des nids comestibles. Des négociants chinois, des Bougis résidant à **Dobbo**, place de commerce sur une petite île du nord-ouest, achètent les nids, les perles, le trépang, les carapaces de tortue que leur portent les Papous des îles de l'est. Ici encore on retrouve des mots lusitaniens dans la langue et des traits quasi européens sur des visages noirs. Il n'y a que 240 kilomètres d'Arou à la Nouvelle-Guinée, par une mer peu profonde, et nul doute que la petite île a jadis dépendu de la grande. L'identité de plantes, d'animaux, d'insectes, le prouve.

CÉLÈBES, coupée par l'Équateur, donne par son plus long littoral sur le détroit de Macassar. Ce bras de mer, profond sur le rivage de Célèbes, amincit sa lame d'eau à mesure qu'on se rapproche de Bornéo. Bien qu'assez voisines et sous la même latitude, ces deux îles divergent par leur nature végétale, leurs oiseaux, leurs grands et petits animaux. On dirait qu'entre elles s'étend un immense océan ou un large écart de longitude. Célèbes ne possède aucun des grands mammifères de Bornéo et de l'Asie.

Célèbes, située pourtant au milieu des îles semées entre l'Asie et l'Australie, semble un centre de création indépendant à la fois de l'Australie et de l'Asie. Ce centre de création, d'apparence plutôt africaine, n'aurait fait qu'un avec la lointaine Madagascar, et l'abîme des océans aurait dévoré les terres intermédiaires.

Célèbes l'emporte sur Java par la grandeur (20 millions et demi d'hectares) et peut lui disputer la palme de la richesse naturelle; non de la richesse acquise, l'île n'étant pas le principal établissement des Hollandais dans cette mer.

Quatre presqu'îles nouées à un tronc regardant Bornéo composent cette île aux formes singulières; ces presqu'îles sont séparées les unes des autres par les grands golfes de Bony, de Tolo et de Tominy, ouverts sur la mer de Florès et la mer des Moluques. Des montagnes remplissent le tronc et s'allongent avec les quatre péninsules. Les plus fières atteignent 2,300 mètres. Quelques-unes cachent de l'or, d'autres rejettent des laves : à l'extrême nord, dans le Minahasa, possession néerlandaise, on a constaté l'existence de onze volcans, de sources chaudes, de volcans de boue. A l'extrême sud, dans le Macassar, autre possession hollandaise, s'élève le pic de Bontyne. Les Savas, basses terres irriguées ou arrosables, sont le jardin de l'île ; les rizières, les plantations y bordent des forêts magnifiques où les fruits tombés des arbres nourrissent le babiroussa, espèce de porc ayant quatre défenses : deux défenses naturelles à la mâchoire inférieure, deux à la supérieure, celles-ci à contre-sens ; elles montent au lieu de descendre et se recourbent en arc comme des cornes jusqu'à la hauteur de l'œil. Le riz vient aussi dans la montagne, dans les Kébon-Kring (jardins secs), jusqu'à 1400-1500 mètres de haut ; le café ménado, le meilleur de l'archipel, se récolte à partir de 300 à 400 mètres d'altitude.

Les Hollandais n'occupent que la moindre partie de Célèbes. Dans leur province du nord, le Minahasa, ils ont civilisé dans l'espace d'une cinquantaine d'années des sauvages d'origine mixte, Papous croisés de Malais. Au commencement de ce siècle ces indigènes étaient barbares, quasi cannibales, et parlaient beaucoup de langues ; aujourd'hui ils cultivent paisiblement le café et apprennent le malais.

Un million d'hommes c'est peu pour Célèbes qui pourrait nourrir, valant Java, plus de 25 millions d'habitants. La grande masse de la population se compose de Bougis, Malais musulmans très-portés au négoce et parlant deux dialectes, le bougi et le macassar ayant chacune un alphabet original. A côté de ces Malais, qui souvent *courent l'amoc* (1), il y a dans Célèbes des restes d'autochthones, des Hollandais, quelques Arabes et des Chinois. Le christianisme a recruté quelques dizaines de milliers de païens dans les parties de l'île dont dispose la Hollande, le Macassar et le Ménado, qui font à eux deux 12 millions d'hectares et 330,000 âmes. **Vlaardingen** (18000 hab.), ou **Macassar**, sur une excellente rade, est le chef-lieu du Macassar, **Ménado** la capitale des possessions

---

(1) *Courir l'amoc*, c'est la méthode malaise pour se suicider. Quand un Malais se sent las de la vie, il saisit un kriss, poignard tortu, et s'élance furieux dans les rues en criant : « Amoc ! amoc !. » Il tue tout ce qu'il rencontre, hommes, femmes, enfants, animaux. On s'ameute, on le poursuit et on l'abat comme un chien enragé. A Macassar il y a un ou deux *amoc* en moyenne par mois.

septentrionales, de ce Minahasa dont les voyageurs disent qu'on n'en peut décrire la beauté. La charmante Ménado borde la mer de Célèbes, à l'embouchure de la rivière qui sort du lac de Tondano et tombe presque aussitôt par une cascade de 150 mètres de hauteur.

Du cap septentrional de Célèbes, le cap Polisan, partent les îles **Siau** et **Sanguir** dans la direction des Philippines. Leurs habitants ressemblent à ceux du Minahasa. Siau n'est qu'un volcan, Sanguir, un peu plus vaste, a fait périr, en 1855, deux mille individus par l'éruption de son cratère.

En vue des promontoires de l'une des deux pattes méridionales de Célèbes se profilent des îles dont les plus grandes s'appellent **Mouna** et **Bouton** (510,000 hectares).

Dans la direction de l'orient, l'île **Soula-Mangola**, très-allongée, semblable à une petite Java, a pour habitants, ainsi que son annexe **Soula-Basi**, des Malais qui professent le mahométisme. Soula-Basi est très-voisine de Bourou.

Au midi de Célèbes se suivent, de l'orient à l'occident, les petites îles de la Sonde.

La plus orientale et en même temps la moins éloignée de l'Australie, **Timor**, est une terre volcanique de 450 à 500 kilomètres de longueur, de près de 100 kilomètres de largeur et d'un peu plus de trois millions d'hectares. Elle se partage entre des États indépendants, la Hollande, qui en retire du bois de sandal pour les temples et les maisons riches de la Chine, et le Portugal, qui s'occupe avec indolence de ce débris de son antique maîtrise dans l'océan des Indes. Timor n'a qu'un volcan actif, le pic de Timor, muet depuis 1638. Les montagnes timoriennes s'élèvent à 1,800-2,100 mètres, souvent nues ou nuancées d'herbes arides. Le sol de l'île est peu généreux, le ciel parcimonieux de pluies ; la végétation, peu variée, point touffue, rappelle celle de l'Australie par ses eucalyptus et par beaucoup d'autres plantes. Les Hollandais commandent à 900,000 individus, les Portugais à 150,000 :

ceux-ci ont pour capitale **Dilli**, ceux-là **Koupang**. Les Timoriens indépendants, en perpétuelle guerre civile, ressemblent de très-près aux Papouas de la Nouvelle-Guinée par la couleur, la chevelure, la figure, le caractère enthousiaste, impétueux et joyeux. Dans les possessions européennes il y a des Papouas mélangés de Malais et peut-être d'Indous, des Malais, très-peu d'Européens, des Chinois en nombre croissant. Des chrétiens appelés Portugais noirs descendent de conquistadores lusitaniens et des femmes indigènes. Une « éclaboussure » d'îles et d'îlots volcaniques relie Timor, la plus vaste des petites îles de la Sonde, à Bali première terre asiatique par ses plantes et ses animaux.

Savou et **Rotti**, deux petites îles, hébergent une race à part, distinguée par de beaux traits. On peut la supposer issue de l'alliance d'ancêtres malais avec des Arabes ou des Indous. **Ouetta** (330,000 hectares) est une annexe septentrionale de Timor. De Timor à Florès on trouve successivement **Ombai** (220,000 hectares), **Pantare, Lombata, Solor** et **Adonara**.

A **Florès** (2 millions d'hectares) vivent comme à Timor des Malais, grands pirates, des négroïdes semblables aux Timoriens, des Portugais noirs, à l'ombre de six volcans dont les cuves bouillonnent encore. La Hollande y a bâti des forts sur plusieurs plages. Le détroit de Mangderaï s'ouvre entre Florès et **Comodo**, île sans habitants assiégée du côté opposé par le détroit de Sapy, qui bat aussi le rivage de Soumbava.

Sandelbosch, mi-hollandaise, mi-indépendante, s'appelle de son vrai nom **Soumba** ou **Tchindana** : son nom néerlandais veut dire Forêt de Sandal. Les indigènes y sont de la race de Timor. L'île a 220,000 hectares.

Soumbava (1,562,000 hectares), divisée en fiefs de princes malais reconnaissant la suzeraineté des Pays-Bas, tiendrait à Lomboc sans le détroit d'Allas. Le Timboro, son principal volcan, commande de loin **Bima**, première ville de l'île. Il avait plus de 4,500 mètres au commencement de 1815 ; depuis l'éruption du mois d'avril de cette année, l'une des plus terribles de l'histoire, il en a 3,000 à peine : le tiers supérieur du cône craqua dans la tourmente et s'effondra sur les versants ; le bruit s'en entendit jusqu'à Ternate et jusque dans l'île de Sumatra, à Bencoulen. Un lac dort aujourd'hui dans le fond de ce cratère qui coûta la vie à 50,000 hommes par l'éruption, la famine et les épidémies consécutives. La pluie de cendres s'étendit jusqu'à Sumatra, en Australie, à Bornéo, faisant en plein jour la nuit dans un rayon de 500 kilomètres. Sur la mer, la pierre ponce vomie par le Timboro formait une couche d'un mètre d'épaisseur. Parmi les vingt volcans de Soumbava, le Timboro n'est pas le seul dangereux, le Gounong-Api et le Vader Smid se font redouter par leurs éruptions. Cette île peu salubre pèche par de mauvaises eaux et par un sol sec où croissent de préférence des plantes épineuses. Elle n'a guère que 75,000 habitants ; les Malais qui l'habitent semblent parents des Bougis de Célèbes. Les Européens n'y sont même pas cent.

Dans l'île de **Lomboc** (550,000 hectares), la principale ville a nom **Matasam**. Pareille à Soumbava, Lomboc n'offre à la végétation qu'un terrain sec, mais des irrigations merveilleusement combinées portent aux champs disposés en terrasse la fécondité que développe l'action de l'eau dans les pays à soleil. L'Europe n'a pas de plus beaux arrosages. Le tigre, inconnu dans l'île voisine de Soumbava, prélève ici sa dîme sur les animaux des bois. Le volcan de Lomboc lève sa cime à près de 2,500 mètres. Les insulaires, les Sassac, Malais mahométans, obéissent à une aristocratie de Malais brahmanistes venus de Bali.

Avec Bali, Lomboc constitue une possession hollandaise de près de 1,200,000 hectares avec 860,000 hommes. Le chenal étroit (20 à 25 kilom.) qui divise les deux îles sépare le monde australien du monde indou. En allant de l'une à l'autre, on change de création, comme si l'on passait d'Europe en Amérique.

NOUVELLE-ZÉLANDE.

Si les noms donnés par les navigateurs aux contrées qu'ils découvrent avaient une valeur, la Nouvelle-Zélande nous apparaîtrait comme un pays de plates alluvions, de marais, de golfes et d'îles à l'embouchure d'un grand fleuve. Au contraire, c'est un amas de hautes montagnes, de glaciers, de volcans, mais le premier capitaine européen qui en vit le rivage, Abel Jensen Tasman, était hollandais, et l'île inconnue fut honorée par lui du premier nom venu rappelant les Pays-Bas (1642). Nous disons l'île, car on crut longtemps que la Nouvelle-Zélande formait une seule et même terre. Cook reconnut le premier la passe séparant l'île du nord de l'île du sud, passe à laquelle s'applique depuis le nom mérité de détroit de Cook.

Dans les dernières années du premier quart de ce siècle, des pêcheurs de baleines, des matelots dégoûtés de la mer, des aventuriers, des scélérats échappés des pénitenciers de Sidney, se fixèrent un à un sur le pourtour de la Baie des Iles, dans l'île du Nord. La Nouvelle-Zélande avait alors pour seuls habitants des Maoris.

Les Maoris sont des sauvages appartenant à la race polynésienne qui s'étend sans interruption de la Nouvelle-Zélande aux îles Sandwich sur 6,700 kilomètres en ligne droite, des Sandwich à l'île de Pâques sur 6,800, de l'île de Pâques à la terre des Maoris sur 6,500. Énergiques, grands, beaux de corps et souvent même de figure, les Polynésiens néo-zélandais n'abdiquèrent point devant les Anglais comme les misérables indigènes de l'Australie et de la Tasmanie. A une époque inconnue, 1,310 ans avant notre ère d'après les uns, 1,300 ou 1,400 ans après suivant les autres, une flotille de canots avait amené dans l'île du Nord quelques centaines de guerriers, ancêtres de la race. Ces guerriers ne rencontrèrent que de rares autochthones, sans doute des nègres australiens qui ont laissé des traces de leur être dans le type de nombreux Maoris, principalement dans les classes inférieures. Ils venaient, d'après leurs traditions mêmes, de l'île d'Hawaïki, dont l'identification est douteuse. Pour plusieurs c'est l'Hawaïki des îles Sandwich, pour beaucoup d'autres c'est la Sawaï de l'Archipel de Samoa ou des Navigateurs. Quand les *Pakeha* — c'est le nom maori des Blancs, des étrangers — abordèrent sur ces rivages, il y avait donc des centaines, peut-être des milliers d'années que les Maoris étaient fixés dans la Nouvelle-Zélande, presque tous dans l'île septentrionale.

En partie convertis par les missionnaires anglais, les Maoris renoncèrent à l'anthropophagie où ils étaient passés maîtres. Leurs éternelles guerres de tribu à tribu s'assoupirent. Ce peuple a tant de force virile, tant d'aptitude à comprendre qu'on espérait infiniment de lui, et les Maoris semblaient devoir être les seuls sauvages qui auraient vu la civilisation sans mourir.

Dès que les colons anglais furent en nombre, les relations d'une race à l'autre revirèrent ; d'amicales elles devinrent hostiles. Or, de toute guerre entre les Blancs et les Barbares, l'issue se connaît d'avance. Les Anglais avaient pour eux le nombre grandissant, les armes supérieures, la discipline européenne, la science des assauts, des défenses, derrière eux la puissance de l'Angleterre qui, après de longues hésitations, avait ajouté la Nouvelle-Zélande à son empire. N'y eût-il pas eu de guerres, les Maoris auraient décliné, quand même, décimés par les maladies, par les vices empruntés aux colons et par cette espèce de stupeur mêlée de résignation, et même de désespoir, qui saisit les sauvages à la vue des merveilles de la science pratique. D'ailleurs, la fécondité de leur race est singulièrement inférieure à celle des milliers de colons attirés tous les ans vers la Nouvelle-Zélande par les mines d'or, l'agriculture, le pastorat, la beauté du climat, l'appel des Européens déjà installés, les promesses des compagnies d'émigration. Les Maoris faisaient peut-être 200,000 hommes du temps de Cook ; ils étaient dit-on, 140,000 en 1841 ; 56,000 en 1860 ; 38,500 seulement en 1867, dont 37,000 dans l'île du Nord, 1,500 dans l'île du Sud. Les Européens montent plus vite que les Maoris ne descendent. Au nombre de 27,000 en 1851, de 99,000 en 1861, ils étaient près de 220,000 à la fin de 1867 et formaient l'une des colonies les plus anglaises par le sang : l'Allemagne et les autres pays à émigration n'y ont envoyé que très peu de colons comparativement à la Grande-Bretagne.

Ainsi la Nouvelle-Zélande contenait, en 1867, environ 260,000 individus, Blancs ou Maoris, près de 120,000 dans l'île du Nord, 140,000 dans l'île du Sud, le tout sur un territoire de 27 millions et demi d'hectares, ainsi décomposé : île du Nord, 12,500,000 hectares ; île du Sud, 14,700,000 ; île Stewart et petites îles riveraines, 300,000.

L'île du Nord s'appelle en langue maorie Te-Ika-A-Maoui, autrement dit le Poisson de Maoui. Maoui, grand dieu polynésien, Hercule ou Samson incomparable, pêcha un jour à la ligne cette île dans les flots de la mer australe. Le nom officiel de New-Ulster, emprunté à une province irlandaise, n'a jamais prévalu. La Nouvelle-Zélande émergeant de l'Océan au sud de l'Équateur, l'île du Nord, plus proche du tropique, est en réalité l'île du Sud par le climat et les plantes. Sa pointe septentrionale finit à peu près sous le parallèle de Biskara (Sahara de Constantine), sa pointe méridionale sous la latitude de Rome, mais le climat, tempéré par l'immensité des plaines marines d'où sort l'archipel, n'y brûle nulle part autant qu'à Biskara, et partout il a l'avantage sur celui de Rome en douceur. La phthisie, paraît-il, s'y guérit plus sûrement qu'à Madère. D'autres maladies ont un remède dans d'innombrables sources minérales et thermales, jaillissant dans un district de volcans éteints, de coulées, de lacs enchâssés dans de vieux cratères, de *ngahous* et de *pouias*, de fontaines bouillantes, de fumerolles, de solfatares, de grands jets intermittents comme les geysers d'Islande. Près du point central de l'île, au-dessus du lac Taupo, qui est le réservoir du Waikato, principal fleuve de l'île, le Tongariro (1,950 mètres) entretient encore deux solfatares ; il vient d'avoir une éruption. Son voisin le Ruapehu (2,760 mètres), définitivement éteint, porte à son sommet, le plus élevé de l'île, des créneaux de neige éternelle. Ces deux montagnes contemplent de haut des groupes de petits volcans satellites que les Maoris appellent les « femmes et les enfants des deux géants Tongariro et Ruapehu. » La légende raconte qu'un troisième géant, Taranaki, battu par les deux autres, s'enfuit vers la côte occidentale, où il se dresse aujourd'hui, grand par son isolement, élégant par sa forme pyramidale, beau par sa cime neigeuse : c'est le mont Egmont (2,480 mètres).

L'île du Sud, la Te-Wahi-Pounamou (île du Jade) des indigènes, n'a pas plus gardé son nom officiel de New-Munster que l'île du Nord le nom de New-Ulster. Son cap septentrional se trouve à peu près à la hauteur de Naples, son cap le plus méridional à la latitude de la Suisse centrale. En somme, l'archipel Néo-Zélandais, considéré comme ayant sa racine vers le lac de Constance, traverserait la Suisse, couvrirait toute la longueur de l'Italie et n'irait se terminer que dans le Sahara tunisien. Quelle échelle de climats si la Nouvelle-Zélande n'était pas étroite et immergée dans un si vaste Océan ! L'île du Sud, s'avançant sur le pôle antarctique beaucoup plus que l'île sœur, parcourue en outre par des montagnes plus hautes, jouit d'une température aussi douce que l'île du Nord dans le seul voisinage du détroit de Cook, vrai site d'élection pour des villes d'hiver ; du centre au sud les climats s'y suivent comme ceux de la France du nord-ouest, de l'Angleterre et de l'Écosse, et même sur les montagnes règnent des froids polaires, car les Alpes Australes montent à une altitude considérable, intermédiaire entre les Pyrénées et les Alpes ; le mont Cook atteint 3,960 mètres : on le croit le Mont-Blanc des Alpes Australes, mais la chaîne n'a pas été explorée encore dans toutes ses profondeurs ; il n'est guère probable, toutefois, qu'elle cache des maîtres ou des rivaux du pic si heureusement nommé d'après le plus grand navigateur des mers du Sud.

Les Alpes Australes plongent du côté de l'ouest dans les flots d'un océan presque insondable, sur une côte exceptionnellement pluvieuse. L'humidité de l'air entretient dans leurs gorges des glaciers comparables à ceux du mont Blanc, du mont Rose, de l'Oberland bernois, de la Bernina, du Pelvoux. L'un d'eux, le glacier de Waiau, sur le versant occidental, laisse echapper à son extrémité inférieure un gros torrent d'une caverne azurée semblable à la grotte de l'Arveyron. Cette caverne ne s'ouvre point dans la sublime région de la mort par le froid, mais dans une charmante forêt de fougères arborescentes et d'arbres résineux ; c'est qu'elle se trouve à 212 mètres seulement d'altitude, et cela sous une latitude qui voit en France le palmier grandir en plein air. Il faut aller dans les pays polaires pour rencontrer des glaciers descendant aussi bas. Sur le versant oriental des Alpes Australes, il pleut quatre fois moins ; les glaciers s'en ressentent : celui de Tasman, sous le même parallèle que le glacier de Waiau, s'arrête à 832 mètres ; il est cependadt plus grand et beaucoup plus pesant, et par là plus puissant pour descendre.

Si la côte occidentale s'approche beaucoup de la haute montagne, la côte orientale s'en éloigne. Des plages de Lyttleton et de Dunedin aux glaciers, aux cascades, aux lacs, aux forêts de grands pins kauri de la chaîne, se déroulent des plaines à fond d'alluvions, sillons de l'avenir, des plateaux ondulés, des montagnes moyennes arrondies. Par l'étendue des terres arables, par un climat assez froid pour maintenir en humeur de travail, les deux provinces de ce versant, Canterbury et Otago paraissent destinées à porter les populations qui commanderont à la double île.

De la Nouvelle-Zélande, les deux tiers sont cultivables, l'autre tiers appartient à la montagne inutilisable, aux lacs, aux marais, aux cours d'eau, aux fonds sans humus, aux sols absolument stériles. Même ce tiers n'est point absolument perdu pour la colonie. Nombre de rivières roulent avec leurs eaux le métal noble ou vil suivant la main dont il tombe ; de longues chaînes de roches nues cachent les veines d'or qui ont donné dans ces dernières années au peuplement de la Nouvelle-Zélande une impulsion extraordinaire. Malgré tous ses dons naturels, l'archipel recevait peu de monde, l'île du Sud pricipalement était en retard quand la découverte des champs d'or d'Otago y jeta des dizaines de milliers d'aventuriers bientôt suivis d'un banc de colons sérieux. Depuis, les placers se sont multipliés et l'île du Nord a aussi sa Californie, le long de la rivière Thames.

Des géographes anglais, las d'entendre appeler ce superbe pays d'un nom qui lui va si mal, ont, à diverses reprises, proposé de nommer la Nouvelle-Zélande South-Albion (Albion du Sud), ou South-Britain (Grande-Bretagne méridionale), ou

Great-Britain of the South (Grande-Bretagne du Sud). Il s'est trouvé quelques royalistes pour insinuer le nom de Victoria Island (île de Victoria). De fait, la situation de la Nouvelle-Zélande aux antipodes de l'Europe occidentale, sa division en deux îles, son étendue presque égale à celle de la Grande-Bretagne, le développement de ses côtes, ses richesses minérales, son climat humide et égal, sa population où les Anglais et les Écossais prédominent, rapprochent beaucoup l'archipel Néo-Zélandais de l'archipel Breton, mais le nom qui lui conviendrait le mieux devrait rappeler à la fois l'Angleterre, la Suisse et l'Italie. La Nouvelle-Zélande représente ces trois pays dans les mers australes, tout en étant fort originale et ne ressemblant qu'à elle-même. La prairie verte et serrée d'Erin et d'Helvétie lui manque, et sa flore et sa faune lui appartiennent en propre jusqu'à faire croire à des géologues que la double île est le reste visible d'un continent qui a sombré dans les flots. Récemment elle a perdu un oiseau gigantesque, le moa, mais sous nos yeux verdissent encore de grandes fougères et des forêts rappelant une autre ère de la planète.

Wellington (7,000 hab.), siége du parlement colonial, est riveraine du détroit de Cook, dans un air fatigué par les vents violents de la mer. Elle porte sur un sol fréquemment mis en branle par les tremblements de terre. Son port, **Port-Nicholson**, vaste, sûr et profond, ne le cède en excellence à aucun autre de l'archipel.

Située dans l'île du Nord, Wellington, comme importance commerciale et comme population, vient après **Auckland** (18,000 hab.), ville assise sur un isthme boursouflé de volcans éteints. Dans un espace égal à peine à celui de trois cantons français, soixante montagnes au moins ont vomi des flammes. Des eaux de la baie s'élance, à quelques kilomètres du port, le Rangitoto, au nom éloquent. En langue maorie, Rangitoto signifie ciel sanglant.

Auckland, Taranaki, Hawke's Bay, Wellington, ainsi s'appellent les quatre États ou provinces de l'île du Nord. Dans l'île du Sud, il y a cinq États : Nelson, Marlborough, Canterbury, Otago, Southland. La plus grosse cité, **Dunedin** (13,000 âmes), est un port de la côte orientale, dans la province d'Otago, parcourue par le Molyneux, le fleuve le plus abondant de l'archipel.

L'île **Stewart**, Rakiua chez les Maoris, New-Leinster d'après l'ancienne division officielle, regarde la province de Southland par-dessus le détroit de Foveaux. Elle n'a que peu d'habitants.

L'île **Chatham**, à l'est, sur la route du détroit de Cook à l'isthme de Panama, ne compte encore que cent et quelques citoyens.

Au nord-est de l'île septentrionale, à égale distance entre la Nouvelle-Zélande et la Nouvelle-Calédonie, à 1,300 kilomètres de Sidney, la petite île isolée de **Norfolk** dépend des Nouvelles-Galles du Sud, et a servi de colonie pénitentiaire. Maintenant 300 hommes environ vivent à l'ombre de ses magnifiques pins, sur une côte sans abri. Les 300 Norfolkiens sont des sangs-mêlés, transportés dans l'île en 1856. Auparavant ils habitaient l'île polynésienne de **Pitcairn**, où leur race naquit, à la fin du siècle dernier, du mélange de matelots anglais et de femmes taïtiennes.

ARCHIPELS POLYNÉSIENS.

Les Maoris de la Nouvelle-Zélande ne sont pas les seuls hommes de leur race. Sur la mer immense allant de l'archipel Néo-Zélandais aux îles Sandwich et des Tonga aux derniers écueils orientaux des îles Basses, des sauvages aimables et élégants de forme, peuplent des îles sans nombre. Ces cousins germains des Maoris présentent tous à peu près le même type physique, parlent des dialectes très-ressemblants de la même langue, ont les mêmes mœurs, les mêmes superstitions, les mêmes traditions, la même aptitude à la navigation et au commerce. Ils ont le bonheur d'habiter, au sud et au nord de la ligne, les plus délicieuses patries qu'on puisse rêver; leur vie est gaie, facile et sans nul souci d'avenir, sous des cieux brillants, au bord d'un océan lumineux, sur une terre qui produit sans efforts, à l'ombre des arbres à pain qui, à trois seulement, font vivre un homme tout le long de ses jours. Nous avons dit le bonheur, nous eussions pu dire aussi bien le malheur, car la beauté de leurs îles attire les Européens dans leurs archipels; ils viennent comme missionnaires, soldats, matelots, marchands, et si quelques-uns sont honnêtes, beaucoup sont sans scrupule et sans loi.

Depuis l'apparition des Européens chez eux, les Polynésiens ont en grand nombre accepté le protestantisme ou le catholicisme, ils ont adopté surtout les vices dont les aventuriers blancs se sont faits les apôtres, si tant est que l'Europe eût quelque chose à apprendre à des sauvages effroyablement corrompus d'eux-mêmes. Mais si nous n'avons pas importé dans les îles de la mer du Sud des abominations qui s'y étalaient avant nous au grand jour, si quelque-unes des maladies que nous sommes censés avoir communiquées aux Polynésiens avaient déjà fait des ravages dans leurs îles, si même nos alcools ne leur ont point fait connaître l'ivresse et son hideux cortége de misères pour le corps et l'esprit, car ils avaient leur eau-de-vie indigène, le kawa, nous les avons probablement dotés de fièvres éruptives et du plus grand des ennemis de la vie humaine, la phthisie. A partir du jour de notre arrivée dans leurs ports, ces pauvres insulaires ont diminué très-rapidement, et le soleil qui verra mourir le dernier des leurs ne tardera pas, il semble, à se lever sur les flots du Pacifique polynésien. Les maladies de poitrine, la petite vérole, la rougeole, des affections provenant de l'usage intermittent des habits que n'exige pas un climat bénin, mais que les missionnaires les ont forcés à revêtir, et qu'ils quittent parfois, tout cela menace de mort leurs tribus, d'ailleurs peu fécondes et très-portées à l'infanticide. Ils disparaîtront et l'Européen dira : « J'ai civilisé les mers du Sud ! » Il n'aura pourtant rien fait pour soutenir des frères penchés sur la fosse. Souvent il les y aura précipités avec la joie d'un héritier.

Des savants prennent les Polynésiens pour une race issue d'un mélange d'ancêtres blancs, jaunes et noirs, et, réellement, on retrouve des traits de cette ascendance triple dans le visage de ces hommes. Leur type, tout en demeurant suffisamment le même sur l'espace trois fois grand comme l'Europe qu'ils habitent, présente d'île à île, de caste à caste, d'homme à homme, des variations pouvant se rapporter par atavisme à l'une des trois origines. Par l'aspect et sans doute aussi par d'anciens liens du sang, les Polynésiens se rapprochent plus des Papouas de la Nouvelle-Guinée que des Malais au tronc desquels on les a souvent rattachés. Leur chevelure frisée et leur couleur moins sombre les séparent seules des négroïdes papouans. Ils laissent, à l'occident et au nord de leurs îles, des archipels habités par leurs cousins les Micronésiens, sauvages plus noirs, parlant diverses langues, tandis qu'ils n'ont, eux, qu'un seul idiome singulièrement doux, enfantin, très-ennemi des consonnes, imagé, poétique. En même temps que l'unité de langue, ils ont l'unité d'idées religieuses, d'institutions, de coutumes. D'un bout à l'autre de leur monde charmant de sporades et de cyclades, les Polynésiens se sont adonnés et même s'adonnent encore çà et là à l'anthropophagie avec toutes ses appartenances et dépendances, guerres civiles, massacres, razzias, engraissement d'esclaves. Tous aussi pratiquent le tatouage, c'est-à-dire qu'ils se couvrent le corps et la figure de dessins ineffaçables, espèce de documents de loin visibles, où sont inscrits en hiéroglyphes leur état civil, leur caste, leurs titres de noblesse, leurs actions d'éclat.

ILES TONGA OU DES AMIS. — Cent cinquante îles, presque toutes basses et montant rarement à plus de 50 mètres de hauteur, forment cet archipel, semé entre le 18 et le 22⁰ degré de latitude sudéquatoriale. Il y en a de toute grandeur, depuis le simple écueil de corail jusqu'à l'atoll et de l'atoll à l'île. Le groupe entier peut avoir 100,000 hectares et 20,000 habitants, dont 8,000 à Tongatabou. Une fraction de la population se compose de tua, esclaves descendant d'un parti de guerriers vaincus. L'archipel, qui a peut-être reçu des îles Viti ses tribus légèrement mélangées avec les négroïdes fidjiens, a contribué par plusieurs essaimages à la colonisation du reste de la Polynésie.

Tongatabou (la Sainte, en langue polynésienne) est la terre la plus importante de l'archipel ; elle a 33,000 hectares, le tiers du groupe. **Vavao** a peuplé Nouka-Hiva et les autres Marquises septentrionales. **Tufoa** se range autour d'un volcan peu élevé, mais dangereux. **Late** renferme le pic culminant des Tonga.

ILES SAMOA OU DES NAVIGATEURS. — On a proposé d'appeler ce groupe archipel de Bougainville, du nom du fameux navigateur français qui les visita le premier en détail (1768). Quoique cet archipel et Tongatabou soient les seules îles polynésiennes où la langue ait une sifflante, il vaudrait peut-être mieux dire Hamoa que Samoa. Quant au nom d'îles des Navigateurs, qui d'ailleurs traduirait exactement le terme polynésien d'Hamoa, il n'a aucune valeur, presque tous les insulaires des archipels océaniens étant également d'une habileté consommée dans la conduite des pirogues.

L'archipel de Samoa (300,000 hectares) est avec les Tonga, et à un degré supérieur, la métropole de la Polynésie. La comparaison des traditions, des généalogies, des chants populaires des tribus disséminées sur ces flots mettent ce fait presque hors de doute. Les Samoans, comme les Tongans qui s'étaient arrêtés un moment aux îles Fidji, venaient du nord-ouest, peut-être de Bourou, l'une des grandes Moluques. Quand leurs familles eurent rempli les Samoa, elles se portèrent au dehors sur des flottilles de canots admirablement construits. De la sorte elles peuplèrent Taïti, qui devint métropole à son tour, les Marquises méridionales, probablement la Nouvelle-Zélande, et envoyèrent aussi des émigrants jusqu'aux Kingsmill, qui font partie de la Micronésie. Cette expansion du même peuple donne suffisamment la raison de l'unité presque parfaite de type et de langage qui persiste sur la vaste étendue des mers polynésiennes.

La population indigène augmente aux Samoa, d'après les missionnaires : le cas serait rare, et digne d'être signalé. D'autres prétendent qu'il y a diminution lente. On suppose que Lapérouse exagérait quand il donnait à l'archipel 80,000 habitants; un recensement récent, soigneusement fait, lui attribue 32,000 hommes, dont 27,000 protestants et 5,000 catholiques. Les naturels de Samoa se distinguent par une haute taille, d'heureuses proportions, une force athlétique.

Opoulo, île si gracieuse qu'on peut la préférer à la merveilleuse Taïti, porte des montagnes aux formes douces, boisées et ne dépassant pas 800 mètres. Là s'élève **Apia**, ville semi-européenne que l'Allemagne se propose, dit-on, d'annexer avec tout l'archipel. **Sewai**, plus grande et plus haute qu'Opoulo, avec une importance moindre, dispute à l'Hawaii des îles Sandwich l'honneur d'être la Hawaïki d'où les traditions font venir la flottille de canots qui mena les Maoris en Nouvelle-Zélande. Opoulo, Séwaï, **Tutuita, Manomo, Manoua**, toutes les îles du groupe s'abritent derrière des ceintures de coraux. L'archipel est situé sous le quatorzième degré sudéquatorial.

ILES HARVEY OU ARCHIPEL DE COOK. — Cet archipel, sous le vingtième degré au sud de l'Équateur, a pour île la plus connue **Rarotonga**, terre élevée. **Manaia** ou **Mangia** est plus étendue. Dans ces petites îles, protestantes maintenant, l'anthropophagie faisait rage. L'étendue de l'archipel est de 80,000 hectares, sa population de 11,000 à 12,000 âmes.

Pour **TAITI**, l'archipel de **TOUBOUAI**, les îles **TUA-**

MOTOU, les îles **GAMBIER**, les **MARQUISES**, voir la France : Possessions océaniennes.

Entre les îles Samoa, Taïti, les Marquises et les îles Sandwich, il n'y a, sur une vaste mer, que des terres sans importance, très-faiblement peuplées, moins des îles que des îlots. Loin du groupe des archipels français et aussi près de l'Amérique du Sud (3,600 kilom.) que de Taïti, seule sur les flots dont on ne voit pas la fin, **Vaihou**, ou **Rapa-Nui**, appelée encore **l'île de Pâques**, a conservé les cratères de ses volcans. Elle ne renferme plus que 900 Polynésiens, diminués tous les ans par des razzias systématiques : les Péruviens y engagent de force les sauvages, puis les mènent comme travailleurs dans les îles à guano. Vaihou est la seule île polynésienne où les sauvages ne se tatouent pas.

ILES HAWAII OU ILES SANDWICH. — Les îles Sandwich, grandes ensemble de presque deux millions d'hectares, se trouvent fort loin des autres îles de la nation polynésienne, dans l'hémisphère nordéquatorial, sous le 20e degré et sous le Tropique du Cancer, sur la route de la Californie à la Chine, à l'archipel indo-chinois et à l'Inde.

Au midi du groupe s'élève la plus grande île, **Hawaï**, d'où l'archipel a pris un de ses deux noms. Le mot *s'élève* porte juste, car Hawaï entoure de son littoral frangé deux des volcans les plus puissants de la terre, le Mauna-Loa (4,194 mètres) et le Mauna-Kea (4,160 mètres). Sur le versant oriental du Mauna-Loa, le cratère de Kilauea « est sans aucun doute, la source de laves la plus remarquable qui existe sur notre planète; » il s'ouvre à 1,200 mètres d'altitude, par une ellipse de 5 kilomètres de large, de 11 kilomètres de tour ; au fond du cratère se boursoufle, monte ou descend un lac en fusion. Quand le cratère se vide pour laisser échapper, comme en 1840, un torrent de laves de 60 kilomètres de long sur 40 de large, sa profondeur est de 450 mètres jusqu'au soupirail où commence l'abîme inconnu. Hawaï, que plusieurs prennent pour l'Hawaïki légendaire, métropole des Maoris néo-zélandais, Hawaï aurait autrefois reçu ses habitants de Taïti, qui elle-même tenait sa population des Samoa.

L'île **Maoui**, la seconde en grandeur, volcanique aussi, et très-montagneuse, contient le pic de Haléa-Kala (3,100 mètres). **Kadulavé, Lanaï, Molokaï** sont de même très-accidentées et volcaniques. **Oahu**, quatrième en grandeur, ressemble aux îles sœurs et renferme la capitale du royaume, **Honoloulou**, ville de 14,000 habitants, avec le meilleur port de l'archipel. La moyenne annuelle y est élevée (24°), mais l'archipel jouit d'un climat sain malgré la présence de beaucoup de marais. **Kaouai**, mont de 2,000 mètres de haut, l'emporte peut-être sur le reste du groupe pour l'agrément du climat, l'harmonie des paysages, la fécondité d'un sol couvert de cannes à sucre.

Lorsque Cook découvrit l'archipel, en 1778, il lui attribua 400,000 habitants, chiffre probablement exagéré. Ce qui n'admet pas de doute, c'est la rapidité avec laquelle diminue la population indigène. Les îles Sandwich avaient 142,000 âmes en 1823, 84,000 en 1850, 73,000 en 1853, 70,000 en 1860, 63,000 au recensement de 1866. Voilà l'effet de la syphilis, de la petite vérole, de l'avortement en grand. L'adoption du protestantisme ou du catholicisme, des vêtements des blancs, de beaucoup de coutumes d'Europe et d'Amérique, la diffusion de l'instruction, celle de la langue anglaise, fort parlée dans l'archipel, rien de toute cette civilisation plus apparente que réelle n'a pu arrêter le mouvement descensionnel de la population polynésienne des Sandwich. De 1860 à 1866, elle a diminué de neuf mille personnes, tandis que les étrangers, Américains, Anglais, marins de toutes nations, pêcheurs de baleines, Chinois, s'accroissent tous les jours. Les îles Sandwich paraissent destinées à tomber dans les mains des États-Unis et à devenir avant longtemps un pays anglais. Les Mormons du plateau d'Utah méditaient, prétend-on, de s'y porter en masse pour mettre la religion des « Saints du Dernier Jour » hors de la portée des « Gentils ».

C'est aux îles Sandwich, à l'extrémité du domaine des Polynésiens, que la langue puérile et musicale de cette branche de l'humanité réduit au plus petit nombre le chiffre de ses consonnes. Il n'y a que sept consonnes dans le dialecte hawaïen ; il y en a dix chez les Maoris de la Nouvelle-Zélande et à Taïti, quinze dans les îles Tonga.

ARCHIPEL DES NÈGRES OU MÉLANÉSIE.

Les archipels peuplés de nègres australiens ou mélanésiens tantôt mêlés, parfois intacts, sont la Nouvelle-Calédonie, les îles Viti ou Fidji, les Nouvelles-Hébrides, les îles Salomon, la Louisiade, Birara et Tombara.

Pour la **NOUVELLE-CALÉDONIE** et ses dépendances, voir la France : Colonies océaniennes.

ILES VITI OU FIDJI. — Ce bel archipel aura le sort des îles Sandwich. La population indigène n'y diminue point aussi vite qu'à Hawaïi, mais le nombre de colons planteurs de coton et trafiquants qui s'y établissent, venant de l'Australie, de la Nouvelle-Zélande, des îles Britanniques, des État-Unis est tel que le pays se fait peu à peu anglais. Les nègres fidjiens se sentent menacés, et pour éviter que cette crainte ne mette aux sauvages les armes à la main, les Blancs demandent l'annexion à l'Angleterre, et, sur le refus de celle-ci, ils se tournent, les uns vers Sidney ou Melbourne, d'autres vers les États-Unis.

Le groupe des Fidji, entre le 20e et le 15e degré de latitude australe, comprend environ deux cents petites îles, généralement élevées et deux grandes îles. Le tiers seulement des petites îles est habité. Les deux grandes îles s'appellent Viti-Lévou et Vanoua-Lévou.

Viti-Lévou (la Grande Viti) a 140 à 150 kilomètres de l'est à l'ouest, avec 40 à 100 du nord au sud, et 1,160,000 hectares. Une lisière de terres à coton et à canne à sucre, large vers le sud-est, très-étroite partout ailleurs, y fait le tour de montagnes volcaniques de 1,000 à 1,500 mètres de haut. **Vanoua-Lévou** (la Grande Terre), au nord-est de Viti-Lévou, est un peu plus longue, mais généralement deux fois moins large, et n'a pas 650,000 hectares. Volcanique elle aussi, elle ne paraît pas lancer dans les nuages de pics aussi élevés que l'île sœur. Elle renferme 25 à 30,000 âmes, Viti-Lévou 40 à 50,000, l'archipel entier 130,000, sur une surface totale de plus de 2 millions d'hectares. Les Blancs sont au nombre de 3000, dont 2500 Anglais, et le reste presque exclusivement Américain.

La brise des mers, les montagnes, l'abondance des rivières rafraîchissent beaucoup le climat de ces îles. La moyenne annuelle sur la côte varie entre 25 et 27 degrés.

Parfois mélangés sur le rivage avec le sang des Polynésiens de Tonga et de Wallis, les Fidjiens sont des Papouas à l'énorme chevelure formant boule ; de loin, on dirait qu'ils portent de hauts turbans noirs. Ils pratiquaient en grand l'anthropophagie, avec un dédain dissimulé pour notre chair civilisée : « la chair des Blancs, disaient-ils, est immangeable à force d'être amère. » Ce cannibalisme avait sa source dans la gourmandise, et non son excuse dans la nécessité, comme chez les sauvages des archipels indigents. Les chefs, lors du « bon temps », y engraissaient des esclaves pour les manger ; ils préféraient les cadavres faisandés ou même en putrescence.

Les missionnaires leur ont à peu près fait perdre l'habitude des banquets de chair humaine et ils ont converti beaucoup de sauvages au christianisme. Néanmoins la majorité des Fidjiens est restée païenne. Les néophytes ont adopté le vêtement européen, et ils n'y ont pas gagné : de nus et propres, les voici sales et couverts de vermine.

La langue fidjienne, d'abord purement papouane, a été si fort influencée par le polynésien des colons qui ont modifié la race du littoral qu'elle a changé de caractère, et se rapproche maintenant de la langue des Tonga.

Les Européens et les Américains des îles Fidji commercent et exploitent le sol, non par eux-mêmes, mais par les bras des indigènes ou à l'aide de travailleurs à gages qu'ils vont chercher dans les Nouvelles-Hébrides, principalement à Tanna, et dans les îles Kingsmill. Le colon chinois ne tardera pas à paraître.

Mbau, sur le rivage oriental de Viti-Lévou, a été jusqu'à l'arrivée des Européens « l'Athènes et la Rome des îles Fidji ».

NOUVELLES-HÉBRIDES. — Au nord-ouest des Fidji, au nord-est de la Nouvelle-Calédonie, les **Nouvelles-Hébrides** vont du 20° au 10° degré de latitude.

Dans ces îles à la fois paludéennes et montueuses, fertiles, sous un climat chaud tempéré par l'air marin, vivent des Papouas à la tête laineuse, à la barbe forte, au caractère doux, excepté dans la guerre, que terminent souvent des festins de cannibales. Les Européens de Queensland, des îles Fidji et de la Nouvelle-Calédonie commencent à utiliser ces sauvages vigoureux dans leurs plantations.

Du sud au nord on trouve **Tanna**, qui entoure un volcan, **Erromango** (5,000 hab.), qui héberge des anthropophages et produit en masse le bois de Santal; **Vaté**, ou **Sandwich** (10,000 hab.); **Mallicolo**, qui a des forêts, de l'eau, une terre généreuse, des insulaires d'une laideur parfaite; **Espiritu-Santo**, la plus grande île de cet archipel auquel on attribue 1,480,000 hectares et 150,000 habitants.

ILES SALOMON. — Les îles Salomon et les îles de Sainte-Croix font ensemble plus de 3,300,000 hectares.

Les Papouas des îles Salomon, sauvages de beaucoup de force et d'agilité, d'une vue perçante et d'un odorat presque canin, sont d'admirables conducteurs de pirogues, de très-grands amis du tatouage et des os ou des anneaux passés dans la cloison du nez et dans le gras de l'oreille. L'archipel va du

12⁰ au 5ᵉ degré de latitude australe ; ses îles montagneuses ont le plus souvent une origine volcanique. Des récifs madréporiques en défendent les abords.

Du sud au nord on rencontre dans ce groupe, que la fraîcheur de la mer et la hauteur des montagnes préserve en partie des ardeurs équatoriales :

San-Christoval, avec un pic de 1,250 mètres ; **Malayta**; **Guadalcanar**, où le pic de Lammas s'élève à 2,450 mètres; **Isabelle**, la plus vaste de toutes; **Choiseul**; **Bougainville**.

Dans l'archipel de Sainte-Croix, qui s'appellerait mieux Archipel de la Pérouse, il y a **Vanikoro** et **Nitendi**, celle-ci la plus grande. Vanikoro, dont les écueils brisèrent les deux vaisseaux de la Pérouse, porte à près de 1,000 mètres de haut sa montagne de Kapogo.

LOUISIADE. — La **Louisiade**, vraie dépendance de la Nouvelle-Guinée, sous le 12ᵉ degré de latitude, se compose d'îles montueuses dont les Papouas, anthropophages nus, ressemblent beaucoup à ceux des îles Salomon par leurs tatouages, leurs coutumes, leur habileté à mener les pirogues. Cet archipel est presque inconnu.

BIRARA ET TOMBARA. — **Birara**, sans le détroit de Dampier, serait une presqu'île montagneuse de la Nouvelle-Guinée. Coupée par le 5ᵉ degré de latitude sud, elle ne peut qu'avoir le climat et la végétation équatoriales, au moins sur la côte. La chaîne de l'intérieur s'élève assez pour que l'air soit froid sur les sommets supérieurs.

Birara, ou la Nouvelle-Bretagne, a près de deux fois et demie l'étendue de **Tombara**, ou la Nouvelle-Irlande. Cette dernière, à son tour, ne serait que la continuation de Birara sans le canal de George. Elle se rapproche de l'Équateur plus que Birara; comme Birara, elle se relève, à l'intérieur, en hautes montagnes boisées portant sur leurs flancs des forêts où croît l'incorruptible bois de tek.

A elles deux, et avec leurs dépendances, ces îles font plus de 4 millions d'hectares; leurs Papouas sont supérieurs à ceux de la grande île voisine.

ARCHIPELS MICRONÉSIENS.

Ces archipels n'occupent pas la millième partie de la mer qu'ils émaillent, et qui a vingt-cinq fois l'étendue de la France. Ils émergent du Grand Océan Pacifique, entre les archipels polynésiens, les archipels des Nègres, les Philippines et le Japon.

Les 200,000 habitants des 600 îles et écueils de la Micronésie sont les plus aimables des insulaires. Aussi loin de l'impudeur de Taïti que du cannibalisme des Polynésiens de la Nouvelle-Zélande et des Papouas des archipels Nègres, ils ont frappé par l'excellence de leur nature les missionnaires eux-mêmes, toujours disposés à chercher dans l'homme ce qu'ils appellent les misérables suites du péché originel. Ils sont fins et bien faits plutôt que grands et robustes, plus bruns que les Polynésiens, avec lesquels ils ont fusionné dans les archipels du sud-est; ils ont une barbe longue, mais peu fournie, de beaux cheveux noirs, et l'on rencontre chez eux de nobles visages. Ils se tatouent. La mer ne leur fait pas peur; dans leurs îles si petites, ils vivent face à face avec l'Océan et se familiarisent dès leurs jeunes ans avec sa colère. Ils manœuvrent leurs pirogues, supérieurement construites, avec une intrépidité, un coup d'œil, une sûreté de mouvements extraordinaires. Leurs idiomes, influencés par le polynésien dans les groupes orientaux, ont moins de mollesse que les dialectes de ce dernier langage, et ils ne manquent pas de consonnes dures et de sifflantes. Les missionnaires ont converti beaucoup de Micronésiens à leurs diverses sectes chrétiennes.

Les **îles Ellice** (44,000 hectares, 1,700 hab.) s'égrènent à portée des îles Fidji et des îles Samoa, du 10ᵉ au 6ᵉ degré de latitude antarctique.

L'Archipel des Mulgrave (52,000 hab.), aussi nommé **îles Gilbert** ou **îles Kingsmill**, est coupé par l'Équateur. Il comprend 66,000 hectares, en 17 îles. Toute cette population descend des insulaires de **Tarawa**, l'une des terres les plus considérables de l'archipel. Tarawa, elle-même, avait été peuplée par le mélange d'immigrants Carolins avec des femmes des Samoa.

L'Archipel de Marshall (10,000 hab.), **îles Ralik** et **îles Radak**, se groupe au nord et au sud du 10ᵉ degré de latitude boréale. Il fournit, ainsi que les Kingsmill, des travailleurs à gage aux planteurs anglais de Queensland et des îles Fidji. Son aire totale est d'un peu moins de 200,000 hectares.

Les **îles Carolines** et **Palaos**, toutes réclamées par l'Espagne, mais non toutes soumises, parsèment la mer sur une grande longueur, entre le 5ᵉ et le 10ᵉ degré au nord de la ligne équatoriale. De la première à l'ouest jusqu'à la dernière à l'est, il y a près de 2,500 kilomètres. Elles sont de deux sortes : les unes montagneuses, les autres plates et reposant sur le corail. Malgré la latitude, les 24,000 habitants qui peuplent les 226,000 hectares des Carolines vivent sous un climat supportable, tant la terre ici est petite, tant la mer est grande. Ce sont les premiers canotiers du monde. Le type polynésien, le type nègre, le type jaune modifié apparaissent également dans les Carolines, qui forment une des trente-cinq provinces du gouvernement des Philippines.

Les **îles Marianes**, ou **des Larrons** (110,000 hectares), appartiennent aussi aux Espagnols depuis 1566. Le gouverneur réside sur la plus grande, **Guam**. Ce groupe, montueux et volcanique, s'allonge du 10ᵉ au 20ᵉ degré boréal, sous un climat qui n'accable point. Ses 6,000 habitants (100,000, lors de la découverte par Magellan en 1521 : 44,000 d'après d'autres) descendent du croisement des familles indigènes épargnées par les conquérants avec des Espagnols du Mexique et des Philippines.

AFRIQUE

L'Afrique tient à l'Asie et à la masse de l'ancien continent par une langue de terre de 110 à 120 kilomètres de large, l'isthme sablonneux de Suez, qui va des alluvions du Nil inférieur aux dunes et aux rochers de l'Arabie.

L'isthme de Suez est traversé du nord au sud par un canal de grande navigation qui a fait, à la rigueur, de l'Afrique une île nouvelle, et sur lequel se croisent, de la Méditerranée à la mer Rouge, les vaisseaux trafiquant entre l'Europe et la mer des Indes. A l'extrémité opposée de la mer Rouge, l'Afrique touche presque une seconde fois l'Arabie, dont la sépare seulement un chenal étroit, le canal de Bab-el-Mandeb, commandé par l'île de Perim, forteresse anglaise. Par Périm, qui fait la loi sur l'entrée de la mer Rouge, par le rocher britannique de Gibraltar, qui fait la loi sur l'entrée de la Méditerranée, les Anglais tiennent donc sous leur canon tous les navires se dirigeant vers le plus beau lac intérieur du monde ou voulant en sortir.

Ainsi, au nord la mer Méditerranée, vis-à-vis des plus charmants rivages de l'Europe, au nord, est la mer Rouge, en face des monts pelés d'Arabie. A l'est, la mer des Indes, avec sa grande île de Madagascar. A l'ouest, du cap de Bonne-Espérance au détroit de Gibraltar, l'Océan Atlantique, bordé sur la rive opposée par les deux Amérique.

Du cap Bon, d'où l'on voit la Sicile en temps clair, ou du cap Blanc au cap de Bonne-Espérance, qui regarde vers le pôle Austral, l'Afrique a une longueur de plus de 8,000 kilomètres. Du cap Vert, tourné du côté de l'Amérique, au cap Guardafui, tourné vers la plage indoue de Bombay, il y a 7,500 kilomètres. Le pourtour du rivage approche de 27,000 kilomètres, moins que l'Europe, bien que l'Europe soit plus de trois fois moindre.

La surface de la masse entière, îles comprises, fait cinquante-cinq fois l'aire de la France, environ trois milliards d'hectares, dont trois cent trente-cinq millions sont encore absolument inconnus.

La population réelle n'est connue de personne. Et comment le serait-elle, puisque nul voyageur, nul savant, nul trafiquant d'Europe n'a parcouru la partie centrale, vraisemblablement terre haute, salubre, fertile et grandement habitée? Ceux qui n'accordent pas à l'Afrique plus de cent, ou même de cinquante millions d'habitants, se laissent tromper par l'immensité des déserts du nord et l'aridité des plateaux du Cap. D'autre part, la densité de population dans le Soudan, dans la Guinée, dans certaines zones côtières, sur certains bords de fleuves, et surtout l'énorme déperdition que l'Afrique a soufferte sans épuisement pendant les trois siècles de la traite des Noirs, ont porté d'autres géographes à s'exagérer le nombre des Africains. Souvent, et en Afrique comme ailleurs, derrière des campagnes grasses commencent des fonds maigres adossés à des parois sèches et nues, à des croupes sans habitants, à des plateaux sans pluie et sans verdure. Quant à la perte infligée par l'exportation des esclaves, la nature recomble vite par les naissances ce que la mort avait désempli. C'est principalement en matière de vie humaine que l'on peut dire que la nature a horreur du vide, témoin l'Europe : les pays qui émigrent le plus sont ceux où la population monte le plus rapidement. Les livres de Gotha, qui font autorité, donnent à l'Afrique 188 millions d'habitants, 5 fois la France.

L'Afrique est massive. Les îles, les fortes presqu'îles, les golfes pénétrants lui manquent. Les grands fleuves navigables lui manquent aussi; or, ces fleuves sont comme golfes infiniment allongés et rétrécis, continuant les estuaires salés et mettant le centre des continents en communication avec la mer. A ces traits d'organisation grossière, elle a le malheur d'en ajouter deux autres plus funestes: elle est traversée d'outre en outre, de l'Atlantique à la mer Rouge, par le plus torride et le plus vaste désert de la terre, et elle est assise sur l'Équateur dont s'éloignent à peu près également Alger, la maîtresse ville du Nord, et le Cap, la maîtresse ville du Sud. Par l'influence de cet immense désert, le Sahara, que coupe vers le 20ᵉ degré l'équateur thermique de la terre, et par la situation de sa masse principale entre les Tropiques, l'Afrique est la partie du monde la plus chaude et la plus réfractaire aux Européens, sans lesquels il n'y a guère qu'indolence et barbarie dans les pays du soleil.

En tout supérieure à l'Australie, par l'étendue, par la proportion des terres tempérées et fécondes, par la hauteur des montagnes et la puissance des fleuves, l'Afrique cède le pas à l'Europe, à l'Amérique, à l'Asie, mais elle a sur cette dernière un avantage énorme : les hauts plateaux sans eau, à fonds aréneux ou salés, tour à tour gelés ou brûlants, enlèvent en Asie d'immenses espaces à la culture ; le « Toit du Monde » est à la fois stérile comme le Sahara et répulsif comme la Sibérie sur de très-vastes étendues. En Afrique, au contraire, le « Toit du Continent », les plateaux qui couvrent plus de la moitié de l'aire totale forment un ensemble de régions la plupart tempérées et fertiles. Ce n'est pas là que la végétation tropicale remplit les forêts et les marais de merveilles, mais l'homme y trouve un séjour commode et sain, sous un soleil plus débonnaire. Les hautes plaines, qui sont l'embarras de l'Asie, font la force et la valeur de l'Afrique.

Que d'Alger un voyageur tire sur l'Afrique centrale, il passera par les mêmes alternatives que celui qui, débarquant à Smyrne, se dirige vers le plateau central d'Asie. Il parcourra d'abord un pays de montagnes, la Berbérie, semblable par son relief, son climat, sa nature, aux terres hautes de l'Asie Mineure. De la Berbérie, il descendra dans le Sahara, désert de sables, de roches, de lacs salés qu'un ciel de feu pompe incessamment, mais il n'en verse point les eaux en pluies sur les bassins altérés des torrents. Ce Sahara d'Afrique se retrouve au pied de l'Asie Mineure, dans les sables syro-arabiques, et, toute altitude à part, dans le triste plateau d'Iran. Au delà du Sahara, après une zone exubérante, les terres se bombent, et le plateau central commence, comme en Asie le « Toit du monde » s'élève au-dessus des superbes vallées du Sir et de l'Amou.

Entre la belle Méditerranée, bleue et tiède au nord et le Sahara, jaune, rouge, blanc, sec et enflammé au sud, s'allonge, sur le dos de l'Atlas, une région plutôt fécondée que flétrie par le soleil, la Berbérie, plateau séparé du plateau plus petit de Barkah par les vagues de sable que projette le Grand Désert à la rencontre du flot marin. Ce fut une île quand le Sahara logeait une mer dans sa conque. C'est une île encore par son isolement du reste des terres habitables du continent auquel de nos jours elle se rattache. Son nom de Berbérie lui vient des Berbères ou Kabyles, race connue pour l'avoir habitée de tout temps depuis le commencement de l'ère historique ; refoulée par les Arabes, cette race peuple encore la montagne et reconquiert par le travail la plaine et la vallée. On appelle aussi la Berbérie, Atlantide, soit en souvenir de la grande terre inconnue dont a parlé Platon, soit parce que sa grande et unique chaîne est l'Atlas. Rien ne s'opposerait à ce qu'on la nommât l'Afrique Mineure, par analogie avec l'Asie Mineure. C'est, d'ailleurs, à un district de cette région que s'appliqua d'abord le nom d'Afrique, nom qui de proche en proche gagna tout le continent. Récemment, aux Berbères et aux Arabes de la région se sont ajoutés des colons français, dans l'Algérie, centre de l'Afrique Mineure. Après quarante ans d'épreuve, leur race, solidement implantée, grandit d'elle-même et semble destinée à se répandre aussi sur l'ouest et l'est de la contrée, sur le Maroc et la Tunisie, peut-être même à commander à tout le nord du continent. Mais il faudra beaucoup de temps, d'esprit de suite et d'énergie.

L'Atlas passait chez les anciens pour la montagne la plus sublime de l'univers, et, d'après les poëtes, il soutenait sur ses épaules la voûte de cristal du ciel. Aujourd'hui déchu de sa mythologique hauteur, il n'en reste pas moins une chaîne, ou plutôt un ensemble de massifs fort important ; les plateaux qu'il forme compensent par leur élévation leur latitude méridionale ; ils sont par leur climat, leur flore, leur aspect, par toute leur nature sèche plus qu'aride, un appendice transmaritime de l'Europe du Sud, et cela jusqu'à la dernière arête des monts du midi, au delà desquels tout change sous l'influence du foyer de chaleur du Sahara. Seulement, il faut bien le dire, l'Atlas ne s'élève pas assez haut pour protéger absolument la Berbérie des vents incandescents du sud. L'Algérie, le Maroc,

Tunis, reçoivent de la fournaise saharienne le sirocco qui brûle et les sauterelles qui dévorent : d'où les famines qui déciment, et dont la colonisation française finira par triompher en boisant la montagne et le plateau et en emmagasinant à l'issue des gorges l'eau des torrents derrière des barrages-réservoirs. Le pic culminant connu de l'Atlas, le Miltsin (3,500 mètres), au sud de Maroc, est à peine plus haut que la Maladetta des Pyrénées.

Cette contrée a pris quelque part à l'histoire du monde. Sous le prête-nom de Carthage, dont ils étaient les mercenaires, les Berbères promenèrent au loin une civilisation commerciale et utilitaire; leur bravoure, appuyée sur le génie d'Annibal, faillit vaincre Rome. Soumis plus tard aux Romains, ils firent des plateaux de leur Atlas le grenier de l'Italie. Sous les Arabes, dont ils adoptèrent la religion, tout en gardant leur langue et leurs traditions, ils concoururent aux conquêtes de l'Islam; peut-être y avait-il plus d'Africains du Nord que d'Arabes dans les armées qui domptèrent l'Espagne et allèrent se faire écraser par les Francs sur la marche du Poitou et de la Touraine. Du côté du nord, la civilisation de Tolède, de Cordoue, de Séville, de Grenade, fut due tout entière à des fils de l'Afrique Mineure, Arabes ou Berbères; du côté du sud, par leurs migrations demi-armées, demi-pacifiques, le Mahométisme a pris pied, au delà du Sahara, dans le septentrion du Pays des Noirs, au Sénégal et au Soudan, d'où il menace de conquérir l'Afrique.

Au midi de l'Afrique Mineure et du plateau de Barkah, le Sahara déroule de l'Atlantique à la mer Rouge, de l'Atlas au Soudan, ses déserts longs de 5,000 kilomètres, larges de 1,000 à 2.000, vastes comme les deux tiers de l'Europe. Des oasis, tantôt isolées, tantôt alignées ou groupées en archipels dans les dépressions humides, permettent de franchir le *Pays de la Peur*; ainsi l'ont nommé les Arabes, tant par terreur du Sahara lui-même, de son soleil, de son simoun, de ses fonts taris, que par crainte des bandits touaregs épiant la marche des voyageurs. Malgré leur poétique renom, les oasis, souvent mal arrosées par des sources noyées dans le sable, ont rarement la beauté que leur prêtent les chantres de l'Orient, et quand les eaux d'irrigation y abondent, elles y deviennent pestilentielles. Néanmoins ces jardins du désert plairont toujours par le contraste de leur fraîcheur avec la sécheresse de l'aire brûlée qui les environne, par l'éventail de leurs forêts de palmiers, par la silhouette de leurs ksours à moitié ruinés, blanchis à la chaux, et souvent par le profil étrange des roches qui les abritent, phares indicateurs sur cette vague étendue. Quand un pic ne guide pas la caravane, elle se dirige comme elle peut, par le soleil, les étoiles, une certaine prescience du terrain et aussi par les amas d'os blancs, jadis hommes ou chameaux, qui sont comme les bornes kilométriques, de ce grand chemin du Midi. Une terre pareille n'a jamais regorgé d'habitants; dans les oasis de l'ouest et du centre vivent des Arabes et des Berbères, purs ou mêlés entre eux ; des Touaregs, Berbères aussi, courent de source à source sur leurs méharis, chameaux rapides; à l'est habitent des tribus noires à demi transformées par le sang berbère.

A l'orient du Sahara, la vallée du Nil forme un accident d'eau et de fraîcheur sur cette immensité désolante. Cette vallée, l'Égypte, magnifique par elle-même et par l'horreur de ce qui l'entoure, fut dans l'antiquité le siége d'une civilisation puissante, point de départ des étapes connues de l'humanité. Ce fut en même temps — elle le redevient — la route de l'Afrique centrale et l'un des pays où les races blanches se mêlaient aux races noires.

Le Sahara et le Soudan, ou Terre des Nègres, se rencontrent en général vers le dix-septième degré de latitude, sur la ligne séparant la zone des pluies tropicales de la zone où il pleut très-peu. De Saint-Louis du Sénégal à la mer Rouge, pendant 5,000 kilomètres, la richesse côtoie l'indigence. Au nord un brasier, au sud une région humide et chaude, qui est à la fois forêt, pâturage, campagne et parterre, le Soudan, où se pressent de populeuses nations noires ou très-bronzées, modifiées par quelque mélange de sang arabe et par l'adoption de l'Islam. Un large fleuve, le Niger ; un bassin sans profondeur, le lac Tchad, tantôt lac, tantôt lagune, tantôt marais, reçoivent les rivières de cette vaste contrée.

Entre la mer Atlantique et les montagnes où puise le haut

Niger et que le bas Niger éventre avant d'aller s'ensevelir dans les marécages de son delta, la Sénégambie et la Guinée, terres des Noirs, bien arrosées, ensoleillées, très-fécondes, grandement peuplées, renferment d'immenses éléments de prospérité ; mais, pour leur malheur, elles étalent leurs vallées grasses et les alluvions de leurs côtes sous un climat où le Blanc se réduit à rien et meurt, tandis que le Nègre s'y trouve à l'aise et s'y multiplie.

Hors la lisière riveraine de l'Atlantique et de la mer des Indes, le reste de l'Afrique constitue un plateau, le Plateau Équatorial. Il se nomme ainsi de ce que la masse de ses terres gravite autour de l'Équateur, près duquel naissent sans doute, moins le Niger, tous les grands fleuves africains, le Nil, l'Ogowai, le Congo, le Zambèze.

Les supports du plateau, monts étagés de 2,000, 3,000, 4,000 mètres et plus de hauteur, nous sont inconnus sur presque tout le pourtour. Totalement ignorés au nord, ils le sont moins à l'ouest et à l'est, derrière les comptoirs portugais, et surtout dans le sud, colonisé depuis longtemps par des Hollandais, des réfugiés de l'Édit de Nantes et des Anglais. Non loin de la côte orientale, les rayons équatoriaux font luire les casques de neige du Kénia, volcan actif, et du Kilimandjaro, sources possibles du Nil. Le Kilimandjaro, que fouette presque tous les jours la pluie pendant dix mois, monte à 6,116 mètres. Sauf découvertes ultérieures, c'est le géant africain. Les monts où il surémine pourront ravir à l'Abyssinie son surnom de Suisse d'Afrique ; mais, par ses beautés naturelles, par ses pics volcaniques, ses lacs, anciens cratères, ses torrents bleus, l'Abyssinie restera toujours une contrée admirable. Située au-dessus de la porte de la mer Rouge, en face de l'Arabie, elle entretient sur ses froids plateaux un peuple mêlé, au teint noir, mais aux traits nobles.

Par sa forme triangulaire, le plateau équatorial d'Afrique ressemble à l'Inde méridionale, au plateau du Décan. Comme le Décan, il tombe au nord sur des basses terres, le Soudan central, analogue aux vallées de l'Indus et du Gange. Plus vaste que l'Europe, le plateau d'Afrique se compose de plaines élevées de 900 à 1,500 mètres, et sillonnées de collines et de montagnes. Peut-être les découvertes à faire changeront-elles quelques traits du tableau. Ces plaines, jusqu'à présent, semblent être plus généralement fertiles, pluvieuses et densément habitées que stériles, sans pluies et sans hommes. Elles sont marécageuses et mauvaises aux Blancs le long des rivières et semées de grands lacs dont les explorations de Rebman, de Livingstone, de Burton, de Speke, de Grant et de Baker nous ont fait entrevoir les premiers linéaments. Il y coule de gros fleuves, amaigris tous les ans par sept mois de sécheresse, renforcés par cinq mois de rafales ; le plus puissant s'appelle Zambèze : sa cascade de Mosioatounya, la « fumée tonnante », a détrôné le Niagara par sa hauteur, sa largeur, son originalité inouïe.

Dans les districts arrosés de l'Afrique torride, le long des eaux surtout, la vie végétale et la vie animale acquièrent une intensité et une force qu'elles ont rarement ailleurs ; là se forme avec les siècles le baobab, le plus massif des abres ; là, dans les fourrés où glisse le boa, le plus allongé des serpents, passent en faisant onduler les hautes herbes, en courbant et en cassant les branches, l'éléphant et le rhinocéros, géants des quadrupèdes, l'hippopotame, géant des amphibies ; là rugissent des lions plus forts que ceux de l'Asie ; là se vautre le crocodile, plus grand que l'alligator d'Amérique ; là pullule le Nègre, race athlétique, résistante et féconde. Dans l'Afrique tropicale, patrie des gazelles et des girafes, le beau et laid prennent des proportions également colossales.

A l'exception du Cap, de la Cafrerie, de Natal et des républiques hollandaises d'Orange et de Transvaal, à part aussi les quelques Portugais des rivages d'Angola, de Benguela, de Sofala, du Mozambique, l'Afrique, au sud d'une ligne tracée de Saint-Louis du Sénégal à la mer Rouge, est habitée par des Nègres et des Négroïdes ou Cuivrés, hommes puérils qui naissent et qui passent, qui errent et qui chassent, et n'ont pas d'histoire. Les Cuivrés, qu'on peut réunir en partie sous le nom de Cafres, vivent surtout dans l'Afrique équatoriale ; en tout ils sont supérieurs aux Nègres. Ces derniers font la majorité dans le Soudan, le Sénégal et la Guinée, régions où se trouvent aussi des Négroïdes, tels que les Foulahs, qui dominent sur les populations noires qui les environnent.

Les marais, la fièvre, l'ardeur du soleil, les bois fourrés, les monts inviables défendent en vain l'Afrique des Noirs. Ses peuples enfantins luttent pour l'existence contre deux pouvoirs plus grands que le leur, le prosélytisme musulman et la colonisation européenne.

Le prosélytisme musulman ne fait point de mal par lui-même à l'Afrique sauvage. L'Islam dépasse autant le fétichisme nègre que la beauté du visage arabe l'emporte sur la laideur du véritable homme d'ébène. Le Noir gagne à devenir mahométan et à mêler son sang à celui de ses convertisseurs bronze-clair. Par malheur, les faiseurs de razzias, les trafiquants de chair couleur de suie, les acheteurs et voleurs d'enfants, les entrepreneurs en eunuques accompagnent les prédicants et les guerriers arabes. Presque tous sont Arabes ou Turcs ; beaucoup sont des chrétiens d'Abyssinie. Peu, mais encore trop, sont des enfants de l'Europe, de toutes nationalités : des Maltais surtout, gens à vrai dire presque Arabes par le langage.

Le mal que ces pourvoyeurs de l'esclavage, de l'émasculation, du harem et de la mort font à l'inoffensive Afrique noire passe toute croyance. Le seul empire égyptien, que la France se vantait d'avoir plus que tout autre peuple d'Europe amené à ce que nous appelons civilisation, importe annuellement 70,000 Noirs, le quart de ce qui a été arraché aux pays de provenance : les blessures dans la razzia, les traitements barbares, la fatigue et la fièvre enlèvent les trois autres quarts des victimes. Une partie de l'Afrique centrale perd donc par le fait d'un seul pays prétendu policé, et avec l'aide des « civilisateurs européens » dont nous avons la voix pleine, environ 350,000 de ses fils tous les ans. Avec ce que consomment l'Arabie, la Berbérie, le Sahara, les traitants d'Europe encore à l'affût dans l'écheveau des deltas au compte des planteurs européens de l'Amérique, combien les Nègres et les Cuivrés payent-ils au Minotaure ? Il est vrai que les Musulmans ont besoin de femmes, d'esclaves, de portefaix, de soldats et d'eunuques, et les Européens des tropiques réclament des bras pour le coton, la canne à sucre, le café, les métiers durs ou répugnants, la domesticité et les mines.

La colonisation européenne ne peut prétendre à s'emparer de l'Afrique noire en entier; tout au plus doit-elle espérer de couvrir les hauts plateaux. Par leur climat terrible, par leurs fièvres mortelles, les rivages et les grandes plaines basses lui échapperont toujours. Les Nègres et les Négroïdes ne disparaîtront pas comme d'autres races devant l'Européen.

Pourvu qu'ils ne périssent pas de leurs propres excès. Ils se détruisent d'eux-mêmes. Guerres, massacres, l'impassibilité dans le mal, l'enfantillage et la cruauté, tel fut ici le passé, tel est le présent dont l'Europe devrait réparer les plaies. Le siècle dernier vit un roitelet riverain du Niger bâtir les murs de Ségo dans un fossé plein du sang de 60,000 esclaves, égorgés pour obéir à une prophétie ténébreuse. De nos jours encore le monarque du Dahomey, et d'autres avec lui, ont pour premier article de leur charte : « Le roi naît, vit et meurt dans le sang de ses sujets. » Le mépris de la vie de l'homme et le bourreau à la place de la loi dominent toute l'histoire de l'Afrique trans-saharienne.

Puisque l'Européen ne peut lutter contre le climat du pays des Noirs, ni prendre violemment la place du Nègre par des injustices pareilles à celles qui lui ont valu l'Amérique, l'Australie et les îles de la mer du Sud, il lui reste à relever les Africains, si jamais ils furent supérieurs à ce qu'ils sont, à les élever si leur nature s'y prête, à les fondre dans son sang, si un courant de sympathie physique s'établit entre les deux races.

ÉGYPTE.

L'Égypte est le nœud de l'ancien continent. Par l'isthme de Suez elle attache l'Afrique à l'Asie, elle est proche de l'Europe et a sa part de la mer Intérieure qui baigne Barcelone, Marseille, Livourne, Trieste et Constantinople. L'isthme de Suez percé, elle devient la grande route entre l'Orient et l'Occident.

ÉGYPTE.

L'Égypte mit au monde le premier peuple civilisé dont notre courte mémoire se souvienne. L'Afrique, maintenant la moins policée des cinq parties du monde, eut son ère de supériorité. Née probablement d'une fusion entre des immigrations arabes et des populations éthiopiennes, négroïdes ou noires, la vieille nation égyptienne instruisit la Grèce, et par la Grèce l'humanité. Par ses mœurs, ses institutions, son architecture grandiose dans sa barbarie, par les conditions spéciales que lui fait son fleuve nourricier, elle demeura longtemps un monde à part, qui n'était ni l'Afrique ni l'Asie, et qui cachait ce qu'il tenait de l'une et de l'autre sous une physionomie originale. Vers le quatrième siècle avant notre ère, la Grèce intervint dans ce petit univers. Alexandrie hérita d'Athènes, puis devint la première ville commerçante de la terre et la seconde cité de l'empire romain. A la suite de la conquête arabe, la vallée du Nil inférieur ne fut plus qu'une des provinces de la demi-barbarie, et elle resta telle sous la domination des Ottomans. Aujourd'hui que le percement de l'isthme a fait de la Basse-Égypte le rendez-vous des navires de l'Europe et de l'Inde, que les Français, les Anglais, les Italiens, les Grecs, les Allemands s'y portent par milliers avec leurs industries, leurs spéculations, leur argent, la terre des sphinx, des obélisques, des hiéroglyphes, des nécropoles et des pyramides entre dans le tourbillon moderne. Là plus qu'en Arabie, plus que dans l'Afrique Mineure destinée à se faire française, les Arabes peuvent tenter de se conserver, de se reformer et de s'instruire, si toutefois l'Arabe peut se civiliser dans le sens européen du mot.

Politiquement, l'Égypte, agrandie par Méhémet-Ali et Ibrahim-Pacha, embrasse dans ses limites l'Égypte propre, la Nubie, le Sennaar et le Kordofan : en tout 170 millions d'hectares, 3 fois la France, et 7,500,000 habitants. Elle obéit à un vice-roi, despote qui paie tribut au sultan de Constantinople.

ÉGYPTE PROPRE.

L'Égypte propre a les mêmes bornes, la même étendue que l'Égypte antique, 40 millions d'hectares, dont 2,228,000 pour le Delta et 1,100,000, pour la vallée du Nil, seuls espaces cultivables. Le reste du pays, jusqu'à la mer Rouge et au grand désert de Libye, n'est que sables et roches. Sur les 3,328,000 hectares labourables, les cultures actuelles en prennent 2,100,000 environ.

L'Égypte est appelée Mesr par les Arabes, ses maîtres, Chami par les Coptes, ses autochthones. Toute l'Égypte est dans le Nil. Elle ne vit que de lui. A lui seul elle doit d'être une terre utile, historique, au sein de déserts sans histoire, funestes à l'Afrique par leurs vents desséchants. Hors de la vallée du fleuve, large de 7 à 22 kilomètres, la vie cesse avec l'eau, excepté dans quelques maigres oasis ; les vallons des oueds (ruisseaux) ne roulent que du sable et des rochers vers le Nil, vers le désert, vers la mer Rouge, celle-ci séparée du « père de l'Égypte » par des montagnes chauves de 18 à 1,900 mètres aux pics culminants.

Le Nil, vert s'il n'est trouble, quitte la Nubie pour l'Égypte un peu au nord du tropique du Cancer, à Assouan, la Syène antique, au-dessous d'une cataracte entre des rochers de granit, la dernière des chutes et des rapides nombreux du fleuve. En ces lieux, le Nil a 6 à 700 mètres de large, par 100 mètres d'altitude. Son cours, dirigé au nord, est en Égypte d'environ 1,100 kilomètres ; son débit à l'étiage est de 600 mètres cubes par seconde, guère plus que le Rhône ; son volume moyen est de 3,682, ou même seulement de 2,908 mètres par seconde (Rhône, 6,203 mètres) ; son débit de crue (13,400 mètres) dépasse un peu celui du Rhône (12,000 mètres). Ainsi les deux fleuves sont presque d'égale force, or le Rhône draine moins de dix million' d'hectares, tandis que le Nil emporte les eaux de plus de 300 millions d'hectares, six fois la France. Dans sa vallée inférieure, le fleuve se maintient par les apports d'affluents souterrains, mais il ne reçoit pas un seul tributaire visible d'Assouan à la mer, pas même une source — il n'y a, dit-on, qu'une fontaine en Égypte, à Héliopolis, — et il perd beaucoup en saignées pour l'irrigation des terres, l'alimentation des villes et la fraîcheur des palais.

La vallée ne change pas d'un bout à l'autre de l'Égypte. A chaque détour en aval on retrouve les images d'amont : les mêmes eaux, sales ou pures suivant la saison ; dans ces eaux, des crocodiles ; sur les bords, d'innombrables oiseaux nourris par la graine des moissons et le poisson des débordements ; toujours les mêmes villages d'argile et de brique grisâtre cuite au soleil ; les mêmes marabouts et les mêmes cultures, riz, céréales, indigo, coton, prairies ; les mêmes palmiers dans le même ciel implacablement lumineux. Seules, les roches de la chaîne arabique à droite, de la chaîne libyque à gauche, si elles gardent la même hauteur, changent de nature et d'aspect : de granit rose près d'Assouan, elles sont ensuite de grès, puis de calcaire. Après avoir erré comme au fond d'un corridor bordé de temples et de palais écroulés, de colonnes, de sphinx, de parois où sont étagées des grottes à momies, après Thèbes aux cent portes, qui couvrait 20,000 hectares de ses monuments gigantesques, après Tentyris, Ptolémaïs, Antinoë, Memphis, les villes d'autrefois, après le Caire, la capitale d'aujourd'hui, presque à l'ombre des Pyramides, le Nil se bifurque pour enserrer son fameux delta.

Le delta du Nil, le premier auquel le nom de delta ait été appliqué, est la Flandre, la Hollande, et mieux encore la Camargue africaine : un domaine d'eaux douces, courantes ou stagnantes, de lacs amers, d'alluvions créatrices, un jardin ; mais ses épis et ses arbres grandissent dans un air paludéen, et sous le dur soleil du 32e degré la fièvre des marais sort souvent de la boue échauffée des bras morts. Le Nil tombait jadis par sept branches dans la Méditerranée, où ses eaux vertes ou chargées gardent un instant leur couleur au sein des flots bleu d'azur. De nos jours, deux branches seulement coulent encore, la branche de Rosette, et la branche de Damiette, qui s'ensable et diminue.

Le delta du Nil ne gagne annuellement que 30 hectares sur

la mer, le fleuve déposant presque tous ses limons dans les campagnes de la vallée, dont le niveau se hausse de 9 centimètres par cent ans. Au-dessus de la fourche du Nil, le sol de la vallée fait des apports du fleuve, et du sable fin, qui souffle du désert, ne le cède pas en fécondité aux terreaux du delta. L'abondance des récoltes dépend de la hauteur de la crue du Nil ; entre quinze et vingt pieds de crue, la moisson est magnifique ; de dix à quinze, de vingt à vingt-quatre, elle est médiocre, décidément mauvaise au-dessous de dix et au-dessus de vingt-quatre. Le fleuve commence à gonfler, à l'entrée de l'Égypte, dans la seconde quinzaine du mois de juin, il croît jusqu'au 21 septembre, puis diminue jusqu'en mai ; alors il est à l'étiage.

Ainsi le pays change de face incessamment : il est lac dans les grandes eaux, parterre après la décroissance, aire brûlante et poussiéreuse dans les fortes chaleurs. Le ciel, lui, varie peu ; presque toujours serein, avare de flocons de nuées et plus encore d'orages, il verse sur l'Égypte un éternel été sec auquel on s'accommode mieux qu'aux étés chauds humides et orageux de certaines régions du Tropique et de l'Équateur. La température n'est insupportable en Égypte qu'aux heures où souffle le formidable *khamsin* (sirocco), dont le nom vient du mot arabe *khoms* (cinq), parce que ce vent est censé durer cinq jours. Quand il remplit l'air de ses haleines ardentes et de sa fine poussière, la chaleur étourdit, irrite, suffoque et accable ; dans ces heures terribles, la fournaise est partout, dehors, dedans, dans l'eau du fleuve : « alors, dit un poëte, les crocodiles, demi-cuits dans leur carapace, se pâment avec des sanglots. » Il pleut très-peu sur l'Égypte. Alexandrie, voisine de la mer et des étendues d'eau du Delta, ne reçoit par an que 17 centimètres de pluie, presque cent fois moins que certains versants indous.

Ce n'est plus le temps où 10 à 15 millions d'hommes, d'autres disent 20 à 27, fourmillaient dans l'étroite vallée, le long d'un fleuve qui coulait dans une avenue de palais, entre deux haies de statues monstrueuses. La population du jour ne dépasse guère 5 millions d'hommes, vivant, il faut se le rappeler, sur un peu plus de 3 millions d'hectares, le reste étant terre saharienne vide, hormis dans les rares oasis et sous les tentes de quelques ravines. La grande masse des Égyptiens se compose de fellahs, laboureurs d'origine arabe, tantôt purs, tantôt mêlés d'éléments noirs ou coptes. Les Coptes, au nombre de 200,000, la plupart citadins et tous chrétiens de forme, descendent, avec plus ou moins de croisements, des anciens Égyptiens. Leur type, oscillant entre le type de l'homme blanc et celui du Négroïde, mais plus voisin du premier que du second, reproduit assez fidèlement la physionomie des morts embaumés qui remplissent les cavernes funéraires des rochers du fleuve. Les Turcs, anciens dominateurs du pays, s'alliaient aux femmes arabes et à des esclaves importées du Caucase; on en compte 300,000. Les Arabes nomades, ou Bédouins, sont, paraît-il, 100,000 environ. Les Européens, surtout les Italiens et les Français du Midi, gagnent rapidement en nombre à Alexandrie, au Caire, à Port-Saïd, à Suez, sur le trajet du canal de l'isthme. Ils sont maintenant 85,000, mais leur accroissement provient d'une immigration active, non de la supériorité des naissances sur les décès. L'Égypte dévore les étrangers qu'elle attire. Si tous ceux qu'elle a tués par son soleil et ses fièvres avaient été momifiés, ses immenses nécropoles ne les contiendraient pas et le mort envahirait la maison du vivant. Les enfants des Européens et des Turcs succombent presque tous avant de devenir des hommes. Les Arabes se maintiennent et même s'accroissent par l'excédant des naissances sur les décès, et par la constante arrivée d'esclaves amenés du midi : 70,000 Nègres ou Gallas, razziés, achetés, volés, renforcent annuellement l'empire égyptien. Que cette importation continue, et les femmes noires ou bronzées transformeront la race arabe en Égypte, comme elles le font dans l'Arabie même.

Les Arabes formant la majorité en Égypte, l'islamisme est la religion générale, l'arabe la langue usuelle.

La résidence du vice-roi, **le Caire**, porte en arabe le nom de *Mesr-el-Cāhirah*, la victorieuse. Elle marche à la tête de toutes les villes arabes et africaines par sa population de 315,000 habitants, dont 20,000 Européens. A 1,800 mètres du Nil, sur lequel **Boulak** est son port, elle adosse à la colline de

Mokattam (200 mèt.) la masse de ses ruelles sans pavés, ses 400 mosquées à minarets, ses jardins, ses palmiers, ses cyprès. On dit la mosquée du sultan Hassan supérieure à l'Alhambra lui-même. Le Caire est peu éloigné des Pyramides, d'où plus de quarante siècles contemplent la misère des fellahs, non loin de Memphis, qui fut la rivale de Thèbes et qui plus que Thèbes a perdu ses palais, ses temples et ses tombeaux.

Alexandrie (240,000 hab.), à l'embouchure du canal de Mahmoudieh, dérivé du Nil, sur une île et sur des dunes littorales, près du lac Maréotis, regagne par le commerce une partie de son ancienne importance. Il y eut un moment où elle ne reconnaissait dans tout l'empire romain de rivale que Rome et la dépassait dans les travaux de l'intelligence. Cité en apparence aussi occidentale qu'arabe, elle loge près de 55,000 Européens.

Trois villes mi-européennes mi-arabes, villes d'avenir, bordent le canal de Suez : **Port-Saïd**, sur la Méditerranée ; **Ismaïlia**, sur un des lacs salés qu'utilise le canal ; **Suez**, sur la mer Rouge, dans une contrée brûlée, que vivifie un canal dérivé du Nil.

Des oasis égyptiennes, la plus fameuse jadis, l'oasis de Jupiter-Ammon, s'appelle aujourd'hui **Siouah**. La dépression qu'elle occupe est inférieure au niveau marin. Ses habitants sont de race berbère.

En remontant le Nil, l'Égypte a étendu sa domination sur la Nubie, le Sennaar et le Kordofan : en tout 130 millions d'hectares et 2,500,000 habitants.

La **NUBIE** a tiré son nom de son peuple autochthone, les Nouba. C'est la continuation exacte de l'Égypte : à l'ouest, le désert libyen avec quelques oasis ; à l'est, le désert encore, avec des montagnes dépassant par quelques pics l'altitude de 2,000 mètres ; au delà de ces monts, la mer Rouge.

Au sein de ce désert, solitude affreuse qui s'appelle aussi bien désert de Korosko ou désert de Bayouda, que Bahr-Bela-Ma (Mer sans eau), la vallée du Nil constitue toute la terre nubienne habitable. De même qu'en Égypte, c'est une féconde oasis allongée, mais généralement plus étroite, car les sables s'avancent par endroits à une portée de fusil du fleuve.

Ainsi que l'ont appris les explorations récentes de Speke et Grant et de Baker, voyageurs anglais, la branche mère du Nil, le Bahr-el-Abiad ou fleuve Blanc, prend vraisemblablement son origine au sud de l'Équateur, peut-être dans le massif du Kilimandjaro. On ne connaît pas le torrent initial, mais Speke a vu le bassin qui reçoit, puis déverse le Père de l'Égypte, comme le Léman reçoit, puis déverse le Rhône.

Ce bassin est le lac Ukerewe ou Victoria-Nyanza, sous l'Équateur même, à 1,082 mètres d'altitude. Le Victoria-Nyanza, aux eaux peu profondes, peut avoir 300 à 400 kilomètres de diamètre. Le Nil forme, au déversoir, la chute de Ripon; plus bas, il s'abîme par la splendide cascade de Murchison et tombe dans le Mvoutan-Nzigé ou Louta-Nzigé, naturellement appelé par les Anglais Albert-Nyanza.

L'Albert-Nyanza, plus long que le Victoria-Nyanza, serait pour la grandeur le premier lac d'Afrique, et pour la beauté de ses montagnes altières il craindrait peu de comparaisons. Il se trouve à 631 mètres d'altitude. Le fleuve en ressort plus gros qu'il n'y est entré. Ainsi le Nil s'épure, se régularise et se conserve pour l'étiage dans deux lacs près desquels le Bodensee du Rhin et le Léman du Rhône étonnent par leur petitesse.

Le Nil coule ensuite dans des plaines qui sont tantôt forêts, tantôt marais, tantôt savanes, et que l'Égypte tente, en ce moment même, de s'approprier par une expédition moitié guerrière, moitié commerciale, que commande Baker, le découvreur du Louta-Nzigé.

A **Gondokoro**, station de trafic importante et point de départ de beaucoup d'explorateurs du haut Nil, le fleuve est encore à 600 mètres environ d'altitude. Pénétrant ensuite dans les possessions égyptiennes, il serpente au milieu des grandes herbes du Sennaar et du Kordofan, entre des rives marécageuses. A **Khartoum** (410 mètres), il rencontre le Bahr-el-Azrak, ou fleuve Bleu. Ainsi que le Rhône et l'Arve au-dessous de Genève, les deux rivières gardent longtemps, chacune sur son bord du lit commun, la nuance de ses eaux supérieures : le Nil Blanc conserve la couleur mate donnée par l'argile des plaines; l'autre Nil, le bleu pur des eaux froides clarifiées dans les hauts lacs de l'Abyssinie.

La portion du Sennaar comprise entre le Nil Blanc et la basse vallée tropicale du Nil Bleu s'effile en une péninsule que les Arabes appellent l'Ile des îles, et qui se termine à Khartoum, à la pointe des deux grandes rivières. A une petite distance en aval de cette ville, le fleuve se heurte aux monts Gherri et s'y taille un passage par une première cataracte. Ce défilé, la porte Nubienne, précède une dizaine d'autres chutes ou rapides qui s'espacent en Nubie jusqu'à la cataracte d'Assouan. La cataracte d'Ouadi-Halfa, bouillonnement de flots et traînée d'écume de plus de 20 kilomètres de longueur, est le plus violent de ces sauts, où la lame d'eau, habituellement large de 500 à 1,000 mètres, s'amincit à 60 mètres. Bordé, à partir de la porte Nubienne, par les grands monuments de l'architecture pharaonique, le Nil arrive enfin à la porte Égyptienne, à la cataracte d'Assouan : désormais il est calme et coule silencieusement dans les jardins des fellahs, le long des ruines de grès, de granit, de marbre du vieux temps et des villages de boue contemporains.

Grains, coton, indigo, la Nubie produit ce que produit l'Égypte. Il ne faut qu'arroser dans ce pays sans pluie, et la vie végétale pullule sous ce climat tel que la chaleur y atteint 50 degrés à l'ombre ; — de la porte Égyptienne à la porte Nubienne on peut cuire les aliments dans le sable sans autre feu que les rayons du ciel. — Dans le Sennaar et le Kordofan, la scène change : là règnent les pluies tropicales, qui sont si favorables à la plante, si funestes à l'homme ; la végétation y devient fougueuse dès qu'elle a ses racines dans un sol suffisamment humide ; d'immenses pâturages nourrissent des troupeaux de bœufs à bosse ; le lion, le rhinocéros, l'éléphant sont les hôtes du bois et de la savane, le crocodile et l'hippopotame s'enfouissent dans la vase des marais.

La nationalité, la langue, la religion arabes dominent jusqu'au sud de Dongola, dans la Nubie moyenne. D'une porte à l'autre, mais surtout dans le midi, vivent les anciens maîtres de la vallée, les Nouba ou Nop, Négroïdes aux cheveux longs ayant une langue originale. Au sud du confluent des deux Nils se mêlent les Abyssiniens chrétiens, les Négroïdes, les Arabes musulmans ou idolâtres, nomades ou sédentaires.

Khartoum (30,000 hab.), capitale, est admirablement placée à l'embranchement des deux Nils, entre la Nubie, le Sennaar et le Kordofan. Des Arabes, des Turcs, des Européens y font de grandes affaires en ivoire et en « bois d'ébène »; de Khartoum partent des caravanes de commerce qui ne sont au fond que des chasses à l'esclave.

ABYSSINIE.

Entre le littoral de la mer Rouge, les déserts et les pâturages des vallées torrides dirigées vers les deux Nils ou vers la mer des Indes, l'Abyssinie, citadelle montagneuse, envoie ses eaux à ces vallées, à ces plaines, à ces déserts; elle en reçoit ou en combat les émigrations et se trouve ainsi en relations constantes avec la lisière des terres basses dont elle jaillit.

L'Abyssinie, à 10 à 15 degrés seulement de l'Équateur africain, devrait être un pays tropical. Loin de là, elle se présente en masse comme une région fraîche où l'homme ne peut s'amollir, parce qu'il lutte incessamment contre le vent, les journées piquantes, les nuits glacées, les neiges de la montagne, les claires eaux froides des torrents et des lacs.

Les monts qui soutiennent ses plateaux vont se rattacher sans doute vers le sud aux vieux monts fameux de la Lune, puis au Kenia et au Kilimandjaro. Ils sont fort élevés dans ces Alpes africaines, plus peut-être que dans les Alpes d'Europe : on donne 5,060 mètres au mont Wosko, dans le Kaffa, 4,600 au mont Detjem, dans le Samen, et dans le midi du pays, de nombreux pics montent, dit-on, au-dessus de la ligne des neiges persistantes. On porte la hauteur moyenne de la région à 2,200 mètres, et même à 3,000 mètres (?); une ville du pays d'Agamé, Atsbi, a son site à 1,700 mètres d'altitude, Gondar à 2,200 mètres. A de pareilles élévations, la salubrité de l'air ne laisse rien à désirer, même pendant la saison des pluies, de mai à septembre. Les fièvres intermittentes ne sévissent plus au-dessus de 2,000 mètres.

Si l'ossature de l'Auvergne consistait principalement en grès, et si ses montagnes s'élançaient à une plus grande élévation au-dessus des plateaux, l'Abyssinie ressemblerait fort à cette province volcanique de la France centrale. Comme l'Auvergne, l'Abyssinie a vu ses roches remuées par des forces souterraines ; de même que les Dômes, les Dores et le Cantal, elle n'offre parmi des *ambas*, ou monts à sommets aplatis, que pics et dômes de soulèvement, aiguilles et orgues ou colonnades de basalte, plateaux de pâturage où se lèvent des pitons qui furent des volcans — six, paraît-il, fument encore, — lacs ovales ou circulaires emplissant d'eau bleue des cratères que comblaient des laves.

La plus vaste de ces nappes d'eau, et aussi la plus belle, le lac Tzana, ou Dembea, étale son miroir à 1,850 mètres d'altitude, sur une étendue supérieure à 200,000 hectares. Encadré au loin par des pyramides volcaniques, il donne l'être à la maîtresse rivière abyssinienne, l'Abaï, gros torrent limpide qui devient le Bahr-el-Azrak ou Nil Bleu, quand, à l'issue des splendides gorges tempérées du haut pays, il entre dans des terres basses où le soleil attise de terribles chaleurs. L'autre grande rivière, le Takazzé, va chercher au loin le Nil nubien, dans le plat pays, sous le nom d'Atbara, et elle ne l'atteint pas ; elle est bue par le soleil, le sable, les infiltrations. Le Takazzé partage l'Abyssinie en deux régions dont les mœurs et les langues diffèrent : au nord c'est le nu et morose Tigré, véritable Abyssinie du midi par la gaieté gasconne de ses habitants ; au midi c'est l'Amhara, véritable Abyssinie du nord par la hauteur des montagnes, la fraîcheur du climat et le caractère des hommes. Les gorges au fond desquelles se déchaîne le Takazzé, entre ces deux Abyssinies, effraient par leur sauvagerie et leur profondeur. Souvent il y a 700 mètres du front des rochers à l'eau du torrent ; quelquefois 1,200 mètres, comme sur la Djedda et le Bachilo, dans le bassin du Nil Bleu.

L'Abyssinie se divise, pour le climat et les productions, comme les républiques espagnoles étagées sur les Andes et les monts de l'Amérique centrale et du Mexique. Elle a ses *tierras calientes*, ses *tierras templadas*, ses *tierras frias*, autrement dit ses terres chaudes, ses terres tempérées, ses terres froides.

Les Abyssiniens appellent *Kollas* ou *Kouallas* les terres chaudes que leur faible altitude livre aux chaleurs violentes. L'excès de soleil et d'humidité y crée une végétation très-forte, que l'astre grille après un printemps de peu de jours. C'est une région de grandes forêts peuplées par les quadrupèdes monstrueux propres à l'Afrique brûlante, un pays de coton, une fournaise à fièvres. Les Kouallas s'étagent à peu près entre 1,000 et 1,800 mètres de hauteur.

De 1,800 à 2,500 ou 3,000 mètres, les *Ouaïna-Dégas*, les terres tempérées, ondulent sous un climat aussi doux et aussi gai en moyenne que celui de la Provence et de l'Algérie : des céréales à la vigne et à l'oranger, elles peuvent donner à la fois la vie aux plantes de la France et à celles des Algarves ; les bœufs et les chevaux y foisonnent.

Plus haut règnent les *Dégas*, les terres froides. Leur climat ressemble à celui de l'Europe centrale et favorise les graines et les arbres du nord. Des troupeaux de bêtes à cornes et de bêtes ovines y broutent des pâturages profusément arrosés. Si les Ouaïna-Dégas sont une *alma nutrix*, les Dégas sont la *magna parens* du paysan et de l'homme d'armes. Au-dessus de 4,000 à 4,500 mètres l'empire est aux frimas. Le plus élevé de tous les grands plateaux se nomme Samen (3,000 à 3,500 mètres) ; la zone la plus basse, le Samhara, plage étouffante, borde la mer Rouge, vis-à-vis du rivage arabe. Les Turcs en sont les maîtres officiels.

Sur 35 millions d'hectares, près de 60 départements français, l'Abyssinie entretient au plus 4 millions d'hommes.

Les Abyssiniens se donnent le nom d'*Itiopavan* (Ethiopiens) ; le mot : abyssinien est la corruption de l'arabe *habesch*, terme offensant qui signifie à peu près race abjecte et mêlée. Mêlée, on n'en peut douter. Elle a dû se former par l'union avec des Noirs laineux, d'immigrants foncés, à noble visage, arrivés on ne sait d'où, peut-être de la presqu'île du Gange. Au peuple fait de ces deux éléments s'ajoutèrent plus tard des Grecs nilotiques et surtout beaucoup d'Arabes. Le nord du pays, le Tigré, tire positivement sa race et sa langue de l'Yémen, province de l'Arabie méridionale, l'idiome du Tigré descend du gheez, langage sémitique, avec autant d'évidence que le français sort du latin. Au sud du Takazzé, l'amharique, parlé par plus d'Abyssiniens que de Tigréens, n'a point de rapport intime avec lui ; il se tient à part, de même que l'agaou, dont se servent des populations peut-être autochthones.

Ayant à la source de leur sang des jets divers, les Abyssiniens n'offrent pas un type uniforme, et du bronze au grand noir, on trouve chez eux toutes les couleurs de la peau. En général, même sous le noir luisant, leur visage est ennobli par des traits dus aux premiers envahisseurs foncés, puis aux Grecs et aux Arabes. Au milieu de peuples et de tribus relevant de l'islamisme ou ayant conservé le fétichisme païen, les Abyssiniens professent un christianisme grossier, pures pratiques, jeûnes persistants, la lettre qui tue sans l'esprit qui vivifie; leur grand pontife prend le nom d'abouna (notre père). Presque tous habitent les hauts plateaux, peu descendent dans les kollas.

Les Gallas — ils s'appellent eux-mêmes Orma — assiégent depuis des siècles, du côté du midi, l'acropole abyssinienne. Voici bientôt 350 ans qu'ils battent la campagne au pied des monts du sud, vivant de la guerre et de l'élève de troupeaux immenses, dans plusieurs pays de noms différents, tels que l'Enarea et le Kaffa, d'où le café serait originaire, et non pas d'Arabie. Beaux de corps et de figure comme les Abyssiniens, guerroyeurs comme eux, ils sont comme eux de toutes nuances et ne s'en distinguent guère que par la religion, le paganisme et l'islamisme se partageant leurs tribus républicaines ou féodalement gouvernées. L'ilmorma, leur langue, semble procéder du même tronc que l'amharique et les autres idiomes abyssiniens autochthones par rapport au gheez et au tigréen. Par les enfants que beaucoup de seigneurs vendent aux acheteurs d'esclaves, cette race contribue à la population de l'Egypte, de la Nubie et sans doute aussi de l'Arabie.

L'empire d'Abyssinie obéissait à un *negus negusse*, ou roi des rois ; les invasions des Gallas, et plus encore les guerres civiles, ont disloqué le vieil édifice que, de nos jours, a tenté vainement de rétablir un despote, Théodoros, presque bête fauve, mais puissant par le courage et la volonté. Au-dessus du chaos de seigneuries, de principautés, de districts que s'y disputent des guerriers de souche antique ou des routiers sans aïeux, trois pays peuvent être considérés comme se partageant la montagne : au nord-est, le **Tigré**, bassin du Takazzé; au sud-ouest, l'**Amhara**, bassin de l'Abaï ; au sud, le **Choa**.

Dans le Tigré, **Adova** (8,000 hab.) n'est pas très-éloignée d'**Axoum**, cité ruinée qui fut la capitale de l'Abyssinie avant la conversion du peuple au christianisme, vers le quatrième siècle. — Dans l'Amhara, **Gondar** (7 à 15,000 hab.) a vu sa population se réduire avec l'espace de sa domination. Quand elle commandait à toute l'Abyssinie, elle avait de 60 à 80,000 âmes. — Dans le Choa, province habitée par les Abyssiniens les plus énergiques, **Ankober** a cédé à **Angollola** le titre de capitale.

TRIPOLI.

Tripoli dépend du sultan de Constantinople. Plateaux secs et pierreux, sables et lisière étroite peu ou point arrosée bordant le rivage de la Méditerranée, c'est la région la moins favorisée de l'Afrique du Nord. Le désert y empiète beaucoup sur la zone habitable, et en certains endroits, le Sahara pousse ses dunes jusque dans la mer, très-salée sur cette côte.

A l'ouest du delta du Nil, émerge du désert libyque, sur le rivage, un plateau calcaire désert, le plateau d'Akaba, haut de 200 à 250 mètres, et dépendant de l'Egypte. Se continuant à l'ouest, l'Akaba accroît son altitude, et, sous le nom de plateau de Barka, entre dans le domaine tripolitain.

Le **Plateau de Barka** fut la Cyrénaïque des Grecs, ainsi appelée de sa plus illustre ville, Cyrène. On le nommait aussi Pentapole, de ce qu'il renfermait cinq grandes cités helléniques. On a oublié les arts de la Grèce dans ce pays barbare. Le plateau de Barka plonge sur la côte par des falaises, qui parfois baignent leur pied dans la mer même, et plus souvent laissent entre elles et le flot un petit littoral charmant par ses bosquets et ses fontaines. Des aires nues et brûlées, de longues roches calcaires avec des cavernes habitées par des chevriers, des gazons, des steppes se partagent le Barka, ou Bengazi, que parcourent des pasteurs arabes. Le plateau peut avoir dix millions d'hectares ; son altitude moyenne ne dépasse pas 500 mètres.

De l'autre côté du golfe de la Grande Syrte, commence le **Tripoli** proprement dit, ou Mesurata ; la bande riveraine y a plus de largeur qu'au pays de Barka ; derrière elle s'escarpent les monts Gharian (750 mètres). Au delà des Gharian, qui abritent des paysages rocheux, de vastes grottes, des vallons à belles sources, le Hammada, plateau de pierres, fait déjà partie du Sahara.

Dans le Sahara, Tripoli possède deux oasis, Ghdamès et Aoudjila, et le **Fezzan**, vaste région d'oasis, de dunes, de sables plats, de roches appartenant à l'Haroudj Noir et à l'Haroudj Blanc, de fonds salés, de lacs de natron, de palmiers. La route la plus courte entre la Méditerranée et l'Afrique centrale passe par le Fezzan.

L'ensemble de ces trois pays, Barka, Tripoli, Fezzan, embrasse 90 millions d'hectares, plus d'une France et demie, avec 750,000 habitants seulement. Dans le Barka, la population est faite d'Arabes sédentaires ou nomades, purs ou mêlés au sang d'esclaves nègres. Dans le Tripoli, elle consiste avant tout en Arabes, puis en Berbères, enfin en Turcs, ces trois éléments intègres ou mélangés entre eux et avec les Noirs. Les 50,000 Fezzaniens sont Arabes et Berbères, avec infusion d'éléments nègres, l'archipel d'oasis du Fezzan se trouvant en constants rapports avec le Soudan, d'où lui arrivent sans doute encore beaucoup d'esclaves. A Ghdamès, le fond de la population appartient à la race berbère. Tout ce monde parle arabe, sauf quelques milliers de Berbères, et professe l'islamisme, excepté le peu d'Européens, Italiens, Grecs, Français, fixés dans les villes. Il y a peu de juifs.

Tripoli, capitale, Bengazi dans le Barka, Mourzouk dans le Fezzan, toutes trois pauvres cités, sont les maîtresses villes. **Tripoli**, port de mer, a 20,000 habitants. **Bengazi** (10,000 hab.), port ensablé, recouvre les ruines de l'antique Bérénice. **Mourzouk** (3,500 hab.), à 450 mètres d'altitude, reçoit et renvoie beaucoup de caravanes de la côte au Soudan et du Soudan à la côte. Les vautours s'y chargent du nettoiement des rues.

BERBÉRIE.

Entre deux mers encore pleines, la Méditerranée au nord et l'Atlantique à l'ouest, et une mer desséchée, le Sahara au sud et à l'est, la **Berbérie** constitue une région isolée et originale que les Arabes orientaux avaient parfaitement nommée l'île du Moghreb, ou île de l'Occident.

En ce moment, la Berbérie comprend, de l'est à l'ouest, trois pays : la Tunisie, qui relève nominalement du sultan de Constantinople ; l'Algérie, appartenant à la France ; le Maroc, empire disloqué indépendant. Placée entre les deux, envahie par des colons européens déjà au nombre de 300,000, l'Algérie pourra s'étendre à la longue sur le reste de la région.

Les trois pays, formés par la même montagne, l'Atlas, se ressemblent considérablement : ils ont le même climat, la même végétation, analogue à celle de l'Andalousie, des Algarves et de la Sicile ; ils se divisent tous trois en **Tell**, terres de productions, en **Steppes**, plateaux de pâture, et en **Sahara**. Leurs animaux utiles sont pareillement le bœuf, un cheval d'élite, le mouton, le chameau, et leurs animaux nuisibles le lion, la panthère, la hyène, le chacal ; enfin les mêmes races d'hommes s'y retrouvent partout, de la Syrte à l'Atlantique, sur le Tell, sur les plateaux et dans le désert. On y rencontre également des Berbères autochthones, des Arabes venus les armes à la main, des métis maures, des Arabes croisés de Berbères ou de Noirs, des Berbères mêlés de Noirs ou d'Arabes, des Juifs, des Français et des Européens du Midi, ces derniers dans toute l'Algérie et dans les villes côtières de la Tunisie et du Maroc. Des deux grandes nations de la région, les Berbères et les Arabes, les premiers préfèrent la montagne, les seconds la plaine et le haut plateau. Plus on avance vers l'ouest, loin de l'Égypte et de l'Asie, d'où vinrent les invasions musulmanes, plus il y a de Berbères et moins il y a d'Arabes.

La surface de la Berbérie varie suivant l'étendue des lambeaux sahariens qu'on attribue aux trois pays. Prenons 150 millions d'hectares, dont plus du tiers et moins de la moitié, Tell, hautes pâtures, oasis, sont cultivables. La population, diversement évaluée, ne doit pas dépasser huit millions d'individus.

1° TUNISIE.

La **TUNISIE** a le plus petit lot, 11 à 12 millions d'hectares et moins d'un million d'habitants. Le Tell y comprend environ 3 millions d'hectares, les Steppes 4 millions.

Charmant à la fois et plein de ressources, ce petit pays privilégié fut toujours un rivage important de la Méditerranée. Là se trouvait le canton appelé dès l'origine Afrique, et dont le nom a fini par envahir toute la partie du monde. Là s'élevait la puissante ville de marchands, héroïque à ses jours, Carthage, qui aurait débordé sur l'univers si elle ne s'était choquée aux armes romaines. Plus tard, la Tunisie devint la plus florissante colonie latine, la *Province* par excellence; les Romains n'y exilaient personne, car l'exilé y aurait peut-être oublié la belle Italie. Enfin, dans l'ère arabe, Kaïrouan était la première ville musulmane, de l'Afrique, et c'est toujours une des cités saintes de l'Islam.

Au fond, la Tunisie est une dépendance de la province algérienne de Constantine, qui, vraisemblablement, se l'annexera par les progrès de la colonisation, déjà solidement enracinée dans les hautes plaines numides. Son Atlas continue l'Atlas constantinien, ses plateaux les plateaux de Constantine ; sa grande rivière, la Medjerda, l'ancien Bagradas, a son cours supérieur en Numidie et passe, avant d'entrer sur le territoire de Tunis, au pied de la ville française de Souk-Harras. Seulement, la province de Constantine est la haute terre, la Tunisie le pays bas, plus chaud, plus fécond, mais comme tel destiné à nourrir des populations moins vivaces. On s'amollit vite sous ce ciel plus clément encore et plus illuminé que le ciel napolitain. Les guerriers vigoureux qui ont laissé leur nom au pillage coûte que coûte et à la destruction insensée, les Vandales, s'affaiblirent si rapidement sur ce bénin rivage, ils y perdirent si bien le ressort et la ténacité que, moins de cent ans après leur arrivée en armes dans l'Afrique du Nord, Bélisaire en eut raison avec quelques milliers de soldats du Bas-Empire. Il y a plus d'énergie sur les plateaux numides, dans la patrie de Massinissa et de Jugurtha.

Après l'influence algérienne, l'influence de l'Italie pèse plus que toute autre sur cette côte. L'Italie serre de près Tunis, et des caps septentrionaux de la Tunisie, de Bizerte et du cap Bon, on peut, par de très-beaux jours, distinguer dans le bleu du nord les caps sardes et siciliens les plus avancés vers le sud. Les Italiens de l'ancien royaume de Naples, les Siciliens, les Maltais, ces brocanteurs intrépides auxquels leur patois arabe rend le séjour facile en Berbérie, ce sont là les Européens qui prédominent dans la capitale et dans les ports de commerce. Les Français viennent ensuite.

On ne connaît guère l'Atlas tunisien ; la hauteur de ses pics ne dépasse point et peut-être n'atteint pas celle de l'Atlas d'Algérie (2,000 à 2,500 mètres). A part les différences provoquées par l'altitude moindre du sol, le climat, le régime des pluies les produits sont ceux de l'Afrique française orientale.

Nul document précis ne nous renseigne sur la force respective des deux grands éléments de la population, les Berbères et les Arabes (et les métis où l'emporte l'un ou l'autre sang). Comme dans le reste de la région, les Arabes ont surtout la plaine et le pâturage, la terre du cheval, du brillant cavalier, du berger contemplatif. Les Berbères, probablement moins nombreux, ont gardé la montagne, le pays rude, les gorges, la terre du piéton et du travailleur. Il y a beaucoup de Juifs dans la capitale, beaucoup d'Européens aussi, et leur nombre augmente. On parle arabe dans tout le pays. L'islamisme y règne.

Tunis passe pour renfermer 150,000 âmes; il est prudent de ne lui en laisser que 80,000. Elle s'étale en amphithéâtre sur une vaste lagune, communiquant avec la Méditerranée par le canal près duquel s'ouvre le port de la **Goulette**. Entre la mer et la lagune, il reste de Carthage quelques tronçons de murailles dispersés dans de pauvres villages.

Près du littoral, dans le golfe de la petite Syrte, deux îles tunisiennes sortent des flots; ce sont **Kerkeni** et **Djerba** : dans les anses de Djerba, la Méditerranée, qui généralement n'a ni flux ni reflux appréciables, se gonfle, à l'équinoxe, en marées de trois mètres.

2° ALGÉRIE.

V. France, premier chapitre des colonies françaises, à la 3ᵉ partie de l'ouvrage.

3° MAROC.

Partis d'Arabie, les zélateurs de Mahomet domptèrent en courant la Syrie, l'Égypte, le Barka, Tripoli, Tunis, l'Algérie, le Maroc. Là, plus de terres, ils étaient en face de la mer Atlantique; aussi donnèrent-ils alors au Maroc le nom qu'il garde encore chez les Arabes, *Moghreb-el-Aksa*, le couchant le plus éloigné.

Avec de vastes oasis sahariennes, dont la possession est nominale, avec le territoire de tribus berbères du sud, en réalité indépendantes du pouvoir central, l'empire marocain couvre environ la moitié de la Berbérie, 60 à 75 millions d'hectares, et son Tell vaut ceux de Tunis et de l'Algérie réunis.

Le Maroc est un des pays les plus inconnus du monde, bien qu'il commence à quelques kilomètres seulement de l'Espagne, qui est encore l'Europe. Les Européens sont écartés de ce beau pays par le fanatisme religieux et par une barbarie indigne de ceux qui se glorifient de descendre des Maures de Cordoue et de Grenade.

En deux points le Maroc vaut mieux que le reste de la région : ses quinze à dix-huit cents kilomètres de côtes font front sur deux mers au lieu d'une, l'Atlantique et la Méditerranée, et avec l'Espagne, le Moghreb-el-Aksa commande le détroit de Gibraltar par des roches de 350 à 900 mètres de haut. En second lieu, l'Atlas est plus élevé au Maroc qu'en Algérie et en Tunisie ; le mont qui passe pour le monarque des cimes berbères, le Miltsin — il trône à l'horizon de la capitale, — monte à 3,465 mètres, 61 mètres de plus que le pic culminant des Pyrénées. La neige abandonne rarement plusieurs massifs, et le Maroc possède plus d'eau courante que les deux autres Moghrebs. Le Rif, mal famé pour ses corsaires, longe la Méditerranée, sur 330 kilomètres, avec des cimes d'environ 1,000 mètres.

En un point il est inférieur au reste de la Berbérie : l'Algérie et une bonne partie de Tunis s'ouvrent au vent du nord, tandis qu'au Maroc, le versant de l'Atlantique, étendue majeure de l'empire, s'incline vers l'ouest. Par l'exposition et par la latitude, le Maroc, dans ses basses plaines, est la Berbérie torride. Il n'y a probablement pas dans les domaines du sultan de Fez et Marakech une région de grande étendue aussi élevée en moyenne, aussi fraîche, aussi bien douée, aussi bien faite pour la demeure de l'Européen que les plateaux de la province de Constantine, la Numidie, si florissante sous les Romains.

En admettant 68 millions d'hectares pour l'aire du Maroc, vingt millions d'hectares environ, un tiers ou un quart de plus qu'en Algérie, reviendraient au Tell, six à sept millions, moins qu'en Algérie, feraient la part des plateaux de pâture, et quarante millions relèveraient du Sahara, que zèbrent de très-vastes et très-belles oasis.

L'Atlas marocain dépêche vers la Méditerranée et vers l'Océan des fleuves de 500 à 700 kilomètres, diluviens en hiver, bus en été par les arrosements, les infiltrations, l'évaporation. Ainsi la Malouïa, limite historique de l'Algérie du côté du Moghreb-el-Aksa : de limite naturelle il n'y en a guère entre les deux contrées, tant la Berbérie est homogène. Ce fleuve tombe dans la Méditerranée près des **Zafarines**, archipel d'îlots formant un bon mouillage. Quand la France y voulut planter son drapeau, en 1847, elle y trouva les Espagnols établis depuis quinze jours. Les cours d'eau du Maroc se fraient d'abord péniblement un passage dans les défilés de la montagne, puis leurs gorges s'élargissent en plaines superbes, capables de tout produire à l'aide des pluies ou des irrigations. Aux mains des Européens, les grandes vallées marocaines se transformeront en *vegas* andalouses; dans les mains des Arabes, faute de canaux d'arrosage, elles sont encore des déserts secs, bordant de leurs champs nus et de leurs herbes flétries des lits de rivière où les bancs de sable, les fonds d'alluvions et d'argile, les seuils de gravier alternent avec des flaques d'eau corrompue. Le Sebou et l'Oum-er-Rebiah, les deux fleuves les plus abondants, rouleraient près de 70 mètres cubes par seconde; le Bousegrag, le Lucos et le Tensift, près de 30?

On n'a pas manqué d'attribuer à l'empire huit et même douze millions d'hommes, mais les pays barbares trompent. Il n'en renferme que trois à quatre millions, si, comme on doit le croire, la population n'est pas plus dense au Maroc qu'en Algérie. Et peut-elle croître, même ne diminue-t-elle pas dans une contrée appauvrie par la paresse de ses habitants, ruinée par les exactions des seigneurs, épuisée par des guerres civiles sans trêve.

Plus du tiers des Marocains appartiennent à la race berbère, aux Amazighs dans le Rif et en général dans les montagnes du nord, aux Chillouks dans les chaînes du sud. Comme partout, les Kabyles du Maroc se retranchèrent dans les monts à la venue des hordes arabes; ils en redescendent aujourd'hui et reprennent peu à peu ce que leur enlevèrent au galop leurs brillants ennemis.

Sans l'arrivée des Français dans l'Atlas, les petits-fils des Numides, les Kabyles, Amazighs, Chillouks, le nom n'importe, auraient fini par prendre à la longue la place des Arabes dans toute l'Afrique Mineure. Déjà, qu'ils perdent ou qu'ils gardent leur langue, ou même qu'ils l'imposent, ils ont profondément modifié de nombreuses tribus arabes, en leur prêtant le sang d'une race plus laborieuse.

Un second tiers à peu près est formé par les Arabes, purs ou mélangés de Berbères, ou teints de noir par une longue importation d'esclaves soudaniens. Le dernier tiers se compose de Maures, métis d'Arabes, de Berbères, de trafiquants et de renégats européens ; puis de Juifs provenant surtout de ceux qui furent expulsés d'Espagne en 1391 et en 1492 ; enfin de Noirs et d'étrangers peu nombreux fixés dans les ports. Parmi les Européens, les Espagnols forment la majorité.

Arabes et Berbères professent la religion mahométane, les Juifs demeurent fidèles à la lettre mosaïque, les Noirs sont tantôt musulmans, tantôt païens, les étrangers presque tous catholiques. La langue arabe domine, mais nombre de tribus berbères ont conservé leur idiome en plusieurs dialectes. Presque tous les Juifs connaissent l'espagnol, que leurs pères parlaient autrefois dans la péninsule très-catholique. On commence à comprendre le français du côté de la province d'Oran.

Fez, ou **Fâs**, capitale, peuplée d'une centaine de milliers d'hommes, occupe au bas des monts, dans le bassin du Sebou, une belle vallée qu'on dirait détachée de l'Andalousie.

D'après les Arabes, la seconde capitale, **Marakech** (nous disons **Maroc**) eut, il y a quelques siècles, sept cent cinquante mille habitants. C'est à peine s'il en reste le dixième ou le quinzième à cette résidence des sultans. Maroc s'élève du sein de bois de palmiers, dans la vallée de la Tensift, en vue des grands sommets de l'Atlas, à 430 mètres d'altitude. On dirait Grenade, si la vallée n'était si large ; le mont Miltsin est sa Sierra Nevada.

Sur le rivage méditerranéen du Maroc, l'Espagne possède des *presidios*, lieux de déportation pour les criminels, d'exil pour les condamnés politiques : **Ceuta, Penon de Velez**, l'île d'**Alhucemas, Melilla,** les **Zafarines**, en tout 15,000 habitants. Non loin de la côte océanique, au sud du pays, elle règne sur les Canaries (V. îles d'Afrique).

SAHARA.

Le Sahara sépare l'Afrique Mineure du Soudan ou pays des Noirs, commencement de la véritable Afrique. Nulle part au monde le mot séparer ne s'applique mieux. Plus que les hautes montagnes, que franchissent toujours des cols viables, fût-ce dans l'Himalaya et dans les Andes, plus que l'Océan, bravé par les navires, plus que les toundras polaires, raffermies tous les ans par le froid, le Grand Désert — c'est l'autre nom du Sahara — éloigne l'une de l'autre les régions entre lesquelles il déroule ses sables et ses roches sous le plus chaud soleil de la terre.

De l'Atlantique à la mer Rouge, par-dessus le ruban oasien du Nil, du pied méridional de l'Atlas au Soudan, sur cinq à six mille kilomètres de long, sur mille à deux mille de large, le Sahara ne fait vivre que 3 à 4 millions d'hommes, dans une aire de 630 millions d'hectares, presque égale aux deux tiers de l'Europe et à douze fois la France. Pourtant des fontaines superbes, des puits artésiens, des flots de torrents créent au nord une lisière de jardins de palmiers et de *ksours* ou villages populeux ; au sud, des pluies plus fréquentes enlèvent à la marge du désert une partie de sa mortelle aridité ; mais, les zones circompolaires à part, le cœur de la région est l'un des pays les plus inhabités et les plus inhabitables du globe, parce qu'il n'y pleut jamais et que la chaleur y atteint son maximum sur la planète. Le Sahara est le vrai sud, et les Sahariens, fiers de leur patrie, appellent fils du brouillard les Arabes des côtes lumineuses de la Méditerranée méridionale.

Les voyageurs venant des plaines du Soudan ou des vallons de l'Atlantide nous avaient exagéré l'horreur du Grand Désert, et le Sahara n'est plus pour nous ce qu'il était pour nos pères, une arène aussi unie que la mer, habituée à engloutir les caravanes comme l'Océan noie les équipages. Le simoun, typhon de ses sables, ne dévore pas tout ce qu'il touche ; c'est un vent violent, chaud, aveuglant et étouffant, mais il tue moins qu'il n'oppresse et les caravanes ensevelies dans ses tourbillons sont rares. Quand la catastrophe arrive, elle laisse derrière elle de funèbres témoins : à la longue le voyageur, le chameau, le cheval se déshabillent de leur chair, leurs os blanchissent, le sable cache leur squelette, le vent le découvre, et ils gardent longtemps l'attitude de leur agonie.

Les Arabes, négociants, brigands ou prosélytes, qui traversèrent les premiers le Sahara lui donnèrent quatre noms caractéristiques par lesquels on le désigne encore : *Blad-el-Ateuch*, Pays de la Soif, *Blad-el-Khouf*, Pays de la Peur, *Bahr-bela-Ma*, Mer sans Eau, *Blad-el-Mkhalla*, Pays du Fusil (car il faut s'y défendre à coups de feu contre les pirates des sables, les Touaregs, qui parcourent le désert au trot allongé de leurs méharis pour prélever la part du lion sur la fortune des caravanes).

L'homme ne manque au Grand Désert que parce que la plante et l'animal y font défaut. Des chardons, des artémises, des buissons épineux, dans les endroits les plus humides quelques herbes nourries par la rosée, le Sahara, hors des oasis, ne produit pas autre chose. Le fameux « lion du désert » est un mythe ; le lion aime la fraîcheur, les sources, les bois, les prés, les bœufs ; il peut habiter la frontière du Sahara, mais il ne s'y enfonce point, non plus que l'autruche et la gazelle. Le scorpion, de grands et de petits lézards, la vipère à corne, la fourmi, c'est à quoi se borne la faune du pays saharien. Plus on s'avance vers l'est, moins il y a de sables, plus il y a d'eau et d'espace cultivable ; plus on marche vers l'ouest, moins il y a de puits, de fontaines, d'oasis ; de ce côté s'étend le vrai Sahara, le *Sahel* (rivage) des Arabes, qui se termine sur la rive atlantique par les dunes les plus élevées des deux mondes (180 mètres près du cap Bojador). Ces dunes longent une mer extrêmement salée par suite de l'évaporation et du manque d'embouchures de fleuves. De leurs crêtes descendent des sables qui cheminent vers l'orient sur les routes du Sahara central; à l'occident elles se relient aux arènes qui vont former sous les premières eaux de l'Océan des bancs redoutés des navires : tel que le banc d'Arguin. De ces parages maritimes souffle le brûlant *harmattan*.

Au sud de l'Algérie et de la Tunisie, de vastes dépressions s'effaceraient sous les flots si la mer perçait les sables de la côte, mais ce fait est exceptionnel et l'altitude moyenne du Sahara approche de 500 mètres. Sur cette prétendue plaine unie de sables, des monts de grès ou de granit, jaunes, noirs ou rougis par du minerai de fer, s'élèvent sans ordre, à des hauteurs de mille à plus de deux mille mètres ; le Djebel Hoggar a trois mois de neige tous les ans et des torrents qui coulent; on ne s'y croira jamais dans les Alpes, mais on y trouve des eaux bien vives pour le « Pays de la Soif ».

Ainsi, tantôt des bas-fonds humides, tantôt des lits de sable, tantôt des plateaux rocheux, tantôt de vraies montagnes ; çà et là des sols bas imprégnés de sel, produisant les herbes et les arbustes habituels aux terres salines et donnant de blanches couches exploitées avec avidité par les Soudaniens — le sel est si rare au Soudan qu'il s'y échange, dit-on, à poids égal contre la poudre d'or ; des oasis où l'écran des palmiers abrite les têtes fleuries des plus beaux arbres fruitiers du midi, et ceux-ci, à leur tour, le maïs, les céréales et les plantes fourragères de l'Europe ; d'une oasis à l'autre, ou d'une rive à l'autre de la « Mer sans Eau », des caravanes assez puissantes pour n'être pas à la merci des écumeurs des sables ; des chameaux vivant de faim et de soif, des méharis ou chameaux de course qui font 120 kilomètres par jour et ne se fatiguent pas ; sur l'immensité nue et sur l'oasis, un ciel de feu avec des chaleurs de 45 à 56 degrés à l'ombre, de 68 au soleil; des nuits froides où le thermomètre descend à 5 et 7 degrés au-dessus de zéro; des rosées abondantes ; grâce à l'absence d'humidité, malgré la fournaise de la journée et la fraîcheur des heures obscures, un climat très-sain en dehors des oasis mal entretenues où croupit l'eau des irrigations ; dans ces oasis, des ksours effondrés à moitié ; dans ces ksours, des Arabes, des Berbères, des Noirs ou des Métis plus ou moins accentués des trois races : ainsi se présente le Sahara dans toute son originalité. Jadis on en faisait un autre tableau : le Grand Désert vaut mieux que sa vieille renommée, et les puits artésiens, les réservoirs barrant les torrents d'averse, les plantations peuvent y appeler plus de pluie, plus d'arbres, plus de vie.

Les Arabes habitent surtout l'ouest, près des dunes de l'Atlantique ; l'est en tirant sur le Nil ; le sud, sous le nom de Trarzas, de Braknas, de Douiches, dans les sables qui bordent le fleuve Sénégal. Au pied de l'Atlas, ils sont moins nombreux que les Berbères, ou mélangés avec eux. Toujours les mêmes, ils se distinguent par leur amour de l'existence nomade ; ils se trouvent à l'aise dans le Grand Désert, et leurs poëtes le chantent avec enthousiasme. Il y a là ce qu'ils aiment : le soleil et l'espace. Ardents, passionnés, beaux, mais de bonne heure secs comme des momies, ce sont des prosélytes ardents ; par leurs missionnaires ils gagnent sans relâche des néophytes au Coran dans l'Afrique centrale, à la suite des armées des Foulahs.

Les Berbères, plus sédentaires que les Arabes, ont aussi leurs nomades, les Touaregs ou Imochars, qui sillonnent l'archipel des sables entre le Fezzan et Tombouctou, montés sur des méharis et armés d'une lance de dix pieds de long et d'un sabre recourbé aux blessures dangereuses. Le voile qui couvre leur visage ne laisse paraître que deux yeux de feu. Ces flibustiers qui guettent les avenues du désert ont mieux conservé que le reste des Berbères la langue, les traditions, l'antique originalité de la race. Le commerce des caravanes est à leur bon plaisir. La France, qu'ils redoutent, a conclu avec eux un traité, resté sans effet, pour la protection de ses caravanes algériennes.

Les Noirs, qui ont influé par les femmes sur presque toutes les tribus nomades et sédentaires du Sahara, sont presque purs dans certaines oasis riveraines du Soudan. Mêlés au sang berbère, ils occupent, sous le nom de Tibbous, la grande oasis d'Aïr ou d'Asben, ensemble de hauts monts et de vallées où les pluies tombent de temps en temps; de là plus de fraîcheur et de culture : on y pressent le voisinage de la terre fertile des Noirs, qu'annoncent déjà le type et la couleur de l'homme.

Après l'Aïr, après le Fezzan, dépendant de Tripoli, après les admirables jardins de palmiers de la province de Constantine, agrandis tous les jours par la sonde des foreurs français, après **Tafilalet** qui relève du Maroc, l'oasis la plus importante par son étendue, sa richesse, sa situation est le **Touat**, sporades de massifs de dattiers à mi-chemin d'Alger à Tombouctou (1,100 à 1,200 kilomètres de l'une et de l'autre). Nominalement soumis au Maroc, le Touat craint la France, et par sa position, il doit faire avant longtemps partie du Sahara algérien. Dans sa confédération de ksours arabo-berbères dominent les villes d'**Aïn-Salah** et de **Timimoun**. Dans l'Aïr, **Aghadès** aurait 7,000 habitants et en aurait eu sept fois plus.

SOUDAN.

Au midi du Sahara central, on passe tout à coup des oueds sans eau, des sables nus et des roches réverbérantes dans un vaste pays de rivières pleines, de terres grasses, de végétation splendide, le Soudan intérieur. De même, au sud du Sahara côtier, au midi du fleuve Sénégal, commence le Soudan maritime.

Le mot soudan forme le dernier terme de l'expression arabe Blad-es-Soudan, pays des Noirs. Les Arabes du Sahara se sont toujours beaucoup intéressés au Soudan, dont l'exubérance fait un tel et si soudain contraste avec la pauvreté de leur désert. Une région pareille, plus opulente que toutes leurs oasis, les a de tout temps fait rêver, et c'est là qu'ils bâtissent leurs « châteaux en Espagne ». « La gale du chameau, dit un proverbe du Sahara, connu aussi dans les Tells du nord, a pour remède le goudron; la misère se guérit au Soudan. »

SOUDAN MARITIME.

Le Soudan maritime, marais fécond et malsain sur la côte, s'étend de l'Atlantique aux sommets des monts Kong, dont l'autre penchant s'incline vers le Niger et les horizons indéfinis du Soudan intérieur. Du nord-ouest au sud-est, il comprend la Sénégambie, Sierra-Léone, Libéria, la Guinée propre.

SÉNÉGAMBIE.

V. France : Colonies, troisième partie de l'ouvrage ?

GUINÉE ; SIERRA-LÉONE; LIBERIA.

Sierra-Léone et Libéria font partie de la Guinée.

Le mot de Guinée provient d'un malentendu. Les premiers explorateurs de la côte, des navigateurs portugais, donnèrent à la contrée le nom d'une ville du haut Niger, Djenné, d'où par corruption, Guinéé.

En étendant la Guinée au delà du delta du Niger, jusqu'à l'Équateur, on lui attribue 3,500 kilomètres de côtes, principales sinuosités comprises. D'abord dirigé vers le sud-est, le rivage fléchit brusquement à l'est, au cap des Palmes, puis, bien loin de là, il tourne à angle droit au sud, après les vingt bouches du Niger. La portion de mer comprise entre ces deux infléchissements perpendiculaires de la rive s'appelle golfe de Guinée ; c'est le seul enfoncement considérable de l'Océan dans les terres, et encore est-il fort évasé. Dans ce golfe, deux avancements de mer forment deux golfes plus petits : le golfe de Bénin, à l'ouest du delta du Niger, et le golfe profondément pénétrant de Biafra, à l'est de ce delta, au pied du gigantesque pic de Camerones (3,870 mètres), en face de l'île espagnole de Fernando-Pô.

Les monts Kong, encore fort mal connus, couvrent une grande portion du pays, jusqu'au faîte qui détermine la séparation du Niger d'avec le versant des fleuves côtiers. Les monts Kong s'élevant au nord, la Guinée est exposée au plein midi par la direction générale de sa côte vers l'est. Aussi, favorisée en même temps que ravagée par un ciel prodiguant à la fois le soleil qui accable autant qu'il vivifie, la pluie qui fait croître et les *tornados* ou typhons qui détruisent, la Guinée est un type complet de la nature intertropicale. Rien de plus plantureux, de plus beau par l'activité, la variété, les caprices de la végétation que le cours moyen de ses nombreux fleuves, longs de 200 à 800, 1,000, 1,200 kilomètres, suivant l'espace compris entre l'Atlantique et la tranche des montagnes. Ces cours d'eau pourraient s'appeler ruisseaux, comparés au Niger qui tombe dans l'Océan par le delta d'Orou, espèce de *Soudan moderne* où l'homme lutte contre la fièvre, tout Nègre qu'il est : la moyenne de l'année y atteint presque trente degrés.

La Guinée, Brésil africain dont le bas Niger est l'Amazone, fait tout sortir de ses alluvions, réserve de l'avenir pour d'incalculables richesses. Tous les produits du Tropique, de l'Équateur y prospèrent déjà ou s'y peuvent acclimater, et beaucoup de plantes de notre zone tempérée trouveraient un asile dans ses montagnes. Huile et noix de palme, coton, arrow-root, cacao, café, canne à sucre, riz, épices, plantes oléagineuses, tinctoriales et médicinales, gommiers, palmiers, bois de luxe, d'ébénisterie et de construction, on ne clorait jamais la liste des arbres et des herbes utiles de ce coin de l'Afrique. La faune n'a pas moins de variété, mais ses animaux échappent à l'homme par leur force, leur courage et leurs instincts : l'éléphant, le lion, le léopard, les singes, le chimpanzé, premier des anthropomorphes, de gros serpents hantent le bois et la savane, le crocodile et l'hippopotame s'embourbent dans la vase des fleuves.

Si la Guinée est le Brésil de l'Afrique, malheureusement elle en est aussi la Guyane. On ne connaît pas de terre aussi malsaine à notre race que ce « cimetière des Européens ». Le Blanc, qui fonde sans trop de peine des nations sous les climats chauds mais secs (Australie, Algérie, Cap, République des Boers), ne peut se faire à la chaleur humide. En Guinée même, l'Européen exsangue, épuisé, se relève de sa torpeur quand souffle l'harmattan, vent de flamme venu du désert et qui l'accablerait ailleurs.

Les noms imposés par les trafiquants d'Europe aux parages du littoral : **côte des Graines, côte du Poivre, côte des Dents, côte d'Or**, disent assez que le rivage guinéen regorge de produits végétaux, de poudre d'or, d'ivoire. Le nom de **côte des Esclaves** rappelle le vieux commerce de chair noire qui a fait la fortune de tant de millionnaires européens et les loisirs entremêlés d'ivresse de tafia de tant de Nérons africains. Depuis l'émancipation des Nègres dans la plupart des colonies, depuis la guerre d'Amérique, la révolte de Cuba, les mesures prises au Brésil, la traite a baissé. Mais de temps en temps encore, de petits vaisseaux négriers, allongés comme des requins, sortent à travers les croisières anglaises, des touffes de mangliers et de palétuviers, des lagunes, des deltas de la côte; ils franchissent l'Atlantique et vont déposer leur cargaison vivante en Amérique, à des prix suffisants pour balancer dans le cœur des « marchands de bois d'ébène » la terreur d'être pendus haut et court aux vergues des croiseurs. Toutes les nations européennes ont leur part de cette honte, et les capitaines négriers se recrutent chez tous les peuples blancs du Nord et du Midi.

La Guinée est la patrie des Nègres les plus noirs, avec des variations de type nombreuses. Au nord habitent les Bagous, autochthones de Sierra-Leone, et les Malinkés, musulmans émigrés du haut Sénégal et de la Gambie. Derrière le cap des Palmes vivent les Croumanes, Noirs intelligents et laborieux, très-amis de la mer : ils s'embarquent volontiers en qualité de marins à bord des navires anglais ou s'engagent dans les colonies à grande culture. Les Minas ont une grande énergie, une beauté comparative, de la force. Au Brésil, où on les importait en masse, ils oubliaient moins vite leur liberté natale que les autres Noirs et faisaient plus d'efforts pour la reconquérir. Les Fantis, peuple de la côte, font la guerre aux Achantis, fixés en arrière dans les vallées des Kongs. Le Dahomey, le Bénin, le bas Niger ont leurs tribus, dont les degrés de parenté ou d'éloignement nous sont mal connus. Du delta du Niger à l'Équateur, d'autres peuplades semblent se rapprocher des Nègres du Congo.

L'immigration des Foulahs du Soudan oriental paraît avoir modifié la population dans plusieurs districts de l'intérieur. Les Foulahs, pasteurs et conquérants d'un beau type, Négroïdes et non Nègres, sont un peuple ambitieux. Mahométans fanatiques, ils ont fait irruption par-dessus les monts Kong; ils ont détruit, refoulé, absorbé ou influencé diverses tribus et imposé l'islam aux adorateurs des fétiches.

Les missionnaires chrétiens, presque toujours rapidement enlevés par les fièvres, ont beaucoup moins converti que les Foulahs dans cette misérable Guinée, parc aux hommes des despotes les plus abominables de l'Afrique. C'est dans la Guinée que fleurissent la loi d'œil pour œil et dent pour dent, le mépris de la vie, le bon plaisir des rois-dieux et que des monarques célèbrent leur couronnement par des lacs de sang humain assez profonds pour porter bateau.

Sur le nombre inconnu de millions d'hectares qu'a la Guinée, sur ses 40 millions d'habitants peut-être, **SIERRA-LEONE** qui tombe à la Sénégambie, ne prend que 120,000 hectares et 42,000 individus, d'autres disent 68,000, dont 152 blancs. Cet établissement fut fondé, à la fin du siècle dernier, par les Anglais, pour être le noyau d'une Afrique civilisée dont l'influence pût avec le temps détruire le commerce des esclaves sur ces rives dépeuplées par les négriers. Mais le climat, le plus insalubre de la côte occidentale d'Afrique, ne permettant pas aux Blancs de s'y multiplier, les Noirs de Sierra-Leone manquent de guides. Si les Européens furent les tyrans des Nègres, ils sont aujourd'hui leurs tuteurs naturels; de souffre-douleurs les Africains deviennent élèves, et loin de leurs éducateurs ils restent dans l'inertie, puis glissent dans la décadence.

Peuplée d'abord de Noirs de la Jamaïque et des Antilles anglaises, puis de Nègres de toute origine arrachés aux traitants par les croiseurs britanniques, Sierra-Leone contient aussi des Bagous, race indigène. On y entend toutes les langues de l'Afrique barbare ; l'anglais est l'idiome officiel, le protestantisme la religion du plus grand nombre. De la capitale, **Freetown** (12,000 hab.), on voit se dresser de belles montagnes boisées de 1,000 mètres de hauteur.

Au sud du Sierra-Leone, les 18,000 Nègres civilisés de **LIBÉRIA** commandent à 700,000 autres Noirs, groupés sur environ deux millions et demi d'hectares. Cette république, indépendante depuis 1844, eut pour origine, il y a cinquante ans, une colonie établie par une société anglo-américaine, dans le même but que Sierra-Léone par les Anglais. Son influence sur l'Afrique sauvage est contrariée du côté de l'intérieur par la barrière élevée des monts. Chaque année, des immigrants noirs des États-Unis ajoutent quelque force à l'élément plus civilisé et à la langue anglaise, officielle dans le pays, mais parlée couramment par les seuls Nègres américains et leurs descendants. Le paganisme règne dans la plupart des tribus indigènes, le protestantisme chez les Libériens proprement dits ou colons noirs de provenance américaine. La capitale, petite ville de la côte, se nomme **Monrovia**, d'après le président qui gouvernait à Washington lors de sa fondation (1820).

Au delà de Libéria et de la côte de Maryland, considérée comme une annexe par la « République d'Ébène, » le rivage est semé de comptoirs européens, qui ont décliné avec la diminution de la traite et l'ouverture du Niger à la navigation. Les Français possèdent Gabon, le Grand-Bassam, Assinie (V. la 3ᵉ partie de l'ouvrage, France : colonies). Les Anglais règnent sur des établissements dont le principal est Cap-Coastle, et la Hollande vient de leur céder tout ce qui lui appartenait sur ce littoral. Ces comptoirs, presque sans Européens, ont peu d'empire matériel et moral sur le pays.

Derrière ces pauvres forteresses de l'Europe, s'étendent des royaumes indigènes. Le **ROYAUME DES ACHANTIS**, densément peuplé, renferme, selon des évaluations sans bases, de quatre à vingt-un millions d'habitants. Les Achantis sont un bétail humain. Leur roi, qui possède 3333 femmes, jamais une de plus, jamais une de moins, fait couper en grand la tête à ses sujets à l'occasion de chaque fête, de chaque époque marquante de sa vie, de chaque événement mémorable. Une cérémonie funéraire a coûté la vie à quatre mille Achantis ; un jour, les soldats ont saigné à mort dix mille prisonniers de guerre à la fois. Si le roi de Dahomey n'existait pas, la place du marché de **Coumassie** serait la terre qui boit le plus de sang humain. Sans compter les grandes cérémonies, les moments de liesse, les anniversaires, on y égorge officiellement un homme chaque jour, fors le jour de la semaine où le roi daigna naître. Les voyageurs donnent de 25 à 75,000 habitants à cette capitale du royaume des Achantis, accru au commencement du siècle des débris du pays des Fantis. Les Fantis, noirs très-inférieurs aux Achantis, parlent une langue différant peu de celle de leurs vainqueurs.

De la contrée des Achantis aux chaînes que baigne le Niger, e **DAHOMEY**, sinistre royaume, obéit à un despote carnassier. Le roi de Dahomey navigue en bateau sur le sang de ses sujets, les Ffons. Sa garde du corps se compose de quelques milliers de femmes dressées à ne jamais faire quartier. **Abomey** (10 à 25,000 âmes), sa capitale, est la ville des crânes et des têtes coupées ; on en voit partout : c'est l'ornement du palais et de la ville ; les pyramides de crânes y sont des espèces de monuments religieux. Quand une pyramide vieillit, on en élève une autre toute fraîche. **Ouaïda**, sur un rivage où l'air empesté des lagunes à requins moissonne des vies sans relâche, a plus d'importance qu'Abômey : celle-ci est le centre politique, religieux, raffiné ; Ouaïda commerce avec l'Europe. Il n'y a pas longtemps encore, des Portugais, des Brésiliens, des Espagnols, des Français, des Anglais y faisaient de belles fortunes de négriers. Les marais léthifères d'Agrimey rendent pénible la route d'une ville à l'autre. **Lagos**, sur la côte à lagunes du golfe de Bénin, prospère depuis que les Anglais le gouvernent.

Une ville toute jeune, mais considérable, s'élève dans le **YORUBA**, autre royaume despotique, à l'est du Dahomey. C'est **Abbéokuta** ; le commerce y a déjà attiré 150,000 personnes. Le Yoruba, sur les monts Kong, paraît être un pays de la plus grande fertilité et de la beauté la plus exquise.

SOUDAN INTÉRIEUR.

Ceux qui appellent Soudan oriental les pâturages du Nil Blanc donnent le nom de Soudan central au pays que les monts Kong séparent des horizons de la mer et qu'on désigne aussi par le mot de Nigritie, traduction de l'arabe Blad-es-Soudan.

En attribuant au Soudan intérieur le Ouaday et le Darfour, en donnant aux fleuves venus du sud un bassin proportionné à leur volume d'eau, et en étendant ainsi la région depuis les monts Kong jusqu'au Nil Blanc, et du Sahara aux montagnes du plateau équatorial d'Afrique, on arrive à une aire très-considérable, avec peut-être 40 ou 50 millions d'hommes.

Dans ces limites, le Soudan Intérieur, tel qu'on le connaît, se divise en deux grandes contrées : le bassin du Niger et le bassin du lac Tchad, séparés par les plaines de Kano, les hauteurs verdoyantes du Zeg-Zeg et du Bautchi et les montagnes du Mandara. A l'orient du Tchad, le Ouaday, le Darfour surtout, sont moins humides que le vrai Soudan, le désert et la steppe y disputent la place aux vallées fécondes et la population s'y mêle d'éléments étrangers à la race noire.

Le Niger tient parmi les fleuves un rang très-honorable par l'abondance de ses eaux, la longueur de son cours, la richesse de ses bords, l'étendue des eaux navigables de son bassin. Au point où le traversa René Caillé, grand voyageur français, à peu de distance de ses montagnes natales, il est déjà plus large que la Seine au-dessous de Paris. A Bammak où Mongo-Park, fameux explorateur écossais, le trouva grand comme le Sénégal ou la Gambie; un peu plus bas, à Yabbi, il le vit aussi large que la Tamise au pont de Westminster. En aval de Tombouctou, le découvreur allemand Barth lui donne une largeur moyenne de 280 mètres; un voyageur anglais, Lander, évalue à 2,000-5,000 mètres la distance d'une rive à l'autre en amont du confluent de la Tchadda, son principal tributaire. Au-dessous du débouché de la Tchadda, large elle-même de 5,000 à 6,000 mètres, le Niger semble aussi puissant que le Mississipi ou l'Orénoque; ainsi qu'eux, il forme un vaste delta, et se jette dans la mer par plus de vingt passes. Son cours dépasse 4,000 kilomètres, quoiqu'il n'y ait pas 1,500 kilomètres en ligne droite entre la source et les embouchures. Pareil à l'Orénoque, il coule successivement vers tous les horizons.

Le Niger est la voie d'écoulement naturelle d'une richesse qui pourra devenir immense, tant les terres du bassin ont d'étendue et de fertilité. Par son affluent, la Tchadda, c'est la route directe de l'Afrique centrale : plus que le Nil, coupé de cataractes; plus que le Congo, qui descend du plateau équatorial par des chutes et des rapides; plus que le Zambèze, barré par le saut prodigieux de Mosioatounya.

Le Niger, Dioliba des Malinkés, Nil-el-Kebir des Arabes, prend son origine dans les monts Loma, qui font partie des Kongs; ses premières sources ruissellent à 500 mètres d'altitude, aux flancs d'une colline calcaire, et, dit-on, avec une telle abondance que la rivière porte immédiatement bateau. La haute vallée finit aux rapides de Bammakou, à portée des établissements français du Sénégal. Le Niger se déroule ensuite au milieu des plaines sans fin des Bamanaos, au pied de l'Abyssinie sénégalaise, il arrose Ségo, traverse la lagune de Débo, puis se heurte au Sahara. Pendant quelque temps il sépare, ainsi que fait le Sénégal, les Blancs des Noirs, les tribus nomades du désert des peuples sédentaires du Soudan. Comme le Sénégal aussi, il lutte contre les sables du nord ; puis, après de longues hésitations, des tours et des détours, il quitte enfin sa direction septentrionale au-dessous du port de Tombouctou et va chercher au sud, à travers le Soudan, une issue vers une mer que d'abord il ne semblait pas devoir atteindre : de même que le « Père de l'Égypte, » le Père du Soudan coulait d'abord vers la Méditerranée.

En aval de Tombouctou, le Niger borde des plaines arides où les Touaregs forcent les noirs Sonrays à cultiver le sol et à nourrir des troupeaux au profit de leurs tyrans blancs. C'est l'éternelle histoire. Entrant ensuite chez les Foulahs, le fleuve bruit sur les périlleux récifs de Boussa, qui peut-être virent la mort de Mungo-Park. Il ne prend toute sa grandeur qu'à la jonction de la Tchadda : celle-ci est due à la réunion du Binué et du Faro, que Barth eut le bonheur de traverser à leur confluent.

En amont et en aval de la Tchadda, le Quorra — le Niger prend alors ce nom — serpente entre des îles vaseuses où se chauffent au soleil le crocodile et l'hippopotame. Sa vallée est aussi belle par la hauteur et le rapprochement de deux chaînes de montagnes que par l'opulence d'un sol qui fait monter à cent pieds de hauteur la cime des cotonniers. De cette percée, le fleuve passe dans le delta d'Orou, vases que noient les bras du Niger ou que sèchent les rayons de l'Équateur. La fièvre pernicieuse ravagerait ces marais s'ils étaient peuplés, mais l'homme noir y est rare, et les trafiquants anglais y passent quelquefois, mais ne s'y arrêtent pas. A un moindre degré la fièvre intermittente règne souvent sur les bords plats et paludéens du fleuve, à partir des rapides de Bammakou ; elle n'épargne même pas les Nègres.

Le lac Tchad, à 1,000 kilomètres en ligne droite des eaux marines les plus rapprochées, n'est qu'à 250, peut-être à 275 mètres au-dessus du niveau de l'Océan. C'est offenser le nom de lac que de l'appliquer au Tchad, lagune profonde de 4 à 5 mètres au plus, et encore bien loin du rivage, si rivage il y a. Le Tchad n'est qu'un marais aux dimensions changeantes. En été, ses eaux se retirent vers le centre et les nombreuses îles basses qu'il renferme se rejoignent par la sécheresse et diminuent d'autant la surface des eaux. Alors les Biddoumas, sauvages moitié pirates moitié bergers, trouvent de larges pâtures sous les anciennes vagues riveraines et dans les archipels que l'évaporation des eaux vient d'incorporer au continent. Dans la saison des pluies, les côtes reculent, les îles disparaissent et le Tchad s'égare au loin dans la plaine, regagnant ainsi une petite partie de l'espace qu'il couvrait lorsqu'il était mer. Des *comadougous*, réservoirs naturels, entourent le marais-lagune ; les rivières que le Tchad forme à son trop plein s'y précipitent, mais quand le soleil pompe le lac, une pente contraire s'établit et les réserves d'eau des comadougous prennent le chemin de la cuvette centrale.

Les flots du Tchad ne sont point amers ; le crocodile, l'éléphant, l'hippopotame peuplent ses vases, les buffles errent sur ses rivages, les moustiques bourdonnent au-dessus des marais du pourtour.

Vers la Grande-Eau — c'est ce que signifie Tchad dans l'idiome du Bornou, — vers le Karka ou Bahr-el-Zalam — ce qui signifie Lac des Ténèbres en arabe, — se dirige à l'ouest le Yéou, large de 100 mètres et qui arrose la plus jolie vallée du Bornou. Au sud débouche le Chari, que sa largeur et le volume de ses eaux placent en Afrique au premier rang. On ne sait d'où il vient ; dans son cours inférieur, il embellit un délicieux pays où des montagnes lointaines, les eaux de la rivière, large de 600 mètres, le ciel tropical, la végétation sans frein des zones pluvieuses, composent d'admirables tableaux.

Faut-il en croire les indigènes ? Dans les grandes pluies, le Tchad communiquerait avec le Nil par un canal naturel menant du Chari au Bahr-el-Abiad ou Nil Blanc. D'autre part, le Toumbori, marais en été, lagune en hiver, se verserait dans les hautes eaux, d'un côté dans le Serbernel, affluent du Chari, de l'autre dans le Kebbi, tributaire de la Tchadda. Ainsi l'on pourrait, en saison propice, naviguer en canot de l'Atlantique au Chari et au Tchad, et peut-être du Tchad au Nil, qui s'épanche dans la Méditerranée. L'Afrique centrale prise en travers reproduirait l'Amérique du Sud prise en long, car, dans ce demi-continent, l'Orénoque se relie naturellement à l'Amazone, et peut-être l'Amazone au Paraguay, branche du Rio de la Plata.

Cinq mois de pluie, sept mois de soleil, un fonds généreux, permettent au Soudan Intérieur de rivaliser en fécondité avec les meilleurs pays tropicaux. A cette région largement dotée, il ne manque, semble-t-il, qu'une seule chose importante : le sel, si rare qu'il y sert de monnaie et forme la base du commerce avec le Sahara.

Sur toute la lisière saharienne, en particulier sur la rive gauche du Niger, en amont et en aval de Tombouctou, les Arabes, les Berbères, les Touaregs ont l'empire ; ils oppriment les caravanes comme courtiers ou les dispersent comme bandits ; il faut les payer de leurs bons offices, quand ils n'ont pas commencé par se payer eux-mêmes. A la profession de pirates des sables, les Touaregs ajoutent la possession d'îles et de champs riverains du Niger cultivés par des esclaves noirs. D'autres Blancs, des Maures, sont les principaux négociants des villes commerçantes, surtout le long du Niger, de Sansanding à Tombouctou. Leur influence, jointe à la conquête de presque toute la région par l'islamisme, a fait de la langue arabe le lien intellectuel du Soudan.

Sur le haut Niger, jusqu'à Yabbi, dominent les Malinkés, noirs industrieux, vrais Juifs en négoce. Beaucoup d'explorateurs comptent sur eux pour policer l'Afrique Noire : plus que sur les Foulahs, bons laboureurs, mais guerriers barbares, plus que sur les Arabes, fanatiques, nomades et voleurs.

Où les Malinkés cessent le long du fleuve commencent les Bamanaos, groupés sur les deux rives, de Yabbi à Sansanding. Leur centre était Ségo, la ville dont les murs reposaient dans le sang de 60,000 esclaves massacrés ; les Noirs échappés au couteau chassèrent les égorgeurs et fondèrent un empire qui allait des sources du Niger à Tombouctou. Cet empire païen vient d'être démembré par les Foulahs, qui convertissent à coups de sabre tous les *kafirs* ou infidèles du Soudan.

Au midi de Tombouctou, sur la rive droite du fleuve, les

noirs Sonrays, autrefois redoutables, ont perdu l'unité et la puissance, mais ils ont conservé leur langue.

Les Foulahs, Foulans, Fellatas ou Peuls, Négroïdes aux belles proportions, ont le pouvoir dans le Soudan Intérieur comme au Sénégal. Cultivateurs et bergers, ils obéissaient à de paisibles instincts et vivaient tranquillement par groupes dans l'immense Soudan. L'énergie d'un grand homme et le fanatisme d'une religion qui ne souffre pas de partage les ont transformés en un peuple conquérant. Danfodio, simple Peul revenu du pèlerinage de la Mecque, appela à lui tous les rameaux épars de la famille des Foulahs. Il bâtit, au centre du Soudan, la ville de Socoto, capitale de son futur empire, et prêcha la guerre sainte. Il régna bientôt depuis le Tchad jusqu'au delà du Niger, sur une terre vaste deux fois comme la France. Cela se passait dans le premier quart de notre siècle. La décadence fut prompte ; maintenant, à part les plateaux du Zeg-Zeg où ils sont concentrés, et le Maséna, entre le lac Débo et Tombouctou, ils ne forment nulle part un corps homogène de nation. Ils se mélangent avec les Noirs et vivent superposés à des peuplades qui les haïssent, pour les craindre après les avoir méprisés. Loin d'être fortement centralisé, l'empire peul se compose de plus de dix régions ne reconnaissant pas toujours, de fait, la suzeraineté de l'émir de Socoto.

Les Foulahs ont perdu, à l'est, leur plus belle province, le Bornou, auquel on donne 2 millions d'habitants : des Noirs sédentaires formant une race à part, des Arabes nomades, des métis d'Arabes et de Noirs.

A l'orient du Tchad et du Chary, les Baghirmis constituent aussi une race à part, un peuple guerrier de cavaliers, qui a quitté son paganisme pour l'Islam.

Sur le haut Niger, **Ségo Sansanding** et **Djenné** font le commerce de la région. — **Tombouctou** fut comme une Alexandrie continentale, au grand coude du Niger, au débouché de nombreuses routes du désert, au point de contact du Soudan et du Sahara et de deux races humaines. De nos jours, suivant le témoignage des deux seuls Européens qui l'aient visitée, Caillé et Barth, c'est une ville de masures renfermant dix à douze mille habitants, une aristocratie de Maures commerçants et un peuple de Sonrays. La ville de Tombouctou s'élève à 18 kilomètres du Niger, dans des sables rougis par le soleil, en Sahara plutôt qu'en Soudan. Ses deux ports sur le fleuve s'appellent **Kabra** et **Koromeh**. — Plus bas, **Say**, cité commerçante, occupe une île du Niger. — **Socoto**, dans le Haoussa, sur un sous-affluent du Niger, a été la capitale de l'empire des Foulahs ; elle a eu 50 à 100,000 âmes, il lui en reste le cinquième. L'émir réside aujourd'hui à **Wourno** (25,000 hab.), sur la Rima, tributaire du Niger.

Dans le bassin du Tchad, **Kano**, premier centre de commerce du Soudan, compte 40,000 individus, le double lors des grands marchés de la belle saison. — **Angornou** est la ville la plus active et la plus importante du Bornou (30,000 à 50,000 hab.) ; l'ancienne capitale, **Vieux-Bornou**, sur le Yéou, a laissé de vastes ruines. Il y a 20 kilomètres de **Kouka**, séjour actuel du pouvoir, à la rive du lac Tchad.

A l'orient du Tchad, le Fitri, lac sans écoulement, reçoit les rivières du **OUADAY**, pays de plaines fécondes, quand il pleut beaucoup, steppe et désert quand il ne pleut pas. Les Nègres y alternent avec des Peuls et des Arabes, et il s'y parle, dit-on, trente langues, les peuplades s'y superposant au lieu de s'y fondre. La résidence du despote s'appelle **Ouara**.

Plus à l'est, entre le Ouaday et le Kordofan, terre riveraine du Nil et relevant du vice-roi d'Égypte, le **DARFOUR** est un ensemble de steppes demi-sahariens, de beaux pâturages, de montagnes, de vallons arabes. On y trouve des Foulahs, des Goudjares, Noirs transformés par des immigrations arabes et berbères, des Arabes nomades. Cette population musulmane parle le four nuancé d'arabe et l'arabe. Comme capitale, **Kobeih** y a fait place à **Tendelty**.

CONGO.

L'Équateur passe sur la colonie française du Gabon (V. France, colonies d'Afrique). Au midi du Gabon et des bouches de l'Ogoouaï, très-gros fleuve appartenant aussi à la France, le Congo, appelé par quelques-uns Nigritie méridionale, s'étend au sud jusqu'au cap Frio : là commence une mer peu profonde, hérissée d'écueils, le long d'un rivage de sables calcinés menant à la colonie du Cap.

Dix ans avant qu'un vaisseau portugais eût tourné la borne du cap des Tempêtes et sillonné la mer qui vit surgir Adamastor, l'amiral lusitanien Diego Cam avait déjà exploré le delta du Zaïre, fleuve que les indigènes appelaient *Moienzi-Engaddi* (l'Eau Puissante), et noué des relations avec Ambassée, capitale du vaste empire du Congo, dont dépendaient de nombreux et puissants feudataires. En 1509, trente-cinq chrétiens, aidés, dit la légende, par une cavalerie d'anges aux ordres de saint Jacques, détruisirent une innombrable armée de païens. Trois ans après, Dom Affonso Ier, fervent disciple du Christ, envoyait, par une ambassade, au roi de Lisbonne, la lettre autographe sur laquelle les Portugais se fondent aujourd'hui pour réclamer la totalité des territoires qui formaient autrefois l'empire du Congo. Il recevait un évêque et de nombreux colons européens dans sa capitale, qui avait pris le nom de Saô-Salvador, et aidait ses amis les Dominicains à bâtir une belle ville, douze grandes églises en pierre, des couvents, des séminaires et des palais. Ces temps de splendeur s'évanouirent ; l'Européen en a perdu le souvenir, mais le Noir émerveillé s'en souvient encore. Les églises et les palais s'effondrèrent avec l'empire dont ils avaient fait la force et la gloire ; de hauts palmiers grandirent sur leurs ruines. Bientôt le Congo ne fut plus qu'un pays de chasse, où l'on traqua les esclaves destinés aux provinces brésiliennes de Saô-Paulo, de Minas-Geraes et de Goyaz. Ce malheureux pays se saigna pendant 350 ans aux quatre veines pour enrichir le Brésil, qui lui envoyait en échange des soldats de fortune, de francs capitaines négriers, de douteux trafiquants, des aventuriers altérés d'or.

Le Congo le disputerait en fécondité à la Guinée si les montagnes ne s'y rapprochaient généralement beaucoup plus du rivage; il donne moins de place à ces alluvions chauffées de soleil qu'on pourrait nommer vivantes, tant elles se transforment avec rapidité en plantes, en fleurs et en fruits. La « Guyane africaine, » où le Blanc meurt, où le Noir végète, cesse à peu de distance de la côte. Un premier gradin de montagnes, qu'entaillent avec fracas des fleuves, conduit sur des plateaux plus tempérés que la côte, plus salubres et où l'homme vit déjà mieux dans un milieu moins puissant. De nouvelles chutes, de nouveaux rapides le long des rivières annoncent d'autres gradins plus élevés que les premiers : ainsi de suite jusqu'à une dernière ascension. On se trouve alors sur les plateaux équatoriaux, réservoir des eaux qui bruissent à la descente des monts. Les Portugais n'ont presque rien fait pour l'exploration du pays. Le peu que nous savons sur l'intérieur, nous le devons à un voyageur hongrois, Ladislas Magyar, devenu le gendre d'un des rois du plateau.

Le Zaïre, le Cuenza, le Counéné sont les principaux fleuves de la région. Le Zaïre se nomme aussi Quango ou Congo. Inconnu dans son cours supérieur et dans son cours moyen, il tombe dans la zone des plaines et des forêts de la côte par une cascade de 5 mètres de hauteur seulement, mais avec une masse énorme et assourdissante. Il se perd en mer près de l'établissement portugais de Porto de Pinda. Le Cuenza roule autant d'eau que le Zaïre; à partir de l'Océan on peut le remonter en bateau pendant près de 250 kilomètres, jusqu'aux rochers de Cambambe, d'où il se précipite par une haute cataracte. Le Counéné, plus faible, appelé aussi Couvo, est le Nourse River des Anglais.

On connaît les Noirs de l'intérieur par Magyar. Les Kimboundas ont de la taille, de belles formes, de la vigueur, une intelligence prompte, mais un fétichisme abject les dégrade, et leur vénération pour leurs prêtres-sorciers et leurs rois les livre au même despotisme que les Nègres de la Guinée. Chez les

Kimboundas, la vie de l'homme compte pour rien, et le sang des sujets, des captifs, des pauvres y coule sous le fer des sacrificateurs comme d'une source intarissable. La superstition a pris un tel empire sur ce malheureux peuple qu'elle y déplace constamment les villages : la mort d'un chef, l'apparition d'un lion ou d'un léopard, les conseils d'un sorcier, les prétendues inimitiés des mauvais esprits, font déserter les hameaux ; la solitude succède à la vie, et des groupes de baobabs gigantesques marquent seuls la place des villages disparus.

L'ignominie de l'homme contraste sur ce plateau d'Afrique avec la splendeur de la nature. A la lisière de ces bois immenses, où les racines des arbres géants percent peut-être plus d'humus pour atteindre le sol primitif que les lianes ne traversent d'air pour s'entrelacer aux plus hautes branches; sur ces fleuves, larges pendant six mois comme des lacs, vit une race que ses lois, ses rois, ses nobles et ses prêtres ont faite plus sauvage que les *pakassa* de ses prairies et les léopards de ses forêts. Souvent le Kimbounda meurt décapité pour que sa chair, mêlée à celle du chien et du bœuf, fortifie les membres d'un Néron d'Afrique et de ses capitaines. Devant le palais du roi, que ses sujets saluent dans les fêtes du grand nom de « Lion Enragé », des pyramides de têtes humaines gardent l'entrée du séjour révéré, et sur des collines d'ossements s'élève un arbre gigantesque dont chaque rameau porte des grappes de crânes. L'idiome des Kimbounda, le bounda, langue cafre, est l'un des plus répandus de l'Afrique australe ; il règne sur vingt degrés de latitude et presque autant de longitude.

Des possessions françaises aux terres portugaises, le Loango, traversé par le Zaïre, obéit à un despote résidant à **Boally** ou **Loango**. La noble ville de **Saô-Salvador** a fait place à une bourgade.

Les possessions portugaises s'étendent officiellement sur 81 millions d'hectares, renfermant 2 millions d'habitants. Le gouvernement de Lisbonne les a divisées en deux provinces : Angola au nord, Benguela au sud.

Saô-Paulo-de-Loanda, capitale, en amphithéâtre sur un golfe, ne rivalise point avec les cités lusitaniennes situées vis-à-vis, de l'autre côté de l'Atlantique. Sur 12,000 habitants, elle renferme environ 2,000 Européens, parmi lesquels beaucoup de condamnés, Loanda étant le lieu de déportation des criminels du Portugal. Les Blancs se trouvent très-mal du séjour de cette ville : en toute saison ils s'y étiolent ; en février, en mars et en avril ils y meurent en grand nombre sous les atteintes de la terrible carneirada, dyssenterie épidémique. — **Saô-Felippe-de-Benguela** n'est pas moins mortel aux Européens que Loanda ; quand deux Blancs s'y rencontrent, leur première parole est habituellement : « Avez-vous la fièvre aujourd'hui? » — **Mossamedes**, sur le littoral du sud, entre Benguela et le Counéné, est beaucoup plus salubre. Vers 1840, des Portugais de Madère et du Portugal, des colons lusitaniens malheureux au Brésil, des Allemands y ont planté l'arbre de la colonisation européenne ; cet arbre grandit et finira peut-être par couvrir au loin la contrée. Le nombre des Blancs augmente, les cultures s'étendent, et les Portugais, qui possèdent aussi les rivages du Mozambique, espèrent fonder de la sorte dans l'Afrique australe, de mer à mer, un nouveau Brésil.

COLONIES ANGLO-HOLLANDAISES.

Les colonies anglo-hollandaises embrassent la pointe australe de l'Afrique. Elles paraissent destinées à commander dans un prochain avenir à tout le midi du continent. Actuellement, elles se divisent en cinq États : la colonie du Cap, la Cafrerie anglaise, Natal, l'État libre d'Orange et la République de Transvaal. Les trois premiers sont des provinces anglaises, les deux autres, indépendants de l'Angleterre, obéissent en réalité à sa prépondérance, mais ils s'administrent eux-mêmes, et l'élément hollandais y a beaucoup plus de force que l'élément anglais : d'où leur nom commun de Républiques austro-hollandaises, ou Républiques des Boërs (pr. Bours). Boër, mot hollandais, signifie paysan, colon.

COLONIE DU CAP.

La colonie du Cap est un ancien établissement hollandais. Prise par les Anglais pendant les guerres de l'Empire, elle leur resta en 1815, et depuis ils ont beaucoup étendu sa sphère d'action, en même temps que les Boërs et les immigrants anglais poussaient vers l'intérieur les limites de leurs cultures et le domaine de leurs troupeaux.

Maintenant, de la mer au fleuve Orange, les deux provinces du Cap ont presque la grandeur de la France, 54 millions d'hectares, avec près de 600,000 habitants.

Le littoral de cette colonie mérite autant le nom de Cap des Tempêtes, donné à ses dangereux promontoires par les découvreurs Portugais, que celui de Cap de Bonne-Espérance, imposé plus tard par un monarque enthousiaste. Les ports y sont rares et mauvais, le Cap et Port-Élisabeth, les plus fréquentés, nécessitent de grands travaux. Les navires sillonnent la plaine liquide de l'Afrique australe sans crainte de voir sortir des flots le géant Adamastor, mais ils se méfient du rivage, de ses vents et de ses vagues. Au large du Cap de Bonne-Espérance, sur les flots où se rencontrent l'Atlantique et la mer des Indes, on a vu des vagues de 15 à 18 mètres de hauteur, et des glaces flottantes détachées du pôle Antarctique se hasardent jusque-là.

Derrière ce rivage imparfait, s'allonge une étroite bande de terres, le plus souvent arides, nuancées de bruyères à fleurs diversicolores, d'arbustes blanchâtres rôtis par le soleil, de mimosas où le secrétaire, oiseau à longues jambes, guette le serpent pour l'écraser à coups de pattes. Ces terrains sont coupés par des *poort* (défilés) et des *kloof* (gorges, lits profonds), où de rares averses font tomber des torrents, que les sources des monts sont trop rares pour maintenir en lit plein. Presque toutes les rivières sèchent avant d'arriver à la mer et à l'Orange, ou ne laissent d'elles que des flaques sales; c'est à ces lagunes d'eau suréchauffée qu'il faut recourir quand un ciel d'airain a tari les fontaines.

Il est extrêmement fâcheux que la montagne ne soit pas assez haute et assez neigeuse au Cap pour entretenir les ruisseaux, car la moindre veinule d'eau y dote superbement le sol de verdure, ce sol fût-il de lui-même stérile. Au même degré que tout pays pauvre en eaux, la colonie du Cap, territoire encore indigent, ne sera prospère que lorsqu'elle aura barré pour les saisons arides les masses d'eau d'orage qui tourbillonnent quelquefois dans ses torrents, puis se perdent dans l'Océan sans profit pour les cultures.

Les monts voisins du rivage s'appellent dans l'ancienne colonie hollandaise les Zwarteberg (Montagnes Noires); ils s'élèvent à 1000-2000 mètres; la Montagne de la Table, au-dessus de la ville du Cap, n'atteint pas 1150 mètres. Derrière les Zwarteberg, le Karrou (800 mètres d'altitude moyenne) étend ses déserts d'argiles rouges fendues par le soleil et privées de pluies par l'interposition de monts qui prennent au passage les vents de la mer. L'autruche, le gnou, la girafe, la gazelle y fuient devant le lion, et souvent le roi des animaux rugit la nuit près des fourgons des Boërs, venus avec leurs troupeaux pour profiter du manteau de verdure dont novembre habille momentanément le steppe. Quand les plateaux de la colonie ont perdu leurs sources, leurs courants et jusqu'à leurs mares opaques et putrides, quand le pâturage est grillé et que rien encore n'annonce la pluie dans le ciel d'un bleu mat, le Boër attelle plusieurs paires de bœufs à sa charrette de famille ou wagon, et court à la recherche des *uitspan*, lieux pourvus d'herbes et d'eau. En hollandais d'Afrique, on appelle *trekken* cette chasse à la verdure et aux sources.

Au fond du Karrou, l'horizon du nord se heurte à de nouvelles montagnes, les Nieuweveldt, ou Monts de la Neige : *Veldt* est l'équivalent hollandais du *saltus* des Latins; il veut dire bois, fourré, montagne forestière. Le pic le plus élevé de cette chaîne, qui prend en se prolongeant divers noms locaux, le mont Compas, a plus de 3000 mètres. Au pied du revers septentrional, se déroule à perte de vue la plaine de l'Orange (1000-1600 mètres d'altitude) : plaine herbeuse quand il a plu, mais les pluies y tombent très-rarement, car ce n'est plus la seule arête des Zwarteberg, mais celle aussi des Nieuweveldt qui lui dérobent l'humidité marine. Hors en septembre et en octobre, saison aux cieux moins arides, le plateau de l'Orange est uniformément gris et brûlé ; la plante y sèche, l'animal y meurt au bord du trou jadis source ou du lit jadis torrent ; l'homme échappe aux jours torrides et sans air, aux nuits fatigantes, à la somnolence, à l'épuisement, à la soif, en gagnant les montagnes ou la rive du fleuve, qui baisse beaucoup, mais ne tarit jamais.

L'Orange se forme de deux Gariep — en hottentot ce mot signifie bruyant : — le Gariep Noir et le Gariep Jaune ou Vaal, l'un venu des monts des Bassoutos, l'autre des Drakenberg, qui séparent l'intérieur du littoral de la mer des Indes. Bien que jaillissant dans le voisinage de la mer d'orient, l'Orange va se jeter, après 1,800 kilomètres de cours, dans la mer d'occident ou Atlantique. S'il y a plu ou si la neige a fondu sur ses montagnes natales, l'Orange est un large fleuve ; en temps sec, c'est un torrent vivace encore, qui coule sans bruit sur le sable ou résonne sur les pierres dans un lit cinquante fois plus grand que la lame des eaux. A mesure qu'il s'éloigne du haut pays, il perd plus qu'il reçoit et il a peu de volume à l'approche de la mer. On ne le naviguera jamais ; en revanche, il pourra transformer partiellement ses plateaux par l'irrigation.

Pour résumer : un littoral sec, le Karrou plus sec encore, les Nieuweveld gelés sur leurs sommets pendant plusieurs mois de l'année, puis le plateau de l'Orange, tour à tour torride ou légèrement froid ; le trait commun est la sécheresse, et cette sécheresse s'aggrave constamment. La dessiccation progressive de l'Afrique australe ne fait pas le moindre doute : les pluies y diminuent, les fontaines y disparaissent, les rivières pérennes s'y font torrents d'occasion. Le mal vient du déboisement, l'amélioration viendra du reboisement, des barrages-réservoirs et de l'irrigation. Comme les Français au nord de ce même continent, les Anglo-Hollandais ont ici un domaine immense à régénérer. Avec des eaux suffisantes, le climat donnerait, suivant la latitude et suivant les altitudes si diverses des districts, vie et vigueur aux plantes de l'Afrique torride, de l'Australie et de l'Europe. En ce moment, depuis que les fameux vignobles de Constance ont péri presque entièrement par l'oïdium, la laine et le blé sont les deux grands produits de la colonie.

En 1798, les établissements hollandais du Cap ne contenaient que 59,000 habitants, dont 25,000 Hollandais ; en 1819, la population arrivait à 100,000 ; en 1865, elle se montait à 496,000 individus : sans préjudice des nouvelles colonies anglaises ou hollandaises, Cafrerie, Natal, Républiques des Boërs.

Sur ces 496,000, 182,000 étaient des Blancs ; le reste se composait de Hottentots, de Cafres, de Bassoutos, de Malais, importés jadis de Java ; il y a aussi quelques Nègres, fils d'anciens esclaves, des Indous, des Arabes, des Chinois.

Jusqu'à ces dernières années, les Blancs augmentaient peu par l'immigration ; les Anglais, les Écossais, les Irlandais, les Allemands s'y rendaient par dizaines, par centaines peut-être, jamais ils ne s'y jetaient par milliers comme sur le Canada, l'Australie et la Nouvelle-Zélande, ou par centaine de milliers comme aux États-Unis. Quant à l'ancien courant hollandais, il est depuis longtemps presque tari.

Aussi l'Afrique anglo-hollandaise n'étonnait point par la rapidité, on pourrait dire la violence de sa marche en avant, comme tant d'autres colonies britanniques ; population, culture, commerce, tout s'y développait avec lenteur, et l'industrie restait nulle, seulement les annexions agrandissaient incessamment le territoire. Mais les Anglais sont heureux dans leurs entreprises. Quand une de leurs provinces d'outre-mer languit, des mines d'or s'y découvrent, et les coureurs de fortune s'y précipitent comme un grand flot de marée. C'est l'histoire du Cap. On a trouvé des champs d'or et des fonds de diamant, à la fois l'Australie et le Brésil, dans les plateaux au nord de l'Orange, sur le domaine des républiques hollandaises, et déjà ces républiques intérieures et la colonie du Cap, qui est leur port et leur réserve, sont devenues une Californie où s'engouffrent les aventuriers venus d'Angleterre, d'Irlande, d'Allemagne, d'Amérique et d'Australie.

Les Blancs sont ou des Boërs ou des Anglais.

Les Boërs ou Afrikaners proviennent d'ancêtres énergiques. Le premier fond se fit très-lentement, entre 1,650 et 1,700, de marins, de soldats, de fonctionnaires, de marchands, d'aventuriers hollandais; puis vinrent des calvinistes français, qui, fuyant devant les dragonnades, après la révocation de l'édit de Nantes, s'enfuirent en Hollande et de là passèrent au Cap. Les noms de Béranger, Bruin, Le Clerc, Joubert, Olivier, Roux, Coussie, Vaurie, Du Toit, Plessis se rencontrent encore très-souvent dans la colonie ; mais ceux qui les portent n'ont gardé de leurs pères que l'étroitesse du calvinisme ; ce n'est plus en français qu'ils chantent les psaumes de David, mais dans le dialecte hollandais de l'Afrique. Par la fusion, par le climat ils ont pris le type « béatement rusé » des Austro-Hollandais.

Au peuple fait de ces deux éléments se mêlèrent plus tard des colons danois, allemands, anglais, sans compter l'accession du sang indigène, car les femmes hollandaises étaient peu nombreuses aux débuts de la colonie.

Issus donc de races fortes, les Boërs ont dégénéré ; le climat sans hiver de l'Afrique australe les a anémiés, la pauvreté d'eau les a maintenus à demi nomades par l'habitude du *trekken*, leur calvinisme dogmatique et littéral leur a fermé l'esprit aux idées, leurs guerres avec les sauvages les ont fait presque sauvages. Étant peu renouvelés depuis leur séparation d'avec la Hollande par de nouveaux éléments hollandais capables de continuer la tradition nationale, ils sont tombés dans une demi barbarie. Le *trekken*, les visites de ferme à ferme, la somnolence, la pipe, les sermons, les discussions théologiques, la lecture de la Bible, de quelques vieux traités de controverse et des œuvres de Cats, le poëte national de l'ancienne Hollande, chez quelques colons avancés les coups de main contre les Cafres : à cela s'use la vie des fils de ceux qui tirèrent la Néerlande des eaux de la mer du Nord et des héros qui rougirent de leur sang les torrents cévénols au nom de la liberté de conscience. Les Boërs peuplent presque toute la province occidentale du Cap, une partie de la province orientale et de Natal, l'État-Libre et le Transvaal.

Les colons anglais, mélangés d'Allemands, prépondèrent dans la province orientale, dans la Cafrerie, à Natal. Dans l'État-Libre et dans le Transvaal, on en trouve beaucoup dans les villes.

Les Hottentots, jadis les maîtres du pays, du Cap de Bonne-Espérance au Tropique du Capricorne, s'appellent eux-mêmes Khoï-Khoïn (hommes des hommes), Gui-Khoïn (premiers hommes) ou Ama-Khoïn (vrais hommes). En dépit de ces noms fiers, qu'ils se donnèrent dans leur ignorance du reste du monde, il n'y a guère de Nègres ou de Cuivrés d'une laideur pareille, mais cette hideur n'excuse pas les *commandos*, chasses barbares par lesquelles les Boërs les détruisirent ou les traînèrent en esclavage. Rarement une nation dite civilisée a commis plus d'atrocités que ces rigides calvinistes contre des sauvages indolents qui ne demandaient que la paix, et devant eux l'espace. Fort diminués et fort abrutis dans les districts colonisés, où ils ont adopté le hollandais et un dialecte hollando-anglais, ils sont plus grands, plus robustes, plus nobles (peut-on dire plus beaux ?), dans les plaines sèches et chaudes mais salubres qui vont de l'Orange au Tropique. Entre l'Orange inférieur et le Tsoa-Xaub, fleuve périodique, erre, avec ses bœufs servant de chevaux et ses chiens faméliques, leur principale tribu : la tribu des Grands-Nama, sauvages qui portent à un degré prodigieux l'acuité de la vue, de l'ouïe, de l'odorat et la puissance d'observation. La langue hottentote se distingue de toute autre connue par ses quatre claquements : l'un ressemblant au bruit d'une bouteille de champagne qu'on débouche, l'autre au *clac* par lequel on excite un cheval ; les deux autres ne se peuvent traduire, il faut les entendre de la bouche d'un Hottentot. Les Damara séparent les grands Nama du pays des Noirs. Les petits Nama, les Saab ou Boeschmen (Hommes des Bois), les Koranas, les Batlapis sont d'autres tribus hottentotes ; enfin, sous le nom de Bastards ou de Griquas, des milliers de métis à pères blancs et à mères hottentotes habitent dans la colonie. Sur les 496,000 habitants du Cap, on comptait près de 82,000 Hottentots en 1865.

100,000 hommes sont des Cafres. Le mot Cafre vient de l'arabe *kafir* (non-croyant). C'est que ces sauvages, en vain catéchisés par les docteurs de l'Islam, ont voulu rester païens. Les Cafres forment une belle race cuivrée, musculeuse, enthousiaste, guerrière, amie de la liberté, parlant une langue sonore malgré trois claquements, empruntés aux Hottentots.

Divisés en tribus toujours prêtes à se quereller, ils couvrent une grande partie du versant oriental et s'étendent au loin à l'intérieur dans la direction du Zambèze. Les Betchouanas et les Bassoutos appartiennent à la race cafre.

La capitale de la province occidentale, premier établissement des Européens à la pointe australe de l'Afrique, **le Cap**, au pied de la montagne de la Table, renferme environ 40,000 habitants, dont trois cinquièmes d'Européens, deux cinquièmes d'indigènes, d'Indous et de Malais. La moyenne annuelle de la température y est de 18 degrés. — **Graham's-Town**, chef-lieu de la province orientale, n'a pas l'importance de **Port-Elisabeth**, place plus commerçante que le Cap même.

La colonie du Cap vient de s'annexer le **PAYS des BASSOUTOS** (2 millions d'hectares, 60,000 hab.). Pressés par les Boërs de l'État-Libre, les Bassoutos, après une vaillante résistance, favorisée par les citadelles naturelles dont abonde leur pays de montagnes à table, ont imploré la suzeraineté britannique. Ils habitent en corps de nation dans les hautes vallées dont les sources constituent le Gariep Noir. Chacun d'eux, au singulier, est un Mossouto; ils appellent leur pays Lessouto, sessouto leur langue riche, poétique, énergique et bien sonnante. Des missionnaires français les ont convertis au protestantisme, et leurs principaux villages sont précisément des stations auxquelles les missionnaires ont imposé des noms bibliques : Bethesda, Morija, Berée, Hermon, Beerséba, Carmel, etc. **Thaba-Ounchou**, centre principal, se partage entre le Bassoutos et les métis Griquas. Acculés par les Boërs et les Anglais, ces Cafres ont tout à craindre de l'avenir.

Le recensement de 1865 ne tenait pas compte des 80 à 100,000 habitants de la Cafrerie Anglaise. Cette province vient d'être annexée à la colonie du Cap. Officiellement, la **CAFRERIE ANGLAISE** n'occupe qu'une partie de l'espace compris entre la mer des Indes et la montagne, des limite du Cap à celles de Natal, mais en fait la colonisation anglaise s'y étend rapidement et finira par tout envahir, aussi bien le No Man's Land, — mot à mot le pays qui n'appartient à personne, — et les autres cantons encore indépendants que la contrée déjà organisée sous le nom de Cafrerie.

Comme le fait pressentir son nom, la Cafrerie Anglaise est un pays de Cafres au milieu desquels s'installent des Anglais, attirés par un sol excellent, de jolies rivières et un climat doux. L'humidité y est plus grande qu'au Cap, la terre plus cultivable, les ressources supérieures, mais, à côté de 70 à 80,000 Cafres, il n'y a guère que 12 à 15,000 Européens : Anglais, Allemands, Hollandais. La capitale s'appelle **Kingwilliam's Town**.

NATAL.

Les cinq millions d'hectares de Natal continuent au nord la Cafrerie Anglaise. Natal est une terre heureuse autant que belle ; le ciel y prodigue les pluies qu'il refuse au versant opposé des montagnes, et ces pluies se répartissent mieux sur toutes les saisons. Le pays, s'élevant rapidement, ne laisse à la zone torride que le bord du rivage et les vallées profondes. Par son altitude, la masse de la contrée échappe aux soleils qui ruinent l'organisme et font avec le temps un peuple indolent de ce qui deviendrait nation virile sous un climat plus sévère. A une petite distance de la mer, on se trouve déjà au sein de montagnes forestières, au milieu des grès et des basaltes d'où tombent des torrents qui peuvent s'amincir, mais ne tarissent jamais ; plus on monte, plus la nature grandit, l'air frais se fait froid, on se dirait bien loin des plaines enflammées du Cap.

Pour tirer du sol, des bois, des entrailles du mont tout ce qui peut en sortir de richesses, Natal n'a que 250,000 hommes, dont 18 à 20,000 Blancs. Les premiers habitants d'origine européenne furent des Boërs. Las de la domination anglaise, 30,000 Hollandais environ quittèrent la vieille colonie à partir de 1835. Beaucoup d'entre eux se fixèrent à côté de quelques émigrants anglais qui avaient acheté des terres aux Cafres sur le bord de la mer.

L'Angleterre mit la main sur le nouvel établissement hollandais. Presque tous les Boërs, décidés à rester libres du joug britannique, abandonnèrent la patrie qu'ils venaient de fonder et franchirent la montagne pour s'enfoncer dans l'intérieur du continent. Les fils de ceux qui restèrent forment le tiers ou la moitié des habitants de sang européen, qui sont réformés et parlent anglais ou hollandais. Les deux cent trente et quelques mille autres Nataliens sont des Cafres, avec plusieurs milliers de coulies ou travailleurs indous à gages.

La capitale, **Pieter Maritzbourg**, faible cité de l'intérieur, n'a pas l'importance de **Durban** ou **Port-Natal**.

ÉTAT LIBRE D'ORANGE.

L'État-Libre fut peuplé d'abord de Boërs fuyant Natal où les Anglais venaient d'arborer leur drapeau détesté ; il s'accroît par l'accession continuelle de colons hollandais du Cap. Les Anglais n'y sont pas très-nombreux, mais ils y ont beaucoup d'influence, et leur langue partage l'empire avec le hollandais dans les villes de la république.

Sur des plateaux élevés, où il fait légèrement froid le matin dans la saison qui répond à notre hiver, l'État-Libre lutte contre un soleil dévorant, et surtout contre le manque de pluies : la dessiccation qui empiète dans l'Afrique du sud y sévit au détriment des affluents de l'Orange. La fortune du pays repose sur les bêtes à laine, et il y a près de trois millions de moutons dans la République. Sur cent mille habitants au plus, policés ou nomades, les Blancs, de religion réformée, comptaient pour un quart avant la découverte des mines d'or et de diamants qui transforme en ce moment le pays. Les indigènes sont en majorité des Bastards parlant le hollandais. On estime à 35,000 le nombre des habitants sédentaires.

Blœmfontein (Fontaine des Fleurs), capitale, à 1,100 kilom. du Cap, n'est qu'un bourg de 1,200 habitants. Sa source au nom poétique s'épuisa en 1862. Le Paris de l'État-Libre allait être abandonné de ses citoyens quand la pluie tomba.

RÉPUBLIQUE DU TRANSVAAL.

En 1848, les Anglais s'assujettirent la République d'Orange, qui resta terre britannique jusqu'en 1854, sous le nom d'Orange-River-Sovereignety. 12,000 Boërs restèrent sous la domination haïe ; les autres passèrent le Vaal, comme ils avaient franchi deux fois la montagne, et, après avoir établi Natal et l'État-Libre, allèrent fonder dans le nord la République du Transvaal.

Le Transvaal s'étend sur 20 millions d'hectares, ou plutôt il n'a au nord et à l'ouest d'autres limites que celles de l'expansion de ses habitants. Il se compose de plateaux de 1,500 à plus de 2,000 mètres d'altitude, de montagnes, de vallées se dirigeant vers le Vaal et l'Orange, ou au nord vers le Limpopo, fleuve dont les rives inférieures appartiennent à l'Afrique tropicale et dont le bassin foisonne de lions, d'hippopotames, de crocodiles, de singes, d'éléphants, de girafes. Le Limpopo se perd dans la mer des Indes.

Le climat est très-sain sur les terres hautes ; il l'est de moins en moins à mesure qu'on descend dans le bassin du Limpopo ; de ce côté, dans le district de Leydenburg, les basses plaines ont déjà la chaleur humide fâcheuse aux tempéraments européens. Ailleurs, dans le district de Wakkerstrom, par exemple, la neige tombe en hiver. Grande diversité de climats, de celui de l'Allemagne à celui du Tropique, aussi, du sapin au palmier, la République ne se refuse à rien. Le café, la canne à sucre, l'ananas y ont leur région ; l'orange y a la sienne, comme le blé, l'orge, l'avoine, les graines du nord. L'élève des bestiaux restera longtemps encore la principale occupation des Transvaliens, avec la recherche de l'or et des diamants. Des patriotes allemands caressaient l'idée de diriger sur le Transvaal une partie de l'émigration germaine et d'y créer une « nouvelle, grande et noble patrie allemande », mais le va-et-vient d'hommes et d'intérêts que la découverte des mines a fait naître entre ces plateaux d'une part, le Cap et l'Angleterre de l'autre, fait désormais une terre britannique de toute l'Afrique au sud du Zambèze.

Le Transvaal renferme 25,000 Boërs et 250,000 indigènes. Avant l'invasion des chercheurs de diamants, la République se peuplait insensiblement de Boërs et aussi d'Anglais venus de l'État-Libre et de la vieille colonie. Un district cédé à des colons écossais a pris le nom de Nouvelle-Écosse.

La religion réformée y domine ; la langue nationale est le hollandais ; l'anglais se parle concurremment dans les villes, s'il faut traiter de villes les villages transvaliens.

La capitale se nomme **Potchefstrom.**

Au nord-ouest du Transvaal, en marchant vers l'intérieur du continent, on traverse le grand Désert de Kalahari, avant d'atteindre le lac Ngami, dont les eaux peu profondes couvrent en moyenne 77,000 hectares. Quand il y a longtemps plu, ce lac a 150 kilomètres de tour. Il se déverse par la Zouga, rivière que boivent des sables. Au nord du Ngami commence le bassin du Zambèze.

Sur la côte occidentale de l'Afrique, en regard du littoral des Namaqua, au nord de l'embouchure de l'Orange, les Anglais ont pris possession de l'île d'**Ishaboe**. Ishaboe a peu d'étendue, mais elle est couverte de guano.

CÔTE ORIENTALE D'AFRIQUE, ZAMBÈZE.

De la colonie anglaise de Port-Natal à l'Équateur, et de l'Équateur aux limites historiques de l'Abyssinie, au confluent du fleuve Haouach [12⁰ degré nord], la mer des Indes est cotoyée par une région mal appropriée aux Européens en raison de sa chaleur et de son insalubrité. Elle porte différents noms qu'on réunit sous celui de côte Orientale.

Passé le Port-Natal, en remontant au nord, on rencontre d'abord les *kraal* (villages de huttes), les pâturages, les forêts des Cafres Zoulous. La contrée, bien arrosée, est belle. La baie Delagoa, où débouche le Limpopo, venu du fleuve Transvaal, vient, dit-on, d'être achetée à moitié par les Boërs transvaaliens, la moitié septentrionale restant au Portugal.

A partir de cette baie, en tirant sur le nord-est, les Portugais étendent leur pouvoir, plus nominal que réel, sur 99 millions d'hectares et sur 300,000 hommes. Le pouvoir des Lusitaniens date ici des jours de leur grandeur, lorsqu'ils régnaient sur toutes les côtes d'Afrique, de Santa-Cruz à la mer Rouge, quand ils cherchaient dans l'intérieur le fabuleux royaume du Prêtre Jean, lorsque Albuquerque trônait dans l'Inde et que débutait la colonisation du Brésil, plus grand et plus merveilleux que l'Inde même. Le Portugal se crut trop riche, il négligea l'Afrique; tout au plus essaya-t-il deux fois d'atteindre, dans la région du Zambèze, les mines d'or de Manica et de Chicova, et maintenant la colonie européenne, qui aurait pu se porter sur les terres plus saines de l'intérieur et ne consiste qu'en pauvres comptoirs, avec quelques blancs amis de la sieste.

La côte portugaise s'appelle d'abord le Sofala, du nom d'une ville de commerce où l'on a cru retrouver l'Ophir de Salomon. **Sofala** se tient au bord de la mer, dans des marais d'où montent les fièvres. Plus au nord, le littoral s'appelle **MONOMOTAPA**, et laisse passer le Zambèze.

Le Zambèze, le cours d'eau le plus fort de l'Afrique australe et orientale, deviendra la grande voie entre la mer des Indes et l'intérieur du continent. Son cours supérieur sur le haut plateau nous est encore inconnu; le cours moyen, paraît-il, sépare les tribus cafres de peuplades d'autre origine; le cours inférieur commence au pied de la formidable cataracte de Mosioatoúnya (Fumée Tonnante). Les Anglais se seraient crus bien misérables s'ils n'avaient nommé cette merveille de la nature la cascade de Victoria.

Cent six mètres de hauteur, une masse d'eau énorme donnent à la chute du Zambèze le droit de s'égaler au moins à la chute du Niagara, qui ne tombe que de 45 à 50 mètres Mosioatounya l'emporte en originalité sur sa rivale. Elle ne se précipite pas dans un bassin largement ouvert à ses pieds devant elle, mais dans une crevasse résultant de la fêlure d'une roche basaltique. La nappe d'eau qui s'engouffre a 2,200 mètres de largeur, en deux bras séparés par une île dont les cocotiers rappellent qu'on est près du Tropique. Du fond de la fissure où se broient les eaux du Zambèze montent des colonnes de vapeur qui s'élèvent à des centaines de mètres au-dessus de l'abîme, puis le fleuve s'enfuit par un profond chenal en zigzag vers un lit plus tranquille et plus ample.

Bien au-dessous de Mosioatounya, les rapides de Kaord Vassa arrêtent, dans la saison des basses eaux, les navires calant quatre pieds; dans les hautes eaux, ces rapides s'effacent. A Teté, comptoir portugais, le fleuve a plus de 2 kilomètres et demi de largeur, mais, en aval, dans les gorges de Lupata, son lit se réduit à 250 mètres; il est vrai que dans ce passage les crues s'élèvent à 15 ou 18 mètres. Près de Senha, il absorbe le Chiré, rivière importante fermée à la navigation, à 200 kilomètres en amont du confluent, par un escalier de neuf cataractes. Le Chiré mène vers de grands lacs, que suivent d'autres lacs vus par le voyageur Livingstone ou connus seulement par ouï-dire : tels le Chiroua, qui a 125 kilomètres sur 30 ; le Nyassa, long de 300 kilomètres, large de 100, et situé à 463 mètres d'altitude ; l'Ounyamési, le Tanganyika (480 kilomètres sur 65; altitude 562 mètres). On ne sait pas encore quels sont les rapports de ces lacs avec les bassins des fleuves africains. Grossissent-ils le Zambèze, le Congo, l'Ogoouaï, le Nil même? — Le Zambèze s'achève par un delta couvert de forêts. Le Couamo, bras principal, débouche près de **Quillimane**.

Au nord du Zambèze, le littoral qui fait face à Madagascar, s'appelle **MOZAMBIQUE** et appartient aussi aux Portugais. La capitale de toutes les possessions lusitaniennes de la côte orientale, **Mozambique**, sur un écueil volcanique voisin du rivage, compte quelques centaines d'Européens et quelques milliers de Noirs. Le climat de ce littoral, au nord comme au sud du Zambèze, est tellement malsain que la métropole n'y envoie que des condamnés, et ceux-ci, presque tous hommes fortement trempés, y meurent à raison de près de vingt pour cent par an. « De cent Européens, il n'en reste, après cinq ans, que cinq, six ou sept. » Mozambique forme, avec deux autres petites îles, un excellent port. Elle a embarqué pendant des siècles d'innombrables milliers d'esclaves : les uns sont morts sur les vaisseaux négriers, les autres dans les plantations d'Amérique. C'est ainsi que le Brésil a grandi par les douleurs de l'Afrique.

Au Cap Delgado, vers le dixième degré de latitude australe, la domination portugaise a son terme, et là aussi s'arrêtent les peuplades cuivrées qui, ne se connaissant pas assez pour s'être donné un nom collectif, ont reçu le nom de Cafres des Arabes, depuis de longs siècles pirates, convertisseurs et marchands dans ces régions. Aux tribus cafres, commandées par une aristocratie guerrière, souvent renouvelée dans les combats, succèdent les Saouahili (en arabe, habitants du Sahel ou littoral). Jusque vers Mombas, le rivage se nomme plus spécialement Mzima (colline), et il a pour habitants des Nègres métissés d'Arabes, les Vamrima (hommes des collines), de religion musulmane. Derrière les Vamrima, dans l'intérieur, vivent des Noirs non mélangés, restés païens, les Vaginsi (esclaves); ces indigènes, dont les peuplades se suivent au loin jusque sur les rivages des grands lacs, sont la source intarissable où puisent les Arabes trafiquants de chair noire; c'est de là qu'ils approvisionnent d'esclaves et de concubines une partie de la côte d'Afrique et d'Asie, de l'archipel des Comores à la ville de Mascate.

Quiloa, grand centre du commerce des esclaves, donne son nom à la côte qui s'étend au-nord du cap Delgado. Vient ensuite le littoral de **Zanzibar**, ville de 40 à 50,000 habitants, dans une île qui en a près de 100,000. L'île de Zanzibar est séparée du continent par un détroit qui a 31 kilomètres de travers dans la partie la plus resserrée; la longueur de l'île est de 83 kilomètres, sa largeur maxima de 33; sa colline la plus fière ne s'élève qu'à 150 mètres. Au nord du littoral de Zanzibar commence la côte de **Mélinde**. A divers degrés de servitude, de la soumission pure au simple hommage de suzeraineté, ces trois rivages relèvent d'un sultan originaire de la ville arabe de Mascate. Du cap Delgado au fleuve Juba ou Djoub, la population se compose d'éléments divers : les Noirs autochthones y ont beaucoup gagné en noblesse de physionomie par de nombreuses alliances avec le sang arabe (et peut-être le sang cafre), et leurs idiomes se rapportent à la grande langue bantou. Les Arabes, qui sont nombreux dans les villes de commerce, ont répandu leur langue en même temps que leur religion, apprendre le Coran dans l'idiome de Mahomet étant le vœu de tout Musulman. Il y a beaucoup de Banyans, négociants indous, dans les ports du rivage et des îles de corail qui l'accompagnent. Les Portugais, jadis les maîtres de toutes ces plages, ont disparu de leurs comptoirs un moment florissants et fameux de Quiloa, Mombas, Mélinde, Brava, Magadoxo.

La côte des Saouahili, serrée de près par les plus hautes montagnes connues de l'Afrique, le Kilimandjaro et le Kénia, profite à la fois du soleil équatorial et de la neige des grands sommets. La végétation y est aussi exubérante dans le plat pays que le climat accablant et pernicieux, mais quand on a dépassé l'Équateur, à mesure qu'on approche du foyer brûlant de l'Arabie et de la cuvette torride de la mer Rouge, la nature perd de son opulence. Aux environs du cap Guardafui, appelé jadis, dit Camoëns, le cap Aromates, l'aridité du rivage et de ses montagnes rappelle, en beaucoup d'endroits, l'indigence des déserts. La **côte d'Ajan** et la **côte d'Adel** partent toutes deux de ce cap Guardafui. La première court au sud à la rencontre du littoral saouahili, la seconde à l'ouest jusqu'au pied de la citadelle montagneuse de l'Abyssinie.

Ici encore les Arabes exercent une influence très-considérable : l'Arabie est si près, avec sa réserve inépuisable de guerriers, de commerçants, de chasseurs d'hommes. Mais les Arabes, qui ont converti une fraction des indigènes à l'Islam, ne dominent que sur le littoral. Dans les monts de l'intérieur, dans les vallées embrassées par des parois de roche et des volcans assoupis ou éteints, on retrouve cette belle race dont la peau noire ou bronzée, avec toutes les nuances intermédiaires, ne détruit point la noblesse de traits. Noblesse puisée vraisemblablement dans une origine indoue ou sémitique, et maintenue jusqu'à nos jours par les croisements avec les Arabes. A cette race, qui ne peut renier ni ses pères nègres, ni ses ancêtres à type supérieur, appartiennent les farouches et fourbes Somali et les Adel, peuples qui ont maintenu leurs langues vis-à-vis des Arabes dans les régions en arrière de la côte. Ils sont évidemment parents des Abyssiniens, retranchés près de là dans leurs montagnes, des Danakils, des Gallas, etc.

Derrière les Saouahili, les Somali, les Adel, pèsent les féroces Gallas, ces négroïdes nombreux, audacieux et féconds qui dépècent l'Abyssinie et portent leur sang à l'Égypte et à l'Arabie par les enfants et les femmes qu'on leur dérobe ou qu'ils vendent. Ils ont déjà maintes fois ravagé le littoral de la mer des Indes. Quoique voisins de cette mer Rouge que les Européens ont de tout temps pratiquée, leurs monts à frimas, leurs forêts, leurs savanes, leurs fleuves descendant au Nil ou à l'océan Indien, nous sont encore à peu près inconnus. Ils ne le resteront pas longtemps, car le pays des Gallas se trouve sur le chemin le plus court entre la mer, le Nil supérieur et les grands lacs.

ILES D'AFRIQUE.

Les **îles Açores** sont aussi près de l'Europe que de l'Afrique, mais, d'habitude, on les attribue à cette dernière, peut-être parce que Madère et îles du Cap-Vert, autres possessions portugaises, appartiennent réellement à la mer africaine.

Les Açores regardent, à 1,000 kilom. de distance dans la mer qui va de Lisbonne à New-York, les rivages occidentaux du Portugal. Sans comprendre les îlots, elles sont au nombre de neuf, couvrant ensemble 158,000 hectares, avec 250,000 habitants. **Corvo**, la plus plus petite et la plus au nord, n'a pas 2,500 hectares; **Santa-Maria** est la plus méridionale; **Saint-**

Michel (80,000 hectares), la plus grande. **Pico** a le plus haut sommet, un volcan de 2,400 mètres dont la cime, fumante, dit-on, resplendit de neige pendant quatre mois de l'année. Les autres îles se nomment **Florès, Fayal, Saint-George, Graciosa** et **Terceira**. Toutes sont montagneuses, toutes volcaniques et sujettes aux tremblements de terre; toutes enfin se signalent par la même fécondité dans leurs ravins, dont le sol est composé de laves délitées. On croit que l'archipel pourrait soutenir 1,500,000 habitants, six fois la population actuelle, mais presque tout le terrain reste inculte. La faute en revient aux majorats qui arrêtent le développement de la petite culture, si prospère dans les pays du midi. Le climat, le même que dans le sud du Portugal (moyenne annuelle, 17° 5), favorise surtout l'oranger : on y voit, dit-on, des arbres mêlant 25,000 oranges aux feuilles et aux fleurs de leurs rameaux. L'Archipel expédie par an cent millions d'oranges en Europe. La vigne donne des vins qui ressemblent à ceux de Madère.

Les Portugais ont à la fois enrichi et appauvri les Açores. Quand ils débarquèrent pour la première fois dans les mauvais ports de cet archipel aux rives roides, ils n'y trouvèrent ni hommes ni mammifères. Ils le peuplèrent et lui firent présent des animaux de l'Europe, mais ils ne tardèrent pas à enlever à ses monts leur couronne de forêts. Il n'y reste maintenant que des arbres isolés et des bouquets de cèdres, de pins et de sapins.

La population descend de colons portugais, fortement mélangés de Flamands; elle parle le portugais et professe la religion catholique. Après avoir fléchi pendant quelques années, elle est remontée au chiffre de 250,000, qu'elle avait atteint longtemps auparavant. L'émigration a beaucoup d'activité dans ces îles. Les Açoriens peuplèrent les premiers des districts brésiliens qui sont aujourd'hui des provinces grandes comme des royaumes; maintenant, ils gagnent en grand nombre le Brésil, qui est le principal rendez-vous de l'exode portugaise, les Antilles, la Guyane anglaise, et même une province métropolitaine, l'Algarve, qui est faiblement peuplée. Ainsi les Açores rendent en partie au Portugal ce qu'elles reçurent jadis de lui. Franchir la mer coûte si peu à ces insulaires que beaucoup d'entre eux partent tous les ans pour le Brésil, comme les maçons de la Creuse pour Paris; ils louent leurs bras pour la récolte, font quelques économies, reprennent la mer et rentrent au logis jusqu'à la saison suivante. Beaucoup d'Açoriens servent sur les baleiniers des États-Unis.

Les trois maîtresses villes, **Ponta-Delgada**, **Angra**, **Horta**, renferment 16,000, 12,000 et 9,000 habitants.

Au sud-ouest de cet archipel, en tirant sur les Antilles, des fucus appelés raisins des Tropiques sont soutenus à la surface de l'Océan, où ils ne plongent point de racines, par des vésicules pleines d'air. Ils recouvrent de leur tapis d'un vert rouilleux ou jaunâtre une étendue d'au moins 400 millions d'hectares. Cet espace, égal à plus de sept France, a nom la mer de Sargasses. Il y a d'autres champs immenses de fucus sur l'Atlantique et le Pacifique.

Madère n'est guère plus loin du cap Saint-Vincent (Portugal) que du littoral de l'empire marocain. Cette île fait à peu près toute l'étendue d'un archipel portugais de 81,500 hectares. **Porto-Santo**, au nord, autour d'une montagne aiguë, n'a que 10 à 12 kilomètres sur 4, et 1,500 habitants : c'est par elle que les Portugais inaugurèrent, en 1418, l'odyssée de leurs découvertes. Les **Dos Santos** ont une très-faible surface. Les **îles Désertés** sont trois écueils.

Madère, longue de 50 kilomètres, large de 20, donne toute sa surface à des monts et à des gorges : monts volcaniques, gorges de basaltes et de laves ; le Pico Ruivo, sa tête la plus haute, se dresse à 1,800 mètres environ. Les pentes de ces pics, lors de la découverte de l'île par les Portugais João Gonçalvez et Tristan Vaz (1419), étaient chargées de forêts, et c'est même de là que vint le nom de Madère, en portugais *Madeira* (bois, madrier). Les forêts incendiées par les premiers colons couvrirent les laves décomposées, de cendres qui augmentèrent encore la fertilité du sol. Madère produit le café et la canne à sucre, mais son fameux vignoble, jadis la richesse de l'île, a failli disparaître devant l'oïdium.

Depuis quelques années, Madère a été choisie pour station médicale par des centaines d'Anglais qui viennent y combattre la phthisie pulmonaire, et souvent la guérir.

Il y a 111,000 habitants dans l'archipel de Madère. Ainsi qu'aux Açores, la population est de souche portugaise, elle est catholique et parle la langue de Portugal. De même aussi elle s'accroît lentement ou se maintient à peine, par suite d'une émigration très-forte vers le Brésil, la Guyane anglaise et les Antilles. Les Madériens se louent surtout pour Démérara, dans la mortelle Guyane ; ils y vont faire une saison de travaux agricoles, et reviennent avec quelque argent, quand ils n'ont pas été moissonnés. Le siége du gouvernement, **Funchal**, renferme 18,000 âmes.

Les **îles Canaries** font face au Maroc, vers les parages où l'empire barbare confine au Grand-Désert. La distance de l'Archipel au continent varie entre 90 kilomètres pour Fortaventura et 280 pour Palma. Ce sont les îles fortunées des Anciens perdues de vue dans les ténèbres du moyen âge, retrouvées, dit-on, par les Génois en 1295, et colonisées par les Espagnols à partir de 1478. Elles dépendent de l'Espagne.

L'Archipel couvre 727,000 hectares de ses sept grandes îles peuplées et de ses cinq petites îles inhabitées. Sa population monte à 256,000 individus. Les grandes îles sont **Palma**, à l'ouest extrême ; **Gomera**; **Ténériffe**, la plus vaste (195,000 hectares); **Canarie** (165,000 hectares); l'**île de Fer**, d'où beaucoup de cartes font partir les méridiens, à la différence des cartes anglaises, qui se rapportent au méridien de Greenwich, et des cartes françaises, qui partent de l'observatoire de Paris; **Fortaventura** et **Lanzarotte**, proches de la côte. Les petites îles s'appellent **Graciosa, Alegranza, Santa-Clara, Lobos** et **Rocca**.

« Pas une seule des Canaries qui ne se redresse en montagne : Lanzarotte a son Monte-Famera (684 m.), Fuertaventura son

Monte de la Muda (683 m.), Canarie son Pico de los Pechos (1,951 m.), Gomera sa Cumbre Garojona (1,340 m.), Palma son Pico de la Cruz (2,356 m.), l'île de Fer son Pico de 1,520 m., Ténériffe enfin son Pico de Teyde.

Toutes sont volcaniques, surtout Palma et Ténériffe. Le cratère de la Caldera (chaudière), dans Palma, au pied du Pico de los Muchachos (2,100 m.), surpasse les autres entonnoirs de feu de l'archipel par la grandeur de ses dimensions. Sa largeur est de 5 à 6 kilomètres; ses parois ont de 300 à 600 mètres de hauteur et se continuent encore de 600 à 900 mètres en altitude par le versant quasi perpendiculaire du Pico. Dans Ténériffe, le fameux pic de Teyde ou de Ténériffe montre par un éternel dégorgement de soufre, de vapeurs et de fumées, que sa noble pyramide n'a point encore fermé sa solfatare. De sa cime, revêtue de genêts grisâtres nommés retamas, le pic de Teyde regarde au loin son archipel et sa mer, et de loin on l'aperçoit trônant à 3,715 mètres. « J'ai, dit Humboldt, j'ai vu dans la zone torride des contrées où la nature est plus majestueuse, plus opulente dans la diversité de ses formes végétales; mais, après avoir visité les bords de l'Orénoque, les Cordillières du Pérou et les belles vallées du Mexique, je dois le déclarer, je n'ai rien trouvé de plus varié que Ténériffe, rien de plus attirant, de plus harmonieux par l'heureux mélange de la roche et de la verdure. » Quelque part il dit aussi : « Pour chasser la mélancolie et rendre la paix à une âme douloureusement combattue, je ne connais rien comme vivre à Ténériffe ou à Madère. » Les Canaries méritent donc bien leur ancien nom d'îles Fortunées. Le climat, la plastique du sol, le mont, la mer, tout y est beau, seulement les chaleurs s'élèvent souvent à un très-haut degré, il n'y pleut pas assez, et le Sahara y envoie des escadrons de sauterelles. La température moyenne de Ténériffe, sur la côte, approche de 22 degrés.

Les 256,000 Canariens ont dans leurs veines du sang espagnol, du sang flamand, quelque peu de sang noir, et assez de sang guanche pour qu'un savant ait dit : « Le Canarien moderne n'est autre chose qu'un Guanche baptisé. » Les Guanches, autochthones de l'archipel, formaient, à l'arrivée des Castillans, une petite nation agricole. Probablement, ils se rattachaient au tronc des Berbères marocains. Ils furent exterminés, et d'eux il ne reste que la modification apportée à l'élément envahisseur, les monuments barbares de l'île de Lanzarote, et des momies dans des grottes, car, comme les anciens Égyptiens, les Guanches embaumaient leurs morts. On rencontre encore aux Canaries quelques Nègres, fils de ceux qui furent importés à l'époque où l'on cultivait la canne à sucre dans l'archipel.

Le nombre des habitants augmente très-lentement, et on l'a vu diminuer, à certaines années, par l'émigration vers les Philippines et vers l'Amérique espagnole, surtout vers le Vénézuéla. **Santa-Cruz de Santiago**, dans l'île de Ténériffe, sur un rivage sablonneux, administre les Canaries, mais elle n'a que 10,000 habitants, moins qu'une autre **Santa-Cruz** (12,000 habitants), sise dans l'île de Palma.

Les **ILES DU CAP-VERT**, possession portugaise, ne comprennent pas tout à fait 430,000 hectares, avec 67,000 habitants. Sur quatorze, il y en a dix habitées. Leur nom dit leur situation dans la mer d'Afrique : elles regardent la Sénégambie française, le cap Vert des Européens, la pointe de Dakar des indigènes du Cayor. Toutes sont montagneuses, beaucoup ont encore des cimes fumantes.

Quel contraste que celui de cet archipel avec l'archipel de Ténériffe! Les Canaries montrent un éden en face du Grand-Désert ; les îles du Cap-Vert, malgré la fertilité d'un sol volcanique, deviennent un désert vis-à-vis d'un littoral peuplé. Bien que sur la côte du Sénégal et de la Gambie, il pleuve six à sept mois par an, l'archipel du Cap-Vert reste des années entières sans voir tomber une goutte de pluie, comme en 1831, 1832, 1833, et la population y meurt littéralement de soif. La sécheresse persistante paralyse la terre, et la famine, entrant en lice, prend par elle-même ou fait fuir par l'expatriation le dixième, le cinquième, et jusqu'à la moitié des habitants de ces îles. Si l'exagération n'a pas faussé les documents, la famine d'il y a quarante ans enleva ou fit partir

30 à 50, 000 individus sur 56, 000. La plupart des émigrants des îles du Cap-Vert se dirigent vers le Brésil. Les 67, 000 habitants sont ou des Portugais de race pure, en très-grande minorité, ou des descendants d'Espagnols des Canaries, ou des Mulâtres et des Nègres. Tout ce monde professe le catholicisme et parle un portugais altéré par beaucoup de mots provenant des langues africaines que jargonnaient les Noirs introduits dans l'archipel.

La capitale se nomme **Porto Praya**; elle occupe une plage de la plus étendue des îles, **Santiago**, en portugais Saõ-Tiago ou île du Cap-Vert. Santiago, fort malsaine, est assez bien arrosée par les ruisseaux descendus de ses montagnes (Pico de Antonio, 1, 350 m.). S'il y a plus de mille Blancs purs dans sa population, on y voit aussi beaucoup de Nègres luisants, véritables fils de la noire Guinée.

Saint-Antoine, seconde en grandeur, possède un pic de près de 2, 500 mètres, le Paõ de Assucar (Pain de sucre), qu'on distingue de plus de 80 kilomètres en mer.

Saint-Vincent, séjour salubre, n'avait pas d'habitants quand lui arrivèrent, à la fin du siècle dernier, vingt familles de l'île de Fogo.

Fogo (le feu) renferme dans son sein son ennemi, un volcan de 2,700 mètres aux éruptions redoutables. C'est une île saine, mais des plus sèches de l'archipel et des plus exposées à la famine.

La charmante **Brava** (la sauvage) a été surnommée le paradis de l'archipel. Elle n'a presque pas d'arbres, mais le climat, dit-on, y vaut celui du Portugal méridional, et l'eau ne manque pas à ses fontaines. La population provient d'émigrants de Madère et de familles chassées de Fogo, en 1680, par une grande éruption volcanique.

Boavista se vante d'être aussi salubre que Brava. **Maio**, au contraire, est insalubre. L'île de **Sal**, son nom le dit, produit du sel. Dans **Saint-Nicolas** s'élève le mont Gordo (1200 m.), volcan éteint.

Les îles du golfe de Guinée, Fernando-Po, l'île du Prince,

Saint-Thomas, Annobom, se suivent presque en ligne droite du nord-est au sud-est, au nord et au midi de l'Équateur. En prolongeant au loin leur ligne, on arriverait à Sainte-Hélène.

Fernando-Po s'écrit ainsi dans la langue des Espagnols, les maîtres actuels de l'île, mais la véritable orthographe est celle du nom du découvreur portugais (1471), **Fernão do Pô**. Bien pourvue de ports, de ruisseaux, de terrains volcaniques féconds, Fernando-Po, malheureusement, a contre elle un climat périlleux, et ni les Portugais, premiers possesseurs, ni les Espagnols n'ont créé de colonie persistante sur ses cent mille hectares. L'Espagne y déporte des criminels et des victimes de ses guerres civiles. L'Angleterre seule y a fondé quelque chose : **Clarence**, petite ville de Nègres, dut son existence, à partir de 1827, aux Anglais attirés dans les parages du delta du Niger par les intérêts du commerce et par la présence dans ces eaux de la croisière chargée de pourchasser les négriers. Le pic de Clarence, chargé de forêts, se lève à 2,886 mètres; comme il émerge presque immédiatement de la plaine des mers, ce superbe pilier granitique paraît plus sublime encore ; il fait dignement face au pic continental grandiose de Camerones.

On évalue diversement la population de Fernando-Po à 4,000-20,000 habitants, des Nègres amenés par les Anglais et des Bobies : ceux-ci sont des autochthones de petite taille, moins noirs que cuivrés, des païens qui jusqu'à ce jour ont méprisé les prédications des missionnaires.

L'île du Prince, en portugais ilha do Principe, dépend du Portugal. Ses forêts touffues préservent du soleil une multitude de ruisseaux nés dans de hautes montagnes dont la plus grande s'appelle Bec de Perroquet (Bico de Papagaio). Les insulaires y parlent un portugais défiguré par l'influence d'idiomes nègres, l'île ayant eu pour premiers habitants des aventuriers lusitaniens qui s'empressèrent d'importer des esclaves noirs. La capitale a nom **Saint-Antoine**.

Avec l'île du Prince, **Saint-Thomas** (Saô-Thomé), beaucoup plus grande, couvre près de 120,000 hectares, avec un peu moins de 20,000 âmes. Saint-Thomas s'élève à 240 kilomètres environ du continent. Ses montagnes se dressent presque sous la ligne équatoriale ; le pic de Saô-Thomé, point culminant, monte à 1,800 mètres.

Les montagnes de Saint-Thomas sont profusément boisées, leurs vallées ont toutes leur torrent constant, mais ces torrents s'extravasent, ils font des marais, et l'insalubrité de l'air mine les Européens fixés dans cette île, qui était beaucoup plus florissante autrefois. Pendant le seizième siècle, elle fut occupée par des Portugais planteurs de sucre et maîtres d'esclaves. Quand la renommée du Brésil eut grandi, presque tous ces planteurs passèrent la mer et se firent Brésiliens. L'île du Prince connut la même prospérité, partagea la même décadence, et ses colons partirent aussi pour le Brésil.

Le petit peuple de Saint-Thomas provient de l'alliance avec les négresses du continent, des premiers Portugais établis dans l'île, qui était inhabitée lorsque les Européens y débarquèrent. La langue des insulaires est, comme à l'île du Prince, un portugais bâtard.

Le chef-lieu porte le même nom que l'île ; il borde un torrent qui vient de se précipiter par la belle cascade de Glou-Lou.

Annobom (Bonne-Année, en portugais) fut découverte le premier janvier 1471. D'abord portugaise ainsi que Fernando Po, elle est devenue espagnole comme Fernando-Po, et comme Fernando-Po les Espagnols ne l'ont point utilisée.

Quand les Portugais y arrivèrent, elle était déserte. Quelques marins, des soldats, des gens de fortune y traînèrent des esclaves, dans la seconde moitié du seizième siècle. De la sorte naquit une race mêlée où le noir domine, race aujourd'hui presque sauvage, catholique de nom et se servant d'un portugais bien éloigné de la langue du Camoens. On dit les gens d'Annobom au nombre d'environ trois à quatre mille.

L'Ascension (7,000 hectares), aux Anglais, à égale distance de l'Afrique et du Brésil, et assez près de l'Équateur, est un rocher volcanique sans végétation. Ses montagnes, rouges ou noires, atteignent leur point culminant dans la montagne Verte (865 m.), terminée par deux pitons. L'Ascension, que les Portugais découvrirent en 1501, n'a reçu ses premiers habitants qu'en 1815, et elle nourrit aujourd'hui un demi-millier d'hommes, qui s'accommodent d'un climat brûlant, mais salubre. Le chef-lieu a nom **Georgestown**. Dans les eaux voisines se pêchent les tortues de mer les plus grosses qu'on connaisse : elles pèsent de 200 à 400 kilogrammes.

Sainte-Hélène, à 1,300 kilomètres des terres, jaillit du fond de mers extrêmement profondes. 12,000 hectares, 7,000 habitants, dont la moitié de Nègres, c'est toute l'aire et toute la population de cette île aride que le reboisement améliore un peu. Les courants froids venus du Pôle austral lui donnent presque le climat et la végétation du Chili, distant de 7,000 kilomètres et placé beaucoup plus en avant dans la zone antarctique. L'influence de la latitude torride plie ici devant la puissance du milieu marin, et sous le seizième degré de latitude, la moyenne annuelle de l'île dépasse à peine celle de Lisbonne, qui est pourtant ville située sous le trente-neuvième.

Sainte-Hélène, rocher basaltique, a pour principale cime le pic de Diane (875 m.), qui commande le val de Longwood, où mourut Napoléon.

Cette île, découverte par les Portugais, a été transformée par les Anglais en une citadelle imprenable, le Gibraltar et le Périm de celle des deux routes de l'Inde que ne surveillent pas le Gibraltar d'Espagne et le Périm d'Arabie. La capitale se nomme **Jamestown**.

Tristan da Cunha, révélée par un navigateur portugais, qui lui laissa son nom, s'élève au loin dans l'océan Atlantique du sud, plus près du cap de Bonne-Espérance que d'aucun autre rivage, à peu de distance du quarantième degré. Elle groupe ses vallons bien arrosés autour d'un volcan mort de plus de 2,500 mètres de hauteur, sous un ciel d'une salubrité irréprochable. 150 individus environ, d'origines diverses, de langue anglaise, habitent Tristan da Cunha et les deux îles moins étendues qui forment archipel avec elle. Ils acceptent la suzeraineté du Cap et conséquemment de l'Angleterre.

Dans l'océan Indien, Bourbon, Maurice, les Seychelles, les Amirantes, les Comores, îles anglaises, françaises ou indépendantes, gravitent, minces satellites, autour de l'énorme Madagascar.

MADAGASCAR ne reconnaît dans le monde que deux îles plus grandes qu'elle : la Nouvelle-Guinée et Bornéo. Par sa situation elle est à l'Afrique australe, plateau attaché à l'Afrique plus basse du nord, ce que Ceylan est au Décan, plateau lié aux plaines de l'Inde septentrionale. Le canal de Mozambique, large de 350 kilomètres, et parcouru par un courant rapide venu des parages indous, la sépare de l'Afrique portugaise orientale et du delta du Zambèze.

Son aire égale presque celle de la France avec le Rhin pour frontière, environ 60 millions d'hectares. Sa longueur atteint près de 1,600 kilomètres du nord-est au sud-ouest, sa largeur oscille entre 300 et 450 kilomètres. Les quatre cinquièmes ou les cinq sixièmes du territoire, au sud, se trouvent en dehors de la zone tropicale ; tout le reste s'allonge au nord du Tropique du Capricorne dans la direction de l'Équateur.

Madagascar se partage en terres basses et en montagnes. Les terres basses, d'une fécondité médiocre, et même stériles sur d'assez vastes étendues, occupent surtout l'ouest et le midi de l'île. Les chaînes recouvrent le nord et l'est jusque dans le voisinage de la mer, aussi les fleuves ont-ils un cours limité dans ces deux parages : en compensation, ils sont abondants, d'abord parce que les montagnes du nord sont élevées, ensuite parce que le versant oriental reçoit des pluies copieuses de la mer des Indes. De ce côté de Madagascar, les vallées sont fertiles et leurs forêts se prolongent à l'infini et vont gravir les pics. C'est aux hôtes sauvages de ces grands bois que l'île dut son nom indigène de Nosindambo (île des Sangliers), nom qu'elle vient de quitter chez les Malgaches eux-mêmes pour s'appeler à l'européenne, Madagascar.

Le principal massif, fait de granit, pourrait se nommer monts des Hovas, d'après la race qui de là commande au reste de Madagascar. Son altitude moyenne ne dépasserait pas 1,000 à 1,200 mètres, et ses têtes les plus hautes n'ont guère que 2,000 mètres, et non 3,500 à 4,000, comme on l'a cru longtemps. Les cimes culminantes se dressent en vue de Tananarivou, la capitale de l'île, dans le groupe d'Ankatra. Nulle d'elles, avec cette altitude médiocre sous une pareille latitude, ne peut s'éclairer de neiges persistantes, mais il descend beaucoup d'eau de leurs croupes généralement arrondies. Malheureusement, les fleuves qui s'y forment ne portent point bateau, malgré leur volume; ils descendent de cascade en cascade et d'étranglement en étranglement, puis sont barrés à leur embouchure par des sables, principalement sur la côte orientale. N'ayant pas d'issue à leur aise, les eaux forment en arrière des marais, cause première de l'insalubrité qui a fait échouer toutes les entreprises des Français sur Madagascar. Le plus considérable des fleuves malgaches, le Betsibouka, et son affluent l'Ikioupa mènent tous deux à Tananarivou. Le Betsibouka se perd au nord-ouest de l'île, dans la magnifique baie de Bombétok.

Il faut d'autant plus regretter l'impuissance à porter bateau des rivières de Madagascar que l'île, dans sa partie septentrionale, surtout au nord-ouest, abonde en baies vastes et sûres, dont quelques-unes pourraient donner un asile à toutes les flottes de la mer à la fois. Sur 4,000 kilomètres de rivage, 500 au moins, le long de l'océan des Indes comme le long du canal, à partir du cap d'Ambre ou cap du Nord, sont très-richement dotés en abris sûrs pour les vaisseaux. On peut citer les baies d'Antongil, de Diego Suarez, celle que protége l'île française de Nossi-Bé, la baie de Bombétok, etc.

Ayant en même temps des plaines basses, des plaines hautes

et des montagnes sous le soleil du Tropique, Madagascar possède l'inappréciable avantage de la superposition et de la pénétration des climats et des plantes. L'île ne refuserait rien si elle était cultivée comme elle le demande. Au privilége de se prêter à tous les produits du globe, Madagascar réunit le mérite de posséder une flore à elle et une faune originale. Malgré le voisinage de l'Afrique, elle nourrit des animaux qu'on ne voit pas sur ce continent, et dont la présence a fait conjecturer que cette île est le reste encore émergé d'une terre sur laquelle pèse maintenant la mer des Indes. Le tenrec, qui a des dards comme le hérisson, l'étrange aye-aye cherchant la nuit les insectes dans la fente des troncs, les makis, singes-écureuils à longue queue fourrée, ne se rencontrent que dans l'île malgache. L'épiornis, oiseau géant, a disparu. Les grands animaux du Tropique africain n'y ont point pris pied, ni les beaux, ni les hideux, pas plus les félins superbes que le monstrueux hippopotame, le rhinocéros et l'éléphant que son front magnifique sauve à peine du ridicule; seul, l'affreux caïman fait songer au continent prochain. Pas de serpents dangereux dans la forêt; tout au plus des araignées boursouflées qui font horreur.

A Madagascar, la salubrité croît d'étage en étage. Un roi des Hovas a pu dire : « Comment craindrais-je les Blancs ? j'ai contre eux deux généraux invincibles, tazo et hazo! » Tazo, c'est la fièvre, hazo la forêt. Mais si la mort s'engendre à tout instant du jour et de la nuit, des mois chauds et des mois tièdes, dans les lagunes à demi dérobées sous les racines conquérantes des mangliers et des palétuviers; si la côte orientale a reçu pour ses fièvres paludéennes le surnom de Cimetière des Européens, le plateau des Hovas est sain comme la France méridionale. Le peuple des Hovas, aujourd'hui maître de l'île, mais venu à une époque comparativement récente, habita d'abord les plaines basses de la côte. Décimé par la fièvre des marais, il remonta le cours des fleuves, et, à travers les forêts et les montagnes, quand il eut gravi le dernier échelon des plateaux, il se trouva sur des plaines fraîches et saines où un climat favorable doubla le nombre, la force et l'audace de ses guerriers. Aujourd'hui même, quoique bien inférieurs en nombre aux vingt-cinq peuplades qui habitent Madagascar, ils règnent sur l'île. Quand les miasmes de la côte ont diminué leurs garnisons du pays conquis, les soldats reviennent dans les plaines de la santé pour n'en redescendre qu'après avoir retrouvé leur force première dans l'air régénérant d'en haut, au milieu des montagnes boisées, près des clairs ruisseaux et des sources éternelles.

Vingt-cinq nations vivent dans Madagascar; toutes usent de la même langue, un dialecte malais. Ce n'est pas que la majeure partie des immigrants qui ont peuplé cette grande île fût d'origine malaise; la masse de la population provient plutôt d'éléments cafres influencés par le sang arabe, le sang saouahili et enfin par le sang hova. Si la race de la majorité est africaine, la langue des derniers venus, les Hovas, dont le type rappelle assez le type malais, a pris le pas sur les autres. Ainsi la France, nation de provenance celtique par le plus grand nombre de ses ancêtres, parle un langage latin.

On attribue à Madagascar quatre millions d'habitants, dont un million d'Hovas; le tiers environ des Madécasses serait de teint noir, et les deux autres tiers de couleur cuivrée. Les Sakalaves habitent le versant occidental et une partie du sud, les Bétsimisarakes se tiennent sur le versant de la mer des Indes : de même que les Sakalaves voient de leur côte l'île française de Nossi-Bé, les Bétsimisarakes contemplent de leur rivage l'île française de Sainte-Marie. Les Bétanimènes, qui sont probablement parents des Hovas, ont maintes fois apparu dans l'histoire extérieure de Madagascar, car avec les Bétsimisarakes, ils gardent la rive qui fut le théâtre de beaucoup de nos tentatives de colonisation. Les Hovas ont pour demeure le centre de l'île, son haut massif granitique ; au midi, ils confinent aux Bétsiléos, au nord-est aux Antsihianakes des bords du grand lac d'Alaoutre.

Les Hovas sont les rois abhorrés de toutes ces petites nations qu'ils conquirent par la ruse et le fer et qu'ils tiennent par la cruauté. Ils sont païens, ainsi que les autres tribus de l'île, auxquelles les Arabes, n'ont encore pu faire adopter la religion musulmane.

Par un étrange hasard, cette île grande et belle a causé

moins de rivalités entre les peuples maritimes que le dernier rocher sans arbre et sans eau de la mer des Antilles. Les Anglais eux-mêmes, habitués à s'emparer coûte que coûte des meilleurs rivages de l'univers, n'ont sérieusement essayé d'y prendre quelque influence que depuis peu d'années, à la suite des missionnaires protestants que l'Angleterre et l'Écosse lancent sur tous les pays du globe.

Le missionnaire, sa bible à la main ; derrière le missionnaire, le trafiquant avec sa quincaillerie et ses étoffes ; derrière le marchand, le colon, puis le marin et le soldat, telle a été pour beaucoup de pays devenus anglais la marche de l'asservissement. Nommerons-nous la Nouvelle-Zélande, où les missionnaires auront en vain voulu sauver de la mort le peuple maori qu'ils avaient adopté, élevé et momentanément fait chrétien ? La France, elle, a plusieurs fois pris pied sur ce sol que lui reconnaissent les traités, mais les fièvres pernicieuses en ont chassé ses garnisons. Ses tentatives n'auraient pas été vaines si les Français avaient imité les Hovas, si, fuyant l'empestement du rivage, ils avaient porté leurs forts dans la haute région du centre. Une fois soumis, le pays se franciserait promptement par les colons de Bourbon et de Maurice, prêts à s'y jeter en masse, car ils étouffent sur leurs petites îles.

Tananarivou (en malgache les Mille Cases), sur l'Ikioupa, renfermerait 75,000 personnes. Elle est située chez les Hovas, à une altitude considérable, dans une plaine couverte de champs de riz.

Pour **Bourbon**, Sainte-Marie, Nossi-Bé, Nossi-Mitsiou, Nossi-Fali, **Mayotte**, V. France : colonies d'Afrique.

Mayotte, île française, fait partie des Comores.

Les **Comores** autres que Mayotte ne dépendent de personne. Elles se baignent dans les flots septentrionaux du canal de Mozambique, à égale distance de Madagascar et de la côte africaine. Terres volcaniques ayant pour avant-postes des écueils de corail, elles sont peuplées par un mélange d'Arabes, de Saouahili et de Cafres.

Dans la **Grande Comore**, ou **Angarifa**, s'élève un volcan non encore éteint. Le plus haut des pics de cette île atteint 2,400 mètres, et le piton culminant de l'île d'**Anjouan** monte à peu près à la même altitude.

Les gens des Comores ont adopté l'islam ; beaucoup parlent arabe.

Maurice, à une cinquantaine de lieues au nord-est de Bourbon, s'appelait île de France quand elle était une de nos colonies. Son domaine comprend 183,000 hectares seulement, mais le nombre de ses habitants dépasse 340,000.

Maurice, île volcanique surtout composée de basaltes, reconnaît pour son plus haut sommet un volcan éteint de 960 mètres d'altitude, le piton de la Rivière Noire. Elle a pris rang parmi les plus riches pays de production du monde depuis que les Anglais y ont remplacé par des coulies indous et chinois les anciens esclaves nègres, grands amis du *farniente*. A l'étendue de la production en denrées tropicales répond un commerce immense, que favorisent d'excellents ports. Bourbon n'a pas d'abris, Madagascar est barbare et malsaine, Maurice est le grand refuge dans ces mers, en même temps que le grand champ de cannes à sucre. Elle est souvent dévastée par d'implacables ouragans, telle que la tourmente de 1773, qui fut si fatale à la ville de Port-Louis et à bien des habitations de l'île. (A Maurice, le mot habitation désigne ce que nous appellerions en France une ferme, et le mot habitant répond à notre mot de propriétaire.)

L'île appartenait aux Français depuis 1721 quand un grand administrateur, La Bourdonnaye, lui donna rapidement la première place entre nos colonies de la mer des Indes. Elle devint le siège d'une société élégante et polie, et si Bertin et Parny naquirent à Bourbon, l'île de France était digne d'abriter les amours de Paul et Virginie. Les Anglais nous enviaient cette petite France insulaire, et à leur envie se mêlait la haine. Ce rocher perdu se changeait dans les temps de lutte en un nid de corsaires : de là partaient les croiseurs qui ravirent au commerce britannique pour soixante millions de valeurs de 1795 à 1810. Cette année-là, une flotte formidable nous l'enleva, malgré l'éclat de la bataille de Mahébourg, l'une de nos belles victoires sur mer. Quatre ans après, quand nous payâmes à l'Europe le prix de nos désastres, le plénipotentiaire français fit la folie de refuser à l'Angleterre nos ridicules possessions de l'Inde, pour la rançon de cette île. L'île de France resta donc anglaise, et reprit le nom de Maurice, qu'elle tenait de ses anciens maîtres hollandais, mais la physionomie, la langue, les mœurs sont encore françaises. Maurice et Bourbon continuent à se traiter d'îles sœurs, et il y a peu d'Anglais parmi les cinquante à soixante mille Blancs de Maurice. A côté de ces derniers, on compte à peu près un nombre égal de Noirs et de Mulâtres affranchis. Le reste, plus de 200,000 hommes, est constitué presque exclusivement par des travailleurs indous. Parmi les commerçants, il y a des Chinois, quelques Arabes, des Indous mahométans, des Parsis.

Port-Louis, la métropole, au bord d'une rade excellente, compte 50,000 habitants.

On réunit quelquefois Maurice et Bourbon sous le nom de Mascareignes (du découvreur, le Portugais Mascarenhas), à **Diego Rodriguez**, ou simplement Rodriguez. Rodriguez, aux Anglais, est une île granitique de 11,000 hectares et de 150 habitants.

Au nord de Madagascar, les **Amirantes** et les **Seychelles**, petites îles, îlots, rochers, bancs de sable et de corail, ont aussi appartenu à la France et dépendent maintenant de l'Angleterre.

Mahé, la plus grande des Seychelles, a pris des Anglais le nom de Victoria, qui s'étend épidémiquement sur le globe. Cette île renferme une montagne de 1,920 mètres de haut; vient ensuite **Praslin**, inférieure d'un tiers à Mahé, puis **Cu-**

rieuse, qui possède un hôpital de lépreux et produit le palmier portant la double noix de coco. L'Archipel, qui a 29 îles, est situé en moyenne à 630 kilomètres de Madagascar, à 1,700 de Maurice. Toutes ses îles se ressemblent par leur constitution montagneuse, leurs bancs de sables, leurs coraux, leurs pentes chargées de forêts, leurs vallons bien pourvus d'eau, leur climat charmant, doux, salubre et jamais affligé d'ouragans. Ses 7,500 habitants, Noirs, coulies indous, Blancs, parlent un français efféminé, corrompu à la créole ; le catholicisme domine chez eux. Les Blancs ont pour pères des colons venus de Bourbon et de Maurice, à partir de 1742, et des transportés politiques français (1801). Le sang noir a été fourni par les négresses du Mozambique.

Port-Victoria, dans l'île de Mahé, au pied d'une petite montagne boisée, le Morne-Rouge (450 mètres), borde une baie superbe et très-sûre, à deux entrées. Son bon climat en a fait le sanatorium des Mauriciens.

Socotora, au large du cap Guardafui, à l'entrée du golfe d'Aden, nourrit peu d'habitants sur ses 275,000 hectares. Les 5,000 musulmans, Arabes et Saouahilis, qui vivent sur sa côte avant-bordée de coraux, ont pour capitale **Tamarida**. Ils obéissent à un sultan d'Arabie. La masse de l'île consiste en plateaux calcaires et en monts de granit de 1,650 mètres au plus. L'alos est le produit le plus renommé de Socotora.

DEUXIÈME PARTIE

NOUVEAU CONTINENT

AMÉRIQUE DU NORD, AMÉRIQUE DU SUD

AMÉRIQUE

L'Amérique s'appelle aussi Nouveau-Continent ou Nouveau Monde.

Peut-être les Phéniciens et les Carthaginois la connaissaient-ils? Elle vit débarquer les premiers Européens dans la première ou dans la seconde moitié du dixième siècle. Des Norvégiens, venus de l'Islande, alors prospère et peuplée, s'établirent à cette époque dans le Groenland et reconnurent les côtes d'un pays qu'ils appelèrent Vinland (terre du vin) et qui s'étendait probablement du golfe du Saint-Laurent aux estuaires près desquels s'élève aujourd'hui Washington. Détruits au milieu du quatorzième siècle par les Esquimaux, ou abandonnés par la métropole que ravageait alors la fameuse peste noire, ces établissements scandinaves, sans doute, avaient été déjà fort réduits par un changement de climat funeste. Si l'Amérique du Nord, au dixième siècle, eût ressemblé à celle de nos jours, les Norvégiens n'auraient pas appelé Vinland la contrée qui est maintenant le Canada et la Nouvelle-Angleterre, et jamais ils n'auraient donné le nom de Terre-Verte (Groenland) à des rivages presque toujours uniformément blancs de glace et de neige.

On avait oublié ces colonies scandinaves quand un Génois au service de l'Espagne, Christophe Colomb, eut l'idée de naviguer vers l'Inde par la mer de l'ouest. La terre étant ronde, l'idée portait juste, mais le grand homme ne se doutait pas qu'un continent barrait la route.

Ce continent, découvert par le navigateur en 1492, prit le nom d'un des nombreux explorateurs qui suivirent la voie frayée. C'est d'un autre Italien, un Florentin, Amerigo Vespucci, que le Nouveau-Monde s'appela l'**AMÉRIQUE**. De nos jours se fait une tentative de réparation : laissant le titre commun d'Amérique aux deux demi-continents de la partie du monde, et le réservant plus spécialement à l'Amérique du Nord, peuplée par une nation envahissante qui se donne le nom de peuple américain, beaucoup d'écrivains de toutes nations s'attachent à appeler **COLOMBIE** le demi-continent du sud sur lequel Colomb est le premier fils de l'Europe qui ait posé le pied : en 1498, l'immortel Génois aborda, dans son troisième voyage, aux embouchures de l'Orénoque. Colomb cherchait l'Inde, il trouva l'Amérique ; avec les trésors du Gange, vers lequel il croyait cingler, il voulait racheter le tombeau du Christ, et les mines des montagnes américaines n'ont servi à aucune rédemption ; pour elles, l'Europe a commis deux crimes : elle a détruit l'Indien, elle a fait la chasse au Noir.

Le Nouveau-Monde, allongé du nord au sud, se compose de deux masses réunies par un isthme montueux appelé l'Amérique centrale et par une chaîne d'îles nommées les Antilles. Les deux masses ont à peu près la même figure, qui est celle d'un triangle dont la pointe regarde le midi, et presque la même étendue. L'Amérique du Nord embrasse 2,060 millions d'hectares, 37 à 38 fois la France, et l'Amérique du Sud 1,800 millions d'hectares, 33 à 34 fois la France : en tout 3,860 millions d'hectares, 73 fois la France. La population, qui est de 80 à 85 millions d'habitants, au plus, se partage inégalement. Le demi-continent du nord, avec l'Amérique centrale et les Antilles, contient environ les deux tiers des Américains, et la population y monte avec plus de rapidité que dans l'Amérique méridionale, par l'immense attraction des États-Unis, pays tempéré où se portent comme avec fureur les vagues de l'immigration européenne.

L'Amérique septentrionale se rapproche plus du Pôle boréal que l'Amérique du Sud du Pôle austral : celle-ci ne descend que jusqu'au 55ᵉ degré, l'autre dépasse le 75ᵉ. Mises bout à bout, les deux fractions du continent ont 14,000 kilomètres de longueur, c'est-à-dire la distance de la pointe méridionale de l'Espagne au cap sibérien le plus voisin de l'Amérique. La plus large des deux masses, l'Amérique du Nord, a 6,000 kilomètres d'amplitude à la hauteur du détroit de Belle-Isle, et il y a 5,000 kilomètres, dans l'Amérique méridionale, entre la Punta Pariña (Pérou) et le cap Saint-Roch (Brésil). Cette forme allongée, qui contraste si fort avec la carrure de l'Asie, exerce une influence extrême sur toute l'économie du Nouveau-Monde.

Au nord, l'Amérique touche presque à l'Asie. Elle n'en est qu'à 50 kilomètres au détroit de Behring, l'un des derniers refuges des baleines chassées de toutes les mers et malades dans ces eaux qui ne sont pas leur patrie. A partir de ce minimum, dû à un allongement péninsulaire des deux continents, l'Asie se dirige constamment au sud-ouest, l'Amérique fuit vers le sud-est. Le détroit de Behring est de la sorte le lieu d'approche, et presque de contact, de deux lignes de côtes qui s'éloignent ensuite de plus en plus l'une de l'autre, sur un océan grandissant en largeur. Il y a bien 15 à 16,000 kilomètres des bouches du grand fleuve cochinchinois à la base de l'Amérique du Sud, vers Panama. La distance moyenne entre les deux continents, prise de la Chine à la Vieille-Californie, est de 120 degrés à peu près, ce qui fait le tiers du contour du globe. Il y a une distance bien moindre entre l'Amérique du Nord et l'Europe, l'Amérique du Sud et l'Afrique. De Brest à New-York, on compte environ 5,000 kilomètres; du cap Vert au cap Saint-Roch, l'éloignement se réduit à 2,800 kilomètres.

A ce bénéfice pour l'Europe d'une moindre distance, ajoutons que les vents et les courants mènent en général plus facilement les voiliers d'Europe en Amérique que ceux qui partent de l'Asie; que la côte du Pacifique américain regardant l'Asie est moins découpée, moins hospitalière que celle de l'Atlantique tournée vers l'Europe; qu'enfin les Rocheuses et la Cordillère des Andes ne laissent entre elles et la marge du Grand Océan que des terres étroites avec de courts torrents, tandis que le double continent incline vers l'Atlantique des plaines immenses, d'une fécondité sans pareille, et des fleuves de trois à sept mille kilomètres, les premiers de la sphère.

L'Amérique est donc plus voisine de l'Europe que de l'Asie, elle lui est plus accessible, et pour ainsi dire lui tend plus les bras. L'Europe est encore le pôle intellectuel de l'Amérique; l'Amérique est déjà le pôle matériel de l'Europe. Chacune de ces deux parties du globe enrichit l'autre par sa culture, son industrie, son commerce, mais l'Europe perd au profit de l'Amérique son trésor le plus rare, des centaines de milliers par année de jeunes gens vigoureux.

Jadis l'Asie eut peut-être des relations avec l'Amérique. A la haute latitude du détroit de Behring, les hivers polaires gèlent les flots d'un continent à l'autre. Sur les « glaçons amers, » des tribus d'Asie ont pu passer en Amérique à des dates ignorées. Les Esquimaux ressemblent singulièrement aux sauvages de l'Asie boréale, et l'on a même avancé, sans preuves suffisantes, que les Indiens proviennent de l'Orient chinois et japonais, dont les émigrants auraient été amenés dans l'Amérique par le Kouro-Sivo; ces Asiatiques auraient ainsi porté leur type et leur civilisation tout le long du Pacifique, jusqu'au Mexique, jusqu'à l'Amérique centrale, et peut-être jusqu'aux plateaux de Cundinamarca (Nouvelle-Grenade) et de Cuzco (Pérou), où les conquérants espagnols trouvèrent des peuples policés. Mais quand l'idée fixe d'un Italien et l'heureuse navigation de trois caraques andalouses eurent révélé à l'Europe un hémisphère occidental, l'Amérique entra dans une autre destinée. Elle fut nôtre, et en trois siècles et demi, nous en avons fait au nord une nouvelle Europe. Le sud est un champ-clos, de guerrier devenu pacifique, où les Blancs, les Indiens et les Noirs se mêlent en proportions diverses, pour former des nations dont l'avenir dépendra des doses du mélange. Depuis une dizaine d'années, l'émigration européenne s'y jette en quantité croissante, au grand avantage du demi-continent qui demande des hommes capables de guider ses peuples.

L'Europe seule, trait heureux sur la physionomie brute du vieux continent, est mieux découpée, plus favorable à la navigation que l'Amérique du Nord. L'Afrique possède un kilomètre de côte pour 1,420 kilomètres carrés de surface, l'Asie un pour 763 kilomètres carrés, l'Australie un pour 534, l'Europe un pour 289 (ou même pour 229, si l'on tient compte des grandes îles), l'Amérique du Nord un pour 407.

L'Amérique septentrionale a plus de 48,000 kilomètres de côtes. Elle est comme l'Europe riche en presqu'îles : Labrador, Nouveau-Brunswick et Nouvelle-Écosse, Floride, Yucatan, Vieille-Californie, Aliaska, riche aussi en dentelures du rivage, en golfes, en baies superbes, en sounds ou fiords.

L'Amérique du Sud, semblable à sa plus proche voisine, l'Afrique, manque absolument de péninsules et ne possède de golfes nombreux et profonds que le long de la mer des Antilles et dans les archipels de la Patagonie, de l'Araucanie et du Chili méridional. Un seul kilomètre de côtes y répond à 689 kilomètres carrés, mais elle se glorifie de ses deux grands estuaires, l'Amazone et la Plata, et de baies dont les plus vantées sont celles de Rio-de-Janeiro et la baie de tous les Saints. D'ailleurs, un climat plus chaud y contre-balance amplement cette pauvreté d'indentations ; toutes ses criques servent en toute saison, tandis qu'au nord d'excellents abris sont voilés pendant une partie de l'année par les brumes ou fermés par la glace.

Toujours pareille à l'Europe, l'Amérique septentrionale a son cortége d'îles importantes : Terre-Neuve, Anticosti, l'île du Prince-Édouard, le Cap-Breton, Long-Island, qui aide à la sécurité du port de New-York, Cuba. Sur le rivage occidental, Vancouver, les îles de la Reine-Charlotte et du Prince-de-Galles, Sitka, Kodiak, les Aléoutiennes, lui permettent de ne pas se montrer trop inhospitalière pour cette Asie qui lui présente des archipels comme le Japon, les Philippines et la Sonde, et des pays opulents comme la Chine. L'Amérique méridionale, toujours analogue à l'Afrique, n'est guère flanquée d'îles que dans la mer des Antilles et surtout au sud, là même où ces îles ont le moins d'utilité, dans les brumes et les pluies d'un océan orageux, au milieu de flots qui ne seront plus une des grandes routes du commerce après le percement des isthmes de l'Amérique centrale. D'autre part, les Malouines, la Terre de Feu, les îles du détroit de Magellan et de l'Araucanie, Wellington, Chiloë, pourront donner naissance à des peuples de marins.

Le principal archipel américain, les Antilles, se déroule en S, entre les deux demi-continents. Par le climat et les productions il se rattache plutôt à l'Amérique du Sud. Les Antilles sont les avant-postes du Nouveau-Monde du côté de l'Europe. Situé à l'entrée de la méditerranée qui sépare les deux Amériques, presque en face de l'Europe méridionale, d'où vinrent les découvreurs du Nouveau-Monde, vis-à-vis de l'Afrique, d'où sortaient les travailleurs noirs, l'archipel se trouve sur l'axe commercial de la terre, sur la route de mer où l'on fend les eaux les plus tièdes sous les plus beaux cieux, sur le grand chemin des isthmes, de Suez à Panama, de Panama à Malacca.

En Amérique, la montagne ne prédomine pas comme en Asie, et les plaines y prennent environ la moitié de la surface dans le nord et les deux tiers dans le sud. Les chaînes du Nouveau-Monde, pour ainsi dire externes au continent lui-même, le bordent plus qu'elles le sillonnent. Les Rocheuses et les Andes jettent souvent l'ombre de leurs volcans sur les eaux du Pacifique ; la distance de leur base à la mer, moindre quelquefois de 40 kilomètres, va rarement à 100, 120, 150, tandis qu'il y a 2,000, 3,000, 4,000 kilomètres jusqu'à l'océan Atlantique. Dans l'Amérique du Nord, la montagne s'évase bien en plateaux considérables, tels que l'Anahuac, le Nouveau-Mexique, l'Utah, mais elle garde une persistance marquée à se tenir en vue du Pacifique, dont elle est deux, trois et quatre fois plus près que de la mer de New-York et du golfe du Saint-Laurent. Les autres chaînes ne sont pas moins extérieures : les Alléghanies s'écartent peu de la rive atlantique, les monts du Vénézuéla longent la mer des Antilles, les monts de la Guyane se tiennent à 200, 400, 600 kilomètres au plus de l'étendue marine, et les plus hautes sierras du Brésil dominent l'horizon de Rio de Janeiro. Le centre de l'Amérique septentrionale, vers Saint-Paul de Minnesota, se trouve en plaine, entre les sources de trois grandes rivières de plaines : le Mississipi, la Rivière-Rouge du nord, le Saint-Laurent. Le centre de l'Amérique méridionale est à Cuyaba, sur des hauts plateaux si faiblement accidentés qu'il n'y a pas, sur certains points, de ligne de faîte accusée entre les bassins de l'Amazone et de la Plata ; et au nord comme au sud de ces plateaux se prolongent des plaines unies comme la mer.

La double Amérique a beau grouper une grande partie de ses terres le long de l'Équateur et des deux Tropiques, sa forme allongée entre deux grands océans la livre tellement aux vents pluvieux que les saharas et les steppes y sont bien moins vastes que dans la tropicale Afrique, l'Australie, l'Asie. Partout, sous l'Équateur même, et sans parler de l'élévation du sol qui crée des pays tempérés entre le Capricorne et le Cancer, l'influence des masses océaniques se fait sentir au bénéfice des terres que les eaux du ciel fertilisent, au bénéfice du climat qui par elle perd de sa torridité. De là une fécondité supérieure et une température moins brûlante que dans la plus grande partie de l'Asie, et de l'Afrique à latitude égale.

En Asie, l'amas de glaces de la Sibérie n'a presque point d'action sur le reste du continent, car de hautes montagnes ferment au vent polaire la route du midi indou et de l'orient chinois. Le contraire a lieu en Amérique. Du cinquantième degré boréal au Pôle, le nouveau continent n'offre que mers gelées, lacs emprisonnés presque toute l'année, plaines sans fin où font séjour des frimas éternels. Cinq cents millions d'hectares, peut-être même le tiers du demi-continent septentrional, sont de la sorte immobilisés dans la mort malgré leurs fleuves navigables, leurs lacs, quelquefois leur terre excellente et profonde. Les Laurentides ne se dressent pas assez haut pour garantir le bassin du Saint-Laurent des souffles de cette immense bouche de froid ; à plus forte raison les vents du nord peuvent-ils s'épandre amplement dans le bassin central de l'Amérique septentrionale, que nulle arête ne sépare des frimas circompolaires ; ils font rage à Saint-Louis du Missouri, et jusqu'à la Nouvelle-Orléans. La Cité du Croissant, voisine de la mer du Mexique, et située sous la même latitude que le Caire, grelotte quand le vent vient de Chicago.

Ainsi règnent au nord des froids dont le pôle se trouve près de l'île Melville, selon d'autres près du détroit de Smith, et dont la puissance a des effets jusqu'au bout du demi-continent. L'Amérique du Sud, coupée par l'Équateur, s'avance moins (de 15 à 18 degrés) vers le cercle polaire, et elle ne lui présente qu'une pointe au lieu d'un front de quatre à cinq mille kilomètres de largeur, comme le fait le demi-continent septentrional. Aussi est-elle comparativement la moitié tropicale du Nouveau-Monde; mais ses grands fleuves et ses pluies s'opposent à ce que le soleil y trace des déserts. Toute l'Amérique méridionale fournira des demeures à l'homme; elle n'aura point de terrains perdus, et si la plus grande énergie doit se trouver au nord, la plus grande population aura ses maisons dans le midi.

La portion de l'Amérique du Nord abritée du septentrion par les montagnes Rocheuses, c'est-à-dire la Colombie, l'Orégon, la Californie, jouissent d'un climat différent de celui qui règne à l'orient de ces monts, dans les bassins du Saskatchouan et du Mississipi : pluies très-fréquentes, température égale, végétation qui puise sa grandeur à l'humidité plus qu'au soleil; on dirait l'Europe occidentale. C'est bien la preuve que le climat de l'Amérique du Nord dépend surtout de l'accumulation des froids au nord du 50e degré; partout où le vent du nord pénètre — et peu de vallées lui échappent — la température, oscillant entre son influence et celle de la latitude ou du voisinage de la mer, prend des proportions extrêmes dans le froid et dans le chaud. Québec, sous la latitude de Paris, a des étés insupportables après des hivers pareils à ceux de la Russie du nord. Chicago, sous la latitude de Rome, New-York, sous celle de Naples, après des mois d'Afrique, éprouvent des froids semblables aux froids de la Suède méridionale.

L'allongement de l'Amérique, son insularité, sa pénétration sur presque tous ses points par les vents de mer qui la prennent en écharpe, le grand courant d'eau tiède sorti des étuves de la mer des Antilles pour contourner la Floride et suivre la côte jusqu'à Terre-Neuve avant de se diriger vers l'Europe, le courant qui longe le Brésil, voilà les sources principales de l'humidité qui fait l'opulence de l'Amérique. Dans les plaines indéfinies, dans les forêts et les savanes, les fleuves atteignent jusqu'à la monotonie de la grandeur; sur les sierras, les végétations tombent comme des cascades depuis les mousses laponnes jusqu'aux fouillis vivants de la flore équatoriale : partout le monde des plantes enfante incessamment des merveilles. Les Américains du sud et du nord, tous ces peuples qui croissent à vue d'œil, du lac Supérieur à l'estuaire platéen, puisent une juste fierté dans la splendeur de leur domaine. Le Français, faisant un retour de cent et quelques années en arrière, se souvient avec regret. Les deux grands fleuves de l'Amérique septentrionale nous appartenaient, et avec eux le sceptre du monde à notre langue. Les Anglais nous enlevèrent tout ce grand avenir par la prise de Québec. On y pensa peu à Versailles : ce fut l'entretien frivole de quelques instants, une petite nouvelle entre deux soupers, la plaisanterie d'un courtisan à un Bourbon.

Les premiers fleuves du monde traversent les plaines, de l'une et de l'autre Amérique, fleuves nés de l'excès d'humidité sous toutes ses formes, des pluies tamisées et régularisées plutôt qu'arrêtées par le dôme des forêts vierges, des ouragans qui ont valu au courant du Golfe son nom anglais de *weather-breeder* (père des tempêtes) et de *stormking* (roi des ouragans). Ils sont régulièrement disposés deux à deux — il s'agit des plus considérables — parallèles ou à peu près, et tous sur le versant de l'Atlantique. Dans l'Amérique du Nord, le Saint-Laurent coule de l'est à l'ouest, à travers cinq grands lacs; dans l'Amérique du Sud, le fleuve des Amazones, tombé des Cordillères, court aussi de l'ouest à l'est, pendant douze cents lieues, pour porter en moyenne à la mer environ 80,000 mètres cubes d'eau par seconde, le dixième ou le douzième de la masse d'eau courante du globe. Dans l'Amérique septentrionale, le Mississipi, fleuve de plaine grossi de rivières de montagne, court avec rapidité vers le sud; navigable pendant 5,000 kilomètres, il fournit au golfe du Mexique 17 à 18,000 mètres cubes d'eau par seconde. Dans l'Amérique méridionale, l'estuaire de la Plata reçoit plus de 18,000 mètres cubes par seconde, de trois rivières venues du nord comme le Mississipi et recueillant les eaux de la plaine, des Andes et des monts littoraux du Brésil, ainsi que le Mississipi celles de la plaine, des Rocheuses et des Alléghanies. Au nord, le Nelson écoule de grands lacs vers une mer intérieure glacée ; au sud, l'Orénoque écoule les eaux de llanos qui furent un lac vers une mer intérieure tiède. Enfin le Mackenzie de l'Amérique du Nord répond au Magdalena de l'Amérique du Sud ; seulement celui-ci vivifie une des plus riches vallées de la terre, tandis que le Mackenzie, malgré sa grandeur, coule inutile aux solitudes gelées qui le bordent. Par un imbroglio de rivières, de lacs et de marais à deux pentes, le Mackenzie, le Nelson, le Mississipi, le Saint-Laurent communiquent ensemble, au moins pendant les grandes pluies, soit directement, soit par de courts *portages*, isthmes étroits où l'on porte les bateaux, la voie navigable cessant. De même, dans l'Amérique du Sud, l'Orénoque communique avec les Amazones par la Cassiquiare et le Rio Négro, et peut-être les Amazones avec le Rio de la Plata par des portages de médiocre longueur.

Sur le versant du Pacifique, l'Orégon est un fleuve considérable. Nul grand cours d'eau ne lui répond au sud. Dans l'Amérique méridionale, les torrents n'ont pas assez d'espace entre les Andes et le Grand Océan, et tout ce qu'on pourra leur demander, c'est d'irriguer les gorges sèches qu'ils traversent.

Chaque demi-Amérique comprend un certain nombre de régions naturelles.

Dans l'Amérique du Nord les montagnes de l'ouest, forment une première région qui se subdivise à son tour. Diverses sous les diverses latitudes et aux diverses hauteurs, elles dressent leurs plus grands pics connus, volcans ou non, à des altitudes de 4,000 à plus de 6,000 mètres. Leur climat est très-rude dans l'Amérique anglaise ; rude encore sur le plateau d'Utah, devenu tout à coup si bizarrement célèbre, il s'améliore sur le plateau du Nouveau-Mexique, puis devient charmant sur le plateau d'Anahuac, au sud duquel les hautes plaines de l'Amérique centrale se glorifient d'un printemps perpétuel. Cet ensemble de sous-régions qui n'ont qu'un trait commun, leur situation fort élevée, couvre à peu près 900 millions d'hectares, en y comprenant les vallées humides du versaut du Pacifique, où des monts déchirés en mille promontoires enferment de merveilleuses baies, sous un climat doux au nord, délicieux au centre, brûlant au sud. La Californie, au milieu de cette côte, est la plus belle contrée de l'Amérique septentrionale, son jardin, son parc, son vignoble, sa Suisse et sa côte provençale et ligurienne.

Non loin du rivage opposé, les Alléghanies, dont les pics ont deux à trois fois moins d'élévation que ceux des Rocheuses, couvrent une cinquantaine de millions d'hectares de leurs chaînons parallèles. A l'ouest, leurs claires eaux se déversent dans l'Ohio, tributaire du Mississipi; à l'est, commencent et s'achèvent, après un cours restreint, des fleuves côtiers aux vallées fertiles. Ces vallées constituent la Nouvelle-Angleterre, berceau des Anglo-Américains, qui en ont fait une des contrées les plus riches de la terre : de là partirent les *Yankees* (Anglo-Américains) pour franchir peu à peu la montagne alleghanienne, se répandre sur le bassin du Mississipi et marcher à la conquête du demi-continent.

Entre les Alléghanies et les montagnes Rocheuses se déroulent, généralement plats à l'excès, les champs, les prés, les bois, les espaces encore intacts, les déserts du bassin du Mississipi : 250 millions d'hectares sous un climat froid au nord, tempéré au centre, déjà chaud au midi. Avant que le chemin de fer du Pacifique eût ouvert les horizons de la Californie, de l'Orégon et la côte du Grand Océan aux ambitions des Américains, cette région, favorisée par le sol, par un climat fortifiant, par de longues voies navigables, s'appelait aux États-Unis le *Far West* (Grand Ouest) : ce mot s'applique maintenant aussi aux plateaux des Rocheuses et au littoral que ces chaînes dominent. Dans le nord du bassin, aux savanes succèdent indéfiniment d'autres savanes, c'est-à-dire des prairies couvertes de plantes herbagères, indigentes en arbres et en eaux; de beaux sites y accompagnent les rivières; mais dès que le regard perd le spectacle des eaux, il s'attriste devant l'immense monotonie du paysage; la charrue des colons y restreint d'heure en heure le domaine des chiens de prairie et des troupeaux de bisons. A l'est du fleuve, le bassin de l'Ohio est une contrée heureuse, pleine de grâce, fertile, riche en houille, en huile minérale et en métaux. A l'ouest, au contraire, en remontant le Nébraska, le Kansas, l'Arkansas, la Canadienne, la Rivière Rouge jusqu'aux monts Rocheux, on trouve les Mauvaises Terres et d'autres déserts sans bois et sans verdure, avec des rivières très-maigres en proportion de leur bassin. Au midi, en arrivant sur le golfe du Mexique, le Texas et l'Alabama, pays déjà semi-tropicaux et çà et là malsains, sont séparés par le Mississipi, que mènent à la mer les branches d'un delta en litige entre la terre et les eaux.

Au nord du bassin de l'Ohio et des Alléghanies, la région du Saint-Laurent offre, sur une longueur de 2,000 kilomètres, avec une largeur moyenne de 500, une espèce de grand golfe de 2,500 à 3,000 kilomètres de développement, détours compris. Ce golfe est formé d'abord par l'ample embouchure d'un grand fleuve, puis par un canal fluvial large de plus de 1,000 mètres, enfin par une mer intérieure d'eau douce, composée de six lacs : les trois plus grands de ces lacs, le lac Supérieur, le lac Michigan, le lac Huron, vastes ensemble de près de 20 millions d'hectares, communiquent par la rivière Détroit et le joli lac Saint-Clair avec le lac Érié, dont le fameux Niagara, verse les eaux au lac Ontario : de ce dernier renflement d'eau s'échappe le Saint-Laurent aux larges flots bleus. Cette longue traînée d'eaux douces navigables (avec l'interruption du saut du Niagara, que des canaux contournent) fait le trait principal de cette région, qui est un long Constantinople, un prodigieux Bosphore, sans l'apathie des Turcs et les convoitises des nations. L'agriculture fleurit déjà comme le commerce dans les millions d'hectares qui longent le fleuve et ses affluents, l'Outaouais, le Saint-Maurice, le Saguenay, rivières grandes comme le Rhin dans des vallées où se suivent de profondes forêts d'arbres du nord et des gazons aussi verts que les gazons d'Irlande.

L'Outaouais, le Saint-Maurice, le Saguenay descendent des Laurentides, chaîne sévère qu'entre-coupent des lacs, des bois, des étendues stériles et gercées de roches. Derrière les Laurentides, commence le Labrador : cette contrée de lacs de toute grandeur et de fleuves glacés presque toute l'année, sert de territoire de chasse à de faibles groupes d'Esquimaux vivant sur la baie d'Hudson, le détroit d'Hudson et la côte de l'Atlantique.

Les plaines boréales enlèvent à la masse arable et pastorale de l'Amérique du Nord une région où il y aurait place pour dix France. Des lacs à ne pas les compter, depuis les étangs à demi ombragés par les sapins et les bouleaux jusqu'aux vastes lacs du Grand-Ours, de l'Esclave, d'Athapasca, de Ouinipeg ; des blocs erratiques qui valurent à la contrée son nom indien de « Terre Brisée » ; des fleuves de premier ordre paralysés, à l'égal des lacs, par des froids où le thermomètre peut descendre au-dessous de 60 degrés; deux ou trois mois d'une « belle saison, » sous des rayons affaiblis ; ici des mousses, là des arbres rabougris ; aux meilleurs endroits des forêts ; une population famélique à la poursuite de l'élan ; telle se déroule aux regards l'Amérique anglo-polaire. Au sud de cette Sibérie, en se rapprochant des États-Unis, le Fertile Belt ou Grand Ouest canadien, est le pays de foins et de céréales que parcourent les deux Saskatchaouan, la Rivière Rouge et l'Assiniboine : là il y a place pour une nation nombreuse.

Vis-à-vis du Labrador, le Groenland; vis-à-vis des plaines boréales, les terres polaires, régions presque inhabitables. Quelques Esquimaux, des phoques, des ours blancs, des baleines apportent un peu de vie à ce labyrinthe d'îles, de presqu'îles, de chenaux, de glaciers et de glaçons attachés ou flottants.

Trois pays de montagnes, trois pays de plaines composent l'Amérique méridionale.

La Cordillère des Andes constitue une première région naturelle, l'analogue des montagnes Rocheuses dans l'Amérique du Nord. Ses volcans les plus élevés dépassent 7,000 mètres et n'ont de rivaux dans le monde connu qu'en Asie. Faite au sud d'une murailledе 2,000 à 4,000, puis de 4,000 à 7,000 mètres d'altitude, la Cordillère se bifurque et se noue ensuite à huit reprises, et porte tantôt un haut plateau sur deux chaînes, tantôt deux ou trois plateaux sur trois ou quatre ramifications. Sur ses 225 à 250 millions d'hectares, se développent plusieurs nations d'avenir, car l'altitude de leur patrie les préservera de l'énervement qui menace les hommes voisins de l'Équateur ; tous les climats s'étagent sur les versants andins, toutes les végétations depuis les mousses a neigeuses des « Nevados » jusqu'aux fleurs du printemps sans fin.

Les monts du Brésil sont les Alléghanies de l'Amérique du Sud et les voisins de l'Atlantique ; ils sont séparés des Andes par les plaines amazoniennes et argentines, de même que les Alléghanies font face aux Rocheuses par-dessus les plaines du Mississipi. Au pied de leurs versants orientaux a grandi le Nouveau-Portugal qui, moins prospère et moins vivant que la Nouvelle-Angleterre, ne semble pas destiné à régner sur sa demi-partie du monde. Leurs sommets suprêmes n'ont que la moitié ou le tiers de la hauteur des pics andins, tout comme les Alléghanies comparées aux monts de l'Ouest. L'avenir du Brésil repose sur les 250 millions d'hectares de la région des monts Brésiliens, et non sur le splendide littoral de l'Atlantique et sur le bassin plus splendide encore de l'Amazone.

Les monts de la Guyane, ou Sierra Parima (90 millions d'hectares), au nord du fleuve des Amazones, répondent aux Laurentides, mais le voisinage de l'Équateur donne à la Guyane l'opulence et la chaleur qui manquent au Canada. Des forêts tropicales interminables revêtent ses montagnes de moyenne hauteur ; ses ruisseaux obscurcis par les lianes forment de grandes rivières coulant vers le fleuve des Amazones, l'Orénoque ou la mer, à travers des basses terres demi-liquides, funestes aux Européens qui s'y sont établis.

Les Llanos de l'Orénoque (40 millions d'hectares au moins), plaines arides dans la sécheresse, se tapissent d'herbes savoureuses à la suite des inondations ; dans la saison des averses, toutes les rivières débordent au loin et forcent les Indiens sauvages à se réfugier sur les branches, car dans ces espaces immenses, ils n'ont à leur portée ni montagne, ni coteau, ni butte. Avec l'irrigation, les Llanos se transformeront en un grand pays de cultures.

750 millions d'hectares, plus peut-être, appartiennent au Selvas, depuis les pics sévères des Andes, d'où descendent les torrents, jusqu'au bord de l'Atlantique, d'où viennent les pluies, et des sommets forestiers de la Guyane aux premiers boursouflements des monts du Brésil. Dans les Selvas serpentent avec solennité des rivières immenses, toutes courant à l'Amazone.

Le long des cours d'eau, et au loin dans la forêt, se prolongent des marais si impraticables qu'ils resteront longtemps le « saint des saints » de la terre ; l'homme connaîtra tous les pics et tous les sables avant d'avoir navigué sur toutes les eaux de ces inextricables corridors de troncs, de lianes, de feuilles et de fleurs. Les Selvas sont zébrées de Llanos, mais pas assez pour démériter leur nom, qui signifie en portugais forêts.

Le Gran-Chaco, qui longe le Paraguay, et les Pampas de la Plata et de la Patagonie continuent au sud les Selvas du Brésil jusqu'à la mer australe. Au nord, sous l'influence des latitudes, les Pampas participent, avec moins de splendeur, à la nature des Llanos et quelque peu des Selvas ; à mesure qu'on s'avance vers le midi, elles se changent en un plat pays de lagunes salées, de déserts, de pâturages capables de nourrir tous les bœufs et les chevaux du monde ; passé le 45º degré, le désert domine, le climat froidit et l'on entre dans les pauvres steppes de la Patagonie. Le Gran-Chaco, les 130 millions d'hectares des Pampas et les steppes sont très-inférieurs aux Selvas en beauté et en fécondité, mais un climat sain y attire les émigrants.

Si l'Amérique prime dans le monde par sa végétation, sa faune est piètre à côté de la faune du vieux continent. Le jaguar ne vaut point le tigre ; le soi-disant lion américain est à son homonyme de l'Atlas ce qu'un roquet est au chien des Pyrénées ; le tapir, géant de l'Amérique, est à l'éléphant ce que son rudiment de trompe est à la trompe de l'animal qui porte des tours. Rien qui s'approche de l'hippopotame, du rhinocéros, du chameau, du sanglier et des grands singes. Ce que le Nouveau-Monde a de plus fier, de plus beau de forme paraît débonnaire, humble et mal équarri en comparaison des félins d'Afrique et d'Asie. Ses animaux domestiques autochthones, le lama, l'alpaca, la vigogne, ne se peuvent comparer à la cour d'amis, de serviteurs et de victimes que le chien, le chat, le cheval, l'âne, le bœuf, les bêtes à laine, le porc, les volailles faisaient à l'homme blanc avant qu'il en eût doté l'Amérique.

Ainsi du maître de la création. L'indigène américain est, selon les tribus, les pays, les climats, servile ou viril, mais il n'est jamais l'égal du Blanc. Quand les premiers navigateurs de l'Europe abordèrent le monde nouveau que leur race allait dévaster, ils y rencontrèrent des hommes auxquels ils donnèrent le nom d'Indiens, croyant que les plages superbes qu'ils venaient de découvrir étaient un rivage de l'Inde. De leur côté, les sauvages, frappés de la blancheur des Européens, nous appelèrent Visages Pâles. Ils se trompaient en attribuant par ce nom général la pâleur de teint à tous les enfants d'Europe, car il y a loin du blond Scandinave au méridional de la Sicile ou des Algarves. Nous aussi, nous errâmes en traitant tous les Indiens de Peaux-Rouges, nom qui leur reste encore. Le vieux proverbe espagnol avait tort, qui disait : « Tu vois un Indien, tu les as vus tous. » Il y a des Indiens de toute grandeur, depuis le Fuégien, de taille exiguë, jusqu'au Patagon, de stature très-élevée ; et ce n'est qu'en prenant une moyenne, qu'on peut déclarer l'Indien plus haut que le Blanc et le Nègre. Il y a aussi des Indiens de toutes les nuances possibles, du *blanc* au rouge, du rouge au *noir*. Les Charruas de la Plata avaient la peau d'un « noir vert », comme l'ont des tribus californiennes semblables aux Nègres, moins les cheveux, qui sont plats au lieu d'être laineux ou frisés. Les Sioux Mandans passeraient sans trop de peine pour des Européens par leur teint blanc, leur œil bleu, leur chevelure blonde. Quant aux vrais Peaux-Rouges, ils forment la grande majorité.

Lorsque Colomb arriva en Amérique, le nouveau continent renfermait, selon quelques-uns, cinquante à cent millions d'Indiens, et, selon d'autres, trente millions seulement, dont le tiers au nord. Ces sauvages, parmi lesquels beaucoup avaient atteint un haut degré de civilisation, se divisaient en une foule de tribus, de petites confédérations ou d'États, et parlaient des centaines de langues, des milliers de dialectes. Dans le nord, c'étaient des chasseurs intrépides, des canotiers incomparables, descendant les rapides et les cascades debout dans un tronc d'arbre creusé. Réunissant à l'intelligence humaine la perfection des sens de la bête fauve, intrépides jusqu'à recevoir sans pâlir les premières décharges d'armes à feu, ils étaient froids, sérieux, pleins de dignité, poétiques et emphatiques dans leur langage. Il leur manquait ce qui fait défaut à presque tous les sauvages inopinément placés en face des Européens, la faculté, non pas la volonté de se plier à des idées nouvelles. Cette impuissance de flexibilité, preuve d'incapacité comme d'indépendance, a mené une à une ces fières tribus à l'abattoir, mais elles n'ont pas plié. L'ennemi, plus intelligent, était aussi le plus fort et le plus injuste ; les colons anglais ont dépossédé les maîtres du sol, ils les ont fait fuir à coups de fusil de leurs territoires de chasse et de pêche, et maintenant, homme à homme, peuplade à peuplade, l'Indien du nord descend au sépulcre. Il ne restera de lui que quelques gouttes de son sang versées dans les veines des Yankees, des Franco-Canadiens et des Acadiens.

Dans le centre et le sud, les Espagnols trouvèrent sur les plateaux de l'Anahuac, de l'Amérique isthmique, de Cundinamarca, de Quito, de Cuzco, la même race d'hommes, mais ici moins énergique, douce comme le climat de ses vallées et déjà nantie d'une civilisation. Dans les Llanos, les Selvas, les Pampas, les monts du Brésil, vivaient aussi des millions d'Indiens ; leurs tribus, généralement, étaient valeureuses dans la montagne et dans les terres sèches ou froides, indolentes dans la plaine chaude, presque toujours en raison inverse des splendeurs du milieu : chétives où la végétation avait le plus de beauté, vaillantes où la nature prodiguait le moins de sourires.

Que serait-il advenu de ces barbares et de ces policés s'ils étaient restés maîtres d'eux ? L'énergie des sauvages du nord, les bons instincts et la malléabilité du peuple des plateaux andins pouvaient bien faire augurer de l'avenir, mais l'intervention brutale des Européens épargna aux Peaux-Rouges le labeur de la civilisation. Les Indiens ont été dispensés de rouler l'éternel rocher de Sysiphe.

Au nord, les Visages-Pâles détruisent les Peaux-Rouges dans leurs dernières retraites, dans les grandes plaines du septentrion, les savanes du Missouri, l'Orégon et les plateaux d'où descendent le Colorado et le Rio Grande del Norte, plateaux où les traditions indiennes fixent l'antique ou l'originaire demeure d'un grand nombre de tribus. Dans le sud, à partir du Mexique, la race blanche ne domine plus, et la race rouge s'est mélangée sans disparaître. Même, elle a gardé ses langues nationales sur de très-vastes étendues.

Au Mexique, dans l'Amérique centrale et l'Amérique du Sud, dans les Antilles, les Espagnols et les Portugais débutèrent par des atrocités qui resteront la honte de ces deux nations. Il y eut des conquistadores qui tuaient douze Indiens par jour en révérence des douze apôtres. Fous de fanatisme, altérés d'or, les Castillans et leurs cousins de la péninsule fauchèrent dans les combats et dans les travaux des mines d'abondantes moissons d'Indiens.

En cinquante ans, ils consumèrent la population d'Haïti : plus d'un million d'hommes. La destruction ne fut pas moindre dans l'Anahuac, l'Amérique isthmique et l'Amérique du Sud. La première fureur d'or et de sang apaisée, les conquistadores, peu nombreux et sans femmes blanches, s'allièrent aux femmes indiennes, puis aux femmes noires, car on ne tarda pas à importer comme esclaves les vigoureux fils de l'Afrique, en remplacement des Indiens trop faibles pour l'exploitation à outrance du métal des sierras.

En haine d'une religion apportée par des égorgeurs, beaucoup de tribus s'éloignèrent des vainqueurs, à mesure que ceux-ci se rapprochaient par le développement des cultures. Aujourd'hui, les *Indios bravos*, ou Indiens indépendants, forment dans les États de l'Amérique dite latine une partie souvent considérable de la population, par opposition aux *Indios mansos, reducidos* ou *catequisados*, Indiens soumis ou chrétiens ; mais la masse des indigènes s'est fondue avec les peuples de *sangre azul* (de sang bleu : les Blancs). Indiens et Blancs, à leur tour, se sont imprégnés de sang noir. Hors le maya, le quichua, l'aymara le guarani et quelques autres idiomes, les langues se sont effacées ou disparaissent de jour en jour devant l'espagnol et le portugais.

Du nord du Mexique à la Patagonie, partout où dominèrent les conquérants de la péninsule ibérique, le mélange des éléments est allé si loin qu'on ne peut diviser la population en races tranchées. Dans tous les États américains de langue romane, il y a toujours un certain nombre de vrais Blancs, venus directement d'Europe ou *hijos del pays* (fils du pays), n'ayant dans leur ascendance aucun ancêtre rouge ou noir. De même, on trouve des Indiens purs, des Nègres purs. Cela fait trois classes qu'on peut à peu près dénombrer. A peu près seulement, car il y a des Blancs, visiblement tels, qui ont quelque scrupule de sang noir ou rouge dans leurs artères, et des tribus indiennes où se sont noyées des gouttes du sang d'Europe imperceptibles maintenant. Mais la majorité des habitants consiste justement en Blancs tellement croisés d'Indiens, en Indiens tellement modifiés par les Blancs, qu'on ne sait à quel élément donner la prépondérance dans le produit. On a fait des noms pour plusieurs espèces de métis venus des alliances à divers degrés entre Blanc et Indien, Blanc et Nègre, Nègre et Indien ; à un moment donné, il a fallu s'arrêter, les variétés devenant innombrables, à proportion que les générations se succèdent en se mélangeant de race pure à métis, ou de métis à métis. Une distinction capitale, c'est que l'élément noir n'a de véritable importance qu'au Brésil et dans les Antilles.

Aujourd'hui Blancs, Indiens, Noirs, Métis à tous les degrés, croissent rapidement en nombre dans l'Amérique méridionale, sur leur commun héritage, le plus beau de la terre. Ils peuvent se donner le nom d'Américains avec plus de vérité que les Anglo-Européens du nord, très-peu mêlés de sang d'Amérique. Quelques-uns croient que la race métisse de l'Amérique du Sud réunira les qualités des trois branches dont elle procède : le courage, l'intelligence et la beauté de l'Européen, la force et la santé du Nègre, la patience de l'Indien, et qu'ainsi la plus belle forme de l'humanité naîtra dans la plus belle forme de la nature. D'autres pensent que l'immigration européenne diminuera sans relâche la proportion de sang noir et de sang indien au bénéfice du type des Américains méridionaux. D'autres enfin se demandent ceci : que le Blanc finisse par triompher dans le mélange, auquel s'ajoutent déjà les Chinois, ou qu'il se développe des métis originaux, l'ensemble de causes inconnues qui faisait, à notre arrivée, les animaux et l'homme du Nouveau-Monde inférieurs aux animaux et à l'homme d'Europe aura-t-il cessé d'exercer son occulte empire? L'Amérique du Sud, celle du Nord même, peuvent-elles tenir intact ou améliorer ce qu'elles n'avaient encore pu créer en 1492?

Disons, à l'honneur de la France, que pendant les courtes années de leur domination dans l'Amérique du Nord, les Français se montrèrent moins cruels que leurs voisins anglais et leurs coreligionnaires portugais et castillans. Dans le Canada, dans l'Acadie, nos colons, invités par les sauvages aux surprises des forêts et des marécages, s'unirent à eux par le lien de mille aventures communes ; nos villages devinrent des centres autour desquels ils vinrent se grouper, et beaucoup de leurs familles les habitent encore, en compagnie des fils de la vieille France. Les Hurons et les Algonquins furent nos amis. On le vit bien à la guerre de Sept ans. L'issue n'en était guère douteuse : les Anglais avaient pour eux la domination des mers, un but bien arrêté et la persévérance d'un grand ministre. Nous n'avions, nous, qu'une marine impuissante, des projets insensés, l'impéritie des ministres et la frivolité des favorites. Cependant, un héros, Montcalm, faillit nous sauver de nos propres erreurs. Dénué de ressources, séparé de la métropole par un océan couvert de navires ennemis, il combattit longtemps, grâce au dévouement des colons et aux secours des indigènes qu'avait gagnés la sociabilité des Français.

AMÉRIQUE DU NORD.

GROENLAND.

Le Groenland est aussi près de l'Islande que de l'Amérique. Est-ce une île, une presqu'île, une traînée d'archipels cimentés par des glaciers immenses? On l'ignore encore.

Le cap Farewell, sa pointe méridionale, effleure le 60° degré de latitude; au nord, le Groenland se prolonge, avec une largeur grandissante, vers des mers de glace qui n'ont encore vu ni le navire ni le traîneau attelé de chiens d'un explorateur. Le rivage d'orient, siége autrefois de la colonie scandinave d'où partirent les premiers découvreurs de l'Amérique, est bien découpé, et l'on en a relevé le détail jusqu'au 76ᵉ degré : ses glaces riveraines s'attachent, pendant les mois froids qui font presque toute l'année groënlandaise, à une banquise immense, et cette banquise, aucun été depuis quatre cents ans n'a versé assez de rayons pour la fondre; elle s'étend vers l'Islande, le Spitzberg et l'île de Jean-Mayen.

La côte occidentale, seule habitée de nos jours, donne par des fiords sur une mer intérieure : le détroit de Davis et la baie de Baffin, profonds de 3 à 4,000 mètres. Ces fiords se changent, dans le rigide hiver, en aires de glace et de neige, et les cascades qui s'y abîment deviennent des stalactites prodigieuses; dans le court été, l'eau se dégèle et porte des glaçons plus grands que les plus hauts monuments, et souvent que les collines, et pourtant ces glaçons cachent la majeure partie d'eux-mêmes au-dessous de la ligne des flots. Ils ont 80, 100, 120, jusqu'à 150 mètres de haut, quelquefois un volume de plusieurs milliards de mètres cubes; un tel poids les fait si profondément enfoncer dans l'eau que la masse invisible a de huit à quinze fois l'élévation de la masse émergée : un bloc de 100 à 150 mètres de hauteur apparente prendrait donc une altitude de montagne, si l'Océan séchait sans que la glace fondît.

Ces glaçons polaires, tours carrées, obélisques, aiguilles, arches flottantes, ou masses irrégulièrement percées de grottes, prennent processionnellement la route du sud; ils entrent dans l'océan Atlantique; là, ils voguent; hors des flots, la chaleur de l'air fond les parois émergées; sous les flots, la chaleur de l'eau fond les parois englouties.

Les fiords sont les seules parties peuplées du Groenland. Le contact de la mer, le peu d'élévation du sol, l'abri, leur garantissent une température bien plus douce que celle de l'intérieur. Il y a des Européens jusque sous le 72ᵉ degré, des Esquimaux jusqu'au 82ᵉ. Au nord du 82ᵉ degré commence l'inconnu.

Les parois de montagnes qui barrent l'horizon des fiords supportent un plateau intérieur d'une élévation minima de 650 mètres. A cette altitude autant qu'à la latitude, le Groenland reproche le froid terrible qui lui mériterait d'être proverbial comme la Sibérie. Le plateau groenlandais, les monts riverains, hauts de plus de 4,500 mètres vers le nord-est, ne tentent que le savant; le trafiquant et l'industriel les fuient, aussi ne les connaîtrons-nous que tard si nous les connaissons jamais. Ils sont couverts de glaciers indéfinis, les plus vastes sans doute du globe, descendant d'une pente uniforme ou en escaliers du haut des montagnes jusque dans l'asile tranquille des fiords. Ces champs de frimas font plus de cent millions d'hectares perdus, deux France, peut-être trois.

Est-ce bien là le pays que ses premiers explorateurs, des Scandinaves d'Islande, appelèrent du beau nom de Terre-Verte? Nom qu'il a gardé toujours, car en danois Groenland ne veut pas dire autre chose. Furent-ils séduits, eux qui vivaient déjà dans une nature cruelle, par l'éclat d'un jour de beau temps, dans un été exceptionnel par sa chaleur et sa verdure? Le climat de ces terres boréales a-t-il empiré, comme celui de l'Islande elle-même, comme celui de l'île de Jean-Mayen, dont une immuable banquise écarte maintenant les vaisseaux, comme celui du Spitzberg, plus inhabitable aujourd'hui que lors de sa découverte par l'Anglais Willougby et de son exploration par les Hollandais. Jusque dans le nord du Groenland, dans les plus rudes cantons, au milieu des neiges, on trouve encore des troncs couchés, des troncs debout, des souches fossiles, des feuilles conservées par la pénétration de substances calaires ou ferrugineuses. Il y eut donc des forêts dans la Terre-Verte à des époques plus opulentes.

Des marins islandais avaient fondé, il y a près de mille ans, sur le littoral groenlandais des établissements qui policèrent en partie les indigènes et inaugurèrent la découverte du nouveau continent par d'aventureuses expéditions dans le Winland (bords du Saint-Laurent, Nouvelle-Angleterre?) La guerre, ou le froid, ou la faim, ou la peste, le tout ensemble peut-être détruisit le nouveau peuple, dont les restes durent se fondre dans le sang des naturels. Rien n'en était demeuré quand les

Danois parurent dans ce pays, en 1729, non comme conquérants et colons, — qu'auraient-ils conquis et cultivé ? — mais comme patrons des Frères Moraves, missionnaires luthériens d'un beau dévouement. Les faibles stations de mission groupèrent à la longue les indigènes autour d'elles ; beaucoup de naturels embrassèrent le christianisme, et le Danemark devint tuteur et maître de ce grand pays. Il y règne en paix ; il s'est annexé l'empire des glaces sans verser une goutte de sang, il n'en perdra pas une goutte pour le défendre, personne ne songe à le lui ravir. Tout ce que le Groenland rapporte aux Danois, c'est un excédant de dépenses, sans aucun espoir dans l'avenir de la contrée.

Sur les 12 millions d'hectares libres de glace en été que le Danemark possède sur la côte occidentale du Groenland vivent moins de 10,000 chrétiens : Esquimaux, métis d'Esquimaux et de Danois. Les Blancs purs, peu nombreux, sont négociants, administrateurs, missionnaires, aides-missionnaires et maîtres d'école. La pauvre capitale de l'inspectorat du nord est **Christianshaab**. Celle de l'inspectorat du sud est **Julianshaab**, sous le climat le moins déplorable de la contrée, puisque les bœufs peuvent y vivre.

Les établissements danois compris, le Groenland ne nourrit peut-être pas 30,000 habitants, tous appartenant à la race des Esquimaux, moins les métis et les Danois. Les Esquimaux, peuple à part, ont rempli toute l'Amérique polaire de leurs stations de chasse et de pêche. Ils dominèrent même sur le Canada et la Nouvelle-Angleterre, d'où les chassèrent les Hurons, les Iroquois et les Algonquins. Les Esquimaux sont heureux dans leur patrie, qu'ils ne changeraient pas pour les Tropiques. Rabougris et gras à la fois, petits avec de grosses têtes et des membres menus, ils ont dans les traits du visage de grands rapports avec les Chinois et les nomades de la Sibérie septentrionale. La propreté n'est pas leur vertu, ni la sobriété, et leur nom veut dire mangeurs de poisson cru ; mais s'ils déploient une gloutonnerie bestiale quand la provision s'y prête, ils supportent héroïquement l'abstinence. Ils se vêtent de peaux. On ne connaît pas de canotiers plus experts et plus intrépides. Dans leurs voyages, ils habitent la tente, et une

hutte de terre quand ils ont trouvé un fiord riche en poissons
et en oiseaux pêcheurs. Leur langue, le karalit, est une des
plus répandues du globe, mais en surface seulement, la région
circompolaire étant quasi déserte. Hors des établissements
danois, ils n'ont pas abandonné le paganisme.

AMÉRIQUE ANGLAISE DU NORD.

Au nord des États-Unis, l'Angleterre possède encore au moins
900 millions d'hectares. C'est l'étendue de l'Europe, et plus
que l'Europe si l'on y ajoute les îles polaires qui se pressent
entre l'embouchure du Mackensie et le Groenland. Ce domaine se divise en trois régions : le Canada, bassin lacustre et
fluvial du Saint-Laurent, îles et presqu'îles de son embouchure;
les grandes plaines du nord; la Colombie britannique avec l'île
de Vancouver. Politiquement, on y distingue le Bas-Canada, le
Haut-Canada, le Nouveau-Brunswick, la Nouvelle-Écosse et
Cap-Breton, l'île du Prince-Édouard, Terre-Neuve, la Rivière
Rouge ou Manitoba, la Colombie anglaise, l'île de Vancouver,
pays dont la plupart se sont fédérés sous le nom de **Dominion**,
qui veut dire en anglais l'État, la Puissance.

CANADA.

Le Canada, l'un des beaux pays du monde et la plus importante
possession anglaise sur le continent, s'étend du fond du lac
Supérieur à l'océan Atlantique, de la frontière des États-Unis
aux Laurentides. Derrière celles-ci, qui sont des montagnes
rudes et boisées, mais de petite élévation, un froid presque
éternel glace les vallées des abondantes rivières du Labrador
et du bassin méridional de la baie d'Hudson.

Ainsi limité, le Canada se partage en deux régions inégales,
tout à fait différentes par leur population : le Bas-Canada fran-

çais, le Haut-Canada anglais, le premier trois fois plus vaste que le second. A eux deux, les Canada ont environ 85 millions d'hectares, avec 2,850,000 habitants, chiffre que l'excédant des naissances sur les morts augmenterait très-considérablement chaque année, sans une émigration colossale vers les États-Unis.

Les meilleures terres du Canada suivent le cours du Saint-Laurent ou bordent les lacs dont ce superbe fleuve est le déversoir. La branche originaire du Saint-Laurent est le Nipigon, rivière qui soit, abondante et pure, du grand lac Nipigon, et va se perdre dans le lac Supérieur, le plus grand des bassins d'eau douce. Le lac Supérieur, le Kitchigami des Indiens, a 8,580,000 hectares. Ses profondeurs maximum dépassen un peu 300 mètres; sa hauteur au-dessus du niveau de la mer est de 200 mètres à peine. Des roches sauvages, des monts ferrugineux, des murs de granit encaissent ses flots parfois impatients comme ceux de la mer. 80 torrents se mêlent à sa froide eau de cristal, mais ne l'empêchent pas de diminuer insensiblement. Il paraît avoir baissé de 10 à 12 mètres.

Ce qui était entré sous 80 noms par 80 branches, ressort rivière une et puissante, Bosphore tantôt placide, tantôt impétueux, que les anciens explorateurs de ces lacs nommèrent la Sainte-Marie. En aval des rapides retentissants du Saut Sainte-Marie, le cours d'eau, clair et vert, débouche dans le lac Huron (6,125,000 hect.), qui ne fait qu'un avec le lac Michigan. Situé à 10 mètres seulement au-dessous du miroir du lac Supérieur, le Huron a 145 mètres de plus grande profondeur. Il renferme la grande île Manitouline, célèbre dans les légendes indiennes: d'après les Peaux-Rouges de la région, le Grand-Esprit y séjourne dans un lac à la ceinture boisée. Manitouline a 400,000 hectares, des forêts avec des ours, des fontaines de pétrole. Le lac Michigan, embrassé de tous côtés par les États-Unis, s'enfonce directement au sud jusqu'à une faible distance du bassin du Mississipi, dont nul relief élevé ne le sépare; il a la même altitude et à peu près la même étendue que le Huron, et une profondeur maxima presque double.

Le lac Huron verse de son urne inépuisable la majestueuse rivière Saint-Clair : celle-ci tombe dans le lac Saint-Clair (200,000 hectares), dont elle sort sous le nom de Détroit. A son tour, le Détroit finit dans un lac, le lac Érié (2,500,000 hectares) : l'Érié est encore à 172 mètres d'altitude ; il a 160 mètres de plus grande profondeur, et il s'écoule par le Niagara. Cette rivière, roulant en moyenne 2,500 mètres par seconde, a 100 mètres de pente pour 55 à 60 kilomètres de cours : c'est que, sans parler de ses rapides, elle s'affaisse d'un seul coup de 45 à 49 mètres par la chute du Niagara, trombe d'eau qui s'abime dans un défilé tourmenté de remous et de tourbillons. Le beau nom de Niagara veut dire dans une langue indienne Tonnerre des Eaux, nom mérité s'il en est au monde. On dit que le fracas de la chute s'entend quelquefois à Toronto, à 75 kilomètres de l'avalanche. La cascade du Niagara tombe en deux bras séparés par une île et formant un fer à cheval : un de ces bras a 600 mètres, l'autre 270 mètres de largeur, et la tranche d'eau n'a pas moins de 6 à 10 mètres d'épaisseur. La chute recule lentement vers le lac Érié par l'érosion de la roche calcaire d'où elle se précipite. Peut-être quelque grand torrent des Rocheuses, des Andes, de l'Afrique, de l'Asie centrale réserve-t-il à nos neveux ou à nous-mêmes la surprise d'un cataclysme plus grandiose, mais jusqu'à présent la tombée du Niagara est le plus terrassant spectacle que nous offrent les rivières de la planète.

Le lac Ontario (2 millions d'hectares, 160 mètres de profondeur, 72 d'altitude) reçoit le Niagara et verse le Cataraqui. Jusqu'à Montréal, l'eau claire du fleuve, qui deux fois s'épand en lac (lac Saint-François et lac Saint-Louis), des milliers d'îles, des rives cultivées ou boisées, désertes quelquefois et quelquefois très-peuplées, forment un tableau magique. Au-dessous des rapides de Saint-Louis, sans lesquels les vaisseaux de 600 tonnes remonteraient jusqu'aux grands lacs, le puissant Outaouais colore en brun le flot bleu du fleuve, qui s'appelle maintenant Saint-Laurent et qui entoure l'île de Montréal.

L'Outaouais sort d'un archipel de lacs sévères, dans le haut septentrion, au sein de forêts que le bûcheron épargne encore. Tantôt il s'élargit en bassins assez larges pour s'appeler lacs, tantôt ses deux rives se rapprochent au point d'enténébrer à demi le miroir de ses eaux. Il court ainsi de dormants en rapides : les vapeurs remontent ses courants les plus violents, mais ne pouvent triompher des cascades. Le sifflet de la locomotive remplace alors celui du bateau; des chemins de fer contournent l'obstacle, à travers des solitudes qu'animent à peine quelques cabanes et des camps d'abatteurs de bois. A ceux-ci, presque tous Canadiens-Français, hommes rudes au froid, à la fatigue, à l'indigence, reviendra le triste honneur d'avoir couché par terre en deux ou trois générations, l'une des plus profondes forêts du Nord : forêt que des plateaux rocheux et des vallons marâtres défendront aux colons de remplacer par les moissons merveilleuses des terres vierges plus favorisées. Les troncs jetés à bas par le bûcheron s'assemblent en radeaux qui descendent majestueusement les courants lents de la rivière, mais qu'on détruit au-dessus des rapides pour abandonner chaque poutre aux secousses des flots forcenés. En aval, on refait le radeau qui finit par atteindre le Saint-Laurent.

Au-dessous de Montréal, le fleuve reçoit le Richelieu, venu du ravissant lac Champlain; il forme, par une troisième expansion, le lac Saint-Pierre, se grossit du Saint-Maurice, qui s'est jeté de plus haut que le Niagara, avec une masse d'eau énorme, à la cascade de Chaouinigan, baigne le fier promontoire de Québec, s'élargit en estuaire et absorbe le Saguenay. Celui-ci coule au fond d'une fissure extraordinaire, dans un lit de 1,000 à 3,000 mètres de largeur. Ses eaux sont dominées, souvent presque surplombées, par des mornes de granit et de gneiss de 300 mètres de haut, terribles d'austérité et d'aridité. Du sommet de ces mornes à la nappe du Saguenay, il n'y a pas plus d'élévation qu'il y a de profondeur dans la rivière, car en certains endroits, la sonde ne s'arrête qu'à 250-300 mètres de corde. Le Saguenay est le déversoir du lac Saint-Jean.

Devenant alors golfe, le Saint-Laurent reçoit des rivières considérables, venues en cascades du Labrador glacé. A l'embouchure, s'élève l'île d'**Anticosti**, ainsi nommée par corruption du mot Natiscotec). Anticosti, longue de 195 kilom., grande de 800,000 hectares, loge encore plus d'ours, de renards et de martes que d'hommes ; au plus renferme-t-elle une centaine de Blancs, quoique 400,000 hectares y soient cultivables, que la pêche soit abondante sur les côtes, que la rive se prête à l'établissement de marais salants et que le pin et le bouleau abondent dans l'intérieur. La côte, bordée au sud par une immense plaine de tourbe, se termine ailleurs par de superbes falaises calcaires, et par des forêts de pins nains aux branches noueuses tellement entrelacées, qu'on peut faire de longues promenades de tête à tête d'arbre. La distance de Québec à Anticosti dépasse 700 kilomètres.

A quelques lieues en aval de Québec, la largeur de l'estuaire est de 35 kilomètres ; elle est de 550 au travers d'Anticosti. Du bout de l'estuaire à la source la plus reculée qui prenne le chemin du lac Supérieur, on compte, détours compris, près de 3,500 kilomètres. La surface du bassin s'élève à cent millions d'hectares.

Ce fleuve solennel, ces lacs grands comme des mers, les canaux qui rachètent les chutes et les rapides et rattachent la voie fluviale à la nappe lacustre, assurent au double Canada un avenir commercial immense, avenir que la prospérité de Montréal et celle de Chicago, devenue le premier entrepôt de céréales du monde, font déjà pressentir. La richesse agricole ne sera pas moindre. Sans doute le Canada perd des millions et des millions d'hectares par les roches, par les sols incapables de produire, soit d'eux-mêmes, soit du fait du climat. D'immenses espaces ne vaudront jamais plus qu'ils valent aujourd'hui par leurs bois du nord, leurs bois feuillus, les mêmes que les nôtres, leurs épinettes rouges ou tamaracs presque incorruptibles. Mais aussi des millions et des millions d'hectares de terres fécondes accompagnent le Saint-Laurent, ses grands affluents et les affluents de ses affluents ; des ceintures d'alluvions appellent la charrue sur le bord d'innombrables lacs amoindris par les âges, et d'un bout à l'autre de la contrée, des villages par centaines y sortent de l'ombre de la forêt.

Un climat très-rigoureux, bien que les latitudes des terres habitables oscillent entre celles de Lille et de Rome, garantira toujours de la paresse les fils des Européens qui ont choisi ce salubre séjour. Dans le Bas-Canada, la neige, la glace, le temps du traîneau durent cinq mois par an : deux mois seulement dans le Haut-Canada, qui est situé plus loin de la mer, mais mieux protégé du nord et très-influencé par l'aire d'eaux douces de ses cinq lacs.

Le Canada fut notre plus belle colonie, et quand la France le perdit ce fut le plus grand désastre qui pût nous atteindre hors du territoire national. Malgré plus de cent années de séparation, la double rive du bas Saint-Laurent est encore la région extra-européenne qui nourrit le plus de Français, et comme telle, elle a droit à nos sympathies à travers la mer.

A l'arrivée des Européens, les pays du Saint-Laurent portaient le nom d'Hochelaga. En 1535, un Breton de Saint-Malo, Jacques Cartier, planta le drapeau de la France sur ces rivages, découverts une première fois, dit-on, par les Scandinaves du Groenland. Hochelaga quitta son nom sauvage pour celui de Nouvelle-France. Les guerres de religion portèrent un retard fatal à son peuplement; Colbert vint et doubla notre force maritime et notre élan colonisateur : des Percherons, des Poitevins, des Normands, des Bretons, des Saintongeais se portèrent sur le grand fleuve. Québec et Montréal furent fondées et la langue de la patrie pénétra jusqu'aux solitudes des lacs polaires. On l'y parle encore; ni les Indiens, ni les métis Bois-Brûlés ne l'ont oubliée. Les îles de Terre-Neuve et du Cap-Breton, l'Acadie (Nouvelle-Écosse) commencèrent à se défricher. En même temps, des explorateurs descendaient vers le sud : dans leur course aventureuse, ils reconnaissaient l'Ohio et le Mississipi, fondaient le Fort-Duquesne, aujourd'hui Pittsburg, et Saint-Louis, et le long du fleuve aux grandes eaux, ils descendaient jusqu'aux comptoirs français de la Nouvelle-Orléans. Les Anglais ne possédaient, eux, que les côtes brumeuses de la Nouvelle-Angleterre. La guerre de Sept ans nous enleva le Canada et notre part de prépondérance sur l'Amérique du Nord.

En 1756, à l'origine de la guerre de Sept ans, le Canada renfermait quelques milliers de Français de plus qu'en 1763, année de la signature du traité de Paris. Beaucoup de colons, les uns disent dix mille, d'autres vingt mille, étaient morts en défendant à la fois leur ancienne et leur nouvelle patrie. 60 à 65,000 Français restèrent sur le Saint-Laurent pour représenter une métropole qui avait eu peu souci d'eux, livrée qu'elle était aux intrigues des courtisans et des prostituées, et n'ayant d'autre idéal politique que des conquêtes sur le Rhin, et, selon les temps, la rupture ou la défense de l'équilibre européen.

Ces 65,000 Français n'ont point voulu disparaître avec leur langue, leur religion catholique, leurs coutumes. Ils se sont roidis contre la langue anglaise, les mœurs d'Angleterre, le protestantisme. Race rustique, préférant au commerce la culture, le défrichement, le bûcheronage, ils ont augmenté d'une façon merveilleuse, étendant leurs champs, abattant leurs forêts et ne laissant que leurs deux grandes villes de commerce, Québec et Montréal, à l'envahissement de la nation conquérante. En vain l'Angleterre a-t-elle, à deux ou trois reprises, ébauché un plan de résistance à l'extension de la petite nationalité et semé de colonies anglaises, irlandaises, écossaises le pourtour des districts colonisés de Québec et de Montréal. Ces établissements ont été noyés dans le flot montant de l'expansion franco-canadienne ; beaucoup ont disparu, d'autres se maintiennent à demi et deviennent de plus en plus une minorité parmi les Français, dans des contrées où jadis il n'y avait pas de Français. C'est ainsi que les fils des premiers pionniers du Saint-Laurent reconquièrent sur l'ennemi ce vaste pays, enlevé par leurs pères à l'empire de la solitude plutôt qu'à la domination de peuplades indiennes disséminées. Les districts qu'on réunit sous le nom de Cantons de l'Est, au sud du fleuve, en tirant sur la frontière des États-Unis, étaient exclusivement anglais il y a une demi-vie d'homme ; aujourd'hui, les Franco-Canadiens dominent dans presque tous ces cantons, et dans les autres, ils équilibrent de plus en plus le nombre des colons de langue anglaise. De même, la rive gauche de l'Outaouais commence à passer depuis quinze ou vingt ans dans les mains des Canadiens-Français.

Bien plus, la race vaincue filtre sans repos dans les contrées anglaises voisines, et en certains lieux, y prend insensiblement la place : par exemple, dans les comtés de Russell et de Prescott (Haut-Canada), sur les bords du lac Champlain (États de New-York et de Vermont) et sur le haut du fleuve Saint-Jean (État du Maine et Nouveau-Brunswick). Vraiment, on ne sait ce qui serait advenu du continent si, lors du traité de Paris, en face des 1,200,000 Anglo-Irlandais et Allemands de la Nouvelle-Angleterre, les colons du Saint-Laurent s'étaient comptés par centaines et non par dizaines de mille.

C'est malgré bien des obstacles que leur nationalité a persisté de la sorte. Le Bas-Canada ne reçoit, en fait de Français, qu'un insignifiant contingent annuel de Jersayais, Normands à demi anglifiés. Au contraire, il voit arriver tous les ans de nombreuses familles d'Angleterre et d'Irlande; enfin, il perd continuellement par une émigration très-forte vers les États-Unis, pays de plus de soleil et de salaires plus élevés : il se draine annuellement de quelques milliers d'individus au profit des grandes villes de la République, de ses fabriques et de ses campagnes. On trouve aux États-Unis plus de 500,000 Franco-Canadiens; ils pénètrent partout, de New-York à Omaha et au Pacifique, de Chicago à Saint-Louis et à la Nouvelle-Orléans. Récemment, 30,000 Canadiens-Français sont morts dans les rangs de l'armée du Nord, et l'armée du Sud en avait aussi dans ses régiments.

Cette formidable saignée date des premiers temps de la colonisation. Les Canadiens-Français, à la fois débonnaires, amis de leur repos et de leur clocher, et portés à l'aventure et aux lointains voyages, se sont de tout temps perdus en partie dans les chasses du Grand-Ouest canadien et dans la masse humaine des États-Unis. Sans cette déperdition constante, ils seraient quinze à dix-huit cent mille, tandis qu'ils ne sont pas encore un million dans leur pays. Au recensement décennal de 1861, le Bas-Canada renfermait 1,111,000 habitants, dont 850,000 Canadiens-Français, plus des trois quarts, d'un seul tenant : il n'y avait d'Anglais en corps de nation que dans les deux grandes villes, dans les cantons de l'Est, la péninsule de Gaspé et sur les rives de l'Outaouais. A chaque recensement, la fraction de Français augmente et tend à se rapprocher des quatre cinquièmes. Sur les 1,396,000 habitants du Haut-Canada, 40,000 à peine, d'après le même recensement, étaient des Français, presque tous fixés sur le lac et la rivière Saint-Clair, sur la rivière Détroit et sur la rive droite du Bas-Outaouais, qu'ils étaient en train d'annexer pacifiquement au bas-Canada, par une transformation de population. Ainsi le Haut-Canada, beaucoup plus petit que le Bas, mais plus fertile et plus tempéré, est sensiblement plus peuplé; d'ailleurs, les immigrants d'Europe y arrivent en bien plus grand nombre.

Le recensement décennal de 1871, dont on ne possède pas encore le détail, donne au Bas-Canada 1,190,505 habitants, soit 80,000 de plus que dix ans auparavant, et au Haut-Canada, 1,620,842 habitants, soit un gain de 225,000. Dans l'un comme dans l'autre pays, cet accroissement est au-dessous de celui qu'eût procuré pendant la décade le seul excédant des naissances sur les morts. Il faut que l'émigration vers les États-Unis soit énorme, car au bénéfice naturel des familles, le double Canada joint celui d'une immigration très-considérable. Chaque année, des dizaines de milliers d'Anglais, d'Écossais, d'Irlandais, de Scandinaves, d'Allemands débarquent dans les ports du Saint-Laurent. Presque tous se portent sur le Canada anglais, mais les résultats du dernier recensement prouvent qu'il en reste très-peu dans ce pays et que les États-Unis absorbent presque tous les Européens arrivés par mer à Québec, à Montréal et à Toronto.

En ce moment même, se dessine un grand mouvement d'immigration belge et française vers le Bas-Canada. Le courant interrompu pendant plus de cent ans vient de reprendre. Devint-il fort, violent même, il trouvera longtemps à s'étendre sur les terres vierges de la « Nouvelle-France. »

Les anciens maîtres, les Indiens ont presque tous disparu. Iroquois, Hurons, Algonquins, Abénaquis, Chippéouais, Outaouais, Montagnais, etc., peut-être sont-ils en tout quinze mille. Les Iroquois de Saint-Régis et les Hurons de la Jeune-Lorette (Bas-Canada) s'occupent de culture ; les Iroquois de Caugnawaga, sur le saut Saint-Louis (Bas-Canada), sont mariniers; le reste, plus fidèle aux instincts nomades, vit de chasse et de pêche. L'Indien du Canada disparaît peu à peu : il est tué par la civilisation, qui abolit les faibles et énerve les forts.

Au recensement de 1861, on comptait onze à douze mille Nègres, la plupart anciens esclaves échappés des États-Unis.

La capitale des deux Canada, **Outaouais** ou **Ottawa**, sur l'Outaouais, au confluent de la Gâtineau, près de la magnifique chute de la Chaudière, possède le parlement qui administre toutes les affaires communes de la Dominion, c'est-à-dire des pays anglais confédérés de l'Amérique du Nord. La population n'en est encore que de 22,000 habitants, car Outaouais est une cité jeune. Cette ville se trouve dans le Haut-Canada, mais les maisons bâties sur la rive gauche de la rivière s'élèvent dans le Canada français, qui est constamment séparé de la province anglaise par le cours de l'Outaouais.

La capitale du Bas-Canada, **Québec** (60,000 hab.), la vieille ville française de 1608, s'enorgueillit d'une des plus belles situations connues. Elle occupe les pentes du **cap Diamant**, promontoire qui domine de plus de cent mètres le Saint-Laurent dont les eaux profondes porteraient ici toutes les flottes de guerre de l'Europe. On l'a comparée à la charmante Angoulême, mais la claire Charente n'est pas un grand fleuve et le pays qui fait l'eau-de-vie de Cognac ne peut ressembler à l'âpre contrée où se plaît le sapin du nord. La moyenne annuelle de Québec (+ 4°) est la même que celle de Trondhjem, ville norvégienne située à seize degrés plus au nord.

Montréal (107,000 hab.), dans une île du Saint-Laurent, renferme proportionnellement beaucoup plus d'Anglais que Québec ; elle est aussi plus commerçante. Le pont de cinq kilomètres qui y franchit le fleuve n'a pas de rivaux dans le monde pour la longueur.

Toronto (56,000 habitants), au bord du lac Ontario, l'emporte sur les autres villes du Haut-Canada.

A l'est du Canada, le **LABRADOR** est une terre de granit et de gneiss. Il se prolonge le long du golfe du Saint-Laurent jusqu'au détroit de Belle-Isle, qui sépare Terre-Neuve du continent, et où la côte tourne vers le nord-ouest, pour faire de loin vis-à-vis au Groenland. Le Labrador a de grandes rivières à cascades, des lacs qu'un long hiver entrave à leur déversoir, des marais, des étangs, des plateaux de mousse, des pins, des mélèzes et des bouleaux, de grandeur convenable s'ils sont abrités des vents de glace, nains quand la roche ne les protège pas.

La rive qui longe le Saint-Laurent offre sur ses rivières et ses lacs de vastes étendues à peu près cultivables. Les Acadiens et les Bas-Canadiens en sont les seuls habitants, à part quelques centaines de sauvages Montagnais. Leurs colonies, vouées à la pêche plus qu'au défrichement d'un sol difficile, sous un climat hostile aux plantes, continuent de ce côté la nationalité française du Bas-Canada.

Sur la côte du Nord-Ouest, les seuls Blancs sont des missionnaires moraves. Le long de 750 kilomètres de rivage, on trouve environ 1,500 Esquimaux, chasseurs de rennes vivant, en compagnie de chiens très-forts, qui n'obéissent qu'à la terreur. Ces chiens remplacent les bœufs et les chevaux, et traînent les attelages.

TERRE-NEUVE fut française comme le Canada, et ainsi que lui elle devint anglaise. Elle regarde de loin l'Irlande, par delà des flots où nul gouffre n'a 6,000 mètres de profondeur, et contemple de très-près le Labrador, par-dessus les eaux du détroit de Belle-Isle. En qualité de terre insulaire, à portée de l'influence du courant du Golfe, elle n'a pas la rudesse du continent voisin, et ses douze millions d'hectares peuvent se coloniser à demi. On accuse à tort Terre-Neuve d'être une roche stérile, assiégée de brouillards ; des brumes opaques reposent sur ses mers, mais l'île elle-même est moins assujettie à la brume et à la pluie fine et froide que beaucoup d'autres pays d'Amérique, le Nouveau-Brunswick, ou la Nouvelle-Écosse par exemple. La température s'y maintient généralement au-dessus de zéro, mais dépasse rarement 25 degrés.

Ses rivages sont bien découpés, au grand avantage des pêcheurs américains, anglais et français qui viennent tous les ans pêcher la morue sur le fameux banc de Terre-Neuve. Le banc de Terre-Neuve, qui s'étend à l'est et au sud-est de l'île, sur sept à huit degrés de latitude, doit, à n'en pas douter, son existence au courant Polaire ; celui-ci entraîne dans la direction du sud, depuis les rives du Groenland et des archipels arctiques, d'énormes glaçons cimentant des rocs et des pierres. Dans les parages où le courant du Pôle se choque au courant du Golfe, les glaçons fondent et abandonnent leurs graviers. De la sorte s'est formé, avec le secours des âges, dans une mer de 8,000 à 10,000 mètres de fond, un banc qui occupe plus de deux et peut-être trois fois l'étendue de la France.

Les Anglais de la métropole et des colonies américaines prennent la plus grande part à la pêche au banc, puis les marins des États-Unis. Les Français arrivent les derniers, et pourtant nos ports de la Manche et de l'Océan envoient au banc de Terre-Neuve dix à quinze mille matelots par an sur des centaines de vaisseaux: c'est dire quelle importance a cette pêche, source de richesse pour la nation qui arme les navires, excellente école pour ses hommes de mer. Saint-Pierre, Miquelon, Langley, îles insignifiantes que la France a gardées au sud de Terre-Neuve, à la porte d'un fleuve qui nous ouvrait un monde, ont une très-grande valeur pour nous, précisément à cause de la pêche et de la préparation de cette même morue. Sur la côte occidentale de Terre-Neuve, à la baie Saint-Georges, dix mille individus de langue française, des Français, des Canadiens, des Acadiens, ont fondé des établissements dont la naissance vint de la morue, et qui ne durent que par la morue.

Toute la population, 125,000 personnes en 1861, 150,000 aujourd'hui, se presse sur la côte. L'intérieur, encore fort peu connu, est une terre rocheuse, un demi-Labrador où les lacs s'entremêlent aux forêts, aux végétations arborescentes, aux bruyères, aux vallées rebelles, où le sol enferme de la houille et du cuivre, où les loups et les daims vagabondent, où le castor bâtit des chaussées et fait des bras morts et des étangs. La culture n'y fixera jamais une population dense, mais l'élève des bestiaux pourra appeler à la longue un certain nombre de centaines de milliers d'habitants sur ce territoire aussi grand que vingt départements français.

»Les deux tiers de ces insulaires appartiennent à l'origine anglaise, l'autre tiers à l'origine irlandaise; un peu moins de la moitié professe le catholicisme, le reste adhère à la religion anglicane ou aux sectes dissidentes. Les Esquimaux ont entièrement disparu de Terre-Neuve : le dernier d'entre eux mourut dans l'hiver de 1830, ou du moins nul de leur race ne s'est montré depuis.

Saint-Jean [33,000 hab.], la capitale, est un port excellent, relié à la mer par un chenal étroit.

Dans la partie située au sud de son grand fleuve, le Bas-Canada se poursuit par le Nouveau-Brunswick.

Le **NOUVEAU-BRUNSWICK** n'a guère que quatre à cinq millions d'hectares. Il est compris entre le golfe du Saint-Laurent, le Bas-Canada, le Maine, État de la République américaine, et la Nouvelle-Ecosse. Sa population ne se monte qu'à 286,000 individus, car le pays presque entier est encore une immense forêt, avec des clairières habitées, le long du littoral des fleuves côtiers, du Saint-Jean et de ses affluents. Le Saint-Jean vient du Bas-Canada et forme dans son cours moyen une cascade de vingt et quelques mètres de hauteur seulement, mais d'un volume d'eau considérable. En amont, jusqu'à cette chute, la population parle français, composée qu'elle est de Canadiens et d'Acadiens. Ces derniers habitent également la Nouvelle-Écosse, leur seconde métropole — la France est la première, — et se trouvent aussi en nombre sur les rivages du golfe du Saint-Laurent. Peut-être y a-t-il dans le Nouveau-Brunswick un sixième, ou même un cinquième d'habitants parlant français, c'est-à-dire 40 à 50,000 individus environ. La majorité des Néo-Brunswickois provient d'immigrants de la Grande-Bretagne et de l'Allemagne et a pour langue maternelle l'anglais. Les confessions s'équilibrent, les Canadiens, les Acadiens, les Irlandais étant catholiques, le reste protestant.

La capitale, **Frederiktown**, sur le Saint-Jean, a moins d'habitants que **Saint-Jean** (35,000 âmes). La ville de Saint-Jean occupe l'embouchure du fleuve du même nom dans la baie de Fundy, golfe qui s'avance très-profondément dans les terres, entre le Nouveau-Brunswick et la Nouvelle-Écosse, et qui est l'un des étranglements de mer où le flot de marée monte le plus haut.

En traitant de ce pays froid, humide et fertile, d'un grand avenir agricole, on n'a rien dit des Indiens, parce qu'ils sont à peine 1,200. Ici comme dans les colonies voisines, ils assistent avec dédain au spectacle de l'activité et de la prospérité des Visages Pâles.

La **NOUVELLE-ÉCOSSE** s'appelait Acadie au temps de la domination française. Avec son annexe, l'île de Cap-Breton, elle couvre cinq millions d'hectares et entretient 379,000 habitants.

La Nouvelle-Écosse est une presqu'île attachée au continent par l'isthme étroit de Mémérancook ou de Beau Séjour, que bat au nord l'eau du golfe du Saint-Laurent, au sud la baie de Fundy. Des ports admirables dans des golfes où la marée atteint d'énormes hauteurs (21 mètres dans les criques les plus reculées de la baie de Fundy), de puissantes mines de houille, des forêts de bois de construction lui promettent dans l'avenir une importance hors de proportion avec la faible étendue du territoire, et même, c'est déjà le pays, non-seulement de l'Amérique, mais du monde, qui possède le plus de navires comparativement à sa population. La prospérité agricole sera moindre, car un partie notable de la Nouvelle-Écosse n'est que roche et sol ingrat sous un ciel brumeux. A des latitudes aussi méridionales que celles de l'Aquitaine, la température moyenne de l'année (5° à 6°) n'est pas supérieure à celle du Jutland, situé à douze degrés plus au nord, et le climat, dans son ensemble, a de l'analogie avec le climat de l'Écosse septentrionale. La majorité des Néo-Écossais étant, en outre, de descendance écossaise, la Nouvelle-Écosse est mieux nommée qu'une foule de pays que rien ne rapproche des contrées dont le nom leur fut imposé par les découvreurs. En quoi la Nouvelle-Calédonie, île tropicale, ressemble-t-elle à la Calédonie d'Europe, terre brumeuse du nord ? Comment les Nouvelles-Galles, rivage lumineux, ont-elles mérité de s'appeler comme le pays de Galles anglais, semblable à notre grise Bretagne par la rudesse, les cieux ternes, les sites tristes et les monuments informes ? Qu'a de commun la Nouvelle-Zélande, baignée de soleil, montagneuse et volcanique, avec la Zélande plate, humide, marécageuse et sablonneuse d'Europe ? Et les Nouvelles-Hébrides, entre le Tropique et l'Équateur, devraient-elles avoir le même nom qu'un archipel semé dans la mer qui va de l'Écosse à l'Irlande ? Et la Nouvelle-Écosse du Transvaal, dans l'Afrique Australe ? Et tant d'autres ?

Parmi les 379,000 habitants du recensement de 1871, il y a vingt et quelques mille Acadiens formant trois groupes : l'un au sud de la Nouvelle-Écosse, l'autre sur le détroit entre la Nouvelle-Écosse et l'île de Cap-Breton, le troisième à Chéticamp, sur le rivage occidental de Cap-Breton, côte stérile et rocheuse où hurle une méchante mer.

Quand le traité d'Utrecht céda l'Acadie à l'Angleterre, cette presqu'île contenait quelques milliers de colons français, paysans laborieux qui descendaient d'une poignée d'aventuriers, originaires peut-être pour la plupart de Cap-Breton, port des Landes alors florissant. Ces aventuriers avaient renouvelé dans les parages du nord les exploits des conquistadores espagnols, portugais et mamalucos dans l'Amérique centrale et méridionale ; ils s'étaient plus ou moins associés au sang indien et avaient fini par faire souche de grands pêcheurs et d'agriculteurs très-habiles à arracher des terres à la mer, à endiguer, à creuser, à canaliser.

La colonie, ne se recrutant point en France, ne s'accroissait que de son fonds, mais avec une rapidité dont il n'y a pas d'exemples. Par une atrocité dont les Anglais garderont la honte, les Acadiens furent tout à coup cernés, enchaînés, égorgés, disséminés une première fois. Quelques années plus tard, le petit peuple, qui s'était reformé, fut encore traqué, massacré et dispersé. De ces familles arrachées à leur patrie, les unes réussirent à regagner la France, où elles se fixèrent : à Belle-Isle et sur le plateau poitevin, au sud de Châtellerault, entre la Vienne et la Gartempe. D'autres furent vendues comme esclaves aux protestants des États-Unis ; quelques-unes allèrent former le fonds de la population agricole française de la Louisiane (district des Nachlitoches). Il y en eut qui cinglèrent vers les Malouines (îles Falkland) avec Bougainville ; plusieurs se sauvèrent à Haïti, en Guyane, beaucoup plus dans le Canada où les attiraient la communauté de religion et de langue et la fraternité d'origine. Le plus grand nombre se cacha dans les forêts, et quand le premier effarement fut passé, regagna à travers bois, marais et rivières, le sol de sa chère Acadie, et y jeta les fondements d'une nation que sa fécondité fait indestructible.

Aujourd'hui, il y a cent mille Acadiens, toujours catholiques, parlant toujours français; ils sont pêcheurs, marins et colons. La majorité relative se trouve dans le Nouveau-Brunswick; le reste forme de petites nations dans la Nouvelle-Écosse, dans l'île de Cap-Breton, dans celle du Prince-Édouard, aux îles de la Madeleine, à Terre-Neuve, dans le Labrador bas-canadien et dans la presqu'île de Gaspé, qui fait partie du Bas-Canada. Bien qu'ils perdent beaucoup par la voracité de la mer sur laquelle ils pêchent et naviguent, quoiqu'ils émigrent aux États-Unis et qu'ils aillent en grand nombre renforcer la nation franco-canadienne, ils croissent très-vite sur place. Les Acadiens sont probablement le premier peuple du monde pour le chiffre proportionnel des naissances.

Les autres habitants de la Nouvelle-Écosse parlent anglais et se partagent entre le catholicisme, religion des Irlandais, et les branches du protestantisme. L'immigration n'a pas beaucoup d'activité dans cette colonie.

La capitale, **Halifax**, port de la côte orientale, a grandi rapidement. Elle compte 57,000 habitants, et son port magnifique, toute l'année libre de glace, pourra bien, les chemins de fer achevés, devenir le plus actif de la Dominion.

Au nord d'un détroit gêné d'écueils, l'**île du Cap-Breton** prend un peu plus d'un million d'hectares à une mer habituée à broyer des vaisseaux sur des rochers dissimulés par la brume. Cap-Breton fut, après la perte de l'Acadie, la citadelle de la France à l'embouchure du Saint-Laurent; les fortifications de la capitale d'alors, **Louisbourg**, nous coûtèrent trente millions de francs. Trente mille colons jetés dans le même espace de temps sur le Canada auraient mieux assuré notre domination sur la moitié de l'Amérique du Nord.

Sidney, la capitale actuelle, touche à des mines de houille.

L'**île du Prince-Édouard**, dans le golfe du Saint-Laurent, regarde le Nouveau-Brunswick. Sur 550,000 hectares, le recensement de 1861 y a reconnu 81,000 habitants, dont dix à douze mille sont des Acadiens qui contribuent, depuis quelques années, à la colonisation de la péninsule canadienne de Gaspé. Les autres résidents de l'île descendent en grande partie d'Highlanders écossais. Toute la population se livre à la culture et à la pêche : rien n'entrave celle-ci, mais celle-là est arrêtée dans son développement par le régime des terres, qui appartiennent à de grands propriétaires non résidents et ne peuvent être que louées.

La capitale s'appelle **Charlottetown**.

Dans le golfe du Saint-Laurent, à égale distance de quatre grandes îles, Anticosti, Terre-Neuve, l'île du Cap-Breton et l'île du Prince-Édouard, les petites **îles de la Madeleine** reçurent, à la fin du siècle dernier, quelques pauvres familles de pêcheurs acadiens. Ces familles se sont tant multipliées qu'elles ont rempli l'archipel et que maintenant les îles de la Madeleine sont un foyer d'émigration. C'est de là surtout que se peuple insensiblement la côte du Labrador canadien.

Le territoire immense que l'Angleterre possède au nord des deux Canada et au nord-ouest du lac Supérieur se partage en deux régions inégales : la région polaire et le Grand-Ouest canadien.

La **RÉGION POLAIRE** comprend d'abord les îles au milieu desquelles des marins anglais et américains, des héros, Parry, Ross, Mackenzie, Franklin, Kane, Mac-Clure, Hayes, ont cherché un passage entre l'Atlantique et le Pacifique ou tenté d'arriver au Pôle. Le passage a été trouvé, mais le Pôle ne connaît pas encore les navires de l'homme. Malgré leur vaste étendue, ces îles gelées en toute saison ne valent pas le moindre canton de la zone tempérée. Comment lutter contre un pareil climat, et qu'obtenir d'un sol qu'on n'atteint qu'en perçant des neiges et des glaces rebelles à tous les jours de soleil de l'année ?

Les terres polaires groupées en ovale autour de la baie d'Hudson n'ont guère plus de valeur, excepté au midi de ce golfe de 125 millions d'hectares, miroir de glace pendant neuf mois, mer en fusion pendant trois autres, et couverte alors de brouillards comme une chaudière à vapeur. La baie de James termine, au sud, cette mer intérieure dont les glaces presque éternelles se portent ainsi jusqu'au cinquante-deuxième degré boréal, c'est-à-dire jusque sous la latitude d'Amsterdam. Les grandes rivières qui se versent dans la baie de James traversent dans tout leur cours une contrée soumise à l'horreur du climat polaire, et pourtant leurs sources se trouvent vers le quarante-huitième degré, à peu près à la hauteur de Paris. Nulle part, même en Sibérie, les frimats du nord n'empiètent autant sur le midi.

Les fleuves qui affluent à la baie d'Hudson et ceux qui courent à la mer Glaciale sillonnent une région unique au monde par la multiplicité des lacs : la seule Finlande en possède proportionnellement autant. C'est en même temps le pays des lacs douteux, incertains dans leurs pentes, coulant souvent vers deux bassins opposés, quelquefois vers les quatre points de l'horizon, parfois n'ayant dans les basses eaux qu'un écoulement, en ayant plusieurs et vers plusieurs bassins quand ils ont reçu beaucoup de pluie. C'est par excellence la région des eaux bifurquées. Dans des plaines étendues à fatiguer l'œil, interrompues seulement par le poli des lacs, l'escarpement des roches et le rideau des forêts, se reproduit en nombre infini ce qui n'arrive guère qu'une fois dans les plaines de l'Amérique du Sud, par la Cassiquiare et le Rio Negro. Avec un climat meilleur, ces communications naturelles eussent fait de cette fraction de l'empire colonial anglais une des contrées les plus avantagées du globe, le siége d'une société très-active, car il y aurait eu entre les terres et les terres, les terres et les eaux la plus intime union possible. Sous le climat du Pôle, tout cela devient néant. Ces fleuves élargis en lac, ces lacs allongés en fleuve, ces eaux superbes ne connaissant que la barque du sauvage et du trappeur, rameurs vigoureux dont le canot se perd derrière un détour de la rive, un bouquet de bois, un voile de brume, pour laisser le fleuve à son silence, traînant vers des mers sans commerce un flot inutile à l'Amérique.

« Souvent, les bassins des fleuves ne communiquent pas tout à fait, leurs sources provenant de lacs, de marais, de fontaines indépendantes les unes des autres ; mais, dans ce cas même, le plus défavorable en ce pays amphibie, la navigation ne s'interrompt que pour quelques minutes, pour quelques heures. Ces lacs, ces sources sont à quelques pas, rarement à plus de deux lieues de distance réciproque. Arrivés au confin des eaux navigables, les Indiens chargent le canot sur leurs épaules et le portent à la prochaine voie fluviale ou lacustre. Cet espace compris entre deux eaux accessibles aux barques s'appellent portage dans toute l'Amérique du Nord : ce nom provient des Canadiens français, hommes d'aventures qui furent, dès l'aurore de leur nation, les amis des grands voyages et des longues chasses dans les solitudes du Nord. Beaucoup plus que les Anglais, les Canadiens ont canoté et couru en tous sens dans l'Amérique anglaise, apprenant le français aux Indiens, avec lesquels ils s'alliaient pour former les métis Bois-Brûlés. Avec quelques portages, on va du lac Supérieur à l'océan Glacial, de l'océan Glacial à la baie d'Hudson. Tel trappeur franco-canadien a fait maintes fois le voyage du Montréal au fort Chippeouais, sur le lac Athapasca.

Les cours d'eau de l'Amérique polaire anglaise sont ridés par des rapides que l'Indien descend avec la rapidité de la flèche, debout dans son canot comme un conducteur de chars aux jeux olympiques. Parfois de vraies chutes nécessitent des portages.

Plusieurs de ces fleuves roulent des masses d'eau énormes. Tous sont magnifiques, tantôt comme un Amazone septentrional, limpide et froid, tantôt comme un torrent de Norvége. Le plus considérable, le Mackenzie (4000 kilom.), descend des montagnes Rocheuses sous le nom indien d'Athapasca, sous le nom français de Rivière de la Biche, donné par les Franco-Canadiens ; le petit lac d'où il s'échappe avoisine la base du mont Brown (5,300 mèt.) et du mont Hooker (5,230 mèt.). Il traverse le lac Athapasca, puis le lac de l'Esclave, au nord duquel cessent les bois, et reçoit le déversoir du lac du Grand-Ours.

Honorons le courage des voyageurs anglais qui ont parcouru les terres polaires pour livrer au prix d'une santé perdue, au prix même de la vie, quelques traits de plus à la géographie de l'univers, qu'ils aient fendu à coups de hache les détroits du Nord comme Parry, marché sans trêve dans les plaines sans fin, jusqu'à l'épuisement, comme Franklin, qui n'est pas revenu, ou descendu comme Back des cataractes menant à l'abîme. Le climat de la région où souffrirent ces hommes de fer est terrible : 50 à 60 degrés au-dessous de zéro en hiver, de la neige et de la glace pendant la nuit, même en été, et dans le jour estival une chaleur de 30 degrés grillant les herbes qui se hâtent d'embellir le désert. Aussi cette région où tiendraient plusieurs France renferme-t-elle à peine la population d'une ville de troisième ordre, 80,000 à 100,000 individus.

Il y a des degrés dans le froid et la stérilité qui vient du froid. La terre polaire anglaise comprend trois régions. D'abord les terres arctiques au nord du 61e degré : les arbres n'y croissent plus, mais seulement un peu de mousse sur les blocs erratiques, des semblants d'arbustes au fond des vallons que la rafale des neiges oublie d'ensevelir, et dans les fondrières où s'engourdissent les ours que l'Indien vient chasser durant les quelques jours de ce qu'il nomme la belle saison. Au sud du 61e degré, c'est-à-dire à partir du grand lac de l'Esclave, une zone de 1,000 à 1,100 kilomètres de largeur depuis le pied des Rocheuses, en tirant vers l'est, la région des prairies offre aux colons de l'avenir des terres capables de moissons, surtout dans le *Fertile Belt*, qui confine aux États-Unis, et que les immigrants anglais sont à la veille d'envahir. A l'est de la Région des Prairies, jusqu'à la baie d'Hudson, se prolonge la région des forêts, fouillis de lacs, de torrents, de bois, de clairières. L'Indien et le trappeur, qui vivent dans ce pays et le voyageur qui ne fait qu'y passer aiment ses charmantes rivières et ses solitudes étroites, qui souvent s'ouvrent tout à coup sur de larges horizons.

Il n'y a dans tous ces pays que quelques Anglais, Écossais et Franco-Canadiens, et des métis Bois-Brûlés, anciens serviteurs de la compagnie de la baie d'Hudson. Les autochthones sont des Esquimaux ou des Indiens. Les Esquimaux parcourent ce que les régions arctiques ont de moins habitable ; ils côtoient les Indiens, leurs ennemis mortels, sans se mêler et même sans commercer avec eux. On peut les évaluer à 10,000 au moins, à 25,000 au plus. Dans les prairies, dans les forêts vivent des tribus indiennes, semblables à celles des États-Unis, sobres, sententieuses, poétiques, mélancoliques, guerrières, ayant l'œil et l'odorat de la bête fauve. Il s'y trouve peut-être encore 50,000 à 60,000 Indiens, toutes tribus comprises. Beaucoup appartiennent à diverses branches de la nation des Algonquins, qui régna sur le Canada et sur une partie des États-Unis du Nord.

Point de villes dans cette monarchie de l'hiver. Les comptoirs de la défunte compagnie de la baie d'Hudson n'étaient pas même des villages, mais des baraques où se rencontraient les marchands et les chasseurs de fourrures.

Le GRAND-OUEST CANADIEN est la portion méridionale et habitable de la région des Prairies. Nous lui donnons ce nom parce que les colons du Canada commencent à s'y porter, comme les Yankees de la Nouvelle-Angleterre et du bassin de l'Ohio vers le Far-West des États-Unis.

Jusqu'à ces dernières années, l'Amérique anglaise, hors du Canada et des provinces maritimes, n'était qu'un désert où les Indiens et les trappeurs chassaient les bêtes à fourrures dans les prairies et les bois, et les castors dans les étangs, au bénéfice de la puissante compagnie de la baie d'Hudson. Cette compagnie de 239 actionnaires avait son siége à Londres et employait environ 1,500 serviteurs, presque tous des Bois-Brûlés ; son gain annuel se montait à 1,200,000 francs environ ; elle faisait toute la fortune des indigènes qui venaient, à époque fixe, toucher le prix de leur chasse dans quelqu'un de ses 136 comptoirs. La découverte des mines d'or de la Colombie anglaise, la prospérité de l'Orégon et des États américains du haut Mississipi et du haut Missouri, le développement des deux Canada ont fait jeter enfin les yeux sur la région intermédiaire, route du Saint-

Laurent et des grands lacs au rivage du Pacifique. Alors, on s'est aperçu que le climat y est supportable, la terre suffisamment cultivable, et qu'il y a plus de trente millions d'hectares dans la contrée qu'on a d'avance nommée Fertile-Belt (zone fertile) et Wheat-Belt (zone du blé), sur le lac Ouinipeg (4,500,000 hectares), sur le Saskatchaouan, la Rivière-Rouge, et l'Assiniboine, tributaire de la Rivière-Rouge.

La compagnie de la baie d'Hudson a dû déposer son privilége et céder le pays à l'action des bergers et des agriculteurs. Pendant qu'on s'occupait d'ouvrir une route directe du fond du lac Supérieur à la Rivière-Rouge, et même du nom à imposer à la future colonie, les habitants déjà installés depuis de longues années se sont soulevés contre leur grande métropole anglaise et contre le Canada, leur métropole en sous-ordre. La rébellion a été facilement vaincue.

En ce moment, cet empire anglais de l'avenir est un ensemble de petits établissements appelés la Rivière-Rouge du nom de cours d'eau sur lequel sont établies les plus anciennes habitations de la contrée. La Rivière-Rouge vient des États-Unis, et va tomber, comme le Saskatchaouan, dans le lac Ouinipeg : celui-ci confie son trop plein au Nelson, large fleuve qui s'achève dans la baie d'Hudson. Le nom officiel de la colonie est **MANITOBA**.

Sur 50,000 individus, on compte à la Rivière-Rouge près de 40,000 Indiens et 12,000 Blancs et métis. Parmi les Blancs, se trouvent plusieurs milliers d'Écossais, descendant de colons introduits, il y a soixante ans, par un lord et parlant encore en partie le gaëlique des Highlanders. Les métis sont généralement des Bois-Brûlés, de langue française et de religion catholique. Les Canadiens-Français purs et les métis qui en dérivent ont plus de penchant pour la chasse, la pêche et les voyages, que les colons des autres origines.

A la tête des rivières formant le Saskatchaouan, le Mackenzie, la Rivière de la Paix, des cols entaillent les montagnes boisées, élevées, polaires à leurs faîtes, qui s'interposent entre le versant de la baie d'Hudson et le bassin du Pacifique. Dès qu'on commence à descendre à l'ouest, avec les torrents qui fuient vers le rivage du plus ample des Océans, on s'aperçoit combien ce versant de l'Amérique anglaise a d'avantage sur l'autre. La **COLOMBIE ANGLAISE**, protégée des froids stérilisants par le paravent des monts, s'ouvre en plein à l'humidité du grand Océan, et par la vertu des pluies, elle devient une terre brumeuse, mouillée, désagréable, mais bien autrement habitable, à altitudes et à latitudes égales, que la demi-Sibérie qui s'étend à l'orient du rideau des montagnes.

Avec l'île de Vancouver, la Colombie anglaise a presque exactement l'étendue de la France, 55 millions d'hectares, mais avec 50,000 habitants seulement, car le désert n'y recule que lentement, et depuis peu d'années. Il y a quinze ans, de faibles tribus d'Indiens, et les employés de quelques forts de la compagnie de la baie d'Hudson représentaient seuls la race humaine dans cette contrée riche par ses mines, par ses forêts sans fin d'arbres si hauts et si gros qu'on y taille des canots pour cent hommes, par ses rivages superbement frangés, suite de promontoires, d'*inlets* ou fiords, d'îles et d'archipels. Tout à coup la nouvelle se répandit qu'on avait découvert, à Caribou, des mines d'or plus riches que celles de la Californie. Alors ce fut une fièvre. Des milliers d'Orégoniens, de Californiens, d'Yankees, d'Anglais, de Canadiens s'y jetèrent en quelques mois. La rigueur du climat, la nécessité de tout créer firent beaucoup de victimes, et plus encore de malheureux, mais la première population était fixée sur le sol, l'agriculture était née. Auparavant la colonie était viable, désormais elle vivait : elle végétait plutôt, car, faute d'émigrants, elle se développe avec une lenteur inconnue aux établissements de l'Angleterre. La plupart de ses Indiens appartiennent aux tribus des Têtes-Plates.

Presque tous les Néo-Colombiens se concentrent sur la côte et sur les rives du Frazer et des rivières de son bassin. A 48 kilom. de l'embouchure du Frazer dans la baie de Géorgie, **New-Westminster**, la ville principale de la colonie, aligne ses embryons de rues entre la rive du fleuve et la lisière d'une forêt de pins et de cèdres d'une hauteur extraordinaire

Vis-à-vis de l'embouchure du Frazer, Noutka, nommée autrefois île de Quadra et Vancouver, s'appelle aujourd'hui simplement **Vancouver**. Avec ses 432 kilomètres de longueur, ses 60 à 80 kilomètres de largeur moyenne, elle enserre environ quatre millions d'hectares, mais la population ne dépasse pas 15,000 individus, les Indiens compris. Là aussi le progrès est très-lent, presque insensible. Dans Vancouver et la Colombie réunies il n'y a pas plus de dix mille Blancs.

Par sa côte, Vancouver ressemble à la Colombie anglaise. De très-nombreux *inlets* s'y enfoncent profondément dans les terres, mais ils ne se terminent jamais par des glaciers, ainsi qu'il arrive souvent aux fiords du continent qui fait face et qui porte des monts autrement élevés que ceux de l'île. Des richesses métalliques énormes, bien qu'on soit loin d'avoir reconnu tous les gîtes, d'abondantes mines de houille, de beaux bois de construction, des forêts de sapins et de chênes, les pêcheries du rivage, un climat charmant en été, doux, humide et presque sans neige en hiver, assurent à Vancouver un avenir que l'agriculture seule ne lui vaudrait pas, car des chaînes très-pauvres en terres cultivables occupent la plus grande partie de l'île. A part cela, le sol et le climat s'y prêtent à tous les produits de la zone tempérée.

Dix mille Indiens au plus, fractionnés en tribus nombreuses, et parlant trois langues, sans compter les dialectes, se tiennent sur le rivage et dans quelques vallées de l'intérieur. Ils diminuent avec une rapidité sinistre.

Victoria, la capitale de l'île, et en même temps de la Colombie britannique, — car les deux colonies ne font qu'une seule province depuis 1866, — s'allonge au bord d'une crique inaccessible aux grands bâtiments. On eût dû mettre le siége du gouvernement à **Esquimault**, port superbe, à 6 kilomètres de Victoria

ÉTATS-UNIS.

Il y a 265 ans, cent Anglais débarquèrent dans une île de la côte qui appartient aujourd'hui à l'État de Virginie, à l'embouchure de la rivière James. Ces premiers colons se renforcèrent, très-lentement d'abord, puis plus vite, par divers éléments : arrivants volontaires, exilés de la métropole, criminels achetés aux enchères, femmes publiquement vendues pour quelques centaines de livres de tabac, engagés qui étaient de véritables esclaves. Plus tard vinrent des « cavaliers », nobles et riches qui fuyaient devant la nouvelle république anglaise. Enfin, la traite des noirs amena des Africains sur ce rivage de l'Atlantique.

Au nord du littoral virginien, à partir de 1615, les Hollandais, alors dans toute leur puissance sur mer, s'établirent le long du fleuve Hudson. Leur village d'Orange est devenu Albany, et à la place de leur Nouvelle-Amsterdam resplendit maintenant New-York. Leurs colonies se développèrent très-peu, faute de colons : en 1635, elles ne renfermaient encore que 2,000 Néerlandais et Wallons, auxquels se joignirent des familles de huguenots français, après la révocation de l'édit de Nantes. Toutefois, ce fut seulement après l'an 1,700 que les Anglais prirent le pas sur les Hollandais à New-York.

Au nord de New-York, en 1620, le rocher de New-Plymouth reçut cent deux Anglais, des Puritains, las d'une patrie où leur croyance était persécutée. Ces hommes et ceux qui les suivirent jetèrent la principale semence de la nation dont la force et le bonheur nous étonnent. Les Puritains s'installèrent naturellement sur la côte, à l'orient des Alléghanies, dans un pays boisé, très-arrosé, brumeux, froid en hiver, chaud en été. Ils lui donnèrent le nom de Nouvelle-Angleterre. Hommes étroits, mais solides, ils avaient l'énergie de leur race à côté de l'âpreté de leur foi; ils défrichèrent et fondèrent à la hâte et se multiplièrent avec rapidité. La contrée de Boston fut celle qu'ils remplirent de préférence, puis, après elle, la Pensylvanie, contrée montagneuse dont les courants d'eau se partagent entre l'Atlantique, le lac Érié et l'Ohio, qui court vers le lointain Mississipi. Trente ans après l'arrivée des Puritains de New-Plymouth, il y avait déjà dans la Nouvelle-Angleterre 4,000 familles anglaises, faisant 21,000 individus. De ces 21,000 personnes procèdent, assure-t-on, douze millions des Yankees du jour — Yankee est le nom populaire de l'Américain du Nord. — Dans le peuplement des vallées pennsylvaniennes, les Anglais furent secondés par les Allemands, qui préludaient à leur expatriation en masse vers cette Amérique septentrionale où leur sang est maintenant celui de huit à dix millions d'hommes, sur quarante millions. D'autres enfants du Nord accouraient aussi vers ces parages : des Suédois, reprenant sans le savoir le chemin de leurs ancêtres, vinrent les premiers habiter le New-Jersey et le Delaware, non loin du *Vinland* découvert, en l'an 1000, par l'Islandais Seif, fils d'Eric le Rouge. Ces Suédois avaient avec eux quelques Finlandais.

Les premiers envois notables de colons par la métropole datent de 1640. La Pennsylvanie reçut Penn et ses quakers en 1682. Les Allemands commencèrent à arriver en nombre vers 1709. A cette époque, un grand ban d'Alsaciens, de Souabes, de paysans du Palatinat, plus de dix mille hommes, peut-être vingt mille, abandonnèrent le Neckar et le Rhin, devant la persécution catholique, la guerre et la famine. Ils s'établirent dans la Pennsylvanie, le pays de New-York et les deux Caroline.

En 1750, il y avait près de 1,200,000 âmes dans la Nouvelle-Angleterre et dans les colonies méridionales, dans la Virginie, les Caroline, la Géorgie, qui se couvraient de Blancs et de Noirs. Tandis que les établissements anglais prospéraient, la Nouvelle-France, qui les entourait au nord sous le nom de Canada, à l'ouest, le long de l'Ohio et du Mississipi, sous le nom de Louisiane, végétait dans les mains de la dynastie très-catholique : sans doute par les fautes des gouvernants, mais surtout parce que la France n'envoyait pas un colon au Saint-Laurent, pour vingt que l'Angleterre versait au pied des Alléghanies. L'absence d'immigration fut la principale cause de la notre ruine. Des deux côtés les colons se valaient : les Anglais étaient plus commerçants mais non plus braves, plus résistants et plus féconds. La paix d'Utrecht (1713) signale notre péril, la paix de Paris (1763) acheva notre désastre.

Vers 1792, une question de douane et d'impôts jeta le ferment de l'indépendance sur cette race altière. La guerre commença en 1776 entre la métropole et les treize États ou provinces qui composaient alors les États-Unis. Aidées par la France, les colonies triomphèrent et leur indépendance fut reconnue (1781).

Depuis, rien n'a arrêté l'essor de l'Amérique anglaise libre. D'annexion en annexion, la voilà quatre fois plus grande qu'au jour de sa délivrance. Bonaparte lui céda, en 1803, pour 80 millions, la Louisiane, qu'il désespérait de défendre contre les Anglais : un monde vendu bon marché. En 1821, l'Espagne abandonna la Floride aux États-Unis. L'année 1845 leur apporta le Texas, plus grand que la France, l'année 1846 l'Orégon avec son fleuve et ses forêts superbes. En 1850, le Mexique vaincu leur abandonne l'Utah, le Nouveau-Mexique et la splendide Californie. En 1854, ils annexent l'Arizona. Enfin, la Russie leur a récemment livré ses possessions américaines pour quelques millions de dollars. Et tout cela ne comble pas la mesure des ambitions du Yankee. Les États-Unis attendent que le Canada, aussi vaste avec ses dépendances que tout le territoire actuel de l'Union, leur tombe de lui-même dans les mains ; ils désirent le Mexique, que peu à peu ils dépècent, l'Amérique centrale, dont ils convoitent les isthmes entre les deux Océans, et ils jettent des regards ardents sur Cuba, la perle des Antilles. Peut-être leur désir va-t-il plus loin et l'Amérique du Sud leur semble-t-elle une proie pour l'avenir, car ils ne sont pas de ceux qui prendraient pour devise : *tandem voti compos !* « je suis au bout de mes vœux ! » Mais, s'ils peuvent s'étendre jusqu'à Panama, le développement très-considérable de l'émigration européenne vers l'Amérique espagnole sauvera de leur domination la plus belle moitié du continent dont les Yankees se sont donné le nom. Les Yankees se traitent volontiers d'Américains, bien que le sang autochthone compte pour très-peu dans leur race, les Indiens ayant été détruits, non attirés et assimilés par eux. D'ailleurs, parmi ces Indiens mêmes, plusieurs tribus avaient eu, pendant trois siècles, des alliances avec les Scandinaves du *Vinland*, et en cas de mélange avec les colons anglais elles leur ont rapporté des gouttes de sang européen.

Pour l'instant, les Etats-Unis, divisés en 37 États et en 10 territoires, s'étendent sur 935 millions et demi d'hectares, dix-sept fois la France. L'Angleterre avec toutes ses colonies, l'Empire russe et la Chine sont plus vastes. Comme territoire, les États-Unis viennent donc en quatrième ligne, avant le Brésil. Comme population, en leur attribuant les quarante millions d'habitants qu'ils vont avoir, ils n'arrivent encore qu'au septième rang, après la Chine (477 millions), l'Inde (193 millions), l'empire anglais (192 millions), l'empire russe (77 millions), l'Allemagne, y compris l'Autriche germaine (48 millions), la France avec l'Algérie et sans les colonies (41 millions). Avec le prodigieux accroissement qu'ils tirent de l'excédant des naissances et d'une immigration grandiose ils auront vite atteint la France et l'Allemagne. Quant à la Russie, elle ressemble aux États-Unis pour la persistance avec laquelle elle s'agrandit et se peuple.

L'Européen qui débarque dans l'un des États de la Nouvelle-Angleterre voit se denteler à l'horizon les arêtes des Alléghanies ou Appalaches. Il arrive dans les verdoyants vallons de ces montagnes, aux flancs chargés de forêts où les résineux se mêlent aux arbres à feuilles caduques, en remontant d'abondantes rivières que l'industrie ne laisse point chômer. Aux États-Unis, on navigue sur toutes les eaux navigables, on enchaîne par des digues tous les courants assez forts pour mettre une usine en branle, et souvent les barrages sont inutiles, presque toutes les rivières alléghaniennes du versant de l'Atlantique tombant dans leur vallée inférieure par des cascades puissantes. De grandes villes industrielles, Lowell, Lawrence, Manchester, Paterson, Pawtucket, Richmond, Rochester, etc., doivent leur existence à de forts pouvoirs d'eau.

La hauteur moyenne des Alléghanies arrive à peine à mille mètres, et leurs pics les plus hautains à deux mille. Ces montagnes reproduisent généralement la disposition de notre Jura, par le parallélisme de leurs chaînons, qu'on a comparés à des traînées de chenilles rampant sur le sol côte à côte. Le Black Dom (Dôme Noir), ou Mont Mitchell, est le prince des Alléghanies méridionales, monts primitifs qui s'appellent plus spécialement Montagnes Noires (Black Mountains) ; il n'a pourtant que 2,046 mètres. Les Alléghanies septentrionales, primitives aussi, avec des districts de roches ignées, se nomment au contraire Montagnes Blanches (White Mountains) ; nul de leur sommet ne s'élance aussi haut que le Dôme Noir ; le Mont Marcy se dresse précisément à la même altitude que le géant du Forez, Pierre-sur-Haute, dans la France centrale : 1,640 mètres. Le mont Washington, voisin du Canada, s'élève à 1,918 mètres.

Suivant les cantons, les Alléghanies portent bien d'autres noms que Monts Blancs ou Monts Noirs. Elles s'appellent aussi Blue Ridge (Montagnes Bleues), chaîne de Kittating, Monts de Catskill, Green Mountains (Montagnes Vertes) Laurel Mountains (Monts des Lauriers), Monts du Cumberland, Monts Adirondak, etc. Ces derniers, dans l'État de New-York, dominent le lac Champlain, qui fut témoin des hauts faits de Montcalm, et le lac le plus vanté de la Nouvelle-Angleterre, le Minnehaha des tribus indiennes. Les Anglais n'ont pas voulu laisser à cette nappe d'eau ravissante, encadrée d'avant-monts gracieux et de chaînes sévères, son nom indigène d'*Eau Souriante*. C'est aujourd'hui le lac George. S'il eût été reconnu de nos jours, ce serait le lac Victoria, ou l'Albert, ou le Wellington, ou le Waterloo, ou le Trafalgar, ou le Nelson, peut-être le Grant, le Shermann, le Frémont, le Seward ou le Lincoln. Le globe perd la parure de ses beaux noms. Le lac George a 58 kilomètres de long sur 1,500 à 5,000 mètres de large ; il se déverse dans le lac Champlain par le torrent qu'interrompent les rapides et les cascades de Ticonderoga ou Carillon. La plus grande profondeur du lac Champlain est de 120 mètres.

Les Alléghanies arrêtent en partie les pluies que fournit l'océan Atlantique, et, par là, elles influent sur le climat de l'immense bassin du Mississipi, moins humide, et à latitude égale moins tempéré que les vallées des fleuves côtiers. Parmi ces derniers, les plus grands sont le Connecticut, l'Hudson, dont les *palissades* ou falaises ont 150 mètres de haut, le Delaware, le Susquéhannah, le Potomac, etc.

La nature calcaire des Alléghanies centrales détermine chez elles, avec une rare grandeur, les accidents communs dans les régions constituées par ce genre de roches. Les pertes d'eau, les rivières souterraines, les grottes, les fontaines bouillonnantes y abondent. La caverne du Manmouth, dans l'État du Kentuky, n'a pas de rivales connues dans le monde : 15 kilomètres de la gueule à l'extrémité; 240 kilomètres en 223 couloirs; des salles si vastes et si élevées que l'obscurité des parois et des voûtes n'est que faiblement dispersée par l'éclat des flambeaux; sous ces dômes, des lacs buvant ou versant l'eau d'autres lacs par des rivières tordues dans les ténébreux corridors. Les Américains ont appelé Styx, du nom d'un fleuve des enfers grecs, le principal courant de la caverne du Manmouth. Des animaux étranges, un poisson aveugle, des lézards et des grillons hideux, des rats gigantesques, et sans doute des bêtes timides et traînantes qu'on ne connaît point encore, vivent dans les flots sombres et sur les rives que le Styx abandonne dans son recul de l'été. Ces rives, il les noie quand les grandes pluies tombées sur le sol découvert, dans le beau bassin de la Rivière Verte, arrivent en cascades par leurs mystérieux chemins, et, montant le long des parois, remplissent le canal stygien jusqu'à la clef de ses voûtes. On ne sait où courent les flots sinistres entrevus à la torche dans mille grottes alléghaniennes. Beaucoup se laissent glisser de vasque en vasque souterraine jusqu'à la mer Atlantique. Sur la côte floridienne, géorgienne et carolinienne, des ruisseaux, des rivières, surgissent du fond marin, quelquefois avec une telle masse et une telle force que leurs eaux douces soulèvent l'eau salée et viennent jaillir à la surface de l'Océan. On a vu ces courants hypogées vomir assez d'eau pour dessaler à demi la mer près du rivage.

A la base orientale d'un chaînon des Alléghanies, Pittsbourg, l'ancien fort Duquesne des Français, est devenue le Birmingham et le Sheffield des États-Unis, grâce aux dépôts de houille et aux mines de fer de la montagne. Les bassins houillers des États-Unis n'ont de rivaux qu'en Chine pour la puissance et pour l'étendue. Quand l'Angleterre n'aura plus de charbon minéral, l'Union tirera toujours des millions de tonnes des entrailles de ses Alléghanies, de la Pennsylvanie, du vaste État de l'Illinois, dont les quatre cinquièmes appartiennent au trainer houiller, et qui pourrait, dit-on, donner par an cent millions de tonnes pendant treize mille années. D'autres États encore pourvoiraient si ceux-ci faisaient défaut.

Comme si ce n'était pas assez de ces richesses végétales et métalliques, une richesse prodigieuse s'ajoute à toutes les autres sous ces fécondes roches. La Pennsylvanie, dont dépend Pittsbourg, fait sortir de ses obscurités souterraines des jets intermittents, des ruisseaux, quelquefois des rivières de pétrole. Un grand district dont les eaux finissent par rejoindre l'Ohio en a pris le nom de Pétrolia. La poursuite furieuse de l'huile minérale y a renouvelé les scènes de l'Australie et de la Californie lors de la découverte des mines d'or. On y a vu, on y voit encore les aventures, les coups de dé, les ruines, les richesses inouïes jetées au hasard par le destin sur une foule affamée d'égoïsme. D'immenses fortunes s'y sont faites en quelques années, souvent en quelques mois et même en quelques semaines, et il y a aux États-Unis, de par le pétrole, une aristocratie dont bien des grands seigneurs attribuent sûrement leur opulence à leur mérite. Le centre le plus actif de l'extraction du pétrole est en ce moment la Pennsylvanie, mais plusieurs autres États de l'Union possèdent aussi d'immenses provisions d'huile de roche. De même le Haut-Canada, qui a aussi sa fièvre de recherches.

Pittsbourg, la ville du fer où sonnent les marteaux, occupe, à 207 mètres d'altitude, le confluent de la claire Alléghany et de la Monongahéla, deux rivières de cinq cents mètres de largeur, quelque temps encore reconnaissables dans le lit qui les réunit par la différence de couleur de leurs eaux. Leur confluent forme l'Ohio, que les Français du Canada et de la Louisiane appelaient à bon droit la Belle Rivière. Par l'Ohio, par le Kentucky, le Cumberland, le Tennessee, ses affluents, toutes les sources du penchant oriental des Alléghanies vont s'engloutir au loin dans le Mississipi. Qu'on mette bout à bout la Loire, la Seine et la Garonne, on aura la longueur de l'Ohio. Dans son cours moyen et inférieur, encombré d'îles vertes, sa largeur varie entre 350 et 1,300 mètres, l'aire de son bassin équivaut presque exactement à l'aire de la France avec la Corse. Près du Caire, — les Américains ont la passion de donner aux plus minces bourgades les noms retentissants de l'histoire, — près du Caire, par 92 mètres d'altitude, l'Ohio tombe dans le boueux Mississipi. Il y garde quelque temps, sur la rive par laquelle il entre dans le fleuve, la clarté de ses eaux, mais son débit est bien faible en face du déluge qu'amène le Mississipi, grossi du Missouri, et à quelques kilomètres en aval de la rencontre, la même teinte sale règne d'un bord à l'autre du fleuve. Les crues de l'Ohio sont très-considérables, elles peuvent monter jusqu'à vingt mètres. Sans compter Pittsbourg, cette rivière baigne Cincinnati, puis Louisville, cité voisine des seuls rapides qui interrompent la navigation de ce cours d'eau paisible.

Le nom de Mississipi résonne à notre oreille comme celui du plus grand fleuve du monde avec les Amazones. Il y a pourtant plusieurs rivières, polaires ou non, qui doivent rouler plus d'eau que lui dans la saison d'étiage. Son débit moyen, 17,410 mètres cubes par seconde, est à peu près le même que le débit minimum des Amazones au défilé d'Obydos (17,644 mètres cubes) : cela ne fait pas le quart des 69,400 mètres cubes auxquels les calculs les plus modestes évaluent le volume à la seconde fourni en moyenne par le fleuve brésilien.

Le premier Européen qui contempla le Mississipi (1539), un aventurier espagnol, Hernandez de Soto, ne cherchait ni fleuve, ni lac, ni montagne ; il était en quête de la Fontaine de Jouvence, dont nul voyageur ne verra le merveilleux cristal. Le Mississipi, qui s'appela Colbert lorsqu'il appartenait à la France, sort d'un lac de l'État du Minnesota, le lac Itasca ou lac de la Biche, situé à 5085 kilomètres du golfe du Mexique en suivant le fil de rivière. En prenant le Missouri pour le maître fleuve du bassin, la longueur du cours d'eau arrive à 7,600 kilomètres, sept à huit Loire, dix Seine ou dix Rhône. Le lac de la Biche occupe, à 520 mètres d'altitude, un creux de plaine, au milieu de prairies que nul relief appréciable ne sépare du lac Supérieur et du bassin de la Rivière Rouge du nord, dont les eaux descendent à la baie d'Hudson.

Après avoir passé à moins de 100 kilomètres du lac Supérieur, étroit encore, lui qui sera si large, ruisseau, puis rivière, lui qui deviendra le « Père des Eaux, » il sinue dans les « Prairies, » savanes herbeuses qui sont en partie l'ancien fond du lac Michigan. Là, dans le Minnesota, le Wisconsin, l'Iowa, l'Illinois, se porte surtout l'effort de la colonisation ; là se jettent avec une sorte de rage les Yankees des États de l'est, les Anglais, les Écossais, les Irlandais, les Allemands, les Suédois, les Norvégiens, les Canadiens anglais ou français. La mer de hautes herbes, avec ses étangs et ses canaux naturels ou créés par les castors, ses bouquets de bois pour îles et çà et là de grandes forêts faisant effet de rivages, perd rapidement le charme qu'elle tenait de la solitude, du silence, de tout ce qu'on peut comprendre sous le nom de nature libre. Elle se transforme en une plaine vulgaire, en une Beauce, mais en une Beauce humide, vivifiée par des lacs, des ruisseaux, de belles rivières. Si la Prairie, dépouillée de sa beauté, ne garde d'autrefois que l'infini de l'horizon, elle porte les sillons qui nourrissent une partie du monde et qui font de Chicago le premier dépôt de céréales de l'univers.

A Saint-Anthony et à Minnéapolis, le Mississipi, large de 575 mètres, tombe par une cascade de 7 à 8 mètres de hauteur, au-dessous de laquelle il n'y a plus que 180 mètres d'un bord à l'autre. Des établissements industriels gâtent cette cascade, menacée comme le Niagara et les autres chutes des États-Unis, de devenir un chapelet d'usines étagées. Avec les rapides qui accompagnent la cataracte, le Mississipi descend ici de 23 mètres.

Grossi par des rivières plus abondantes que bien des fleuves, le Minnesota, le Wisconsin, la Rivière des Moines, l'Illinois, il rencontre, en amont de Saint-Louis, le Missouri, cours d'eau énorme, que les Américains surnomment Mud River, rivière de la Boue. Le Mississipi étant beaucoup moins considérable que le Missouri, ses eaux claires n'ont point le dessus dans leur lutte contre les eaux sales de la Mud River : chaque fleuve garde longtemps sur sa rive la couleur d'amont, mais peu à peu le mélange se fait, et, au-dessous de Saint-Louis, les flots troubles ont dévoré les flots purs.

Quand le Missouri se trouve en face du Mississipi, il a parcouru deux fois et demi autant de chemin que son rival. Il ne se forme pas comme lui des déversoirs d'un archipel d'étangs ; il naît dans les puissantes montagnes Rocheuses, de la réunion de trois torrents : le Jefferson, le Madison et le Gallatin. Avant de quitter les gorges pour la plaine, il se plie et se replie pendant neuf kilomètres au fond d'un cañon (fissure) de 400 mètres environ de profondeur, avec une largeur de 550 mètres, et tombe de 110 mètres en 26 kilomètres de chutes et de rapides. A 40 kilomètres au-dessous des Grandes Chutes, à Fort-Benton, par 900 mètres d'altitude, la rivière devient navigable : de ce point à la mer, le long du fil de l'eau, il y a 6085 kilomètres ouverts aux transports : c'est plus de cinq fois la longueur du Rhin, près de sept fois celle de la Loire, et neuf fois celle de la Seine.

En plaine, le Missouri traverse une région où la colonisation ne se porte que depuis peu d'années ; il y reçoit de fortes rivières, moins considérables toutefois, à bassins égaux, que les tributaires du haut Mississipi, sur lesquels il pleut beaucoup plus. Aussi, au confluent, le débit des deux fleuves n'est point proportionnel aux aires drainées, et le Missouri ne l'emporte en volume qu'en vertu d'un bassin beaucoup plus étendu. Les principaux tributaires du Missouri, bordés ainsi que lui de bouquets de noyers, d'érables, de chênes, de vergnes, sont la Snake-River, la Yellow-Stone, dont la vallée est remplie de merveilles, de sources chaudes, de geysers, de jets de vapeur ; le Nébraska ou Platte, très-large et sans profondeur, et le Kansas. Deux de ces rivières, le Nébraska et le Kansas, donnent leur nom à un État.

Bien que violent, déposant du sable et des vases, formant des bancs et des îles, rongeant ses bords, changeant son lit, le Missouri est suffisamment navigable à partir de Fort-Benton, et en amont des Grandes Chutes, il possède des trajets canotables séparés par des cascades et des rapides.

C'est en vue des monts d'Ozark, exhaussés par leur isolement dans des plaines indéfinies, que le Missouri s'allie au Mississipi, après un voyage de près de 6,000 kilomètres, plus long que le cours entier du Père des Eaux de son lac initial au golfe du Mexique. D'indolent qu'il était devenu très-rapide, le Mississipi continue à couler du nord au sud dans une large vallée qui perd insensiblement la physionomie du septentrion pour prendre les teintes du midi. Il baigne Saint-Louis, l'une des cités du monde auxquelles l'avenir promet le plus de splendeur. A mi-chemin de Saint-Louis au confluent de l'Ohio, des rochers de 90 mètres de hauteur se lèvent sur ses deux rives; jadis ces rochers, qui appartiennent aux monts d'Ozark, n'avaient point encore été sciés par le fleuve, ils formaient digue. De leur crête sautait une cascade plus puissant que le Niagara; derrière eux le fleuve refoulé était un lac immense communiquant avec la mer douce du Canada.

En aval de la bouche de l'Ohio, le fleuve, gorgé d'alluvions, roule en grande crue 35,000 à 40,000 mètres cubes d'eau, et à l'étiage 8,500 mètres par seconde. Il traîne des arbres, fait et défait des îles, attaque ses bords, détruit ses détours par des percées directes. Il a maintenant de 1,800 à 2,300 mètres de largeur; sa profondeur à l'étiage est de 8 à 10 mètres au-dessus du confluent de l'Arkansas, de 15 à 40 de l'Arkansas à la Nouvelle-Orléans, de 70 au pied de la colline de Grand-Gulf, ville de l'État du Mississipi. En revanche, sur un point, en aval de l'embouchure de l'Arkansas, il n'y a que trois mètres en eau basse. Des levées latérales l'empêchent d'inonder au loin le pays par-dessus ses berges plates, bordées de prairies et de forêts, rarement de collines. Quand il baigne le pied d'un morne, ce qui se produit plusieurs fois sur la rive gauche, la cime de ces collines ouvre sur le fleuve aux grandes eaux, la prairie et la forêt des horizons d'une superbe grandeur.

La dernière de ces collines riveraines est celle de Bâton-Rouge, petite capitale de l'État de Louisiane. A la Nouvelle-Orléans, le Mississipi n'a guère que 1,000 mètres de largeur avec une profondeur d'une quarantaine de mètres. La ville s'étale entre le fleuve et le lac Pontchartrain (238,000 hectares), qui s'ouvre sur la mer. Au lieu d'arriver à son terme par cette courte voie, le Mississipi, se tenant entre deux levées d'alluvions, fait encore cent kilomètres avant d'atteindre la Fourche des Passes, où il se divise en trois courants écartés comme les doigts d'une patte d'oiseau. Ces courants sont séparés des flots du golfe du Mexique par de minces plaques de vases couvertes de roseaux, puis les roseaux cessent, la boue délayée n'ayant plus assez de fermeté pour composer un sol. Peu à peu les levées se changent en îles séparées par des chenaux d'eau trouble ; la vase humide devient à la fin flot jaune. Le Mississipi n'est plus, mais ses alluvions, s'épandant dans la mer, travaillent incessamment sous l'onde à l'agrandissement de l'Amérique. Annuellement, le delta s'avance de 79 à 101 mètres dans le golfe. En moyenne, le fleuve apporte à l'Océan six mètres cubes de boue par seconde.

Avec ses 7,600 kilomètres de développement, le Missouri-Mississipi est le fleuve le plus long du globe, sauf peut-être le Nil, ce que l'avenir nous dira. La surface de son bassin approche de 350 millions d'hectares, environ sept France, sous un climat salubre et tempéré, excepté dans les plaines mouillées du bas fleuve, et principalement aux alentours de la Nouvelle-Orléans, qui est une des demeures de la fièvre jaune.

Le dernier grand affluent du Mississipi, la Rivière-Rouge du sud, se versait autrefois directement dans la mer. La Rivière-Rouge est fameuse par son *Great Raft*, embarras de bois de dérive qui, de proche en proche, a remonté à 650 kilomètres au-dessus du confluent, à raison de deux à trois kilomètres par an. A mesure que le radeau se déforme en aval, il se forme en amont. Après 22 ans de travaux, on a renoncé à démolir ce que la nature reconstruisait toujours, et le radeau, tourbe pour l'avenir, a été laissé à lui-même.

En remontant la Rivière-Rouge, l'Arkansas, les tributaires de droite du Missouri, on pénètre dans des plaines où le sol ne vaut pas la terre des affluents de gauche du Mississipi et du bassin de l'Ohio. De terre nourricière portant toutes les moissons que le climat comporte, il se change, faute d'assez de pluie, en un terrain médiocre, quelquefois très-mauvais, destiné à rester longtemps en friche en dehors de ce que les rivières pourront féconder, et naturellement, ces rivières souffrent du manque de pluie comme les territoires qui les environnent. On a vu la Canadienne, le grand tributaire de l'Arkansas, sans une seule goutte d'eau à 1,200 kilomètres de ses sources. Dans certains districts de cette région, les nuées du ciel, arrêtées à l'ouest par les Rocheuses, versent à peine cinq centimètres de pluie par an. On pourrait étendre à ce désert de peu d'arbres, de peu d'herbes, de peu d'eau, le nom de Mauvaises Terres, donné par les Canadiens à une contrée située entre le Missouri et les Rocheuses.

Mais insensiblement le sol s'élève, il se mouvemente. On approche des Montagnes Rocheuses, mères des milliers de clairs torrents à cascades qui, fuyant vers l'est, vont passer, tous réunis, en eaux jaunes, devant les quais de la superbe « Crescent-City » (Nouvelle-Orléans). D'autres bornent leur carrière sur les plateaux où ils sont nés : ils s'y dessèchent ou finissent dans des lacs sans écoulement ; d'autres enfin descendent à l'ouest vers le Pacifique par la puissante Colombie, les fleuves côtiers de la Californie et le Rio Colorado, rivière indigente portant la peine des cieux d'airain sous lesquels elle se tord au fond des cañons les plus grandioses qu'on connaisse encore sur le globe. Le mot espagnol cañon (qu'il faut prononcer cagnon), emprunté par les Yankees aux Hispano-Américains, a la même valeur que le mot *cluse* dans notre Jura et le terme de *clus* dans nos Alpes Maritimes : il désigne un défilé extrêmement resserré, entre des roches à pic d'une vertigineuse hauteur. Le cañon du Colorado, qu'on dit long de près de 500 kilomètres, est dix fois plus profond que la plupart des clus et cluses de France. Ses roches droites montent quelquefois à 1,200, et même à 1,800 mètres au-dessus des eaux rares du fleuve, obscurci par les deux murailles et large en certains endroits de 30 mètres à peine ; la hauteur moyenne des deux parois du cañon est de 900 mètres. Le bassin du Colorado a presque exactement l'étendue de la France, 53 à 54 millions d'hectares.

Composées, sur le territoire des États-Unis, de plusieurs chaînes qui tantôt s'éloignent, tantôt se rapprochent pour se fondre ou s'écarter de nouveau, les Montagnes Rocheuses portent de vastes plateaux. Les premières arêtes en venant de l'est, du pays anciennement colonisé, se franchissent par un grand nombre de cols.

Les cols du nord mènent dans le bassin de la Colombie : ce fleuve d'un bassin de 60 millions d'hectares roule, à l'inverse du Colorado, plus d'eau qu'on ne l'attendrait de l'étendue des terres qu'il draine. La Colombie s'appelle aussi Orégon. L'Angleterre et l'Union s'en partagent le cours. Sa vallée est d'une beauté saisissante, et ses *dales*, gorges ou cañons avec de puissants rapides, sont un des beaux spectacles de l'Amérique et du monde.

Avant de se perdre en mer, la Colombie passe, par un défilé sublime, entre le mont Hood et le mont Saint-Helens. Trônant tous deux au-dessus des nuages, d'un élan, sans aides et sans contreforts, ces deux vieux volcans neigeux semblent éteints. Au moins le mont Hood, dont la hauteur flotte, suivant les évaluations, entre 4,000 et 5,500 (?) mètres : avec cette dernière altitude, ce serait sans doute le pic culminant des États-Unis. Le Saint-Helens (4,200 mètres) a, dit-on, rejeté des cendres en 1853. Il a pour proche voisin le mont Rainier (3,761 mètres), autre volcan qui porte les derniers glaciers connus de l'Amérique septentrionale sur la route du midi. Au nord du mont Rainier, le Baker, sur la frontière de la Colombie anglaise, dresse à 3,190 mètres son cône volcanique. La chaîne où flambèrent ces cratères se nomme Cascades Range, Chaîne des Cascades. Malheureusement pour la région qui confie ses eaux à la Colombie, le fleuve, malgré son volume, est fort embarrassé dans sa navigation par les rapides et les cataractes. Par ses mines, ses bonnes vallées, ses bois, les premiers peut-être du monde pour l'étendue des massifs et la valeur des troncs, le bassin de l'Orégon sera le siège d'un peuple puissant. Il pleut tellement sur la basse Colombie que les habitants de cette partie du versant du Pacifique, les Portlandais entre autres, ont reçu le surnom de *Webfeet* (Palmipèdes).

Dans l'ensemble de massifs qu'on peut réunir sous le nom de Montagnes Rocheuses, les cols du centre mènent sur le haut plateau d'Utah ou des Mormons, ceux du midi sur les plateaux du Nouveau-Mexique et de l'Arizona.

Le Plateau d'Utah a pris son renom d'une communauté de fanatiques qui en a commencé le défrichement après avoir gagné le bord de son lac par des émigrations héroïques. Les Mormons, officiellement polygames, suivent la doctrine d'un révélateur moderne, auquel des besicles dites Urim-Thumim permirent de comprendre un livre divin, spécialement écrit pour l'Amérique dans la soi-disant langue égyptienne réformée. Il s'est trouvé aux États-Unis, dans les îles Britanniques, dans les pays scandinaves, en Finlande, en Allemagne très-peu ailleurs, de nombreux milliers d'hommes et de femmes pour donner leur foi et toute leur vie à cette révélation. Les Mormons sont aujourd'hui 130,000.

C'est un pauvre pays que le plateau d'Utah, qui chez les Mormons a pour nom sacré *Déseret*; c'est une terre d'argile sans végétation et sans fontaines. Les pluies ne pouvant franchir les chaînes californiennes, il appartient à la stérilité dans tous les cantons où les canaux ne font pas couler les eaux vives de la haute montagne. Des touffes d'herbes de la Saint-Jean, des nappes de sel, au loin l'horizon des sierras; un climat que l'altitude du sol fait rude et extrême, un grand lac salé, des lacs plus petits, tel se présentait le plateau Mormon aux voyageurs en route pour la Californie, avant que le chemin de fer de New-York à San-Francisco leur prêtât les pas géants de la vapeur. Le froid ou la chaleur, la faim, la soif surtout, y ont plusieurs fois décimé de grands convois d'émigrants ou détruit de petits groupes; bien des colons, bien des mineurs ont été dévorés par ce désert.

Le Grand Lac Salé reçoit le Jourdain, rivière qui sort d'un autre lac, le lac d'Utah, et baigne Great-Salt-Lake-City, la capitale des « Saints des Derniers Jours. » Ainsi s'appellent volontiers entre eux les Mormons. Par sa salure, bien supérieure à celle de l'Océan, le Grand Lac reproduit la mer Morte ; les poissons que les torrents y traînent y périssent, et la pesanteur de l'eau y est telle que le nageur peut dormir en sécurité sur ses flots, quand le vent ne lui jette pas à la face une eau que ni l'œil ni la gorge ne peuvent souffrir. Jadis beaucoup plus vaste, le Lac Salé a encore 400 kilomètres de tour; sa profondeur, qui peut descendre jusqu'à 10 mètres, ne va qu'à deux en moyenne. Des oiseaux sans nombre, oies et canards sauvages, cygnes, mouettes, pélicans, nagent sur la plaine des eaux ou se posent sur les roches de la rive et des îles.

Le plateau d'Utah est d'une altitude fort considérable, 1,500 mètres en moyenne, et fort vaste, car l'État dont il fait une grande partie n'a pas moins de 28 à 29 millions d'hectares, plus de la moitié de la France. A l'est, au midi, a l'ouest, il confine à d'autres plateaux, à d'autres déserts.

A l'est s'étend le Colorado, coupé de hautes montagnes, élevé, frais, argileux, bien pourvu de rivières. Cette région est en mesure de livrer de vastes terrains au soc, de larges prairies aux troupeaux. Dans l'Arizona et le Nouveau-Mexique, situés sous un soleil plus vertical, aux portes de l'empire de Montézuma, le désert change de physionomie. Les espaces cultivables, rares et restreints, s'y borneront à ce qu'arrosera le faible trésor des eaux pérennes. Et encore ces eaux coulent-elles souvent au fond de cañons d'une profondeur affreuse. Il y fait déjà chaud, et le pitahaya ou cactus gigantesque, produit tout méridional, forme des forêts dans l'Arizona. C'est une plante singulière ; sa tige droite et ses quelques branches correctement horizontales imitent de loin un candélabre de 10 à 12, et même de 15 à 20 mètres de haut ; elle aurait donné son nom à la contrée, car dans la langue des Indiens du pays, Arizona signifierait la *Terre des cactus*. Dans cet État, dans le Nouveau-Mexique, on ne retrouve guère le double aspect septentrional et yankee. L'Arizona montre çà et là des ruines des monuments bâtis par la race qui dominait à Mexico quand les Espagnols y arrivèrent, le Nouveau-Mexique est en partie peuplé de catholiques parlant la langue castillane. Ce dernier pays a pour artère le Rio-Grande del Norte, tributaire du golfe du Mexique. Ce fleuve, long de 3,000 kilomètres, mais d'un bassin étroit, sous un climat qui marchande les pluies, ressemble au Colorado par ses cañons, sa faible masse d'eau, sa navigation très-difficile. L'aire égouttée par le Rio-Grande (54 à 55 millons d'hectares) dépasse d'un million d'hectares à peine l'étendue du bassin du Colorado.

Le Rio-Grande del Norte sépare le Mexique du Texas, ancienne province mexicaine, détachée de la métropole depuis trente-cinq ans, liée aux États-Unis depuis vingt-cinq. Le Texas couvre seize millions d'hectares de plus que la France ; il s'espace au loin, le long du golfe du Mexique, jusqu'aux bas-fonds et aux cyprières de la Louisiane. Son étendue, la fécondité de son territoire font augurer un bel avenir. Dans le nord, les *Llanos Estacados*, où galopent les Indiens Comanches, sauvages belliqueux et mauvais voisins, participent à l'aridité du Nouveau-Mexique. Rarement il y pleut. Les Llanos Estacados (700 à 1,200 mètres d'altitude) ont dû leur nom, qui veut dire en espagnol *Plaines jalonnées*, aux pieux plantés dans ces déserts pour indiquer la route. Excepté dans la plate zone riveraine du Golfe, et dans les Llanos, le Texas est accidenté. Des rivières aux noms castillans y courent directement à la mer, ou à des lagunes séparées du flot par des cordons de sable. Le climat y est chaud, favorable au coton et à la canne à sucre, par endroits malsain dans les terres basses.

Ce que l'impropriété du sol et la dureté du climat enlèvent d'habitants possibles aux États des Rocheuses, ces États le regagneront à un certain degré par les ressources du sous-sol, par les mines d'argent, d'or, de presque tous les métaux. Là se trouve la région minière par excellence : le Mexique et les Andes, qui sont aussi riches, obéissent à des hommes sans travail et sans volonté, il leur faut des étrangers pour exploiter leurs gîtes. L'Australie, prodigue d'or, n'a pas un si vaste choix de métaux. Les premières villes des Rocheuses furent des campements de mineurs, dans l'avenir leurs plus fortes cités seront sûrement des groupes d'usines métallurgiques établies sur quelque grand pouvoir d'eau de ces contrées si vastes qu'il y a dans leur sein, rien que dans les districts méridionaux, plus de cent millions d'hectares voués à la stérilité.

Les déserts qui continuent à l'ouest le plateau des Mormons appartiennent au Grand Bassin (72 millions d'hectares). On appelle ainsi un ensemble de vallées sans écoulement vers la mer, vallées de toutes grandeurs, au nombre de plusieurs centaines. Leurs lacs, où se perdent les torrents fournis par des chaînes de 300 à 1,200 mètres de hauteur relative, sont permanents ou temporaires. Il y en a de très-beaux, tels que le lac de la Pyramide, le lac Carson et le lac Humboldt, qui reçoit la plus forte rivière du Grand-Bassin, le Humboldt (800 kilomètres). Dans le nord, les plateaux du Grand-Bassin se tiennent à une très-grande altitude, 1,000 à 1,900 mètres ; dans le sud, au contraire, se trouvent des plaines peu élevées et même inférieures au niveau des mers. La Vallée de la mort (Death Valley), grande comme douze de nos départements, s'étend à 53 mètres en moyenne au-dessous du niveau marin, et sans la Sierra-Nevada, le Pacifique l'engloutirait. Cette immense dépression est creusée à 500 kilomètres environ au nord de la pointe septentrionale du golfe de Californie.

A l'orient du Grand Bassin et de la région lacustre de l'État de Nevada, aux monts faits de métaux, on gravit des chaînes à pentes roides, avec le fameux chemin de fer du Pacifique. Cette voie ferrée traverse l'Amérique, de New-York à San-Francisco : elle rapproche ainsi les deux océans l'un de l'autre, et l'Europe de l'extrême Orient. Elle franchit toutes les murailles des Rocheuses par des rampes excessives, suivies de descentes d'une inclinaison presque périlleuse. Sur les trajets les plus élevés des paraneiges essayent de défendre les rails contre l'accumulation des neiges de l'hiver. Une des stations, Shermann, à 2,569 mètres, sera la gare la plus haut située du globe jusqu'à l'achèvement de quelques lignes péruviennes.

Ces montagnes cachant au Grand-Bassin les horizons du Pacifique se nomment la Sierra-Nevada. Elles forment un faîte que les pluies du Pacifique surmontent malaisément, et ainsi elles nuisent aux plateaux de l'orient, mais à l'occident crèvent les nues auxquelles leur arête a barré le chemin de l'est. Avec la plastique puissante du sol, partout hérissé de chaînes, l'abondance des pluies est le principe de la richesse et de la beauté de la Californie. Cette terre exceptionnelle a tout : à sa porte le plus grand Océan du globe avec un port merveilleux; derrière elle, une rangée de hauts sommets qui empêchent l'humidité de la mer de s'enfuir au loin; de cette rangée à la plage du Pacifique un lacis magique de pics, de défilés, de bassins, de cascades, de lacs, de forêts où les *séquoïa semper virens*, premiers sapins du monde, s'élancent à 250 pieds, quelquefois à 400. Les Californiens abattent ces beaux arbres avec brutalité : bientôt il restera seulement ceux que le gouvernement fédéral a donnés à l'État de Californie pour les garder de toute injure, comme une merveille de l'univers.

Les monts Californiens sont encore noir de forêts et regorgeront longtemps de métaux. Leurs torrents sont abondants. Excepté dans les hautes chaînes, nulle part le climat ne mord, nulle part il n'amollit, même sur le rivage, et voilà comment la Californie est le joyau des États-Unis, et sans doute un des pays de la terre qui ont le droit de prétendre au laurier de la beauté. Peut-être n'est-il rien de plus grandiose dans les deux mondes que le bassin supérieur de la Merced et ses cascades d'Yosemité, hautes de quatre à huit cents mètres. La palme de la fécondité pourrait revenir à quelques-unes de ses vallées, celle de la richesse appartient aux mines d'or qui ont fait le nom de Californie proverbial d'un bout du globe à l'autre.

La Sierra-Nevada s'élève fort haut. Ses cols s'échancrent à la même altitude que les ports des Pyrénées, mais l'arête surpasse en élévation la crête des monts hispano-français. Plusieurs pics montent au-dessus de 4,500 mètres, un peu moins que le mont Blanc, un peu plus que les cimes culminantes connues des Montagnes Rocheuses, qui se tiennent entre 4,000 et 4,300 mètres (pic Frémont, 4,139 mètres; pic de Pike, 4,084; pic de Santa-Fé, 4,270; pics de Gray; mont d'Harvard, etc). Près des frontières Orégoniennes, là où la Sierra-Nevada s'allie à la Chaîne des cascades, le cône du volcan Shaste atteint 4,350 mètres. Le pic de Lassen (3,167 mètres), autre vieux volcan, se reconnaît de loin à sa couleur rouge.

La Californie pluvieuse et fertile ne s'étend point sur les 1,200 kilomètres de littoral de l'État et sur ses 49 millions d'hectares. Presque la moitié de cette surface quasi égale à la France dépend d'un rivage plus méridional et plus sec et, derrière les montagnes côtières du sud, de plaines arides allant finir aux parois occidentales du cañon du Colorado. Au recensement de 1870, l'État n'avait que 560,000 habitants, mais la population s'accroît rapidement, aujourd'hui que le chemin de fer de New-York à San-Francisco met ses vallées à portée du grand courant de l'émigration.

Au nord de la Californie vient l'Orégon qui a le bonheur d'être longé, comme la Californie, par le Kuro-Sivo, le courant chaud qui naît dans le Pacique torride, va toucher le Japon, se rafraîchit par l'alliance du courant d'Ochotzk et vient sillonner les flots californiens, en enserrant dans son orbite une grande mer de sargasses ou de varech. Il y a quelques années, les États-Unis finissaient avec l'Orégon, que borne au septentrion la Colombie anglaise. Mais aujourd'hui l'Union possède, au nord de ce dernier pays, les 150 millions d'hectares d'Aliaska, l'ancienne Amérique russe.

Aliaska profite de sa situation sur l'océan Pacifique ; elle lui doit d'être encore, malgré sa haute latitude, habitable sur la côte, dans les îles de la côte, et dans la vallée inférieure de quelques fleuves. Des montagnes de premier ordre font descendre leurs glaciers jusqu'à frôler le rivage. Tels les glaciers du mont du Beau-Temps (Fairweather, 4,150 mètres), et du Saint-Élie (5,000 mètres) : de ce dernier pic part une mer de glace de 63 kilomètres de longueur. En tirant au nord, les glaciers se multiplient et s'étendent, mais la montagne est moins haute.

Certes, ces pics rivaux du mont Blanc, avec des glaciers supérieurs à ceux des Alpes, donnent au littoral d'Aliaska un caractère de grandeur écrasante. Par malheur, on les voit rarement. Sur nulle plage de l'Amérique du Nord il ne pleut aussi constamment que sur ce rivage, pays des ondées fixes et persistantes, des nuages sans éclaircie, des soleils tamisés, et des boues à se perdre. A part cela, quelque désagréable qu'il soit, le climat est supportable jusqu'à la presqu'île où le grand Océan se termine pour faire place à la mer de Behring, entrée de la mer Glaciale. A Sitka, l'ancienne capitale russe, dans l'île Baranoff, le thermomètre va de 28 degrés au-dessous de zéro à 20 degrés au-dessus ; dans l'intérieur, la température est plus chaude en été, mais au fort de l'hiver elle peut descendre à plus de 50 degrés au-dessous de zéro.

Dans la mer de Behring débouche le Kvikhpack des Russes, le Youcon des Américains, long de 3,500 kilomètres. Dans son cours inférieur, ce fleuve énorme, navigable pendant 2,900 kilomètres, a de 1,600 à 2,400 mètres de large, avec un courant de 8 à 10 kilomètres par heure. Pourquoi faut-il que ce Mississipi s'égare dans une vallée durcie par le froid, puis s'ouvre sur une mer glacée ?

Les pêcheries de la côte et des fleuves, les mines de la montagne, les beaux sapins, les pins, les cèdres, les bouleaux, les peupliers, les saules, les aunes des vallées empêcheront Aliaska de demeurer désert. Les Américains en tireront tout ce qu'on en peut tirer, des fourrures de renard noir et de renard argenté, des bois de construction et de mâture ; ils pêcheront la baleine, le phoque, le saumon, la morue, mais toute leur industrie n'y décuple peut-être pas la population actuelle, qui s'élève à 70,000 hommes environ, et qui est composée d'Indiens, 'Esquimaux, d'Aléoutiens, de Russes, de métis des Russes et des indigènes, d'Anglo-Américains. Les Blancs comptent pour un trentième.

Ainsi les États-Unis comprennent à ce jour :

La côte de la Nouvelle-Angleterre, sur l'Atlantique, jusqu'aux Alléghanies, première étape de la colonisation. Le climat humide, l'aspect du pays, les forêts faites des mêmes arbres, avec des teintes plus riches en automne, le développement pris par la population, l'agriculture, l'industrie, le commerce, le luxe, font ressembler cette région à l'Europe occidentale, et principalement à la vieille métropole anglaise.

A l'ouest des Alléghanies, le bassin de l'Ohio, seconde étape de la colonisation, région charmante par ses sites, tempérée, féconde et d'un grand avenir.

Sur le haut Mississipi, au bord des Grands Lacs et sur le bas Missouri, les Prairies, région plate, d'une fertilité infatigable, dans le passé mer d'herbes, et déjà mer de moissons.

Sur le Mississipi inférieur, des terres très-fécondes, mais très-basses, en trop d'endroits paludifiées par le fleuve et alors insalubres, sous un soleil qui favorise le coton et la canne à sucre. A l'ouest, par l'Alabama, que parcourt un fleuve de douze cents kilomètres de long, par la Floride, presqu'île basse et plate que maçonnèrent les polypes et que couvrent en partie des marais et des dunes, par la Géorgie, les deux Caroline et la Virginie, États que borde un littoral marécageux, les terres à coton se prolongent jusqu'à Washington, capitale fédérale, et jusqu'aux froides prairies de la Nouvelle-Angleterre. A l'est, le Texas continue jusqu'aux montagnes le domaine des cultures méridionales, qui furent la richesse des planteurs et le tourment des esclaves.

A l'ouest du bas Missouri et du bas Mississipi, jusqu'aux Ro cheuses, une région comparativement très-indigente, par sécheresse, et à laquelle conviendrait le nom de Mauvaises Terres, porté par un de ses districts. Les Mauvaises Terres, disait un Yankee, sont semblables à la mer : les champs et les prairies s'avancent jusqu'à la vague, mais on ne cultive ni le flot, ni les *Bad Grounds*. »

Les montagnes Rocheuses, avec leurs plateaux froids et secs, leurs lacs sans écoulement, leurs cañons, leurs mines de tous les métaux, leurs vallées qui sont fécondes quand elles disposent d'un torrent d'irrigation.

La Californie, en tête de toute l'Union pour la beauté du relief, le charme du ciel, la richesse des sierras.

Le bassin de la Colombie, presque aussi favorisé que la Californie : s'il y a plus de rudesse dans son climat, ses montagnes sont aussi grandioses, et il l'emporte par son étendue et par la grandeur de son fleuve.

Aliaska, terre aux monts superbes, presque frappée de stérilité par le voisinage du Pôle.

Voilà le théâtre du développement le plus rapide, de l'activité matérielle la plus soutenue, de la création de richesses la plus colossale que connaisse encore l'histoire. En 1701, le territoire colonisé renfermait 262,000 habitants ; en 1749 plus d'un million ; trois millions en 1775 ; quatre millions en 1790 ; plus de cinq millions en 1800 ; plus de sept en 1810 ; près de dix en 1820 ; près de treize en 1830 ; dix-sept en 1840 ; vingt-trois en 1850 ; près de trente-deux en 1860 ; trente-huit millions et demi en 1870. Et maintenant la population des États-Unis s'accroît de onze cent mille personnes par année.

Ainsi qu'en tout pays jeune, cette augmentation tient à deux causes : à la prépondérance considérable des naissances sur les décès, et à l'immigration. Le climat très-salubre des États-Unis convient parfaitement aux Européens dans presque tous les districts ; les colons ont devant eux des terres vides quelquefois jusqu'à l'horizon, et les familles nombreuses sont une ricesse dans les contrées où l'espace ne manque pas à l'homme.

L'immigration, d'abord restreinte, et composée seulement d'Anglais, d'Écossais, d'Irlandais et d'Allemands, a fort grandi depuis 1820, et plus encore à partir de la famine d'Irlande et de 1848. De nouveaux éléments y prennent part : maintenant tous les peuples du monde envoient chaque année leur contingent aux États-Unis. En 1820, l'Union reçut 8,385 immigrants; en 1830, elle en vit venir 23,322; en 1840, elle en accueillit 84,000; 370,000 en 1850, 390,000 en 1869. Le mouvement inverse, c'est-à-dire l'expatriation des habitants des États-Unis vers le Canada, le Mexique, l'Amérique centrale, l'Amérique du Sud, les Antilles, la Polynésie, et le retour en Europe des colons enrichis ou dégoûtés, enlève en moyenne 28,000 individus par an à l'Union. De 1820 à 1869, la République a absorbé plus de sept millions et demi d'immigrants. De la première année de l'indépendance à 1820, elle n'avait reçu que 250,000 personnes.

En tête de l'exode aux États-Unis marchent les îles Britanniques, malgré l'immensité de l'empire colonial anglais, le climat sain du Canada, la chaleur salubre et les diamants du Cap, les attraits de l'Australie et de la Nouvelle-Zélande. La République américaine prend la part du lion dans l'émigration du Royaume-Uni. Sur les six à sept millions d'hommes (parmi lesquels beaucoup d'étrangers) qui ont quitté les ports anglais depuis 1815, l'immense majorité a pris la route de New-York. Des émigrants britanniques, les Gallois sont les moins nombreux, puis les Écossais; viennent ensuite les Anglais et enfin les Irlandais : depuis 25 à 30 ans, la Verte Érin se saigne aux quatre veines pour l'Amérique du Nord. De 1847 à ce jour elle a expédié deux à trois millions de colons au delà des mers, si bien qu'en dépit de la prédominance des naissances sur les morts dans l'île, la population, qui se montait, en 1841, à huit millions d'âmes, est descendue à cinq millions et demi. L'émigration britannique ne se porte pas aux États-Unis sur des sites déterminés; elle se répand partout; les Irlandais se fixent volontiers dans les villes.

Après les fils de l'archipel anglais les Allemands contribuent plus que tout autre peuple à la colonisation des États-Unis. Pendant la période qui a vu débarquer sept a huit millions d'hommes dans l'Union, l'Allemagne a fourni à la République deux millions et demi d'immigrants, le Royaume-Uni près de quatre millions, la France 250,000 à peine, dix fois moins que la Germanie, seize à dix-sept fois moins que l'Angleterre, l'Écosse et l'Irlande ensemble.

Tous les ans 100,000 Allemands, quelquefois plus, généralement moins que le contingent britannique, viennent s'installer sans esprit de retour dans les États anglo-américains, et de préférence dans le Grand-Ouest. Ce sont d'excellents colons, et s'ils avaient plus de ténacité nationale, ils maintiendraient leur langue et leur originalité dans de vastes districts où certainement leur sang domine. Mais ils se fondent aisément dans la grande masse dite anglo-saxonne.

En troisième lieu se présentent les Canadiens, tant d'origine anglaise que d'origine française. Un très-grand nombre d'habitants des provinces de Québec et d'Ontario et des États du golfe du Saint-Laurent passent la frontière, attirés par le midi, par les salaires, par le renom des États-Unis. Beaucoup regagnent plus tard leur patrie du nord, mais dans ce va-et-vient, les campagnes des États gagnent annuellement des milliers de vigoureux colons, leurs villes manufacturières des bandes d'ouvriers.

Ensuite arrivent les Scandinaves emportés à flots vers les prairies du Grand-Ouest, par un mouvement qui n'est pas d'ancienne date. Par milliers ou dix milliers chaque année, les Norvégiens, les Suédois, les Danois prennent le chemin de la République. De 1820 à 1870, l'Union a reçu 600,000 Scandinaves. Après les Scandinaves viennent les Français.

Anglais, Écossais, Irlandais, Allemands, Canadiens, Scandinaves, Français, forment le grand ban de l'immigration aux États-Unis. L'arrière-ban se compose de Suisses, de Belges, de Hollandais. L'Espagne, le Portugal et l'Italie semblent dédaigner l'Amérique du Nord et expédient la masse de leurs colons à l'Amérique du Sud ou à l'Algérie. Il en est de même de la France, qui n'envoie à l'Union que la plus faible partie de son expatriation annuelle; l'élément français aux États-Unis est plutôt représenté par les Franco-Canadiens que par les fils directs de la France. L'Europe slave, les îles espagnoles et portugaises d'Afrique, les Antilles, toutes les autres nations continentales ou insulaires du monde disséminent aussi chaque année quelques-uns de leurs enfants sur le territoire de la République.

Récemment entrée dans le mouvement, la Chine menace d'y prendre une grande part. Le Chinois est antipathique aux Blancs par sa figure, sa tournure et son caractère, mais il rend tant de services à si bon marché qu'on le souffre d'abord, puis qu'on l'attire : il est si actif, si fin, si patient qu'il réussit. Déjà John Chinaman, l'homme à tresse, se trouve partout en Californie comme mineur, brocanteur, banquier, domestique, maraîcher, cuisinier. Il a grandement contribué à poser les rails du chemin de fer du Pacifique, on pense à lui pour exploiter la Basse Californie et pour remplacer le travail servile dans les États cotonniers. Il y a tant de place en Amérique, tant de millions d'hommes en Chine que les États de l'Ouest et du Sud pourraient bien devenir un domaine aussi chinois qu'européen. De jour en jour les « fils du Milieu » débarquent en plus grand nombre aux Etats-Unis (13,000 du 1er juillet 1868 au 30 juin 1869).

Souvent le nom vit quand la chose est morte. Les Anglais sont faussement traités de race anglo-saxonne. Cette expression ne tient pas compte des éléments celtes, scandinaves, flamands, français, wallons entrés dans le sang anglais. Les premiers colons des États-Unis étant venus d'Angleterre, on a pris la coutume d'attribuer le nom d'Anglo-saxons aux Blancs de l'Amérique du Nord.

Qui pourra dire à quel degré ce nom ment aujourd'hui, après les millions d'Allemands, d'Irlandais, de Scandinaves, de Français et de Franco-Canadiens, de Néo-Latins, de Slaves, de gens de tout type et de toute latitude dont le dépôt n'a cessé de recouvrir et de modifier les premières alluvions anglaises ? Sur quatre navires abordant aux États-Unis, il en est trois pour y augmenter l'anarchie anthropologique.

On peut admettre qu'aujourd'hui le sang irlandais coule seul chez quatre millions d'Anglo-Américains, et qu'il s'associe au sang du *tiers* des habitants de la fédération. Le sang celtique anime donc pour sa part plus du tiers des citoyens des États-Unis, si l'on joint aux Irlandais, les Gallois, les Highlanders écossais, les Français, etc., qui sont des Celtes purs ou mêlés.

On compte, sur cent habitants, 17 étrangers à Washington, 24 à Baltimore, 25 à Providence, 28 à Philadelphie, 33 à Louisville, 34 à Albany, 35 à Boston, 37 à Newark, 38 à la Nouvelle-Orléans, 39 à Brooklyn, 45 à Cincinnati, 46 à Buffalo, 50 à Chicago, 50 à San-Francisco, 59 à Saint-Louis. Qu'on ajoute à ceux des étrangers qui ne sont ni Anglais ni Écossais, tous les fils, petits-fils, arrière-petits-fils des millions d'Irlandais, de Highlanders, de Gallois, de Hollandais, de Français, de Suédois, de Norvégiens, d'Allemands qui ont cherché, dans le siècle dernier ou dans ce siècle-ci, les États pour patrie nouvelle, on verra ce qu'il faut réellement penser de la prétendue race anglo-saxonne américaine.

De quelque nom qu'on l'appelle, cette race venue du mélange de toutes les nationalités de l'Europe occidentale se distingue entre les autres peuples par son esprit pratique, sa rapidité d'exécution, son activité dévorante. Nulle part dans le monde l'idée n'est plus plus près de sa réalisation, mais cette idée n'est presque toujours qu'une des formes de l'égoïsme et de la soif de l'or. Les Yankees sont les spéculateurs par excellence, dans le sens le plus grossier du mot. L'Europe leur doit beaucoup, des inventions dans la mécanique et dans les arts pratiques, inventions remarquables par leur simplicité et leur précision, des améliorations dans tous les procédés, l'exemple de la ténacité quand il faut être tenace, de la promptitude de détermination quand il faut changer de voie. Elle attend surtout beaucoup d'eux. Presque tous les écrivains et les politiques tournent leurs regards vers les États-Unis comme vers la Terre Promise de l'avenir, le siége de la meilleure humanité future. Sans doute ce pays qui nourrira des centaines de millions d'hommes armés de toutes pièces par l'industrie agitera beaucoup de questions, mais qui sait comment il les résoudra. Le milieu qui fit les Indiens laissera-t-il aux descendants des Européens autant de valeur qu'en avaient leurs pères? L'Europe perdra-t-elle sa suprématie, elle qui est la mieux douée, puisqu'elle a fourni les peuples supérieurs? Déjà on a cru remarquer des changements graves dans la constitution physique des Yankees : les Américains du Nord perdraient peu à peu le puissant type anglais ; la maigreur, la sécheresse du corps, la stature plus haute, la face et le front plus étroits, la nervosité, une activité exagérée, une soif de déplacement fiévreuse, par tous ces caractères, par d'autres encore, tels que les dents tombant de bonne heure et la voix nasonnante, ils se différencieraient maintenant de leurs cousins d'Europe.

Pendant que les Yankees et les deux à quatre cent mille colons qui leur arrivent tous les ans donnent le spectacle de grandes forêts coupées en quelques jours, de grandes villes faites en quelques mois, les anciens maîtres du sol, les Indiens s'effacent. Excepté quelques tribus qui se maintiennent dans les territoires colonisés, ils reculent devant le défrichement. Les champs remplacent le bois et la prairie, le gibier disparaît, les rivières se dépoissonnent, et l'Indien suit dans leur fuite les bêtes dont la chair l'entretient. Quelquefois des tribus s'indignent d'être dépossédées sans droit, elles tiennent tête, scalpent des Blancs, une guerre inexpiable commence; elle dure longtemps : les Indiens combattent comme les Parthes, ils détruisent une ferme, un village, un convoi, fuient, reviennent, mais que peuvent quelques centaines de guerriers rouges contre des Visages-Pâles ayant derrière eux quarante millions de frères, et toute la force brutale de la civilisation ?

On ne sait combien d'Indiens vivaient, il y a 250 ans, sur le territoire des États-Unis, Aliaska non compris : les estimations varient entre 180,000 et 5 millions. Le nombre des Indiens chasseurs pouvait être de 500,000, celui des Indiens agriculteurs, les Séminoles, les Alibamons, etc., n'est point fixé par les documents espagnols de la première conquête. En 1860, les Indiens de la République montaient, tous réunis, au nombre de 294,500; en 1863, ils n'étaient plus que 260,000, sans Aliaska. Déclin rapide, mais il le paraît moins quand on songe à combien d'ennemis résiste cette race qui s'en va : la misère, la faim, la rage d'être dépouillée, le désespoir, l'âpre sentiment de sa faiblesse, le fusil des spoliateurs, l'eau-de-vie, la petite vérole, la syphilis et l'épuisement constitutionnel qui la suit. Les États qui renferment le plus d'Indiens sont l'Arkansas, le Nouveau-Mexique, l'Aliaska, le Dacota, le Washington, l'Utah, le Minnesota, la Californie. La nation la plus nombreuse, celle des Sioux, ne comprend guère que 25,000 hommes en beaucoup de tribus. Les Indiens les plus terribles, les Apaches, les Comanches et les Navajos, massacrent beaucoup de Blancs dans le Texas, l'Arizona, et sur toute la marche du Mexique.

Tous ces sauvages, condamnés parce qu'ils sont plus faibles, — *Dura lex* — ne réalisent pas le type héroïque des romans qui ont charmé notre enfance. Parmi les tribus, la plupart sans doute s'occupent, depuis l'apparition de leurs plus vieilles légendes, de chasse, de pêche et de guerre. Courir le bison, scalper, être scalpé, souffrir les tourments sans baisser le regard, sans changer de voix et sans diminuer d'attitude, ces quatre choses, et la sagesse dans le conseil, faisaient chez elles l'Indien parfait. D'autres tribus montrèrent de tout temps des goûts plus pacifiques et préférèrent la culture aux embuscades et aux batailles. Les Nahuatl, qui portèrent au Mexique la civilisation trouvée par Cortès, étaient précisément des Indiens de la Floride. Les premiers Espagnols qui explorèrent le sud des États-Unis, y rencontrèrent des Indiens fixés à la glèbe. Et aujourd'hui même, sans les massacres de la dernière guerre civile, il y aurait, dans l'Union, près de 50,000 Peaux-Rouges sédentaires, des Osages, des Creeks, des Choctaws, des Cherokees, des Séminoles, ayant leurs écoles et leurs journaux dans leurs langues. Malheureusement, plusieurs de leurs tribus ont pris parti pour le Nord, d'autres pour le Sud et les Peaux-Rouges paysans se sont entre-détruits.

Les Nègres, importés d'Afrique pour cultiver le coton et la canne à sucre dans le midi de l'Union, sont devenus libres de nos jours, à la suite de cette même terrible guerre civile, où les États sans esclaves du Nord ont fini par ruiner les États à esclaves du Sud. Aux Noirs de prouver, maintenant que les voici dans le droit commun, qu'ils ont en eux la force, sinon de s'élever au niveau des Blancs, au moins de vivre à côté d'eux sans tomber en masse dans les métiers serviles. Leurs ennemis, aussi nombreux que leurs partisans, les attendent à l'œuvre. Le pays est superbe; le climat leur convient. Ils résistent beaucoup mieux que le Blanc aux miasmes paludéens qui empestent les terrains bas et ils bravent à peu près impunément la fièvre jaune, ce « roi des épouvantements » pour l'Européen du Mississipi inférieur. Sur cette terre libre, ils ont toute liberté de dire, d'écrire, de faire, et nul milieu ne semble aussi favorable à un grand effort.

Cet effort le feront-ils, et le continueront-ils s'ils le commencent? S'ils essaient et s'ils persistent, tiendront-ils contre la race blanche, incessamment révigorée par des envois d'Europe, et contre les Chinois, dont les premiers éclaireurs apparaissent en ce moment dans le sud des États-Unis. Le Noir est indolent d'esprit, passionné pour le repos, le clinquant, les futilités, la parure, l'ivrognerie, la danse et les vains bruits; il est mal trempé pour lutter contre des hommes avides.

Sur les trente-huit millions et demi d'individus recensés en 1870, il y avait 33,582,000 Blancs, et 4,889,000 Nègres et mulâtres, soit les douze à treize centièmes de la population. Les Noirs, qu'on disait diminuer, augmentent. Ils sont presque tous groupés dans le pays compris entre l'Atlantique, Washington, Saint-Louis du Missouri et l'embouchure du Rio-Grande del Norte. Ils tendent à se concentrer dans le sud, dans la Louisiane, le Mississipi, l'Alabama et la Floride. Les Yankees ont une très-grande répulsion pour les Nègres et de l'horreur pour leur alliance : il y a pourtant plus de 500,000 mulâtres aux États-Unis. 400,000 Africains, vendus comme esclaves jusqu'en 1808, année où l'importation cessa, ont donné naissance à toutes les familles noires de la République.

L'Anglais est la langue nationale sur ce territoire immense; les Noirs le parlent exclusivement, beaucoup d'Indiens le connaissent et presque tous les Blancs s'en servent, exclusivement ou concurremment avec leurs idiomes maternels. L'allemand règne provisoirement dans de nombreux cantons occupés par des colons germains, et, à défaut de l'allemand, des jargons où l'allemand se mêle comiquement à l'anglais, par exemple dans les districts les plus anciennement colonisés de la Pennsylvanie. De même, les langues scandinaves résonnent momentanément dans les colonies norvégiennes, suédoises et danoises. On dit que le hollandais persiste dans quelques-unes des vieilles colonies fondées par les Néerlandais sur le territoire de la Nouvelle-Angleterre. Le français se parle dans les nombreuses communautés franco-canadiennes voisines de la province de Québec, dans les villages canadiens français ou suisses de l'Illinois et du Grand-Ouest, enfin dans la Louisiane, qui fut nôtre. 50,000 Louisianais, dont 20,000 à la Nouvelle-Orléans, ont encore le français pour langue maternelle. L'espagnol s'emploie dans la plus grande portion du Nouveau-Mexique et dans quelques districts de l'Arizona et du Texas. Le russe est l'idiome d'une portion des Blancs de l'Aliaska, et il y est connu de quelques indigènes. Aucune de ces langues ne paraît capable de résister définitivement à la terrible pression de l'anglais, qui est l'idiome de la très-grande majorité, le lien du commerce et des affaires, dans un pays où les affaires et le commerce sont tout.

Le protestantisme domine de beaucoup aux États-Unis, sous une centaine de formes, et très-vivace : souvent le pays assiste à des *revivals,* ou réveils, conversions en masse à la doctrine chrétienne littérale, et souvent, on doit le dire, à une vie plus simple et plus saine. Par les Irlandais, les Franco-Canadiens, les habitants des anciennes provinces mexicaines et le faible contingent annuel des autres peuples catholiques, la religion romaine est le lot d'au moins cinq millions d'hommes.

Les États-Unis sont, pour l'instant, composés de 37 États souverains, qui relèvent du Congrès, pouvoir central, et de 10 territoires, qui attendent d'avoir assez d'habitants pour être admis au rang d'État. Le Congrès comprend un sénat auquel chaque État fournit deux membres, et une chambre de représentants envoyés par toute l'Union. Un président est à la tête de la République.

Seize États ont plus d'un million d'habitants : New-York, 4,364,000 ; — Pennsylvanie, 3,516,080 ; — Ohio, 2,559,000 ; — Illinois, 2,540,000 ; — Missouri, 1,715,000 ; — Indiana, 1,678,000 ; — Massachussetts, 1,475,000 ; — Vermont, 1,330,000 ; — Kentucky, 1,321,000 ; — Tennessee, 1,258,000 ; — Virginie Orientale, 1,225,000 ; — Géorgie, 1,201,000 ; — Iowa, 1,191,000 ; — Michigan, 1,184,000 ; — Nouvelle-Caroline, 1,066,000 ; — Wisconsin, 1,055,000.

Au-dessous de cent mille habitants, il y a deux États : Nevada, 42,000 — Orégon, 91,000

Washington, siége du Congrès, n'a que 109,000 habitants. Ce n'est donc pas une des très-grandes villes des États-Unis. Cette disproportion entre le rang et l'importance réelle se retrouve dans beaucoup d'États de l'Union : Albany est la capitale de l'État où domine New-York ; Harrisburg, Annapolis, Springfield, Madison, Jefferson, Bâton-Rouge, Sacramento, toutes chefs-lieux d'États, s'effacent dans une ombre obscure, comparées aux fortes cités de leur territoire, Philadelphie, Baltimore, Chicago, Milwaukee, Saint-Louis, la Nouvelle-Orléans, San-Francisco. Washington est spacieuse et régulière : elle borde le Potomac, fleuve qui finit dans la baie de Chesapeake, très-profonde échancrure du littoral.

Sur la côte de l'Atlantique, six villes ont plus de cent mille habitants : du nord au sud elles se nomment Boston, New-York, Brooklyn, Newark, Philadelphie et Baltimore.

Boston (254,000 hab.), sur la baie de Massachussetts, dans l'État de Massachussetts, se nomma dans l'origine Trimountain (les Trois Collines). Elle se vante d'être l'Athènes des États-Unis. On l'appelle aussi la Ville Puritaine et c'est à Boston que se conservent le mieux la vieille physionomie, les vieilles idées, les vieilles mœurs de cette Nouvelle-Angleterre fondée par des fanatiques.

New-York est bâtie à l'embouchure du pittoresque fleuve Hudson, sur une île de 22 kilomètres de longueur et de 8,800 hectares de surface, l'île Manhattan. La largeur de l'Hudson est ici de 2 kilomètres, trois ou quatre fois la Garonne à Bordeaux. New-York se donne l'épithète d'*Empire City* (ville prépondérante). Elle y a droit par son immense commerce, et sa population croît avec une telle rapidité qu'une ou deux vies d'homme pourront voir New-York atteindre Londres même. Elle ne renferme encore que 925,000 personnes, dont plus d'un tiers d'Allemands, et plus d'un second tiers d'Irlandais ; mais dans les environs immédiats s'élèvent des villes envahissantes qui sont de simples faubourgs de l'Empire City :
Brooklyn (405,000 hab.), sur l'île de Long-Island, que sépare de New-York le bras de mer d'East River, large de 1,500 mètres ; Astoria, Westchester, Williamburg, Hudson City, Hoboken, Jersey City, **Newark** (120,000 hab.). Cela fait en tout

1,600,000 âmes. New-York est la première ville de commerce des États-Unis, et par son port l'Union reçoit la très-grande majorité des Européens qui s'engouffrent sur son territoire.

Philadelphie (759,000 hab.), en Pennsylvanie, fut la capitale de l'Union depuis la déclaration de l'indépendance jusqu'en 1800. En 1810 encore, elle était plus peuplée que New-York. Ville de briques aux amples rues, aux grands squares, elle a son port à 190 kilomètres de la mer, sur le Delaware, fleuve de 1,500 mètres de large, navigable pour les grands vaisseaux. Philadelphie est le premier centre industriel des États-Unis.

Baltimore (277,000 hab.), dans l'État de Maryland, ressemble à Philadelphie par ses rues spacieuses et ses maisons en briques. Elle est assise au bord du Patapsco, qui forme un bon port, à 20 kilomètres de la baie de Chesapeake.

Dans le bassin de l'Ohio, deux villes, Pittsbourg et Cincinnati, dépassent cent mille habitants.

Pittsbourg, à la tête de l'industrie du fer en Amérique, contient 140,000 individus, si on lui ajoute son faubourg d'Alleghany City.

Cincinnati (219,000 hab.), sur l'Ohio, dans l'État de l'Ohio, n'avait que 508 âmes en 1805, 6,500 en 1815, 25,000 en 1830. Ainsi grandissent les villes aux États-Unis. Cincinnati aurait un nombre de résidents sensiblement plus élevé si on englobait en même temps Covington et New-Port, deux cités du Kentucky séparées d'elle par la rivière. Toute grande ville des États-Unis a son surnom : celui de Cincinnati est *Porcopolis*, à cause des centaines de milliers de cochons qu'on y égorge et qu'on y sale chaque année. Une autre épithète plus flatteuse est : *Queen of the West* (Reine de l'Ouest).

Sur les lacs, trois grandes villes :

Buffalo (114,000 hab.), dans l'État de New-York, à 173 mètres d'altitude, s'élève au déversoir du lac Erié, à 25 kilomètres en amont de la cataracte du Niagara.

Chicago ne désespère pas de lutter avant longtemps avec New-York. On l'a surnommée *Mushroom City*, la ville champignon, parce qu'elle a crû, pour ainsi dire, du soir au matin. Située à 191 mètres d'altitude, dans l'Illinois, à l'extrémité méridionale du lac Michigan, elle n'a qu'un tiers de siècle d'existence. Il s'y trouve cependant plus de 300,000 individus, dont 100,000 Allemands, 50,000 Irlandais, 30,000 Franco-Canadiens et Français, 12,000 Scandinaves. Le nombre des habitants s'y accroît proportionnellement plus vite que dans la plupart des autres villes de l'Union, et ces habitants passent pour les plus entreprenants des Yankees. Ils viennent de se mettre en relation directe avec l'Océan : la cascade du Niagara les gênait dans leur route vers l'Atlantique, ils ont alors projeté de s'ouvrir un chemin vers le Mississipi, et ils ont creusé un canal accessible aux grands vaisseaux et drainant en partie le lac Michigan. Chicago est la première place du monde pour le commerce des céréales. Elle se titre de « Grenier du Monde » et de « Cité des Jardins. »

Sur le rivage du même lac Michigan, dans le Wisconsin, **Milwaukee** (100,000 hab.), quatrième port des États-Unis pour le mouvement, se qualifie de « Petite Reine des Grands Lacs ». La Grande Reine est Chicago.

Sur le Mississipi moyen, à 141 mètres d'altitude, à 30 kilom. au-dessous du confluent du Missouri, **Saint-Louis** (313,000 hab.) marche à pas de géant comme Chicago. Les Français la fondèrent en 1760 ; en 1802, elle avait à peine 1800 habitants, vivant du commerce des pelleteries et du trafic avec les Indiens ; 1820 donna 4,600 âmes ; 1830, 6,700 ; 1840, 16,500. Les Allemands comptent pour un tiers dans la population.

Comme Saint-Louis, la **Nouvelle-Orléans** (185,000 hab.) sort de fondation française. Il faut qu'elle soit située comme elle l'est, au débouché du bassin du Mississipi, pour prospérer sur un sol de boue, dans un climat meurtrier. Sans le voisinage du lac Ponchartrain, qui s'ouvre sur la mer, si le terrain était plus ferme et si le ciel du trentième degré de latitude ne laissait pas grandir l'oranger, la Nouvelle-Orléans ressemblerait à Bordeaux par sa disposition en fer à cheval sur la rive d'un large fleuve aux eaux troubles couvert de navires. Seulement, la courbure par laquelle la ville accompagne le fleuve pendant douze kilomètres est double, et au lieu de Cité du Croissant (Crescent-City), la Nouvelle-Orléans devrait se nommer Cité du Double-Croissant. C'est le premier port des États-Unis après New-York. Les balles de coton s'empilent à l'infini sur ses quais, à côté d'autres produits des féconds États mississipiens, et en particulier de cette Louisiane où il y a des alluvions de 300 mètres de puissance.

Pas de grande ville encore sur les plateaux des Rocheuses. **Great Salt Lake City**, la capitale des Mormons, à 1320 mètres d'altitude, renferme au plus 20,000 habitants.

Sur le Pacifique domine **San-Francisco** (150,000 hab.), qui compte sur l'avenir avec autant de raison que New-York, Saint-Louis et Chicago. En 1847, c'était Yerba-Buena, misérable village mexicain de 459 habitants dans un pays sableux, venteux et stérile. Aujourd'hui, la voici devenue la première cité commerçante du Pacifique occidental, et même l'un des ports les plus actifs de l'Univers. Sa baie vaut les plus célèbres comme sûreté et comme étendue : San-Francisco ferait tout le commerce maritime de la Terre qu'elle logerait sans embarras tous ses navires à l'abri de la tempête. On entre dans cette mer intérieure, qui reçoit le principal fleuve de la Californie, le Sacramento, par le goulet de la Porte-d'Or, défilé qui a 1626 mètres de plus petite largeur, avec un courant de flux et de reflux de 10 kilomètres à l'heure. Malgré la chaleur du ciel, — car San-Francisco s'élève sous la latitude d'Alger, — malgré la proximité de marais salants et d'étendues paludéennes, la capitale de la Californie jouit d'un climat très-sain.

MEXIQUE.

Avec le Mexique, on entre dans l'Amérique espagnole ou latine, ainsi appelée non de ce que le sang latin y domine, — c'est le sang indien — mais de ce que la langue espagnole y est l'idiome officiel. Dans cette Amérique, le castillan est, en même temps que la langue des Blancs, celle d'un nombre très-considérable d'Indiens chrétiens et soumis.

Tenue pendant trois siècles en esclavage par les Espagnols et les Portugais, la vaste et belle Amérique latine s'émancipa, il y a une cinquantaine d'années, et s'émietta en Républiques. Ces Républiques sont composées d'États remuants, mal cimentés entre eux, mal liés au pouvoir central, travaillés par des antipathies de races. De là des *pronunciamentos* ou révoltes, des coups d'État sans nombre, des guerres civiles, et l'émigration européenne hésite à se répandre dans les *tierras templadas*. On nomme ainsi les pays tempérés de l'Amérique espagnole, contrées en tout point merveilleuses où se trouvent la liberté, le bonheur et la fortune autant qu'aux États-Unis et qu'en Australie. Costa-Rica, le Chili et la République Argentine, terres où la race blanche est tout à fait prépondérante, sont presque tranquilles, très-prospères et les émigrants de l'Europe méridionale, les Italiens, les Espagnols, les Basques, les Béarnais et les Gascons se portent maintenant avec une espèce de fanatisme sur les deux rives de la Plata.

Le Brésil se tient à part. C'est un empire où l'on parle portugais, et la population y est à la fois fortement mélangée de sang noir et de sang indien.

Avant ses funestes démêlés avec les États-Unis, le Mexique avait au moins deux fois l'étendue d'aujourd'hui. Il possédait les territoires, alors très-faiblement peuplés, qui sont devenus la Californie, le Colorado, l'Arizona, le Nouveau-Mexique, le Texas. Ce qui lui appartient encore, les plateaux que colonisèrent les Aztèques et que les Conquistadores arrachèrent aux empereurs indiens, le vrai Mexique a encore 175 millions d'hectares, plus de trois fois la France, avec huit à neuf millions d'habitants.

Presque tout le pays reste en friche; il est moins cultivé peut-être que lorsque les 600 compagnons de l'Estramadurien Hernando Cortès renversèrent le florissant empire des Aztèques. Les Aztèques n'étaient point les autochthones du Mexique, ils avaient succédé, trois ou quatre cents ans auparavant, à des tribus originaires comme eux de la Floride, et appartenant comme eux à la famille des Nahuatl. Les Toltèques, venus vers le septième siècle, avaient ouvert la période des invasions nahuatl, que fermèrent les Aztèques.

Que se passait-il au Mexique dans l'ère avant-toltèque ? Plusieurs croient que la Chine y envoya jadis des marchands ou des colons. Le Mexique et l'Amérique centrale seraient alors le Fousang des légendes chinoises, et les immigrants y auraient été apportés par les flots du *Kuro-sivo*, qui mène en ligne courbe des eaux japonaises au littoral américain. En fait, les Indiens de ces plateaux ressemblent assez aux hommes jaunes d'Asie, et leurs édifices ont quelque rapport avec les monuments bouddhiques.

Deux cents ans avant la fin de leur domination, les Aztèques fondèrent Ténochtitlan (Mexico), qui devint la tête de leur empire : Ténochtitlan, ville de prêtres sanglants qui officiaient dans deux mille maisons d'idoles, élevées à divers dieux destructeurs, de celui des batailles à celui de la syphilis. Les conquérants trouvèrent 136,000 crânes de victimes dans le seul temple d'Huitzipochtli, dieu de la guerre. Dans les jours de fête, le peuple s'arrachait les miettes d'une statue géante, faite de fruits et de farine cimentée par le sang d'enfants égorgés suivant les rites. Le Dahomey et les autres royaumes nègres de la Guinée, du Niger et du Congo avaient un rival « civilisé » sur le rivage du Grand Océan. Civilisé, car en dépit de la théocratie, du despotisme, des lois de sang, des sacrifices humains, l'Anahuac, ou plateau de Ténochtitlan, était une terre riche et bien ordonnée. Des obélisques, des temples et des palais sculptés, aussi grandioses qu'en Égypte et qu'en Babylonie, témoignent encore du génie des Nahuatl. Ces Indiens connaissaient l'astronomie, l'écriture, ils avaient des peintres, des artistes, ils mettaient les métaux en œuvre, ils cultivaient et irriguaient avec intelligence, et si telle vallée a de nos jours plus de laboureurs qu'il y a trois cent cinquante ans, dans d'autres s'est fait le désert depuis que Tenochtitlan se nomme Mexico.

Que du golfe du Mexique à l'est, de l'océan Pacifique à l'ouest, des terres basses de l'isthme de Téhuantépec au sud, on marche sur Mexico, Puebla, Guadalajara, Guanajuato ou n'importe quelle grande ville mexicaine, on se trouve toujours au pied de hautes montagnes à gravir, car le Mexique se compose de plateaux de 1,600 à plus de 2,000 mètres d'altitude, plateaux de plus en plus étroits à mesure qu'ils se rapprochent de l'isthme de Téhuantépec. Cet isthme, large de deux cent et quelques kilomètres d'une mer à l'autre, est un affaissement considérable des montagnes qui font l'épine dorsale des deux Amérique : le fossé qu'il forme, et dont profitera peut-être un canal de grande navigation entre le Pacifique et l'Atlantique, sépare nettement les hautes plaines mexicaines des plateaux de l'Amérique centrale.

Sur le Pacifique aux cieux secs, sur le golfe du Mexique, où il pleut beaucoup, la côte, serrée de près par la montagne, est brûlée par le soleil, malsaine, souvent mortelle. Ainsi, Acapulco, port du Pacifique, passe pour une des résidences les plus torrides de l'Amérique tropicale. Les habitants racontent qu'un des leurs étant mort prit le chemin de l'enfer, mais que, la nuit venue, il remonta sur terre : habitué aux chaleurs de fournaise d'Acapulco, il avait froid chez Satan et venait chercher une couverture. Sur le versant opposé, le rivage de la Vera-Cruz, qui reçoit plus de 4 mètres de pluie par an, est périlleux en été pour le Mexicain du bas pays lui-même, et presque constamment fatal à l'Européen ou à l'Américain du Nord qui vient y chercher la fortune. Le Blanc y meurt, ou s'il résiste à l'anémie, aux coups de soleil, aux poisons de l'air, il retourne dans sa patrie énervé et cassé. Cette lisière de rives dangereuses, que l'immigration a raison d'éviter, s'appelle en espagnol *tierras calientes* (terres brûlantes) : la température moyenne annuelle s'y élève à vingt-cinq degrés centigrades; la végétation y revêt toute la brillante parure du Tropique; elle en a les beaux arbres, les plantes folles, les tiges flexibles reliant les troncs, les parasites, les fleurs prestigieuses, les senteurs aromatiques. On retrouve cette zone sous le même nom dans les républiques de l'Amérique centrale, dans la Nouvelle-Grenade, le Vénézuéla, l'Équateur, les deux Pérou, en un mot dans toutes les anciennes colonies espagnoles établies sur des plateaux commandant de haut des rivages chauffés à outrance. De même on y rencontre les deux autres zones parfaitement nommées *tierras templadas* et *tierras frias*.

Aux tierras calientes succèdent, sur les flancs des montagnes ou sur leurs plateaux, les *tierras templadas* (terres tempérées), qui commencent ici à 1,000, 1,200 et 1,300 mètres et montent jusqu'à 2,000 environ. Si les tierras calientes sont incendiées par un été sans fin, les tierras templadas sont égayées par un printemps perpétuel. La moyenne de l'année y atteint vingt degrés, quatre de plus qu'à Nice ; les arbres et les fleurs du Tropique s'y mêlent, dans d'admirables forêts ou dans de riantes campagnes, aux plantes et aux fleurs de l'Europe.

Au-dessus de 2,000 mètres, les *tierras frias* (terres froides, ou plutôt fraîches) ont encore, le plus souvent, une moyenne annuelle de quatorze degrés, égale à celle de Marseille. Une notable partie du plateau mexicain appartient à cette zone. Passé 2,500 mètres, la végétation tropicale ne peut lutter contre le climat, et déjà se montre, en nombreuses variétés, le sapin, l'un des arbres caractéristiques du Nord et des hautes régions.

Le plateau d'Anahuac est donc un ensemble de plaines situées à diverses altitudes, généralement au-dessus de 1,500 mètres, et par conséquent plus haut que les tierras calientes et leur fièvre jaune, qui monte rarement à 1,000 mètres d'élévation. Sur ces plaines, s'élancent des montagnes d'une richesse fabuleuse en métaux, principalement en argent et en soufre. Un peuple plus entreprenant que les Mexicains en tirerait autant de trésors que les Californiens, les Victoriens ou les Néo-Zélandais en arrachent à leurs veines de quartz et à leurs alluvions.

Dans le nord de la République, dans les États de Sonora, de Chihuahua, de Sinaloa, de Cohahuila, etc., les hautes plaines sont attristées par des lacs salés et des solitudes où ne se lève pas un seul arbre : les Estramaduriens et les Castillans de la conquête espagnole purent s'y croire dans leur patrie. Les eaux qui ne s'arrêtent pas dans les lagunes de l'intérieur, que chaque siècle amoindrit, roulent vers le golfe de l'est ou l'océan de l'ouest, en petits fleuves très-rapides bondissant dans des lits tourmentés, au fond de *barrancos* (gorges) et de cañon. Les vallées pourraient alimenter de populeux villages, mais les sillons et les plantations y sont rares, rares aussi les *haciendas*, à la fois fermes en temps de paix et forteresses en temps de *pronunciamentos*. Les villes sont vastes, mais vides pour leur étendue, et leurs édifices sont de lourdes bâtisses d'un style écœurant.

Les plus fiers sommets de la République ne se dressent pas sur les sierras qui supportent ou sillonnent les plateaux et remontent au nord pour aller se continuer dans les États-Unis. Ils s'exhaussent isolément, entre Mexico et la dépression de Téhuantépec. Le Citlaltepetl (Mont Étoilé), ou volcan d'Orizaba, et le Popocatépetl (Montagne Fumante) ont environ 5,500 mètres, et peut-être qu'aucun autre pic de l'Amérique du Nord ne s'élève aussi haut qu'eux. Les noms de ces géants mexicains semblent longs et barbares, mais ils paraissent courts quand on sait l'idiome des Aztèques fertile en mots de douze à dix-huit syllabes. Viennent ensuite l'Iztaccihuatl (Femme Blanche, 4,786 mètres), le Nevado de Toluca, le volcan de Colima, le Cofre de Pérote. Ces pics, et autant d'autres, tous situés au sud du vingtième degré de latitude, sont des volcans éteints en apparence ; ils épargnent les villes qu'ils dominent, mais ils les menacent toujours. Les plus hauts d'entre eux tirent une grande splendeur de leur isolement sur le plateau, de leur forme pyramidale, de leurs forêts et de leurs neiges presque éternelles.

En admettant, avec le dernier recensement, 8,711,000 habitants dans le Mexique, les Indiens non mélangés montent à cinq millions. Ils parlent des langages différents, parmi lesquels l'aztèque, idiome qui dominait dans le pays à l'arrivée des Conquistadores. Tous les Indiens soumis connaissent l'espagnol. D'un caractère doux, mais devenant féroces quand la passion les jette hors de leur apathie, honnêtes, laborieux, persévérants, résignés, ils restent malgré la conquête européenne l'élément prépondérant du pays, et ils le demeureront tant que l'immigration de l'Europe et des États-Unis n'aura pas plus d'activité. Le président actuel de la République est un Indien pur.

Les Blancs sans mélange ne dépassent guère 300,000 ; avec les Blancs par à peu près ils font un peu plus d'un million.

Les uns descendent des Espagnols venus au Mexique pendant les trois derniers siècles, les autres sont des *Chapetones* (Espagnols de naissance) ou des Européens; parmi ces derniers il y a beaucoup de Français gascons. Les métis à tous les degrés forment, avec quelques milliers de Nègres, les deux à trois millions qui parfont le total; si peu qu'ils aient une gouttelette de *sangre azul* dans les veines, les métis se font valoir comme Blancs purs. — *Sangre azul* signifie littéralement en espagnol sang bleu, et dans l'Amérique latine on appelle la race blanche *raza de sangre azul*. — Sans compter les Indiens rebelles, nomades endurcis, cavaliers parfaits, ennemis dangereux du Blanc et du laboureur indigène, le Mexique renferme donc trois peuples distincts par leurs traditions et leurs caractères, les Indiens, les Blancs, les Métis, que peu de chose suffit à jeter dans des camps opposés. Ils ont pourtant le lien d'une religion commune, le catholicisme, et celui d'une langue civilisée, l'espagnol, qui est l'idiome général des villes, le langage officiel et policé.

Mexico (225,000 hab.), en espagnol Mejico, dans les tierras frias, à près de 2,300 mètres d'altitude, est établie sur un plateau de l'intérieur, entre le lac salé de Tezcuco et le lac doux de Xochimilco. Elle est un peu plus près du golfe du Mexique, où elle a son port de la **Véra-Cruz** (37,000 hab.), que du Pacifique, où sa ville de mer est **Acapulco**. Mexico passe pour la plus belle ville de l'Amérique espagnole, c'est aussi la plus populeuse, mais au train dont va Buenos-Ayres, elle ne le restera pas longtemps. — **Puebla**, plus industrielle que Mexico, renferme 75,000 habitants; **Guadalajara**, 70,000; **Guanajuato**, 63,000.

La **Vieille Californie**, presqu'île très-allongée, entre l'océan Pacifique et la mer Vermeille, ou golfe de la Californie, a 1,100 kilomètres de long, 15 millions d'hectares, des montagnes moyennes, et seulement quelques milliers d'habitants.

A l'est de l'isthme de Téhuantépec le **Yucatan** (25 millions d'hectares), avec les provinces de Tabasco et de Chiapas, relève politiquement du Mexique, mais fait en réalité partie de l'Amérique centrale. Dans ce pays, moins élevé que le Mexique, les ruines immenses d'Izmal, de Chichen Itza, de Tekax, de Tihoo, de Mayapan, d'Uxmal, de Mani, d'Ocozingo, d'Utlatan, de Palenque, furent les temples, les palais, les murailles de grandes cités bâties probablement par les Mayas, peuple que les Nahuatl chassèrent du Mexique. Une partie seulement des eaux yucatèques coule sur le sol : le reste alimente des lacs souterrains, mis en communication avec les vallées supérieures par l'orifice des *cenotes* (puits naturels). Ces réservoirs cachés se déversent dans le golfe du Mexique par des sources considérables jaillissant au fond de la mer même.

AMERIQUE CENTRALE.

L'Amérique centrale ressemble au Mexique par ses tierras frias, templadas et calientes, et par ses hauts plateaux allongés dans la même direction entre les deux mêmes océans. Ses plateaux sont également sillonnés de volcans et semés de ruines d'une antique civilisation indienne.

Le Mexique n'a qu'une supériorité sur l'Amérique centrale, celle de l'étendue. L'Amérique centrale, mieux située, s'espace entre les deux étranglements de terre qu'on pourrait appeler les isthmes de Suez du Nouveau-Monde, si au lieu de sables incendiés et arides, les isthmes de Téhuantépec et de Panama n'avaient les averses du Tropique, un sol généreux et une végétation splendide. On percera ces isthmes comme l'isthme d'Égypte, et l'Amérique centrale, sur le territoire de laquelle se creusent encore deux autres passages possibles entre l'Atlantique et le Pacifique, se trouvera sur la route la plus fréquentée du monde.

L'Amérique centrale est moins massive, plus étroite que le Mexique, les capitales de ses Républiques se rapprochent plus des deux mers que les grandes villes de l'Anahuac ; les plateaux y sont moins élevés, plus féconds, et le climat yréa lise mieux l'idéal du printemps éternel : à Guatemala, pendant le jour comme pendant la nuit, et toute l'année, l'atmosphère garde une tiédeur également éloignée du froid antipathique et des chaleurs accablantes ; le thermomètre s'y tient constamment entre dix-sept degrés et demi et vingt-deux degrés et demi. Sans les volcans, les tremblements de terre, la convoitise étrangère, qui a déjà lancé contre ses côtes des bataillons de flibustiers yankees, l'Amérique centrale serait le joyau du Nouveau-Monde.

Géographiquement, l'Amérique centrale va de l'isthme de Téhuantépec à l'isthme de Panama, points où s'affaissent les sierras de l'Amérique du Nord et les Andes de l'Amérique du Sud : au premier de ces isthmes, le sol tombe à 200 mètres ; au second, à 90 mètres seulement.

Politiquement, elle n'atteint pas ces limites naturelles : au nord, le Mexique lui prend trois provinces, Chiapas, Tabasco et le Yucatan ; au sud, une portion du plateau de la Costa-Rica dépend de la Nouvelle-Grenade. Sur le rivage du golfe du Mexique s'étendent la colonie anglaise de Bélize et le territoire soi-disant autonome des Mosquitos.

Dépouillée de ces contrées, l'Amérique centrale n'a que 45 millions d'hectares, avec un peu plus de deux millions et demi d'habitants, soit 6 habitants par kilomètre carré (en France, 70). La population, assez dense dans le San-Salvador où il n'y a pas moins de 32 habitants par kilomètre carré, l'est trois fois moins dans le Guatemala, et dans les trois autres États, elle est extrêmement clair-semée : 2 à 3 individus par kilomètre carré. Elle se compose de *Ladinos* ou Latins, métis de Blancs et d'Indiens, d'Indiens, de Blancs, de Nègres et de Mulâtres. Les Blancs ne dominent que dans la Costa-Rica.

Du nord-ouest au sud-est, le pays comprend cinq Républiques fédérées : le Guatémala, le San-Salvador, le Honduras, le Nicaragua, la Costa-Rica.

———

Le **GUATÉMALA**, vaste de 10 à 11 millions d'hectares, a 1,200,000 habitants. Il embrasse le plateau le plus étendu et le plus élevé de la Confédération. S'il n'a que 500 mètres au-dessus de l'Océan vers les frontières du San-Salvador, plus au nord, son altitude varie entre 1,300 et 1,950 mèt.; les Altos de Quezaltenango, où se montre parfois la neige, ont même 2,500 mètres de haut. Les volcans longent la marge du Pacifique, où l'*invierno*, saison des pluies, revivifie les plantes que sèche le *verano* (été); sur le rivage du golfe du Mexique il n'y a pas de saison sans averses, et la végétation n'y languit jamais. Les deux volcans jumeaux d'Acatenango et de Fuego ont 4,150 et 4,001 mètres, et il y a sur le territoire de la République environ vingt-cinq cheminées d'éruption, dont plusieurs encore actives.

Les Blancs sont peu nombreux dans le Guatémala, l'une des cinq Républiques où la fusion des races a fait le moins de progrès. Les métis proviennent du mélange des Espagnols avec les Mayas, les Aztèques et les Toltèques. Parmi les Indiens, beaucoup sont des Indios bravos, encore païens, mais la masse de la nation adhère à la religion catholique : à coup sûr, les ancêtres des Guatémaltèques étaient plus civilisés, eux qui élevèrent et sculptèrent les monuments que l'on contemple avec étonnement dans les ruines de Coban, de Tical, de Dolores et d'autres grandes cités du temps passé. Sans compter l'espagnol, on parle sur le territoire de la République vingt-six idiomes se ramenant à trois langues indiennes, le quiché, le maya et le nahuatl. Sans immigration, le nombre des habitants du Guatemala double toutes les vingt-cinq années.

La capitale, la **Nouvelle-Guatémala** (42,000 hab.), a son site à 1,529 mètres d'altitude, à vingt et quelques kilomètres seulement du Pacifique, sur le faîte entre les deux mers, près de deux mauvais voisins, le volcan de l'Eau (3,753 mèt.) et le volcan du Feu. Elle a succédé à la Vieille-Guatemala, l'ancienne métropole espagnole, saccagée il y a cent ans, par un tremblement de terre, comme celle-ci avait remplacé la résidence des rois indiens, l'Antique-Guatemala, emportée par une inondation subite.

Le **SAN-SALVADOR**, ou simplement **SALVADOR**, le seul des cinq États qui n'aille pas d'un Océan à l'autre, n'a que 1,900,000 hectares, l'étendue de trois départements français, mais sa population atteint 600,000 âmes. C'est un des pays les plus habités du Nouveau-Monde. Il comprend une lisière étroite le long du Pacifique, des versants de forêts profondes, et une haute plaine faisant partie du plateau de Honduras : large environ de 50 kilomètres, ce plateau, d'une altitude moyenne de 600 mètres, renferme des groupes superbes de volcans qui continuent ceux du Guatémala. On en compte, sans les volcans de boue, vingt-neuf, éteints ou actifs, d'élévations diverses, entre 1,100 et 2,400 mètres. Le plus haut se nomme le San-Vicente; le San-Miguel a vomi une plaine de lave de 40 kilomètres de long sur 15 de large; l'Izalco, soulevé en 1793, a toujours grandi depuis. Le climat salvadorien est très-chaud, mais sec et salubre, parce que les montagnes barrent la route du San-Salvador aux nuages de l'Atlantique, et que le grand Océan fournit ici peu de pluie.

Les Ladinos comprennent la majorité des Salvadoriens. Après eux arrivent les Indiens, issus d'une branche des Aztèques mexicains : quelques villages parlent encore le nahuatl. Les Blancs purs forment à peine le quarantième de la population.

La capitale de cette République prospère, **San-Salvador** (30,000 hab.), est bâtie à moins de 50 kilomètres du Pacifique, à 667 mètres d'altitude, près d'un volcan de même nom qu'elle (1,000 mèt.). Elle était autrefois plus grande, mais le tremblement de terre de 1854 l'a anéantie et les habitants n'y sont revenus qu'au bout de quatre ans.

Les grandes ruines indiennes d'Opico prouvent que les anciens maîtres du plateau de Salvador ne le cédaient pas en habileté aux constructeurs des antiques cités du Yucatan, du Guatémala, du Honduras.

— — —

Le **HONDURAS**, grand de 15 millions d'hectares, peuplé de 350,000 habitants, ne possède sur le grand Océan que la baie très-vaste et très-sûre de Fonseca, entourée de volcans. Sur le rivage beaucoup plus étendu de l'Atlantique s'ouvre Puerto-Caballos, port de premier ordre. Entre les deux nappes marines, la Llanura de Comayagua, affaissement de la montagne, est comme un fossé transversal dont on pourra profiter pour creuser un canal inter-océanien. Seulement il faudra, par des étages d'écluses ou par un tunnel, franchir un faîte de près de 850 mètres de hauteur. L'altitude moyenne du plateau fort tourmenté de Honduras approche de 1,000 mètres, et les montagnes les plus considérables dépassent peut-être 3,000.

Les Blancs, les Indiens purs, les Noirs, originaires de Cuba et de la Jamaïque, les Mulâtres, ne sont pas très-nombreux dans la République. Les Honduriens, en majorité Ladinos, tirent mal parti d'un pays auquel la variété des climats permet de tout produire, de la vanille et de la salsepareille des Tropiques jusqu'au sapin des Vosges. Avec du travail, le Honduras prendrait le premier rang dans l'Amérique centrale ; le sol, qu'agitent rarement les tremblements de terre, excelle en fécondité, le sous-sol regorge de métaux, le climat est parfait en beaucoup de districts, car la moyenne y varie de 13 à 20 degrés. Malgré tout cela, par la paresse et la négligence des Honduriens, le Honduras est la dernière des cinq Républiques. De vastes ruines des villes indiennes, telles que celles d'Olancho, montrent que cet admirable pays ne fut pas toujours aussi méprisé et aussi désert.

La capitale, **Comayagua** (3,000 hab.), bourg à demi ruiné, s'élève à 600 mètres d'altitude, non loin des ruines indiennes de Ténampua.

A une faible distance du Honduras, l'île de **Roatan** a servi d'asile aux Caraïbes noirs débarqués par les Anglais sur son rivage, à la fin du XVIIIe siècle. Les Caraïbes noirs descendaient du mélange des Indiens caraïbes avec les Nègres des Antilles.

Le **NICARAGUA** (12 millions d'hectares, 400,000 âmes) constitue, dans l'ensemble, la terre la plus basse et la plus tropicale de la Confédération. Il donne une portion considérable de son domaine à la vallée du San-Juan, tributaire de l'Atlantique, et au lac de Nicaragua d'où sort ce fleuve.

Le lac de Nicaragua, vaste de 650,000 hectares, c'est-à-dire comme douze Léman, a pour cadre des volcans, des monts cultivés, des versants boisés. De son sein jaillissent trois volcans éteints; sa profondeur va de 16 à 40, et même à 80 mètres; son altitude n'est que de 37 mètres. Par une rivière que déshonorent des marais, le Tipitapa, il recueille les eaux du lac de Managua, situé à 47 mètres et grand comme le lac de Genève. Entre le lac de Managua et l'océan Pacifique, le dos de terrain de la Cordillère de Nicaragua n'a que quelques lieues de largeur, aussi le San-Juan et ses deux lacs étagés ont-ils été souvent proposés pour le trajet du canal destiné à réunir les deux océans. Malheureusement, le fleuve a des rapides, des hauts-fonds et trop peu d'eau pour les grands vaisseaux : il n'en roule pas moins, paraît-il, mille mètres cubes d'eau par seconde en moyenne.

Au nord de la République, un plateau très-inégal, d'une altitude de 1,000 mètres environ, va se lier au plateau du Honduras. Sur vingt bouches d'éruption reconnues, trois au moins n'ont pas cessé de rejeter des laves et de souffler des flammes et de la fumée. Le cône volcanique du Télica (2,183 mètres) est la plus haute montagne du Nicaragua.

Dans le Nicaragua, où les races sont fort mélangées, les Ladinos font les trois cinquièmes de la population, les Indiens purs le quart, les Noirs et Mulâtres le dix-septième, les Blancs purs le vingt-cinquième. Quelques Indiens de l'intérieur parlent encore les antiques dialectes de leurs ancêtres, dont plusieurs tribus se ramifiaient au grand tronc des Aztèques. Les gens de sang noir, en Nicaragua, préfèrent le pays bas et chaud aux plaines hautes où vit de préférence ce qui a quelques gouttes de sangre azul dans les artères. La population, moins belle que dans les autres Républiques, y est aussi plus indolente.

Managua (10,000 hab.) est riveraine du lac qui porte son nom.

La **COSTA-RICA** (5 à 6 millions d'hectares, 165,000 hab.) est la portion la plus mince de l'Amérique centrale; elle continue le plateau de Veragua (600 à 1,000 mèt. d'altitude), qui commence à la dépression de Panama, et devrait appartenir à la Confédération au lieu de dépendre de la Nouvelle-Grenade. Onze volcans, dont quatre actifs, garnissent les plateaux de Costa-Rica, dominés aussi par une Cordillère très-boisée, de 2,000 mètres d'élévation moyenne. Parmi ces volcans, les plus beaux sont le Monte Blanco (3,578 mèt.), l'Irazu ou volcan de Cartago (3,507 mèt.), et le Turrialba (3,425 mèt.). La plus importante des hautes plaines, celle de Cartago, s'étend à 1,250-1,600 mèt. d'altitude.

La Costa-Rica appartient presque exclusivement à la race blanche pure : chez les paysans un homme sur cinq, chez les citadins un sur vingt seulement portent dans leurs traits quelques traces, rarement caractérisées, d'un mélange du sang indien avec le sang espagnol. Les Costa-Riciens descendent d'immigrants de la Galice, or les Gallegos ou Galiciens sont un des peuples espagnols les plus honnêtes, les plus laborieux en même temps que les plus portés à se déplacer et à franchir les mers. A cette origine, les citoyens de la Costa-Rica doivent l'amour du travail et les qualités solides qui les ont mis à la tête de l'Amérique centrale.

La capitale se nomme **San-José**; c'est une ville de 25,000 habitants, établie à 1,288 mètres d'altitude, à 96 kilomètres de **Punta-Arénas**, port du Pacifique, à 122 kilom. de l'Atlantique. Les jours les plus froids n'y font pas baisser le thermomètre au-dessous de 13°75, les jours les plus chauds l'élèvent rarement à 27°.

Sur le rivage guatémaltèque et la côte mexicaine du Yucatan, le long du golfe de Honduras, s'étend le **HONDURAS ANGLAIS** (1,350,000 hectares; 35,000 hab.), colonie où les Indiens, les Métis, les Nègres sont séparément plus nombreux que les Blancs. Le chef-lieu, **Bélize**, port du golfe, renferme 5,000 individus, presque tous des Noirs.

ANTILLES

Entre les deux Amérique s'étend une mer qui est comme la Méditerranée du Nouveau-Monde. Elle baigne au nord les côtes plates des États-Unis, qui lui envoient le puissant Mississipi, au sud la Nouvelle-Grenade et le Vénézuéla, dont les sierras majestueuses serrent généralement de très-près ses rivages. A l'ouest, le Mexique, le Yucatan, l'Amérique centrale, bordent ses eaux par une étroite lisière de terres basses dont la chaleur, l'humidité et les fièvres font un séjour terrible. A l'est, une traînée d'îles s'allonge entre l'Atlantique et cette mer intérieure, de la pointe de la Floride aux bouches de l'Orénoque, comme une jetée où les ouvertures occuperaient autant d'espace que la digue. Ces îles, celles du nord-ouest grandes, toutes les autres petites, sont les Antilles, débris peut-être d'une vaste terre submergée, car leur flore et leur faune diffèrent beaucoup de la flore et de la faune de l'Amérique avoisinante. Le bassin qu'elles séparent de la grande mer s'appelle mer des Antilles : il communique avec l'autre partie de la méditerranée américaine, avec le golfe du Mexique, par une large passe, le canal de Yucatan, qui se creuse entre le cap Catoche (Yucatan) et le cap Saint-Antoine (île de Cuba).

C'est dans la méditerranée américaine que se chauffe le Gulfstream ; c'est au détroit de Bemini qu'il en sort. Dans ce détroit, aussi appelé canal de la Floride, — il s'ouvre entre la rangée des îles Bahama et le littoral à coraux de la presqu'île floridienne, — le courant du Golfe surmonte un courant polaire marchant en sens inverse à 400 mètres environ de profondeur. La largeur du Gulfstream, à ce point de départ, est de 50 kilomètres ; son épaisseur, entre le niveau de l'eau et le courant polaire, arrive en moyenne à 370 mètres, son volume à 33 millions de mètres cubes par seconde : *sept cent cinquante mille fois* l'étiage de la Seine à Paris ; la chaleur de ses eaux est de 30 degrés, et jusque dans les parages de Terre-Neuve sa température reste supérieure à 20 degrés, au sein d'une mer voisine de la congélation.

Les Antilles ont ensemble 23 millions d'hectares, moins de la moitié de la France, avec environ 4 millions d'hommes, dont plus de 1,200,000 Blancs. Un instant, vers le milieu du xviie siècle, on les appela îles de Barlovent. Aujourd'hui, on leur conserve encore, à côté de leur nom habituel, le nom d'Indes occidentales, donné lors de la découverte de ces îles par le grand Colomb, qui crut y trouver ce qu'il cherchait, le prolongement de l'Inde asiatique. Elles ont, d'ailleurs, quelques traits de ressemblance avec la presqu'île de l'Indus et du Gange : la situation dans la région tropicale, une végétation brillante sur un sol généreux, quoique déjà appauvri en maints parages par le déboisement et la culture forcée, un climat chaud et humide, des pluies telles qu'il en tombe jusqu'à 10 mètres par an, enfin la fièvre jaune, aussi meurtrière que le choléra du Bengale.

Les Antilles se redressent presque toutes en montagnes, les petites comme les grandes. Les petites sont ou calcaires ou volcaniques. Dans ces dernières, il y a sept volcans qui n'ont pas encore tout à fait abdiqué, et dans leur rayon d'activité, des tremblements de terre détruisent en quelques secondes ce qui a été construit avec beaucoup d'années. L'Archipel est également maltraité par des ouragans horribles : il y aura bientôt cent ans, une tourmente noya dans la Martinique 4,000 hommes montés sur 40 navires, des villes et des bourgs furent comme extirpés du sol, et 9,000 victimes restèrent sous les débris. Le même ouragan rasa la Barbade et engloutit à Sainte-Lucie une flotte anglaise avec ses 6,000 marins.

Le climat des Antilles mine l'Européen, mais on peut lui échapper en fixant sa demeure dans un air plus frais que celui du rivage des mers. Par leurs mornes, leurs pitons, leurs montagnes, les Antilles ont, comme vis-à-vis d'elles l'Amérique latine, leurs terres chaudes, tempérées et froides. Ces deux dernières plaisent à l'Européen qui y retrouve, à partir de quelques centaines de mètres d'altitude, le climat des pays riverains de la Méditerranée, et, s'il monte assez haut, des froids vifs et quelques neiges. Les terres basses, au climat pluvieux, aux jours rarement sans nuées, conviennent aux Noirs et aux Métis qui forment près des trois quarts de la population de l'archipel et portent les différents noms de Mamelouks, mulâtres, quarterons, cabres, griffes, sacatras.

On importa les Nègres aux Antilles pour remplacer les Indiens, presque anéantis par l'excès de travail, les mauvais traitements, le fusil, la dent des chiens dressés à la chasse de l'homme. Sur plus d'un million d'Haïtiens, à peine en restait-il 150,000 vingt-cinq ans après la conquête espagnole. Dans les petites Antilles, les Caraïbes, qui se donnaient dans leur langue le nom de Bénarée, disparurent moins vite, mais ils ne voulaient point cultiver pour l'envahisseur, contre lequel ils luttèrent avec héroïsme. Pendant plus de trois siècles, les Nègres ont donc défriché les Antilles en qualité d'esclaves, sous le fouet des surveillants, dans les plantations de canne à sucre, de café, de cacao, de tabac, de coton d'où sortirent longtemps les plus brillantes fortunes de l'Europe. Libres aujourd'hui dans les Antilles françaises, anglaises, etc., et à la veille de le devenir dans les Antilles espagnoles, ils se dédommagent, par l'indolence, du travail qui fatigua leurs ancêtres. Les planteurs, menacés de voir leurs propriétés retomber en friche, font venir de l'Inde et de la Chine des travailleurs qui pourront bien ne laisser un jour aux descendants des Noirs libérés que la domesticité dans les villes et la sauvagerie dans les bois.

Quelques îles renferment encore çà et là des familles de ces Caraïbes énergiques qui avaient exterminé les autochthones Igneris. La destruction des Caraïbes coûta beaucoup de sang et beaucoup de temps aux Européens. Quant aux Indiens confiants, honnêtes et débonnaires de Cuba et d'Haïti, ils sont tous descendus dans la tombe et la mort de leur race est un crime de l'Espagne.

L'île d'Haïti ne dépend d'aucun peuple d'Europe ou d'Amérique. Les autres Antilles relèvent de l'Espagne, de l'Angleterre, de la France, de la Hollande, du Danemark ou de la Suède. Les Noirs ont adopté la religion et la langue des différentes nations qui colonisèrent les îles, seulement cette religion se mêle de superstitions africaines, et l'espagnol, l'anglais, le français qu'ils parlent prennent dans leur bouche une physionomie singulièrement enfantine.

Les **ANTILLES ESPAGNOLES** prennent à elles seules la moitié de l'archipel en territoire et en population. Elles s'étendent sur près de treize millions d'hectares, avec plus de deux millions d'habitants.

Cuba, la plus grande et la plus importante des Antilles, vaut pour l'étendue vingt départements français, environ douze millions d'hectares. Elle nourrit 1,470,000 personnes, 1,600,000 même, s'il est vrai qu'il y ait des dizaines de milliers d'esclaves omis dans les recensements. Cette île est également voisine de la Floride (États-Unis) et du Yucatan (Mexique) : de la première la sépare le canal de la Floride, ou d'Alaminos, large de 200 à 250 kilomètres; entre elle et la côte ferme du Mexique passe le flot du canal de Yucatan.

La « toujours fidèle » Cuba, comme la traitaient les Espagnols, contre lesquels elle soutient depuis trois ans une rude guerre d'indépendance, Cuba s'annonce de la mer par des ports excellents, tels que la Havane, Cienfuegos ou Jagua, Nuevitas, Nipe, Bahia Honda, Malaguela, Puerto del Padre, Manati, etc. Elle est fort allongée (1,595 kilom.), et fort étroite (40 à 250 kilom.; 88 en moyenne), et n'a pas moins de 2,500 kilomètres de côtes. D'un bout à l'autre courent des montagnes dont le principal pic, le Turquino, s'élance à 2,375 mètres, altitude moyenne entre nos Cévennes et nos Pyrénées. Les vallées des petits fleuves et les Vegas (1), où se porte surtout la colonisation, se distinguent par une fécondité qui a valu à Cuba le surnom de « perle des Antilles. »

Bien que le bas pays éprouve des chaleurs très-fortes et très-persistantes, que l'Européen y dépérisse à la longue, quoique la fièvre jaune fasse de terribles visites dans les villes et les *pueblos* (bourgs) voisins de la mer, les Blancs forment la majorité à Cuba. Sur 1,470,000 personnes, on compte 765,000 Blancs, qui fournissent en moyenne 41 naissances par année sur 1,000 individus, contre seulement 24 décès. Les hommes de souche européenne n'étaient pas 100,000 en 1774. Les Cubains blancs sont généralement d'origine espagnole, eux-mêmes ou leurs ancêtres étant venus de l'Espagne, des

---

(1) Plaines irriguées, ensemble de jardins.

Canaries ou de divers points de l'Amérique latine, tels que le Mexique et le Vénézuéla. Les individus arrivés d'Espagne, au nombre d'environ 100,000, sont surnommés *Peninsulares*, gens de la Péninsule ; il y a plus de 25,000 Canariotes. Parmi les autres Blancs, on trouve un grand nombre de Béarnais et de Gascons. La France méridionale envoie tant d'immigrants à l'île que le français pur et le français créole sont très-répandus, concurremment avec l'espagnol, dans certains districts : notamment près de Santiago. Dans les villes, il y a beaucoup d'Anglais et d'Américains du Nord. Les Nègres et les mulâtres affranchis comptent pour 225,000, les esclaves pour 380,000. Sur les 100,000 Chinois il n'y a encore que très-peu de femmes.

La capitale, **la Havane**, la ville aux cigarres fameux, n'a pas moins de 180 à 200,000 âmes. Elle occupe l'entrée d'une vaste baie de la côte septentrionale tournée vers la pointe de la Floride. L'air y est tiède et énervant, le climat malsain, la fièvre jaune fréquente.

L'autre île espagnole, **Puerto-Rico**, embrasse 930,000 hectares. Elle est voisine des Petites Antilles du nord. Le passage de Mona, d'une largeur de 150 kilomètres, la sépare de la partie espagnole d'Haïti. Des monts boisés recouvrent l'île, qu passe pour la plus salubre des Antilles ; leur tête la plus haute, le Yunque de Luquillo, n'a pas plus de 1,120 mètres. Comme à Cuba, les Blancs forment la majorité. Parmi les 600,000 habitants, ils l'emportent de quelques milliers sur les hommes de couleur libres ou encore esclaves. Les Espagnols sont les plus nombreux des Blancs nés hors de l'île ; on en compte près de 13,000, puis arrivent les Français. Il n'y a encore que très-peu de Chinois. Quant aux Indiens, ils ont disparu depuis des siècles.

San-Juan (23,000 hab.), chef-lieu de l'île, est bâtie sur un îlot de la côte septentrionale.

Entre Cuba et Porto-Rico, l'île d'Haïti se partage en deux Républiques indépendantes.

Haïti ou **Saint-Domingue** (708,000 hab.) pourrait disputer à Cuba le surnom de perle des Antilles. Beaucoup moins vaste, car elle n'a qu'un peu plus de sept millions d'hectares, 12 départements français, elle est certainement plus fertile, mais les Noirs et les Mulâtres de ses deux Républiques, privés de l'aide des Blancs, tirent le moindre parti possible de leur sol. La nature y prodigue en vain ses magnificences, le soleil ses rayons, tous les végétaux croissent inutilement dans ses vallées, et nul ne recherche les minéraux de ses montagnes.

Haïti, l'Antille centrale, grand corps ovale dont les membres sont des presqu'îles, a gardé, ou plutôt repris le nom que lui donnaient ses habitants indiens, lorsque Christophe Colomb découvrit leurs rivages. Ce nom d'Haïti signifiait « la montagneuse ». L'île, en effet, porte plusieurs chaînes : le massif le plus élevé, le Cibao, dresse un pic de près de 2,200 mètres. De nombreux fleuves, petits comme on doit l'attendre d'une terre où la montagne touche à l'Océan, arrosent en tous sens Haïti et forment à leur embouchure quelques bons ports. Ainsi qu'à Cuba et dans le Honduras, l'acajou, très-bel arbre et bois magnifique, grandit dans les forêts de cette île.

L'ancienne partie française de l'île, **Saint-Domingue**, aujourd'hui spécialement nommée Haïti, occupe une petite portion du tronc et les longues péninsules de la côte occidentale, que sépare de Cuba le canal au Vent, large à l'endroit le plus étroit de 80 kilomètres seulement. Elle prend un peu plus du tiers de l'île, 2,630,000 hectares, et sa population, évaluée à 572,000 habitants, vaut quatre fois et au delà celle des deux autres tiers.

Tout près de la rive nord-ouest de Saint-Domingue, à portée du canal au Vent, la petite île de la Tortue, d'un abord pénible, servait d'asile, dans la première moitié du xvie siècle, à des coureurs d'aventures français. Durant les guerres souvent renouvelées que nous soutînmes alors contre l'Espagne, ces hommes de fortune, ces pirates, ces boucaniers ou chasseurs, s'attaquèrent pour leur propre compte à la grande île Dominicaine, qui appartenait tout entière à la couronne de Castille et Léon. Avant que le siècle fût à son terme, les presqu'îles de l'ouest et la grande vallée de l'Artibonite, conquises et colonisées par les aventuriers, étaient devenues terre française en vertu du traité de Ryswick. De ce traité à la Révolution, nulle colonie à esclaves ne prospéra comme elle : Anglais, Espagnols, Portugais, Hollandais y reconnaissaient l'établissement modèle. Elle languit aujourd'hui dans l'indolence et se débat dans les guerres civiles, depuis que, vers la fin du siècle dernier, à la suite d'égorgements qui n'étaient que des représailles, les Noirs et les Mulâtres ont extirpé ou chassé les Blancs. Cette révolte fut pour nous un désastre immense, car presque toutes les familles nobles de la France avaient des parents ou des amis à Saint-Domingue. Maintenant que les Noirs et les sang-mêlé de l'île ont leur destinée dans leurs mains, sans aucune intervention d'Europe, ils s'usent dans le désordre et dans la haine d'une classe pour l'autre. Il y a constante inimitié de Noirs à Mulâtres, ceux-ci plus intelligents, plus beaux et plus fiers, ceux-là plus nombreux. La population ne s'accroît plus, peut-être recule-t-elle, et les plantations d'autrefois sont vaincues par la forêt. Tour à tour empire et république, Haïti reconnaît le pape, mais vénère aussi tant soit peu les gris-gris et les fétiches. La langue nationale est le français. Le gouvernement réside à **Port-au-Prince** (20,000 hab.).

La **République Dominicaine** (4,600,000 hectares, 136,000 hab.) couvre le centre et l'est de l'île. Le mont Cibao fait partie de son territoire, et ce qu'il y a de plus viril dans sa faible population s'est concentré sur les hautes terres qui s'espacent autour de ce géant d'Haïti. Des forêts splendides, acajou, cèdre, ébénier, descendent avec les monts jusque dans des plaines aussi fécondes et plus vastes que celles de la République voisine. La forêt d'Yuna a l'avantage de border une rivière navigable qui s'achève dans la superbe baie de Samana.

Cette ancienne colonie espagnole fut le premier établissement des Castillans en Amérique. Elle débuta par la prospérité et par la splendeur ; les hidalgos, les routiers, les chercheurs d'or, les convertisseurs de la Péninsule s'y précipitèrent à milliers, de belles villes y grandirent. En même temps diminuaient les Caraïbes, surmenés ou massacrés, mais leur race, détruite en apparence, survit obscurément. Les Espagnols amenaient peu de femmes avec eux dans le Nouveau-Monde, où ils couraient pour s'enrichir et non pour fonder des familles. Ils s'associèrent donc aux filles des Caraïbes, et la nation dominicaine doit plutôt son origine à l'alliance des Européens et des Indiens qu'au mélange des Blancs et des Nègres. C'est l'inverse d'Haïti d'où le sang caraïbe a disparu, où l'élément noir domine l'élément mulâtre, et où le type blanc ne se voit plus.

Fernand Cortez avait été petit employé dans un bourg de l'île. Quand il eut dompté le Mexique, les Dominicains, éblouis de sa fortune, émigrèrent en masse vers le continent, et la colonie dépérit. Elle est loin d'avoir repris sa première vigueur. L'abandon définitif de ses rivages par l'émigration européenne, la guerre civile, les combats contre la République voisine, la paresse d'esprit des habitants ne sont pas de nature à la relever.

Tout le peuple professe la religion catholique et parle l'espagnol. La capitale, **Santo-Domingo**, la première en date des villes bâties par les Européens en Amérique, occupe les bords du fleuve Ozama, à son embouchure sur la côte méridionale. Sous Charles-Quint, la grande affluence des immigrants en avait fait une cité vivante, affairée, pompeuse, pleine de solides monuments que les Espagnols, nouveaux Romains, plantaient dans le sol à cette période glorieuse de leur épopée. Aujourd'hui le silence et la tristesse y séjournent.

La **Jamaïque**, au sud de Cuba, est la plus grande des **ANTILLES ANGLAISES**. Sur 1,100,000 hectares, elle contient 450,000 habitants, dont un trente-deuxième seulement de Blancs. Son ancien nom indien Xaimaca signifiait, assure-t-on, pays des rivières, et vraiment l'île est bien pourvue de torrents. Les Blue Mountains (Montagnes-Bleues), frangées de cols élevés et difficiles, ont pour pics principaux le Great-Cascade (2,361 m.) et le Cold Ridge (2,488 mèt.) : il se pourrait que ce dernier n'eût pas de rival dans les Antilles. Les parties basses de l'île, marécageuses par endroits, et exposées à une chaleur lourde et dévorante, sont insalubres, mais les hautes vallées ont le privilége d'un climat très-sain. La capitale, **Spanish Town**, est une ville de rien, mais **Kingston**, fameuse par son rhum, compte 36,000 habitants.

Cuba, Puerto-Rico, Haïti et la Jamaïque forment les Grandes Antilles. Tout le reste de l'archipel se compose de petites îles et d'îlots nommés dans leur ensemble les Petites Antilles.

Les **PETITES ANTILLES ANGLAISES** (850,000 hectares; 460,000 hab.) sont, du nord au sud :

Antigoa (28,000 hectares, 36,000 hab. ; un quinzième de Blancs), île calcaire, sans eau; sa capitale, **Saint-John** (16,000 hab.), est en même temps le chef-lieu de toutes les Antilles anglaises.

Saint-Christophe ou **Saint-Kitts** (17,600 hectares; 25,000 hab.) : le mont Misery, ancien volcan, a 1,128 mètres.

Nevis (10,000 hab.), salubre et bien arrosée, est un volcan de 750 mètres de hauteur.

Montserrat (12,000 hect.; 7 à 8,000 hab. : les Blancs sont, dit-on, d'origine irlandaise) reçut ce nom de Colomb à cause de sa ressemblance avec la fameuse montagne de Montserrat, l'une des grandes curiosités et le principal pèlerinage de la Catalogne. C'est une île volcanique où le pic de la Soufrière dégorge encore des vapeurs.

La Dominique (75,000 hect. ; 25,000 hab.), fort élevée, a pour principale cime le volcan du Morne Diablotin. Cette île était plus riche quand elle dépendait de la France. Ainsi de Sainte-Lucie.

Sainte-Lucie (64,000 hect.; 30,000 hab., dont 1,000 Blancs), ancienne colonie française, a conservé notre langue. Elle renferme de vastes forêts où serpente le venimeux bothrops. Son climat est humide, et des ruisseaux bien fournis tombent de son massif volcanique, que dominent les deux pitons de la Soufrière.

Saint-Vincent (34,000 hect. ; 32,000 hab., dont 2,350 Blancs, descendant en partie des Portugais des îles d'Afrique) a des monts de 1,200 mètres d'altitude, des forêts, des torrents, un bon climat. Le Morne Garrou est un volcan actif.

La Barbade entretient plus de 150,000 habitants sur moins de 43,000 hectares d'un sol calcaire et peu élevé : cela fait 359 individus par kilomètre carré, cinq fois plus proportionnellement que la France. Peu de pays ont une population aussi serrée. Sous un climat fort salubre, c'est la mieux cultivée des Antilles. Parmi les 153,000 Barbadiens, il y a 16,000 à 17,000 Blancs.

Grenade (32,500 hect.; 37,000 hab., desquels 6 à 7,000 Blancs) est une île malsaine, mais très-gracieuse. Ni les sources, ni les torrents n'y manquent; le Morne Michel (836 mètres) et le Morne Rouge, dont les noms rappellent l'ancienne colonisation française, commandent à ses autres cratères.

Tabago (25,000 hectares), exempte d'ouragans, n'a qu'un Blanc sur 128 habitants. Le principal morne y atteint 581 mètres. La population s'élève à 16,000 individus environ. C'est entre Tabago et la Trinité, que le flot de mer chaud qui s'appellera plus loin le Courant du Golfe passe de l'Atlantique dans la mer des Antilles.

La Trinité, non plus, ne connaît guère les ouragans. C'est la plus grande des Petites Antilles. Sa nature géologique et sa proximité du continent américain, en face du delta de l'Orénoque, en font une dépendance du Vénézuéla, une île de l'Amérique du Sud plutôt qu'une Antille. Elle n'a pas moins de 455,000 hectares, mais un vingt-deuxième seulement du sol est en culture ; le reste appartient aux bois, aux savanes, aux marécages redoutables, à des montagnes qui prolongent en réalité les Andes, et dont le pic majeur, le Tucutché, se dresse à 916 mètres. Le climat est salubre, excepté dans le voisinage et sous le vent des marais. Ayant été peuplée, vers la fin du siècle dernier, par des émigrés de Saint-Domingue, la Trinité a pour langue nationale le français créole. Sur 85,000 habitants, on ne compte guère que 5 à 6,000 Blancs purs, parmi lesquels beaucoup sont des Portugais de Madère.

Ce sont là les Antilles anglaises. L'Angleterre possède aussi dans ces mers, au nord de Cuba, au sud-est de la Floride, l'archipel des **Bahamas**, ou **Lucayes**, îles ou îlots madréporiques, au nombre de plusieurs centaines. L'archipel, accru de nos jours encore par de nouveaux récifs de corail, a 1,400 kilomètres de longueur, sur une largeur moyenne de 300, et près de 140,000 hectares. Très-sèches, mais saines, les Bahamas sont en grande partie inhabitées ; elles renferment 35,000 habitants, parmi lesquels 6,000 Blancs. L'industrie principale est le sauvetage des navires, fréquemment en détresse dans ces parages semés de coraux. Le centre commercial, **Nassau**, s'élève dans l'île Providence. C'est par l'une des Bahamas, on ne sait laquelle, que Colomb toucha pour la première fois le Nouveau-Monde.

A moins de 1,000 kilomètres de la côte des États-Unis, à plus de 1,000 kilomètres des Bahamas, en plein Atlantique, les **Bermudes** (7,000 hectares ; 12,000 habitants, les trois cinquièmes Blancs) tirent leur nom du capitaine espagnol qui vit le premier leur ceinture de coraux : pour son malheur, car il y naufragea. Elles forment un archipel de plusieurs centaines d'îlots bas, sans eau, salubres et bien cultivés ; la barrière des coraux y donne accès par des passes qui ne sont pas toutes sûres. Les Anglais y ont un arsenal et des chantiers maritimes où travaillent 1,500 galériens.

Pour les **ANTILLES FRANÇAISES**, V. France : colonies de l'Amérique du Nord.

Les **ANTILLES HOLLANDAISES** (95,000 hectares 35,000 hab.) sont :

En pleine mer,

Saba, énorme tour calcaire inaccessible, hors au sud par une petite anse sablonneuse d'où un sentier grimpe en zigzag dans la roche. Ses 1,800 habitants construisent des bateaux et tricotent des bas.

Saint-Eustache (2,000 hab.), îlot volcanique sans une goutte d'eau de source. Le Punch-Bowl y ouvre un cratère de 300 mèt. de profondeur.

Le tiers de l'île de **Saint-Martin**, avec 3,000 habitants. Les deux autres tiers appartiennent à la France.

Près de la côte du Vénézuéla,

Curaçao (42,500 hectares), à 75 kilomètres de la côte ferme, île montueuse et aride, connue dans le monde par l'excellente liqueur à laquelle elle a donné son nom, mais qu'on fabrique en Hollande avec des écorces d'orange. Les 21,000 habitants de Curaçao parlent un hideux patois, le papamiento, formé de mots et de lambeaux de phrases pris au hollandais, au français, à l'espagnol, au portugais et à l'indien goajire.

Oruba (20,000 hect. ; 4,000 hab.), terre montagneuse.

Bonaire, île élevée qui n'a pas 4,000 habitants, sur près de 25,000 hectares.

Les **ANTILLES DANOISES** (21,000 hect. ; 38,000 hab.) sont **Saint-Jean**, **Saint-Thomas**, dont le port est important comme point de correspondance de lignes de bateaux à vapeur, et **Sainte-Croix** (19,000 hect. ; 23,000 hab., un dixième Blancs), où l'on parle anglais.

L'**ANTILLE SUÉDOISE** est **Saint-Barthélemy**, ou **Saint-Bart** (21,000 hect. ; 3,000 hab., dont un cinquième Blancs). Cette île de volcans éteints n'a pas une source : on va chercher l'eau potable en bateau, dans l'île de Saint-Christophe, à 52 kilomètres de distance. Saint-Barthélemy, colonisée par la France, est plus française que scandinave.

AMÉRIQUE DU SUD.

NOUVELLE-GRENADE.

Avec Belalcazar, Heredia et d'autres capitaines, l'Andalou Gonzalo Jimenez de Quesada fut un des conquérants de cette région des Andes. A son arrivée dans la haute plaine de Bogotá, trouvant à ce bassin bordé de montagnes une grande ressemblance avec les environs de la Grenade espagnole, il donna au pays le nom de Nueva-Granada (Nouvelle-Grenade). Aujourd'hui le nom officiel de la République est Estados Unidos de Colombia (États-Unis de Colombie).

Cent millions d'hectares au moins, cent trente-trois millions avec les territoires disputés au Vénézuéla, au Brésil, à l'Équateur, appartiennent à cette République, qui dispose ainsi d'une étendue deux fois et demie plus vaste que la France. Sur cette aire immense ne vivent encore que trois millions d'habitants, deux ou trois par kilomètre carré (70 en France).

L'isthme de Panama est comme un fossé isolant distinctement l'Amérique centrale de l'Amérique du Sud. De cette dépression a profité le chemin de fer interocéanique d'Aspinwall à Panama : longue de 80 kilomètres, cette voie n'a pas besoin de monter à plus de 80 mètres au-dessus de l'Océan. 3,000 ouvriers y réparent continuellement les dégâts faits par des pluies pressées, par des insectes qui rongent, et surtout par une végétation d'une puissance prodigieuse. Il faut lutter sans relâche pour qu'une nouvelle forêt tropicale n'ensevelisse pas la voie et les stations elles-mêmes. Après quelques années d'abandon, rien ne rappellerait l'homme, la nature aurait tout repris.

L'isthme de Panama tient son nom d'une ville riveraine du Pacifique, et peuplée d'environ 20,000 habitants, dont un tiers de Blancs, deux tiers de Noirs et de métis. Il fait partie du territoire néo-grenadin, lui, qui occupe l'angle nord-ouest de l'Amérique du Sud, et par la Nouvelle-Grenade est la seule République du demi-continent qui se baigne à la fois dans l'Océan de l'est et dans l'Océan de l'ouest.

Trois régions naturelles se distribuent le pays : la région des Andes, hauts plateaux et montagnes, tierras frias et tierras templadas; la marge étroite du Pacifique; les plaines ou llanos disputés en partie par les trois États limitrophes. Les llanos s'étendent à la base orientale des Andes, sur de larges rivières qui vont renforcer l'Amazone et l'Orénoque. La rive du Pacifique et les llanos sont les tierras calientes grenadines.

A son entrée dans le territoire colombien, aux environs du fameux volcan Cerro de Pasto (4,600 mèt.), les Andes, venues de l'Équateur, se composent de deux chaînes parallèles, la plus élevée longeant de loin le Pacifique. Ses volcans majeurs dépassent 4,000, quelquefois 4,500 et 4,800 mètres.

Bientôt, au lieu de deux chaînes, il y en a trois, qui s'écartent vers le nord comme les branches d'un éventail. La chaîne occidentale ou du Pacifique, entre l'Océan et la profonde vallée du Cauca, a 2,500 mètres de hauteur moyenne et des pics de 3,000 à 3,400 mètres. La chaîne centrale, ou cordillère des Volcans, se divise, au páramo de los Humos, en deux branches, l'une séparant le Magdalena du Cauca, l'autre le Magdalena des llanos. La première garde le nom de cordillère Centrale, l'autre est la cordillère Orientale. Dans la cordillère Centrale les principaux volcans sont le Huila (5,700 mèt.), aux trois sommets neigeux, et le Purace (4,908 mèt.), volcan actif que sa dernière éruption (1849) aurait diminué de 276 mètres. C'est du Purace que descend la rivière Vinagre (Vinaigre), dont les eaux sont acides — de là leur nom — et se précipitent par deux cascades superbes, l'une de 80, l'autre de 160 mètres de hauteur. Dans cette même cordillère, plus au nord, les nevados ou massifs neigeux de Quindiu, du volcan de Tolima, de Santa-Isabel, de Ruiz, de la Mesa de Herve s'élèvent à 5,000-5,616 mètres. La cordillère Orientale, en général peu renflée au-dessus du plateau, reçoit quelquefois le nom de Montes de la Suma-Paz d'un de ses grands pics, le Nevado de

Suma-Paz, qui a juste la hauteur du mont Blanc (4,810 mèt.); la sierra Nevada de Cocui ou de Chita darde à 5,984 mèt. ses pics blancs de névés et de glaces. Sept seulement des douze volcans des cordillères grenadines se réveillent encore quelquefois de leur sommeil.

Absolument isolée des chaînes andines par une demi-ceinture d'alluvions, bordée ailleurs par la mer des Antilles, la sierra Nevada de Santa-Marta ne couvre même pas l'étendue d'un département français moyen, et cependant ses aiguilles glacées montent presque à 6,000 mètres, et peut-être dépassent cette hauteur formidable. Nul massif du globe n'est si élevé proportionnellement à la surface de son piédestal, nul n'est aussi grandiose vu de la base.

Les vents de l'Atlantique soufflent des pluies abondantes sur les versants des cordillères de la Nouvelle-Grenade. Sur certaines sierras touchant à la mer, dans la province du Chocó, par exemple, il tombe du ciel presque autant d'eau que sur l'Himalaya oriental. Aussi la République abonde en torrents. Le Magdalena, sa grande artère, est le quatrième fleuve de l'Amérique méridionale. Il est navigable à partir des rapides de Honda, situés à 110 kilomètres de la capitale : là, à 1,000 kilomètres de la mer, par 210 mètres seulement d'altitude, le puissant fleuve bouillonnant descend de quatorze mètres, sur une longueur de quatorze cents. Le Cauca, tributaire du Magdalena, est une rivière très-considérable, mais des rapides gênent son cours inférieur. L'Atrato, moins long que la Seine, est le déversoir d'une région tellement frappée par les pluies qu'il roule en moyenne 4,800 (?) mètres cubes d'eau par seconde, *cent neuf fois* le débit du fleuve parisien à Paris dans les basses eaux exceptionnelles. Or le bassin de l'Atrato n'embrasse que trois à quatre millions d'hectares, environ la moitié du bassin de la Seine. L'Atrato se perd dans le golfe de Darien, environné de plages très-malsaines. Il a été question de faire passer le grand canal interocéanique de l'Amérique centrale par le golfe de Darien et la vallée du tranquille Atrato.

La masse des territoires de la Nouvelle-Grenade se tenant à une telle hauteur qu'ils sont tierras templadas et tierras frias, le climat, dans presque toute la République, favorise l'installation des Européens et le développement de leurs familles. Les centaines de milliers d'hommes qui fuient tous les ans l'Europe sans esprit de retour, trouveraient malaisément une patrie si belle, si féconde, si avenante et si salubre, mais l'impulsion de début a manqué, et l'immigration ne connaît pas encore la route des hauts plateaux colombiens.

Selon l'altitude, la température moyenne des plaines de l'intérieur est de 20 degrés, de 15, et même de 10, c'est-à-dire aussi fraîche que celle de Paris. Elle monte à 27 degrés et plus sur la côte et dans les vallées peu élevées, où règnent en beaucoup d'endroits les fièvres paludéennes.

Parmi les trois millions de Néo-Grenadins, 120,000 Indiens Bravos et 200,000 Indiens soumis de race pure sont tout le reste des huit millions d'indigènes que trouvèrent, dit-on, les Conquistadores. Ces autochthones relevaient de diverses races; les plus policés de tous, les Chibchas, habitaient les hautes plaines qui font aujourd'hui partie des États de Cundinamarca et de Boyaca. De leurs propres forces, ces Indiens s'étaient élevés à un certain degré de civilisation, toutefois ils avaient monté moins haut que les nations du Mexique, de l'Amérique centrale et du Pérou. Ils eurent le tort d'être plus doux, plus confiants et bien plus mal armés que les aventuriers qui firent main basse sur leur patrie, et qui venaient en majorité de la Castille et des villes andalouses de Séville et de Grenade. On les extermina ou ils se fondirent dans la race des vainqueurs. Les Blancs purs ou peu mêlés sont plus de 500,000, ainsi que les Nègres, les Mulâtres et les Zambos, métis d'Indien et de Nègre. Le reste du peuple, 1,600,000 personnes environ, est fait d'Indiens mélangés à tous les degrés avec les Espagnols.

Sans le secours d'aucune immigration, la nation néo-grenadine augmente avec une grande rapidité. En 1810, elle ne comptait guère qu'un million de citoyens; en 1835, elle comprenait déjà 1,685,000 hommes; 2,243,000, en 1851, et la voici à 3,000,000. La population se double environ tous les trente-cinq ans. Elle ne s'accroît que dans le haut pays, au sein des climats salubres; sur la côte, elle avance peu, si même elle avance, et dans les llanos elle recule devant les ravages de la rougeole.

Tous les Néo-Grenadins reconnaissent la religion catholique. Tous parlent espagnol, à l'exception de quelques tribus sauvages qui ont conservé les idiomes d'avant la Conquête.

La République est une fédération de neuf États souverains. Elle a pour capitale Santa-Fé de Bogotá, plus simplement **Bogota** (60,000 hab.), ville régulière, fondée en 1538 par Quesada. Bogotá se trouve à 2,645 mètres d'altitude, dans une savane, lit d'un lac écoulé, au pied du Guadalupe et du Monserrate. Son climat se distingue par une douceur et par une uniformité rares et la moyenne du mois le plus froid, 14 degrés, y égale presque celle du mois le plus chaud, 16 degrés. Bogotá n'a encore que 60,000 habitants. Elle se pare du titre d'Athènes hispano-américaine. Les ruisseaux de cette ville se jettent dans un tributaire du Magdalena, le Funza ou Bogotá, qui s'abîme, à 20 kilomètres au sud-ouest de la capitale, par le sublime Salto de Tequendama, cascade de 146 mètres de hauteur.

ÉQUATEUR.

La République de l'Équateur s'étend sur près de 75 millions d'hectares, mais la moitié orientale est encore déserte, et les rivières y déploient leurs larges eaux dans des plaines d'alluvions que le soc ne retourne pas encore, et dans des forêts pleines de magnificence, respectées par la hache et la torche des colons. Avec la zone côtière du Grand Océan, ce bassin de plaines basses inclinées vers le fleuve des Amazones constitue les tierras calientes de la République. Entre la mer et les grandes plaines se lève la double chaîne des Andes, avec ses tierras templadas et ses tierras frias; ces dernières ne revêtent que les plus hauts sommets, en vertu de la chaude latitude de la contrée, qui tire précisément son nom de sa situation sous la ligne équatoriale.

Entre le rivage du Pacifique et les Andes, il y a peu d'espace, et cet espace appartient presque tout entier aux ramifications des montagnes. On ne rencontre guère de ce côté que d'étroites vallées, des gorges et de petits cirques d'alluvions aux embouchures des torrents. Aussi les terres chaudes ont-elles une minime étendue sur cette côte ensoleillée, que vient de quitter, à la pointe Pariña, le froid courant de mer arrivé du Pôle sud en longeant le Chili et le Pérou.

Seize volcans, voisins des cratères de la Nouvelle-Grenade, mais séparés par 1,500 kilom. des bouches ignivomes du Pérou méridional, sont à la fois la plus grande beauté de l'Équateur par la noblesse de leurs formes, et sa plus grande épouvante, car leurs éruptions menacent incessamment ses riches bassins, de temps en temps violemment remués par des tremblements de terre. Plusieurs de ces volcans prouvent toujours leur activité; d'autres semblent finis : peut-être qu'ils reposent. La chaîne occidentale, ou chaîne du Pacifique, et la chaîne orientale se partagent ces cratères.

La chaîne du Pacique dresse moins de volcans que sa rivale, mais elle possède le Chimborazo, qui passa longtemps pour le pic culminant du monde. Toutefois le sommet de son dôme superbe atteint à peine 6,550 mètres, plus de 2,000 mètres de moins que les titans de l'Himalaya. Dans les Andes même il a des égaux et des maîtres. Au nord du Chimborazo, qui dépasse en hauteur les autres volcans de la République, s'élèvent l'Illinissa aux deux têtes, le Pichincha dont les quatre pics découpent le ciel de Quito, le Cotocachi. Sur la chaîne orientale, très-rapprochée de l'occidentale, en même temps que parallèle, trônent, du sud au nord : le Sangai (5,600 mèt.), aux vomissements terribles; le Tunguragua (5,000 mèt.), qui eut une grande éruption de boue en 1797 ; le Cotopaxi, magnifique cône tronqué de 5,750 mèt. d'altitude ; l'Antisana, dont un flanc porte la maison la plus haut située de la terre (4,103 mèt.), après celle du col de Rimahuasi (Pérou) et après le couvent de Hanlé (Tibet) ; le Cayambe, sous l'Équateur même; l'Imbabura. Entre les deux chaînes et sur leurs versants de l'Amazone et du Pacifique, règne un climat admirable, aussi salubre qu'égal et doux. Les Orientaux qui placèrent le Paradis Terrestre en Asie Mineure ne connaissaient pas les hautes terres de Quito et de Tuquerres et la ceinture inférieure des seize volcans de la République équatoriale. C'est de ce ravissant éden que nous vient un des plus grands bienfaits de la nature, le quinquina, qui porte la force et la santé dans ses fibres.

La grande masse de la population se concentre dans le pays élevé. La solitude se fait à mesure qu'on descend vers le sud-ouest avec les rivières issues des plateaux ; on arrive avec elles au Maragnon, qui vient d'échapper par des rapides à ses gorges péruviennes pour devenir bientôt, au Brésil, le premier fleuve du monde, sous le nom de fleuve des Amazones. Les grands cours d'eau de la République serpentent sur ce versant ; ils commencent par des gorges extrêmement profondes, descendent furieusement de cascade en cascade, puis, au pied d'une dernière chute, ils s'apaisent, deviennent très-larges, et entrent dans la forêt vierge qui les conduit jusqu'au Maragnon. Ainsi fait le plus long et le plus abondant de tous, le Napo, qui vient du Cotopaxi et reçoit des barques à partir de la cataracte du Cando ; sa largeur va de 400 à 1,000 mètres, et ses eaux très-claires ne disparaissent dans la masse trouble du fleuve qu'après plusieurs lieues d'une course commune. Sur le versant du Pacifique, le principal fleuve est le Rio Esmeraldas.

Sans tenir note de 150 à 200,000 Indios bravos, la population de l'Équateur se monterait à 1,100,000 individus, à 900,000 seulement suivant d'autres. Les Blancs et les descendants de Blancs compteraient pour environ 600,000, les Indiens pour plus de 450,000, les métis pour moins de 40,000, les Nègres pour 8,000 à peine. Sûrement, des centaines de milliers de ces prétendus Blancs ne sont que des sang-mêlé. La langue espagnole n'a point triomphé partout des idiomes indiens qui se parlaient sur les plateaux de l'Équateur à l'arrivée du conquistador Belalcazar. Le quichua, la vieille langue des Péruviens, règne encore ici plus que le castillan. Le catholicisme domine dans toute la nation, excepté chez les peuplades sauvage .

Quito (75,000 hab.), la capitale, se trouve presque sous l'Équateur. Elle s'élève sur des ruisseaux appartenant au bassin de l'Esmeraldas, au pied du Pichincha, dans une vallée exposée aux tremblements de terre, à plus de 2,900 mètres d'altitude, sous un climat charmant : le thermomètre s'y tient constamment entre 14 et 16 degrés. De la terrasse du palais présidentiel, on voit le Chimborazo, le Cotopaxi fumant, onze montagnes neigeuses et un ravissant bassin où prospèrent la canne à sucre, le cocotier, l'indigotier et toutes les plantes de l'Europe tempérée. « Vivre à Quito, et dans le ciel un petit trou pour voir Quito, » disent les Indiens de l'Équateur. — **Guayaquil**, sur une baie protégée par l'île Puna, est le principal port de la République et l'un des meilleurs du Pacifique sud-américain. — Beaucoup de *pueblos* ont conservé des ruines de l'antique civilisation péruvienne, des restes de chaussées, des débris de forteresses, des tombeaux, des temples, des palais d'incas.

Loin dans l'Océan, l'archipel des **Galapagos**, situé sous l'Équateur, fait un tout petit monde à part pour sa flore et sa faune. Son nom espagnol lui vient de ses énormes tortues. Dans ses îles et ses îlots de lave, émergeant en cône d'une mer très-profonde, on compte jusqu'à 2,000 cratères. Les Galapagos, encore inhabitées, ont 764,000 hectares.

VÉNÉZUÉLA.

En suivant la chaîne des Antilles, on arrive à l'île de la Trinité. Cette île est faite de montagnes qui prolongent en mer les sierras de la côte ferme, dont la Trinité est séparée par le détroit de Bouche-du-Dragon. Au sud d'un autre passage, le canal du Serpent, également vis-à-vis de l'île, se déploie un large delta

Cette côte de sierras est la principale terre froide du Vénézuéla ; ce delta est la fin de l'Orénoque, fleuve auquel se rendent les rivières des terres chaudes les plus étendues de la République, et les cours d'eau nés dans les terres tempérées des monts de la Guyane.

Vénézuéla veut dire en espagnol *Petite Venise :* le pays entier, côtes, monts et plaines, a pris peu à peu le nom donné par le découvreur Ojeda à un village de quelques cabanes élevées sur pilotis au bord de la mer. L'étendue minima de la République dépasse 95 millions d'hectares; si l'on ajoute les terrains disputés par la Guyane anglaise, on arrive à 114 millions d'hectares, à plus encore avec les plaines réclamées par la Nouvelle-Grenade. Un banquier bavarois posséda quelques années ce territoire immense, que Charles-Quint lui avait cédé à titre d'hypothèque.

Du nord au sud, le Vénézuéla présente une tierra caliente, une tierra templada ou fria, une nouvelle et très-vaste tierra caliente, enfin une tierra templada.

La première terre chaude borde la mer des Antilles. Chaude par le soleil du dixième degré de latitude, torride par la réverbération des montagnes voisines et par la placidité de l'air, elle n'a encore que de petites villes dont le séjour mine l'Européen : Maracaïbo, située sur le chenal menant du golfe de Vénézuéla au grand lac de Maracaïbo, Puerto-Cabello, port de Valence, la Guayra, port de Caracas, Cumana, sont martyrisés par le soleil et par une atmosphère lourde; le thermomètre, dans la *saison froide*, n'y descend jamais au-dessous de 24 degrés, et la moyenne de l'année y oscille entre 27 et 30.

Heureusement cette zone est sans largeur. Très-près du rivage, quelquefois du flot de la mer, s'élance une cordillère exceptionnellement rapide, abritant dans ses flancs des bassins tempérés. Un de ces bassins enferme Caracas, la capitale de la République. Entre cette ville et la mer des Antilles, la cordillère littorale se nomme Silla de Caracas et a pour point culminant le Cerro de Avila (2,723 mètres).

Cette chaîne riveraine, dépend de la grande cordillère qui porte la masse des terres froides du Vénézuéla, et qui se détache des Andes néo-grenadines. Son point culminant paraît être le Nevado de Merida (4,690 mèt.). Le mot espagnol *nevado* signifie mont neigeux : on conçoit que, malgré le voisinage de l'Équateur, une montagne plus haute que le mont Rose et presque de la taille du mont Blanc doit garder à peu près toute l'année son fronton de neiges vierges.

De la cordillère, on descend par des pentes raides dans les plaines basses du bassin de l'Orénoque, qui, sous le nom castillan de *llanos* (étendues plates), couvrent environ 40 millions d'hectares en Vénézuéla et en Nouvelle-Grenade. Le sol en est uni comme un miroir de lac. De loin en loin des *mesas* (tables), anciennes îles de la mer qui remplissait jadis ces steppes, et des *bancos* (bancs), ligne d'antiques écueils en grès ou en calcaire, autrefois battus par les mêmes flots que les mesas ; pas d'arbres sur des centaines de kilomètres ; quelquefois des palmiers isolés ou en petits groupes. Dans la saison des pluies, les llanos redeviennent une mer, aussi trouble que put être azuré l'Océan qui a disparu ; les mesas en émergent, asile du jaguar, et des bœufs, des chevaux, des mulets que ne garde plus le *llanero* (berger) ; les bancos ont disparu, car ils n'ont qu'un à deux mètres de hauteur. Quand l'inondation recule, les llanos deviennent un savoureux pâturage. Quand les fortes chaleurs arrivent, tout sèche, les herbes meurent, les troupeaux maigrissent et diminuent, la poussière rend l'air brûlant, opaque et comme irrespirable. Seuls, le caïman et le serpent d'eau trouvent encore quelque fraîcheur dans la boue putride des mares, graduellement rétrécies, qu'a laissées derrière lui le débordement.

Le Guaviare, la Meta, l'Apure, larges affluents de l'Orénoque, se déroulent dans les llanos. L'Orénoque, troisième fleuve du demi-continent, descend de la sierra Parima. Ses sources, encore inconnues, doivent jaillir à 1600 ou 1700 mètres d'altitude. Parvenu en plaine, au pied du Duida, mont élevé, il se dédouble : un bras large de 300 mètres et profond de 10 mètres, la Cassiquiare, va porter ses eaux blanches aux flots bruns mais clairs du Rio Negro, tributaire des Amazones ; l'autre reste Orénoque. En aucun pays deux vastes bassins ne communiquent naturellement par un canal aussi grandiose.

Au départ de la Cassiquiare, l'Orénoque n'est plus qu'à 280 mètres d'altitude. Par les fameux *raudales* (rapides) de Maypures et d'Atures, succession de maigres ruisseaux, de courants étourdissants, de petites chutes, il entre définitivement dans le bas pays, où il s'étale entre des llanos à gauche et des forêts à droite, blanc et sale, gêné de hauts-fonds, de langues de vase, d'îles d'alluvions et de joncs hantés par les caïmans et les tortues. A Angostura ou Ciudad Bolivar, sa largeur dépasse 5,000 mètres, et son débit est 9,000 mètres cubes par seconde. Le delta, qui commence à 200 kilomètres de la mer, offre environ dix branches profondes aux gros navires. La longueur du fleuve (2,250 kilomèt.) double, et au delà, le cours de la Loire.

Au sud et à l'est de l'Orénoque, la sierra Parima, encore mal connue, porte à la République un nouveau contingent de terres tempérées, à peu près inhabitées comme les llanos.

La population n'a quelque densité que sur la cordillère riveraine et la grande chaîne, aux environs de Caracas, de Valence, de Mérida. On attribue au Vénézuéla 1,565,000 habitants, desquels 400,000 sont Blancs ou prétendus tels. 650,000 individus descendent des soldats, des fonctionnaires, des aventuriers espagnols et des femmes indiennes. 180,000 sont des Indiens soumis, 280,000 des Indios bravos indépendants. L'espagnol se parle dans les villes, et à la campagne chez tous les Blancs et dans la plupart des tribus indiennes dociles. Le catholicisme est la religion de la très-grande majorité, mais un certain nombre de peuplades ont conservé les superstitions d'avant la Conquête.

De même que toutes les autres colonies espagnoles, le Vénézuéla a constamment souffert du mépris et du mauvais vouloir de la métropole. Madrid, Séville et Cadix se sont enrichies par l'Amérique, mais n'ont rien fait pour elle. Aujourd'hui, faute d'immigration amenant du dehors des colons plus énergiques que les Vénézuéliens, faute d'esprit d'entreprise chez les Blancs, chez les Indiens, et chez les sang-mêlé du dedans, le Vénézuéla languit. L'étendue considérable de ses terres chaudes, défavorables à l'Européen, est un malheur pour cette contrée, beaucoup plus torride en somme que la plupart des autres pays sud-américains. La seule immigration un peu importante est celle des Isleños ou insulaires des Canaries, gens d'avance acclimatés et fort laborieux ; depuis quarante ans, la

République en a reçu de trente à quarante mille. Parmi les Européens, les plus nombreux sont les Allemands, puis les Français, que suivent les Italiens.

La capitale, **Caracas**, à 900 mètres d'altitude, jouit d'un climat salubre et charmant, jamais froid, rarement trop chaud: la moyenne annuelle y est de 20 degrés. 20 à 25 kilomètres d'une route pittoresque, avec des points de vue magnifiques, mènent de cette ville de 50,000 habitants à **La Guayra**, mauvais port sur une côte malsaine.

PÉROU.

Le Pérou prend à l'Amérique du Sud 132 millions d'hectares, près de deux fois et demi la France. Il embrassait une aire autrement vaste quand il s'appelait Tahuantinsuyou ou les Quatre Contrées du Monde, car il possédait alors, avant l'arrivée des Espagnols, les régions devenues depuis l'Équateur et partie de la Nouvelle-Grenade, la Bolivie et le Chili: les Indiens Quichuas avaient fondé, sur les rives du lac de Titicaca et dans les montagnes de Cuzco, une civilisation complète, appuyée sur une religion poétique et débonnaire qu'avait prêchée, au onzième siècle, dit la tradition, Manco-Capac, fils du Soleil. Ainsi que les Aztèques du Mexique, ils cultivaient et arrosaient avec habileté; ils élevaient au Soleil, leur père et leur dieu, des temples ruisselant d'or, à leurs princes des palais grandioses et des forteresses massives; leurs quatre grandes routes, partant de Cuzco, le cœur de l'Empire, valaient les voies romaines. L'inca ou empereur réunissait tous les pouvoirs. Son despotisme était tempéré par les préceptes de mansuétude qu'avait laissés le révélateur, et plus encore par la nature tranquille et résignée du peuple quichua. Si cette histoire n'a pas été embellie par les premiers conteurs espagnols, il n'y eut point de nation plus paisible et plus heureuse. Les

Péruviens d'aujourd'hui, issus pour la plus grande part des anciens Quichuas, peuvent s'enorgueillir de leurs pères, qui donnèrent au Nouveau-Monde sa civilisation la plus achevée, la plus honnête et la plus douce, car le sang du captif et du fanatique n'y rougissait pas les temples du Soleil. Les vieux Péruviens n'avaient ni dieux grotesques, ni dieux sanguinaires, et ils laissaient le profit, l'honneur et l'éclat des sacrifices humains aux égorgeurs de Ténochtitlan et aux inquisiteurs de la Péninsule. C'est au Pérou surtout que les Espagnols ont détruit comme conquérants plus qu'ils n'ont créé comme maîtres. En moins de trois siècles, de la chute des incas au jour qui vit fuire le dernier oppresseur castillan, la population indienne se réduisit au dixième de ce qu'elle était à l'arrivée des routiers européens.

Bordé partout ailleurs par l'Équateur, le Brésil et la Bolivie, le Pérou fait front à l'ouest, sur l'océan Pacifique, le long d'un courant froid venu du sud, le courant de Humboldt, dont les eaux ont ici onze ou douze degrés de moins que la mer qui les porte.

La zone comprise entre la marge du grand Océan et le pied de la montagne est tierra caliente : le soleil y brûle; il y pleut si peu qu'on a vu, à Payta, s'écouler vingt ans sans une goutte d'eau. Or, peu d'eau, peu de végétation. Dans les *valles* — ainsi se nomme ce dur rivage — il n'y a de cultures que le long des torrents andins et sur les canaux d'irrigation qu'ils alimentent. Il est malheureux pour le Pérou que sa capitale ait grandi dans cette région stérile, au climat déprimant ; le trésor d'activité qui s'amasse toujours dans les grandes villes ne trouve guère à se dépenser dans les déserts de la côte.

En mains endroits, entre les Andes et le littoral, se dressent de petites montagnes côtières. Une de ces chaînes forme, dans le Pérou du nord, la vallée de Santa, plus arrosée que les autres bassins du versant occidental, à cause d'une brèche des Andes par où passent les vents alizés. La vallée de Santa, grenier de Lima, fut très-riche et très-habitée du temps des incas ; elle se repeuple aujourd'hui.

A mesure qu'on gravit les Andes, d'énervant le climat devient fortifiant. On entre dans les tierras templadas et frias, l'avenir de l'Amérique espagnole, et en particulier du Pérou, qu'elles recouvrent presque tout entier. Sur leurs plateaux, dans les vallées fertiles qu'ont creusées les rivières, le Blanc n'a plus à craindre les épidémies de la zone torride, la ruine de son tempérament et la fin de sa famille. Les Andes péruviennes sont la région par excellence de la grande longévité.

En sortant du Chili, au-dessus des sables du désert d'Acatama, la cordillère des Andes se dédouble pour la première fois: la branche de droite va former les puissants plateaux boliviens; la branche de gauche appartient au Pérou autant qu'à la Bolivie, et constitue une des arêtes les plus élevées de l'Amérique méridionale. Arête mal connue à cause de sa difficulté, de sa désolation, de son aridité, du manque d'eau; sous peine de mort, il y faut suivre le sentier tracé. On ignore le nombre des volcans de cette chaîne et l'altitude de ses grands pics. Le Lirima aurait 7,150 mètres, hauteur sans doute exagérée. Le Sahama (6,800 ou 7,040 mètres) pourrait bien être le prince des sommets péruviens, peut-être même des cimes andines et de toute l'Amérique, mais il n'a jamais été sérieusement mesuré. Malgré leur immense élévation, ces montagnes font peu d'effet, vu l'altitude considérable du piédestal qui les soutient, et elles ressemblent le plus souvent à de simples dents de scie. Dans cette portion de la cordillère, les cols s'ouvrent en moyenne à 4,000 mètres au-dessus des mers.

Il y a quinze cents kilomètres de distance entre le groupe des volcans andins équatoriaux et les cônes actifs encore, ou éteints en apparence ou en réalité, qui menacent les villes des *valles* et du littoral, Iquique, Arica, Aréquipa. Parmi ces volcans on peut nommer, après le géant Sahama, le Parinacota, le Gualatiéri, le Pomarape, le Misti ou volcan d'Aréquipa, le Chuquibamba.

La cordillère occidentale du Pérou s'abaisse, à l'orient d'Aréquipa, sur le Plateau Péruvien ou Plateau de Titicaca, vaste de dix millions d'hectares. Ce plateau porte à bon droit l'un et l'autre nom : Plateau de Titicaca parce que le fond de sa cuvette est rempli par le lac de Titicaca, Plateau péruvien parce que la civilisation anté-européenne du Pérou prit naissance dans les îles et sur les rives de ce lac. Le lac de Titicaca s'épand sur 840,000 hectares, avec 218 mètres de profondeur, à 3,842 mètres d'altitude. Il s'écoule par le Désaguadero, rivière qui n'atteint pas l'Océan, et meurt, par 3,700 mètres, dans une profonde lagune du plateau, le Pampa Aullagas (280,000 hectares). Jadis il en était autrement : l'effluent du lac allait chercher au loin l'océan Atlantique, par le ruisseau de la Paz, le Béni, le Madeira, l'Amazone.

Le plateau de Titicaca s'arrête vers l'est au pied des maîtres sommets des Andes boliviennes. Il est donc emprisonné entre les deux chaînes andines, qui se rejoignent au nord du lac par un chaînon transversal, puis vont se nouer au nœud du Cerro de Pasco pour se diviser encore, cette fois en trois branches : la branche de droite, ou cordillère Orientale, se perd dans les pampas de l'Amazone, celle du centre et la plus haute des trois, celle du Pacifique, vont se renouer dans le massif de Loja, près des frontières de la République équatoriale. La cordillère Orientale, ravinée par les tributaires de l'Amazone, et reposant sur un piédestal moins élevé que les autres Andes du Pérou, semble par cela même plus grandiose, et comme elle est infiniment mieux arrosée, elle a plus de paysages gracieux, plus d'harmonie, plus de terres fertiles. Quant à la cordillère du Pacifique, ou cordillère de la Costa, elle possède le grand privilége d'être échancrée par des cols comparativement fort bas, car ils n'ont guère que 2,200 à 2,400 mètres dans le pays de Cajamarca. L'épine vertébrale du demi-continent est donc ici comme à demi-sciée, entre la dépression de l'Amérique centrale et l'affaissement du pas de Perez Rosales (Chili). Par ces ports faciles passeront un jour des chemins de fer, par eux le Pacifique s'unira au fleuve des Amazones, qui est comme un golfe prodigieux de l'océan Atlantique.

De même que les pluies sont rares sur le versant du Pacifique, de même il y a proportionnellement très-peu de neiges sur la montagne et sur le plateau, cela en raison de l'extrême siccité de l'air. Sous l'Équateur même, les Andes ont plus de neiges persistantes que sous le 20° degré dans les cordillères péruviennes. Aussi les torrents du Pérou méridional ont-ils peu d'eau, qu'ils tombent dans les *valles,* qu'ils descendent au Titicaca ou qu'ils s'égarent dans la **Pampa de Tamaruga**: ou sur d'autres plateaux également chargés de salpêtre, de borates, de nitrates, d'efflorescences de sel.

Ce n'est point dans les montagnes de l'Équateur, comme on le professe, que se trouve la demeure la plus élevée du monde. La métairie d'Antisana est détrônée par la maison du col de Rimahuasi (4,934 mètres), entre Cuzco et Puno.

Si le Désaguadero mène peu d'eau comparativement au lac d'où il sort, à l'aire du bassin qu'il draîne, aux sommets sublimes dont il reçoit le tribut, le Pérou a la gloire d'abriter dans ses cordillères les premières têtes du Maragnon ou fleuve des Amazones.

Le Maragnon, ou du moins la rivière qu'on considère arbitrairement comme la branche maîtresse, découle du lac de Lauricocha, dans les monts du Cerro de Pasco. Le Lauricocha est situé à moins de 200 kilomètres du Pacifique, à plus de 3,000 de l'Atlantique, terme extrême de la course du fleuve. Ainsi, pour comparer le petit au grand, notre Loire naît près de la Méditerranée et va se perdre au loin dans l'Atlantique. Le cours supérieur du torrent, car la future mer d'eau douce n'est encore qu'une rivière qui bruit au fond des gorges, a la longueur du Rhône (800 kilom.). Le Maragnon passe près de Cajamarca, antique cité où vivent des descendants des incas, et ville sacrée pour les Quichuas qui rêvent encore d'indépendance. Puis, au lieu de percer la Cordillère de la Costa pour tomber dans le Pacifique, il éventre à droite la Cordillère centrale par douze ou quinze *pongos* (défilés). Dans le dernier de ces passages, le Pongo de Manseriche, le Maragnon n'a plus que 50 et même 30 mètres de largeur, tandis qu'en amont et en aval, il y a 500 mètres d'un bord à l'autre. — Le mot *pongo* est l'altération du mot quichua *puncu*, porte. L'idiome quichua étant resté vivant dans le pays, une multitude de noms de lieux sont les mêmes qu'avant la Conquête ; les autres sont espagnols ou bizarrement composés de termes pris aux deux langues : ainsi Polvorayacu. — Les pongos n'opposent pas d'obstacles sérieux à la navigation : d'ores et déjà on peut remonter leurs rapides et il est facile d'y faire sauter les roches encombrantes.

Dès lors le fleuve, qui a son lit à moins de 400 mètres d'altitude, coule placidement vers l'est, entre le Pérou et l'Équateur, tantôt dans des plaines boisées, tantôt dans des plaines nues qui font à la République un nouveau et vaste district de tierras calientes. Il s'y grandit du Huallaga, forte rivière navigable qui devient de plus en plus la route normale entre les produits du Pérou et les ports de l'Europe, et se double par l'accession de l'Ucayali, immense torrent tortueux venu de plus loin que le Maragnon lui-même. Sous le nom d'Apurimac, l'Ucayali descend des Andes interposées entre Cuzco et le littoral d'Aréquipa; il coule avec ses affluents dans des vallées prodigieusement fécondes et conduit au Maragnon une masse d'eau égale ou supérieure au volume de la rivière échappée au pongo de Manseriche. Pour beaucoup, c'est la vraie tête du fleuve des Amazones.

On accorde au Pérou jusqu'à 3,374,000 habitants sans les tribus sauvages. En s'en tenant à 2,500,000, le nombre des Indiens civilisés serait d'environ 14 à 1500,000. Les Indiens péruviens sont des hommes au teint brun olivâtre, à la figure sans beauté, à l'expression mélancoliquement résignée. Ils ont pris la religion romaine, mais ils ont retenu leurs idiomes nationaux : au sud règne encore l'aymara; au centre, au nord, dans la majeure partie des terres de la République, le quichua, la vieille langue des incas, est souverain ; il est même parlé par de nombreux descendants des conquérants.

A côté des 14 à 1500,000 Indiens civilisés, il peut y avoir 550,000 métis de Blancs et d'Indiens, 350,000 Blancs et 175,000 Noirs ou Mulâtres. L'espagnol, langue nationale des Blancs, domine sur le littoral, dans les *valles*, dans les principales villes, et sert partout de langue officielle. Dans les terres chaudes de l'Amazone, quelques tribus d'Indiens bravos ont conservé leurs dialectes et leur paganisme. Dans l'ensemble, le Pérou, avec ses Quichuas et ses Aymaras qui n'ont point abdiqué leur nationalité, est l'une des contrées hispano-américaines les moins espagnolisées, bien qu'autrefois elle reçut peut-être le plus d'Espagnols. De nos jours, l'immigration européenne, peu active, se porte de préférence sur Lima et la côte, et se compose surtout d'artisans et de trafiquants. Les vrais colons, les laboureurs gascons, espagnols, italiens, allemands ne connaissent pas encore le chemin des hautes vallées amazoniennes. Les Chinois arrivent déjà par bandes, comme ouvriers, brocanteurs, terrassiers, extracteurs de guano ; c'est en Chine qu'on va chercher des travailleurs sobres et satisfaits de peu d'argent pour remplacer les Chiliens et les indigènes dans l'établissement des chemins de fer péruviens.

La capitale, **Lima** (125,000 à 150,000 hab.), ville de plaisirs, d'élégance et d'indolence plus que de métiers et de travail, borde le Rimac, torrent qui se fournit aux sources et aux neiges de la cordillère de la Costa. Ses maisons à un étage, ses églises de mauvais goût, brillantes d'or et d'argent, ses immenses cloîtres déserts portent sur un sol que font de temps en temps frémir les convulsions souterraines, à 175 mètres environ d'altitude, à vingt et quelques kilomètres de l'océan Pacifique. Le port de Lima est le **Callao**. — La seconde place dans la République est disputée par Aréquipa et Cuzco. **Aréquipa** (40 à 50,000 hab.) s'élève dans une oasis du fleuve Chiri, à 2,536 mètres au-dessus de l'Océan, en vue du Misti (6,191 mètres), pyramide grandiose que personne n'a gravie jusqu'au faîte, et qui n'a vomi ni feu ni lave depuis plus de 300 ans. Il n'y a pas de ville plus exposée aux tremblements de terre qu'Arequipa : de 1811 à 1845 on y a ressenti 826 chocs faibles ou violents, soit deux par mois. — **Cuzco**, sur un tributaire de l'Ucayali, renferme 40,000 habitants, Indiens pour la majeure partie.

Près de la côte, au midi du Callao, surgissent les trois **îles Chinchas**, trésor du Pérou. Leurs roches portent des amas de guano qui infectent l'air marin à plusieurs kilomètres à la ronde. Le guano est un excellent fumier, formé à la longue par les déjections des milliards d'oiseaux de mer qui fréquentent ce littoral, sous un climat sans pluie où l'ordure reste en place et devient colline avec les années. Le guano trouve grande faveur dans l'Europe occidentale, et c'est pour nos terres que des Chinois l'exploitent au profit du gouvernement péruvien. L'exploitation, fiévreusement conduite, aura bientôt enlevé jusqu'au roc les douze à quinze millions de tonneaux d'excréments pulvérulents des trois Chinchas.

BOLIVIE.

La Bolivie, démembrement de l'ancien Pérou, a pris et quelque peu altéré le nom de Bolivar, héros qui dans le premier quart de ce siècle eut une grande action dans la guerre déclarée aux Espagnols par les colonies de l'Amérique du Sud. Elle s'appelle aussi Haut-Pérou : nom impropre, car la Bolivie n'est guère plus élevée que le Pérou propre, et la moitié de son aire embrasse des terres basses.
Les Boliviens ne s'accordent pas avec leurs voisins sur les limites de la Bolivie. Le conflit porte sur des déserts : jugé contre la République, il lui enlève d'innombrables vallées, mais très-peu de citoyens. Suivant qu'on lui donne ou qu'on lui enlève des selvas et des pampas, sa superficie va de 112,500,000 à 229 millions d'hectares, deux à quatre fois la France, avec une population de 1,750,000 à 2,000,000 d'âmes. En 1867, un président bolivien a cédé au Brésil un grand territoire litigieux.
Toutes les nations de l'Amérique latine possèdent ce qu'il leur faut de côtes, hormis le Paraguay et la Bolivie. Celle-ci est presque un État continental; elle ne détient qu'un lambeau de rivage sur le Pacifique, 300 kilomètres à peine, et ce rivage, avec son port de Cobija, n'a derrière lui que les sables et le ciel d'airain du désert d'Atacama, et, au bout de ce désert, la paroi des Andes et les pics perdus dans l'éther. L'homme s'épuise à gravir ces cimes, il en est dont il n'a pas encore touché les neiges, mais le condor, grand oiseau de proie, nage sans effort à des milliers de pieds au-dessus des roches dernières; porté sur des ailes de quatre à cinq mètres d'envergure, il plane dans la région céleste que peu d'aéro-

nautes ont violée, puis tout à coup, il se laisse tomber du haut de l'air sur son repas mort ou vivant.

Le désert d'Atacama ne connaît pas la pluie, l'air y est d'une sécheresse telle que la forme humaine, si prompte à se décomposer, y persiste pendant de longues années, même pendant des siècles, au souffle de vents salés. On y trouve encore les cimetières à air libre des anciens Péruviens. Au lieu de pourrir dans le sol ou de se dissoudre au bûcher, les morts y restent immuablement les mêmes, si le bec de l'oiseau les épargne, assis ou couchés en rond, chacun ayant à son côté un pot, et dans une cruche sa provision funéraire de maïs.

Il n'y a pas de rivière dans le désert d'Atacama. Tous les cours d'eau de la République meurent sur les plateaux ou vont au loin s'égarer dans les selvas ou les pampas, puis s'engloutissent dans l'Atlantique par le fleuve des Amazones ou l'estuaire de la Plata. Bien que touchant le Pacifique, la Bolivie ne lui donne pas un ruisseau d'eau constamment courante.

Le désert d'Atacama est une des tierras calientes de la Bolivie. Les autres terres chaudes s'appellent *yungas*, d'un mot aymara qui signifie vallée chaude; elles s'étendent sur les affluents du Paraguay et sur le Guaporé, le Mamoré et le Véni ou Béni, qui forment à eux trois le Madeira, énorme rivière supérieure à nos Rhin et à nos Rhône, comme le Rhin et le Rhône à nos autres torrents. Dans sa basse vallée, le Madeira, ainsi nommé du mot portugais *madeira* (bois), à cause des arbres qu'il mène aux Amazones, a moyennement trois fois la largeur de la Garonne devant Bordeaux, 1500 à 1800 mètres : son cours approche de 3,500 kilomètres.

Au-dessus de 15 à 1600 mètres d'altitude, en remontant ces grandes rivières et leurs affluents, à travers des vallées où guette le jaguar, on arrive dans les terres tempérées — on dit en Bolivie les *valles* ou *medios yungas* — et l'on y reste jusqu'à 3,000 mètres de hauteur. Entre 3,000 et 3,500 mètres, le maïs et le blé sont la principale culture des *cabezeras de valle* (têtes de vallée). A partir de 3,500 mètres vient la Puna ou terre froide. Il y a deux punas : de 3,500 à 4,000 mètres, on est dans la *Puna* propre, dans la contrée de l'orge, de la pomme de terre, des pâturages où broutent le débonnaire lama, l'alpaca, la vigogne et le guanaque, qui sont les bêtes de somme et les porte-laine des plateaux andins. Au-dessus de 4,000 mètres s'étend la *Puna brava*, qui monte jusqu'à la région morte des neiges tenaces, des glaciers, des sommets polaires où l'homme ne respire que péniblement. Il se trouve en Bolivie des *paramos*, plaines désertes d'une altitude telle que le *soroche* (mal de montagne) en rend le séjour difficile, quelquefois même impossible. Le village andin de Santa-Anna dispute au couvent tibétain de Hanlé, à la métairie équatoriale d'Antisana et à la maison péruvienne du col de Rimahuasi, l'honneur d'être le séjour humain le plus élevé au-dessus du miroir des mers. La ville de Portugalete est sise à 4,290 mètres. Potosi à 4,052. — Cette dernière, qui avait en 1711 170,000 habitants, n'en compte plus que 23,000. Ce fut un moment la plus grande cité de l'Amérique du Sud, et ses mines d'argent les premières du monde : on en a retiré de 9 à 34 milliards, suivant les évaluations. — D'autres villes, beaucoup de villages sont ainsi bâtis à la limite de l'air aisément respirable, près de ces punas bravas et de ces paramos gélides où la sécheresse de l'air ne laisse croître que le lichen verdâtre appelé *llareta*. La neige qui tourbillonne, le vent qui siffle, la caravane qui passe, sont toute la vie de ces plateaux sinistres.

Avant que des mesures plus exactes en eussent décidé autrement, on croyait que la République bolivienne levait dans les airs supérieurs les têtes les plus sublimes des Andes : on donnait à l'Illampu, ou Nevado de Sorata, 7,494 mètres, au lieu de 6,480, hauteur réelle. A sa sortie du Chili, la cordillère des Andes, une jusque-là, prend tendance à se bifurquer et à se trifurquer ; les chaînes qui se séparent ainsi vont se réunir plus loin dans un nœud, puis s'écartent encore. Il y a en Bolivie plusieurs de ces nœuds, et entre les chaînes qui s'y détachent ou s'y rejoignent, s'étendent généralement d'affreux paramos, des pampas sèches, des bassins marécageux, des plaines de sable, des lagunes salées : la laideur, le froid, la pauvreté à quelques heures ou à quelques journées de marche de la beauté, de la chaleur, des forêts, des rivières, de toute l'opulence des yungas.

Les Cordillères boliviennes portent différents noms : serrania de Huatacondo, cordillera de Lilílica, cordillera de la Costa, cordillera Real, etc. Un grand nombre de pics dépassent 5,000 mètres, quelques-uns 6,000. Leurs noms, parfois sonores, pompeux et vraiment espagnols, rappellent souvent aussi par leur forme étrange que ces monts couvrent de leur ombre des vallées où l'Indien à maintenu ses langues contre le castillan. L'altitude moyenne de la chaîne qui fait frontière avec le Pérou est de 4,600 mètres, celle de la cordillère Royale est de 4,701 mètres et les neiges persistantes n'y commencent qu'à 5,262 mètres, tant est grande la siccité du ciel. Dans cette dernière chaîne, le granitique Illimani (6,509 mètres), dont personne encore n'a foulé la cime, est probablement le pic majeur de la Bolivie ; le Nevado de Sorata le suit de près ; le Chachacomani, le Huayna-Potosi, le Lipez, le Nuevo-Mundo, l'Aucaquilcha, les volcans d'Atacama, de Hlascar, de Llallayacu, de Taconado ont près ou plus de 6,000 mètres.

Le Sorata et l'Illimani, voisins l'un de l'autre, commandent de loin le rivage du lac de Titicaca et la vallée de son effluent, le Desaguadero. Le lac de Titicaca, dont les bords virent naître les lois des Incas, se partage entre le Pérou et la Bolivie, mais le Desaguadero appartient en entier à la République, ainsi que le Pampa-Aullagas, situé sur le cours de la rivière. Le Desaguadero a 320 kilomètres de longueur. L'évaporation est telle sous ce climat sans humidité que le Pampa-Aullagas, qui reçoit cent mètres cubes d'eau à la seconde, se déverse par un émissaire roulant à peine un mètre cube ; à son tour, cet émissaire filtre dans le sable, puis reparaît et enfin se perd définitivement, par 3,685 mètres d'altitude, dans la Ciniega de Coipasa, lagune qui absorbe des torrents et n'en rend aucun. Ainsi s'achève le Desaguadero, qui jadis atteignait le Madeira. Le Pampa-Aullagas, le fossé du Desaguadero et le Titicaca font partie de la haute plaine d'Oruro (3,700-4,200 mèt.), dont les dix millions d'hectares renferment une grande partie des habitants de la République.

Infiniment riches encore des métaux qui glorifièrent le om de Pérou et firent la fortune de Potosi et d'autres villes déchues, les Andes boliviennes abritent des vallées froides ou tempérées selon l'altitude. La République échelonne tous les climats, du climat du Sahara, dans le désert d'Atacama, ou du climat du Tropique américain, dans les selvas, à celui où le froid prévient ou tue la vie. Par cela même, elle peut produire dans les régions d'en bas les plantes amies du soleil, dans les régions médianes ou dans le pays d'en haut tout ce qui veut des températures douces, et tout ce qui craint assez l'énervement pour exiger un air froid. De même, la salubrité du pays varie avec les proportions d'altitude. Elle est moindre dans les yungas que dans les valles, dans les valles que dans les punas et les paramos. Dans les terres élevées, le climat convient très-bien à l'Européen, même à l'homme du Nord, mais les fils de l'Europe ne portent point à la Bolivie le secours de leur activité.

La population de la Bolivie ne grandit que de ses propres forces, mais elle grandit très-vite. De 1825 à nos jours, elle a plus que doublé. Elle approche maintenant de trois millions, y compris cinq cent mille à un million d'Indiens bravos. Ceux-ci mis de côté, les sept huitièmes des Boliviens sont des Blancs, autrement dit des Indiens ayant de la sangre azul dans les veines, à des degrés divers et souvent très-peu. Dans le pays de Tarija, dont les eaux vont à la Plata, le sang espagnol domine, surtout dans les villes.

Les Indiens qui forment le fond de la nation bolivienne sont, comme au Pérou, les Quichuas et les Aymaras, ceux-ci vers le Titicaca, les premiers dans le midi du pays. L'Aymara ne vaut pas le Quichua ; il est encore moins élégant de formes, et pourtant le Quichua n'a aucune distinction, il est petit, ramassé, mal équarri, fort de tronc, court de jambes, et ses métis avec le Blanc sont absolument sans beauté. Les familles issues du croisement des Espagnols et des Aymaras gardent aussi la laideur et la grossièreté de formes de leurs pères indiens. Les Guaranis, venus du Paraguay par le Pilcomayo, sont l'élément principal dans plusieurs districts, vers Santa-Cruz de la Sierra. Dans les valles il y a un quart de Nègres.

La religion catholique a pour adhérents tous les Boliviens qui ne sont pas Indios Bravos. L'espagnol est la langue des

Blancs, l'idiome des livres, des journaux, des affaires, mais le quichua se parle chez la grande majorité du peuple. Voilà donc un idiome indien qui est, en somme, la langue nationale de trois pays qui, réunis, feraient cinq à six France, l'Equateur, le Pérou et la Bolivie. Il n'en périra pas moins devant l'espagnol, car il a le malheur de ne pas s'être élevé au rang de langue littéraire.

Depuis 1857 le gouvernement réside à **la Paz**, ville de 75 à 80,000 habitants, la plupart Aymaras. Le nom complet de cette capitale est la *Paz de Ayacucho*. On sait quel penchant les Espagnols et les Portugais ont pour les dénominations longues, brillantes et sonores, mais avec le temps les trois quarts du nom originaire tombent en désuétude et les villes se présentent sous une figure moins pompeuse. La Paz est bâtie dans une vallée cerclée de hautes et abruptes montagnes, sur un torrent qui devient le Béni, branche du Madeira, et qui, après avoir quitté la ville, s'engage dans les gorges de la Angostura, et en 75 kilomètres d'un cours tordu, descend de plus de 2,400 mètres. La Paz se trouve à 3,720 mètres d'altitude, à 42 kilomètres en ligne droite du Nevado de Illimani, à 80 du Titicaca. Les nuits y sont fraîches ou froides, l'air sec, et la moyenne de l'année égale à peu près à celle de Paris, c'est-à-dire à 10 degrés. — Il y a 15 ans, le gouvernement siégeait à **Sucre**, ville ainsi nommée d'un général de la guerre de l'indépendance, mais elle s'appelait auparavant Chuquisaca de la Plata, du quichua Chuquichaca (Pont-d'Or). Les Sucriens habitent à 2,840 mètres d'altitude, sur le faîte entre le Madeira et le Pilcomayo, c'est-à-dire entre l'Amazone et la Plata ; ils ne parlent guère que le quichua. — La seconde cité de la République, **Cochabamba**, contient 50,000 âmes.

CHILI

C'est *Chilé* (pr. Tchilé), et non pas Chili, que ce pays s'appelle. Son étendue, un peu supérieure à celle de la Grande-

Bretagne, un peu inférieure à celle de la Prusse avant ses victoires, est de 34 millions et demi d'hectares, soit 56 à 57 départements français. Sa population s'élève à 2,100,000 habitants : 6 par kilomètre carré (70 en France).

De tous les pays espagnols du Pacifique, le Chili seul se trouve en dehors des Tropiques, aussi la division en terres chaudes, tempérées et froides n'y a-t-elle pas la même importance que dans les autres Républiques des Andes. A l'exception des districts brûlants, secs et stériles qui continuent le désert péruvien d'Atacama jusque dans le voisinage de Coquimbo, les *tierras templadas*, fécondes, juste assez pluvieuses, douces à habiter, occupent tout l'espace entre les renflements andins et l'Océan, que sillonne, dans la direction du nord, le courant froid de Humboldt, issu des mers antarctiques. Ces terres tempérées embrassent environ huit millions d'hectares, l'aire de treize départements français, dans une contrée grande comme les deux tiers de la France. D'énormes montagnes couvrent le reste de leurs pics à frimas, de leurs gorges à forêts, de leurs bois d'araucarias, de leurs hauts versants où l'hiver s'éternise.

Les Andes font leur première apparition dans la montagne du cap Horn (1,000 mèt.), roche sévère au-devant de laquelle s'impatiente une mer redoutée. D'île en île, la chaîne arrive au continent et pousse au nord sous le nom de cordillère de Patagonie. Immédiatement voisine du Pacifique, elle sépare la côte chilienne des larges et froids déserts patagons, réclamés en vain par le Chili : leur situation à l'orient des Andes les entraîne invinciblement dans l'orbite de Buenos-Ayres.

Les *Nevados* de la cordillère en partie volcanique de Patagonie sont peu connus encore ; les principaux s'élèvent à 2,000-2,500 mètres. Vis-à-vis de leurs rudes versants, de leurs torrents, de leurs forêts de hêtres toujours verts, se suivent des îles que des chenaux étroits isolent du rivage. Il pleut constamment sur ces îles, sur les détroits, sur la côte que scient ces golfes resserrés comme des fiords. Mais quand par hasard les vents déchirent les nuages, le soleil éclaire un des spectacles les plus grandioses de la zone tempérée. Le regard ne sait qu'admirer le plus : le fouillis d'îles, les fiords ou la montagne, dont les glaciers descendent jusqu'à la plage de la mer. L'air du Chili méridional verse tant d'humidité sur le versant occidental des Andes patagones qu'il y a sous le 46ᵉ degré des glaciers léchés par l'Océan. C'est comme si la glace éternelle frôlait le rivage de la Saintonge ou du Poitou, rivage auquel manquent, il est vrai, des montagnes de 2,000 mètres.

Deux des îles de ce littoral, le plus frangé de l'Amérique du Sud, ont une grande étendue **Wellington** et **Chiloë**. Chiloë vaste de 1,350,000 hectares, commande à un archipel de cent vingt îles séparées du continent par le détroit de Chacas. Cette terre supérieurement dotée possède un rivage extrêmement découpé, des ports où la marée monte de huit à douze mètres, de grandes forêts sur des montagnes de cinq à huit cents mètres, des campagnes fécondes, un climat égal et très-humide, avec 2 à 3 mètres de pluie par an. La population y augmente fort vite, elle est aujourd'hui de plus de 60,000 âmes. La capitale se nomme **Ancud**.

Au col de Perez Rosales, menant de Puerto-Monte à un lac d'où sort le Rio Negro de Patagonie, commencent les Andes du Chili. Il y a dans ces parages une véritable cassure de l'épine dorsale de l'Amérique du Sud. La rivière Aysen, formée dans la Patagonie argentine, pénétrerait en Chili par une fissure des Andes et viendrait se jeter dans l'océan Pacifique.

Jusqu'à ce jour, on a relevé trois volcans actifs dans la cordillère Chilienne : le volcan d'Antuco (2,735 mètres), celui de Villarica, celui d'Osorno. L'Aconcagua (6,834 mètres), qui a quelque temps passé pour le monarque des Andes, n'appartient pas au Chili, mais la République possède le Tapungato (6,500 mètres), le volcan de Maypu (5,384 mètres) et le Cerro del Mercedario (6,798 mètres). Au nord du Descabezado de Maule, les glaciers s'amoindrissent et deviennent rares. De ces hautes Andes à la côte du Pacifique, il y a trois descentes et deux montées. A la base de la grande cordillère s'étend la dépression connue sous le nom de *Valles Andinos* (vallées andines), puis vient la cordillera del Medio ou cordillère Moyenne, d'où l'on redescend vers le pied de la cordillera de la Costa, qu'il faut encore gravir avant de voir la plaine liquide.

Des torrents abondants donnent aux vallées chiliennes l'aspect riant et la fertilité qui font défaut au littoral péruvien. Leurs irrigations aidant les pluies, le Chili s'appelle sans se vanter le « Jardin du Nouveau-Monde » et « le Grenier du Pacifique méridional. » Ses blés viennent jusqu'en France. Les forces souterraines qui se manifestent à toute heure par les cheminées des volcans sont le seul ennemi de ce pays prospère : de temps à autre elles font chanceler les villes, parfois elles les renversent.

Une portion du Chili septentrional se ressent du voisinage du désert d'Atacama. Il faut aller dans le Chili du Sud pour trouver les torrents à pleins bords et les beaux lacs. Le Tolten sort du lac de Villarica, où se projette l'ombre d'un volcan superbe ; le Bobio se distingue par un cours comparativement long ; le Calle-Calle, branche de la rivière de Valdivia, puise à trois lacs, le Calafquen, le Panguipulli, le Riñihue ; le Bueno reçoit également les eaux de trois lacs, le Ranco, le Puyegue, le Rapumo ; le Maullin, qui tombe en mer vis-à-vis de Chiloë, a son léman dans le Llanquihue, dont la nappe d'eau de 45 kilomètres de long, sur autant de large, est dominée par le magnifique volcan d'Osorno : le Llanquihue réfléchit des forêts encore intactes, tandis que dans le reste du Chili, excepté en Araucanie, les bois disparaissent devant la brutalité du colon et la soif de fortune du marchand.

La population croît annuellement de vingt à vingt-cinq mille individus par an, et double en trente années. Elle grandirait bien plus vite sans une émigration très-considérable qui se dirige du Chili vers le Pérou et surtout vers les provinces argentines situées au pied du versant oriental des Andes. Cette émigration date de l'ère coloniale, quand ces provinces faisaient partie du Chili. Elle n'a pas de contre-poids dans l'immigration européenne, qui a de tout temps été très-faible, à cause du grand éloignement de la République par rapport à l'Espagne, à l'Italie, à la France, à l'Allemagne. Sur les 2,100,000 habitants, le plus grand nombre descend des conquérants et des colons espagnols, mais non sans mélange avec les indigènes que les incas du Pérou avaient commencé à civiliser. Aujourd'hui la fusion des races est à peu près complète dans les districts anciennement habités. Dans les hautes Andes, le sang indien a reçu peu de sang blanc.

Au sud, à partir du Tolten, sur 150 kilomètres de littoral, vivent les Araucans, qui sont des sauvages d'un brun passablement clair. Les Araucans luttèrent à outrance contre l'Espagne, ils lui firent perdre plus de soldats que tous les grands peuples de l'ancienne Amérique ensemble, et ils ne furent pas domptés. Les Espagnols chassés des colonies, ils ont tenu tête aux Chiliens et ils ont gardé leur langue et leurs mœurs. Récemment, ils avaient pris pour chef un avoué de Périgueux. Mais les voici cernés au nord et au sud par les Blancs, les villes policées se rapprochent d'eux, la mer les resserre à l'ouest, la Cordillère à l'orient. Ces trente à quarante mille Indiens petits et trapus, ces excellents cavaliers ne resteront pas longtemps *gente brava*, l'heure des Araucans a sonné. Déjà, d'ailleurs, leur race a été fort altérée par des croisements avec le sang européen. Les Chilotes, insulaires de Chiloë, sont des Araucans métissés de Blancs et parlant un idiome indien, concurremment avec l'espagnol.

Tous les Chiliens sont catholiques, presque tous usent de la langue espagnole.

Le chef-lieu de la République, **Santiago** (115,000 hab.), s'élève entre mer et mont, à 150 kilomètres du Grand Océan, à 569 mètres d'altitude, sur le Mapocho, torrent qui gagne le fleuve Maypu. La plaine qu'elle occupe a des palmiers parmi ses arbres; toutefois, la moyenne annuelle n'y est pas même de 13°, ce qui tient à la hauteur du sol. La vallée de Santiago est marécageuse, le climat mauvais, exposé aux gelées d'hiver et aux changements brusques. — Le port de cette capitale est **Valparaiso** (70,000 âmes), cité fort commerçante, sur un triste rivage, en dépit de son nom espagnol qui veut dire *Val du Paradis*. L'une et l'autre ville sont très-sujettes aux tremblements de terre.

A 660 kilomètres en mer, **Juan Fernandez** ou **Mas-a-Tierra** est le lieu de déportation du Chili; des familles allemandes viennent de s'installer dans cette île, où se dresse un pic basaltique de 836 mètres, le Yunque. A 140 kilomètres plus à l'ouest, **Mas-a-Fuera** n'a pas d'habitants. Mas-a-Tierra signifie *plus près de terre* ; Mas-a-Fuera, *plus au large*.

LA PLATA, OU RÉPUBLIQUE ARGENTINE.

Par leurs grands fleuves, leurs plaines étendues, leur climat excellent, leur prospérité, le rapide apport de l'émigration européenne, les quatorze provinces de la Confédération argentine méritent le nom qu'elles ambitionnent : États-Unis de l'Amérique du Sud. États-Unis moins bien doués que ceux du Nord et ne pouvant atteindre d'aussi hautes destinées. Les provinces de la Plata sont fort en retard sur la terre des Yankees; elles sont vingt fois moins peuplées, elles ont une aire beaucoup moins vaste, par endroits trop de soleil, et l'eau y manque dans de larges districts.

La République s'étend sur 156 millions d'hectares, trois France, si on la considère comme ne dépassant pas le Vermejo au nord, le Rio Negro de Patagonie au sud. Avec les plaines chaudes du Gran-Chaco, disputées par la Bolivie, et par le Paraguay quand le Paraguay était puissant, avec la froide Patagonie, à laquelle prétend en vain le Chili, la surface du territoire argentin monte à 297 millions d'hectares, plus de cinq France. Il y a 1,900,000 habitants environ dans les 156 millions d'hectares compris entre le Vermejo et le Rio Negro, et divisés actuellement en quatorze provinces.

A l'orient, la Confédération donne sur la mer et la rivière Uruguay; à l'ouest, elle est bornée, sur plus de 2,000 kilomètres, par les Andes, que 150 kilomètres seulement éloignent de l'Océan Pacifique. Ces montagnes forment au sud une chaîne unique, vers le nord elles ont jusqu'à six renflements. Elles couvrent une partie de la Plata; l'autre partie, la plus ample, appartient aux plaines : Gran-Chaco, llanos, pampas, steppes patagons.

Étant si près du Grand Océan, les Andes sont très-loin de l'Atlantique, vers lequel s'incline tout le territoire de la Plata. Elles émergent tout à l'occident de la Confédération, immensément hautes. Parmi les cols qui en abaissent l'arête, les uns sont très-élevés (3,000 à 4,000 mètres); les autres, très-bas, ont servi et servent encore de passage à l'immigration chilienne qui a contribué à peupler les États argentins de l'ouest. Le Bosquete de Perez Rosales s'ouvre à 800 mètres seulement d'altitude, et il y aurait même en un point une telle dépression de la chaîne qu'un torrent patagon irait se jeter dans la mer du Chili.

Sur les frontières chiliennes, le volcan de San-Jose se dresse à 6,096 mètres, le Tapungato à 6,178, le Cerro del Mercedario à 6,798. L'Aconcagua, qui appartient en entier à la Plata, a 6,834 mètres : c'est le roi des nevados argentins.

Sans largeur à l'horizon de Mendoza et de San-Juan, les Andes s'épanouissent, en tirant sur le septentrion, par des contre-forts qui se prolongent dans les provinces de la Rioja, de Catamarca, de Santiago-del-Estero, de Tucuman, de Salta et de Jujuy. Dans les provinces de San-Luis et de Cordova, des montagnes isolées, d'une hauteur maxima de 2,196 mètres, dominent des plaines à perte de vue. Dans toutes ces sierras dorment de puissantes richesses métalliques; toutes jettent dans les vallées des torrents médiocres, car il tombe proportionnellement très-peu de neige et il y a peu de glace éternelle sur ces hautes montagnes sèches, arides et uniformes. Néanmoins, dix des quatorze États argentins sont redevables de leurs cultures aux seules eaux d'irrigation des Andes et des Alpes cordoviennes.

A l'occident, la montagne. A l'orient, trois énormes rivières qui gagnent la mer par l'estuaire de la Plata, dont le nom s'est étendu à toute la Confédération.

L'estuaire de la Plata, entre l'Uruguay ou Bande orientale et la République argentine, sert d'embouchure à un bassin fluvial qui est le premier du demi-continent après celui des Amazones et qui prélève à lui seul le quart de l'Amérique du

Sud. L'estuaire platéen reçoit aux eaux basses 18,815 mètres cubes d'eau par seconde : plus que l'étiage de l'Amazone, plus que la moyenne du Mississipi, et les bateaux à vapeur ont devant eux 4,500 kilomètres, de la bouche de l'estuaire à Villamaria, cité brésilienne qui borde une des trois maîtresses rivières du bassin.

Le Rio de la Plata n'a pas moins de 250 kilomètres d'évasement à l'entrée, et pendant 300 kilomètres, il n'a jamais au-dessous de 35 à 40 kilomètres de largeur. La fécondité et la grandeur des régions dont il est l'artère le destinent à devenir l'un des emporiums du commerce du monde. Il reçoit le Parana, renforcé du Paraguay, et l'Uruguay.

En langue guaranie, Parana veut dire la rivière, rivière par excellence. Ce cours d'eau est, en effet, le véritable fleuve du bassin. En faibles eaux, il conduit par seconde à l'estuaire 14,600 mètres cubes d'ondes comparativement pures, l'Uruguay 4,215 seulement. Quant au Paraguay, ce n'est pas une rivière de première grandeur.

Le Parana est déjà puissant quand il quitte le Brésil, son pays natal, au-dessous du « Grand-Saut » de Maracayu, chute de 17 mètres de hauteur où la largeur du fleuve se réduit soudainement de 4,200 à 60 mètres. Au-dessus de Corrientes, après 3,000 kilomètres de cours, il engloutit le Paraguay, cours d'eau considérablement moindre que le Parana, malgré son développement de 2,000 kilomètres. Cette infériorité n'empêche pas le Paraguay de l'emporter commercialement et politiquement sur le fleuve vainqueur : le Parana, barré par sa cascade, offre aux navires moins de navigation que le Paraguay, car celui-ci porte des bateaux à vapeur jusque dans le pays de Cuyaba, en plein Brésil.

Du confluent du Paraguay au confluent de l'Uruguay, le Parana n'a jamais moins de cinq kilomètres de largeur; il en a quinze en moyenne. Le lit véritable communique avec un filet de bras morts, de bras coulants encore, d'îles de boues, d'îlots où les troncs, les joncs, les alluvions se cimentent et forment un domaine amphibie que la grande crue annuelle engloutit sous six à huit mètres de flots turbides.

Le second affluent de l'estuaire, l'Uruguay, vient également du Brésil et tombe aussi par des *saltos*, près de Concordia, dans la province d'Entre-Rios.

Entre le Parana et l'Uruguay, la solitude a repris l'empire, et quelques hameaux, des clairières, des tronçons d'églises font seuls ressouvenir des florissantes Missions fondées par les Jésuites. Les bons Pères avaient compris le caractère des Indiens Guaranis, et, profitant de leur esprit de discipline, ils avaient parqué ces sauvages bien catéchisés dans des communautés parfaitement tenues, sur des terrains habilement défrichés. Les Indiens des Missions étaient heureux ; leur race n'est pas de celles qui regrettent amèrement l'espace et la liberté. L'œuvre des Jésuites a péri, des voisins barbares ont saccagé les villages guaranis et voici les Missions vides. Mais déjà les colons européens frappent à leurs portes.

Toujours entre le Parana et l'Uruguay, les provinces d'Entre-Rios et de Corrientes, plates ou mamelonnées, prodigieusement fécondes, sont très-saines malgré la chaleur du climat, malgré leur vaste lagune d'Ibera, qui dirige à la fois ses déversoirs vers l'Uruguay et le Parana, et malgré beaucoup d'autres moindres expansions d'eau sans profondeur. Il s'y trouve des forêts. Ces deux provinces forment la *Mésopotamie argentine*, terre de grand avenir, fort recherchée par les immigrants.

Le Gran-Chaco, les llanos de Manso et les pampas du nord se déroulent entre le pied des Andes, le Paraguay et le Parana. Les pampas du sud et les steppes patagoniens vont de la montagne à l'Atlantique : toutes ces plaines réunies, le steppe des Patagons non compris, couvrent 130 millions d'hectares.

Le Gran-Chaco, réclamé par trois Républiques, sera entamé plus tôt par les Argentins, incessamment renforcés d'immigrants d'Europe, que par la Bolivie, et surtout par le Paraguay dont l'existence même est menacée. Dans ses plaines presque inhabitées vivent des tribus d'Indios bravos, errant dans les terres noyées, dans les forêts où rôde le jaguar, dans les arènes stériles où se balancent des bouquets de palmiers. Du Pilcomayo, torrent andin que boivent presque entièrement le soleil et le sable de la plaine, du Pilcomayo au Vermejo, le Gran-Chaco prend le nom de llanos de Manso. Du Vermejo au Salado — ces deux cours d'eau partagent le sort du Pilcomayo — la plate étendue se revêt de savanes, de fourrés de mimosas, de cactus. Au sud du Salado commence la mer d'herbes des pampas, parcourues par des rivières de montagne qui n'ont pas la force d'atteindre l'artère fluviale ou la mer, le désert les absorbe en route. Jadis, plusieurs de ces rivières étaient mieux fournies; elles se réunissaient en un grand fleuve qui allait rejoindre la mer par le Rio Colorado : les marais du Bebedero (Bois-tout) signalent encore le trajet de cet antique rio.

Belles de solitude et d'immensité, les pampas, une fois cultivées, auront la laideur de la Beauce, des deux Castille, de toutes les grandes terres à blé. Les collines et les rivières leur manquent, et sont mal remplacées par de légers mouvements de sol, des fourrés d'un chardon d'importation européenne, des flaques d'eau stagnantes nommées *esteros*, *bañados* ou *carrisals*, des bas-fonds salins, des lits secs et sans autre ombrage que la feuille rare d'arbrisseaux chétifs et la touffe des plantes épineuses. Les pampas, qui sont un vrai sahara sur le bord du massif cordovien, s'améliorent au sud, vers les parages de Buenos-Ayres, et s'y transforment en herbages interminables où le voyageur déplace à satiété le centre du même horizon. De loin en loin des *estancias*, château et ferme, étable, écurie et haras, logent les troupeaux de bœufs, de chevaux, de moutons, qui sont la richesse de la République, et leurs pasteurs hispano-indiens, les *Gauchos*, premiers cavaliers du monde. Il y a 65 millions de moutons dans la Plata.

Au midi du Rio Negro, frontière de la *Patagonie*, le froid gagne et peu à peu, à mesure qu'on tire vers la pointe de l'Amérique, les steppes deviennent terre glacée ; parmi leurs 50 à 60,000 habitants indiens, quelques tribus l'emportent pour la taille de l'homme et de la femme sur les peuples les mieux avantagés du globe. Les géants sont communs chez elles, les hommes petits très-rares, et des habits de peaux tombant jusqu'au pied comme des robes, exhaussent encore en apparence la stature de cette race puissante au visage brun rougeâtre. Ces Indiens ne méritent pas leur nom espagnol de Patagons (Grands-Pieds), car ils ont, au contraire, de jolis pieds et de jolies mains. Les plus grands et les mieux charpentés des Patagons sont les Téhuelches; les Péluenches parlent Araucan.

Au détroit de Magellan, à l'entrée duquel il y a des marées de 15 à 20 mètres de hauteur, le continent finit. De l'autre côté du détroit, jusqu'à la mer du cap Horn, la **Terre de Feu**, île dont quelques montagnes à neige éternelle dépassent 2,000 mètres, fait nominalement partie du territoire Argentin, comme la Patagonie. Les habitants de ses rives sévères sont des Indiens de stature exiguë, misérables et portés à l'anthropophagie.

En vertu de sa situation sous les zones très-froide, froide, tempérée, chaude et très-chaude, la Confédération argentine peut tout obtenir de ses terres, des plantes du haut Nord aux arbres favoris du Tropique. L'Europe le sait, et ses colons s'y jettent maintenant en masse. D'abord insignifiant, puis mesquin, le mouvement a tellement grandi dans ces dernières années que les arrivants se comptent maintenant par près de cinquante mille chaque année. De la sorte se peuple très-vite un pays où, d'ailleurs, le nombre des habitants doublerait tous les vingt-cinq ans sans aucune accession étrangère. L'immigration aidant, le doublement se fait en quinze ans.

De 1857 à 1870, Buenos-Ayres a reçu 200,000 immigrants: 6,000 seulement en 1860, 38,000 en 1869. Le nombre des hommes las de l'Europe qui viennent chercher un asile à la Plata a donc presque septuplé en dix années. Ces Argentins de l'avenir sont envoyés par les ports de Bordeaux, de Bayonne, du Havre, de Marseille, de Liverpool, de Gênes, de Carril, de Vigo, de Barcelone. Quelques milliers se fixent dans la République de Montévidéo, l'immense majorité dans la Confédération. Le plus grand ban des immigrants arrive de l'Italie, tant du littoral génois et de la Lombardie que des provinces du Sud; les plus nombreux ensuite sont les Français (Basques, Béarnais, Gascons, Languedociens, Savoisiens, Suisses), puis viennent les Espagnols de langue castillanne, catalane, galicienne ou basque, puis les Anglais et les Irlandais, fait des plus étranges pour qui sait combien l'Anglais répugne à planter sa tente dans tout pays où sa langue n'a pas la royauté. Les Allemands d'Allemagne ou de Suisse commencent aussi à arriver en grand nombre, les Américains du Nord également. Que le mouvement s'accélère encore, que les colons des diverses origines se portent de préférence sur les centres d'appel déjà pleins de leurs compatriotes, et la Plata hébergera peut-être un jour plusieurs nations distinctes.

Les provinces préférées par les colons sont Buenos-Ayres, Santa-Fe, Entre-Rios, Corrientes et Cordova. De là le flot de l'émigration atteindra les autres États, puis débordera sur les contrées limitrophes. L'estuaire de la Plata sera pour l'Amérique dite latine ce que la Nouvelle-Angleterre fut pour l'Amérique dite anglo-saxonne, le pays initiateur, et en quelque sorte la seconde métropole.

Dans les cinq provinces modifiées par l'immigration, l'origine européenne domine presque exclusivement, malgré d'anciens mélanges avec les indigènes. Dans les autres provinces, le sang est hispano-indien, et en certains districts purement indien. Dans beaucoup de vallées andines du nord-ouest, dans l'État de Santiago del Estero, dans une partie des provinces de Jujuy et de Salta, dans de petits recoins de Catamarca, l'idiome quichua domine encore, mais l'arrivée prochaine des convois d'émigrants va lui faire perdre pied devant l'espagnol. Dans Corrientes, les Indiens Guaranis ont aussi persévéré en plus d'un endroit dans leur langage, que près de là, le Paraguay a conservé tout à fait intact.

L'élément nègre eut très-peu de part à la formation de la nation argentine, le climat n'exigeant pas de bras serviles comme dans les régions tropicales et équatoriales. Les Charruas, Indiens virils qui habitaient entre le Paraguay et l'Uruguay, avaient la peau noire. Ils ne sont plus, mais l'anéantissement de leur mince peuplade coûta, dit un historien castillan, « plus de sang espagnol que les armées réunies de Montezuma et des Incas. »

Presque tous les Argentins professent le catholicisme.

Buenos-Ayres (en français *bon air*), sur la rive droite de l'estuaire platéen, large en ce travers de 50 kilomètres, est une ville régulière, industrieuse, très-animée, très-commerçante, la Nouvelle-Orléans de l'Amérique du Sud. Son port n'admet pas les grands navires, et les vaisseaux calant trois mères doivent ancrer à dix kilomètres du bord. Cependant

Buenos-Ayres a l'espoir de devenir une des premières cités du globe. On y compte déjà 180,000 habitants, connus en Amérique sous le nom de *Porteños* (habitants du port), et l'État qu'elle régit renferme le quart de la population argentine.

En face des côtes de la Patagonie, loin en mer, un archipel important relève de l'Angleterre : ce sont les **Iles Falkland**, les Malouines des Français.

Cet archipel embrasse 1,230,000 hectares, en 190 îles, avec 686 habitants seulement. Les deux îles principales ont pour traits distinctifs des côtes indentées de fiords, souvent trempées de pluie et visitées par des vents violents ; dans l'intérieur (mont Adams, 706 mètres), pas d'arbres, de vastes tourbières, de nourrissants pâturages. Le climat, d'une salubrité parfaite, rappelle à peu près celui des rivages du Cotentin. Au début de l'année 1764, Bougainville y installa une colonie d'Acadiens qui s'étaient réfugiés en France après la ruine de leur nation, mais cette colonie se dispersa bientôt.

URUGUAY.

Peu de pays tempérés valent l'Uruguay pour l'agrément du climat et les ressources du sol. Pourtant, sur un territoire de 18 millions et demi d'hectares, plus du tiers de la France, la République ne compte encore que 400,000 citoyens.

L'Uruguay s'appelle aussi **Banda Oriental** (Lisière Orientale, par rapport à Buenos-Ayres). D'un côté, il fait front sur la mer, de l'autre sur l'estuaire de la Plata, qui le sépare de Buenos-Ayres. A l'ouest, serpente l'Uruguay, de l'autre côté duquel s'étend la province argentine d'Entre Rios ; au nord est Rio Grande do Sul, province de l'Empire brésilien. — Le Brésil a longtemps médité de s'annexer la Bande Orientale, qui aurait heureusement complété son territoire vers le midi et lui aurait donné la moitié du grand Estuaire.

L'Uruguay, dont le nom a passé à tout le pays, est le plus petit des deux fleuves qui forment l'estuaire platéen. Pour l'étendue du bassin, pour le volume d'eau, il le cède considérablement au Parana, l'une des principales artères du globe, et pourtant il roule en temps d'étiage 4,215 mètres cubes par seconde, cent fois le minimum de la Seine à Paris. — Semblable au Parana, l'Uruguay vient des serras pluvieuses du Brésil méridional ; ainsi que lui il descend d'abord vers l'orient, puis vers le midi, enfin, il tombe comme lui par un *salto* dont le fracas s'entend à plusieurs lieues. Cette chute, ce grand rapide plutôt, interrompt le fleuve à Salto, entre la ville de Paysandú et la frontière brésilienne. En aval, l'Uruguay, navigable aux plus grands vaisseaux, reçoit le beau Rio Négro, rivière centrale de la République. Au-dessus de leur confluent, les deux cours d'eau enferment la presqu'île du Rincon de las Gallinas (Coin des Poules), ou péninsule de Fray-Bentos. Le Rincon de las Gallinas est un des grands centres de production de la viande. De même que les pampas argentines, les vallées et les plaines de la Bande Orientale fournissent à de colossales tueries ; des millions de futures victimes, bœufs, moutons, chevaux, sont élevées en grands troupeaux dans les estancias, puis abattues avec une prodigalité honteuse pour le suif, la peau et la laine, et depuis quelque temps pour « l'extrait de viande ». L'autre centre de boucherie touche à l'Empire du Brésil.

Les montagnes de l'Uruguay atteignent leurs points culminants près des bornes de la province de Rio-Grande do Sul, vers les sources du charmant Tacuarembo, tributaire du Rio Negro, dans le district qui sera le plus riche un jour par ses cultures et ses mines. Là même, elles n'ont pas 1000 mètres d'altitude. Vers l'ouest et vers le sud, elles se prolongent tortueusement, puis s'abaissent en ravissants coteaux au pied desquels passent des rivières et des ruisseaux magnifiques en route pour l'Uruguay. Celui-ci, plus grand et plus beau que tous, va rencontrer le Parana, son rival et son maître, devant l'île granitique de Martin-Garcia.

L'Uruguay se peuplerait très-rapidement, sans ses guerres civiles qui n'ont ni raison ni terme. Il ressemble à la République argentine par la hâte annuellement croissante avec laquelle s'y précipite l'émigration européenne. Sur 400,000 citoyens, près de la moitié sont des *gringos* (étrangers) et les *hijos del Pais*, c'est-à-dire les natifs, ne font que les 52 centièmes de la population. Déjà Montevideo reçoit vingt mille colons par an, sans compter les Brésiliens, car les « Rio-Grandenses » ont toujours eu du penchant à s'établir comme estancieros dans le nord de l'Uruguay. Parmi les Européens qui débarquent dans l'État, les plus nombreux sont les Italiens, puis les Espagnols, puis les Français basques, béarnais et gascons. Les Basques de France et d'Espagne peuplent à eux seuls des quartiers dans les villes et des districts dans la campagne.

Il n'y a plus d'Indiens dans la Bande Orientale.

Les Uruguéens ont l'espagnol pour langue usuelle, le catholicisme pour religion dominante.

La Capitale, **Montevideo**, compte 125,000 habitants. Elle s'élève en amphitéâtre sur le Rio de la Plata, à 180 kilomètres de Buenos-Ayres.

PARAGUAY.

Si le Paraguay est devenu la Pologne américaine, s'il risque d'être partagé entre ses grands voisins, il lui reste encore ce que ne pourront lui ravir facilement la République et l'Empire coalisés contre lui : une race, une langue, des souvenirs nationaux, et sans doute l'espoir ou au moins le vœu de la vengeance.

Avant la guerre qui l'a écrasé, le Paraguay, soit-disant République maîtrisée par un despote, s'étendait réellement sur 23 millions d'hectares, de la rivière Paraguay au fleuve Parana. Avec ce qu'il réclamait dans le Gran-Chaco et entre le Parana et l'Uruguay, sa superficie montait à 92 millions d'hectares. C'était le seul État de l'Amérique néo-latine qui ne possédât pas de rivage marin.

Sur ses 23 millions d'hectares, le Paraguay en avait déjà défriché sept à huit millions, tout au moins les avait-il occupés réellement par une population de près de quinze cent mille habitants. Les Paraguéens ou Paraguayens sont catholiques avec l'espagnol pour langue officielle, et c'est presque tout ce qu'ils ont d'européen. Les *Conquistadores* n'avaient que faire d'un pays sans mines d'or et d'argent, où ne coulait point la fontaine de Jouvence, passionnément cherchée par eux. L'Europe ne versa dans le sang paraguéen que quelques gouttes de sang castillan et de sang flamand bientôt perdues dans la mer du sang indien. Le type est demeuré guarani : il se rapproche assez du type chinois. De même, la langue d'avant la Conquête a échappé à l'anéantissement qui a fait disparaître jusqu'au nom de tant de dialectes indiens. Hors du domaine officiel et littéraire, les Paraguayens ne parlent que l'antique idiome guarani, dont usent aussi beaucoup d'Indiens et de métis dans plusieurs districts limitrophes du Brésil et de la Confédération argentine.

Les Paraguayens sont bien un peuple qui, sauf violence, ne relève que de lui-même. Ils ont de grandes qualités entraînant avec elles de grands défauts. Les Guaranis civilisés mêlent à leur débonnaireté une facilité de soumission qui jadis les livra comme des enfants aux pères Jésuites, et plus tard aux présidents dictateurs. Une partie du courage inouï et de la persévérance qui ont failli briser les forces réunies de Rio de Janeiro et de la Plata prend sa source dans une immense abnégation. C'est une race honnête, opiniâtre, mais passive. Physiquement, leur taille atteint à peine la moyenne, et leur teint jaune, tirant sur le rouge, enlaidit encore des traits sans beauté.

Les colons européens vont porter avant longtemps dans le Paraguay les qualités qui manquent aux Guaranis, et avec ces qualités des défauts que les Guaranis n'ont pas. Que le Paraguay redevienne son maître, qu'il soit partagé, que le Brésil le garde, il ne tardera pas à être envahi par les Argentins, les Italiens, les Français, les Espagnols, les Anglais, les Suisses, les Allemands qui remontent les grandes rivières de l'Estuaire.

La nature du Paraguay change du sud au nord. Dans le

midi prédominent les plaines, coupées d'*esteros* et de *bañados*, et il y a de grands marais le long du bas Paraguay et du bas Parana. Dans le nord et sur le faîte entre les deux rivières, le sol se relève en montagnes, qui sont rarement supérieures à 1000 mètres et jamais à 1500.

Le Paraguay est parfaitement navigable tout le long du territoire. Le Parana, dix fois plus considérable au moins, plus pur et plus rapide, ne se prête aux navires que dans son cours inférieur : à 200 kilomètres en amont du confluent du Paraguay, les rapides d'Apipe forment un premier obstacle, plus haut il faut lutter contre le *Salto Chico* (petite chute), et sous le 24º degré, contre la grande chute de Guaira ou des *Siete Caidas* (les sept cascades), où le fleuve s'abaisse de 17 mètres.

Dans ce pays très-fécond, sous un soleil brillant, sous un climat sain malgré beaucoup d'eaux stagnantes, la population grandissait avant la guerre avec une rapidité merveilleuse. On prétend qu'en 1797, le Paraguay n'avait pas 100,000 habitants, tandis que le recensement de 1857 lui en donnait près de 1350,000. Le nombre des Paraguayens se serait donc quatuordécuplé en soixante ans ; cela dans une contrée où les tribus sauvages observaient autrefois une coutume qui n'a point encore disparu chez tous les Guaranis : les Paraguéens qui précédèrent la Conquête mettaient à mort, dit-on, presque toutes leurs filles, et souvent leurs garçons, jusqu'à celui qu'on supposait ne devoir être suivi d'aucun autre.

L'histoire ne connaît pas de peuple qui ait combattu plus vaillamment pour son indépendance contre un ennemi supérieur, elle en rendra toujours témoignage. Elle dira qu'après la guerre les *trois quarts* de la nation étaient couchés sous le sol de la patrie, morts du feu, de la faim et de la fièvre. Il n'y a maintenant au Paraguay que 350 à 400,000 habitants.

La capitale, L'**Assomption**, est une ville de bois et de boue autant que de pierre, qui renfermait, il y a dix ans, 20,000 âmes. Elle se trouve en plaine, sur le Paraguay, à 77 mètres seulement d'altitude, bien qu'à plusieurs centaines de lieues de la mer.

BRÉSIL.

L'Empire brésilien, ou Amérique portugaise, est tellement vaste qu'il touche à tous les autres États de l'Amérique Méridionale, hors le Chili. Sur une moitié de son pourtour immense, il a pendant 7,000 kilomètres l'Océan Atlantique pour bornes, puis, sur l'autre moitié, la Guyane Française, la Guyane Hollandaise, la Guyane Anglaise, le Vénézuéla, la Nouvelle-Grenade, l'Équateur, le Pérou, la Bolivie, le Paraguay, la République argentine, l'Uruguay.

Le Brésil embrasse la moitié de l'Amérique du Sud, 837 millions d'hectares, quinze à seize fois la France, quatre-vingt-huit fois le Portugal, l'ancienne métropole. Seuls l'Empire colonial anglais, l'Empire russe, la Chine et les États-Unis ont plus d'étendue. On porte aussi l'aire de l'Empire lusitano-américain à 875 millions d'hectares avec tous les territoires qu'il dispute à ses voisins ; à 750 millions, réduit à ce que personne ne lui conteste. La population, de douze millions d'hommes au plus, n'est encore que trois fois celle du Portugal, et moins du tiers de la population française.

Le mot Brésil a la même racine que notre mot français *braise*. Le pays, appelé d'abord *Vera-Cruz* ou *Santa-Cruz* par les Portugais qui en avaient pris possession au nom du roi de Lisbonne, reçut peu après le nom de Brésil d'un bois de teinture couleur de braise apporté comme spécimen par les explorateurs. C'est en 1499, que ce grand pays fut entrevu pour la première fois, par Amérigo Vespucci. En 1500, Pinzon, Diego Lope et Alvarez Cabral aperçurent quelques parages des côtes. Les reconnaissances du littoral se multiplièrent, le commerce intervint, on remonta plusieurs fleuves, on égorgea les Indiens du rivage, puis on chassa les indigènes à coups de fusil jusque dans les derniers replis des serras et les asiles les plus ignorés des lointaines forêts. Ceux que le fer épargna ou que la fuite ne sauva pas devinrent les esclaves baptisés de leurs oppresseurs très-catholiques. Quand ils ne suffirent plus à la tâche, on fit venir des Nègres pour laver les diamants, chercher l'or, cultiver le sol. Telle fut la marche de la civilisation jusqu'à la proclamation de l'indépendance, dans ce magnifique Brésil que les Hollandais disputèrent un moment aux Portugais, et où les Français tentèrent à plusieurs reprises de s'établir, pendant le seizième siècle et au commencement du dix-septième.

Il y a dans le Brésil deux régions : elles ont pour traits communs une végétation magnifique et une fertilité qui n'a de rivales que dans de rares contrées du Tropique et de l'Équateur. Autrement tout diffère en elles. La région du Sud et du Centre, moins favorable à la plante, mais accessible et même agréable et saine à l'homme blanc, est la seule cultivée, peuplée, policée, et les immigrants d'Europe, très-peu nombreux encore pour l'immensité du pays, s'y portent par milliers tous les ans. Là est le vrai Brésil du présent et de l'avenir. Là se lèvent les montagnes et ondulent, de serra à serra, les hauts plateaux dont l'altitude, modérant les ardeurs du Tropique, crée des zones tempérées à quelques lieues des rivages brûlants et des vallées accablées de chaleur. D'ailleurs, ces plateaux s'éloignent de l'Équateur et même, au midi de Rio de Janeiro, ils sont en dehors du Tropique du Capricorne. Trois provinces, Rio-Grande do Sul, limitrophe de l'Uruguay et de la Mésopotamie argentine, Santa Catharina, Parana, qui touche au Paraguay, et une partie de Saô Paulo appartiennent décidément à la zone tempérée par leur situation au sud de la ligne tropicale aussi bien que par la hauteur de leurs principales terres au-dessus de l'Océan. Au nord du Tropique, le reste de Saô Paulo, Rio de Janeiro, Minas Geraes, Bahia, Goyaz, Matto-Grosso, etc., n'ont un climat tempéré que dans leurs districts élevés.

Au nord du Brésil tempéré ou Brésil colonial, l'autre moitié de l'Empire, le Brésil équatorial ou amazonien, trop chaud pour le Blanc, ne laisse pas non plus à l'Indien et au Noir assez de sève et de volonté. En revanche, si l'homme y diminue, la végétation des bords de rivière et des fonds humides y prend une force extraordinaire. Notre planète n'a rien de plus beau que les *Selvas* de l'Amazone, mais cette merveilleuse nature manque de maîtres et d'admirateurs. Il est vrai que, faute d'Européens, elle est encore à l'abri des profanations. Si les Selvas gardent toute leur gloire, c'est que les abatteurs de bois et les colons qui incendient un horizon de forêts pour défricher un jardin ne se sont pas encore emparés de l'Amazonie. On ne trouve dans le Brésil équatorial que quelques Blancs fatigués, des Nègres insoucieux et des Indiens d'esprit endormi.

Les montagnes du Brésil colonial ne dépassent nulle part 3,000 mètres, ce qui n'est pas même la moitié de la hauteur des Cordillères. Elles ne se rattachent point aux Andes. Leurs chaînes parallèles à l'Atlantique, les chaînons qui les relient, les plateaux ou *campos* qu'elles supportent, couvrent 275 millions d'hectares, cinq fois la France. Les pics les plus élevés connus s'éloignent peu de l'Océan et particulièrement du rivage de Rio de Janeiro. Les uns se dressent dans la serra do Mar (chaîne de la Mer), si voisine de l'Atlantique qu'en certains endroits, à peine a-t-on quitté la plage, on gravit en peu d'heures des montagnes rapides dont le versant opposé appartient déjà au bassin du Parana, fleuve qui ne trouve l'Océan qu'après plusieurs milliers de kilomètres. Tel ruisseau atteindrait en quelques lieues le grand flot, tandis qu'il préfère s'anéantir dans le Parana, pour s'avancer avec lui dans l'intérieur du continent, séparer le Brésil du Paraguay et couler devant Buenos-Ayres et Montevideo. Dans la serra dos Orgaôs, en vue de la capitale, se dresse un pic de 2,015 mètres; dans la serra de Mantiqueira ou d'Espinhaço, à l'ouest de Rio, l'Itatiaya ou Itatiaiossu monte à 2,994 mètres, altitude contestée d'ailleurs : les uns le font un peu plus haut, d'autres plus bas. L'Itatiaiossu serait donc le mont Blanc du Brésil. Il aurait été jadis volcan, et son nom, dit-on, signifie le Grand-Roc flamboyant; ses trois sommets, les Aiguilles Noires, reçoivent tous les ans de la neige, mais cette neige dure rarement plus d'une quinzaine. Des diamants moins beaux que ceux de l'Inde, l'or, d'autres métaux encore, enrichissent les flancs de ces montagnes et les alluvions de leurs rivières. Sans les mines qui ont attiré les seigneurs et les aventuriers portugais et fait introduire des nègres en masse, le Brésil n'aurait presque pas d'habitants de souche européenne; les Noirs y seraient rares, et à la place de l'Empire lusitanien, nous verrions aujourd'hui des États guaranis semblables au Paraguay.

Aujourd'hui, le monde réclame moins des métaux précieux que des grains, des fruits, des liqueurs et des plantes. C'est dans les campos encore habillés de forêts ou couverts des gramens de mauvaise odeur appelés *capimgordura*, que gît la fortune du Brésil. C'est dans les *fazendas* (fermes) qui, prenant la place de la savane ou des bois vierges, se revêtent de prairies, de vignes, de tabac, de caféiers, de cotonniers, de cannes à sucre, de céréales, de maïs, de riz, de plantes médicinales et tinctoriales, en un mot de tout ce que donnent les terres chaudes et les terres tempérées. Jusqu'à ces dernières années, les fazendas ont été cultivées despotiquement par des esclaves noirs. Ces travailleurs malgré eux vont manquer, et les fermes tomberont en friche et retourneront à leurs forêts de hauts araucarias si le Brésil ne réussit pas à attirer plus de Blancs que jusqu'à ce jour. Rio Grande do Sul, Sainte-Catherine, Saint-Paul, prospèrent sous la charrue des colons européens, mais les autres districts languissent. Des paysans d'Europe, à leur défaut des Chinois, le salut du Brésil est à ce prix.

Et même si les colons européens arrivent annuellement par dizaines de milliers, que de difficultés pour le défricheur au milieu de cette nature trop vivante! Les tremblements de terre, presque inconnus au Brésil, n'y disloqueront point les villes naissantes, mais quels travaux pour créer des routes, quelle persistance pour les tenir viables, elles et les ponts de tant de larges rivières, sous un climat versant pendant six mois de l'année des pluies pareilles à des cascades qui laisseraient passer des vents, du tonnerre et des éclairs! Les orages sont de tous les jours, affreux et mêlés d'abats d'eau terribles dans la plupart des monts brésiliens. Quand le soleil reparaît après le déluge, les remblais des chaussées, leur ferrure, leurs ponceaux, quelquefois les arches de leurs ponts fuient vers l'Atlantique avec la boue des torrents. A la fin de la saison des averses, lorsque viennent les mois sans pluies, les eaux extravasées retournent à leurs rivières par la pente naturelle, mais où la pente manque, elles sèchent peu à peu et laissent un rebord de marais funestes. Ces alternatives de très-grande humidité et de sécheresse, cette électricité constante, la chaleur excessive, les fièvres minent le colon qui n'a pas eu la sagesse de s'établir à une hauteur suffisante au-dessus des mers, des cours d'eau et des lacs temporaires. S'il a bien choisi le site de sa demeure, il lui reste encore beaucoup d'adversaires. Dès que la *picada* (sentier) qui part de sa case atteint la forêt, l'immigrant pénètre avec elle dans le séjour de ses ennemis. Là rôde l'onça (jaguar), qui lève sa dîme sur les troupeaux de la fazenda ; sur les branches des arbres gesticulent avec des hurlements moitié furieux, moitié sarcastiques, les singes barbus qui pillent les champs de maïs ; sous le tissu des troncs et des lianes rampent le boa et les serpents venimeux, tels que le jararaca et le souroucoucou ; dans le sol prospèrent, par une sage administration, les républiques de fourmis qui chassent le fazendeiro quand elles assiègent sa plantation. Dans la vase des rios s'embourbe le caïman.

Les Campos, qui ont une altitude de 250 à 400 mètres en moyenne, s'appellent *cerrados* (touffus) quand ils sont mouvementés par des bouquets de bois, *abertos* (ouverts) quand ils ne portent que des buissons et de l'herbe. Ils se partagent entre tous les grands versants du Brésil.

La moitié de l'Empire appartient au bassin de l'Amazone, un quart au bassin de la Plata, le dernier quart au Saô-Francisco et aux petits fleuves littoraux. Cinq grands cours d'eau absorbent les mille rivières du Brésil tempéré, que vivifient des pluies abondantes : trois vont au sud, deux au nord ; deux vont à la mer, trois à d'autres rivières.

Les trois rivières du sud sont le Parana, l'Uruguay et le Paraguay.

Le Parana emporte ses premières sources des pics d'une serra voisine de Rio de Janeiro ; mais, au lieu de courir en quelques heures vers les rivages de cette capitale, il se dirige dans le sens opposé, à l'ouest, puis au sud, pour ne rejoindre l'Océan qu'au bout de l'estuaire de la Plata, après un développement de trois à quatre mille kilomètres. Son lit supérieur et son lit moyen sont coupés de rapides imposants et de *saltos*.

Le *Salto Grande* de Maracayu ou de Guaira, rapide autant que cascade, effraie par le tourbillon forcené des eaux d'un fleuve de plus de 4 kilomètres de large réduit subitement à 60 mètres; le plan de la chute est de 60 degrés pour une hauteur de 17 mètres. Dans son cours inférieur, au sein des plaines paraguéennes et argentines, le Parana donne accès aux plus grands vaisseaux. Bordé de forêts et de savanes, très-large ou divisé en chenaux, il va former l'estuaire platéen, en compagnie de l'Uruguay. — L'Uruguay, grande rivière à *saltos*, a les deux tiers de son cours en Brésil; sa branche-mère se nomme Rio Pelotas. Par son climat, plus frais que celui des autres bassins brésiliens, le bassin du Parana forme le plus précieux domaine de l'Empire. On le sait à Rio et la convoitise des Portugais d'Amérique eut toujours les yeux ouverts sur le Paraguay, la Mésopotamie argentine et l'Uruguay.

Le Paraguay, tributaire du Parana, découle des campos de Parecis, steppes bas et si peu ondulés qu'il n'y a pas, sur plusieurs points, de ligne de faîte accusée entre le versant de la Plata et le versant des Amazones. Ainsi le Guapore, branche du Madeira, et le Jauru, tributaire du Paraguay, naissent à côté l'un de l'autre au milieu de plaines dont les pluies font une lagune qui se verse indifféremment dans une rivière ou dans l'autre. Pas de relief plus sensible entre de plates étendues relevant au sud du Pilcomayo, affluent du Paraguay, et au nord du Mamore, autre branche du Madeira. Cette facilité de communication entre les deux revers fera tôt ou tard du Paraguay l'une des grandes routes de l'Amérique du Sud; d'ailleurs, cette rivière va droit du nord au midi par le chemin le plus court entre l'Amazone et Buenos-Ayres. Grossi de rios qui roulent des diamants, en roulant lui-même, le Paraguay serpente dans des *pantanales*, prairies si basses et si plates, que dans les hautes eaux il s'y épanche en un lac marécageux de plusieurs centaines de milliers et peut-être d'un million d'hectares, le lac de Xarayes.

La province de Matto-Grosso (Grand Bois), sur le haut Paraguay, puise une triple importance dans sa situation, sa fécondité, son étendue, sans parler de ses mines de diamants, de ses forêts et de son ipécacuanha; mais elle trouve se si loin de la capitale de l'Empire et du rivage de la mer que nul immigrant n'y porte ses pas et que la population y monte à peine à cent mille habitants, sur un territoire deux à trois fois étendu comme la France.

Vers le nord marchent le puissant Tocantins et le Saô-Francisco. Le Tocantins a 2,300 kilomètres de développement et débouche dans l'estuaire des Amazones.

Le Saô-Francisco est le fleuve brésilien dont le bassin est le plus entamé par la culture. Il n'a pas moins de 2,900 kilomètres de longueur, et à son embouchure il débite 2,800 mètres cubes d'eau par seconde à l'étiage. Des montagnes de Minas Geraes — ce nom veut dire, en français, Mines Générales — descendent ses branches mères, le Saô-Francisco et le Rio das Velhas, roulant à leur confluent, le premier 446, le second 209 mètres cubes par seconde à l'étiage. Minas Geraes, la grande province minière et le cœur de l'Empire, porte sur ses hauts plateaux une des plus vigoureuses populations du Brésil. Elle est vaste comme la France jusqu'au Rhin, et nourrit aujourd'hui de 1,600 à 1,800,000 hommes, mineurs, éleveurs et bergers, agriculteurs. La population y augmente vite, mais à son chiffre actuel, elle n'arrive peut-être pas encore au nombre des Nègres et des Indiens qui sont morts sur son territoire, de maladie, de nostalgie, de rage, à la recherche de l'or et des diamants, ou qui ont été abattus par le fusil des *sertanistas*, aventuriers battant le *sertaõ*, autrement dit les bois et les déserts. Les sertanistas des premières explorations furent surtout des métis lusitano-indiens des hautes plaines de Piratininga (province de Saint-Paul); ils accomplirent de merveilleux voyages dans la forêt vierge à la poursuite de la Montagne des Émeraudes, l'Eldorado des Portugais d'Amérique. Ces voyages duraient des mois, des années, sans qu'il y eût une heure exempte de dangers de mort, un jour sans efforts immenses. — Le principal district diamantin de la province de Minas Geraes est le territoire élevé de Serro do Frio, qui a Tijuco pour maîtresse ville; la rivière qui a fourni le plus de pierres précieuses s'appelle Jequitinhonha. C'est le pays de Minas Geraes qui a le premier parlé d'indépendance nationale dans l'Amérique brésilienne, quelques années avant l'aurore de notre siècle. Il y a trente ans, il se mit en lutte ouverte contre Rio et il faillit l'emporter.

Quand il n'est encore que torrent, le Saô-Francisco s'affaisse par la superbe cataracte de Casca d'Anta, haute de 203 mètres, puis, au-dessus du confluent du Rio das Velhas, il forme les rapides de Pirapora. A 1,500 kilomètres plus bas, le fleuve s'irrite : 300 kilomètres de courants violents et de rapides le mènent à la cascade grandiose de Paulo-Affonso, qui s'entend, sous vent favorable, à 25 kilomètres de distance. Les eaux de l'énorme rivière s'y réduisent dans les grandes sécheresses à quinze mètres et demi de largeur, et tombent de 70 mètres, en quatre colonnes. Du Paulo-Affonso à l'Atlantique, on compte encore près de 300 kilomètres, praticables à tous les navires.

Les rivières du Brésil colonial n'égalent point le fleuve du Brésil équatorial, le Maragnon ou fleuve des Amazones.

Les Brésiliens appellent le fleuve des Amazones Maranhaô (pr. Maragnan) en aval du confluent du puissant Rio-Negro, et Rio de Solimoês (pr. Solimouns) en amont. Pour les Indiens c'était, c'est encore le Tunguragua, le Paranaguassu (grand fleuve), le Paranatinga (fleuve roi). 5,500 à 6,000 kilomètres de longueur; une largeur telle que souvent un bord ne se voit pas de l'autre, et que même le voyageur suivant le milieu du courant n'aperçoit que des eaux jusqu'à la borne circulaire de l'horizon; cinquante à cent mètres et plus de profondeur; un bassin de 700 millions d'hectares (treize France), un débit moyen de 80 à 100,000 cubes d'eau par seconde, de 17 à 18,000 à l'étiage, de 240 à 250,000 en temps de crue devant Obydos; 750 kilomètres de marée, jusqu'à ce même Obydos où le fleuve n'a que 1,566 mètres de large — ce qui serait lac pour nos ruisseaux est défilé pour lui — 50,000 kilomètres navigables sur son bras majeur, « sur ses *furos* ou fausses rivières, sur ses *igarapés* ou bras latéraux, » sur ses affluents et les tributaires et sous-tributaires de ses affluents; des *enchentes* ou inondations à perte de vue; 120 jours de hautes eaux recouvrant des îles sans nombre; des affluents plus grands que le Rhône, le Danube et la Volga des tempêtes funestes, des vagues comme en mer; trois foi plus d'espèces de poissons que dans l'Océan Atlantique entier : avec tout cela le Maragnon est le vrai « Père des Eaux, » bien plus que le Mississipi et que tout autre fleuve de la Terre.

Le Brésil n'a pas le cours supérieur du Maragnon, qui naît à trois ou quatre journées de marche du Pacifique, dans les Andes péruviennes. L'Ucayali, second bras constituant et probablement plus considérable que la branche mère officielle, tire également son origine des Cordillères du Pérou. Agrandi par le tribut de rivières considérables descendues du Pérou et de l'Équateur, le Maragnon s'étale avec ses îles, ses bras, ses lagunes, déversoirs de la saison pluvieuse et réservoirs de la saison sèche, entre deux murailles sinueuses d'arbres élevés, reliés en tous sens et comme cimentés par les lianes. Ces arbres, ces palmiers, qui projettent des palmes de quinze mètres de longueur, ces lianes appartiennent à la plus grande, à la plus vigoureuse, à la plus pompeuse forêt du globe, aux selvas, gloire du Brésil et de la zone tropicale. Les rivières sont les seuls chemins, les ruisseaux les seuls sentiers de ces bois sublimes, leurs seuls hôtes les Indiens. Pour ouvrir au soleil leurs immensités obscures, la hache du colon prendra des siècles et peut-être enlèvera-t-elle à l'Amazone, avec la plus belle parure de son bassin, la moitié des flots qu'il mène à l'Océan : c'est en partie parce que le dôme de la forêt conserve les sources, les ruisseaux, les marais, les lagunes, tout le trésor des pluies pour la saison sans pluie, que le Maragnon roule son énorme masse d'eau, qui peut aller en temps de crue jusqu'au quart des flots courants du globe. Les forêts recouvrent tellement les deux rives de l'Amazone que les cultures et les habitations y sont une rareté. De l'embouchure du fleuve au confluent du Rio Negro, il n'y a qu'un village en moyenne pour 175 kilomètres, la distance de Paris à Blois ; au-dessus de ce confluent, il faut faire moyennement 240 kilomètres, la distance de Paris à Tours, pour trouver un bourg riverain. Il n'y a que 250,000 hommes dans le Brésil amazonien, quelques milliers de Blancs, des Indiens purs, des Métis, des Nègres et des Mulâtres.

Deux tributaires du Maragnon rivalisent presque avec lui de grandeur, le Rio Negro et le Madera. Le Rio-Negro tombe sur la rive gauche. Ses eaux lui viennent de la Cassiquiare, qui est une dérivation de l'Orénoque, et des montagnes de la Guyane. Le nom de Rio Negro (Rivière Noire) remplace une description ; au confluent avec le Solimoês, ses eaux couleur de café arrivent avec calme en face du fleuve bourbeux et violent, et il y a un tel contraste entre la tranquillité du Rio Negro et la fougue du Solimoês que les Indiens des environs de Manaos nomment le fleuve la Rivière Vivante, le Rio Negro la Rivière Morte. Au point culminant de l'enchente (débordement), le Rio Negro monte de 13 mètres et recouvre au loin la contrée. Le Maragnon et ses autres tributaires s'élèvent aussi à une grande hauteur sous l'action de la saison des pluies : seulement, les affluents de la rive gauche montent quand ceux de la rive droite baissent, et quand ceux de la rive gauche baissent, ceux de la rive droite montent.

Le Madeira débouche à une petite distance au-dessous du Rio Negro, sur la rive opposée. Il descend des sierras boliviennes et tombe dans la plaine des selvas par les cataractes de Cacuhenlas, où sa largeur ordinaire de 1,500 à 2,000 mètres se réduit à moins de 500 et où il descend d'environ 70 mètres en 7 kilomètres. Le Tapajoz mêle ensuite ses eaux noires aux flots sales et gris cendrés de l'Amazone ; à ce confluent, se renouvelle la lutte qui s'établit souvent entre deux rivières de couleur diverse quand elles viennent de se réunir dans un lit commun : lutte qui s'est précisément engagée plus haut entre le noir Madeira et l'Amazone, plus haut encore entre le Rio Negro et la grande artère. L'alliance du Tapajoz et du fleuve se fait près de Santarem, nom portugais rappelant celui d'une ville des bords du Tage ; les Lusitano-Américains ont couvert l'Empire de noms de cités portugaises, comme les Yankees ont chargé les États-Unis de noms de cités anglaises.

Après avoir baigné le pied des collines d'Almeirim et la serra do Erere, le Maragnon prend en passant le bleu Xingu (pr. Chingou). Les hauteurs d'Almeirim et d'Erere n'ont que 250 à 300 mètres, mais elles surgissent si soudainement et si fièrement du sein de plaines indéfinies, qu'elles y gagnent un profil et une majesté de montagne. De la cime de la serra do

Erere se déploie jusqu'au cercle de l'horizon un panorama sublime de forêts, de rivières et de lagunes. A l'instar du Madeira, le Tapajoz, le Xingu, le Tocantins quittent leur haut pays par des chutes et des rapides.

A l'embouchure, divisée en deux par la grande île de Marajo, la *pororoca* se soulève en trois vagues consécutives, à des hauteurs de dix à quinze mètres, car la pororoca est un mascaret géant comme son fleuve. L'Amazone ne se termine point, ainsi que le Mississipi, le Rhône ou le Nil, par un delta gagnant sans fin sur la mer ; ses alluvions sont emportées par un courant vers la Guyane. Les deux provinces spécialement amazoniennes, Grão Para et Alto Amazonas, ont cinq fois l'étendue de la France, et quelques centaines de milliers d'habitants seulement. Elles produisent du caoutchouc, du copahu, de la salsepareille, du café, du cacao, des bois.

Indiens, Nègres, Blancs se sont pénétrés à tous les degrés au Brésil. Même dans l'Amérique du Sud, cette terre des croisements, nul pays n'a une population si mélangée que l'Empire portugais, peuplé de Métis de tout genre, de tout nom : Mulâtres, Mamelucks, Caboclos, Cafuzos, etc. Les chiffres exacts manquent, mais on admet que les Blancs plus ou moins purs sont environ deux millions, sur les douze millions d'âmes qu'on attribue au Brésil. Ces Blancs se distinguent en *Brasileros* (Brésiliens) et en *Europeos* (Européens) : les Brasileros descendent des Juifs et des galériens qui furent les premiers immigrants et de la masse des colons du Portugal et des îles lusitaniennes de l'Atlantique. Celles-ci ont beaucoup contribué à l'installation d'une nation blanche sur ce rivage américain, car les premiers colons de la province de Santa Catharina et du Rio-Grande do Sul vinrent des îles Açores. Les Europeos sont en majorité des Portugais, après lesquels se rangent des Allemands, des Espagnols, des Galiciens, des Catalans, des Italiens, des Français, des Suisses, des Anglais, des Yankees du Sud, planteurs ruinés venant relever leur fortune.

Suivant les années, les Portugais font les deux tiers ou les trois quarts et plus de l'immigration ; ce sont eux, race ignorante, mais virile et dure, qui soutiennent le Brésil ; ils y retrouvent leur langue, beaucoup de leurs usages et en supportent mieux le climat que les autres enfants de l'Europe : une partie sort, d'ailleurs, des latitudes chaudes, des îles du Cap-Vert, de Madère, des Açores, des Algarves, beaucoup de Lisbonne, mais le plus grand nombre arrive par Porto, du Minho, du Douro, du Tras os Montes et de la Beira. Tous réunis, les Portugais qui se fixent au Brésil sont au nombre d'environ dix mille par an, quelquefois quinze à vingt mille, quelquefois cinq mille seulement. Les Brésiliens les trouvent lourds, grossiers et rustiques ; ils les appellent *pe de chumbo* (pied de plomb) et se donnent à eux-mêmes, par opposition, le nom de *pe de cabra* (pied de chèvre).

Après l'immigration lusitanienne, la plus importante est l'immigration allemande. La Germanie verse annuellement dans le pays des milliers d'excellents agriculteurs qui font souche de paysans et de bourgeois, chose rare dans ce Brésil qui longtemps n'eut que des commerçants, des planteurs et des esclaves. Dans les provinces de Rio-Grande do Sul et de Santa Catharina, les colonies allemandes forment un petit corps de nation qui a gardé une fidélité presque entière à son origine. Le Brésil doit les surveiller, car ces colons pourront servir de levier, en tout cas de prétexte à l'ambition de « la tranquille Allemagne. » Il est vrai que le vigoureux essor pris par l'émigration méridionale vers le Rio de la Plata empêchera ce germe hétérogène de grandir outre mesure. C'est, d'ailleurs, vers le Rio-Grande do Sul que se portent une grande partie des colons portugais.

L'arrivée des premiers cultivateurs allemands dans l'Empire remonte à 1824 ; leurs établissements n'ont prospéré que dans la région méridionale et aux environs de Rio de Janeiro. Ailleurs ils ont péri, soit par le climat, par la fièvre des forêts et la fièvre des marais, soit par l'absence de routes, de secours, et par la pression du désert, soit encore par l'avidité et la mauvaise foi des compagnies d'émigration et des grands propriétaires, qui sont de vrais seigneurs féodaux, bien que la féodalité passe pour morte dans les pays dits civilisés. La moitié du Brésil appartient, dit-on, à six mille *fazendeiros* dont les *fazendas* sont cultivées par des esclaves que mènent le *eitor* et le *tocador*. Ces fazendas s'étendent, avec plusieurs horizons, sur des campos sans fin et des archipels de collines dans un océan de forêts. S'il n'y a pas plus de 6,000 grands possesseurs du sol pour la moitié de l'Empire, la fazenda couvre en moyenne 70,000 hectares, plus du neuvième d'un département français. A ce compte, 775 fazendeiros prendraient toute la France.

La proximité de l'Afrique a favorisé l'importation des Nègres au Brésil. Les Noirs s'élèvent au nombre de trois à quatre millions, parmi lesquels 1,800,000 esclaves. Peut-être l'importation d'Afrique est-elle arrêtée, mais il y a peu d'années les Négriers introduisaient encore annuellement 50,000 « bois d'ébène ». Excepté dans les provinces méridionales où se portent les Blancs, ils constituent, par force il est vrai, la classe laborieuse ; sur eux tombent la culture du sol, les mines, les lavages de diamants, les métiers qui veulent de la vigueur et de la résistance au soleil. Tous ne se valent pas. Les plus beaux, les plus obstinés dans la passion de la liberté sont les Minas, originaires de la côte de Guinée : quand la traite les renforçait presque quotidiennement par l'arrivée de nouvelles victimes arrachées au pays natal, ils ne perdaient jamais l'occasion de se révolter ; depuis l'arrêt du commerce de la chair noire leurs traditions s'effacent, mais le type des Minas reste supérieur au type des autres Africains, originaires du Congo libre ou du Congo portugais et de la Contracosta (côte opposée : les Brésiliens nomment ainsi le Mozambique, par rapport au littoral de Loanda, de Benguela et de Mossamedes).

Lorsque Cabral aborda sur le rivage de Porto Seguro, entre Rio de Janeiro et Bahia, juste au milieu du littoral brésilien, il éleva, dit-on, avant toute chose, sur le bord de la mer, une croix et un gibet. Les Indiens connurent bientôt la rigueur de ce dilemme, et leurs flèches ne les sauvèrent pas. Ceux qui courbèrent la tête sous le baptême périrent au dur service de leurs maîtres ; ceux qui se cabrèrent moururent sous le plomb et sous l'épée ; ceux qui s'enfuirent au loin derrière les caps des forêts diminuèrent de jour en jour, leurs erritoires de chasse et de pêche reculant devant l'invasion portugaise. Des couvertures d'hôpital empoisonnées par les varioleux dont elles avaient touché les pustules, portèrent l'anéantissement à des tribus qui se glorifièrent pendant quelques heures de ce cadeau des Européens. Ainsi disparurent des peuplades éternellement effacées aujourd'hui de la mémoire des sauvages leurs frères et des Portugais leurs bourreaux. A l'arrivée des Conquistadores de Lisbonne, les Indiens dominants étaient les Tupis, de la même race que les Guaranis du domaine espagnol; et les Indiens asservis appartenaient à la famille des Tapuyas.

Comme dans l'Amérique espagnole, les Indiens du Brésil sont des Indiens soumis ou des Indios bravos, appelés ici *Indios do matto* (Indiens du bois), *Caboclos* (hommes sans poil) ou *Bugres* : ce dernier mot, français d'origine, serait déshonnête en notre langue. Dans les provinces méridionales, plusieurs tribus se rattachent au tronc tupi. Sur le Rio Mucury et dans les solitudes de Minas Geraes, errent des débris de la nation tapuya, les Botocudos, ces sauvages hideux qui se passent dans la lèvre inférieure un énorme disque de bois (en portugais *botoque*, d'où leur nom). A ces sauvages s'ajoutent les Coroados et des peuplades dont personne ne sait le nombre, tant l'Empire brésilien renferme d'immensités inexplorées.

En s'alliant aux premiers occupants portugais, les Indiens tupis donnèrent naissance à des métis fameux, guerriers énergiques et cavaliers rapides, que fit surnommer *Mamalucos* (Mamelouks) la cruauté qu'ils déployaient dans leurs razzias sur le territoire castillan. Peu à peu ce mot de Mamalucos s'est étendu à tous les sang-mêlé du Blanc et de l'Indien. Les Mamalucos ont beaucoup fait pour l'exploration, la conquête et la mise en valeur du pays; les fameux *Paulistas* (habitants de la province de Saint-Paul), qui ont découvert tant de mines, reconnu tant de rivières, fondé tant de colonies et combattu pour l'indépendance, étaient et sont encore en majorité des Mamalucos. Avec les *Mineiros* de la province de Minas Geraes, métis qui, même, descendent en grande partie des Mamalucos de Saõ Paulo, les Paulistas dépassent les autres Brasileros en vigueur, en agilité, en activité, en ténacité, en courage. Semblables aux Auvergnats en France, ils émigrent par véritables bandes dans tout le Brésil.

Les Mulâtres sont le produit des Blancs et des Négresses; les *Cafuzos* proviennent du mariage des Noirs et des Indiennes. Presque tous les observateurs qui connaissent le Brésil jugent très-sévèrement la valeur des diverses classes issues de tous ces mélanges. En général, on peut dire que les Blancs perdent et que les Noirs gagnent sous l'influence des croisements.

Sur ces races vivant paisiblement côte à côte à l'exception des Indios bravos, passe le double niveau d'une même religion et d'une même langue. Presque tous les Brésiliens sont catholiques et parlent portugais. Cependant la langue guarani, vieil idiome indien, est encore d'un usage général dans plusieurs cantons des bassins du Parana et du Paraguay, principalement dans la province de Saint-Paul, et la lingoa geral ou tupi, autre langue indienne, règne concurremment avec le portugais dans la province de Graõ Para, et presque seule dans le Alto Amazonas.

Malgré l'absence d'une immigration proportionnée à l'étendue et à la fécondité de l'Empire, la population s'augmente promptement. Il n'y avait, assure-t-on, que 1,900,000 Brésiliens en 1776; 3 millions en 1807; 3,600,000 en 1818; 5 millions en 1840; près de 8 millions en 1856; il y en aurait 10 à 12 millions aujourd'hui. L'accroissement annuel serait de 200,000 âmes. Le pays est si fertile et si beau, le climat si sain, sauf les épidémies de fièvre jaune, la vie si facile, que les naissances l'emportent considérablement sur les décès; dans quelques provinces, le Rio Grande par exemple, les venues à la vie égalent deux à trois fois le chiffre des morts. De là, un doublement de la population en vingt-cinq ou trente années. Mais l'immigration des Portugais, des autres Méridionaux et des Allemands doublât-elle encore le mouvement ascensionnel, le Brésil n'aura pas de longtemps un nombre de Brésiliens en rapport avec ses prodigieuses ressources. Peuplé comme la France, — son sol et son ciel lui permettent de nourrir proportionnellement beaucoup plus d'habitants, — l'Empire portugais renfermera une nation de six cent millions d'hommes un jour, s'il ne s'éparpille pas en plusieurs États comme l'Amérique espagnole. L'entente n'est pas parfaite entre tous les groupes du peuple lusitano-américain : entre le nord et le sud, le centre et le littoral règnent des antipathies, et déjà Rio Grande do Sul s'est une fois séparée du reste de l'Empire; pendant neuf ans de guerre civile, elle a formé l'État indépendant de Piratinim. Minas Geraes a voulu également échapper au joug de Rio de Janeiro, et à peine le Brésil était-il pleinement hors de tutelle que Pernambouc se déclarait capitale de la Confédération de l'Équateur, comprenant quatre provinces : Pernambouc, Rio Grande do Norte, Parahyba et Céara.

Les deux villes les plus peuplées de l'Amérique méridionale se trouvent en Brésil, dans la *Beiramar* ou zone maritime.

Rio de Janeiro, capitale depuis le milieu du siècle dernier, renferme 235,000 habitants. Presque sous le Tropique austral, une passe de 4 kilomètres de largeur donne entrée dans une baie merveilleuse, petite mer intérieure que séparent de la grande mer extérieure la montagne de la Gavia et les pointes de la Tijuca (700 mètres) et du Corcovado (1,050 mètres). De la baie de Rio de Janeiro, qui a 200 kilomètres de tour, on peut hardiment proclamer ce qu'on a faussement dit de tant d'autres baies, elle pourrait donner asile à toutes les flottes des deux mondes. A une petite distance de la passe, sur la baie, s'élève Rio, en vue du Corcovado boisé et des monts bizarres de la serra dos Orgaôs. Rio est une place commerçante de premier ordre, un port très-fréquenté, une ville animée et régulière, élégante ou laide selon que ses rues logent des Blancs ou des Noirs. Les environs sont embellis par de ravissantes *chacaras* (villas). Les habitants de Rio se donnent le nom de *Fluminenses*.

Bahia (180,000 habitants), qui a pour banlieue le *Reconcavo*, le jardin du Brésil et sa campagne le plus densément peuplée, était capitale avant Rio, et de ce temps elle a gardé une physionomie archaïque, rare dans le nouveau monde, de vieux couvents, d'anciennes églises le long de rues escarpées. Bahia fait un commerce considérable; sa baie, la baie de Tousles-Saints, serait la première de l'Empire si celle de Rio n'existait pas : elle a 180 kilomètres de contour, des profondeurs de 60 mètres, et un chenal où il y a de 20 à 40 mètres d'eau l'unit à la mer. — Après ces deux baies, celle de Desterro, ou de Santa Catharina, dans le Brésil méridional, mérite encore d'être célébrée. — Bahia se trouve à 1,300 kilomètres au nord de Rio. Sur ses 180,000 habitants, la majorité appartient aux sang-mêlé. De nombreux Portugais viennent y chercher fortune.

Pernambouc (100,000 habitants) s'élève aussi dans la Beiramar, sur le bord de l'Océan, au nord de l'embouchure du Saô-Francisco, presque aussi loin de Rio que de Lisbonne. Son antique prospérité lui vint des Hollandais qui y régnèrent avant de céder ce beau rivage aux Portugais, comme ils cédèrent New-York aux Anglais. Le vautour urubu, amateur passionné de la charogne, se charge d'y tenir les rues propres. Pernambouc se compose en réalité de quatre villes : Recife, Saô-Antonio, Boa Vista et Olinda, cette dernière à cinq kilomètres de la mer, sur un pittoresque coteau.

A 350 kilomètres du cap Saint-Roch, aux dunes changeantes, **Fernando de Noronha** sert de colonie pénitentiaire au Brésil. Elle a dix kilomètres sur deux, de hautes falaises et un volcan mort de 190 mètres d'élévation.

GUYANE.

On ne peut sortir de la Guyane sans traverser l'eau. Ce pays est un ovale fermé par l'océan Atlantique au nord, et des trois autres côtés par de larges cours d'eau, le fleuve des Amazones, le Rio Negro, l'Orénoque et la Cassiquiare.

A qui arrive de la mer, la Guyane s'annonce par des bancs coquilliers, témoins de l'ancienne côte, puis par des fonds de vase apportés, grain d'alluvion à grain d'alluvion, par les fleuves. Derrière le rivage, se déroulent des terres plates et basses d'une fécondité prodigieuse, mais aussi d'une insalubrité mortelle, le « tombeau des Européens ». Les Nègres seuls résistent sans trop de peine aux miasmes qui montent des bords boueux des fleuves. La culture a peu entamé ce marais, patrie de serpents fâcheux, domaine préféré du crapaud qui y atteint les dernières limites de la laideur hideuse, dans les espèces du crapaud à cornes et du tede ou pipa ; souvent, après les averses, les rives des criques semblent marcher, tant les crapauds y grouillent. Où le marécage, où les plantations cessent, commencent les forêts vierges, aussi touffues, dit-on, et aussi majestueuses que les selvas amazoniennes.

Au sud de la zone mouillée par les marais et les criques, les savanes, inondées aussi par les rivières dans la saison des pluies, et fertiles ou médiocres suivant les roches du sous-sol, s'étendent jusqu'au pied des monts Guyanais ou Sierra Parime. Elles sont aux trois quarts inconnues.

La Sierra Parime recouvre de ses pics et de ses plateaux 80 à 100 millions d'hectares. Nul de ses monts les plus hardis ne touche, même de loin, à la région des froids supérieurs où la glace et la neige bravent toutes les chaleurs de l'année. C'est dans la profondeur de ses monts, autour d'un prétendu lac de Parima, que la superstition des Conquistadores avait placé le fameux *El Dorado*, la terre ruisselante d'or, étincelante de pierres précieuses. Pendant plus de deux siècles, des aventuriers, héros ou brigands, périrent de faim, de soif, de fièvres, d'épuisement, de morts violentes à la poursuite de ce mirage.

Des sommets de la Sierra Parime on descend au sud vers de nouvelles savanes, puis on s'enfonce dans les selvas des Amazones.

L'aire de l'île guyanaise égale environ trois France. La plus grande partie relève du Brésil et du Vénézuéla ; de vastes espaces sont disputés entre le Brésil et la France, et entre l'Angleterre, le Vénézuéla et le Brésil. Le reste appartient à la France, à la Hollande, à l'Angleterre.

GUYANE FRANÇAISE.

Voyez France : Colonies de l'Amérique du Sud.

GUYANE HOLLANDAISE.

Entre la Guyane française et la Guyane anglaise, la Guyane hollandaise prend au continent près de quinze millions et demi d'hectares, dont moins de cent mille cultivés. Le marais, le bois, la savane gardent le reste, et le garderont longtemps, car un climat fiévreux et énervant en écarte les Européens. Quant aux Nègres esclaves, ils suffisent à peine à empêcher la nature libre de reconquérir les plantations. Les Noirs maîtres d'eux se soucient peu de défricher la forêt, et les 7,500 Nègres marrons ou Nègres du bois, fils d'esclaves fugitifs, vivent au loin dans l'intérieur sans retourner le sol. Le sucre, le café, le cacao ont le premier rang dans les cultures de la colonie.

En 1866, la Guyane hollandaise, **Surinam**, comme on l'appelle communément, du nom du fleuve qui baigne sa capitale, comptait, en dehors des 7,500 Nègres marrons et d'un millier d'Indiens toujours décroissants, 53,000 habitants, parmi lesquels 36 à 37,000 esclaves. Des Portugais de Madère et plusieurs centaines de Chinois forment le premier ban des travailleurs libres par lesquels on espère remplacer les Noirs esclaves.

La langue usuelle est le hollandais. Comme religion, les Moraves ou Frères de Herrnhut, secte extrême du luthéranisme, constituent la majorité, puis arrivent par ordre les Païens, les Catholiques, les Protestants et les Juifs.

La capitale, **Paramaribo**, sur le Surinam, qui est fort large, à 3 ou 4 lieues de l'Océan, contient 24,000 habitants dans des maisons bordées de canaux et de jardins. La forêt serre de près les habitations, et l'herbe croît dans les rues de cette ville en décadence.

GUYANE ANGLAISE

La Guyane anglaise, démembrée de la colonie de Surinam en 1815, est resserrée entre la Guyane hollandaise et le Vénézuéla et s'allonge de l'Océan à la limite indécise du Brésil. Selon qu'on lui attribue ou qu'on lui refuse tout ou partie des territoires réclamés par l'Angleterre au Brésil et au Vénézuéla, sa superficie varie entre trois et vingt-six millions d'hectares.

Peut-être le climat de cette Guyane vaut-il mieux que celui de Cayenne et de Surinam. Les alluvions qui s'avancent à 20-70 kilomètres vers un intérieur peu connu, procurent à la zone riveraine une fertilité plus grande encore, s'il est possible, que dans les deux autres Guyane. Au delà des forêts profondes et des savanes où errent de misérables tribus indiennes, la sierra Parime atteint 2,250 mètres au Roraïma, montagne que termine une énorme tour rocheuse de 450 mètres d'élévation d'où s'abîment des cascades et des cascatelles.

La Guyanne britannique est plus cultivée que ses voisines. Elle a aussi beaucoup plus d'habitants ; il s'y trouve 155,000 hommes, dont un dixième consiste en Anglais ou en Blancs ; quarante et quelques mille sont des Indous et des Chinois engagés pour les plantations de sucre, les 80 à 100,000 Nègres libérés refusant de travailler pour leurs anciens maîtres. Les Indiens connus ne vont pas au delà de 7,000 ; les Indiens sauvages sont peut-être 25,000.

La religion protestante et les langues anglaise et hollandaise prédominent chez les Blancs et les Noirs. Les nouveaux engagés ont porté avec eux les dialectes et les religions de l'Inde ou de la Chine.

Georgetown (25,000 âmes), ou **Démérara**, s'appelait *Stabroek* pendant la domination hollandaise. Ce port insalubre, à l'embouchure du Démérara, ressemble à Paramaribo par ses canaux, ses jardins et ses palmiers. A 160 kilomètres environ, la cascade du Potato, récemment découverte, est une des merveilles de l'Amérique. Elle tombe de plus de 200 mètres de haut sur 100 mètres de largeur.

TROISIÈME PARTIE

LA FRANCE ET SES COLONIES

FRANCE.

Le Français s'exagère la grandeur de la France. C'est la moitié du globe pour le paysan qui ne connaît au monde que « Paris, la France et puis l'Angleterre, » ou, suivant les frontières, l'Allemagne, la Suisse, l'Italie, l'Espagne. Le soldat qui a vu l'Algérie, le marin qui a débarqué au Sénégal, en Cochinchine, à Nouméa, ont des idées plus réelles. Ils savent que l'univers ne tient pas entre Brest et Toulon.

D'ailleurs, quand on a couru la France en tous sens, de Paris en Belgique, à Strasbourg, au mont Cenis, à Menton, à Bayonne, à Brest, quand on a vu tant de villes opulentes dans des campagnes fécondes, tant de coteaux bleuissant d'horizon en horizon, tant de montagnes derrière lesquelles les plaines, les collines, les lointains, les panoramas recommencent, quand on a traversé tant de rivières, tant de taillis, tant de forêts ; quand on a gravi les Vosges, le Jura, la Côte-d'Or, le Morvan, les Alpes, les Pyrénées, les Cévennes, les volcans d'Auvergne, les dômes limousins, et touché de son pied la vague de nos trois mers, la Manche, l'Atlantique et la Méditerranée, on a peine à croire qu'un pays si vaste et si divers ne soit que *la deux cent cinquantième partie de la Terre*, les mers non comprises.

La surface de la France, avec la Corse, est de 54 à 55 millions d'hectares, et sa population se montait à 38,192,000 âmes, au recensement de 1866. L'Europe a 980 millions d'hectares et 293 millions d'habitants ; le monde entier s'étend sur 13 milliards 450 millions d'hectares et nourrit 1375 millions d'hommes.

La France donc, si grande dans l'histoire, n'est que le 250e de la Terre, et elle ne contient que le 36e des habitants du Globe. Comparée à l'Europe, elle en forme le 18e comme superficie, et comme population un peu plus du 8e.

Ajoutons à la France un vaste pays, l'Algérie, qui s'agrandira sûrement encore dans nos mains, ne fût-ce que jusqu'à la Malouia, sa frontière historique. Par sa proximité, ce n'est point une colonie ; officiellement, c'est la continuation du territoire au delà de la Méditerranée. En portant à 25 millions d'hectares au moins la surface utile de cette Afrique française, Tell, pâtures, oasis, on arrive, pour l'aire du sol national, à 80 millions d'hectares, le 168e de la terre, avec 41,100,000 habitants, le 33e de l'humanité.

En prenant toute l'Algérie, bons fonds et déserts, le territoire français s'étend à 121 millions d'hectares, le 111e du Globe. Enfin, en comptant toutes nos colonies et les pays protégés, autant vaut dire dépendants, l'étendue de la domination française se double : elle monte à 242 millions d'hectares, le 55e des terres, avec 44,800,000 âmes, le 31e des humains.

Le nom de France ne répond pas à la vérité des choses. Les principaux ancêtres connus de la nation s'appelaient Kymris au nord-est, Ibères au sud-ouest, Celtes à l'ouest et au centre ; le pays se nommait la Gaule, et l'ensemble des habitants les Gaulois. Les Romains conquirent le pays, ils n'y firent souche que dans quelques districts, mais s'ils modifièrent peu le sang gaulois, ils changèrent la langue de nos pères.

Provenus d'un mélange à doses ignorées où le Celte, mêlé à des autochthones inconnus, prépondéra avec le Kymri, au détriment de l'Ibère et du Romain, les Français n'étant point race pure et parlant une langue empruntée ne peuvent avoir de nom national. On les désigne d'après leur patrie, et cette patrie elle-même porte un nom faux. Il s'est passé chez nous ce que l'histoire a vu plusieurs fois : l'Asie réelle n'était qu'un district du monde grec ou du monde barbare voisin des Hellènes ; de proche en proche, le mot s'étendit à la plus grande des cinq parties du monde ; l'Afrique a pris de même le nom d'un mince canton riverain de la Méditerranée.

Ainsi de la France. Les Francs Saliens, Germains turbulents et pillards, vivaient sur les bords de l'Yssel, alors appelé Sala, près de la mer du Nord, dans le territoire qu'occupent aujourd'hui les plates provinces néerlandaises de la Gueldre et de l'Over-Yssel. Ils enlevèrent aux Romains de la décadence un maigre lambeau de notre sol actuel. Les roitelets d'une de leurs tribus se fixèrent dans une île de la Seine, en aval du confluent de la Marne, en amont du confluent de l'Oise, deux rivières qui étaient, avec l'Aisne, les routes de cette Germanie d'où venait le flot intermittent des immigrations armées.

Dans l'île de la Seine végétait Lutèce, depuis Paris, ville gallo-romaine et parlant latin, à laquelle les Francs n'imposèrent pas leur idiome teuton. Lutèce, bien située, prospéra et devint la tête de la contrée sillonnée de rivières que ses récents dominateurs avaient fait appeler France ou Ile de France. Peu à peu, le nom de France s'étendit avec le pouvoir des rois de Paris sur de grands territoires où le sang des Francs n'avait eu aucune part à la création de la nouvelle nationalité ; il finit par s'appliquer à des districts où les guerriers germains n'avaient jamais passé, ou, s'ils y avaient paru, c'était en conquérants d'un jour, armés et la torche à la main. De la sorte, le nom de France est arrivé à désigner aujourd'hui toute la région comprise entre la Manche, l'océan Atlantique, les Pyrénées, la Méditerranée, les Alpes, la Suisse, l'Allemagne et la Belgique.

La Gaule romaine allait jusqu'au Rhin ; la France, de ce côté, a perdu du terrain ; les guerriers et les agriculteurs allemands, la politique et les batailles ont diminué le domaine gallo-romain de tout le pays formant aujourd'hui les neuf provinces de la Belgique, une partie de la Hollande, le grand-duché de Luxembourg, la Prusse rhénane de la rive gauche et le Palatinat de Bavière. La France ne touche au Rhin que par deux départements où le français n'est pas l'idiome maternel.

Rarement la frontière politique d'un pays concorde avec la frontière naturelle ou avec celle que trace la différence des langages, des traditions et des mœurs.

Tout le long de la Belgique, les limites de la France sont arbitraires. Ni montagnes, ni rivières, ni déserts ne séparent les deux pays. Une plaine, une colline, un marais, un ruisseau, un bois, un champ, un village commencés en France s'achèvent en Belgique sans que rien, tout au plus un routin ou un canal, avertisse qu'on a changé de contrée, d'intérêts, d'orbite ; de même, sur nul point de la frontière la différence d'idiome n'a déterminé la ligne de scission. Presque toutes les communes des arrondissements d'Hazebrouck et de Dunkerque parlent flamand, comme vis-à-vis dans la Flandre belge, puis sur tout le reste de la limite franco-belge, le français et ses dialectes wallons règnent aussi bien en Belgique, dans le Hainaut, le Namur, le Luxembourg belge que dans nos départements du Nord, de l'Aisne, des Ardennes, de la Meuse et de la Moselle.

Vers le Luxembourg hollandais, même absence de frontières naturelles ; le Luxembourg continue la pente de la Moselle française et de ses affluents, et des deux côtés de la limite les bourgeois connaissent le français, tandis que la masse du peuple jargonne un patois allemand.

Du côté de l'Allemagne, la démarcation est longtemps fictive, puis à partir de Wissembourg, elle se fait par la Lauter, petite rivière, et par le puissant Rhin, fleuve aux eaux vertes, au courant rapide, aux îles multipliées. Mais les rivières, eussent-elles même 1000 mètres de large, sont-elles réellement des frontières ? Il est si facile de les traverser dans la paix ou ans la guerre ; les villages des deux rives se connaissent ; ils sont liés de mille manières par des ponts, des bacs, quelquefois des gués, et plus encore par des relations d'affaires, de travail ou de plaisirs et par des mariages. Pour qu'un cours d'eau soit une limite naturelle, il faut qu'il sépare deux langues, deux peuples. Ce n'est pas ici le cas. Politiquement, la France empiète sur l'Allemagne par ses populations germaines du Bas-Rhin, de presque tout le Haut-Rhin, de la moitié de la Moselle et d'une petite partie de la Meurthe. A l'inverse, l'Allemagne réelle empiète sur la France politique par les 1,300,000 individus plus allemands que français qu'elle projette sur notre territoire. Malheureusement pour les récentes annexions prussiennes, le droit de conquête se retourne contre le conquérant, et la communauté de langue devient stérile quand elle ne s'appuie pas sur la communauté des vœux. Voilà pourquoi l'on ne tient ici aucun compte du traité de 1871. Les Alsaciens et les Lorrains conquis restent pour nous France jusqu'au jour où il leur aura plu d'être Allemagne

A partir du point où le Rhin quitte Bâle pour Huningue, la frontière redevient absolument arbitraire du côté de la Suisse : des deux parts, les chaînons calcaires parallèles du Jura ; des deux côtés la même langue, qui est d'abord l'allemand pendant quelques lieues, puis le français. Rien ne différencie le Doubs, le Jura, l'Ain, départements de la France, d'avec le pays bernois de Porrentruy et d'avec Neuchâtel, Vaud et Genève, cantons de la Suisse.

De l'endroit où la France prend sa part du Léman, depuis l'annexion volontaire de la Savoie, jusqu'à la côte de la mer Méditerranée, la France a des limites presque constamment naturelles : le lac de Genève, et à partir de ce lac une haute arête des Alpes, qui nous sépare du Valais (Suisse) et du Piémont (Italie), en passant par deux des plus belles montagnes de l'Europe, le Mont-Blanc et le Mont-Viso. Cette frontière, caractérisée s'il en est au monde, ne s'accorde pas toujours avec ce qu'on pourrait appeler la frontière nationale, et cela à notre désavantage, car plusieurs vallées italiennes par leur versant sont françaises par leur langage. Telles sont la vallée d'Aoste et le val de la Doire Ripaire où débouche le chemin de fer du Mont-Cenis.

De la Méditerranée à l'Océan, il eût été facile de séparer la France de l'Espagne par un tracé raisonnable ; il aurait suffi de suivre la ligne de divorce des eaux. On ne l'a pas fait partout ; la frontière chevauche tantôt du côté de la France, tantôt du côté de l'Espagne, selon que les bergers de l'une ou de l'autre nation ont eu de temps immémorial la jouissance des pâturages sur les deux versants de la montagne. Nombre de rivières françaises ont leurs sources en Espagne, la Nivelle, les Nive, le Gave de Pau, la Garonne, l'Ariége. De même des torrents espagnols commencent en France, comme l'Irati, affluent de l'Aragon, la Sègre et la Mouge, tributaire du fleuve Lobrégat. Les deux infractions les plus graves à la régularité de cette frontière se trouvent aux origines de la Garonne et de la Sègre. La Garonne, un de nos grands fleuves, a ses deux branches initiales dans un bassin tourné vers la France et qui n'a pas moins de 55,000 hectares ; ce bassin, le val d'Aran, appartient à l'Espagne dont l'isolent les plus hautes Pyrénées. En revanche, le bassin supérieur de la Sègre, importante rivière catalane qui va se jeter dans l'Èbre, nous appartient pour 50,000 hectares. Nous gagnons 5,200 hectares sur le haut Irati, mais nous en perdons 16,800 sur la Nivelle et les Nive naissantes. Nous n'avons donc pas l'avantage dans l'échange de territoire qu'entraînent ces limites à contre-sens. Les diplomates des deux nations sont revenus plusieurs fois à l'œuvre depuis 250 ans à l'occasion de ce tracé de frontières, mais ni la France ni l'Espagne n'ont à s'en féliciter.

La France regarde trois mers : la Manche, l'océan Atlantique, la Méditerranée.

La Manche conduit les navires du profond Atlantique à la mer du Nord, qui est peu profonde, excepté dans le voisinage de la Norvége. **Dunkerque** (33,000 hab.), port français très-animé, donne précisément sur la mer du Nord, mais tout près de cette ville, à l'ouest, la mer devient goulet et prend le nom de Pas-de Calais, d'une ville de France qui, de tout temps, fut le principal point de départ pour l'Angleterre, comme vis-à-vis, Douvres est le lieu d'embarquement pour la France le plus fréquenté par les Anglais. De Douvres à Calais il n'y a que 28 kilomètres. Avec un de ses anciens faubourgs, **Saint-Pierre-lès-Calais**, ville de fabriques, **Calais** a 30,000 âmes. Les insulaires d'Albion sont nombreux dans cette ville, qui resta jusqu'en 1558 tête de pont de l'Angleterre sur le territoire français.

De la frontière de la Flandre belge à Calais, des dunes bordent la côte, dunes qui ont valu à Dunkerque son nom qui veut dire *Église des dunes* en flamand. Ces collines sablonneuses seront bientôt fixées par des semis de pins qui deviendront une forêt continue où le vent du nord, tamisé dans les aiguilles, versera des murmures semblables aux bruits affaiblis des lointaines cascades. Sur ce trajet la mer reçoit l'Aa (80 kilom.), rivière navigable qui coule dans des watergans (marais desséchés) au-dessous de **Saint-Omer** (22,000 hab.).

Au delà de Calais, les dunes et les falaises se partagent la rive. Le cap Gris-Nez ne s'appelle point ainsi de la couleur de ses roches, mais par corruption des deux mots *Crag-Ness* (cap des Rochers). C'est la terre française la plus rapprochée de l'Angleterre ; il recule en moyenne de 25 mètres tous les cent ans devant l'empiètement de la vague.

A l'ouest et au sud du cap Gris-Nez, le Pas-de-Calais s'élargit. Il devient la Manche, bras de mer peu profond, dangereux par ses tempêtes. La Manche ronge sans relâche et fait écrouler des falaises, détruisant ainsi dans ces parages le continent mètre par mètre. **Boulogne** (40,000 âmes), à l'embouchure de la Liane (48 kilom.), doit au voisinage de l'Angleterre de tenir le troisième rang pour le commerce, après Marseille et le Havre ; les Anglais y fourmillent et leur langue y est assez connue.

Au delà des embouchures de la Canche (95 kilom.) et de l'Authie (100 kilom.), deux claires rivières dans de coquettes vallées très-peuplées, la Marquenterre déploie ses 20,000 hectares d'alluvions plates derrière un bourrelet de dunes. La mer, il y a dix siècles, flottait encore, dans ses marées les plus hautes, autour des îlots de craie du golfe qu'a remplacé ce beau domaine agricole et où débouchaient alors l'Authie et la

Somme. Les alluvions émergèrent définitivement, grain par grain, et à force de canaux, de digues d'îlot à îlot, la boue liquide, d'abord indécise entre ses deux éléments, se tassa en terre ferme. Des atterrissements nouveaux accroissent encore tous les jours ces polders de Picardie.

La Marquenterre précède la baie de la Somme, dont les galets et les sables se découvrent à marée basse sur une vaste étendue. La Somme est remarquable par l'extrême régularité de son volume d'eau : à l'étiage, les fontaines abondantes de son bassin crayeux fournissent encore 20 mètres cubes d'eau par seconde à ce fleuve de 245 kilomètres de longueur, qui serpente au sein d'une plaine marécageuse et tourbeuse; dans les fortes crues, la Somme entraîne rarement plus de 80 mètres par seconde, soit *quatre fois* seulement la masse des eaux très-basses. En France encore, mais sous un autre climat, le Vidourle mène à la Méditerranée *quinze mille fois* plus d'eau dans les crues exceptionnelles que dans les étiages les plus faibles! La Somme tire ses eaux supérieures de collines dépassant de très-peu 100 mètres d'altitude : elle passe à **Saint-Quentin** (35,000 hab.), ville qui travaille le coton et la laine, à **Amiens** (64,000 hab.), cité des plus industrielles, à **Abbeville** (20,000 hab.). La cathédrale d'Amiens est un des premiers monuments de l'art : à une église parfaite il faudrait, disait-on, « clochers de Chartres, nef d'Amiens, chœur de Beauvais, portail de Reims. »

Au midi de Cayeux que la dune, fixée maintenant, a cessé d'assiéger, un peu au nord de l'embouchure de la charmante Bresle (72 kilom.), commence une côte de falaises crayeuses, l'honneur de la Normandie avec les beaux herbages, les ravissants vallons et la sinueuse Seine. Démantelées à raison d'un mètre de recul tous les trois ans par « la mer qu'on ne peut appaiser, » les falaises s'effondrent incessamment dans les flots. Elles dominent la Manche par des murailles régulières, hautes souvent de plus de cent mètres; de temps en temps elles s'ouvrent aux *valleuses*, brèches de la roche, et laissent arriver au réservoir marin des fleuves microscopiques, qui sont très-clairs et fort abondants pour l'étendue de leurs bassins; ils diminuent peu en été, irriguent de merveilleuses prairies et donnent la vie à d'innombrables usines. Le plus grand se forme par la réunion de l'Arques (52 kilom.), de l'Eaulne (48 kilom.) et de la Béthume (60 kilom.) : il tombe dans la mer à **Dieppe** (20,000 hab.), port profond et sûr où l'on a parlé de faire déboucher un canal de grande navigation reliant Paris à la Manche. Plus loin se trouve **Fécamp**, premier port de pêche de la France pour la morue, le hareng et le maquereau ; puis viennent les falaises fameuses d'**Étretat**. Le Cap de la Hève, mangé de deux mètres par an, commande l'embouchure de la Seine et **Le Havre** (87,000 hab.), second port français faisant à lui seul le quatrième ou le cinquième du commerce de la nation. Par un privilége immense, la mer n'y baisse pas dès qu'elle est arrivée au culmen du flot ; elle reste pleine trois heures avant de commencer à descendre, et pendant tout ce temps les vaisseaux portent sur des eaux profondes. La Manche, les navires des deux mondes, le golfe de la Seine, les villas gracieusement étagées des coteaux, la falaise excusent à demi l'hyperbole d'un poëte célèbre qui a dit, en parlant du Havre : « Après Constantinople, il n'est rien d'aussi beau. » D'ailleurs, ce poëte, Delavigne, était Havrais.

A l'ouest de l'embouchure de la Seine, la plage se flanque de vases venues du fleuve et de sables qui accroissent ici le continent. La vague ne bat plus le pied des falaises qui furent le rivage et qui ont plus ou moins reculé dans les terres, en proportion de la masse de débris déposés par les courants à leur basse. Trois jolis fleuves se perdent sur ce littoral, coup sur coup, dans la mer, tous trois descendus des collines du Merlerault, dont les herbages entretiennent une race de chevaux d'élite ; ce sont la Touques (108 kilom.), la Dives (100 kilom.) et l'Orne (158 kilom.) : celle-ci baigne les maisons de **Caen** (42,000 hab.), ville riche en églises et en vieux monuments civils.

Un des vaisseaux de l'Invincible Armada, brisé en 1588 sur un rocher voisin du rivage, laissa à cet écueil son nom de Calvados, qui a passé à tout un long archipel de roches périlleuses, et de cet archipel à un département. A Port-en-Bessin, des filets d'eau s'échappent de la roche ou soulèvent à marée basse le sable du littoral. Ces sources ne sont point des fontaines ordinaires : à 3 kilomètres au sud, non loin de Bayeux, deux rivières se rencontrent au pied d'une colline de 72 mètres d'altitude, l'Aure (40 kilom.) et la Dromme (60 kilom.). A peine réunies, elles entrent dans les quatre Fosses du Soucy, qui sont de petits bassins où des béloires (crevasses) s'ouvrent dans le sol ; des fouillis d'herbes, des broussailles, des arbres cachent ces fissures, et l'eau disparaît sans bruit, sans tourbillons et sans cascades. Dans les deux ou trois mois de grandes pluies, la rivière n'est pas dévorée tout entière par les Fosses, elle suit la pente de la vallée et descend vers l'estuaire de la Vire par le lit du cours d'eau qui se nomme l'Aure Inférieure ou simplement l'Aure. Mais pendant les trois quarts de l'année, elle finit en apparence dans les quatre gouffres. Arrivées sous l'ombre, les eaux de l'Aure et de la Dromme se divisent : une partie va revoir le jour par la source considérable de l'Aure inférieure ; l'autre coule dans les entrailles des collines et va ressortir sur les grèves de Port-en-Bessin.

Après un cordon de sables, la côte redevient rocheuse. Aux roches de Grand-Camp, elle s'infléchit au midi pour former l'estuaire de la Vire (132 kilom.) et de la Taute (55 kilom.). La Vire descend des charmantes collines du Bocage et baigne **Saint-Lô**. La Taute et son affluent, la Douve (69 kilom.) serpentent languissamment au milieu de larges prairies faites des alluvions qui comblèrent d'anciens fiords. L'estuaire de la Vire est encombré par de larges grèves et par des bancs de sable que recouvre la haute mer.

A l'ouest du golfe de la Vire, le rivage remonte au nord, pour tourner ensuite à l'ouest, puis au sud et circonscrire ainsi, par un trajet de 330 kilomètres, la presqu'île du Cotentin, la seule importante en France avec la Bretagne. Par son climat, ses prairies humides, son aspect, le Cotentin rappelle plus qu'aucune autre région française l'herbagère et moite Albion. Falaises et grèves s'y succèdent le long des flots irritables ; heureusement la côte est frangée d'une multitude de criques, et où la nature n'avait point échancré de vrais ports, l'homme en a créé. Fait à coup de millions, le port de **Cherbourg** (37,000 hab.) peut abriter 400 vaisseaux de ligne sur 1,000 hectares, derrière une digue qui est un chef-d'œuvre du génie et de la patience. **Granville**, port de pêche, occupe un rocher de la côte occidentale du Cotentin, côte qui s'étend des magnifiques rochers du Nez de Jobourg à la baie du Mont-Saint-Michel, et dont le principal cours d'eau est la Sienne (76 kilom.). Les **Iles Chausey**, à 12 kilomètres au large de Granville, ne sont que des écueils portant sur un plateau sous-marin. A marée haute, on n'y voit que des roches, à marée basse de vastes grèves rattachent les traînées d'îlots, les brisants et les blocs isolés. Paris tire de là une partie de ses pavés.

Le raz Blanchard, le passage de la Déroute, l'entrée de la Déroute, détroits où il faut lutter contre des vents furieux, des courants de 16 kilomètres à l'heure, des remous, des bancs, des roches, séparent le Cotentin d'un archipel voisin de la France, mais appartenant à l'Angleterre, l'archipel des îles normandes.

Ces quatre îles, **Jersey, Guernesey, Aurigny, Serk**, n'ont pas ensemble 20,000 hectares, mais elles font vivre plus de 90,000 personnes ; leurs campagnes sont favorisées par un climat égal et pluvieux, leurs côtes sont pittoresques, leurs ports animés par le commerce et la pêche. La langue anglaise fait des progrès à **Saint-Hélier**, la capitale, et en général dans les villes, et elle domine dans Aurigny, mais le français et le patois normand restent, l'un l'idiome civilisé, l'autre le langage courant du peuple de cette petite Normandie, rameau arraché du tronc, mais encore imprégné des sucs originaires.

A la baie du Mont-Saint-Michel finit le littoral de la Normandie qui n'est plus, avec la Saintonge et la côte basque, la patrie de nos plus nombreux et de nos plus vaillants marins : ces trois rivages ont cédé le pas à la Bretagne et à la Provence. A la marche de la Normandie et de la Bretagne, la Sée (63 kilom.), la Sélune (60 kilom.) et le Couesnon (90 kilom.), les deux premières rivières normandes, le dernier rivière bretonne, filtrent dans les sables mobiles de la baie du Mont-Saint-Michel.

La baie du Mont-Saint-Michel se nomme ainsi d'un rocher granitique élevé, presque entièrement couvert de maisons, de remparts, de ruines, avec une église et une immense abbaye au sommet. Avant longtemps le continent reprendra autour de cette noble colline 25,000 hectares qui lui appartenaient jadis; mais, pour le moment, la marée y monte, dans ses grands jours, d'une quinzaine de mètres, élévation qu'elle n'atteint ou ne dépasse que dans la baie de la Severn (Angleterre), dans la baie de Fundy (Amérique anglaise du Nord) et à l'entrée du détroit de Magellan (Amérique du Sud). A cette hauteur de marée, le flot engloutit dans la baie du Mont-Saint-Michel 25,000 hectares de grèves sous 1,345 millions de mètres cubes d'eau (700 millions seulement en mortes eaux). A mer basse, il y a du rivage à la vague dix kilomètres de grèves.

La côte bretonne commence par la baie de Cancale, aux huîtres chéries du gourmet. Ici le vieux rivage a cessé depuis des siècles de border le flot de la Manche; il s'élève au-dessus du Marais de Dol, petite Hollande dont les 15,000 hectares de terres d'apport se sont groupées autour de l'antique îlot granitique du Mont-Dol. Mais bientôt les rochers touchent au vrai rivage et poussent constamment des avant-postes dans la mer, écueils isolés ou traînées blanchissantes qui ont fendu bien des navires. Ces avant-postes sont, à vrai dire, des arrière-gardes, les restes d'un ancien littoral démoli par les coups de bélier de la vague infatigable. Toute la rive de Bretagne a tellement été façonnée par d'anciens glaciers et par la mer que des estuaires, des ports innombrables découpent en zigzags ses collines de schiste et de granit. Les Bretons sont les premiers marins de la France, comme leur compatriote la Tour d'Auvergne en fut le premier grenadier.

Saint-Malo, mère des corsaires, commande l'estuaire de la Rance (110 kilom.). Avec **Saint-Servan**, ville hors murs, elle a 23,000 habitants. Plus à l'ouest, **Saint-Brieuc** ne s'élève pas sur la Manche, mais sur le Gouet (48 kilom.), à 6 kilomètres d'une baie où la mer découvre de vastes lits de sable. De nombreux estuaires, le long de ce littoral, permettent aux navires d'un fort tonnage de remonter au loin dans les terres; au bout de l'estuaire, ce qui semblait un large fleuve devient un gros ruisseau ou une étroite et indigente rivière : tels sont le Trieux (72 kilom.), qui passe à **Guingamp**, le Tréguier (58 kilom.)

le Guer (71 kilom.), rivière de **Lannion**, la rivière de **Morlaix**.

En face de l'île d'**Ouessant** (1,558 hect., 2,400 hab.), dont une mer clapotante assaille le plateau nu, à 20 kilomètres de la rive, se termine la côte de la Manche. Son développement, en y comprenant 72 kilomètres pour la mer du Nord, est de 1151 kilomètres, le long de neuf départements, le Nord, le Pas-de-Calais, la Somme, la Seine-Inférieure, le Calvados, la Manche, l'Ille-et-Vilaine, les Côtes-du-Nord, le Finistère.

Ce dernier département, le Finistère, tire précisément son nom, qui devrait s'écrire Finisterre, de sa situation à la borne commune de la Manche et de l'Atlantique, au bout de la presqu'île de Bretagne, à la fin des terres. Rares sont les côtes où la mer a plus de sauvagerie, de colères et de gonflements qu'à la pointe de ces promontoires terminaux de la France occidentale. Sur peu de côtes l'Océan a creusé plus de baies et plus de petites anses, calmes à deux pas des flots bouleversés, resserrées et comme intimes à quelques jets de pierre des vagues sans bornes.

La France possède sur l'Atlantique 1025 kilomètres de côtes. D'abord, à l'est de la pointe de Saint-Mathieu, s'ouvre le goulet qui mène dans la rade de Brest, mer intérieure où « 500 vaisseaux de guerre manœuvreraient à l'aise; » sur la rive septentrionale de cette rade, **Brest** (80,000 hab.) est le premier port militaire français de l'Océan; la sûreté de ses eaux et l'avancement de la péninsule bretonne vers l'Amérique du Nord lui réservent peut-être la prépondérance commerciale de l'ouest. Dans la rade de Brest tombe l'Aulne (122 kilom.), sinueuse rivière.

La presqu'île de Crozon sépare de la rade de Brest la baie de Douarnenez, bordée de hameaux de pêcheurs d'où se voient les trois sommets et les croupes à bruyères du Méné-Hom, qui est la tête des Montagnes Noires. On sort des eaux de Douarnenez par le terrible passage du Raz, où se pressent les noms lugubres. Là sont la baie des Trépassés et l'Enfer de Plogoff. A 6 kilomètres, l'île de **Sein**, ou de Sizun, n'a que 60 hectares, avec 650 habitants, pêcheurs et sauveurs de navires. Une frange de flots tumultueux, des écueils, une écume dont l'embrun cache l'île à la mer et la mer à l'île, pas d'arbres, des pierres debout, des pierres portées, des pierres couchées, témoins d'une race inconnue et d'une religion morte : voilà Sein, voilà la rive bretonne ; les vieux monuments de l'homme y sont des blocs solitaires, des amas de roches et des avenues de pierres sur des landes nues, et sur ces landes siffle le vent qui porte avec lui la fraîcheur de l'Océan, l'odeur marine et le fracas ou l'harmonie des larges eaux vertes.

Au delà de la baie d'Audierne et des roches noires de Penmarch arrivent par des estuaires l'Odet (62 kilom.), venu de **Quimper**, la Laïta (74 kilom.), formée à **Quimperlé**, le Blavet (145 kilom.) sur lequel **Lorient** (38,000 hab.), port militaire, a sa belle rade et ses chantiers de constructions navales. Vis-à-vis de la rade de Lorient, l'île de **Groix**, ou de **Saint-Tudy** (1,476 hectares, 4,043 hab.) oppose au flot des falaises schisteuses.

La côte de Carnac, fameuse par ses avenues de menhirs, se termine avec la péninsule de Quiberon, ancienne île granitique rattachée au continent par un cordon de dunes. Des traînées de roches, l'île d'**Houat** (219 hab.), couverte de blé, l'île d'**Hœdic** (238 hab.), « banc de sable défendu par une ceinture de rochers, » continuent cette péninsule, et protégent avec elle la mer intérieure où débouchent la rivière d'Auray (50 kilom.), le Morbihan et la Vilaine. Le Morbihan — son nom breton signifie *Petite Mer* — est un golfe vaseux et peu profond, renfermant soixante îles ; il ne reçoit que des ruisseaux, dont l'un passe à **Vannes**. La presqu'île de Ruis, qui le sépare de l'estuaire de la Vilaine, se baigne dans un climat d'une telle douceur que le laurier-rose, le grenadier, l'aloès, arbres d'Afrique, y croissent en pleine terre. La Vilaine, fleuve de 220 kilom. de longueur, passe à **Rennes** (52,000 hab.), capitale de la Bretagne avant 1789.

En avant de Quiberon, d'Houat et d'Hœdic, **Belle-Isle** (7,000 hect.; 10,000 hab.) envoie à 64 criques les ruisseaux qui ont rafraîchi ses pentes nues; ses coteaux à bruyères, ses prairies et ses fertiles terres à blé. Heureusement pour les pêcheurs de cette île surpeuplée, sa *Côte de fer* a deux bons ports, « qui ont sauvé 10,000 caboteurs pendant les guerres de la République et de l'Empire. »

De la Vilaine à la Loire, la presqu'île de Guérande borde l'Océan de marais salants, puis de dunes maintenant fixées A l'embouchure de la Loire, **Saint-Nazaire** (20,000 hab.) conquiert rapidement l'importance commerciale que Nantes perd aujourd'hui dans ces parages.

Au sud de la pointe de Saint-Gildas, on passe de l'estuaire de la Loire dans la baie de Bourgneuf, formée par un rentrant du littoral et par l'île de Noirmoutier. La baie de Bourgneuf diminue sans cesse; l'Océan qui ruine les promontoires bretons porte en partie leurs débris dans ses eaux tranquilles; à ces débris s'ajoutent ceux des caps de Noirmoutier, que le flot scie sans relâche, les alluvions de la Loire, les apports des petits fleuves côtiers. De plus, le sol s'exhausse : insensiblement, mais il s'exhausse. Les anciens marais, faits des dépôts amenés par l'eau salée et l'eau douce autour de l'île de Bouin et de quelques îlots calcaires, s'allongent aux dépens de la baie par de nouveaux marécages. Depuis cent ans, la seule commune de Bourgneuf n'aurait pas gagné moins de 500 hectares. L'étendue de tout le Marais s'élève à 30,000 hectares.

Par le retrait de la mer et l'extension du continent, l'île de **Noirmoutier** (5,000 hect., 6,000 hab.), que sauvent de l'Océan des dunes et des digues, finira par se nouer à la terre ferme, dont déjà elle fait presque partie à marée basse, car le détroit de Fromentine n'a plus que 1,500 à 2,000 mètres de largeur. Noirmoutier ne connaît ni l'ombrage ni les fontaines, mais son sol est fécond, et ses marais salants d'un grand rapport.

A 20 kilomètres des dunes de Saint-Jean-de-Mont et du port de Saint-Gilles, l'**île Dieu** ou **île d'Yeu** (3,000 hab., sur moins de 3,000 hect.) perd en bruyères la moitié de son territoire granitique, qui est protégé contre la mer par des bourrelets de sable ou par des roches toujours assaillies et mouillées

Des dunes et des rochers se succèdent ensuite le long du littoral poitevin jusqu'aux **Sables-d'Olonne**, et des Sables-d'Olonne à l'embouchure du Lay (104 kilom.), qui est voisine de la pointe de l'Aiguillon : celle-ci abrite la baie de l'Aiguillon, golfe de vases molles semblables à la baie de Bourgneuf en ce que le soulèvement lent du sol et les dépôts fluviatiles et marins y rétrécissent de plus en plus le domaine de l'Océan. Il y a quelques siècles, la baie de l'Aiguillon poussait au loin ses branches dans les terres jusqu'à Luçon, à Fontenay, à Niort et à Aigrefeuille. L'homme aidant la nature par un réseau serré de canaux et de digues, la petite mer intérieure, qui asseyait patiemment ses vases autour d'une vingtaine d'îlots calcaires, s'est à la fin changée en un marais auquel prennent part les trois départements de la Vendée, des Deux-Sèvres et de la Charente-Inférieure. Ce marais, Hollande française dont les habitants, les *Huttiers*, vivent autant sur leur canot qu'à terre, s'étend sur 40,000 hectares. La baie de l'Aiguillon a pour tributaire la Sèvre Niortaise (165 kilom.), rivière bleue qui doit ses superbes fontaines et celles du Pamproux, son affluent, aux eaux que boivent les plateaux filtrants du Poitou. Au pied de **Niort** (20,000 hab.), la Sèvre quitte son étroite et ravissante vallée pour les plaines du Marais. Elle reçoit la Vendée qui donne son nom à un département.

La baie de l'Aiguillon fait face à l'**Ile de Ré**, laide et dépouillée. Ré donne asile à une population si travailleuse que ses vignobles, ses marais salants, ses parcs à huîtres, la pêche et le cabotage y soutiennent 16 à 17,000 habitants sur un territoire de 7 mille et quelques cents hectares. La *Côte sauvage*, vis-à-vis de la grande mer, y pose une digue au flot qui ruisselle incessamment sur les falaises, les émiette ou les mine et les fait tomber bloc à bloc. Sur la rive tournée vers le continent s'ouvrent des ports fréquentés par les caboteurs.

Par-dessus un bras de mer étroit, la pointe méridionale de l'île de Ré regarde **la Rochelle** (20,000 hab.), qui fut le principal port de France quand les Saintongeais étaient nos premiers marins, avant la prise de la ville calviniste par Richelieu, avant la perte du Canada que la Saintonge avait colonisé autant que la Normandie, la Bretagne et le Poitou. L'**Ile d'Aix** (129 hect.; 356 hab.) commande l'embouchure de la Charente et l'une de nos rades les meilleures et les plus sûres. Il y a moins de 500 ans on allait encore, à mer basse, de la côte ferme à cette île, mais l'Océan ronge ici le continent qu'il accroît au nord de la Rochelle ; il a enlevé et dispersé l'isthme qui reliait Aix à la terre, isthme où s'élevaient les deux villes de Châtelaillon et de Montmélian.

Des marais salants, inoffensifs ou funestes suivant qu'ils sont en activité ou abandonnés sous le nom de marais gats ; des marais non salants, berceau des fièvres intermittentes s'ils ne sont qu'à demi-desséchés ; des laisses de mer non encore conquises par des digues, tel se présente le rivage malsain qui va de la Charente à l'estuaire de la Seudre. La Seudre, faible ruisseau, devient tout à coup un fleuve large de 400 à 800 mètres en mortes eaux, de 1,000 à 1,500 en eaux vives, et assez profond pour les grands vaisseaux. Sans les bancs de sable et la mauvaise mer de son embouchure, la Seudre aurait prêté son estuaire aux établissements maritimes installés près de là par Colbert à Rochefort, sur la basse Charente. Les salines immenses, les parcs où se cultivent les huîtres sans rivales de Marennes, le cabotage d'une dizaine de petits ports situés sur la Seudre même ou sur les chenaux navigables qui y débouchent, donnent quelque importance commerciale aux rive plates et singulièrement monotones de l'estuaire.

Le pertuis de Maumusson est peu profond, étroit, bruyant, violent et dangereux ; à l'est, il bat de ses eaux la presqu'île d'Arvert, à l'ouest, il se heurte à l'île d'Oleron. La presqu'île d'Arvert, entre la Seudre et la Gironde, fait front sur la mer en dunes immobilisées maintenant par des forêts de pins ; à l'époque où les sables s'avançaient vers l'intérieur, en ensevelissant parfois à toujours des vallons et des hameaux, c'était un dicton de la Saintonge que les « monts marchent en Arvert. »

L'île d'Oleron ressemble à l'île de Ré par sa *côte sauvage* tournée vers la grande mer, par ses ports tournés vers la terre ferme. Comme Ré, elle se divise en marais salants, en champs et en vignes. Elle a de plus qu'elle de vastes dunes qui se sont ombragées de pins et ont cessé depuis lors de cheminer de la côte au centre et d'ensabler les maisons et les cultures. Sur une étendue deux fois plus grande que Ré (15,326 hect.), Oleron n'a guère plus d'habitants (18,178).

La Gironde, l'un des estuaires les plus allongés et les plus vastes de l'Europe, le premier de la France, a 10 kilom. de largeur; en atteignant l'Océan, elle se rétrécit à 6 kilom. entre Royan et la pointe de Grave, cap dont la protection contre une mer furieuse a dévoré des millions à la France. Cordouan, îlot menacé et phare magnifique à 10 kilm. au large, fut en son temps une roche continentale.

A la pointe de Grave commence la côte des Landes, longue de 220 kilomètres, de la Gironde à la barre de l'Adour. Le littoral landais est presque invariablement rectiligne; hors l'échancrure du bassin d'Arcachon, il n'a ni baies, ni embouchures de grandes rivières, ni ports, ni villes ni hameaux. Les navires fuient ce rivage sans abri, périlleux et toujours le même, blanc de sable au pied de ses dunes, sombre de pins sur leurs versants et à leurs sommets. Avant qu'elles fussent arrêtées dans leur marche processionnelle vers l'est, ces dunes barraient les *courants* ou ruisseaux de l'intérieur; elles en refoulaient les eaux et constituaient à la longue des étangs littoraux, séparés maintenant de l'Atlantique par des chaînes de sable. Sur ces étangs, étangs d'Hourtins et Carcans (5,330 hect.), de la Canau (2,000 hect.), de Cazau (6,500 hect.), de Biscarosse (6,000 hect.), etc., des villages groupent leurs maisons dans les pins, parfois ébranchés et ressemblant alors, en beauté moindre, au noble palmier, en vue des nappes d'eau rouilleuse valant de loin les flots bleus des lacs de montagnes. Mais devant la ligne noire des rameaux où se tamise le vent de la mer, près de l'Océan qui détone, il n'y a que quelques phares, de rares cabanes de pêcheurs, et, environ de dix kilomètres en 10 kilomètres, un corps de garde de douaniers, seuls avec le flux et le reflux, la brise ou la tempête, le sable, les touffes de gourbets (*arundo arenaria*), les gramens, les chênes-liége et les mille et mille colonnes du péristyle de la forêt des pins maritimes.

Le nom du bassin d'Arcachon est devenu célèbre depuis qu'une charmante ville de bains et ville d'hiver, **Arcachon**, a grandi sur sa plage méridionale, à l'entrée des dunes où frémissent les plus beaux pins de la France. Ce bassin prend en hautes eaux 14,660 hectares au département de la Gironde.

N'était la barre de son goulet et la méchanceté de la mer à l'embouchure, on y pourrait créer un port de refuge du premier ordre. Mais l'homme, qui lutte à la rigueur contre l'Océan, est impuissant s'il combat à la fois la vague et le sable : l'une et l'autre reviennent toujours à la charge. On n'a pas osé en faire une immense rade, et l'on s'en sert maintenant comme d'huîtrière. Le bassin d'Arcachon reçoit la Leyre (84 kilom.), qui vient des Landes. La Leyre est une très-jolie rivière; ses fontaines lui apportent des eaux filtrées dans le sable, claires quand elles ne sont pas rougies par l'oxyde de fer, et abondantes jusque dans les étés les plus redoutables pour les sources.

Du goulet du Bassin à la bouche de l'Adour, on rencontre successivement : l'embouchure du courant de Mimizan, par où se versent en mer les plus grands étangs de la Lande ; le chenal du Vieux-Boucau, qui fut un moment l'embouchure de l'Adour lorsque ce fleuve, barré par les sables en aval de Bayonne, fut contraint de remonter au nord parallèlement à la côte ; le chenal de Cap-Breton, qu'emprunta aussi momentanément l'Adour : aux temps où le fleuve gagnait la mer par ce goulet, **Cap-Breton**, aujourd'hui bourg dormant, était une forte cité marine, et son nom a passé à une grande île du golfe du Saint-Laurent. On croit que les premiers colons français de l'Amérique du Nord provenaient de cette ville; ils devinrent la souche des Acadiens, nation vivante encore après avoir été aussi maltraitée et aussi dispersée que le peuple juif.

Vis-à-vis des dunes et des vignes de Cap-Breton, plantées dans le sable pur et protégées du vent par des brandes, le Gouf de Cap-Breton, curieuse fosse de 380 mètres de profondeur, dans une mer dix fois moins profonde, serait assez vaste et assez tranquille pour qu'on y établît un port en refuge.

A l'embouchure de l'Adour se promène une barre dangereuse, qui se rit des digues et des estacades. Près de **Biarritz**, ville de bains d'été, la côte, de sablonneuse et droite, se fait rocheuse et frangée, et ses caps dominent des anses mal abritées où la mer fait rage. Si, du haut des promontoires, l'horizon est resté sublime avec ses vagues, sa mer infinie, les

Pyrénées, la côte espagnole, on ne voit plus les pêcheurs basques partir en flottilles pour aller harponner la baleine, qui a disparu de cet océan. **Saint-Jean-de-Luz**, dernier port français de ce littoral, recule devant l'Atlantique, plus terrible peut-être ici qu'en Bretagne. **Hendaye** est notre dernier village sur cette côte ; il commande l'embouchure de la Bidassoa, en vue de la Rhune, du Jaïsquibel, des Trois Couronnes et du Choulcocomendia, monts du pays basque français et du pays basque espagnol. La Bidassoa (70 kilom.) sépare ici la France de l'Espagne : entre Hendaye et la noble **Fontarabie**, ville ruinée, ce petit fleuve s'épand en golfe, mais à une lieue dans la montagne, c'est un torrent pur coulant dans la roche.

Sur la Méditerranée, nous possédons environ 700 kilomètres de plages.

Une côte dentelée, qui plus loin devient sablonneuse avec des étangs derrière le cordon littoral, donne au rivage méditerranéen des Pyrénées-Orientales une grande ressemblance avec le rivage océanien des Basses-Pyrénées : **Bagnols, Port-Vendres, Collioure**, s'y abritent au pied des monts Albères, ainsi que Saint-Jean-de-Luz et Biarritz au pied des Pyrénées : seulement le climat a changé ; l'olivier et les vignes à vins de feu du Roussillon couvrent ici les collines qu'habillent dans le pays basque le maïs et les *touyaas* ou bruyères.

Ainsi que dans le pays de Bayonne, cette rive rocheuse est très-courte. Elle fait place à une côte sablonneuse et rectiligne qu'entr'ouvrent trois embouchures de petits fleuves pyrénéens non navigables, mais d'une grande importance pour l'irrigation : le Tech (82 kilom.), si redoutable dans ses inondations qu'on l'a surnommé le *justicier de la contrée*, la Têt (125 kilom.), l'Agly (93 kilom.), ont fait de la plaine du Roussillon, incommodée de vent et de soleil, un jardin d'une fraîcheur et d'une force de production admirables, notre *huerta* valencienne, notre *vega* grenadine. **Perpignan**, sur la Têt compte 25,000 habitants.

Les étangs de ce littoral ont des rives plates et malsaines. Ils communiquent avec la mer par des *graus* (chenaux) perçant le cordon aréneux, qui parfois est si bas que le flot des tempêtes le submerge en partie. L'étang de Saint-Nazaire s'étend sur 1,000 hectares ; l'étang de Leucate ou de Salces partage ses 5,700 hectares d'eaux et de vastes plages souvent à sec entre les Pyrénées-Orientales et l'Aude ; l'étang de Sigean (2,750 hectares), séparé par un bourrelet de sable de l'étang de Gruissan, vaste de 900 hectares, et à la veille d'être desséché, débouche dans la Méditerranée par le chenal de la Nouvelle. **La Nouvelle** entretient de grandes relations avec l'Algérie, de même que **Narbonne**, ville à laquelle la relie une robine ou canal navigable. Narbonne fut sous les Romains une des reines de la Gaule, aujourd'hui ce n'est qu'une petite cité, mais elle fait un important trafic de vins. Les gros vins du Midi s'appellent communément en France vins de Narbonne.

A côté de l'étang de Vendres, l'Aude (208 kilom.) entre dans la mer. Ce fleuve descend de la région des Pyrénées où se conservent les plus belles sapinières de France, et coule au fond de gorges d'une profondeur, d'une aridité et d'une obscurité sinistres : on s'y croirait perdu dans un cañon du Nouveau-Monde. A **Carcassonne** (22,000 hab.), il passe dans la zone où l'olivier commence à croître. Après l'Aude, tombe l'Orb (144 kilom.), fils des Cévennes : l'Orb, torrent limpide, serpente à la lisière du bassin houiller de Graissessac, traverse un très-riche pays de vignobles, et baigne la colline de **Béziers** (28,000 hab.) ; à l'étiage (2 mèt. cubes et demi par seconde), il roule *mille fois* moins d'eau que dans ses crues maximum (2,500 mèt. cubes).

Après l'Orb, l'Hérault (197 kilom.), qui débouche en mer près d'**Agde** et du Saint-Loup, volcan éteint. Fils aussi des Cévennes, l'Hérault passe des fraîches montagnes du **Vigan** aux fameuses gorges de Saint-Guilhem-le-Désert, calcaires et arides, et de celles-ci dans une vallée soleilleuse, domaine de la vigne et du poudreux olivier ; **Pézenas**, sur ce fleuve, est le marché régulateur des eaux-de-vie en France et en Europe. La vraie tête de l'Hérault semble être la Vis, qui tombe dans le lit commun à l'entrée du beau bassin de Ganges. La Vis sort toute faite de la roche, par une source énorme, au fond d'une gorge cévénole, puis se tord dans un long défilé.

A la base du mont isolé de Saint-Clair, recommence le chapelet des étangs, séparés du flot par une très-étroite levée de sable que des graus interrompent : sur cette levée s'allongent les rails du chemin de fer de Toulouse à Marseille ; dans ces étangs passe le canal qui relie au Rhône le célèbre canal du Midi. Ce dernier, long de 242 kilomètres, rattache la navigation de la Garonne à la mer Méditerranée, de là son autre nom de canal des Deux-Mers.

Le premier, le plus beau de ces nouveaux étangs, l'étang de **Thau**, vaste de 7 à 8,000 hectares, étend sa nappe d'eaux bleues peu profondes, navigables pourtant, et souvent secouées en tempête par le mistral, sur près de 20 kilom. de longueur, avec une largeur de 2,000 à 6,000 mètres. Son onde est salée, mais du fond monte une source d'eau douce extrêmement abondante à la suite des grandes pluies, la fontaine d'Abisse qu'on dit provenir d'infiltrations de l'Hérault. **Cette** (24,000 hab.), le port français méditerranéen le plus actif après Marseille, — son commerce a lieu surtout avec l'Algérie, — occupe le pied du Saint-Clair, sur un chenal navigable allant de la mer à l'étang de Thau.

Au nord-est du Thau, se suivent les étangs d'Ingril (1,000 hect.), de Palavas (1,500 hect.), de Maguelonne (1,300 hect.), de Pérols (1,200 hect.), de Mauguio (3,600 hect.), tous bordés de salines. Les eaux du Mauguio confinent aux nombreux étangs d'Aigues-Mortes, utilisés aussi comme marais salants. A leur tour, les étangs de la curieuse **Aigues-Mortes**, qui a si bien conservé sa féodale enceinte, touchent à la Camargue ou delta du Rhône.

De l'Hérault au Rhône, la plage se transforme par le soulèvement lent du sol, et lorsqu'on approche de la Camargue, par les alluvions du Rhône. Elle ne donne passage sur tout ce trajet qu'à trois petits fleuves : le Lez sort, à raison de 800 à 1,000 litres au moins par seconde à l'étiage, d'une grotte ouverte dans un immense roc à pic, au pied du Saint-Loup, pyramide de 633 mètres de haut, exhaussée et faite superbe par son isolement ; il coule au pied de la colline de **Montpellier**

(56,000 hab.). Le Vidourle (100 kilom.) arrive à rouler 1,500 mèt. cubes par seconde, *quinze mille fois* les 100 litres de son débit d'étiage; il serpente près des coteaux où croît le fameux vin de **Lunel**. Le Vistre reçoit la belle fontaine de **Nîmes** (60,000 hab.), ville industrielle, capitale religieuse des protestants du Midi : par ses monuments antiques, Nîmes est la Rome française.

Au delà des vases, des sables, des branches de fleuve et des chenaux d'étangs de la Camargue, un canal naturel, qui par malheur n'a qu'une profondeur insuffisante, joint la mer à l'étang de Berre, bassin de 15,000 hectares dont les rives sont occupées par de grandes salines. L'approfondissement du chenal en ferait la rade de Brest de la Méditerranée française, car il est aisément accessible, sûr, et de taille à recevoir les plus fortes flottes. Sa profondeur de 3 à 10 mètres diminue insensiblement par les limons de la Durance et par les apports de la Touloubre (68 kilom.) et de l'Arc (85 kilom.); le dernier de ces deux torrents coule près d'une ville qui fut grande sous les Romains, **Aix** (28,000 hab.).

A l'est du chenal de l'étang de Berre, le littoral, de plat qu'il était, de vaseux, sableux et malsain, se change en une côte rocheuse. La mer y prodigue les indentations, et la montagne des promontoires éternellement léchés et d'heure en heure amoindris par la langue rugueuse du flot. Sur le contour gracieux des anses ou *calanques* abritées du nord par les éperons des chaînes riveraines, le plus clair soleil de France égaye et attiédit l'air; l'oranger, et à partir de Toulon le palmier lui-même, témoignent de la douceur du climat. Sous un ciel bas, gris et sifflant, la verte vague bretonne s'aplatit en écume avec plus de colère contre ses falaises, mais la vague bleue de Provence murmure sur de plus riants et de plus harmonieux rivages, et les caps qu'elle froisse en ses jours de fureur, montent bien plus haut que les promontoires du Finistère. Le cap Roux, roche de porphyre, atteint 489 mètres. Quelle pluie du flot pourrait injurier son sommet comme l'Océan mouille la tête des roches rougeâtres de l'Enfer de Plogoff? La côte provençale, voilà la vraie « belle France », et ses habitanis sont nos premiers marins après les rudes nourrissons de la Bretagne.

Marseille (313,000 hab.), premier port de la France, de la Méditerranée, de l'Europe continentale, superbe par ses nouveaux quartiers, très-animée, et pleine de spéculateurs hardis, commerce principalement avec les pays méditerranéens, l'Italie, l'Espagne, l'Orient, l'Algérie, puis avec le Brésil et la Plata. Des services réguliers de bateaux à vapeur pour les grands ports italiens, espagnols, orientaux, nord-africains, pour l'Inde, la Cochinchine, la Chine et le Japon, pour l'Amérique du Sud, y amènent un immense flot de voyageurs de tous les climats. L'échange d'hommes et de choses entre l'Algérie et la métropole se fait presque exclusivement par Marseille, qui est vraiment la seconde ville de France, bien qu'il y ait à Lyon vingt et quelques mille habitants de plus.

Allant toujours à l'est, on remarque ensuite la baie de **Cassis**, aux fonds de coraux : la baie de **la Ciotat**, port qui construit beaucoup de navires à vapeur ; les ports petits de **Bandols** et de **Saint-Nazaire** ; **Toulon** (77,000 hab.), premier port de guerre français en Méditerranée, sur le bord d'une rade à la fois très-vaste et très-sûre : de Toulon partit, il y a quarante ans, l'expédition d'Alger, qui devait doubler le territoire de la France et nous ouvrir un continent.

Puis vient la rade d'**Hyères**, assez étendue (15000 hectares) pour servir de champ d'évolution aux escadres toulonnaises. Elle est protégée du large par les **îles d'Hyères**, par **Porquerolles** (300 hab.), vêtue de pins et de chênes, par **Port-Cros** (120 hab.), sauvage, élevée, « couverte de lavande et de fraisiers, » et par l'île du **Levant**, ou **Titan**, qui renferme une colonie pénitentiaire et des bois pleins de serpents.

La rade de Bormes précède la rade de Cavalaire, que suit le golfe de Grimaud, dont le port est **Saint-Tropez**. Sur la plage fiévreuse où **Fréjus** garde quelques monuments de la grandeur romaine, débouche l'Argens (100 kilom.), grandi par les abondantes fontaines d'une région montagneuse plus riche qu'aucune autre de France en sources considérables ; il débite 13 mètres cubes par seconde à l'étiage. La rade profondément enfoncée d'Agay, le cap Roux, d'innombrables criques embrassées par des collines de porphyre, terminent le littoral merveilleux du département du Var, auquel succède le rivage des Alpes-Maritimes, plus merveilleux encore, sous un climat plus tiède et plus égal.

Dans le golfe de la Napoule se perd le Siagne, très-remarquable par l'opulence d'eau des sources de son bassin et la profondeur de ses *clus* (gorges) : malgré la brièveté de son cours, il verse près de 5,000 litres d'eau par seconde à la mer en temps d'étiage. **Cannes**, défendue par l'Estérel, que gravissent des bois d'oliviers, est le midi par excellence de la France continentale, car par l'élévation de sa moyenne annuelle et par l'équilibre des saisons elle l'emporte sur Naples même. Plus que Nice, reine officielle de cette côte en serre-chaude, Cannes a le droit de se dire la première des villes d'hiver.

Le Var (135 kilom.), torrent ravageur dont les eaux disparaissent souvent dans les ténèbres de *clus* affreuses, a tout son cours hors du département qui a gardé son nom. A l'étiage il roule 28 mètres cubes par seconde, dans les hautes eaux 4,000 mètres cubes ou 143 fois plus. C'est entre **Antibes** et **Nice** (52,000 hab.) qu'il s'abîme dans la Méditerranée. **Monaco**, où le jeu fait tort à la mer, ne vaut pas **Menton**, dernière ville française sur ce littoral ; Menton vaut presque Cannes et s'agrandit comme elle.

Maintenant que les rivières, les chemins qui marchent, abdiquent devant les voies de fer, qui vont plus vite et ne connaissent pas le chômage estival et les résistances du contre-courant ; depuis que les canaux d'irrigation portent les eaux d'un bassin dans un autre, du Drac, par exemple, dans la vallée de Gap et de la Neste au Gers ; depuis que des tunnels percent les Alpes mêmes, la montagne n'a plus sa vieille importance comme ligne de divorce des eaux et des peuples.

Mais elle sépare toujours les climats en appelant ou en arrêtant les vents et les pluies ; par elle se font les déserts, par elle les déserts n'empiètent point sur les zones de culture.

Puis, de leurs sommets descendent les alluvions humaines aussi bien que les alluvions terrestres : par l'apport vivant de la montagne, le plat pays se maintient ou s'accroît en peuple comme les plaines s'enrichissent et comme les deltas s'allongent par les débris des terres élevées. Dans l'air sain des sommets, dans les gorges ruisselantes, sur les hautes prairies, à la lisière des forêts froides, loin du luxe, de la soif d'honneurs, de l'ambition hâtive, de la vie facile, des soleils énervants, s'endurcissent et s'augmentent des familles qui vont prendre en bas les places vides faites par la corruption, l'épuisement et le calcul. Ainsi Paris est envahi par les Auvergnats, les Limousins, les Marchois, les Cévénols, les Savoyards qui émigrent dans le reste de la patrie française en qualité d'ouvriers du bâtiment, d'hommes de peine, de porteurs d'eau, de commissionnaires, de ramoneurs. Pas de ville de France, même des plus petites, qui ne possède son marchand ou son ouvrier d'Auvergne sur le chemin de la fortune par le labeur et l'épargne.

Cette Auvergne, dont les rustres tenaces se retrouvent en tout lieu, fait partie de ce que nous appelons le **PLATEAU CENTRAL**.

Sous divers noms locaux, avec des altitudes différentes, le Plateau Central couvre huit millions d'hectares, plus du septième de la France. Au sud, dans l'arrondissement de Saint-Affrique (Aveyron), il est très-rapproché de la Méditerranée ; à l'est, dans l'arrondissement d'Yssengeaux (Haute-Loire), il n'est pas loin de la vallée du Rhône ; du côté du nord, aux sources de l'Indre, il touche à la plaine ou Champagne de Châteauroux, que la Sologne, autre plaine, rattache à la Loire ; à l'ouest, les landes, les granits, les bois de châtaigniers du Nontronais (Dordogne), traversés par l'Isle et la Dronne, lui appartiennent encore. Il prend tout ou partie de 22 départements : le Cantal, le Puy-de-Dôme, l'Allier, la Loire, la Haute-Loire, l'Ardèche, le Gard, l'Hérault, la Lozère, l'Aveyron, l'Aude, le Tarn, la Haute-Garonne, le Tarn-et-Garonne, le Lot, la Corrèze, la Creuse, l'Indre, la Vienne, la Haute-Vienne, la Charente et la Dordogne. De ses granits, de ses schistes, de ses calcaires, sur lesquels les forces souterraines ont en mainte contrée soulevé des ampoules de volcans maintenant éteints, et vomi des trachytes, des basaltes, des laves à présent refroidies, découlent six de nos grandes rivières, dépendant de trois de nos bassins; de ses hautes vallées descendent les Auvergnats, les Limousins, les Marchois, les Aveyronais, les Cévénols, qui sont le principa fonds de réserve de la nation.

Le Plateau Central sert d'assise à beaucoup de montagnes : la plus élevée, point culminant de la France intérieure, le Puy-de-Sancy, père de la Dordogne, porte à 1,886 mètres la pointe de sa noble pyramide, trop aiguë pour que la neige de l'hiver séjourne longtemps sur ses parois dans la belle saison. C'est le monarque des **MONTS DORE**, qui distribuent leurs eaux entre la Dordogne et l'Allier. De son sommet, que de toutes les cimes de la France centrale on voit trôner dans l'éther de l'horizon, le regard erre à l'infini : au pied du pic se déchire la profonde vallée d'érosion de la Dordogne; plus loin miroitent des lacs, vieux cratères. De ces lacs, le plus beau — il n'apparaît pas du Puy-de-Sancy, — le lac Pavin, a 96 mètres de profondeur; il dort à la base du cône boisé de Montchal, volcan qui a fermé sa source de laves. Au midi de ces lacs se profilent les monts de Cézallier (1,478 mèt.) et du Luguet (1,555 mèt.), trait d'union entre les Monts Dore et les monts du Cantal.

Au septentrion des Monts Dore, dont de grands dykes, des chaussées-de-géants (rangées de prismes basaltiques), des chenaux de rivières sciés dans la lave, proclament l'origine volcanique, les **MONTS DÔME** sont volcaniques aussi, avec des cratères mieux conservés. On compte 70 à 80 de ces cratères, s'élevant de 100 à 200 mètres au-dessus d'un plateau de pâturages nu qui a de 800 à 1000 mètres d'altitude. Les *chéires*, courants de laves versés par les bouches ignivomes, ont coulé au loin, ensevelissant la roche ou le sol et barrant les rivières tributaires de l'Allier et de la Sioule, et la Sioule elle-même. Où l'eau n'a pu entamer assez bas la chéire, elle a reflué en lacs diminués à mesure que le courant approfondissait son canal : il ne reste guère qu'un de ces lacs occasionnels dans les Monts Dôme, le lac d'Aydat, et un dans les Monts Dore, le lac Chambon. Le lac de Tazana remplit un cratère. Beaucoup de chéires, telles que celle de Volvic, sont d'immenses carrières de pierres sombres ou rougeâtres valant aux cités qu'elles composent l'épithète de villes noires. Le mont majeur de cet égrènement de volcans morts, le Puy-de-Dôme, n'a que 1,465 mètres d'altitude, mais il commande de plus de 500 mètres ses racines sur le plateau, de 1100 mètres Clermont et la Limagne; sa forme est élégamment pyramidale, ses flancs sont boisés. Vu de la plaine, dans son magnifique isolement, il enchaîne autrement l'admiration que bien des montagnes deux fois plus élevées. En vain le Puy-de-Sancy le dépasse de 420 mètres, le Puy-de-Dôme était le pic le plus digne de donner son nom au département.

Du pied des Dore et des Dôme, en tirant vers l'ouest, on arrive, de croupe en croupe, de pâturage en pâturage, d'horizon en horizon large et nu, aux **MONTS DU LIMOUSIN** dont nul n'atteint 1000 mètres, bien que plusieurs arrivent à 900 dans les départements de la Corrèze, de la Creuse et de la Haute-Vienne. Les monts limousins n'ont point de pics, mais des dômes, peu de forêts, mais de vastes taillis et beaucoup de bruyères où souffle un vent froid, seul bruit qui réveille un écho dans le silence des hauteurs, avec le murmure du torrent qui ruisselle et le bourdonnement des cascatelles du vallon. Les prairies y sont très-vertes, savoureuses, bien nourries d'eau; les vallées où la Vienne, la Maulde, le Taurion, la Creuse, le Chavanon, la Corrèze et la Vézère puisent des flots frais et clairs, un peu rouges cependant, abritent du vent des plateaux des sites ravissants de fraîcheur, de calme et de grâce sévère. On a comparé le Limousin à l'Écosse, sans se rappeler que l'Écosse a des lacs, des fiords et la mer; à part cela, les bruyères écossaises ressemblent souvent aux brandes limousines par leur solitude et leur luxe d'eau. Le sommet culminant, le Mont de Meymac (978 mèt.), regarde les herbes du plateau de Millevache, point de départ de la Vienne et de la Vézère; il dépasse de 24 mètres son voisin, le mont Odouze, auquel on a longtemps attribué, sans doute au hasard, une altitude de 1,364 mètres.

Au midi des Monts Dore se lève le **CANTAL**, qui a passé son nom à un département. Le Plomb du Cantal (1,858 mèt.), second pic de la France intérieure, est le mont principal de ce groupe volcanique dont les basaltes et les trachytes couvrent plus de la moitié du département. Des forêts, des massifs de sapins, des eaux vives alimentées par des neiges longtemps persistantes, y embellissent des vallons étalés en éventail autour du noyau central et s'abaissant rapidement vers l'Allier, vers la Dordogne, vers la Truyère, branche du Lot. La plupart des croupes cantaliennes sont dépouillées, et les pâtures où croissent les premiers bœufs de l'Auvergne y prennent au dommage des sites, des sources, du climat, au détriment du haut et du bas pays à la fois, la place qu'occupaient dans le vieux temps des bois vierges.

La Planèze, froid plateau de céréales de 1,000 mètres d'altitude au moins, forme remblai entre les têtes du Cantal et les vertèbres de la **MARGERIDE**. Celle-ci est une chaîne granitique au profil monotone ; elle a bien mieux gardé ses arbres que le Cantal et elle est toute noire de bois qui, des sommets de la croupe, vont assombrir au fond des gorges les eaux pressées courant à l'Allier ou à la Truyère. Dans ces forêts tourmentées par de longs hivers, les loups rôdent encore en bandes quand la neige recouvre le sol. Il y a cent et quelques années une louve toujours affamée y assaillit autant d'hommes, de femmes et d'enfants que le tigre le plus implacable de l'Inde, et l'on parle encore de la Bête du Gévaudan dans les misérables cabanes des forêts inclinées vers la Truyère, dans les deux départements de la Lozère et du Cantal. La hauteur maîtresse de la Margeride, le Truc de Randon, monte à 1,554 mètres.

De la Margeride aux monts d'Aubrac, il faut marcher sur les affreux plateaux gelés de la Lozère, sur le Palais-du-Roi, qu'on dirait ainsi nommé par ironie, car il ne porte que des étables et des cabanes fouettées pendant six mois de l'année par des vents mouillés de neige. Puis, on franchit la sauvage Truyère ou la Colagne, affluent du Lot. Les **MONTS D'AUBRAC**, chaîne volcanique, se signalent par quelques forêts, de petits lacs, des pâturages choisis d'une vaste étendue, des *orgues* ou colonnades basaltiques. Le pic de Mailhebiau y atteint

1,471 mètres. Des sommets des monts d'Aubrac, on voit se tordre des gorges déchirées fuyant vers la profonde coupure où passe le Lot ; plus loin se prolongent jusqu'à l'horizon les **PLATEAUX DU ROUERGUE**, causses ou ségalas sans fontaines et mal ombragés, d'une altitude de 500 à 700 mètres. Les *causses*, qui sont calcaires, donnent du blé ; les schisteux *ségalas* donnent du seigle, comme leur nom l'indique. Au sud-est de la causse de Rodez se dessine le Levezou, stérile et granitique ; il porte la grande forêt des Palanges. Le Pal, à la source du Viaur, dépasse quelque peu 1,100 mètres.

La causse de Sauveterre, d'une effrayante aridité, est élevée de 900 à 1000 mètres ; elle s'étend des défilés du Lot aux défilés du Tarn. Ainsi que le cours supérieur de ces deux rivières, elle mène à la Lozère, qui fait partie des Cévennes.

Les **CÉVENNES** ne s'appellent Cévennes qu'à l'arrière-plan du département du Gard ; partout ailleurs, de leur émergence à leur fin, elles changent de nom à brefs intervalles. Elles ont ceci d'admirable qu'elles séparent constamment deux climats, deux végétations, deux natures avec une netteté unique dans les chaînes de peu de largeur et d'élévation moyenne. Au nord, la pluie, la neige, l'eau prodiguée par de frais versants, les prairies, les ondulations molles, l'horizon estompé ; au midi, le soleil, la chaleur, l'éclat, la sécheresse, l'aridité, la poussière, la vigne, l'olivier, les fontaines rares, mais fortes et claires, les chocs de couleur, les horizons crus, plus beaux pourtant qu'au septentrion. Quel contraste, à quelques lieues de distance, entre la verdure de Mazamet et les marbres diversicolores de Caunes, entre l'Agout à la Salvetat d'Angles et le Jaur au-dessous de Saint-Pons, entre la vallée de la Dourbie à Nant et l'Hérault à Ganges et à Saint-Guilhem, entre le Tarn à Pont-de-Montvert et les gorges ensoleillées des Gardons! Pourquoi le plus odieux des vents haïssables, le mistral, rappelle-t-il aux villes du bas Languedoc, illuminées par tant de rayons, que bien qu'en vue de la Méditerranée, elles sont à une journée de marche de l'empire du Nord ?

Entre Toulouse et Carcassonne, le col de Naurouze (189 mèt.) s'évase au bas d'une colline couronnée par un monument à la mémoire de Riquet, le créateur du canal du Midi. Ce col livre passage au chemin de fer de Bordeaux à Cette, et au canal des Deux-Mers ; au sud le pays se relève vers les Pyrénées, au nord commencent les Cévennes. Elles n'ont d'abord que 500 mètres d'altitude, sous le nom de monts de Saint-Félix ; dans la Montagne-Noire, au sud de Mazamet, ville protestante qui fabrique des draps, le pic de Nore arrive à 1,210 mètres ; dans les monts de l'Espinouse, près de la source de l'Agout, une cime atteint 1,122 mèt. ; les monts Garrigues commandent le Larzac, plateau de calcaire jurassique pauvre d'eau, d'herbes, d'arbres, et terminé sur la Dourbie, le Tarn et la Sorgues par des falaises d'une hauteur énorme : l'altitude du Larzac varie entre 750 et 900 mètres.

A l'origine de la Vis, de l'Arre, de l'Hérault, trois torrents translucides qui se réunissent plus bas dans un même lit, les belles montagnes granitiques ou schisteuses du Vigan, cultivées en terrasses, diaprées de verdure, boisées de châtaigniers et de hêtres, bien arrosées, oscillent entre 1,000 et 1,567 mètres : cette dernière altitude est celle de l'Hort-Dieu, principale cime de l'Aigoual.

De l'Aigoual à la Lozère, l'arête et les chaînons sont le filtre où le Tarn, ses hauts affluents et les Gardons s'approvisionnent. Là vivent les fils des Camisards, Cévénols qui se débattirent longtemps contre les forces du Grand Roi, après la révocation de l'édit de Nantes, avec la force que donne le droit, l'enthousiasme des fanatiques, la solidité et la ténacité des montagnards. Pendant qu'ils luttaient, leurs coreligionnaires quittaient par milliers la France, ils fortifiaient la Suisse, la Prusse, la Hollande, l'Angleterre, et franchissaient la mer pour aller prendre part en Afrique à la fondation de la nation des Boers.

La LOZÈRE, ensemble de granits, de schistes, de micaschistes, chaîne pelée pleine de croupes en ruine, a 1,702 mètres au point culminant ; d'elle divergent l'Allier, le Lot, le Tarn et des affluents du Rhône. Le déboisement l'a tellement ravagée, avec les plateaux dont elle domine l'attristant horizon, que le département de la Lozère renferme maintenant moins d'habitants qu'en contenait, il y a un siècle et demi, le pays de Gévaudan, et pourtant le Gévaudan avait une étendue moindre que le département qui l'a remplacé. Dans la Lozère, dans presque toutes les Cévennes, trois choses ont diminué ou disparu avec les bois : la terre arable, la prairie et la source. Jadis bien des fontaines cévénoles *bramaient*, selon l'énergique expression du patois de ces pays, c'est-à-dire qu'elles bruissaient, bouillonnaient, tourbillonnaient dans leur bassin d'émission. Aujourd'hui elles sont taries, ou elles arrivent sans bruit, sans éclat, immobiles, impuissantes à leur modeste vasque d'émergence.

Au nord de la Lozère, aux sources du torrent qui donne son nom au département de l'Ardèche, les Cévennes, qui déjà ne s'appellent plus ainsi, se bifurquent pour enserrer la vallée de la Loire. La branche de gauche, ou monts du Velay, sépare la Loire de l'Allier ; celle de droite, ou monts de l'Ardèche, sépare la Loire du Rhône.

Les **MONTS DU VELAY** rappellent les Monts Dôme par leur piédestal granitique de 800 à 1100 mètres d'altitude et leurs volcans éteints de 50, 100, 200 mètres d'élévation au-dessus des laves ruinées du fertile plateau. Jadis plus de cent cheminées y lançaient des fumées rougies, des cendres chaudes, des jets de matières fondues. L'un des cratères est maintenant occupé par le lac du Bouchet ; le cratère de Bar, au-dessus d'Allègre, a laissé échapper la masse d'eau qui l'emplissait, et depuis la fuite du lac, les parois internes de l'antique chaudière ignivome se sont garnies de hêtres superbes, comme en partie les parois extérieures. Le Bois-de-l'Hôpital, qui est la tête principale des monts du Velay, se dresse à 1423 mètres. Ainsi que les Dôme et presque toutes les chaînes françaises, les monts fort nus du Velay se reboisent aujourd'hui.

Les montagnes qu'on aperçoit par les beaux temps au nord du cratère de Bar, les **MONTS DU FOREZ**, n'ont point reçu de revêtements volcaniques sur leurs anciennes roches. Les monts du Forez ont pour cime suprême le front chauve de Pierre-sur-Haute (1,640 mètres). Ils ont conservé quelques forêts. Il en est de même de leurs prolongements septentrionaux, les Bois-Noirs, où se lève le Puy de Montoncel (1,292 mètres), et les monts de la Madeleine.

Comme les Cévennes, les **MONTS DE L'ARDÈCHE** font partie de la grande arête européenne entre les eaux qui se creusent à l'Atlantique et les fleuves qui tombent dans la Méditerranée. Sous les noms de Tanargue, de Forêt-de-Bauzon ou montagnes de la Chevade, de plateaux de la Champ-Raphaël, ils se répandent d'abord, avec vingt-cinq à trente cônes volcaniques, aux sources de la Loire, de l'Ardèche et de ses affluents. Dans cette région, le Gerbier-de-Jonc, pyramide trachytique nue d'où ruisselle la première fontaine de la Loire, atteint 1,562 mètres.

Entre le Tanargue et la rivière d'Ardèche, six volcans indépendants des grands centres d'éruption français, les Gravennes de Montpezat et de Soulhiol, les volcans de Burzet et de Thueyts, les Coupes de Jaujac et d'Ayzac, ont dégorgé dans le bassin de ce cours d'eau de longues et larges coulées basaltiques. Ces coulées, le temps les a désagrégées, les flots les ont rongées, elles ont perdu l'uniformité de leurs masses, et elles offrent, en maints endroits, d'admirables colonnades de basalte.

Le prince des sommets qui accidentent l'arête entre les deux mers dans la France du centre, le Mézenc a 1,754 mètres. Les fontaines intermittentes de laves, de trachytes, de basaltes, de phonolithes qui se versèrent, d'éruption en éruption, sur une grande portion de l'Ardèche et de la Haute-Loire, et en cachèrent les granits et les gneiss constitutifs, semblent avoir jailli principalement aux environs de cette montagne, qu'on voit si bien des hauteurs du Puy-en-Velay : un grand cratère se reconnaît encore au sud du Mézenc, à la Croix-de-Boutières.

Le Tanargue est l'un des groupes recouverts de matières souterraines par l'expectoration des volcans. Le second groupe est le Mégal, entre la Loire et son affluent le Lignon du Sud. Le Mégal assoit ses cônes sur les plateaux d'**Yssengeaux**, et ses coulées se développent jusqu'aux monts granitiques de la Chaise-Dieu. Elles franchissent donc la Loire, à Chamalières, entre le mont Gerbizon et le mont Miaune dont le fleuve, faible encore, a mis des siècles de siècles pour user les laves et les granites et pour évider à leur place des gorges de 550 mètres de profondeur. Du Mézenc à la Chaise-Dieu, le courant de laves avait près de 60 kilomètres de long sur 10 de large, avec 400 à 500 pieds d'épaisseur moyenne.

Autant que les orgues, les roches rouges et les dykes des monts du Velay, les colonnades, les rochers, les aiguilles volcaniques du Mégal font l'originale beauté de la haute vallée de la Loire et de la contrée du Puy-en-Velay. Près du village des Estables, qui n'a pas moins de 1,353 mètres d'altitude, sur un versant du Mézenc, dort le charmant lac de Saint-Front, appelé aussi lac d'Arcone. Le principal pic du Mégal, le Mégal ou Testoaire, monte à 1,438 mètres.

Du Mézenc partent, en second lieu, des monts de granit, puis de calcaire, qui vont tomber sur le Rhône, après avoir dissimulé leurs assises primitives sous un épais revêtement de basaltes. Dans son trajet volcanique, ce chaînon, qui domine **Privas** et présente de très-curieux accidents et des érosions grandioses, porte le nom de **Coiron**; sa plus haute cime est le Roc de Gourdon (1,061 mètres).

Enfin, au nord, se nouent à ce même Mézenc les **Boutières**, granits couverts pendant quelque temps par un manteau basaltique et phonolithique; le Grand-Felletin y lève sa dernière roche à 1,390 mètres. La fin des Boutières est le **Mont Pila** (1,434 mètres), qui porte en haut des pâturages, en bas des forêts, des prairies et des cultures; il s'élève à mi-chemin de Saint-Étienne au Rhône. Au groupe du mont Pila finissent les Cévennes.

Au nord du Pila, la ligne de divorce prend successivement les noms de **monts du Lyonnais** (937 mètres), **massif de Tarare** (1,004 mètres), **monts du Beaujolais** (1,012 mètres au Saint-Rigaud), **monts du Charolais** (774 mètres). Ceux-ci, frais massifs où les bois abondent, où de vifs ruisseaux irriguent, sont séparés par le cours de l'Arroux du massif du **Morvan**, contrée de dômes granitiques, de forêts de hêtres, de chênes et de châtaigniers, de grandes prairies, d'*ouches*, c'est-à-dire de plateaux et de bassins où de grands étangs environnés d'arbres reçoivent des ruisseaux et renvoient des rivières. Le mont le plus élevé du Morvan, le Bois-du-Roi, n'a que 902 mètres. L'Yonne est la principale rivière morvandelle.

Les Monts du Charolais se continuent par la **Côte d'Or**, chaîne calcaire médiocre en hauteur (638 mètres), mais belle par ses forêts, par ses gorges taillées dans un calcaire entamable, par ses sources puissantes, riche et célèbre surtout par les vins qui sont l'honneur de la Bourgogne. La Seine en descend, la Saône s'y renforce. A la Côte d'Or succède le **plateau de Langres**, calcaire aussi, déchiré, et plus remarquable par ses bois et ses fontaines que par son altitude (516 mètres); c'est celui qui donne naissance à l'Aube, à la Marne, à la Meuse. Les **monts Faucilles**, prolongement triasique et calcaire du plateau de Langres, ne montent pas au-dessus de 613 mètres; ils fournissent à la Saône ses premières eaux; les bois y sont vastes et, au pied de leurs plateaux uniformes, coulent de ravissants ruisseaux, fils des claires fontaines.

Avec les monts Faucilles, nous arrivons aux **VOSGES**. Les Vosges font, de ce côté, la frontière non pas de la France politique, mais de ce qu'on peut nommer la France française. Sur leur versant oriental commence la langue allemande, très-corrompue dans le peuple, mais, en dépit de cette corruption, elle crée entre les Alsaciens et les Teutons d'outre-Rhin une certaine communauté d'idées, de civilisation, un courant réciproque. Le Rhin, à ce point de vue, sépare moins l'Allemagne de l'Alsace, que les Vosges l'Alsace de la France. De l'un à l'autre bord du fleuve, la fraternité de race et l'influence du même langage rattachent le rameau alsacien au grand tronc de l'ancienne patrie, mais deux siècles d'histoire commune, les mêmes épreuves sous la liberté, les mêmes champs de bataille sous les deux Empires, une sympathie vive malgré la différence de caractère, enfin tout ce que le poëte latin a compris dans un beau vers :

Quod latet arcaná non enarrabile fibrá.

ont, il semble, indissolublement lié la population transvogienne aux destinées de la France. L'Alsace se sent et se dit française.

Comparées aux autres chaînes nationales, les Vosges ont l'immense supériorité d'être bien boisées. Sur leurs *ballons*, — ainsi s'appellent leurs sommets en dôme, — sur leurs *hautes chaumes* ou plateaux, la forêt s'arrête parfois brusquement pour livrer l'espace au gazon, à la lande, à la roche pure, granite, schiste ou grès. Mais les versants, et dans les gorges ce que n'occupent pas les maisons, les usines, les scieries, la prairie, les cultures, la route et le ruisseau, portent uniformément un sombre manteau sylvestre, plus ou moins vert selon la prédominance, la minorité ou l'absence des sapins, des épicéas et des mélèzes. Les arbres les plus communs après ces résineux, le hêtre, le chêne, le châtaignier, y forment encore des bois, mais jamais de forêts vastes comme celles des arbres à aiguilles, qui souvent gravissent toutes les hauteurs et descendent dans tous les creux jusqu'à la dernière borne de l'horizon. La paix des vallons, troublée par les seules écluses d'usine et les cascatelles des petits ruisseaux à scierie, n'a d'égale dans les hautes Vosges que le silence de la forêt quand le vent n'en fait pas vibrer les rameaux ; sur les hautes chaumes, la paix est plus profonde encore. Les roches les plus abruptes servent de piédestal à des ruines toujours solides, quoique toujours menaçantes ; du haut des tours effondrées des châteaux féodaux on contemple des abîmes, des mers de forêts, la plaine du Rhin, et, au loin, à la limite de la force visuelle, les bleuâtres dômes de la Forêt-Noire, qui sont les Vosges d'Allemagne comme les Vosges sont la Forêt-Noire de France. Pendant les dernières dizaines d'années, de très-considérables manufactures ont prospéré dans les vallons vosgiens, devenus, tant dans le Haut-Rhin que dans le Bas-Rhin, un des centres industriels les plus actifs de l'Europe. Le Ballon de Soultz ou de Guebwiller domine parmi tous ses frères ; il n'a pourtant que 1,426 mètres.

Au sud du Ballon d'Alsace, sur le contour duquel trois départements se touchent (Vosges, Haut-Rhin, Haute-Saône), les Vosges s'abaissent rapidement. Avec elles on descend dans la

Trouée de Belfort, dépression qui n'a que 320 mètres d'altitude. La Trouée de Belfort, point le plus vulnérable de la France sur toute la frontière de l'Est, est un passage naturel pour les armées qui attaquent notre sol, pour les voies de fer, de terre et d'eau entre le bassin du Rhône et le bassin du Rhin. Elle sépare les Vosges du Jura.

Le **JURA** est principalement formé des calcaires qui ont pris de lui le nom de jurassiques. Il n'appartient pas en entier à la France, puisqu'il se prolonge en Suisse et s'étend même jusqu'en Allemagne, par delà le Rhin et la cascade de Schaffouse.

Le Jura, moins agreste et moins boisé que les Vosges, a plus de grandeur plastique. Au lieu de cimes arrondies, on trouve ici de longues arêtes parallèles supportant des plateaux. Entre ces arêtes, quelquefois à d'immenses profondeurs, des ruisseaux froids et violents se tordent dans des abîmes où le rapprochement des parois à pic fait descendre sur les eaux transparentes une obscurité qu'il n'y aurait point à ciel plus ouvert. Telle est la *cluse* du Doubs en amont et en aval du fameux Saut du Doubs; tels sont encore les défilés de l'Ain, de la Bienne et de la Valserine. Une infinité de fuites à petit diamètre et de larges gouffres de toutes profondeurs percent les plateaux, qui sont tourbeux, marécageux et d'un climat rude. Les eaux d'occasion, les ruisseaux constants, de petites rivières même, filtrent invisiblement dans ces gouffres comme dans un crible, ou se perdent en cascade, puis elles retournent à la lumière par des fontaines superbes. Dans les forêts, le sapin et l'épicéa dominent.

La régularité du Jura n'apparaît que sur la carte, quand tous les détails secondaires s'effacent. On peut aussi en saisir de loin quelques grands traits, du haut des sommets élevés de Suisse et de Savoie, du bas des plaines lointaines de la Saône, de la Bresse, de la Dombes, et de la nappe d'eau des lacs de la Suisse française. Lorsqu'on se trouve au sein du Jura lui-même, le parallélisme des chaînons disparaît; **sur le plateau** les monts se groupent ou s'écartent en un désordre apparent, tandis que dans les cluses, le regard, emprisonné par les parois, ne devine rien au delà de leur barrière.

Le premier des pics du Jura par sa hauteur, le Crêt de la Neige (1,723 mètres), entre le Rhône et la Valserine, se lève près des défilés par lesquels le Rhône, en aval du lac de Genève, perce les montagnes pour courir de détour en détour vers les plaines du Lyonnais et du Dauphiné. Au nord de ces défilés, toutes les chaînes s'appellent Jura; au sud, elles cessent de porter ce nom, on les comprend dans les Alpes, mais la nature de leurs roches et leur direction les rattachent aux arêtes du Jura, dont elles firent probablement partie. Tout démontre que le fleuve n'a pas constamment coulé dans son lit actuel : il fut un temps où le Rhône n'avait pas limé les monts qui l'enchaînent aujourd'hui dans toute la longueur du trajet où il sépare le département de l'Ain de ceux de la Haute-Savoie et de l'Isère. A l'époque où le défilé de Pierre-Châtel n'existait pas encore, le fleuve se frayait vers la Méditerranée des voies qu'il abandonna dans la suite; il passa peut-être par le lac d'Annecy et Albertville, puis, dans une autre période, par le lac du Bourget, Chambéry et la vallée actuelle de l'Isère, ou par le lac d'Aiguebelette. Ici comme partout, les choses soi-disant immuables, la montagne qui semble éternelle, le fleuve que nous voyons toujours le même, ont subi des changements que la série des temps a pu et pourra faire innombrables.

Les chaînes calcaires se continuent donc au delà du Rhône, à travers les départements de l'Isère, de la Drôme, de Vaucluse, des Bouches-du-Rhône et du Var jusqu'à la Méditerranée. Puisqu'on les nomme Alpes, décrivons-les avec les Alpes, étendant ainsi ce nom à toutes les montagnes comprises entre la frontière, le Rhône et la mer.

Il y a dix ans, la cime principale des **ALPES** françaises, et en même temps de la France, était la Barre des Escrins, dans le groupe du Pelvoux de Vallouise (Alpes Dauphinoises). L'accession de la Savoie nous a valu nombre de pics supérieurs à 4,000 mètres, et parmi eux le Mont-Blanc, qui a 707 mètres de plus que le Pelvoux.

Le **Mont-Blanc**, en Savoie, sur les frontières de Suisse et d'Italie, est à la fois le pic culminant des Alpes françaises, de la France et de l'Europe : pour monter plus haut, il faut aller jusqu'au Caucase. L'homme au pied solide, habile et prudent, aux muscles d'acier, à la poitrine capable, à la tête sans vertige, qui a le courage de tailler à la hache des degrés dans la glace au fronton des précipices, et, arrivé sur la dernière neige de ce pilier des frimas, le bonheur de sentir les effluves d'un air qui n'a plus rien des séjours humains, cet homme respire dans un climat d'une moyenne annuelle de dix-sept degrés au-dessous de zéro ; il se trouve à 3,760 mètres au-dessus de Chamonix, bourg de la base du mont, à 4,435 au-dessus du lac de Genève, à 4,810 mètres au-dessus du niveau de la mer ; il domine l'Océan de *soixante fois* la hauteur du sommet de la butte Montmartre au-dessus du niveau d'étiage de la Seine. Il aperçoit, de ce premier belvédère de l'Europe, une fraction appréciable de l'écorce du Globe, des Alpes Tyroliennes aux monts Cévénols, des plaines lombardes et vénitiennes et des Apennins au Jura et à la vallée du Rhin. Sur les plateaux et les flancs du colosse se figent en apparence et coulent en réalité plus de 28,200 hectares de glaciers, dont près de 17,000 à la France. En supposant à ces mers de glace une profondeur moyenne de 150 mètres — les glaciers ont quelquefois une épaisseur qui approche de 500 mètres — le seul Mont-Blanc alimenterait pendant *neuf ans* la Seine à son débit d'étiage devant Paris. La grande masse de ses eaux court vers le Rhône par la violente Arve dont des centaines de crétins regardent stupidement passer les flots. Le crétinisme et le goître, plaies des Alpes, pèsent, rien qu'en Savoie, sur plus de douze mille malheureux.

Dans les Alpes françaises, d'autres groupes rivalisent d'assez près avec le Mont-Blanc par l'entassement et la fierté des cîmes, la puissance des glaciers, l'étendue des névés, la force des torrents : ainsi les monts du col Iseran, aux sources de l'Isère, les monts de la Vanoise, entre l'Isère et l'Arc, les

Grandes-Rousses, entre la Maurienne (vallée de l'Arc) et le bassin de l'Isère, et surtout le **Pelvoux de Vallouise**, avec ses glaciers immenses : la Barre des Escrins, géant détrôné de la France, porte à 4,103 mètres la dernière aigrette de son panache de glace. Elle se profile à une petite distance de **Briançon**, notre ville la plus élevée (1,321 mètres). Briançon, à son tour, avoisine notre village le plus haut, Saint-**Véran** (2,009 mètres), dont le Guil, torrent fougueux, mène les eaux dans la Durance.

De Saint-Véran au Viso la distance n'est pas grande. Le **Mont-Viso**, merveilleux par l'élégance de sa pyramide, atteint 3,840 mètres ; sa base dépend en partie de la France, mais sa pointe est italienne ; c'est la dernière montagne très-élevée en tirant au sud ; désormais les pics dépassant de beaucoup 3,000 mètres deviennent rares. A partir du cours supérieur du Var, les Alpes s'abaissent rapidement vers la Méditerranée, mais elles sont toujours belles, et déjà les caresses du Midi y font oublier le souffle âpre du Nord, les lacs gelés et les sapins rigides.

Les Alpes de France vaudraient celles de la Suisse et du Tyrol si elles n'avaient pas tant perdu de leurs vieilles forêts ; dans mille et mille vallées de la Savoie, du Dauphiné, de la Provence, le déboisement a ruiné la montagne, aminci la source et la cascade, avili les sites. Dans le nord du Dauphiné, de vastes massifs de mélèzes et d'autres résineux verdissent toujours sur les grands monts, à la bordure des neiges éblouissantes, mais le mal est très-grand dans le Dauphiné méridional, dans le comtat Venaissin et dans la Provence. Si l'homme ne met un frein à la témérité hébétée qu'il a d'enlever aux versants leurs dernières racines, tout le haut pays finira par se changer en un chaos bosselé de roches, avec quelques buissons, des poussées d'herbes et des lits de rivières larges de cent à mille mètres et à sec quand une trombe n'y jette pas un affreux torrent.

On ne se fait pas une idée de la désolation de cantons entiers des Basses-Alpes, du Var et plus encore de l'arrondissement d'Embrun (Hautes-Alpes). Tout a concouru à cet immense désastre : le sous-sol par ses roches tendres et ses versants friables; le sol par sa pente qui, réunissant son influence à l'influence des grands volumes d'eau, arrive à donner aux torrents une vitesse de quatorze mètres par seconde, c'est-à-dire la rapidité d'un train express; le ciel par ses averses qui font tomber en quelques heures de vrais fleuves dans les ravins; le mouton et la chèvre en extirpant les herbes, au lieu de les tondre comme la vache; l'homme enfin, plus malfaisant que tous, en dérobant aux lias, aux calcaires et aux grès facilement entamables le tissu de racines qui maintient les escarpements près de crouler. Le spectacle éternel des inondations qui passent comme l'éclair en dévorant les derniers lambeaux du sol ne décourage point les Dauphinois et les Provençaux. La trombe d'eau écoulée, le montagnard refait sa digue, il recherche pieusement les miettes de son domaine et se confie encore à ses sillons indigents, à sa prairie aride, ensablée et caillouteuse. Puis les moutons et les chèvres de la vallée et les grands troupeaux transhumants du Piémont et de la Basse Provence reprennent leur abroutissement, l'homme continue à arracher les dernières souches des versants, et la montagne s'éboule, et le torrent repasse avec sa fureur. Voilà comment la Provence a vu s'enfuir en trois siècles la moitié de sa terre végétale, comment dans les Hautes et les Basses-Alpes le sol s'en va par milliers d'hectares, et comment ces deux départements ont 150,000 habitants de moins qu'en 1789. Notre dernier recensement officiel montre que de 1861 à 1866, leur population a encore diminué de 6,350 âmes.

Les **PETITES ALPES**, c'est-à-dire les montagnes situées entre les Grandes Alpes et le Rhône, ont les beautés des régions calcaires, des parois tranchées, des roches prodigieuses, des sources superbes, le contraste entre la sécheresse du mont et la fraîcheur du val. — Les **Chaînes basses de Savoie** (1,500 — 2,500 mètres), calcaires et crétacées, montrent leurs lacs d'Annecy, du Bourget, d'Aiguebelette, et le versant méridional des **Bauges**, son vignoble, où la chaleur naturelle du calcaire et la réverbération des rayons versent un assez bon vin. — La **Grande-Chartreuse** (2,087 mètres) a ses forêts et ses points de vue sur la vallée du Graisivaudan et la chaîne de Belledonne. — Les **monts du Lans**

(2,289 mètres) se distinguent par leurs hauts escarpements et leurs horizons sur les vallées du Drac et de l'Isère; — les **Monts du Vercors** (2,346 mètres) par leurs grandes lignes de rochers et leurs gorges des Goulets, parcourues par la Vernaison; — les **Monts de la Drôme** (1,200-2,000 mètres), aux noms très-variés, par des parois imitant de loin des villes, des citadelles, des bastions, par des gorges désordonnées et le curieux bassin de la Forêt-de-Saou, qui n'a d'autre issue qu'un passage de torrent; — le **Dévoluy** (2,793 mètres) est d'une aridité hideuse : 3,000 habitants y vivent sur 48,000 hectares, du produit des maigres troupeaux qui paissent la roche autant que l'herbe; — le **mont Ventoux** (1,912 mètres), que prolongent les **monts de Lure**, se fait remarquer par son avancement sur la plaine du Rhône, et par son panorama sans autre frontière que les lointains où le regard ne porte plus. — Les **monts Vaucluse** (1,187 mètres) ont leurs *avens*, entonnoirs qui boivent la pluie, et leur sublime fontaine, bouche de retour des eaux englouties par les gouffres des avens; — le **Lubéron** (1,186 mètres) revêt ses rochers de teintes tout à fait méridionales; — les **Alpines** (492 mètres), que la vallée de la Durance sépare du Luberon, sont aussi colorées par les rayons du midi : sèches, hachées, nues, bouleversées par les météores, elles annoncent au voyageur qui les longe sur le chemin de fer de Tarascon à Arles, l'approche des quatre petites chaînes calcaires déchirées des Bouches-du-Rhône : la **Trévaresse** (520 mètres), la **Sainte-Victoire** (925 mètres), la **Chaîne de l'Étoile** (758 mèt.), la **Sainte-Baume** (1,066 mètres). Ces quatre chaînes se continuent sur le territoire du Var. Les montagnes calcaires de ce dernier département sont aussi nues et aussi désagrégées par endroits que les Basses-Alpes elles-mêmes; elles atteignent 1,715 mètres à la pyramide de Lachen; dans leurs gorges bouillonnent les eaux de cristal des *foux*, sources extrêmement abondantes.

Au midi de ces monts, les **Maures** (780 mèt.) et l'**Estérel** (616 mèt.), deux massifs à part, donnent à la mer par leurs bois de chênes, de chênes-liége, de pins d'Alep, d'arbres et d'arbustes méridionaux, par leurs promontoires de granite, de gneiss et de porphyre, autant de beauté qu'ils en retirent d'elle par la grâce des baies, la frange des vagues et l'infini de l'horizon.

Les **PYRÉNÉES** sont inférieures aux Alpes, d'un tiers moins hautes et beaucoup moins vastes. Les Alpes, qui se trouvent à peu près au centre de l'Europe la plus policée, envoient leurs eaux jusqu'à la lointaine mer Noire. Elles appartiennent donc plus ou moins à une portion très-notable de l'Europe, tandis que les Pyrénées ne sont qu'une simple chaîne internationale, une barrière entre la France et l'Espagne, et barrière fort difficile à franchir à cause de l'altitude de ses cols. Les Alpes sont un amoncellement de massifs élevés, l'un réagissant sur l'autre et tous étendant réciproquement le domaine des frimas supérieurs; sans compter la différence considérable d'altitude à leur avantage et le minime écart de latitude avec les Pyrénées, elles offrent, par leur largeur, plus d'espace aux glaces et aux neiges persistantes, et plus de prise par la moindre roideur de leurs versants. De là tant de glaciers dans les Alpes et si peu dans les Pyrénées. Celles-ci, par l'Èbre, les fleuves côtiers des provinces basques, des Asturies, de la Galice, par le Miño et le Duero, fournissent sans doute à l'Espagne une très-notable portion de sa provision d'eau courante, de même qu'à la France par l'Adour, la Garonne, l'Aude et les torrents du Roussillon, mais qu'est-ce à côté des Alpes d'où descendent, dit-on, les vingt-cinq centièmes des eaux européennes?

Inférieures par l'altitude, l'étendue, la situation, l'importance, pauvres en glaciers, plus pauvres encore en vrais lacs, elles ne mènent à leurs cascades que de minces torrents, et au plat pays que des fleuves faibles en comparaison du Rhin, du Rhône, du Pô et de l'Inn. Enfin, plus que les Alpes, elles ont lieu de regretter des forêts anéanties : sans doute, elles n'ont pas de régions si effondrées et si abominables de nudité que le sont les Basses-Alpes; il leur reste de très-beaux massifs de hêtres, de sapins et d'épicéas, mais, en moyenne, elles ont moins de bois que les Alpes, même que les Alpes françaises

En trois choses elles luttent d'égales à égales avec les Alpes : la hauteur de leurs cols, la noblesse de leur profil en scie, leur altitude apparente.

Les Pyrénées françaises, émergeant brusquement de plaines peu élevées, et montant presque aussitôt à leur plus grande hauteur, sont, vues d'en bas, très-grandioses. Plusieurs pics en avant de la chaîne imposent par leur isolement, et leur hauteur comparative unie à une suprême élégance de proportions : ainsi le pic du Midi de Bigorre (2,877 mèt.), aux sources de l'Adour; l'Arbizon (2,831 mèt.), au sud des bains de Capvern ; le Mont Vallier (2,840 mèt.), dans l'Ariége ; le Canigou, au midi de Prades. Ce dernier enchaîne tellement le regard par sa situation sur le premier plan des montagnes, son indépendance des chaînons voisins, sa très-grande altitude au-dessus du val de la Têt, qu'il a passé longtemps pour le monarque des Pyrénées. Il n'a pourtant que 2,787 mètres, 617 de moins que le Néthou.

Quant aux *cirques*, ils l'emportent sur ce que les Alpes ont de plus sublime, mais ils sont rares, et, sans tenir compte du cirque du Lys, près de Bagnères-de-Luchon, pressés dans un district qu'on peut visiter à la hâte en une journée : nous ne parlons que des cirques français. Les cirques de Gavarnie, de Troumouse et d'Estaubé se sont creusés dans le calcaire, à l'origine de torrents qui forment le gave de Pau. Dans ces immenses colysées, chaque gradin est fait d'un mur de rochers dont la grandeur disparaît ici dans l'immensité du monument, mais qui ailleurs ferait à lui seul une montagne. Derrière le dernier degré de l'amphithéâtre, l'arête de la chaîne se recule, laissant place entre elle et le rebord du précipice pour une enceinte de champs polaires où luit jour et nuit la froide splendeur de la neige. Troumouse tiendrait des millions d'hommes sur les marches de son contour de huit kilomètres, mais son pic de la Munia (3,150 mèt.) et ses autres monts ne dominent que de 1,000 à 1,350 mètres le fond du cirque, tapi à 1,800 mètres d'altitude. Le cirque de Gavarnie n'a que 4,000 mètres de circuit, mais il n'est qu'à 1,220 mètres et ses parois montent jusqu'aux têtes du pic du Marboré (3,253 mèt.) et du Cylindre du Marboré (3,327 mèt.), soit de plus de 2,100 mètres, hauteur presque double de l'exhaussement des roches de Troumouse. Puis Troumouse n'a rien à opposer à la cascade de Gavarnie. Des frimas altitudinaires compactes où naît son gave, la cataracte de Gavarnie plonge de 422 mètres de hauteur dans un sinistre entassement de débris. Et bientôt le torrent, diminué par la pluie que l'air enlève à l'écharpe des eaux tombantes, se refait pas à pas, sous l'éternelle humidité qui suinte des blocs amoncelés à portée du brouillard de la chute. Le cirque d'Estaubé se relève vers le superbe Mont-Perdu (3,352 mètres).

Ce dernier pic, le pic Posets (3,367 mèt.), le pic de Néthou ou Maladetta (3,404 mèt.), se dressent tous trois au midi de l'arête, en Espagne. En France, le prince des monts pyrénéens est le Vignemale (3,290 mèt.) : il porte un brillant glacier et sa pyramide est splendide, contemplée du lac de Gaube, au-dessus de **Cauterets,** ville de bains prospère.

Le Vignemale règne dans les Hautes-Pyrénées ; dans les Basses-Pyrénées, c'est le pic du Midi d'Ossau (2,885 mèt.), tronc de granit qui se bifurque en deux pointes. Entre le pic du Midi d'Ossau (ou de Pau) et le Vignemale, le Balétous, autrement appelé pic de Marmuré (3,175 mèt.), est peut-être le plus dangereux à gravir de tous les pics français de la chaîne ; on l'a surnommé le Mont-Cervin des Pyrénées. Au nord du cirque de Troumouse, le massif de Néouvielle combat pour le premier rang avec l'arête mère par l'altitude de ses monts (Pic-Long, 3,194 mèt.), la masse de ses frimas, et il a plus de lacs.

Dans la Haute-Garonne, le pic du Port d'Oo (3,114 mèt.) domine les grands glaciers des Gours Blancs ; le pic du Portillon (3,220 mèt.) commande le col du Portillon (3,044 mèt.), le plus haut des Pyrénées ; le Tuc-de-Maupas monte à 3,110 mètres et regarde à ses pieds les glaciers des Graoués ; le Crabioules, qui voit aussi des glaciers à sa base, atteint 3,104 mètres. Ces belles montagnes, principal réservoir de glaces des Pyrénées avec le Vignemale, la crête du Cirque de Gavarnie et la Maladetta, sont aisément accessibles de **Bagnères-de-Luchon,** ville thermale très-fréquentée. Derrière elles, monte la Maladetta.

Dans l'Ariége, les Pyrénées ont plus de largeur; leurs cimes culminantes, la Pique d'Estats (3,141 mètres d'après les voyageurs, 3,073 d'après l'État-Major) et le pic de Montcalm (3,080 mèt.), ne sont séparés l'un de l'autre que par un petit col. Le massif du Puy de Carlitte (2,915 mèt.) dispute au massif de Néouvielle le privilége de posséder beaucoup de *laquets* et de *gourgs* (lacs et étangs).

La grande crête ne s'avance point dans le département de l'Aude, mais les Pyrénées y projettent les **Corbières**, monts de 600 à 1,231 mètres, dépouillés, brûlés, fissurés de gorges d'une profondeur effrayante.

Dans les Pyrénées-Orientales domine le Puigmal (2,909 mèt.), mais la prééminence pour la beauté appartient au Canigou. Dans ce département la chaîne devient, sous le nom d'**Albères**, une série de pics nus, avec des chênes-liége et des oliviers sur les versants inférieurs. Les Albères, qui sont très-hachées et fort abruptes, ont rarement 1,000 à 1,200 mètres; elles s'affaissent dans la mer Méditerranée, au sud des charmantes criques du Roussillon, après une longueur en France de 430 kilomètres en ligne droite, de 570 en suivant les sinuosités de l'arête. La hauteur moyenne des Pyrénées françaises serait de 1,500 mètres d'après Elie de Beaumont; dans la partie centrale, du Pic du Midi d'Ossau au Puy-de-Carlitte, cette altitude n'est pas inférieure à 2,600 mètres.

———

Les autres chaînes françaises n'ont qu'une importance médiocre. Dans le nord et dans l'ouest, les lignes de partage des eaux sont généralement formées par l'arête de collines peu élevées (100 à 200 ; 200 à 250 ou 300 mètres); souvent aussi elles courent sur des plateaux, fort laids quand les bois ne cachent pas la platitude du sol ou ses croupes à longue portée et ses vagues ondulations. Ainsi la vaste **Beauce**, entre la Loire et la Seine, offense à la fin le regard par son éternelle égalité de niveau et sa nudité verte ou jaune selon que le blé croit ou que la moisson s'approche.

Par l'**Argonne**, suite de plateaux forestiers de 250 à 400 mètres d'altitude, un chaînon issu du plateau de Langres va se rattacher aux **Ardennes** : celles-ci, s'élevant au nord des affreuses plaines de craie de la Champagne Pouilleuse, ne prennent toute leur ampleur et toute leur hauteur que dans la Belgique wallonne et le Luxembourg belge. En France, leurs fagnes, plateaux ardoisiers, parfois marécageux et tourbeux, portent des cultures, des landes, des forêts de chênes, de bouleaux et de sycomores; leurs vallées, où les bois ne peuvent pas toujours descendre par suite de la roideur des pentes, sont très-sinueuses et très-profondes; celles de la Meuse et de la Semoy ont un très-grand caractère. Le sommet culminant des Ardennes françaises s'élève à 504 mètres seulement.

Près du centre de figure de la France, à portée de **Sancerre**, ville très-fièrement assise sur une colline regardant de plus de 150 mètres de haut le lit de l'inconstante Loire, le **Massif de Sancerre** porte à 434 mètres la plus élevée de ses collines de craie.

Au nord d'Alençon, à 250 kilomètres au moins des monts de Sancerre, la **Forêt d'Écouves**, pittoresque et très-boisée, et la **Forêt de Multonne**, aux sources de la Mayenne, arrivent toutes les deux à une même altitude (417 mèt.).

Les **monts de la Bretagne** forment deux chaînes. La chaîne du Nord, entre les petits fleuves côtiers de la Manche, ceux de l'Océan et la Vilaine, se nomme, dans les Côtes-du-Nord, Monts du Méné (340 mètres), et Montagne d'Arrée (391 mèt.) dans le Finistère. La chaîne du Sud, au midi du cours de l'Aulne, s'appelle Montagnes Noires ; elle se termine sur le rivage de la baie de Douarnenez; son plus haut sommet, le Méné-Hom, n'a que 330 mètres. Ainsi les monts bretons ne sont que des collines, mais leurs roches de granit, leurs landes, leurs forêts, leurs calmes vallons, les ruisseaux et les étangs de leurs prairies humides, y font naître à chaque pas le contraste d'une grâce rustique et d'une mélancolie presque sinistre.

Les fleuves côtiers qui ont été signalés le long de nos rivages de la Manche, de l'Atlantique et de la Méditerranée n'emmènent à la mer qu'une faible partie des eaux constamment courantes et des tributs d'orage de la France. La grande masse liquide du territoire s'écoule par un fleuve presque tout à fait étranger, le Rhin; par la Meuse et l'Escaut, mi-français et mi-étrangers; et par six fleuves français : la Seine, la Loire, la Charente, la Garonne, l'Adour, le Rhône. La Seine, la Garonne et le Rhône ont une faible étendue de leur bassin hors de France.

Le **RHIN** (1,320 kilom. de longueur) sort tout à fait de la Suisse où il a reçu les eaux de 75,000 hectares de glaciers, dont plus de 48,000 appartiennent au bassin de la puissante Aar; il s'y est épuré dans le lac de Constance et a formé, en traversant un chaînon du Jura, la grande cascade de Schaffouse.

Il commence à toucher le sol alsacien par sa rive gauche au-dessous de Bâle, sa rive droite appartenant au grand-duché de Bade. Pendant 184 kilomètres il borde la France de son lit large entre digues de 2,400 mètres en amont de Strasbourg, de 1,700 mètres en aval; mais ce lit, où passerait aisément un des grands fleuves du monde, contient, en même temps que les eaux vertes et rapides du Rhin, des hauts-fonds et des îles vastes et nombreuses. La largeur moyenne de tous les bras réunis ne va qu'à 900 mètres.

A Kehl, vis-à-vis de Strasbourg, le débit à l'étiage extrême est de 341 mètres cubes par seconde; il est de 478 à l'étiage ordinaire, de 1,030 dans les eaux moyennes, de 3,700 à 4,500 dans les fortes crues. A la sortie de France, le débit des eaux moyennes s'élève à 1,100 mètres cubes.

Au-dessous de la terre française, le Rhin, désormais allemand par ses deux bords, coule de Bingen à Bonn dans un défilé de montagnes, au sein d'une nature grande et sévère,

En France, ce fleuve reçoit l'**Ill** (205 kilom. ; 7 à 8 mètres cubes par seconde à l'étiage, 275 dans les fortes crues). L'Ill arrose la plaine d'Alsace, l'une des meilleures du territoire. Les villes s'y touchent, les champs y enrichissent le paysan, l'ouvrier y travaille dans les usines magnifiques qui se suivent sur la rivière et sur ses rapides affluents des Vosges, en vue des montagnes qui font descendre leurs forêts jusqu'aux alluvions du plat pays. Vis-à-vis des Vosges, en Allemagne, s'estompe la Forêt-Noire, sombre de bois, bleue d'éloignement (14 à 30 kilom.). L'Ill passe à **Mulhouse** (59,000 hab.), ville manufacturière de premier ordre, à **Colmar** (24,000 hab.), à **Strasbourg** (84,000 hab.), cité active, industrieuse, instruite, fameuse par sa cathédrale, dont la flèche monte à 142 mètres.

Hors de France, à Coblentz, le Rhin engloutit en passant une rivière à moitié française, la belle **Moselle** (505 kilom., dont 265 en France). La Moselle, à la frontière, roule à l'étiage ordinaire 24 mètres cubes 1/2 par seconde, volume qu'on a vu s'abaisser à 16 mètres cubes 1/2. Elle sourd à 725 mètres d'altitude, dans les Vosges, et baigne **Épinal**, chef-lieu de département, puis **Toul, Metz** (55,000 hab.), place presque imprenable et **Thionville**. La Meurthe (160 kilom.), son principal affluent français, se forme aussi dans les Vosges et coule devant **Nancy** (53,000 hab.), ville très-régulière qui fut la capitale de la Lorraine. Un autre tributaire, la Seille (130 kilom.), rivière lente, vaseuse et tortueuse, fait provisoirement partie de l'Empire germain ; les Allemands s'en sont emparés en vertu de leur chère doctrine : « *So weit die deutsche Zunge klingt.* » — « Aussi loin que sonne la langue allemande. » — Or, on ne parle que le français dans la vallée de la Seille.

La **MEUSE** (893 kilom., dont 460 en France) est un fleuve peu abondant : à sa sortie du territoire français, par 100 mètres d'altitude, elle ne roule que 27 mètres cubes par seconde à à 409 mètres au-dessus des mers. C'est déjà une rivière quand elle arrive à Bazoilles, où elle s'engouffre tout à coup, au-dessous d'une écluse d'usine, pour ne reparaître qu'à 3 kilomètres en aval, à Noncourt, près de **Neufchâteau** (Vosges). Quand les eaux sont abondantes, c'est-à-dire pendant la moitié de l'année, cette perte du fleuve est invisible, car les fissures du sol ne boivent qu'une partie de la Meuse, et le reste coule à ciel ouvert dans le lit supérieur qui se dirige vers Neufchâteau. On prétend que les nombreuses sources par lesquelles la rivière se reforme à Noncourt ne rendent pas toute l'eau qui s'est abîmée dans les failles de Bazoilles. La Meuse passe près du village où naquit Jeanne d'Arc et n'arrose que des villes sans importance : **Commercy**, qui n'est qu'une sous-préfecture du département qui a pris le nom du fleuve; **Verdun**, qui est une forteresse; **Sedan**, vaste manufacture de drap; **Mézières**, ville de guerre que, malgré son rang de chef-lieu du département des Ardennes, il faut considérer comme une dépendance de **Charleville**. En aval de cette double cité, le fleuve serpente au fond de gorges resserrées dont les roches ternes montent à 250-270 mètres au-dessus de l'eau : ces roches sont les murailles terminales du plateau des Ardennes.

En Belgique, la Meuse, continuant à refléter des grandes parois schisteuses, va passer à Namur et à Liége, villes wallonnes. Dans ce pays, elle prend une largeur de 80 à près de 150 mètres, et fait plus que se doubler par l'apport de la Sambre, qu'elle reçoit à Namur, et de l'Ourthe, qui s'y perd à Liége, mais elle n'est toujours qu'un cours d'eau secondaire, indigne d'imposer son nom au grand bras du Rhin qu'elle rencontre en Hollande, le Wahal, qu'on a l'injustice d'appeler Maas au-dessous du confluent : Maas est l'équivalent hollandais de Meuse.

De ses trois principaux affluents français, l'un a presque tout son bassin en France, l'autre sort de Belgique pour s'abîmer bientôt dans le fleuve, le troisième partage presque son cours entre les deux pays. Le premier se nomme la Chiers (112 kilom.), le second la Semoy (198 kilom.), le dernier la Sambre. La Semoy est une des rivières les plus sinueuses qu'on connaisse, un vrai Méandre, et son lit occupe le fond de gorges qui ont jusqu'à 280 mètres de profondeur entre des rochers de schiste. La Sambre a 192 kilom. de long, mais sa largeur dépasse rarement 35 mètres.

L'ESCAUT, en France, n'est qu'un cours d'eau très-secondaire, mais son bassin renferme nos campagnes les plus savamment cultivées et nos usines les plus laborieuses. Ce fleuve sortait autrefois du cimetière de Beaurevoir, mais à la suite des défrichements, sa source s'est portée à 3 ou 4 kilomètres en aval. Aujourd'hui, l'Escaut naît à moins de 100 mètres d'altitude, près du Catelet, au nord de Saint-Quentin. Il coule aux portes de **Cambrai** (22,000 hab.) et de **Valenciennes** (24,000 hab.), places de guerre. Sur ses affluents ou sous-affluents se trouvent **Arras** (26,000 hab.), ville forte; **Douai** (24,000 hab.), place de guerre ; **Lille** (159,000 hab.), **Roubaix** (76,000 hab.), **Tourcoing** (44,000 hab.), trois centres industriels des plus considérables de France, et on peut dire d'Europe. Lille, en outre, est une des clefs de notre pays, et c'est autour d'elle, dans la Flandre française, que s'agglomère la population la plus pressée de France. Dans la Seine on compte, grâce à Paris et à sa banlieue, 4,523 individus par kilomètre carré ; dans le Nord il n'y en a que 245, mais le premier département après le Nord pour la densité spécifique, le Bas-Rhin, n'en a pas 130.

En Belgique, l'Escaut, qui n'a guère que 20 mètres de largeur en France, prend, à partir de Gand, l'ampleur d'une rivière, celle d'un fleuve à partir de Termonde, celle d'un bras de mer au-dessous d'Anvers, où ses eaux portent les vaisseaux les plus pesants. Sous le nom flamand de *Schelde*, il y baigne des provinces agricoles et industrielles aussi peuplées que la Flandre Française. C'est en Hollande qu'il se perd par plusieurs branches dans la mer du Nord, après un cours de 400 kilomètres, dont 107 en France. La Lys, qui lui arrive à Gand, parcourt également une vallée si remplie de villes, de hameaux et d'usines, qu'on dirait une rue sans fin. Sur 214 kilomètres de longueur, elle en a 126 en France.

On n'estime pas la **SEINE** à sa valeur parce que sa masse d'eau, sa largeur, son apparence ne sont pas proportionnelles à la splendeur et à l'immensité de Paris. A la première ville du monde on voudrait un fleuve sans rival.

Pourtant la Seine est remarquable. La nature poreuse d'une grande partie de son bassin permet aux pluies de filtrer sans effort dans le sol, et d'y former des réservoirs qui ne s'épuiseront que le jour où le ciel séchera. Le fleuve, ses affluents, ses sous-tributaires, s'approvisionnent ainsi à des sources très-abondantes, très-limpides et que les chaleurs ne peuvent tarir. Le volume estival de la Seine est considérable : à Paris, la masse d'eau écoulée par seconde descend quelquefois à 44 mètres cubes, mais il est rare que le débit minimum de l'année ne se maintienne pas au-dessus de 75 mètres à la seconde. Aux eaux moyennes, c'est 250 mètres que le fleuve roule entre les quais de Paris. A Rouen, l'apport de l'Oise, de l'Eure et des jolies rivières normandes a doublé tous ces chiffres d'écoulement.

Par la même raison, les crues de la Seine sont loin d'entraîner les mêmes désastres que les débordements de la Garonne, du Rhône et de leurs affluents. L'eau des pluies, s'insinuant aisément sous terre dans la plus grande partie de son bassin, ne s'amoncelle pas à la surface en torrents prodigieux courant s'engouffrer dans un lit commun qui ne les peut contenir. Dans ses crues les plus fortes, le fleuve entraîne à peine 1,400 mètres cubes par seconde à Paris, moins que le Vidourle, ce ruisseau des Cévennes. Elle ne mène donc, dans ses débordements les plus graves, que trente-deux fois son volume d'étiage. Si ses crues étaient proportionnelles à celles du Vidourle, c'est-à-dire quinze mille fois plus fortes que son débit minimum, la Seine passerait quelquefois devant Paris avec 660,000 mètres cubes d'eau par seconde, près de trois fleuves des Amazones dans la saison des débordements.

L'étendue du bassin de la Seine approche de 7,800,000 hectares, le tout en France, moins l'aire de quelques communes belges vers les sources de l'Oise.

La fontaine la plus reculée de la Seine jaillit à 471 mèt. d'altitude, dans les monts calcaires du département de la Côte-d'Or, à une faible distance du tunnel de Blaisy (4,100 mèt.) par lequel le chemin de fer de Paris à la Méditerranée passe du bassin de la Seine dans le bassin du Rhône. Malgré l'ampleur des fontaines que lui envoient les plateaux arides mouchetés de forêts du Châtillonnais, le lit du fleuve naissant a tant de fissures qu'en été la Seine assèche presque entièrement au-dessus de **Châtillon**; mais, dans cette ville même, son trésor d'eau se reforme durant la chaude saison par le tribut de la Douix, source énorme née d'une grotte voisine et formant, été comme hiver, une rivière cristalline de 5 à 6 mètres de largeur. Dans cette partie du bassin du fleuve, le mot *Douix* désigne les grandes fontaines.

De la source à Châtillon, le fleuve, qui fait marcher des usines à fer, descend plus de la moitié de sa pente. A **Bar**, il n'est qu'à 162 mètres d'altitude, à 101 à **Troyes** (35,000 hab.; manufactures et vieilles églises), ville qui régit le département de l'Aube, où la Seine passe en quittant son département natal. Après avoir coulé dans une vallée peu profonde, évidée au sein des craies nues de la **Champagne Pouilleuse**, le fleuve serpente au pied du plateau de la Brie, mer de moissons, et des coteaux de grès qu'ombrage la forêt de Fontainebleau (16,900 hectares), superbe par ses rochers, ses gorges et ses grands arbres. La Brie, la forêt de Fontainebleau, **Melun** (11,000 hab.) appartiennent au département de Seine-et-Marne, qui fait suite sur le cours du fleuve au département de l'Aube.

La Seine arrive ainsi dans le creux de vallée où a grandi l'une des illustres villes de l'histoire, **Paris**.

En 1872, la cité des merveilles avait 1,852,000 habitants de population fixe, près du vingtième de la France. D'autres séjours humains dépassent Paris par le nombre d'habitants, le mouvement, l'industrie, le commerce, la grandeur et l'antiquité des monuments. Nul ne le vaut pour les ressources sociales, l'abondance et le choix des plaisirs, la facilité de la vie, la liberté des mœurs, les recherches du luxe, le déploiement des richesses, le concours d'hommes de science, d'art, d'esprit, et la valeur réunie des établissements, des collections et des bibliothèques. C'est bien la capitale de la civilisation. Quant à l'immense corruption qu'on lui reproche, elle ne vient pas plus des Parisiens eux-mêmes et des Français, que des hommes de plaisir que nous envoient les nations dites vertueuses.

A Paris, la Seine ne coule plus qu'à 25 mètres d'altitude. En aval, dans un cours exceptionnellement sinueux, elle baigne le pied de ravissantes collines chargées de villes, de villas et de parcs qui continuent la splendeur de Paris. Elle passe à quelques kilomètres de **Versailles** (62,000 hab.), imposante encore avec ses avenues solennelles, son grand château et ses jardins, froids, monotones et vides depuis que la cour du Roi Soleil a pourri dans la tombe. Mais si les jardins de Versailles sont devenus déserts, ils sont restés beaux par leur immensité, l'ampleur de leurs allées, leurs statues, leurs superbes vases de marbre, leurs longues lignes d'arbres inflexibles et leurs bassins que peuplent des groupes de dieux, de déesses et de nymphes de la mer.

Plus bas, aux portes de la capitale, **Saint-Denis** (28,000 hab.) n'est, ainsi que Versailles, qu'un faubourg de Paris. On en peut dire autant de **Saint-Germain** (15,000 hab.), ville assise aux portes d'une forêt de 4,400 hectares, sur un plateau dominant le fleuve et ouvrant sur la vallée une vue magnifique. Paris et Saint-Denis font partie du département de la Seine; Versailles, Saint-Germain, **Mantes**, relèvent de Seine-et-Oise. A Poses (Eure), en amont de Pont-de-l'Arche, commence à se faire sentir l'influence de la marée. **Elbeuf** (24,000 hab.), riche de ses draps, dépend de la Seine-Inférieure : elle précède **Rouen**, l'ancien chef-lieu de la Normandie. A Rouen, la Seine admet les voiliers de 500 tonnes et les vapeurs de 800. Cette ville de 103,000 habitants pourrait devenir un grand port de commerce si l'on débarrassait le bas du fleuve des seuils trop peu profonds à marée basse, et si l'on réussissait à faire disparaître les bancs mobiles de sable et la *barre*. Celle-ci est un courant très-violent qui fait de 5 mètres à 7 mètres et demi par seconde; elle remonte de temps à autre le lit fluvial, tenant la nappe d'eau d'une rive à l'autre, avec l'impétuosité et l'écume d'une vague de deux à trois mètres de haut qui va briser sa volute. Rouen, la ville cotonnière par excellence en France, souffre beaucoup depuis quelques années, et sa population diminue insensiblement. Pourtant, sa situation sur un grand fleuve, au pied de superbes collines, et ses grands monuments sont dignes d'une capitale. Puisque le chef-lieu de la France n'en devait pas occuper le centre, Rouen eût mérité plus que Paris d'être le site élu, et les Français y auraient gagné plus de familiarité avec les choses de la mer.

En aval de Rouen, la Seine, toujours très-sinueuse, s'élargit à peine jusqu'à Quillebœuf, mais, à partir de ce port, elle se fait estuaire. Elle rencontre la Manche entre le Havre et Honfleur. Son cours développé est de 770 kilomètres.

Les principaux affluents de la Seine sont l'Ource, l'Aube, l'Yonne, la Marne, l'Oise, l'Epte, l'Andelle, l'Eure et la Rille.

L'**Ourcq** (85 kilom.) arrive dans la Seine par 150 mètres d'altitude, à 2 kilomètres en amont de Bar. Semblable au fleuve dans le trajet de sa source à Châtillon, elle a son cours sur des terrains très-perméables qui tantôt l'appauvrissent par filtration, tantôt l'enrichissent par des fontaines considérables.

L'**Aube**, rivière de 225 kilomètres, tire son nom d'un mot latin qui signifie la *blanche*. Elle amène à la Seine, par 70 mètres d'altitude, à distance égale entre la source et Paris, les eaux de plusieurs cantons de la Champagne Pouilleuse. Elle a son origine au pied d'une colline de 512 mètres, le Mont-Saule, qui tient au plateau de Langres. Dans le département qui prend son nom, l'Aube arrose deux chefs-lieux d'arrondissement, **Bar** et **Arcis**.

L'**Yonne** se perd dans la Seine, par 50 mètres d'altitude, à Montereau, dont le nom complet est Montereau-fault-Yonne : en vieux français *fault* veut dire *tombe*. L'Yonne, née au pied du Préneley (850 mèt.), coule d'abord dans les forêts morvandelles. Ce n'est encore qu'un rapide ruisseau dans une vallée profonde quand elle passe au pied des collines élevées de **Château-Chinon**. Au-dessous de **Clamecy**, désormais rivière, elle quitte le département de la Nièvre pour celui qu'elle nomme, et se promène devant les collines d'**Auxerre** (15,000 hab.), qui donnent les vins célèbres de la côte d'Auxerre, l'un des deux grands crus de la Basse-Bourgogne. A **Joigny**, à **Sens** (12,000 hab.), l'Yonne, arrivée à toute sa croissance, a moyennement 100 à 120 mètres de largeur, avec un débit d'étiage d'une quinzaine de mètres cubes. Son cours est de 275 kilomètres; son bassin comprend près de 1,100,000 hectares. Elle transporte à Paris beaucoup de trains de bois du Morvan. Ses gros affluents s'appellent la Cure, le Serain, l'Armançon, la Vannes. — La Cure (116 kilom.), qui a les beautés d'un torrent des montagnes, naît dans une des régions françaises où il tombe le plus de pluie. Au-dessus de Montsauche, elle possède une forte réserve d'eau pour le flottage estival dans le réservoir des Settons, qui contient 22 millions de mètres cubes. En aval du pont du Saut, la Cure s'engage dans de sévères gorges granitiques, dont les deux versants cachent leurs sommets dans les bois. Après avoir touché la roide colline de **Vézelay**, qui porte une des grandes églises du Moyen-Age, elle reçoit le Cousin (60 kilom.), venu des plateaux de Saulieu par les superbes défilés du pays d'**Avallon**. Plus bas, elle rencontre la colline calcaire d'Arcy; là, en temps de crue, elle jette une partie de ses eaux dans une grotte, ouverte de part en part, et le bras engouffré reparaît de l'autre côté du coteau. — Le Serain, rivière sans affluents, a 115 kilomètres de long; il procède aussi des plateaux de Saulieu, qui sont très-froids en hiver. — L'Armançon (204 kilom.) roule des eaux troubles dans ses gorges supérieures, qui relèvent du lias, des eaux vives en aval de la pittoresque **Semur**, à partir du point où le lias fait place aux roches calcaires et à leurs abondantes fontaines. Il passe au pied des collines de **Tonnerre**, dont le vin vaut celui de la côte auxerroise. — La Vannes (62 kilom.) débouche à Sens : son bassin, perméable en entier, regorge de sources considérables, très-constantes et limpides comme l'air. Treize de ces fontaines abreuvent Paris.

La **Marne** opaque tombe dans la claire Seine à Charenton, autant dire à Paris, par 20 mètres d'altitude. Elle n'apporte pas au fleuve la masse d'eau qu'on attendrait d'une course de 494 kilomètres dans un bassin de 1,300,000 hectares, car, arrivée à son terme, elle ne roule pas toujours par seconde les quatorze mètres cubes de l'étiage officiel. La fontaine initiale jaillit à 381 mètres, dans le plateau de Langres. La rivière, longtemps très-faible, longe le coteau de **Langres**, puis celui de **Chaumont**. Son cours supérieur suit une étroite vallée où ses eaux servent à des forges; son cours moyen traverse la Champagne Pouilleuse, d'où lui viennent des ruisseaux abondantes; son cours inférieur, entre des collines couvertes de villes et de villas, est peut-être ce qu'il y a de plus gracieux dans le bassin de Paris, où ses eaux prêtent rarement leur concours de beauté à des sites vulgaires. Ses affluents notables sont la Blaise, la Saulx, la Somme-Soude, l'Ourcq et le Grand-Morin. — La Blaise, qui arrose **Vassy**, n'a que 82 kilom. et un faible volume; mais il y a peu de rivières qui fassent marcher tant d'usines à fer. — C'est près de **Vitry-le-François**, que débouche la Saulx (118 kilom.), augmentée de l'Ornain (120 kilom.), qui baigne **Bar-le-Duc** (15,000 hab.). — La Somme-Soude (56 kilom.), remarquable par ses sources énormes, arrive à la Marne entre **Châlons** et **Epernay** (12,000 hab.). L'Ourcq (80 kilom.) cède les meilleures sources de son bassin au canal de l'Ourcq, qui fournit à Paris 90 à 105,000 mètres cubes d'eau par jour. — Le Grand-Morin (118 kilom.) se perd au-dessous de **Meaux** (11,000 hab.).

En aval de Paris, près de Poissy, l'**Oise** agrandit la Seine par le tribut d'un vaste bassin. L'Oise n'a pas sa source en France, elle sort d'une fontaine de la province du Hainaut (Belgique), au milieu des vastes bois qui couvrent les collines au sud de Chimay et vont se rattacher à notre belle forêt de Signy (Ardennes). Elle n'a parcouru que 17 kilomètres et n'est encore qu'un ruisseau quand elle pénètre en France, dans le département de l'Aisne, d'où elle passe dans l'Oise, pour arriver au fleuve en Seine-et-Oise, après un cours de 302 kilomètres, qui serait de 380 si l'Aisne était prise pour la branche-mère. Son débit moyen et son étiage la font supérieure à l'Yonne et à la Marne, c'est donc le principal tributaire du fleuve. Elle ne traverse aucune capitale de département, et seulement deux chefs-lieux d'arrondissement, **Compiègne** (12,000 hab.) et **Pontoise**. — La Serre, son premier affluent notoire, a 104 kilom. de développement. — La Lette (65 kilom.) se forme dans les coteaux de **Laon** (10,000 hab.) et coule près de la tour de Coucy, reste le plus grandiose des châteaux de la féodalité. — L'Aisne, dont le cours s'accroît de 50 kilomètres quand on fait de l'Aire (125 kilom.) la branche primordiale, se constitue dans les forêts de l'Argonne, serpente quelque temps dans la Champagne Pouilleuse et se termine au pied du Mont-Ganelon, sur la lisière de la belle forêt de Compiègne (14,509 hectares). Quatre chefs-lieux d'arrondissement la voient passer, qui sont **Sainte-Ménehould, Vouziers, Rethel** et **Soissons** (11,000 hab.). Un des tributaires de l'Aisne, la Vesle (125 kilom.), arrose **Reims**, ville de fabriques, glorieuse de ses monuments et surtout de son église. — Le dernier affluent considérable de l'Oise, le clair Thérain (93 kilom.), traverse **Beauvais** (15,000 hab.).

L'Epte (102 kilom.) a des eaux pures versées par beaucoup de grandes sources que l'été ne boit qu'à demi, et ses eaux irriguent une charmante vallée.

L'Andelle, plus faible et plus courte que l'Epte — elle n'a que 60 kilomètres — lui ressemble pour la constance et la limpidité des eaux, pour la calme beauté des rives.

L'**Eure** (226 kilom.), rivière débonnaire, ne s'enfle jamais hors de proportion; jamais non plus elle ne baisse beaucoup, et toute l'année elle garde à peu près le même volume de pures eaux de source. Née aux confins des collines du Perche et des plaines de la Beauce, elle passe à **Chartres** (20,000 hab.), dont la cathédrale est la première pour beaucoup d'archéologues. Elle s'égare ensuite au sein de la délicieuse vallée de Maintenon, où le temps ronge l'aqueduc qui devait transporter ses eaux à Versailles dans les jardins du Grand-Roi. Dans **Louviers** (12,000 hab.), elle a quatre mètres de pente, et fait marcher des manufactures de draps renommés. — La rivière où se baigne **Évreux** (12,000 hab.), l'Iton, est un affluent de l'Eure: l'Iton (140 kilom.) provient des bois du Perche, il se perd sous terre entre Damville et Évreux et ne reparaît qu'à 15 ou 16 kilomètres du lieu où il a disparu dans le sable.

La **Rille** (148 kilom.) a plusieurs points de ressemblance avec l'Iton; elle descend aussi du Perche; elle s'engouffre et renaît également. Au-dessous de **Pont-Audemer**, elle tombe dans la Seine, qui déjà n'est plus un fleuve, mais un bras de mer.

En bien des choses la **LOIRE** est le contraire de la Seine, parce qu'elle écoule des terrains en majeure partie imperméables, et que, dans son bassin, les eaux d'orage fuient rapidement sur un sol qui ne les boit pas, et qui généralement a beaucoup de pente. Chaque ravin devient, s'il pleut longtemps, rivière fougueuse, chaque rivière torrent immense, et toute l'eau du ciel se précipite dans le lit de la Loire; or la nature n'a pas fait ce lit capable de contenir une masse furieuse que peu de fleuves garderaient entre leurs rives.

Ce que la nature n'avait pas fait, l'homme l'a entrepris pour le malheur de la vallée. Dans les trajets où le fleuve n'est pas retenu par de hautes berges ou des collines, les riverains ont construit des levées souvent fortifiées par des arbres. Dans les crues insignifiantes, les levées empêchent l'eau de courir sur les moissons et de les coucher sous les sables dont la Loire se charge quand elle monte.

Dans les fortes crues, les désastres sont inévitables. Les levées interdisant aux flots supplémentaires de déposer sur les champs latéraux les particules aréneuses et terreuses qu'ils tiennent en suspension, le lit du fleuve s'exhausse à la longue. Or, les digues ne peuvent monter indéfiniment au-dessus de la plaine : plus elles seraient hautes, plus elles devraient être larges, et à la fin la vallée verrait au milieu d'elle, plus haut que la cime de l'orme et du peuplier, la menace d'une grande rivière suspendue sur ses plus beaux sillons. En général, dans son lit large moyennement de 585 mètres entre digues (vers Orléans, Blois et Tours), la Loire peut débiter 6,500 mètres cubes d'eau par seconde. Or, dans les grandes inondations, la masse écoulée par seconde va de 9,000 à 12,000 mètres cubes. Alors les levées crèvent et les campagnes où se jette le fleuve sont retournées jusqu'à la roche, et quand le flot a passé, à la place des champs on trouve des fondrières, des lits tourmentés et des traînées de sable. Qui a oublié les désastres de 1856 et de 1866 ?

Autant les débordements de la Loire sont furieux, autant le fleuve est en été paisible et mesquin. Il a toujours sa largeur, mais au lieu d'une nappe d'eau profonde allant d'un bord à l'autre et coulant majestueusement d'un mouvement uniforme, il se compose d'un chenal artificiellement maintenu pour la navigation et de ruisseaux épars sur le sable, les uns lents, d'autres rapides, tous clairs et sans profondeur. On a vu le débit de la Loire descendre devant Orléans à 24 mètres cubes par seconde ; d'habitude il s'élève à 32 mètres cubes à l'entrée dans l'Orléanais. A Chalonnes en Anjou, les apports du Cher, de l'Indre, de la Vienne et de la Maine ont au moins doublé le volume des eaux d'étiage, aussi bien que le débit moyen. Quant au volume des crues, il n'est point, dans l'Anjou, très-supérieur à celui d'Orléans. Déjà à Roanne la Loire peut entraîner 7,000 mètres cubes par seconde (*mille fois le volume d'étiage*). L'Allier reçu, la crue a presque toute sa puissance, car rarement les grandes rivières d'aval débordent en même temps que les cours d'eau d'amont.

Donc, dix fois trop d'eau quand il a beaucoup plu, et pendant les sécheresses persistantes dix fois moins que demandent la navigation, l'industrie et les arrosements de la vallée. Peu de sources très-abondantes en toute saison. Pas de glaciers comme à l'origine du Rhône, et même de la Garonne, pour aider le fleuve à vivre en été.

On pourra, quand on le voudra, supprimer en partie les inondations et tripler le débit estival dans la région qui va du Bec d'Allier à Tours. 68 barrages-réservoirs étudiés sur la Loire et l'Allier supérieurs emmagasineraient ensemble 520 millions de mètres cubes d'eau de pluie. Ces 520 millions de mètres enlevés à la puissance des débordements donneraient 60 mètres cubes d'eau par seconde de plus à la Loire pendant cent jours, c'est-à-dire pendant tout le temps où le fleuve est dans le voisinage de l'étiage.

En attendant, voici quelle est l'attitude de la Loire, calculée sur dix années d'observations : sur 365 jours, il y a 112 jours de basses eaux, jusqu'à 60 centimètres au-dessus de l'étiage ; 141 jours d'eau moyenne, de 60 centimètres à 1 mètre 30 ; 108 jours de fortes eaux, de 1 mètre 30 à 3 mèt. 50 ; 4 jours de grandes eaux. La crue de 1866 s'est élevée à Tours à plus de 7 mètres et demi au-dessus de l'étiage. A Nantes, dans les eaux très-basses, le fleuve débite plus de 700 mètres cubes d'eau par seconde, mais là ce n'est plus la Loire seule, c'est un bras de mer où les flots de l'Océan ont plus de part que les rivières du bassin.

Le bassin de la Loire embrasse 11,650,000 hectares, un peu plus du cinquième de la France.

A moins de 150 kilom. en ligne droite de la plage méditerranéenne qu'on voit, blanche et bordée de bleu, du haut de la promenade du Peyrou à Montpellier, une petite source jaillit sans bruit sur le versant d'un volcan mort, le Gerbier-de-Joncs (1,562 mèt.). Le Gerbier-de-Joncs, cône nu, fait partie des Cévennes ; il se dresse dans le département de l'Ardèche.

Au lieu de courir vers le Rhône, dont la vallée se devine du haut du Gerbier, au lieu de descendre au sud vers la Méditerranée, comme l'Hérault, par exemple, cette source, qui est la Loire, ne tarde pas à tourner au nord pour aller chercher au loin l'océan Atlantique. Mille chemins, un seul but. L'altitude de cette première fontaine de la Loire est de 1,375 mètres.

Après avoir passé près du lac charmant d'Issarlès, qui est un ancien cratère, la Loire serpente, torrent translucide, dans les gorges du Velay (Haute-Loire), gorges merveilleuses par le contraste des monts dépouillés et des noirs basaltes avec la verdure et les eaux vives du vallon. Elle coule à 4 kilom. du Puy (20,000 hab.), la ville des dykes de basalte et des rochers puissants : le dyke de Saint-Michel, dé rouge isolé de 85 mèt. d'altitude, avec une église vieille de 900 ans au sommet ; le rocher Corneille, si énorme que la Vierge de 100,000 kilogrammes qu'on a juchée sur son sommet, haute de 16 mètres sur un piédestal de 8, est souverainement ridicule de petitesse ; les orgues et le rocher d'Espaly ; le rocher de Polignac qui garde quelques murs et une tour de son château formidable.

Dans le bassin du Puy, la Loire est encore à 590 mètres d'altitude ; elle n'est plus qu'à 380 au point où elle entre dans la plaine du Forez, après avoir plusieurs fois passé de défilés en bassins qui furent des lacs, et de bassins en défilés. Les gorges de Peyredeyre commencent à la sortie du bassin du Puy et finissent au pied des ruines du château de la Voulte. Les gorges de Chamalières ont à gauche les versants du Miaune, à droite les pentes du Gerbizon. Les gorges de Saint-Victor, profondes de 200 à 250 mètres, sont voisines de **Saint-Étienne** (111,000 hab.), l'un des grands centres industriels de l'Europe. Saint-Étienne commande au premier bassin houiller de France, travaille le fer sous toutes ses formes, produit des armes et fabrique les quatre cinquièmes de nos rubans. C'est le chef-lieu du département de la Loire.

La plaine du Forez, mouillée par trop d'étangs, est irriguée en partie au moyen d'un canal qui prend au fleuve 5 mètres cubes à la seconde. A l'issue de ce grand bassin, la Loire pénètre dans les défilés du Saut de Pinay et du Saut du Perron (on nomme ainsi deux rapides). Cet étranglement passé, elle se développe dans la plaine de **Roanne** (20,000 hab.), par 275 mètres d'altitude. A **Nevers** (21,000 hab.), où le fleuve n'est plus qu'à 178 mètres, à **Sancerre**, à **Cosne**, elle coule encore vers le nord, comme elle n'a cessé de le faire depuis sa source, sauf quelques détours ; mais vers **Briare** et **Gien** elle tourne à angle presque droit vers l'ouest, sur le chemin de l'océan Atlantique. A **Orléans** (49,000 hab.), elle coule à 92 mètres. Devant cette ville, devant **Blois** (20,000 hab.), célèbre par son château royal, sa vallée se relève au nord vers la Beauce, terre à grains des plus unies et des plus indigentes en eau qu'il y ait en France, au sud vers la Sologne, région d'étangs malsains. La Sologne comprend 460,000 hectares ; le sous-sol d'argile et de mâchefer (pyrite) n'y laisse point filtrer l'eau, et celle-ci noie les récoltes et enfièvre le paysan. Au-dessus d'Orléans, la Beauce envoie, jusqu'à presque toucher la Loire, la Forêt d'Orléans (40,308 hectares en chênes, charmes et bouleaux). Ce n'est pas la plus belle de nos forêts, mais c'est la plus grande : il y a deux siècles, elle couvrait encore 70,000 hectares.

Vers Blois commence la partie du cours du fleuve qui depuis longtemps garde le surnom de Jardin de la France, quoique la France ait des bassins plus fertiles. On la dit aussi la plus belle de nos vallées. Heureusement qu'il n'en est rien. A l'est, à l'ouest, au nord, au centre, au sud, partout nous avons des bords de rivière autrement pittoresques. La Loire supérieure sinue dans des vallons merveilleux où la grâce se mêle à la grandeur, mais la Loire moyenne prête en vain la largeur de ses eaux à la vallée qui l'accompagne. Pour emporter la palme, le Jardin de la France n'a pas assez de ses lignes de peupliers, de ses vignes basses, de ses parcs et de ses châteaux princiers ; il lui manque les hautes collines, les rochers, les monts, les forêts et les végétations étagées, sans parler des glaciers, des lacs et des cascades alpestres ou pyrénéennes.

Amboise, au château magnifique, précède **Tours** (44,000 hab.), centre du Jardin de la France, centre aussi de l'aire des inondations désastreuses du fleuve : les crues de la Loire s'y fortifient des débordements du Cher, qui coule dans la même plaine à 2 ou 3 kilomètres de la ville.

Au pied de la pittoresque colline de **Saumur** (14,000 hab.), aux **Ponts-de-Cé**, qu'une chaîne de coteaux sépare d'Angers, à **Ancenis** même, la Loire n'est encore qu'une vaste rivière. A **Nantes** (119,000 hab.), on a sous les yeux un vrai fleuve, mais un fleuve paralysé à la fois vers l'amont et vers l'aval : vers l'amont par le manque d'eau, vers l'aval par une entrée dangereuse, des bancs de sable, des récifs, une profondeur insuffisante. Les navires de grande taille ne remontent pas à Nantes, et cette ville aux quais superbes, cède insensiblement à Saint-Nazaire son ancienne splendeur maritime.

La Loire, au-dessous de Nantes, s'élargit à plusieurs kilomètres. Elle frôle au midi le pays de Retz, fertile en grains, au nord les marais desséchés de Donges et la Grande-Brière : celle-ci, sur ses 8,000 hectares, se montre tour à tour, et suivant la saison, lac sans profondeur où l'on chasse les oiseaux d'eau, et prairie sans arbres où l'on exploite la tourbe et où paît le mouton. Le fleuve touche **Paimbœuf**, dont la prospérité diminue à mesure que moins de navires remontent à Nantes, puis il tombe dans l'Atlantique par un estuaire trop ouvert aux vents du large. **Saint-Nazaire** (20,000 hab.) prospère par le commerce à son embouchure, exactement comme le Havre à l'embouchure de la Seine. Quand la Loire s'abîme dans la mer, elle a parcouru, détours pris en compte, au moins 1,000 kilomètres. C'est le plus long cours d'eau purement français.

Le premier tributaire important de la Loire, la **Borne** (48 kilom.), est fournie par les monts du Velay. Elle coule dans les belles gorges des Estreys et arrose le Puy.

Le **Lignon du Sud** (84 kilom.) mène les eaux des pâturages du Mezenc et des monts du Mégal; il arrive à la Loire vis-à-vis de la station de Pont-de-Lignon, après s'être tenu longtemps au fond de sombres défilés encaissés à plusieurs centaines de mètres.

L'**Ance** provient des monts du Forez. Elle a 66 kilomètres d cours dans des ravins souvent très-profonds, boisés et déserts.

Le **Furens** (42 kilom.) se forme dans le Pila. Un gigantesque barrage retient ses eaux à l'issue de la gorge sauvage du Gouffre d'Enfer et les emmagasine pour le service des innombrables usines de Saint-Étienne.

Le **Lignon du Nord** (52 kilom.) descend du Forez, le **Rhin** (56 kilom.) des montagnes du Beaujolais : ce sont deux torrents charmants. L'**Arconce** (70 kilom.) passe à **Charolles**, centre d'une importante contrée pastorale.

L'**Arroux** (120 kilom.) parti du Morvan, coule devant **Autun** (12,000 hab.), ville à ruines romaines, et recueille les eaux du **Creuzot** (24,000 hab.), « l'établissement métallurgique le plus complet de l'Europe, » à portée d'un grand bassin houiller.

La **Besbre** (108 kilom.), issue du Montoncel, arrose **la Palisse**.

La **Nièvre** (53 kilom.) fait marcher des forges et coule dans Nevers.

Vient ensuite l'**Allier** (375 kilom.). Quand la Loire et l'Allier s'atteignent à 6 kilomètres en aval de Nevers, ils ont à peu près le même volume d'eau, et ils ont fait presque le même chemin. L'aire du bassin de l'Allier est de 1,600,000 hectares. Cette grande rivière naît dans la forêt de Mercoire (Lozère), où sa fontaine originaire sourd à 1,423 mèt. d'altitude. Tout son cours supérieur se passe au fond de défilés sublimes quand ils ne sont pas d'une repoussante nudité. Ces gorges ignorées vont devenir célèbres, maintenant que le chemin de fer de Paris à Nîmes les remonte jusqu'à la Bastide, au point où l'Allier, sortant de ses premières montagnes, n'est encore qu'un mince torrent froid et clair. Au pont élevé de Vieille-Brioude commence la plaine de **Brioude**, par un peu plus de 400 mètres d'altitude. A la plaine de Brioude succède la Limagne, si belle et si féconde qu'elle a passé en proverbe ; **Issoire** en est la ville principale. La rivière, avant d'y entrer, a reçu le bel Alagnon (86 kilom.), envoyé par le Cantal ; le long de la Limagne, elle saisit en passant les Couze et d'autres vifs torrents descendus des Dore et des Dôme : sur l'un d'eux, au pied du glorieux Puy-de-Dôme, **Clermont-Ferrand** (38,000 hab.), l'ancienne capitale de l'Auvergne, est bâtie en laves qui lui ont valu la dénomination de *Ville Noire*. **Moulins**, baignée plus bas par l'Allier, n'a que 20,000 âmes. L'Allier débite en moyenne 80 mètres cubes d'eau par seconde, et 4,300 dans les grandes crues, cela avant d'avoir reçu la Sioule, dont la portée moyenne est de 35 mètres. — La Sioule (160 kilom.) est une fille des monts Dore ; aucune grande ville ne se baigne dans ses eaux le plus souvent emprisonnées par des gorges profondes. — La Dore (130 kilom.), presque aussi forte que la Sioule, est une rivière à volume constant, dans une vallée boisée ; elle reçoit, par la torrentueuse, variable et pittoresque Durolle, les eaux de **Thiers** (16,000 hab.), ville de fabriques considérable par son activité, très-curieuse par son site. — Le Sichon passe près de **Vichy**, ville d'eau fameuse.

Le **Loiret** méritait de donner son nom à l'un de nos départements. Il n'a que douze kilomètres de longueur, mais ses eaux sont abondantes, bleues et fraîches. Ses deux sources jaillissent à 6 kilomètres au sud-est d'Orléans, dans un beau parc de château, à Saint-Cyr-en-Val ; l'une se nomme le Bouillant, parce qu'elle sort en bouillonnant ; l'autre, l'Abîme, se déverse sans bruit du sein d'une fosse de la rivière. Réunies, les deux fontaines donnent 500 à 600 litres à l'étiage, et la rivière recueille plus bas d'autres sources qui naissent près de ses rives ou dans son lit même. On sait aujourd'hui que le Loiret tient ses eaux de la Loire : ce que celle-ci perd au-dessus d'Orléans par infiltration, elle le regagne en partie au-dessous par le Bouillant et l'Abîme.

Le **Cosson** et le **Beuvron** sont les inverses du Loiret. L'un et l'autre ont un cours bien supérieur au trajet de la rivière orléanaise, le premier coulant pendant 100 kilomètres, le second pendant 125, mais au lieu du cristal du Loiret, ils traînent des eaux rares, louches et lourdes, tribut des étangs argileux de la Sologne. Le Cosson passe devant la merveille de la Renaissance, **Chambord**, l'un des châteaux les plus vastes et les plus brillants du monde.

Le Cher, très-peu abondant pour sa longueur de 320 kilomètres, se perd dans le fleuve au-dessous de Tours. Il a son origine dans les montagnes de la Creuse ; ses deux branches mères, le Cher propre et la Tardes (62 kilom.), formées toutes deux dans des chaînes de 750 à près de 850 mètres d'altitude, se réunissent par 275 mètres. Il passe à **Montluçon** (20,000 hab.), cité métallurgique importante qui profite du voisinage du bassin houiller de **Commentry** (10,000 hab.). Plus bas, il coule au pied des collines de la forêt de Tronçais (10,500 hectares), qui possède, avec la forêt de Bellême (Orne), les plus beaux massifs de chênes de la France. Dans son cours moyen, il côtoie **Saint-Amand-Montrond** et **Vierzon** (13,000 hab.), ville industrielle; dans son cours inférieur, il lave les piles de pierre qui portent le gracieux château de **Chenonceaux**. — De ses affluents, l'un, l'Yèvre (100 kilom.), serpente avec l'Auron (80 kilom.), son tributaire, dans l'humide vallée de **Bourges**, ville de 30,000 âmes, en amphithéâtre sur un coteau terminé par une majestueuse cathédrale. Bourges est avec Nevers la grande ville la plus centrale de France. — L'Arnon, autre affluent du Cher, a 150 kilomètres de développement, et reçoit la Théols, rivière limpide qui sort d'une belle source et passe à **Issoudun** (14,000 hab.). — La Sauldre (162 kilom.), le plus abondant des tributaires du Cher, décrit un grand demi-cercle en Sologne et traverse **Romorantin**.

L'Indre (245 kilom.) débouche en aval du Cher, sur la même rive gauche que l'Allier, le Cher et la Vienne. Elle se forme dans les dernières collines granitiques de la France centrale. Les villes qu'elle touche, **la Châtre**, **Châteauroux** (17,000 hab.), chef-lieu du département de l'Indre, et **Loches**, riche en vieux monuments, ont peu d'importance, mais elle dessert une très-grande quantité d'usines. Sa vallée de prairies, en amont et en aval du viaduc du chemin de fer de Tours à Poitiers, est un type des grâces de la zone tempérée.

La **Vienne** (372 kilom,), beaucoup plus forte que le Cher et l'Indre ensemble, compte parmi nos belles rivières. Le plateau de Millevache (Creuse), à la base du plus haut mamelon du mont Odouze, lui fournit ses premières fontaines, puis ses eaux, claires bien que teintées de rouge, courent avec bruit dans une délicieuse vallée resserrée par des dômes boisés. Née par 858 mètres d'altitude, elle descend si vite que son niveau à **Limoges** n'est plus que de 240 mètres. Devant cette ville de 53,000 habitants, qui a du renom dans les deux mondes par ses fabriques et ses peintures de porcelaine, elle a déjà une largeur moyenne de 75 à 80 mètres. Elle y arrive fortifiée par la Maulde (70 kilom.), torrent d'une largeur moyenne de 24 mètres qui forme la jolie cascade du Gour des Jarreaux, et par le Thaurion (100 kilom.) : le Thaurion, presque égal à la Vienne lorsqu'il se mêle à elle, vient, par **Bourganeuf**, des froides bruyères de la Creuse ; ses eaux, qui sont nuancées de rouge comme celles de la Vienne, ont en moyenne 45 mètres de largeur. Dans toute la longueur de ce beau Limousin, « qui ne périra jamais par la sécheresse, » et dans l'agreste pays de **Confolens**, la vallée de la Vienne reste verte et fraîche ; dans le Poitou, elle s'élargit, s'aplatit et devient féconde. C'est la Vienne qui fait marcher la manufacture d'armes de **Châtellerault** (14,000 hab.) ; la dernière ville qui s'y mire est **Chinon**. Sa largeur moyenne au-dessus de l'entrée en Loire dépasse 150 mètres. — Outre la Maulde et le Thaurion, la Vienne absorbe le Clain et la Creuse. Le Clain (125 kilom.) est sinueux et profond ; il dort dans de ravissants vallons cernés de rochers ou de pentes abruptes et il s'y approvisionne à de claires fontaines entretenues par des plateaux perméables. En tout cela ses affluents lui ressemblent, surtout la charmante Vonne. Le Clain contourne à demi la roide colline de **Poitiers** (31,000 hab.), ville morte qui eut 4,000 étudiants dans sa faculté de droit (sous Louis XII) et qui n'en a plus que 200 ; les monuments curieux y abondent. — La Creuse (235 kilom.) arrive, ainsi que la Vienne, du massif du mont Odouze, mais par un chemin plus droit ; elle passe à **Aubusson**, qui tire un grand lustre de la splendeur de ses tapis, et se tient presque toujours au fond d'un vallon fort étroit, admirable par ses prairies penchées, ses bois, ses grands châtaigniers. Elle effleure le massif de collines où se trouve **Guéret**, capitale du département de la Creuse, et traverse **Argenton** et **le Blanc**. Sa largeur, dans sa partie inférieure, approche de 100 mètres. Elle roule des eaux claires, mais sans abondance. Ainsi de ses affluents : la Petite Creuse (65 kilom.), torrent qui rase le coteau de la plus modeste de nos sous-préfectures, **Boussac** (1,062 hab.); la jolie Bouzanne (70 kilom.); la Gartempe (170 kilom.). Cette dernière est remarquablement parallèle à la Vienne depuis sa source dans les monts de Guéret jusqu'à son embouchure ; elle recueille les déversoirs d'un grand nombre d'étangs de la Marche et du Limousin, passe à **Montmorillon** et se grossit du pittoresque Anglin (80 kilom.). La Claise (86 kilom.), dernier tributaire notable de la Creuse, lui conduit les eaux des innombrables étangs de la Brenne, district malsain qui occupe une portion du département de l'Indre.

Le **Thouet** (133 kilom.) commence dans les coteaux de la Gâtine (Deux-Sèvres). Ses eaux sans clarté passent à **Parthenay** et à **Thouars**; il reçoit l'Argenton, venu de **Bressuire**, la Dive (76 kilom.), rivière aux belles sources, et coule derrière Saumur dans un lit qui jadis contenait la Vienne.

La **Maine**, seul grand tributaire de la rive droite de la Loire, se forme de 3 rivières, la Mayenne, la Sarthe et le Loir. — La Mayenne (204 kil.), la plus courte, mais la plus abondante, a deux branches mères : la Mayenne, venue des plus hautes collines normandes (417 mèt.), et la Varenne (66 kilom.), qui serpente dans les gorges de **Domfront** : elle rencontre dans sa course **Mayenne** (11,000 hab.), **Laval** (27,000 hab.), **Château-Gontier** et engloutit l'Oudon (82 kilom.), qui a baigné **Segré**. C'est à une faible distance au-dessus d'Angers que s'unissent la Mayenne et la Sarthe. — La Sarthe (276 kilom.), plus longue et moins forte que la Mayenne, plus forte et moins longue que le Loir, arrose **Alençon** (16,000 hab.) et le **Mans** (55,000 hab.), où débouche l'Huisne, dont les gracieux méandres reflètent les collines boisées du Perche. L'Huisne (132 kilom.) passe à **Nogent-le-Rotrou**. — Le Loir, affluent de la Sarthe, qu'il atteint à quelques kilomètres en amont de la Mayenne, est une rivière tranquille, bleue et profonde. Il ne roule que 4 à 5 mètres cubes par seconde à l'étiage, il a pourtant 310 kilomètres de cours, bien que ses sources jaillissent maintenant à 8 kilomètres plus bas qu'autrefois, par la dessiccation de la portion de la Beauce où il prend naissance. Le Loir mouille la base du rapide coteau de **Châteaudun**, fait des circuits dans la vallée de **Vendôme** (10,000 hab.) et passe à **la Flèche**. — La Maine lave les quais d'**Angers** (58,000 hab.), cité voisine des ardoisières fameuses de Trélazé, et tombe dans la Loire dix kilomètres seulement après sa formation. De son confluent avec le fleuve à la source actuelle du Loir il y a 320 kilomètres.

L'**Erdre** (105 kilom.) s'élargit au-dessus de Nantes en un pittoresque lac allongé. C'est au cœur même de l'ancienne capitale de la Bretagne qu'elle meurt dans le fleuve, presque en face de la Sèvre-Nantaise.

La **Sèvre-Nantaise** (138 kilom.) descend de la Gâtine. Elle traîne des eaux opaques au pied de rochers granitiques et anime les beaux vallons de Mortagne, de Tiffauges et de **Clisson**.

L'**Acheneau** déverse le Grand-Lieu (7,000 hectares), nappe sans profondeur entre des rives plates. Le Grand-Lieu, digne du seul nom de pièce d'eau, était pourtant notre plus grand lac avant que l'annexion de la Savoie nous donnât des lacs supérieurs en beauté au Grand-Lieu comme les Alpes aux collines de Clisson ou du Sillon de Bretagne. Le principal aliment du lac de Grand-Lieu s'appelle la Boulogne (60 kilom.).

La **CHARENTE** draîne un bassin peu étendu (un million d'hectares), mais ce bassin, pour la majeure partie calcaire ou crayeux, fournit en abondance des eaux superbes, et le fleuve s'y tourne et s'y détourne tant qu'il finit par y parcourir 355 kilomètres.

D'une transparence magique dans toute sa vallée supérieure et moyenne, la Charente s'appelle Chérente chez les paysans. Elle commence dans la Haute-Vienne, au sein de collines granitiques dont la plus élevée n'a que 319 mètres. Elle sort d'une humble fontaine, dans la prairie de Chéronnac dont les versants s'achèvent en plateaux ombragés par des châtaigniers de haute venue.

Elle marche d'abord vers le nord-ouest, passe des granites dans les calcaires du plateau poitevin, tourne au sud après **Civray** et laisse **Ruffec** à deux ou trois kilomètres à droite. Au moment où elle va toucher de ses eaux les assises les plus basses de la fière colline où se perche **Angoulême** (25,000 hab.), elle se double au moins par l'accession de la Touvre : celle-ci, rivière magnifique, tient son origine des pertes de la Tardoire, du Bandiat et de quelques ruisseaux.

La **Tardoire** (100 kilom.), issue des granites du Limousin, passe près de la tour de **Chalus**, d'où siffla la flèche qui tua Richard Cœur-de-Lion. Ses eaux rouges dévalent alertement sur les roches de fond d'une gorge tortueuse, entre des prairies qui se relèvent presque dès la rive pour se terminer bientôt contre la lisière des châtaigniers et des chênes. Tant que la rivière n'abandonne pas le granite, elle s'augmente de l'amont à l'aval, mais dès qu'elle arrive sur les calcaires lâches 19 fissurés de l'Angoumois, elle filtre sous le sol, petit à petit, sans bruit, sans qu'on voie l'eau s'agiter. Toutes les pertes se trouvent sur la rive gauche, et généralement aux tournants; elles commencent au-dessous de Montbron, et dans les étés exceptionnels, la Tardoire peut finir à Rancogne, ou même au château de la Roche-Berthier. Entre Rancogne et la Rochefoucauld les gouffres ne discontinuent pas ; ceux qui boivent le plus d'eau s'ouvrent à quelques centaines de mètres de la dernière de ces deux villes, au pied de la colline de l'Age-Bâton et à la Grange. Il y a toujours dans l'année des mois où la rivière ne coule plus devant le splendide château de la **Rochefoucauld**, et quand elle va jusque-là, c'est pour disparaître un peu plus bas dans les failles de Rivières et d'Agris. Par les saisons très-pluvieuses la Tardoire se poursuit jusqu'au bout de sa vallée, vers Mansle ; elle forme alors un affluent à ciel ouvert de la Charente.

Le **Bandiat** (88 kilom.), moins abondant que la Tardoire, puise comme elle des eaux rougeâtres aux montagnes granitiques du Limousin, et, grossi comme elle par beaucoup d'étangs, il passe au calcaire après avoir touché la colline de **Nontron**. Ses gouffres se creusent également sur la rive gauche; ils ont plus de grandeur que les fissures de la Tardoire. Le premier, le gouffre du Gros-Terme, sous les peupliers, les noyers et les frênes, est un cirque envahi par des herbes qui laissent voir des trous dans la roche. Au bas d'un mamelon caillouteux, des touffes d'orties recouvrent les creux du gouffre du pont de Pranzac. Sans une digue en pierre opposée à la rivière en face de ces deux gouffres, le Bandiat n'irait plus loin qu'à la suite de pluies persistantes. De même au gouffre de Chez-Roby, le plus beau de tous, une muraille peu élevée retient les eaux : quand le Bandiat gonflé franchit ce léger obstacle, il descend en cascade dans un lit raboteux encombré de blocs écroulés, et, arrivé contre la roche, il fuit sous terre dans les collines qu'habille la forêt de la Braconne. Sauvée de la sorte une troisième fois, la rivière va se perdre au Trou de Gouffry, effondrement dans des terres rouges ; si elle roule beaucoup d'eau, elle pousse jusqu'aux quatre gouffres de la Caillère : les deux premiers sont des affaissements dans un sol cailloluteux, les deux autres des trous béants ; le dernier, crible de roches où les eaux entraînent des débris, de la terre et des branches, engloutit dans une cascade retentissante tout ce que le Bandiat lui mène de flots troublés. Il faut des pluies très-exceptionnelles pour que la rivière dépasse les entonnoirs de la Caillère et aille rejoindre la Tardoire à Agris.

Pendant plus de la moitié de l'année, toutes les eaux des deux rivières descendent ainsi dans l'abîme et vont courir en torrents ou s'épandre en lacs ténébreux sous les terres que recouvrent les forêts de la Braconne et du Bois-Blanc. La France doit avoir ici sa grotte de Han, sa caverne d'Adelsberg, sa Mammouth-Cave, des voûtes immenses, des gorges dont on touche de la même main les deux parois, des précipices, des cascades, des eaux luisant obscurément sous quelques rayons égarés. Des animaux inconnus, des batraciens, des poissons aveugles y vivent peut-être sur la rive de Styx que n'a pas encore éclairés la lueur des flambeaux humains. On trouvera bien une entrée de gouffre, un corridor, une avenue dans la roche pour conduire à ces sombres merveilles. Il y a dans la forêt des *fosses*, excavations immenses qu'on dit descendre sur les eaux souterraines.

A 7 kilomètres d'Angoulême, à la base d'un coteau rocailleux, un gouffre de 24 mètres de profondeur, le Dormant, immobile comme le dit son nom, est ridé en quelques endroits de puissants bouillons concentriques, donnant l'être à toute une rivière. A quelques dizaines de mètres, le Bouillant, plus agité et profond de 12 mètres, fournit moins d'eau ; il reçoit la Lèche, de beaucoup la plus petite, et se réunit aussitôt au Dormant, qui est le vrai « Père des Eaux » de la Touvre.

La **Touvre** n'a que dix kilomètres de longueur ; sa largeur, très-considérable (100 à 200 mètres) immédiatement à l'aval de la rencontre du Bouillant et du Dormant, diminue bientôt des trois quarts. Sa vallée est ravissante ; les eaux froides de la rivière, claires et peu profondes, agitent le sommet des touffes de plantes aquatiques, baignent les herbes des îlots, les racines d'arbres superbes, ou tombent avec bruit du haut des écluses de papeteries et de moulins. La Touvre met en mouvement la fonderie de canons de **Ruelle**. Son entrée dans la Charente a lieu par 30 mètres d'altitude.

La Charente, dès lors constituée dans toute sa grandeur, perd de sa transparence par le tribut de la Touvre, bien que la Touvre soit limpide. Le plus souvent profonde et tranquille, elle coule devant **Cognac**, qui ne renferme pas 10,000 âmes, mais les eaux-de-vie de sa « *Champagne* » lui ont valu du Pôle à l'Équateur un renom fameux, et avec le renom lui ont donné la richesse. En aval, après les confluents des bras de la limpide **Seugne** (78 kilom.), **Saintes** (12,000 hab.) est par ses monuments romains la Nîmes du Sud-Ouest.

Au-dessous de Taillebourg, la marée prend de l'ampleur, la rivière se trouble. Elle absorbe encore la **Boutonne** (90 kilom.), qui naît d'une source puissante à Chef-Boutonne et traverse **Saint-Jean-d'Angely**.

A partir du confluent de cette rivière, la Charente n'est plus qu'un grand fossé d'eaux vaseuses ; peu de cours d'eau translucides en amont sont aussi déshonorés par la boue en aval.

malsains malgré des travaux séculaires, **Rochefort** (30,000 hab.) profite de la grande profondeur du fleuve. Moins comme port de commerce que comme port militaire ; ses chantiers pourraient construire à la fois 18 grands navires.

La **GIRONDE** est le plus vaste estuaire de France et l'un des premiers d'Europe. Elle s'ouvre entre **Royan**, ville de bains de mer attachée à la Saintonge, et la Pointe de Grave, extrémité septentrionale des dunes landaises. De Royan à la pointe il n'y a que 5 kilomètres, mais plus haut on compte jusqu'à 10 kilomètres entre la rive saintongeaise et le pied de collines du Médoc, terre natale des vins les plus distingués du monde.

L'estuaire girondin, semé d'îles et gêné de bancs, est néanmoins accessible à marée haute sur tout son trajet aux plus grands navires. Par lui se fait le commerce de Bordeaux.

A mesure qu'on remonte l'estuaire, on le voit se rétrécir Au delà de **Blaye**, à 75 kilomètres environ de la passe marine, on se trouve en face de deux immenses rivières égales en apparence. Le lieu s'appelle le Bec-d'Ambez, les deux cours d'eau sont la Garonne et la Dordogne. Cette dernière moins abondante, arrive avec le tribut d'un bassin de 2,340,000 hectares ; la Garonne, elle, a drainé une aire plus que double, 5,600,000 hectares. — Le bassin entier de la Gironde s'étend sur 8,180,000 hectares. — Quand les deux cours d'eau mêlent leurs flots salis par les vases que remuent la marée, la Dordogne n'a parcouru que 490 kilomètres, la Garonne 575.

La **GARONNE** sort du Val d'Aran, terre espagnole quoiqu'elle s'ouvre sur la France et que de rudes montagnes la séparent des domaines de Castille-et-Léon. Elle s'y forme par la réunion de la Garonne Orientale, qui est plus longue, et de la Garonne Occidentale, qui a plus d'eau : la première naît à 1872 mètres d'altitude, près du Col de Peyrablanca ; la seconde a pour origine, par 1430 mètres, dans un site fort grandiose, les dix sources du Goueil de Joufou : les unes immédiatement pour tomber par une haute et assourdissante cascade. Il y a 4 kilomètres et une montagne entre le Goueil de Joufou et le Trou du Toro (2,024 mètres d'altitude), gouffre où s'abîment par une belle chute les eaux des plus grands glaciers de la Maladetta ; tout démontre pourtant que les sources du Goueil sont la réapparition du torrent que dévore le Toro. La Garonne Occidentale coule au pied des montagnes dont les forêts cachent encore beaucoup d'ours.

La Garonne se perd en partie sous les roches calcaires du gouffre de Clèdes ; elle entre en France après 50 kilomètres de cours par l'étroite déchirure du Pont-du-Roi, à 590 mètres d'altitude. Torrent clair, rapide et sans largeur, elle irrigue des prairies, fait marcher des scieries de bois, traverse les gorges de Saint-Béat, resserrées entre de hautes montagnes de marbre, et se renforce de la Pique, venue de **Bagnères-de-Luchon**. Bientôt, vive rivière plutôt que torrent des montagnes, elle se double par le contingent de la Neste, (400 mètres d'altitude).

Après avoir rempli le bassin de retenue du grand canal d'irrigation de Saint-Martory et ajouté aux eaux de son lit les eaux impétueuses du Salat, le fleuve quitte définitivement sa haute vallée, éden de grâce et de fraîcheur, pour les immenses plaines du Toulousain, laides et uniformes : peu ou pas d'arbres ; des lits de ruisseaux pareils à des fossés desséchés ; des villages et des maisons en briques ; en été des nuages de poussière ; sur la rive droite, serrant de près le fleuve, une ligne de coteaux bas, nus et jaunâtres ; à l'horizon, comme pour faire ressortir la monotonie des champs à perte de vue, montent dans le ciel les têtes aiguës des Pyrénées. Cette plaine est fertile, et les eaux d'irrigation du canal de Saint-Martory en feront bientôt l'un des meilleurs terroirs de la France.

Au-dessous du confluent de l'importante Ariège, **Toulouse** (127,000 hab.), vilaine ville de briques, tire de de la Garonne, déjà très-large, la force motrice d'une grande quantité d'usines, parmi lesquelles des moulins de premier ordre. De Toulouse, à 126 mètres d'altitude, part le fameux *canal du Midi* qui relie la navigation garonnaise au port méditerranéen de Cette, et de Cette se prolonge par d'autres canaux jusqu'au Rhône.

Après **Castelsarrasin**, après l'embouchure du Tarn, la vallée du fleuve, gagnant peut-être encore en fécondité, se pare sur les deux rives de superbes coteaux, roides, élevés, couverts de vignobles où fleurissent le prunier et le pêcher qui sont une des fortunes du pays agénais. L'opulence du sol, la coupe et la hauteur des collines, la gaieté du ciel assurent aux bords de la Garonne le prix sur les rives de la Loire. Le « Jardin de la France » est à Agen, à Aiguillon, à Tonneins, à la Réole, à Cadillac, bien plus qu'à Blois, à Amboise, à Tours et à Langeais.

En aval du confluent du Lot se suivent **Tonneins**, l'une des métropoles du tabac, **Marmande** et **la Réole**, puis le fleuve côtoie le massif qui porte **Bazas**. Vers Cadillac les coteaux de la rive gauche s'effacent et les Landes pressent la vallée de la Garonne, qui produit ici le *Sauterne*, roi des vins blancs. Bordeaux, la capitale du sud-ouest, a des quartiers bâtis sur la lande ; mêlés aux vergers et aux parcs de la banlieue des grandes villes, des bouquets de pins apparaissent déjà dans ses faubourgs, et à mesure qu'on marche vers l'ouest, vers le sud, le sud-est, ces pins se serrent, ils finissent par former d'immenses forêts sur le million d'hectares compris entre les collines du Médoc, les coteaux garonnais, les collines de l'Armagnac, la vallée de l'Adour et l'océan Atlantique. Ce million d'hectares s'appelle du nom commun de Landes. Le pin seul et le chêne-liége y prospèrent ; ils couvrent la contrée, hormis les grandes aires nues, la *lande rase*, désert de sable et de bruyères inondé en hiver, torride en été. La lande rase se peuple rapidement aujourd'hui des deux espèces d'arbres qui lui conviennent, et tout le pays deviendra forêt, des dunes du rivage aux coteaux à vignobles. L'infécondité, l'insalubrité des Landes tiennent à la nature sablonneuse du sol, et surtout à l'imperméabilité du sous-sol, l'*alios*, couche compacte de sables ferrugineux « agglutinés par un ciment formé de matières organiques. »

Ceux qui n'ont que des paroles de mépris pour les Landes ont souffert de leurs chaleurs et de leur poussière. Ils les ont traversées impétueusement, entraînés par la vapeur, dans un jour de rayons cuisants, par des vents qui soulevaient un sable brûlant le visage, irritant la vue et gênant la poitrine. Ils n'y ont contemplé qu'une plaine vide, des pins et des tranchées dans les mamelons aréneux, avec une ligne sanglante tracée par la couche rouge noirâtre de l'alios. Quand on connaît vraiment les Landes, qu'on les a longuement et lentement parcourues, on les aime et l'on se prend à les admirer. Leur monotonie devient espace et grandeur. On y ressent le bonheur qu'ont mille fois chanté les poëtes des grandes plaines, la joie de marcher dans la libre étendue. On y peut oublier la montagne, qui étonne, mais qui pèse enfin sur l'âme, et presque sur les épaules. La joie sérieuse qu'éprouve devant la mer l'homme assis aux rochers du rivage, l'homme en chemin dans les Landes la retrouve devant les steppes indéfinis. La lande plate se poursuit jusqu'au bout du regard, jusqu'à l'ondulation des dunes, jusqu'à la borne sombre des jeunes pinadas qu'on n'a pas encore éclaircis, ou jusqu'au rideau des pins arrivés à toute leur taille et qui, selon que leurs troncs sont distants ou pressés, laissent passer avec éclat ou filtrer obscurément l'horizon. Ces grands pins sont ébranchés, et de longues blessures d'un blanc jaune taillées dans leur chair en font couler la résine, on dit de ces pins qu'ils sont gemmés. Des moutons paissent le steppe, gardés par un berger quelquefois encore monté sur des échasses de deux à trois mètres ; du haut de ces jambes de géant, le pasteur landais peut suivre de l'œil son troupeau dans les ajoncs et les brandes ; avec elles il franchit sans se mouiller les lagunes dont l'automne, l'hiver et le printemps recouvrent au loin le désert. Dans la lande rase et derrière les squelettes noircis des pinadas, fréquemment visités par le feu, se montrent des maisons en pierre ou en bois à toit de tuiles ; des villages se cachent à demi dans la forêt aromatique, au milieu des « parfums résineux, atomes ravivants, qui s'exhalent des pins secoués par les vents. » Souvent de gais ruisseaux clairs, que l'été respecte, et de minces prairies ajoutent à la calme beauté des hameaux. De distance en distance, des vides pratiqués dans les grands massifs pour cerner les incendies et des chemins taillés dans les bois fuient en ligne directe à l'infini comme une étroite avenue qui n'atteindrait jamais son château. La résine, le liége, des planches sans nombre, des poteaux, du bois de chauffage, du charbon, les minerais de fer, avec cela les Landes échappent à l'indigence dont le premier regard les accuse.

Bordeaux (194,000 hab.), ville magnifique, arrondit pendant 6 kilomètres ses quais en croissant sur le fleuve, large ici de 500 à près de 700 mètres. L'industrie y a peu d'activité, mais Bordeaux trafique avec tout l'univers, surtout avec l'Angleterre, l'Europe du nord, les États-Unis et l'Amérique latine; partout elle expédie les vins fameux qui ont pris son nom et qui viennent du Médoc, de l'Entre-Deux-Mers et des côtes de la basse Garonne et de la basse Dordogne. Une décadence prochaine menace d'amoindrir cette ville superbe, qui est un vrai site de grande capitale. La Garonne s'envase en aval; les ingénieurs ont trop rétréci son lit, le flot de mer n'arrive plus avec la même puissance qu'autrefois, il ne fouille plus le fond avec autant de force, des bancs de vase se déposent, et déjà sur plusieurs seuils les gros vaisseaux passent avec défiance.

A Bordeaux, la Garonne est d'un aspect saisissant. Les vaisseaux isolés, les rues de navires, les paquebots transatlantiques, le va-et-vient des canots étonnent et charment, mais la boue liquide fendue par la rame, l'aube ou l'hélice offense le regard. C'est que le fleuve obéit depuis longtemps à la marée, sans laquelle le port de Bordeaux ne serait pas visité par les forts navires. L'influence de la marée sur le niveau fluvial commence à se faire sentir à 53 kilomètres au-dessus de Bordeaux, à Castets. En remontant la Garonne à partir du point où le frottement de la marée montante ne mélange plus les eaux du fleuve avec les vases de son fond, la Garonne roule des flots assez clairs, mais elle n'en est pas moins une des rivières françaises qui transportent le plus de troubles.

Le débit de la Garonne peut descendre à Tonneins jusqu'à 37 mètres cubes seulement par seconde, mais il faut des chaleurs longtemps persistantes. Le module ou débit moyen, à Tonneins encore, est considérable : 659 mètres cubes par seconde. Les crues, tout à fait formidables, s'élèvent à 8, 9 et 10 mètres de hauteur. Le fleuve entraîne alors 10,500 mètres cubes par seconde, 283 fois le volume de l'étiage.

La **Neste**, l'une des branches mères de la Garonne, n'a pas plus de 75 kilomètres de développement, dans une vallée singulièrement riche en sources thermales. Les lacs et les neiges des Pyrénées lui fournissent une importante masse d'eau. Très-exceptionnellement son débit par seconde peut s'abaisser à 5 mètres cubes, mais généralement il va de 10 à 20 mètres aux basses eaux, de 20 à 50 dans les eaux moyennes, de 50 à 80 dans les fortes eaux ; il est de près de 140 dans le mois de la grande fonte des neiges ; le module est de 35 mètres cubes et demi. C'est donc un fort torrent, et précisément au nord de son cours, le Plateau de Lannemezan, massif ingrat, froid et triste, donne naissance à des rivières qui se distribuent en éventail, presque toutes courant à la Garonne, peu à l'Adour. En été ces rivières d'un parcours assez long ne sont plus que des fossés où les écluses alors silencieuses des moulins retiennent des eaux louches et mortes. Ainsi se comportent, dans la belle saison, la Save (148 kilom.), qui passe à **Lombez**, la Gimone (136 kilom.), l'Arrats (135 kilom.), le Gers (168 kilom.), qui donne son nom à un département et se déroule au pied de l'amphithéâtre d'**Auch** (13,000 hab.), la Bayse (180 kilom.), qui traverse **Mirande** et **Condom**. — Cette dernière ville est le principal entrepôt des eaux-de-vie de l'Armagnac. — Tous ces cours d'eau sont tributaires de la Garonne, sur la rive gauche, entre Toulouse et Tonneins. Pour que ces pauvres rivières coulent en été, on s'est adressé à la Neste : on a barré quelques lacs de ses gorges supérieures ; de la sorte on a haussé leur niveau pour qu'ils puissent mettre en réserve l'excès d'eau de neige de l'hiver ; en été ces lacs se vident dans les biefs d'aval et renforcent d'autant la Neste. Vers Sarrancolin, un canal prend au torrent 8 mètres cubes par seconde, quatre destinés à l'irrigation du plateau de Lannemezan, le reste jeté dans la Save et son affluent la Gesse, dans la Gimone, dans la Gers, dans les Bayse, dans le Bouès, qui appartient au bassin de l'Adour. Les travaux ne sont pas tout à fait achevés.

Le **Salat**, aussi court que la Neste, est de même fort abondant — 10 mètres par seconde à l'étiage — et contribue notablement à la formation de la Garonne. Ses eaux lui viennent de la portion des Pyrénées comprise entre le val d'Aran et le pic de Montcalm. Il y a des ours dans les forêts où se démènent les torrents qui l'alimentent. Il baigne **Saint-Girons** et tombe dans le fleuve par 260 mètres environ d'altitude.

L'**Arize** (75 kilom.) a peu d'importance. C'est elle qui traverse la célèbre grotte du Mas d'Azil, où elle entre par une arcade de 80 mètres de hauteur.

L'**Ariége** (157 kilom.) augmente certainement la Garonne d'un tiers quand elle s'y jette à quelques kilomètres en amont de Toulouse. Elle vient des gorges pyrénéennes où trône le Montcalm, sur le versant opposé au superbe bassin de la république d'Andorre. Après avoir serpenté dans la vallée de **Foix** et dans la plaine de **Pamiers**, elle s'augmente du Lhers (120 kilom.) : dans sa vallée supérieure celui-ci engloutit la rivière formée par la source de Fontestorbe, l'une des fontaines intermittentes les plus abondantes et les mieux réglées qu'on connaisse. — Elle jaillit pendant 36 minutes 36 secondes et s'arrête pendant 32 minutes 30 secondes.

Le **Tarn** n'a pas moins de 375 kilomètres de cours. Du penchant méridional de la Lozère ruissellent quelques torrents qui s'allient dans une gouttière commune, le Tarn. Déjà rivière à Pont-de-Montvert (896 mètres), le Tarn s'engage, en aval de Florac, dans des gorges telles que la France n'en offre guère de si taillées à pic, de si étroites, de si profondes, gorges coupées à l'emporte-pièce dans le calcaire jurassique : l'eau verte et froide de la rivière, de temps en temps accrue par de grosses fontaines, s'y endort ou s'y tourmente avec violence à la racine de parois rocheuses qui ont 400, 500, et même 600 mètres d'élévation ; le sommet de ces murailles est le rebord d'abominables causses où l'hiver fait rage, où le vent siffle en été, où nulle saison n'apporte l'abondance aux champs et la gaieté dans les villages. Le Tarn sort de ces défilés par 390 mètres d'altitude ; il arrose le ravissant bassin de **Milhau** (14,000 hab.), et s'affaisse, au-dessus d'Albi, par la belle cascade du Saut-de-Sabo, haute de 19 mètres. Peu à peu il a transformé ses défilés en une vallée pittoresque, qui devient plus bas une plaine féconde. Au-dessous d'**Albi** (17,000 hab.), il rencontre encore **Gaillac**, **Montauban**, (26,000 hab.) et

Moissac (10,000 hab.). L'embouchure du Tarn est à 64 mètres d'altitude; le débit d'étiage approche de 20 mètres cubes à la seconde; le débit de grande crue dépasse 6,500. Les principaux torrents et rivières qui perdent leur nom dans le Tarn, sont le Tarnon, la Dourbie, le Dourdou, l'Agout et l'Aveyron.— Le Tarnon amène au Tarn les eaux de la source très-considérable du Pêcher, sorte de fontaine de Vaucluse qui jaillit dans la ville de **Florac**, au pied d'un immense escarpement. — La Dourbie a 70 kilomètres de long.; ses eaux, qui sont très-belles, vivifient de profonds défilés; il n'y a que des villages sur ses bords; elle a son embouchure près de Milhau. — Le Dourdou (90 kilom.) rencontre dans le dernier tiers de son cours un torrent nommé la Sorgues, ainsi que la rivière chantée par Pétrarque, et comme celle d'Avignon, cette Sorgues est considérable dès sa source : à l'ombre des rochers géants qui cachent les lacs ténébreux dont elle est l'issue, elle met en branle un grand moulin. Elle passe à **Saint-Affrique**. — L'Agout (180 kilom.), rivière cévénole d'un fort volume, a plus de 80 mètres de largeur moyenne, avec un étiage de 7 mètres à la seconde. Il se tient longtemps dans une profonde vallée, forme la cascade du Saut-de-Luzières, dessert les manufactures de **Castres** (21,000 hab.) et engloutit le Thoré, venu de **Mazamet**, ville industrielle de 13,000 âmes. En aval de **Lavaur**, il reçoit le Dadou, pittoresque rivière de 100 kilomètres de longueur, d'une largeur de 30 mètres. — L'Aveyron, très-long (240 kilom.), mais très-faible, débouche au nord-ouest de Montauban. Dans le Rouergue, devenu, d'après lui, le département de l'Aveyron, il se tord, silencieux et noir, au pied de la sombre colline de **Rodez** (12,000 hab.). Au-dessous de **Villefranche** (10,000 hab.), jusqu'à Bruniquel, il se perd au fond de défilés par instants sublimes, les plus beaux qu'empruntât un chemin de fer français avant l'ouverture de la ligne d'Alais à Brioude. Le principal affluent de l'Aveyron, le Viaur, lui ressemble en tout cela, il roule très-peu d'eau proportionnellement à sa longueur et à son bassin, et il parcourt une gorge sauvage: le Viaur, infatigable en ses détours, a plus de 160 kilom. mais sa largeur moyenne n'est que de 16 mètres.

Le **Lot** (480 kilom.) a deux fois moins d'eau à l'étiage que

que le Tarn, bien qu'il parcoure 100 kilom. de plus. Sa source voit le jour à 1,500 mètres d'altitude, dans les monts de la Lozère. A **Mende**, il a juste perdu la moitié de cette hauteur ; en avant de ce chef-lieu de département, et longtemps en aval, le Lot ne réfléchit que des versants ruinés, stériles et sans bois ; mais à partir de l'entrée dans le département de l'Aveyron, à **Espalion** et plus bas, les gorges se boisent, tout en restant profondes. La rivière borde ensuite le bassin houiller de l'Aveyron, où se sont élevés deux grands ateliers de métallurgie, **Aubin** et **Decazeville**. Son cours devient extraordinairement sinueux ; sa vallée est fort belle, et dominée généralement par des parois droites ou d'abruptes collines qu'achèvent des créneaux de roches. Qui a vu le nid d'aigle de Capdenac, sur le chemin de fer de Paris à Toulouse, connaît le profil saisissant des côtes du Lot. Au-dessous de **Cahors** (14,000 hab.), entre des collines renommées pour leurs vins vigoureux, la fécondité de la plaine s'accroît à proportion que le cours d'eau s'approche de son terme. De **Villeneuve d'Agen** (13,000 hab.) à Clairac et de Clairac à Aiguillon, les bords du Lot peuvent soutenir la comparaison avec les terres les plus favorisées du val de Garonne. L'embouchure du Lot est à 23 mètres d'altitude ; le débit est compris entre dix mètres cubes par seconde, étiage extrême, et 2,200 mètres, crues exceptionnelles. — La Colagne, torrent lozérien de 54 kilomètres, baigne **Marvejols** avant de tomber dans le Lot par 600 mètres d'altitude. — L'Urugne est bien courte, elle a 12 kilomètres seulement, mais les hautes et vastes causses au pied desquelles elle surgit lui composent par leurs infiltrations des sources considérables que les étés les plus chauds ne peuvent entièrement boire. — La Truyère s'allie au Lot par 240 mètres, dans une ville qui de même que d'autres en France, tient son nom d'Entraygues de sa situation à la fourche de deux rivières. La Truyère se forme dans la Margeride ; pendant 175 kilomètres, elle serpente presque continuellement dans des gorges obscurcies et désertes, entre des flancs boisés, des prairies inclinées et des granits. Elle reçoit le petit torrent que domine **Saint-Flour**, et le Bès (64 kilom.) à l'eau sombre. — Le Célé, long de 100 kilomètres, arrive du Cantal, traverse

Figeac et se termine par une vallée que sa profondeur et ses murs de rochers font semblable à celle du Lot. — La fontaine des Chartreux, ou de Divonne, jaillit dans Cahors même ; elle se précipite en cascades dans le Lot, avec une masse d'eaux transparentes égale, dit-on, au cinquième du volume de la rivière en été.

L'**Avance** (58 kilom.) sort de terre dans les landes du Lot-et-Garonne : elle disparaît sous les sables, puis, retenue par la couche imperméable, elle ressort au-dessus de Casteljaloux par une source de premier ordre.

Le **Dropt** (128 kilom.) n'a pas de fontaines considérables dans son bassin. Ce dernier affluent notable de droite n'est qu'un ruisseau que les digues des moulins et les écluses de navigation enflent aux proportions d'une petite rivière.

Le dernier tributaire important de gauche, le **Ciron** (90 kilom.), rivière des Landes, roule une eau vive et froide sur un lit de sable.

La **DORDOGNE** commence à 1,694 mètres d'altitude, au pied du cône du Puy-de-Sancy, tête de la France centrale. Ce n'est alors qu'un filet d'eau dans une prairie marécageuse. Aux bains du Mont-Dore, elle ne se trouve déjà plus qu'à 1,047 mètres. A Bort (420 mèt.), elle coule au pied de la montagne dans laquelle s'implantent les Orgues de Bort, colonnade basaltique dont le sommet, supérieur de 350 mètres au fil de la rivière, offre un éblouissant panorama sur les monts et les vallons verts du Cantal.

En aval des Orgues de Bort, au travers de **Mauriac**, la Dordogne erre dans des gorges granitiques extrêmement sauvages. Au pied de roches obscurcissantes de 200 à 250 mètres de hauteur, elle y engloutit les rivières limpides et les torrents envoyés par les croupes de la Corrèze et les pics du Cantal. Vers Argentat la fissure s'élargit, au confluent de la Cère on se trouve en plaine. Après avoir arrosé les beaux bassins de Montvalant et de Souillac, la Dordogne pénètre dans une vallée superbe par ses côtes roides, ses rochers et ses châteaux. Le lit est large, la rivière est claire. Vers Lalinde elle se tourmente et forme les rapides bouillonnants du Grand Toret, du Saut de la

Gratusse et des Porcherons. Puis vient **Bergerac** (12,000 hab.), avec la cascade au loin retentissante de son barage de navigation. Désormais la vallée du grand cours d'eau périgourdin renferme entre des collines ennoblies par des vins supérieurs des alluvions dont la générosité ne s'épuise jamais. Plus on descend, mieux vaut la terre. A partir de Castillon l'eau claire fait place à l'eau souillée, la rivière s'élargit, s'enfle et se désenfle avec la marée, elle devient fleuve. A **Libourne** (15,000 hab.), port déchu, la Dordogne est aussi navigable, mais aussi contaminée par la vase que la Garonne à Bordeaux. Passé Libourne, la Dordogne écarte tellement ses deux rives l'une de l'autre qu'elle égale en apparence les immenses fleuves de l'Amérique. Sous les travées du pont suspendu de Cubzac, l'un des plus beaux qu'il y ait par la longueur et la hauteur, elle a plus de 500 mètres de large; vers le confluent, sa largeur est d'un peu plus de 1,200 mètres, autant que la Garonne.

A Bergerac, la Dordogne fournit à l'étiage 36 mètres cubes par seconde, presque le débit minimum de la Garonne à Tonneins. Si ce chiffre de 36 mètres est exact, la Dordogne augmentée de l'Isle aurait plus d'eau que sa rivale au rendez-vous du Bec d'Ambez. Le volume de la plus forte crue connue de la rivière (1,783) fut, à Bergerac, de 4,888 mètres cubes, 135 fois l'étiage.

Le **Chavanon** descend des montagnes marchoises; il court entre des collines de granit et tombe dans la Dordogne au bout de 52 kilomètres de cours.

La **Rue** débouche au-dessous de Bort. Elle commence au Puy-de-Sancy, sur le versant opposé à la source de la Dordogne. Avant de se perdre dans la Dordogne, qu'elle égale, qu'elle surpasse peut-être en volume, elle forme la cascade du Saut de la Saule, haute de 8 mètres seulement, mais d'une masse d'eau considérable. Le cours de la Rue est de 65 kilomètres.

La **Diège** (50 kilom.), rivière corrézienne, passe au pied de la colline d'**Ussel** et s'achève dans des gorges profondes.

L'**Auge**, voisine de Mauriac, se rue de 40 mètres de hauteur dans un précipice, à la cascade de Salins.

La **Maronne**, qui se termine près d'Argentat, commence dans le Cantal, au sein de l'admirable pays de Salers, région de charmantes montagnes, de forêts, de cascades, de vives eaux et de prairies tondues par les plus beaux bœufs de l'Auvergne. Cette gracieuse rivière se fait quelquefois torrent et mugit dans des couloirs de 300 mètres de profondeur. Elle a 88 kilomètres de cours.

La **Cère** (110 kilom.) naît au Lioran, col célèbre entre les versants de l'Allier et de la Dordogne, par 1,295 mètres d'altitude, non loin du Plomb du Cantal. La Jordane, son tributaire, s'unit à elle dans les larges prairies du bassin d'Aurillac (11,000 hab.). Au-dessous de ce bassin, la rivière s'engage dans des gorges austères avec toutes les eaux que n'a pas bues l'irrigation.

En amont de Souillac débouche l'**Ouysse**, petite Touvre qui a son Dormant dans le gouffre de Saint-Sauveur, et son Bouillant dans le Cabouy. Les sources de l'Ouysse, proches du site étrange de Rocamadour, sont la renaissance en commun de beaucoup de ruisseaux qui s'abîment séparément dans les gouffres des causses du Quercy.

Le **Blagour**, issu de fontaines abondantes, est curieux par l'alternance de ses crues avec celles du Boulay, fontaine intermittente. Il passe à Souillac.

Le **Céou** (65 kilom.), transparent et bleu, recueille une partie des eaux de l'arrondissement de **Gourdon** et se perd en face des coteaux qui séparent la Dordogne du vallon de Sarlat.

La **Vézère** (192 kilom.) débouche à Limeuil. Elle se fait de veinules d'eau qui ruissellent sur le plateau de Millevache. A 6 kilomètres en amont de Treignac, elle tombe, au sein de profondes gorges boisées, par la cascade du Saut de la Virolle, l'une des premières en France par le concours des trois choses qui honorent une cataracte, la hauteur, le volume et le site. Puis, au-dessous d'Uzerche, elle bruit sur les granits du Saillant. Cette rivière absorbe la Corrèze (85 kilom.), torrent pittoresque de sa source dans les Monédières à son embouchure dans la Vézère : la Corrèze passe devant **Tulle** (13,000 hab.) et **Brive-la-Gaillarde** (10,000 hab.). Provenant du Limousin, la Vézère a des eaux légèrement rouges, même dans la belle saison. Quand elle déborde, elle salit les flots de la Dordogne, rivière habituellement lucide comme le cristal.

C'est dans Libourne que finit l'**Isle** (235 kilom.), apportant dix mètres cubes à l'étiage, sans compter l'important tribut de la Dronne. L'Isle arrive du Limousin, par **Périgueux** (20,000 hab.) et mêle à ses eaux rouges d'abord les sources claires versées par les craies du Périgord. Ses deux grands tributaires se nomment la Haute-Vézère ou Auvézère et la Dronne. — La Haute-Vézère doit aux coteaux limousins son origine et ses principaux accroissements. A Cubjac, la bonne moitié de son eau colorée en rouge se rue avec bruit dans le monde souterrain par une bouche de caverne où tournent les meules du moulin du Souci. Ce bras perdu va reparaître dans la vallée de l'Isle par la grande source du Gour de Saint-Vincent; la branche à ciel ouvert atteint l'Isle en amont de Périgueux. — La sinueuse Dronne (178 kilom.) mérite une place d'honneur parmi les rivières françaises pour la grâce de ses rivages, la fraîcheur, la transparence, l'abondance estivale de ses eaux. En été, elle est égale à l'Isle. Elle aussi arrive opaque et rouge des collines du Limousin et du Nontronais, où elle forme la jolie cascade du Chalard, mais, à partir de Brantôme, elle noie ses eaux louches dans les flots purs des *fonts* et des *bouillidous*, sources constantes et considérables dont la plus grande est le Puits de Fonta, à 3 kilomètres de Bourdeilles. La Dronne coule près de **Ribérac** et reçoit la Nizonne (62 kilom.), pure comme elle. Entre la basse Isle et la basse Dronne, des étangs aux plages vénéneuses tiennent le fond des vallons de la Double, mais leurs fièvres paludéennes ne descendent pas dans les deux vallées. La Double (48,000 hectares) se compose de bois de chênes, de taillis, de bouquets de pins et de champs maigres.

A 4 kilomètres seulement de l'endroit où la rive atlantique perd ses dunes et ses forêts de pins pour les roches que creuse la mer de Biarritz, à 31 kilomètres de l'Espagne, une barre obstinée à réduire à néant les travaux des ingénieurs signale l'embouchure de **l'ADOUR**, fleuve pyrénéen dont le bassin s'étend sur 1700,000 hectares.

A 25 ou 30 kilomètres de l'Océan, à la lisière des Landes et des collines béarnaises qui de marche en marche s'exhaussent jusqu'à se faire monts, deux rivières se rencontrent, égales pour le regard, l'Adour et le Gave. L'Adour vient de plus loin, le Gave apporte (en été du moins) six fois plus d'eau.

L'Adour naît à 1931 mètres d'altitude, dans le Tourmalet; il met en branle les scieries de marbre de **Bagnères-de-Bigorre** (556 mèt.), ravissante ville d'eaux de 10,000 âmes, puis arrose par mille canaux la plaine de **Tarbes** (16,000 hab.), nourrice de chevaux alertes à jarrets d'acier. Par ses irrigations, l'intensité de la culture, le nombre des villages, la densité de la population, le voisinage des montagnes, la plaine de Tarbes est le Piémont et la Lombardie du Sud-Ouest.

Au-dessous d'**Aire** le fleuve borde par sa rive droite les sables des Landes. Déjà il s'est augmenté de l'Arros (105 kilom.). Il reçoit plus bas la Midouze (155 kilom.), venue des coteaux de l'Armagnac par les landes de **Mont-de-Marsan**, absorbe de longues mais très-pauvres rivières fournies par les collines de la Chalosse, puis il baigne **Dax** (10,000 hab.), célèbre par sa fontaine d'eau à 60 degrés.

Le **Gave** (175 kilom.) s'annonce par une cascade de 422 mètres de haut, la cascade de Gavarnie, qui saute des champs de neige du Marboré dans le cirque de Gavarnie. Il reçoit tous les gaves possibles — *gave* signifie torrent — : le gave de Héas, sorti du cirque de Troumouse, le Bastan, venu de Barèges, ville thermale, le gave de Cauterets, le gave d'Argelès. Sous le nom de gave de Pau ou gave Béarnais, il effleure la colline de **Pau** (25,000 hab.), ville d'hiver, séjour de milliers de poitrinaires et d'Anglais, attirés à la fois par un air doux et sans vent, par la rare splendeur du site et par le voisinage des Pyrénées. A **Orthez**, le torrent heurte violemment les roches d'une petite Via Mala. A Peyrehorade, il lui arrive un gave abondant, froid et rapide comme lui, le gave d'Oloron (132 kilom.), lit commun où se mêlent, à **Oloron-Sainte-Marie**, les eaux des fameuses vallées d'Aspe et d'Ossau. Le gave d'Aspe débite à l'étiage 8 mètres, le gave d'Ossau, 4; le Saison ou gave de Mauléon, rivière charmante, environ 3. En tout pour le gave d'Oloron 15 mètres cubes à la seconde. Avec les 20 du gave de Pau, on a 35 mètres cubes; or, l'Adour, épusé par les irrigations, n'en roule même pas 6 au confluent.

Le Gave porte l'eau, l'Adour garde le nom, cette injustice est commune. Le fleuve, large de 200 mètres, souvent plus, absorbe la Bidouze (80 kilom.) et la jolie Nive (75 kilom.), rivières du pays basque. La Nive a son confluent à **Bayonne** (26,000 hab.), port dont le commerce est paralysé par la barre de l'Adour, à 6 kilom. en aval. Pendant 200 ans, de la fin du xive à la fin du xvie siècle, le fleuve, obstrué par les sables du rivage, tournait droit au nord, à une portée de fusil de l'Océan; il coulait derrière la dune par un lit que marquent encore des étangs, des fonds mouillés, des ruisseaux traînants, et allait se perdre dans la mer au Vieux-Boucau, à 30 kilom. en ligne droite de l'embouchure actuelle.

Des 9,780,000 hectares du bassin du **RHÔNE**, plus de 9 millions appartiennent à la France; le reste dépend de la Suisse.

C'est en Suisse que ce fleuve magnifique prend naissance. Dans le canton du Valais, non loin des sources de l'Aare, de la Reuss, du Rhin et du Tessin, un grand glacier appuyé sur la Furka forme par la réunion des innombrables gouttes suintant de ses crevasses un gros torrent qui est le début du Rhône. L'altitude du lieu est de 1,800 mètres. Les Valaisans parlant allemand qui habitent ces montagnes appellent ce torrent la Rotten.

L'Oberland, le Mont-Rose inclinent vers lui leurs plus vastes glaciers : l'Oberland lui envoie le glacier d'Aletch, le premier de l'Europe centrale, le Mont-Rose lui fournit la Viège, si abondante qu'elle mérite peut-être la prééminence. Vers Sion, la langue germaine cesse complètement, le Rhône est déjà fleuve français par l'idiome de ses riverains.

Près du château de Chillon, le Rhône, maintenant torrent de première grandeur, entre dans le lac de Genève. Le **Lac de**

Genève, ou **Léman**, suisse par sa rive septentrionale, est savoisien et français par la plus grande partie de sa rive méridionale. Son altitude est de 370 mètres, son aire de 54,000 hectares, sa plus grande profondeur de 308 mètres, son cadre de montagnes, Alpes et Jura, d'une magnificence rare dans le monde. Ses bords ravissants, tempérés, se relèvent au nord en coteaux qui portent les meilleurs vignobles de la Suisse et abritent ses villes d'hiver. Sur la montagneuse rive française, des châtaigniers, des noyers vigoureux, des forêts de cerisiers, des prairies magnifiques font la parure et la fortune de villages.

L'arc-de-cercle du Léman, long de 71 kilomètres, se termine à Genève. Là, le Rhône ressort de la petite mer intérieure par des eaux d'un bleu merveilleux, l'idéal d'une rivière à la fois limpide et violente. A l'étiage tout à fait exceptionnel, ce déversoir épanche encore 65 mètres cubes d'eau par seconde, que les flots turbides de l'Arve portent aussitôt à 100; dans les basses eaux ordinaires, le débit est de 200 mètres cubes. Les deux gros torrents, le Rhône azuré, l'Arve jaune ou terne, coulent quelque temps dans le même lit sans se confondre; le mélange fait, le Rhône l'emporte, mais en perdant de sa transparence bleue.

A son entrée en France, le Rhône est déjà très-considérable, car il a reçu en Suisse les eaux de 103,700 hectares de glaciers, sans compter l'Arve, grossie de la plus grande partie des frimas du Mont-Blanc. Arrivé sur notre territoire, le fleuve est d'abord tourmenté par le rapprochement intime du Jura et des monts calcaires de la Savoie. Longtemps leurs parois l'étranglent: tout en gardant sa masse d'eau quadruple de celle de la Loire à l'étiage extrême d'Orléans, triple de celle de la Garonne à son minimum à Tonneins, plus que double de celle de la Seine aux très-basses eaux devant Paris, il se rétrécit à n'avoir que l'aspect d'un petit torrent tour à tour sommeillant ou agité. Au-dessous du fort de l'Écluse, à Bellegarde, il disparaît même complètement en été dans les cavernes qu'il a fouillées sous la roche entre le Mont-Vuache (Haute-Savoie) et le Grand-Credo (Ain). Dans les eaux ordinaires, le fleuve, montant le long des parois, cache entièrement cette lacune apparente de son cours, qu'on nomme la perte du Rhône.

Longtemps encore le torrent, — le Rhône appelle toujours ce nom, — se comprime entre les roches du Bugey et les parois savoisiennes et iserannes, changeant à chaque instant de largeur, de profondeur, de rapidité, mais plus souvent étroit et violent qu'ample et calme.

Avant le confluent de l'Ain, les gorges s'écartent et se font plaine immense. A Lyon (162 mèt.), débouche la Saône, qui vis-à-vis du Rhône est un enfant en face d'un homme. Elle impose pourtant sa direction nord-sud au fleuve fougueux qui depuis sa source courait du nord-est au sud-ouest. **Lyon** (324,000 hab.), première ville de France après Paris, mais serrée de près par Marseille, a tout l'aspect d'une capitale; ses rues animées s'étalent sur les bords du grand fleuve et de la grande rivière ; de pittoresques faubourgs escaladent des collines roides de 100 à 150 mètres de hauteur au-dessus de la nappe d'eau de la Saône. Pour la fabrication des soieries Lyon dépasse de très-loin toute autre cité des deux mondes.

Dans sa course directe de Lyon à la mer Méditerranée, le Rhône baigne **Givors** (10,000 hab.), ville industrielle ; **Vienne** (25,000 hab.), où la petite rivière de Gère met 500 engins en mouvement, et où restent debout quelques monuments de la puissance romaine ; **Tournon** ; **Valence** (20,000 hab.). Près de la rive droite commencent les monts de l'Ardèche ; les monts de la Drôme s'avancent vers la rive gauche. De détour en détour le ciel devient plus clément, les teintes plus chaudes ; vers Beauchastel, au nord de **Montélimar** (11,000 hab.), apparaissent les premiers oliviers ; au sud de Montélimar, à Donzère, à l'issue d'un rétrécissement de la vallée, on sent qu'on entre dans le Midi. Au **Pont-Saint-Esprit**, le fleuve mord les arches d'un pont (XIIIe siècle) de 840 mètres de longueur ; il laisse ensuite à quelques kilomètres de sa rive gauche **Orange** (11,000 hab.) et ses monuments antiques, et passe devant **Avignon** (36,000 hab.), qui a conservé de vastes édifices du moyen âge, et particulièrement de l'époque où elle donnait asile aux papes. Ce qui lui vaut mieux, c'est d'occuper une plaine aussi féconde que belle, à portée des gorges du Ventoux, de Vaucluse, du Lubéron, près de la fertilisante Durance. Elle a tout à point, mais le mistral y souffle, ce vent qui rend insupportable le séjour des plus beaux pays français de la Méditerranée.

Plus bas, le Rhône sépare **Tarascon** (12,000 hab.) de **Beaucaire** (10,000 hab.), dont jadis la foire attirait des commerçants de tous les pays du vieux monde chrétien ou musulman. A une époque reculée, le Rhône s'achevait ici dans un golfe que ses alluvions ont fini par transformer en plaines fertiles. Devant **Arles** (26,000 hab.), ville à monuments romains, célèbre à bon droit pour le type splendide de ses femmes, le fleuve se bifurque : le bras de gauche entraîne les 86/100 des eaux, c'est le Grand-Rhône ; 14/100 s'écoulent par le Petit-Rhône. L'un et l'autre bras coulent d'abord à l'ombre des saules et des ormeaux blancs, puis il n'y a que des arbustes sur leurs rives, enfin quand ils s'approchent de la mer les broussailles mêmes disparaissent et le roi de nos fleuves se termine au milieu des joncs. Entre les deux Rhône, la Camargue embrasse 75,000 hectares de terres sèches, de terres mouillées, d'étangs, de chenaux entre les divers étangs et entre les étangs et la mer : le soleil y darde, la fièvre y sévit ; c'est un pays désert, et pourtant le desséchement allié à l'irrigation y ferait surgir un des jardins du midi. A droite et à gauche de la Camargue, s'espacent des terrains bas entrecoupés d'étangs, fiévreux aussi. Ils proviennent également du travail du Rhône. Ce fils des Alpes traîne beaucoup d'alluvions dans ses flots qui rongent tant de montagnes faciles à désagréger. Le delta s'avance tous les ans ; il a gagné une lieue sur la mer depuis l'époque où la tour Saint-Louis fut bâtie sur l'ancien rivage (1737).

Le Rhône reçoit tellement de glaciers, il égoutte tant de hautes et de moyennes montagnes, qu'il est de beaucoup le premier fleuve français et même l'un des plus grands de l'Europe ; sa longueur, cependant, dépasse à peine 800 kilom. Son bassin a beau être inférieur à celui de la Loire de près de 2 millions d'hectares, la masse d'eau que ses embouchures confient par seconde à la mer, au niveau le plus bas de l'année, est de 550 mètres, d'autres disent 504 mètres cubes : dix fois l'étiage extrême de la Loire en aval du confluent de la Maine ; 5 à 6 fois le minimum de la Seine à Rouen ; 6 à 7 fois l'étiage réuni de la Garonne et de la Dordogne. Aux eaux moyennes, il écoule, paraît-il, 650 mètres cubes par seconde à Lyon, 2603 à la bifurcation d'Arles. Le Rhin est sensiblement plus faible à Kehl (341 mètres à l'étiage, 1030 aux eaux moyennes), et même en Hollande, il ne verse à la mer par toutes ses bouches qu'une moyenne de 1975 mètres cubes à la seconde. Il ne faudrait que sept Rhône pour faire un Mississipi et une trentaine pour composer un fleuve des Amazones.

Dans les hautes eaux ordinaires, il passe à Lyon 2,000 à 2,500 mètres cubes par seconde. Dans les grands débordements, c'est 10 à 12,000 mille mètres d'eau boueuse et violente qui tourbillonnent dans le fleuve et dans la campagne qu'il détruit. Deux choses sauvent la vallée inférieure de ravages plus terribles encore. D'abord, le Léman sert de régulateu ra uRhône : il reçoit jusqu'à 1,200 mètres par seconde et n'en verse alors au seuil de Genève que 575, soit 625 mètres par seconde de moins pour la crue. Puis, et voici le fait le plus heureux, les affluents d'en bas ne donnent jamais de toute leur force concurremment avec les affluents d'en haut. Or, le seul département de l'Ardèche peut jeter à la rigueur dans le fleuve, par la Cance, le Doux, l'Érieux, l'Ardèche, *quatorze à quinze mille mètres cubes d'eau par seconde*, tout un Mississipi. La Drôme, l'Aygues, la Cèze, le Gard, la Durance ensemble en amèneraient encore plus, car les tributaires du Rhône inférieur sont tous remarquables par un immense écart entre leur plus mince étiage et leur plus fort débit.

La **Dranse**, gros torrent de Savoie, se verse au Rhône par le lac de Genève. Elle a 45 kilomètres de cours et passe près de **Thonon**.

La **Versoix** se perd aussi dans le Léman. Elle sort au pied du Jura, à Divonne, par trois sources très-froides, fournissant moyennement près d'un mètre cube par seconde. Plusieurs supposent que les fontaines de Divonne sont en rapport avec le lac des Rousses, qui est situé sur un plateau du Jura, à près de 1,100 mètres au-dessus des mers.

L'**Arve** (90 kilom.) se fournit aux glaces du Mont-Blanc : le glacier dont elle émane donne de 4 à 23 mètres cubes par seconde, et le glacier de l'Arveiron, premier affluent de l'Arve, a presque autant d'importance. Elle baigne **Bonneville**. Ce torrent fougueux, d'une largeur de 80 à 95 mètres, parcourt en douze ou quatorze heures le long trajet qui sépare ses glaciers originaires de son embouchure dans le Rhône. L'Arve porte au fleuve, près de Genève, un tribut très-considérable pour l'étendue de son bassin, qui n'est que de 206,000 hectares : 35 mètres cubes par seconde à l'étiage minimum connu, 1250 dans les crues. En vidant l'Arve dans le Léman, c'est presque de cette dernière quantité qu'on atténuerait les débordements du Rhône en France.

La curieuse **Valserine** (52 kilom.) roule dans des gorges calcaires appartenant au Jura. Elle se termine près de la perte du Rhône.

Les **Usses** se jettent dans le Rhône en amont de Seyssel. A la Caille, ce torrent coule sous un pont suspendu plus haut que long, car il a 200 mètres d'élévation pour 194 de longueur. Ainsi l'on pourrait tripler la hauteur des tours de Notre-Dame avant de leur faire toucher le tablier de ce pont.

Le **Fier** (76 kilom.), torrent savoisien, accourt au fleuve par les gorges grandioses des Portes-du-Fier. Il déverse le lac **d'Annecy** (altitude 443 mèt.; longueur 14 kilom.; largeur 1,000 à 3,000 mèt.; profondeur 30 à 50 mèt.). Les Thioux, canaux de décharge du lac, font marcher les usines d'**Annecy** (12,000 hab.).

Le **Canal de Savières**, bordé de marécages, émet le lac **du Bourget** (altitude 227 mèt.; longueur 16 kilom.; largeur 5 kilom.; profondeur 50 à 100 mèt.). Le lac du Bourget reçoit le Laisse, qui traverse l'ancienne capitale de la Savoie, **Chambéry** (18,000 âmes).

Le **Guiers** (55 kilom.) découle des monts de la Grande-Chartreuse.

La **Bourbre** (80 kilom.) se promène dans les prairies marécageuses d'une vallée que le Rhône peut-être emprunta jadis. Elle baigne **la Tour-du-Pin**.

L'**Ain** (190 kilom.) est tantôt beau torrent et tantôt belle rivière. Son bassin abonde en fortes sources émergeant du calcaire; les sites austères, solitaires, étonnants se succèdent dans sa profonde vallée, et le long de ses tributaires souvent enténébrés comme lui par de hautes roches droites. L'Ain naît à 730 mètres d'altitude. Dès son origine il est considérable, et la fontaine de Sirod l'agrandit presque aussitôt par un tribut de 600 litres par seconde à l'étiage. Son cours est interrompu par des cascades : la chute du Port de la Saisse, haute de 16 mètres, a 132 mètres de largeur. Parmi ses affluents, la Bienne (72 kilom.), constamment enchaînée dans les gorges, trverse l'industrieuse **Morez** et **Saint-Claude**; l'Oignin recueille le déversoir du lac de Nantua ; l'Albarine (60 kilom.) prête au chemin de fer de Lyon à Genève une partie de sa cluse accidentée de cascades.

La **SAÔNE** semblerait plus grande si elle ne se terminait au Rhône, qui en France est incomparable. Son cours est de 455 kilomètres. Il serait de 620 si le Doubs était préféré à la Saône comme rivière mère ; l'aire du bassin dépasse trois millions d'hectares.

La Saône n'a rien d'héroïque comme le Rhône à son origine. Elle arrive au jour par une source médiocre des monts Faucilles, à 396 mètres d'altitude, dans le département des Vosges. Dans la Haute-Saône, elle rencontre **Gray**. Faite grande rivière par le concours de l'Ognon, elle entre dans la Côte-d'Or, où elle serpente dans une plaine féconde qui tire quelque caractère de la largeur du cours d'eau et du lointain profil de la Côte-d'Or et du Jura. Dans Saône-et-Loire, la Saône devient deux fois plus puissante par l'adjonction du Doubs; elle y arrose **Châlon** (20,000 hab.) et lave les quais de **Mâcon** (18,000 hab.). Dans le Rhône, elle passe à une faible distance de **Villefranche** (12,000 hab.). Plus bas, sur l'autre rive, s'élève l'amphithéâtrale **Trévoux**. Bientôt les collines se rapprochent, elles s'exhaussent et s'escarpent, et la belle rivière, bordée de parcs, de châteaux, de villes, d'usines, s'avance majestueusement vers Lyon. Là, elle est emprisonnée par des quais et dominée par des faubourgs en pente, puis, au bout de la ville, elle est dévorée par le Rhône. La Saône contribue à l'alimentation du Rhône par 60 mètres cubes d'eau à la seconde en sécheresse, 250 en eaux moyennes, 4,000 en fortes crues. L'altitude du confluent est de 162 mètres : la chute totale de la rivière n'est donc que de 234 mètres pour 455 kilomètres, et encore presque toute cette pente est-elle rachetée dans le cours supérieur, car à l'arrivée de l'Ognon, la Saône ne se trouve plus qu'à 186 mètres. Ainsi le plus faible des deux fleuves lyonnais descend très-lentement sa vallée, poussé plutôt par la pression des eaux d'amont que par la pente vers l'aval.

Les affluents notables de la Saône sont le Coney, la Lanterne, le Durgeon, la Vingeanne, l'Ognon, la Bèze, la Tille, l'Ouche, le Doubs, la Dheune, la Grosne, la Seille, la Reyssouze, la Veyle et l'Azergues.

Le **Coney**, long de 60 kilomètres, sort des monts Faucilles, et court dans une vallée boisée, de forge en forge, de moulin en moulin.

La **Lanterne** hérite de plusieurs torrents accourus de la région des Vosges qui entoure **Plombières**, ville thermale. Elle a 60 kilomètres de cours.

Le **Durgeon** rafraîchit la vallée de **Vesoul**. Près de cette ville se voient deux fontaines remarquables : l'une, la Font de Champdamoy, fait tourner en tout temps cinq meules au sortir de sa vasque profonde ; l'autre, le Frais-Puits, est presque toujours à sec, mais à des intervalles inégaux et parfois éloignés, il en sort une rivière terrible. Avec le Puits de Voillot, son voisin, il peut dégorger jusqu'à 100 mètres cubes à la seconde ; il ravage alors le bassin de Vesoul et l'on a vu la Saône sortir de ses rives grâce à lui, et à lui seul. Le département de la Haute-Saône, dont Vesoul est le chef-lieu, est plein de ces accidents curieux : filtrations invisibles, grands gouffres absorbants, sources considérables, gueules de rochers d'où fuient les eaux violentes que de longues pluies ont fait descendre dans les cavernes

La **Vingeanne** (96 kilom.) est une fille du plateau de Langres. Elle arrose une vallée de prairies peuplée.

L'**Ognon**, qui n'a pas moins de 192 kilomètres, épanche ses premiers flots d'une fontaine des Vosges, à 695 mètres au-dessus des mers. Vers Froideterre, il perd une portion de ses eaux qui, pense-t-on, vont former la rivière sortant à **Lure** même du profond gouffre nommé la Font-de-Lure. L'Ognon est très-sinueux ; il voyage constamment du pied des coteaux d'une rive à la base des collines de l'autre, et les villages se touchent presque sur son cours.

La **Bèze** est une de ces rivières qui sont toutes dans leur source. Elle n'a pas 30 kilomètres de longueur. Un cours d'eau qui s'engouffre en entier, la Venelle, et la perte partielle de la Tille, constituent un torrent souterrain qui apparaît au jour par la fontaine de Bèze. Fontaine qu'on a vu tarir quelquefois, dans les très-grandes chaleurs ou dans les froids exceptionnels, mais à l'étiage ordinaire, elle verse, avec une source voisine, 450 litres par seconde.

La claire **Tille** (108 kilom.) se forme dans les combes des collines de 500 mètres qui lient la Côte-d'Or au plateau de Langres. Par les eaux qui lui échappent entre Thil-Châtel et Lux, elle contribue grandement à la naissance de la Bèze.

L'**Ouche** (100 kilom.) se tient dans une combe du massif de la Côte-d'Or jusqu'à Dijon, où elle entre dans la grande plaine de la Saône. **Dijon** (39,000 hab.) a vu naître plusieurs grands hommes, et c'est le site de monuments curieux remontant à la période où cette ville commandait à la puissante province de la Bourgogne.

Le **Doubs** a 430 kilomètres de développement. Lorsque la Saône le rencontre en chemin, il n'a pas moins d'eau qu'elle, et sa course dépasse de plus de 150 kilomètres la route sinueuse qu'a suivie la paisible rivière bourguignonne. Le Doubs est d'un bleu merveilleux, d'une limpidité aérienne, très-tortueux et fort entrecoupé d'usines. Il reste longtemps emprisonné dans une fissure profonde de ce Jura qui l'a vu sourdre sur un de ses plateaux, par 937 mètres d'altitude; il est encore très-faible à **Pontarlier**, et plus bas, son lit calcaire laisse fuir tant d'eau qu'au fort de la saison sèche, la rivière cesse de couler en aval d'Arçon. Au-dessous des eaux imbiles du lac de Chaillexon, dans une partie de son cours où il sépare la France de la Suisse romande, il se précipite, à l'issue d'un corridor de roches, d'une hauteur de 27 mètres, par la cascade du Saut-du-Doubs. Il ne s'apaise définitivement, et de torrent dans une gorge ne devient rivière dans une vallée, que beaucoup plus bas, vers Besançon, après avoir reçu l'Allaine (67 kilom.), rivière à moitié suisse qui passe à

Montbéliard, et après avoir coulé devant Baume-les-Dames. Besançon, ville de guerre qui fut la capitale de la Franche-Comté, renferme 49,000 âmes ; comme Dijon c'est le lieu de naissance de plusieurs hommes de génie. En aval de Dôle (11,000 hab.), le Doubs s'augmente de son seul tributaire marquant, la Loue (140 kilom.), rivière qui rivalise avec la Touvre pour l'abondance de sa source, avec Vaucluse pour la sublimité des roches où cette source passe de l'obscurité des grottes à la lumière du grand jour. Elle sort en cascade d'une paroi de 110 mètres d'élévation, à près de 500 mètres d'altitude, fait aussitôt marcher des usines et descend une gorge sinueuse qui dans le bas pays se transforme en un joli bassin appelé le Val d'Amour. On a prétendu que le vrai nom de cette rivière est Louve et que ce nom, elle le dut à l'impétuosité de ses eaux dans les défilés à forte pente qui s'ouvrent au-dessous de la grande fontaine initiale.

La **Dheune** (65 kilom.) compte parmi ses affluents la rivière qui prend sa source à **Beaune** (11,000 hab.), la Bouzoise.

La **Grosne** (90 kilom.) arrose le vallon de **Cluny**, dont l'abbaye des Bénédictins fut une des puissances du moyen âge.

La **Seille** (116 kilom.) commence par de belles sources, dans une cluse du Jura, mais elle ne reste pas longtemps torrent. Elle entre bientôt dans la Bresse, plaine de marais et d'étangs naturels ou artificiels comprise entre le premier chaînon du Jura et le val de la Saône ; elle s'y meut lentement, traînante, sinueuse, à plein bord. A **Louhans**, la Seille se double par le Solnan, qui lui porte les eaux de plusieurs cluses, et en particulier celles de **Lons-le-Saunier** (10,000 hab.).

La **Reyssouze** (84 kilom.) est également une des rivières de la Bresse. Elle côtoie la ville de **Bourg** (14,000 hab.).

La **Veyle** (75 kilom.) est la principale rivière de la Dombes. On appelle de ce nom une région insalubre qui continue la Bresse au midi, de la Saône aux escarpements du Jura : mille étangs et plus, presque tous faits par l'homme, y prennent 14,000 hectares, le cinquième du pays.

L'un des torrents du bassin de la charmante **Azergues**

(66 kilom.), la Turdine, coule dans la gorge de **Tarare**, ville industrielle de 15,000 âmes.

Au dessous de Lyon, le Rhône fait encore perdre leur nom à beaucoup de rivières : le Gier, la Gère, les Claires, la Cance, le Doux, l'Isère, l'Érieux, la Drôme, l'Ouvèze, le Roubion, l'Ardèche, l'Aigues, la Cèze, la Sorgues, la Durance et le Gard.

Le **Gier** vient du mont Pila. Il n'a pas plus de 44 kilomètres, mais le fond de son étroite vallée est comme une longue rue d'usines qui brûlent la houille des coteaux riverains. Il traverse **Saint-Chamond** (13,000 hab.), **Rive-de-Gier** (14,000 hab.) et finit à Givors.

La **Gère** est plus courte encore que le Gier, mais c'est un ruisseau travailleur. A Vienne, elle a assez de pente et un volume d'eau de source suffisant en toute saison pour le service de cinq cents mouvements d'usine.

La rivière des **Claires**, près de Saint-Rambert d'Albon, mène au Rhône les eaux de grandes fontaines peu éloignées du fleuve. Ces fontaines font remonter à ciel ouvert les rivières et les ruisseaux qui se sont engouffrés à l'est dans les plaines perméables de la Valloire.

La **Cance** (44 kilom.), aux allures irrégulières, a plus de puissance motrice en été qu'autrefois depuis la construction du barrage d'**Annonay**, haut de 34 mètres. Annonay, grâce à ce torrent, a pu devenir l'une des villes industrielles les plus actives de la France méridionale.

Le **Doux** (60 kilom.), torrent ardéchois comme la Cance, a poussé de gorge en gorge au Rhône, en un jour d'inondation, jusqu'à 1430 mètres cubes par seconde, près de 33 fois l'étiage de la Seine à Paris.

L'**Isère** (290 kilom.), bien moins longue que la Saône ou que le Doubs, partage avec le Rhône le privilège de naître (et ses grands affluents avec elle) dans de hautes montagnes à glaciers. C'est pourquoi au-dessous de Grenoble, après le confluent du Drac, elle écoulait, aux plus basses eaux qu'on lui ait connues, 105 mètres cubes par seconde. A l'étiage exceptionnel, l'Isère est donc la seconde rivière de France, venant après le Rhône ; la troisième, si l'on ne prend pas le Rhin pour un fleuve purement allemand. Ses grandes crues ont proportionnellement peu d'ampleur: 900 à 1,000 mètres cubes par seconde devant Grenoble.

L'Isère est savoisienne par son origine. Elle sort de glaciers portés par les montagnes de 3,000 à 4,000 mètres qui se pressent autour du col d'Iseran, glaciers descendant jusqu'à 1,900 mètres. Il y a beaucoup de crétins dans sa vallée supérieure, habitée par des hommes plus bruns, plus petits, plus ramassés, plus bruyants et plus animés que les autres Savoisiens. Le premier hameau qu'elle touche est à 2,272 mètres d'altitude, le premier village, Val-de-Tignes, à 1,849 mètres. A **Moutiers**, par 580 mètres, elle reçoit le Doron de Bozel (45 kilom.), qui apporte le tribut des glaciers de la Vanoise; près d'**Albertville** tombe l'Arly (45 kilom.). Avant de quitter la Savoie, dans une vallée reliée à celle de Chambéry et du lac du Bourget par un col où passa peut-être le Rhône, elle se double de l'Arc (150 kilom.). — L'Arc, torrent indomptable roulant en toute saison une grande masse d'eaux de glace et de neige recueillies dans un bassin montagneux de près de 210,000 hectares, naît dans le même massif que l'Isère et ravage la vallée de la Maurienne, où débouche le chemin de fer du Mont Cenis. La tête de son cours se trouve à 2,816 mètres; le premier village, Bonneval, à 1,835 mètres; la seule ville importante du bassin, **Saint-Jean-de-Maurienne**, à 573; le confluent avec l'Isère, à 285. Le bassin de l'Arc renferme presque la moitié des goîtreux et des crétins de la Savoie; de même que sur l'Arve et que dans la Tarentaise ou val d'Isère, ces derniers des humains naissent exclusivement sur les terrains primitifs. — Dans la France ancienne, entre la Grande-Chartreuse et les monts de Belledonne, l'Isère suit la vallée superbe du Grésivaudan, que des digues essaient d'arracher à sa voracité, en maintenant de force la rivière dans un lit qui n'a plus en moyenne que 112 mètres de largeur. Au-dessous de **Grenoble** (40,000 hab.), à la base des monts du Villard de Lans, arrive le Drac, torrent terrible comme l'Arc et la haute Isère. — Le Drac (148 kilom.) roule 40 mètres à l'étiage extrême, et 4,000 dans les crues exceptionnelles. Né dans les montagnes qui pressent la froide vallée du Champsaur (Hautes-Alpes), il abandonne une partie de ses eaux à un canal qui perce une montagne et pénètre dans le bassin de **Gap** pour y arroser 4000 hectares ; ces eaux ne lui reviennent pas, car Gap borde un affluent de la Durance. Par la fougueuse Romanche (88 kilom.), qu'augmente le bleu Vénéon, le Drac, tour à tour immobile ou furieux, étroit comme un saut de chamois ou perdu sur de larges grèves, recueille pour l'Isère nombre de froids torrents faits des glaciers du Pelvoux, du Mont-de-Lans et des Rousses. L'étendue de son bassin est de 322,000 hectares. — L'Isère, arrivée à toute son ampleur par l'accession du Drac, reçoit encore le ruisseau qui traverse **Voiron** (10,000 hab.), puis laisse à droite **Saint-Marcellin**, et passe à **Romans** (12,000 hab.). C'est par 107 mètres d'altitude qu'elle s'achève dans le Rhône, à quelques kilomètres au-dessus de Valence. Son bassin comprend environ 1,180,000 hectares.

L'**Érieux**, venu des monts de l'Ardèche, a 70 kilomètres à peine de développement : cependant il a roulé en crue 4,674 mètres cubes à la seconde, 106 fois l'étiage de la Seine à Paris. Ce jour-là, sa hauteur au-dessus de l'étiage était de 17 à 18 mètres dans le défilé de Pontpierre.

La **Drôme**, torrent capricieux, a 118 kilomètres de cours, tantôt entre des étranglements, tantôt sur de vastes champs de pierres. Des deux villes qu'elle rencontre, la première, **Die**, chef-lieu d'arrondissement, est moins importante que la seconde, **Crest**, chef-lieu de canton.

L'**Ouvèze** coule dans la capitale du département de l'Ardèche, **Privas**.

Le **Roubion**, torrent engendré par le monts calcaires de la Drôme, a parcouru 68 kilomètres quand il tombe dans le Rhône en aval de Montélimar.

L'**Ardèche** (108 kilom.) descend des monts où se renforcent la Loire et l'Allier naissants. Ses belles eaux vertes bruissent dans des gorges magnifiques par leurs murailles de basaltes ou l'escarpement de leurs roches ; elle passe u pied de la colline d'**Aubenas**, marché régulateur du commerce des soies grèges. « Aubenas reçoit plus de la moitié des soies grèges du monde entier. » Près de Vallon, elle coule sous le Pont d'Arc, arche qu'elle a creusée dans la roche (32 mèt. de flèche, 54 de portée), puis elle fuit vers le Rhône par de sublimes défilés déserts. Son bassin de 240,000 hectares au plus a fourni en 1858 une crue de 7,900 mètres cubes par seconde, 180 fois l'étiage de la Seine à Paris, et on lui connaît au moins un débordement plus fort, en 1827 : cette année-là, l'Ardèche monta à plus de 21 mètres au dessus de l'étiage à l'étranglement du Pont de Gourniès ; pourtant la crue provenait presque en entier du Chassezac, affluent de 75 kilomètres seulement.

L'**Aigues** ou **Eigues** vient de montagnes stériles, et il n'y a presque plus de bois sur les versants calcinés qui accompagnent son cours de 100 kilomètres. Elle est, par cela même, sujette aux grandes crues soudaines et aux diminutions prolongées. L'Aygues passe à **Nyons**.

La **Cèze** (100 kilom.), rivière cévénole, serpente entre les hautes collines de l'important bassin houiller de **Bességes**. A dix kilomètres au-dessus de Bagnols, ses limpides eaux vertes tombent dans deux fissures de rochers par les deux branches de la charmante cascade du Sautadet, fissures tellement étroites qu'on peut franchir d'un bond la cascade : de là le nom de la chute, qui n'a que huit à dix mètres d'élévation, mais qui est très-originale et accompagnée d'une multitude de cascatelles latérales sautant de diverses hauteurs dans le gouffre.

Malgré les littérateurs, la **Sorgues** (40 kilom.) est cent fois plus belle par elle-même que par les sonnets très-conventionnels de Pétrarque. Sur 96,500 hectares de plateaux dépouillés que soutiennent les monts calcaires de Vaucluse et de Lure, des avens, gouffres profonds, boivent les ruisseaux et les orages. Des cascades jettent ces eaux disparues, augmentées des déperditions de la Nesque, dans un lit commun qui apparaît au jour par la sublime Fontaine de Vaucluse, ouverte dans un roc à pic de 118 mètres de hauteur. La masse d'eau bleue, à 12 degrés et demi, qui sort du gouffre est évaluée après les pluies à 20 et 25 mètres cubes par seconde, et l'on prétend (sûrement à tort) qu'elle ne descend jamais au-dessous de 13, d'autres parlent de 10. La Sorgues, scindée en canaux d'irrigation, féconde plus de 20,000 hectares de garancières et d'autres cultures industrielles. Ses deux tributaires, la Nesque (64 kilom.) et l'Ouvèze (95 kilom.), rassemblent dans leur lit les filets d'eau d'un bassin de montagnes nues.

La **Durance** (380 kilom.) débouche, ainsi que la Sorgues, dans la banlieue d'Avignon. Son bassin n'a pas moins de 1,340,000 hectares, et c'est la première rivière de France pour le tribut que ses eaux limoneuses portent aux irrigations. Sa branche-mère, la Clarée, passe à **Briançon**, où tombe la Guisane. Celle-ci, par son volume d'eau supérieur, aurait le droit d'être considérée comme la tête de la rivière. Au-dessous de Briançon, de nombreux torrents aboutissent à la sauvage Durance. C'est d'abord la Gironde, riche des cascades échappées aux glaciers du Pelvoux; elle irrigue les prairies de la belle Vallouise, jadis habitée par des Vaudois que le bras séculier massacra pour le compte de la très-débonnaire église. Plus bas, à 860 mètres, c'est le Guil (60 kilom.), venu du Viso par des combes sinistres. En aval d'**Embrun**, c'est l'Ubaye (82 kilom.), qui passe à **Barcelonnette** et roule 7 mètres cubes par seconde à l'étiage. A **Sisteron**, c'est le Buech (90 kilom.), qui ravage plus qu'il irrigue; puis c'est la Bléonne (70 kilom.), qui coule devant **Digne**; l'Asse (80 kilom.) dont le proverbe provençal dit : « fou qui la passe! »; la Largue (très-belle source), qui a **Forcalquier** dans son bassin; enfin le Verdon. — Le Verdon (170 kilom.) côtoie la ville de **Castellane** et se grandit de la source de l'Évêque qui jaillit près de sa rive gauche, avec une rare abondance, s'il est vrai qu'elle verse à ses eaux les plus basses 5 à 6 mètres cubes par seconde. Il perd 6,000 litres d'eau par seconde au profit du canal d'irrigation d'Aix, destiné à 25,000 hectares, mais il gagnera quatre fois autant par les barrages de Sainte-Croix, de Montpezat, de Quinson et le rehaussement du niveau du lac d'Allos, calculés pour fournir ensemble 24 mètres cubes d'eau par seconde au Verdon qui les portera à la Durance. De plus (ceci calculé au minimum), le gazonnement et le reboisement des montagnes dans les deux départements des Hautes et des Basses-Alpes élèveront de 35 mètres cubes d'eau la masse d'eau fournie par seconde au lit du grand torrent provençal. — A quelques lieues au-dessous du confluent du Verdon, la Durance, roulant de 30 à 40 mètres cubes à l'étiage minimum, 54 à l'étiage ordinaire, plus de 9,000 dans les crues les plus considérables, élargit sa vallée et se trouve de niveau à irriguer les plaines du Comtat et de la Provence rhodanienne. Dès lors on la saigne aux quatre veines. Des canaux partant de la rive droite vont fertiliser de concert avec la Sorgues les plaines de Carpentras et d'Avignon; d'autres s'amorcent à la rive gauche : tel le canal de Marseille, que porte le fameux aqueduc de Roquefavour et qui alimente Marseille et sa banlieue; tels encore le canal de Craponne et le canal des Alpines, qui avant longtemps auront transformé en vergers, en prairies, en olivettes, en champs de mûriers, les gros cailloux roulés, la terre rouge et les gramens rôtis de la Crau. — Avant l'arrivée des eaux de la Durance, la Crau était le plus ingrat et le plus brûlant de nos déserts.

Le **Gard** ou **Gardon** (140 kilom.) ressemble aux torrents de l'Ardèche par sa promptitude à remplir son lit d'eaux d'orage et à rouler un fleuve de plusieurs milliers de mètres cubes par seconde. Il se forme, dans une plaine fouillée par ses débordements, de la réunion du Gardon d'Anduze et du Gardon d'Alais : celui-ci nommé de la sorte parce qu'il arrose **Alais** (20,000 hab.), centre d'un très-important bassin houiller qui se ramifie au loin jusque dans le département de l'Ardèche. Le Gardon d'Anduze, le plus fort des deux, tire de même son nom de la ville d'**Anduze**. En aval des riantes campagnes de la Gardonnenque, le Gard perd toutes ses eaux par filtration dans le sable et dans les failles de la roche, mais il se refait bientôt par d'innombrables fontaines jaillissant près de sa rive ou dans son lit même, au sein de défilés à la fois lumineux et solennels, absolument sans champs, sans maisons et sans hommes. A l'endroit où ces défilés s'évasent, le vert torrent dort sous le Pont du Gard, aqueduc romain cimenté pour encore autant de siècles qu'il en a vu couler : l'Aqueduc du Pont du Gard amenait à Nîmes les eaux de très-belles fontaines qui jaillissent au pied des rochers d'**Uzès**.

Les grandes plaines uniformes fouettées par les mêmes vents gardent à peu près le même climat sur de larges étendues, de l'est à l'ouest, et même du nord au sud. Ainsi il faut plusieurs degrés de latitude pour mettre une différence notable entre le ciel des diverses cités moscovites ou sibériennes.

Autres sont les pays appuyés sur plusieurs mers, à des expositions diverses, sillonnés de montagnes qui rompent, arrêtent ou font tourner les vents et créent à leurs pieds des climats provinciaux et sur leurs flancs, suivant l'altitude, une infinité de climats locaux.

La France est un de ces pays. Elle a trois mers : l'océan Atlantique, la Méditerranée, la Manche, suivie du Pas-de-Calais et de l'entrée dans la mer du Nord. Elle est hérissée de hautes montagnes à sa frontière, de montagnes moyennes et de hautes collines à l'intérieur. Telle de ses villes craint la marée haute, une de ses cités est à 1,321 mètres d'altitude, un de ses villages à 2,009 mètres, son Mont-Blanc s'élance à 4,810. D'autre part, tel de nos cantons n'a pas d'arbres, et sa nudité le fait grelotter au vent ou brûler au soleil ; tel autre s'ombrage de forêts qui tempèrent la chaleur, brisent le vent et conservent la source. Tel plateau reste aride parce que le sol boit ses eaux ou parce qu'il n'en laisse pas filtrer une goutte, tandis que tel autre doit de belles récoltes à ses excellentes conditions de perméabilité. De tout cela résulte une infinité de climats, que cependant on peut réduire à la rigueur à sept grands climats régionaux. Quatre de ces climats, immédiatement soumis aux vents de mer, sont des climats maritimes tempérés, comportant moins de différence que les climats continentaux entre la chaleur ou le froid des heures successives, du jour ou de la nuit, de l'été ou de l'hiver. Les climats continentaux, non amollis par l'humide atmosphère marine, sont plus variables, plus sensibles au rayonnement nocturne, plus esclaves de la puissance glaçante de l'altitude, naturellement plus secs, et, en somme, plus froids en moyenne, quoique plus chauds à l'occasion.

Commençons par le nord-est. Au nord-est, la France s'attache à la masse de l'Europe, et c'est là aussi que son climat se rapproche le mieux du climat qui règne en Europe sur les plus vastes espaces.

Le **climat vosgien**, ou **austrasien**, climat continental, dépend des vents de l'est et du nord-est venus de la Russie, de la Sibérie même, par les plaines de l'Allemagne septentrionale. La neige y abonde en hiver ; le printemps qui suit le dégel apporte une transformation magique ; quinze jours après l'heure où la première goutte de pluie a troué l'éblouissant linceul des frimas, la nature a repris toute sa fécondité, les arbres ont leurs fleurs et les champs leurs promesses; sous ce climat l'été est superbe, l'automne fort beau, le ciel presque toujours clair. Le climat austrasien règne à Strasbourg, dans l'Alsace, dans une bonne partie de la Lorraine, dans les Ardennes. La température moyenne de Strasbourg (9 degrés 8 dixièmes) est inférieure à celle de Paris d'à peu près un degré.

Le **climat séquanien**, ou **neustrien**, climat maritime, domine du cap de la Hague à la Belgique, sur les bassins de la Seine, de la Somme, de l'Escaut, des petits fleuves côtiers normands, picards, artésiens et flamands. Les vents de la Manche en font un climat très-tempéré eu égard à la latitude : Paris, situé sous la même latitude que des pays où peut geler le mercure, ne connaît pas les froids extrêmes, et il y a telle année où la glace y fait à peine son apparition et où l'hiver se passe en pluies et en ternes et vilains jours. Le printemps, triste saison, y lutte à fortunes diverses contre l'hiver humide et froid, contre l'été sec et brûlant. L'été peut se montrer fort chaud, presque torride ; l'automne est beau. La température moyenne de Paris, supérieure à 10 degrés et demi, n'atteint pas 11 degrés. Le froid le plus vif qu'on y ait observé a été de 23 degrés au-dessous de zéro, en 1778 et en 1871 ; la plus grande chaleur de 38 à 39 degrés, l'oscillation a donc dépassé 61 degrés.

Le long de la côte, du cap de la Hague à la Loire, et le long des petits fleuves qui débouchent sur ce trajet dans la mer, le **climat breton**, ou **armoricain**, le plus maritime des sept climats français, est aussi égal d'un bout de l'année à l'autre que mélancolique par ses vents, ses pluies fines, ses cieux obscurcis et bas reposant sur des landes, des mamelons de schiste et de granit ou sur l'horizon estompé d'une mer sourdement impatiente ou violemment agitée. Les froids de l'hiver y font si peu de tort que des arbres provençaux y vivent en pleine terre au bord des anses, dans les presqu'îles et dans les îles. Le grenadier, par exemple, avec l'aloès, le magnolia, le camélia et le laurier rose. La température moyenne de Brest et de Vannes approche de 12 degrés.

De la Loire aux Pyrénées et aux monts de la France centrale, le **climat girondin** réclame une portion du bassin de la Loire, une grande partie de celui de la Gironde, ceux du Lay, de la Sèvre, de la Charente, de la Leyre et de l'Adour. C'est encore un climat maritime, moins tempéré que le climat breton, mais plus brillant, et, à mesure qu'on marche vers le sud, plus agréable et plus chaud. Tout au nord, la Loire-Inférieure a surtout des prairies, des sillons et des landes avec quelques vignobles ; au centre, Cognac doit son renom aux premières eaux-de-vie, Bordeaux aux premiers vins du monde ; tout au sud, dans le Béarn, séjour de villégiature, un ciel charmant fait éclore des villes d'hiver. Peu ou pas de neige dans la froide saison, des pluies de printemps, des étés chauds, de longs et superbes automnes, c'est la marche des saisons de Nantes à Bayonne et de la mer aux montagnes. La température moyenne annuelle de Bordeaux dépasse 13 degrés ; celle de Pau, toute locale, serait de 16 degrés 68 centièmes.

Le cours supérieur des tributaires de la Loire et de la Loire elle-même, de la Dordogne, du Lot, du Tarn et des torrents qui atteignent la rive droite du Rhône au-dessous de Lyon appartiennent également à une région que son altitude fait plus froide que ne le voudrait sa situation sous le soleil, car cette région, le Plateau Central, est à égale distance du Pôle et de l'Équateur, dans la zone tout à fait tempérée. Le **climat auvergnat**, ou **climat limousin**, a pour caractère des hivers très-froids avec des masses de neige restant longtemps sur le sol. L'hiver empiète tantôt sur l'automne, tantôt sur le printemps, tantôt sur les deux à la fois, tantôt il est à son tour resserré par l'une ou l'autre de ces deux saisons. Les étés versent de très-fortes chaleurs dans les gorges fermées aux souffles de l'air. Sur les plateaux, des vents violents tempèrent les ardeurs du ciel, et l'altitude du niveau diminue la longueur de torridité du jour par des matins froids et des soirées fraîches. Le Puy, Mende, Saint-Flour, Rodez, obéissent à ce climat continental, encore mal observé.

Le **climat rhodanien** rattache le climat continental du Plateau Central au climat non moins continental de l'Alsace et de la Lorraine. On pourrait l'appeler aussi bien **climat bourguignon**, car il s'étend sur la Saône plus que sur le Rhône, et mieux encore **climat lyonnais**, de la grande ville où se lient les deux bassins qui lui appartiennent. Les températures moyennes annuelles des villes y sont généralement inférieures à douze degrés et supérieures à onze. Au sud de Lyon, elles dépassent douze. Dans le Jura, la hauteur souvent considérable du sol déprime considérablement la moyenne et rend les hivers très-froids. Les étés, chauds dans toute la région, relèvent la moyenne générale. Les hivers sont quelquefois très-rigoureux.

Qu'on aille de Toulouse à Cette ou de Lyon à Marseille, on voit, vers Carcassonne ou vers Montélimart, les teintes du paysage passer du vert au jaune et au blanc, les prairies diminuer et roussir hors des zones irriguées, les roches s'illuminer, la poussière saupoudrer les feuilles jusqu'à faire courber les menues tiges et le terne olivier s'abriter contre des mamelons pierreux, en vue de plaines sèches et de monts décharnés. On vient de passer du climat girondin ou du climat rhodanien sous le **climat provençal ou méditerranéen**, qu'on pourrait presque scinder en deux. A l'ouest de Toulon, l'olivier, des hivers qui, rarement, peuvent être froids et le mistral, hôte de toutes les saisons: le mistral que les Grecs nommaient le Borée noir, et dont les Méridionaux disaient en proverbe : « le Mistral, le Parlement et la Durance sont les trois grands fléaux de la Provence. » Ce vent hideux, froid, sifflant, qui crie et rage pendant des semaines, fait prendre en horreur le séjour des plus ravissantes vallées. On l'a vu arrêter et disloquer des trains de marchandises. A l'est de Toulon, sur l'heureuse rive provençale et ligurienne, peu ou pas de mistral, point d'hivers rudes, l'oranger et le palmier du Sahara, tout ce que la France, on dirait presque l'Europe, a de mieux en printemps perpétuel. Si les villes d'été bordent le Rhin, longent les Pyrénées ou s'étalent aux brises de la Manche et de l'Atlantique, les villes d'hiver se réchauffent ici au soleil sans vent, au ciel sans ride, en face de l'Afrique, sans écran contre le sud et défendues contre le souffle du nord par un paravent de montagnes.

La moyenne annuelle de Montpellier et de Nîmes oscille entre treize degrés et demi et quatorze degrés, celle de Marseille est de quatorze degrés, celle de Toulon de quatorze et demi, celle de Perpignan et d'Hyères de quinze, celle de Nice de quinze et demi à seize, celle de Cannes et de Menton de plus de seize.

En supposant que toute la pluie tombant en France restât sur le sol sans couler, sans filtrer, sans s'évaporer, au bout de l'année elle aurait couvert le territoire d'une nappe d'eau de soixante-dix-sept centimètres de hauteur. Mais la quantité annuelle de pluie est loin d'être uniforme d'un bout à l'autre de la France. Il pleut beaucoup sur tel ou tel district exposé en plein aux vents humides ou situé juste au point où un remous aérien fait arrêter les nuages ; il pleut très-peu dans certaines régions de l'intérieur mal accessibles par leur cercle de collines ou de montagnes ou ne voyant arriver dans leur ciel que des nuages épuisés déjà. Sur le bord de la mer et surtout dans les hautes montagnes contre esquelles buttent et se déchargent les nues, la quantité d'eau de ciel est supérieure à la moyenne générale : il tombe par an de 80 à 85 centimètres sur la côte picarde et dieppoise, autant du cap de Barfleur à Saint-Malo, 100 sur la baie de Douarnenez, 110 à 120 dans les hautes Vosges, près de 150 sur le rivage bayonnais, de 150 à 200 et au-dessus dans les montagnes d'où procèdent les Gaves et les Nestes, dans les Hautes-Alpes de Savoie et de Dauphiné et dans les Cévennes ardéchoises. Du travail le plus complet et reposant sur le plus d'observations il résulte qu'en France 898,000 hectares ne reçoivent annuellement que 40 centimètres de pluie (ou moins encore), tous dans le bassin de la Seine, dans la Champagne, de Compiègne à Troyes, d'Épernay à la banlieue de Paris. 8 millions et demi d hectares reçoivent de 40 à 60 centimètres ; 27 millions, c'est-à-dire la moitié du pays, de 60 à 80 centimètres ; 11 millions, de 80 à 100 ; 2,400,000, de 100 à 120 ; 1,300,000, de 120 à 140 ; 2,067,000, de 140 à 160 ; 110,000, de 160 à 180 ; 320,500, au-dessus de 180. La chute annuelle est de 631 millimètres dans le bassin de la Seine, de 691 dans celui de la Loire, de 720 dans celui du Rhin, de 823 dans celui de la Garonne, de 956 dans celui du Rhône.

Le chiffre de Paris n'est que 510 millimètres, précisément

le même qu'à Marseille et Clermont. Seulement, à Paris, il pleut souvent, mais par pluies fines ; à Marseille, il pleut rarement, mais par abats d'eau. A côté de la quantité annuelle, il faut considérer la répartition sur le long de l'année. Nombre de cantons avec 40, 50, 60, 70 centimètres annuels de pluies peu abondantes chaque fois, mais revenant à propos, sont bien mieux arrosés que d'autres cantons où il tombe 80, 100, 150 centimètres. La campagne de Meaux ou de Compiègne (40 centim.) n'est jamais altérée comme les environs de Montpellier (74 centim.) ou certains parages de l'Ardèche (80 à 180 centim.). Les moyennes annuelles n'ont généralement qu'une valeur très-relative, ce qui importe en fait de températures comme en fait de pluies, ce n'est pas tant le chiffre moyen que la répartition par saisons. Avec la même moyenne annuelle deux pays peuvent appartenir à deux climats différents : dans l'un, les températures varient peu de jour à jour, de saison à saison ; dans l'autre, les extrêmes s'écartent beaucoup, mais se compensent. De même, la moyenne annuelle des pluies n'a pas autant de signification que leur chute par saison, car de la répartition mensuelle dépend la fraîcheur ou la sécheresse des districts. Il pleut moins sur la verte Erin que sur les gorges éternellement brûlées des Cévennes méridionales.

Tel est le pays harmonieusement équilibré où vivent les Français, d'une plage septentrionale où le froid humide tuerait la vigne à la rive éclatante où le vent du midi secoue les palmes du dattier d'Afrique. Telle est la France, avec ses grandes régions : le **nord** agricole, minier, manufacturier, commerçant ; le **nord-est** encore boisé, sagement cultivé, manufacturier aussi ; le **nord-ouest** agricole, pastoral et marin ; le **sud-ouest** vinicole et frugifère ; le **sud**, terre des vins forts, de l'huile et du mûrier ; l'**est** puissamment montagneux, réserve d'hommes vigoureux et tenaces comme le sont aussi les paysans, les terrassiers et les bergers du **centre**.

Nés du mélange à diverses doses de sangs étrangers, les Français ne se ressemblent pas de Dunkerque à Perpignan, de

Bordeaux à Strasbourg et de Brest à Menton. La souche blonde aux yeux bleus, grande, élancée, s'est croisée chez eux avec la souche brune, aux yeux noirs, petite et ramassée. Où la première prédomine, le Français se rapproche plus ou moins de ce que le langage courant appelle l'homme du Nord; où prépondère la seconde, le type devient ce qu'il est convenu de nommer méridional. D'un type à l'autre, les dégradations sont infinies, il n'y a ni taille, ni crâne, ni cheveux, ni yeux, ni type français, il n'y a pas de race française.

Nos principaux ancêtres, ceux dont le sang a reçu le sang des envahisseurs sans disparaître devant lui, ne formaient point eux-mêmes un peuple homogène. Du Rhin aux Pyrénées, des anses armoricaines aux criques de Ligurie, notre sol portait au moins trois peuples : des **Kymris** grands et blonds, au nord-est ; des **Celtes** petits et trapus à l'ouest et au centre ; des **Ibères** au sud. Et à quelles races plus faibles avaient succédé, non sans se mêler avec elles, ces trois nations que nous montre notre plus vieille histoire, pauvre tradition d'un jour ? Les montagnes servirent toujours d'asile aux races proscrites et les habitants de la France centrale ont vraisemblablement gardé jusqu'à ce jour quelques traits du type de ces autochthones ignorés. Que les Celtes et les Kymris fussent apparentés ou non — on croit qu'ils parlaient des dialectes de la même langue, — que les Ibères fussent ou non les Basques d'aujourd'hui, il n'y avait pas de race purement gauloise dans les Gaules.

Sur ce triple fond mêlé d'éléments inconnus influèrent les **Romains**, principalement sur la Méditerranée, en remontant le Rhône, et en descendant la Garonne ; puis les **Germains**, surtout au nord-est, dans ce qui s'appela longtemps l'Austrasie ; puis les **Visigoths**, peuplade germaine, dans le bassin de la Garonne ; puis les **Normands**, aux embouchures des fleuves, sur les rives de la mer et dans la belle province qui prit d'eux le nom de Normandie ; puis les **Arabes** dans le Roussillon, le Bas-Languedoc, la Provence, principalement dans les montagnes des Maures. Plus tard les **Anglais** dominèrent pendant de longues années dans le sud-ouest, les **Espagnols** dans les Flandres et la Franche-Comté : les uns et les autres ne furent chassés qu'après avoir laissé beaucoup d'eux-mêmes dans les pays où ils avaient régné, le maitre étant habitué à ne respecter que son caprice.

Les migrations armées portant un peuple d'un sol sur un autre ont cessé, mais les migrations pacifiques ont pris leur place, et d'heure en heure changent la composition de la nation française. Les Allemands, les Belges, les Suisses, les Italiens, les Espagnols, les Polonais, les Anglais viennent par individus isolés, rarement par famille, s'installer en France. Le climat y est égal, la vie douce et gaie, le vin chaud ou délicat et à bon marché, aussi le Polonais la préfère-t-il à la Sibérie, l'Anglais à ses brumes, l'Allemand à sa patrie pauvre. Le Belge n'a qu'à passer à travers champs sur une ligne idéale pour trouver chez nous un travail que lui refuse souvent la Belgique, trop peuplée pour ses cinq millions de fils. Le Suisse fait de même; l'Italien, grand commerçant, est attiré par Marseille, par Lyon, par Paris, et il y reste. L'Espagnol vient en France avec un vaste mépris pour une terre qui n'est ni Léon, ni Castille, ni l'Aragon, mais une fois chez les *Gavaches*, ainsi qu'il nous appelle, en qualité d'ouvrier de terrassier, d'exilé politique, de déserteur, d'homme fuyant la justice pour un coup de navaja malheureux, il se fait aux Français et ne revoit pas toujours l'Espagne. Au recensement de 1866, il y avait sur notre sol 635,495 étrangers : 275,888 Belges, 106,606 Allemands, 99,624 Italiens, 42,270 Suisses, 32,650 Espagnols, 29,856 Anglais, 9,882 Polonais. Le Nord, les Bouches-du-Rhône, les Ardennes, la Moselle, la Seine, le Var, les Alpes-Maritimes, sont les départements où il y a le plus d'étrangers. Le centre et l'ouest en ont encore très-peu, mais de proche en proche, par le mouvement de va-et-vient qui est comme la respiration d'un pays, le sang des autres peuples s'infiltre partout en France.

Voilà comment la soi-disant race française n'est pas une race. Mais ici intervient une double influence : celle de la fusion entre les éléments divers et celle de la province géographique, du milieu, dans la limite de sa puissance lorsqu'il lui manque les myriades d'années dont il a besoin pour avoir raison de la persistance des types. Au-dessus de toutes les différences entre les Français du Nord et du Sud, de l'Est, de l'Ouest et du Centre, entre l'homme des alluvions et l'homme des montagnes, plane un certain ensemble de traits physiques, d'aptitudes, de qualités, de défauts, qui constituent un caractère national. Le Français, malgré tout, a sa physionomie tranchée parmi les peuples, et cette physionomie, il semble la tenir de deux causes : la prépondérance du sang gaulois, l'agrément et la facilité de la vie dans un pays ni froid, ni chaud, ni sec ni pluvieux, ni brumeux ni éblouissant, au pied des collines d'où coulent les premiers des vins blancs et les premiers des vins rouges.

Ne nous attardons pas sur les qualités qui nous sont reconnues, la part de défauts est trop grande. Comme ses ancêtres les plus importants, les Gaulois celtes et kymris, le Français brille par une intrépidité emportée et téméraire. Une fois lancé, il court droit et vite à la rencontre de la mort. Pas plus que chez tout ce qui porte le nom d'homme, ce courage n'exclut la défaillance et le recul, mais, en général, le Français se tient énergiquement devant le danger : plus qu'énergiquement, avec insouciance. Une immense gaieté naturelle le préserve souvent du désespoir et de la stupeur ; des régiments éclaircis par les balles, épuisés par la faim, la marche et le soleil, ont été maintes fois sauvés par un bon mot, une plaisanterie, un refrain alerte ou même obscène. La bonne humeur dans la privation, la souffrance ou le désastre, l'intrépidité, l'élan, la décision prompte, l'amour de la gloire (et de la gloriole), nous ont fait faire bonne figure sur beaucoup de champs de bataille. Quand nous n'y tirons pas les premiers, c'est par politesse comme à Fontenoy. Si les Anglais, par leur sang-froid et la prudence de ne rien abandonner au hasard, sont les soldats les plus redoutables à la longue en rase campagne, si les Allemands remportent des victoires à force de nombre, de méthode et de discipline, si les Russes tiennent jusqu'à la mort, les Français sont supérieurs à ces nations pour les coups d'entraînement, de promptitude et d'audace. Les Espagnols se disent les premiers hommes du monde pour défendre une muraille, une maison, une montagne, un rocher, et ils ne mentent pas, mais les Français sont les plus capables de les débusquer, témoins Sarragosse, Tarragone et toute cette misérable guerre d'Espagne.

Beaucoup de grandeur d'âme accompagne ce déploiement de qualités viriles. Quelque ignoble que soit la guerre, si mécanique et si affolante que soit la bataille, le caractère des hommes bien trempés s'y retrouve au milieu de l'égarement général. Ce qu'on appelle furie française, le premier moment de fougue passé, le Français reprend plus vite qu'un autre sa bonhomie, sa gaieté, sa générosité native. Il ne reste pas longtemps la bête brute que nous sommes tous dans le « noble jeu de la guerre. »

La gaieté, l'esprit plaisant, l'esprit tout court, la rapidité de décision et d'exécution, le courage brillant, beaucoup de sociabilité, un fond considérable de générosité, une intelligence extrêmement claire, naturellement ennemie de la poésie, du mysticisme et de la religion, une parole aisée, piquante, très-éloquente au besoin, voilà le Français dans son jour. L'ombre ne manque pas. L'égoïsme nous est facile — ne l'est-il pas à tous les hommes? — et il gâte jusqu'à l'esprit qui devient un moyen de parvenir sur la ruine d'autrui. La promptitude de décision et d'exécution ne vaut que dans un plan mûri. Que de sang, de temps, de millions perdus en France, tant par la nation que par les citoyens, pour des idées en l'air! C'est que l'intelligence française, très-lucide quand elle se donne la peine de penser, se réduit à rien par la paresse de réfléchir, la passion de la routine et une faculté merveilleuse de se payer de mots sonore. Quelques phrases vides, avec les noms de gloire, d'honneur, de liberté, de cosmopolitisme et de philanthropie, nous ont fait perdre mille fois la tête. Quand ces mots auront fait leur temps, d'autres viendront pour lesquels notre sang se tarira de nouveau dans nos villes, à nos frontières et au loin dans le vaste monde.

Nous survivons à de grands désastres venus de la vanité que nous avons de nous croire aptes par science infuse à tout ce qui ne s'acquiert que par le long labeur, la patience et la méditation. Cette vanité nous empêche de travailler, de réfléchir, de durer dans une idée. De là procède une ignorance extraordinaire de ce qui se passe hors de la petite église où chacun de nous s'enferme. A la sordide ignorance font cortége la légèreté, le persifflage, la paresse d'esprit, mère de la décadence.

Enfin notre don de la parole a son versant funeste. Il penche de lui-même à la rhétorique. A peine conquis, nos pères les Gaulois étaient les premiers rhéteurs et grammairiens de l'Empire.

Quant aux hommes de génie émergés de la nation pour le profit de toute la terre — c'est par eux surtout qu'un peuple vaut — la France a fourni sa grande part de savants, d'inventeurs, d'artistes, d'hommes en avant de leur époque. Les mathématiques pures ou appliquées, la physique, la chimie, la physiologie, la médecine, toutes les sciences naturelles lui doivent de grandes découvertes. Elle a beaucoup inventé chez elle, et ce qui lui est venu du dehors, elle l'a repris en œuvre, étendu, simplifié, coordonné, présenté sous le point de vue clair. Nombre de ces inventions qui journellement transforment le monde ont été conçues dans des têtes françaises; elles sont nées chez nous, mort-nées, il est vrai. Voyant le jour au milieu de l'indifférence de la nation occupée d'une théorie vague, d'un personnage, d'un bon mot, d'un refrain drôle ou simplement insensé, elles rentrent dans les limbes, et vont renaître en Angleterre. Revenues de là, elles sont applaudies, choyées, et nous menons à la maturité l'enfant dont nous avons sifflé la naissance.

Dans les arts, peinture, sculpture, musique, la France n'a point produit de génies pareils à ceux de l'Allemagne, des Pays-Bas et de l'Italie. Mais ses grands écrivains ne reconnaissent de supérieurs ni pour la valeur réelle, ni pour l'influence exercée d'un bout de la terre à l'autre bout. Au XIIe et au XIIIe siècle, nos poëtes épiques, nos conteurs et nos chroniqueurs sont imités dans toute l'Europe, depuis l'Italie, qui ne s'est pas encore manifestée, jusqu'à l'Angleterre où la cour, les seigneurs et la justice parlent notre langue. Ces œuvres qui enthousiasmèrent le haut moyen âge fondèrent alors la suprématie gardée jusqu'à ce jour par notre idiome en Europe; si nous les avons oubliées, c'est que le français de l'époque était un jargon barbare. Au XVIe siècle, Rabelais, prince des comiques, rit du passé avec une gaieté de style que le monde n'a pas revue ; il fronde le présent et imagine l'avenir avec une grandeur de vue égale à la petitesse d'esprit des réformateurs ses contemporains. Au xvɪɪᵉ siècle, sort, armée de toutes pièces, une littérature aux formes magnifiques, avec des écrivains de tant de génie que nulle ne la vaudrait si les poëtes et les prosateurs de la cour de Versailles n'avaient servilement tenu leur pensée dans le monde de Rome et d'Athènes, au lieu de vivre de leur vie propre, dans leur propre patrie, sur la Seine, loin du Céphise et du Tibre. Au xvɪɪɪᵉ siècle, Voltaire nargue les préjugés, et crie haro sur l'intolérance dans la langue la plus claire, la plus alerte et la plus sobre d'adjectifs qu'on ait jamais écrite ; réduite sur terre et sur mer, la France étend alors son influence bien au delà de ses frontières, et le français se confirme dans son rang de langue sociale, littéraire et politique de l'Europe. Au xɪxᵉ siècle, une floraison nouvelle nous a dotés de grands écrivains et d'un poëte merveilleux.

Le porte-voix de tous ces génies, le français, dérive du latin, comme l'espagnol, l'italien, le portugais et le roumain du bas Danube. Pour la composition des mots il est resté très-fidèle à sa langue mère : à part 250 mots environ procédant du gaulois de nos pères, presque tous les termes français sont des termes latins transformés dans la terminaison et réduits d'une ou de deux syllabes par la chute de voyelles et de quelques consonnes. Dans le tissu du discours, notre langue, heureusement, ne suit pas la langue de Cicéron. Rejetant bien loin la phrase alambiquée qui rend le latin si pénible, le français ne procède point par inversions, mais selon la logique naturelle, par sujet, verbe et attribut.

Le français demeura très-riche, très-gai, très-souple jusqu'à la fin du xvɪᵉ siècle, puis il fut appauvri et comme cristallisé par de faux génies, talents moyens qu'on honora du nom de législateurs du Parnasse. Ces despotes sont morts, mais leur tyrannie persiste. Un nombre considérable de mots parfaitement français par la souche, la forme et l'usage n'ont pas droit de cité. Si le français se décidait à reprendre tous les termes qui lui reviennent de droit, parce qu'ils procèdent de ses racines suivant les règles de dérivation les plus strictes, il doublerait aussitôt sa richesse.

Notre langue compense son indigence par sa clarté, sa précision, sa grâce ; elle se plie à la rigueur à la poésie, mais là n'est pas son domaine. Elle est faite pour la prose, pour l'exposition, le récit bref et enlevé, pour l'histoire, la science et le discours. L'éloquence lui est facile, surtout celle qui a son principe dans la netteté, l'enchaînement précis des faits ou des motifs, la bonne grâce et l'esprit semés dans la broussaille aride de la discussion et du chiffre. En tout cela le français peut se proclamer langue supérieure ; il est digne de la réputation qu'il a longtemps gardée d'être le langage le plus spirituel, le plus vif et le plus civilisé de l'Europe.

Dans le français l'harmonie abonde, harmonie discrète, mais très-belle quand on la saisit. Pas de rhythme accentué, point de clairsonannce, mais aussi pas de gutturales, pas de consonnes amoncelées, pas d'excès de sifflantes, une pondération suffisante de la consonne et de la voyelle, rien de la cantilène méridionale, de l'emphatique sonorité espagnole, des sons sourds, étranglés et avalés de l'Anglais. Il est des étrangers qui viennent et reviennent au Théâtre Français pour la seule musique de la parole distinguée qui tombe de la scène. Parmi les rares Français qui apprennent les idiomes du dehors, beaucoup, après avoir admiré comme elles le méritent la riche langue allemande, l'anglais énergique et pressé, le castillan dans toute sa grandiloquence, l'italien fait pour la musique et les vers, beaucoup rentrent dans la révérence de leur belle langue maternelle, qu'ils ont un instant dédaignée pour d'autres.

Le français profite encore de la prépondérance que lui firent il y a deux cents ans la splendeur de la cour du Grand-Roi, il y a cent ans le sens, l'esprit et la bonne humeur de ses écrivains. A la veille d'être définitivement détrôné au profit des langages parlés par les peuples colonisateurs, les Anglais, les Russes, les Espagnols, les Portugais même grâce à leur Brésil, il règne encore comme lien de la société, trait d'union des hommes de plaisir, des touristes, des savants, des littérateurs de l'Europe. Tous les gens dits hommes du monde la connaissent, surtout en Allemagne, et plus encore dans l'immense Russie, aussi loin qu'elle va, jusqu'à ses ports du Pacifique sibérien. Les Italiens, les Portugais, les Roumains, les Néo-latins d'Amérique, se l'approprient facilement (moins l'accent), parce qu'elle sort de la même souche que leurs propres langues et qu'elle est restée très-voisine d'elles.

Hors de France, son domaine exclusif a été restreint par la perte de nos vieilles colonies, et il s'agrandit peu de nos jours, à cause de la petitesse, de l'insalubrité, de la langueur des colonies gardées ou nouvellement acquises. C'est la langue maternelle de plus de 3 millions d'Européens non Français et de 3 à 4 millions de non Européens. On la parle en corps de nation dans l'archipel Anglo-Normand (90,000 hab.), à l'exception de l'île d'Aurigny; dans la Belgique wallonne (2 millions à 2 millions 1/2), dans quelques villages de la Prusse Rhénane (11,000) et de la Bavière Rhénane (3,500), touchant au pays Wallon, dans la Suisse française ou romande (640,000), dans les hautes vallées piémontaises descendant sur Turin et sur Ivrée (135,000).

Hors d'Europe, en Asie, elle se répand quelque peu en Indo-Chine, depuis la prise de possession de la Cochinchine et le traité de protectorat avec le Cambodge. En Afrique, elle a de l'avenir, comme étant la langue maternelle des colons algériens qui n'ont pas perdu tout espoir de s'étendre au loin sur le continent. On la connaît au Sénégal, dans un court rayon autour de nos forts. On la parle à Bourbon, dans l'île de France et les Seychelles, aujourd'hui possessions anglaises. En Amérique, douze cent mille Canadiens et Acadiens, dont le nombre croît très-vite, la défendent avec succès contre l'invasion anglo-irlandaise dans une petite partie de l'énorme étendue qui lui semblait destinée quand nous commençâmes à coloniser le Saint-Laurent: c'est l'idiome national des quatre cinquièmes des Bas-Canadiens, du cinquième des Néo-Brunswickois, de plusieurs cantons de la Nouvelle-Écosse, de Cap-Breton, de l'île du Prince Édouard, de Terre-Neuve; elle est aussi usitée dans un certain nombre de villages du Haut-Canada, sur la Rivière-Rouge, dans le nouvel État de Manitoba, sur la Saskatchawan et presque tous les sauvages du Grand

Ouest canadien la connaissent encore. Le Mississipi, que nous reconnûmes et annexâmes par le Canada, entend toujours sonner la langue de ses premiers explorateurs à la Nouvelle-Orléans et dans beaucoup de bourgs et de villages louisianais peuplés par les descendants des Acadiens et des anciens colons français et par une petite immigration française venue surtout de la Gascogne et du Béarn : 50,000 Louisianais environ ont conservé l'usage du français. Dans les Antilles, les cinq ou six cent mille Nègres de la république d'Haïti, une partie des habitants de Cuba (dans le district de Santiago), les habitants des Antilles françaises, de quelques petites Antilles colonisées par nous avant d'être cédées aux Anglais, telles que la Dominique et Sainte-Lucie, enfin l'importante Trinité, ont le français pour langage national. Dans l'Amérique du Sud, la triste Guyane; la Nouvelle-Calédonie et Taïti, dans des mers sans fin où nous avons laissé prendre par d'autres la Nouvelle-Zélande, ajoutent à peine quarante milliers de Blancs, de Noirs et de Sauvages au contingent des millions d'hommes ayant l'honneur de penser dans une langue ennoblie par des génies qui resteront immortels pendant les quelques siècles que dure un idiome.

En France même, si la langue nationale se comprend partout, ou à peu près, il y a des contrées où elle n'est point l'idiome maternel. Dans le département du Nord, presque tout l'arrondissement de Dunkerque et presque tout celui d'Hazebrouck, soit 150,000 à 200,000 individus, se servent habituellement du langage flamand. Dans l'Alsace, le Bas-Rhin, moins quelques communes du canton de Villé, le Haut-Rhin, moins le pays de la Poutroye et la majeure partie de l'arrondissement de Belfort, conservent leur patois allemand, et l'allemand pur s'y parle dans les villes concurremment avec le français. En Lorraine, il en est ainsi pour la moitié orientale du département de la Moselle, et dans la Meurthe pour près de 40,000 habitants de l'arrondissement de Sarrebourg et pour 6 à 7,000 de l'arrondissement de Château-Salins (canton d'Albestroff). Cela fait 1,300,000 à 1,400,000 Allemands, dont plus d'un million dans l'Alsace, et 300,000 dans la Lorraine allemande.

Ceci pour l'est. A l'ouest, un assez vaste territoire est aussi enlevé à la langue française par le breton, idiome celtique si ressemblant au gallois d'Angleterre que des naufragés d'une des nationalités ont pu se faire comprendre des riverains de l'autre. L'allemand a reculé sensiblement devant le français : à Dieuze, par exemple, toute française aujourd'hui avec les communes de son ressort, l'allemand seul était connu en 1600 ; le breton recule bien plus vite, et surtout il n'a aucune chance de se maintenir, ne s'appuyant pas comme l'allemand de Lorraine sur plus de cinquante millions d'hommes usant de dialectes germains. Acculé entre la mer et la masse française, ayant des villes au pouvoir de l'idiome français autant qu'en son pouvoir propre, il n'a plus devant lui que la durée de quelques générations. On le parle à l'ouest d'une ligne qui partirait de la Manche, entre Saint-Brieuc et Paimpol, irait passer entre Loudéac et Pontivy et se terminerait sur l'Océan à l'estuaire de la Vilaine. Le Finistère entier (non compris, comme toujours, les grandes villes), la forte moitié du Morbihan, la petite moitié des Côtes-du-Nord, sont, en ce moment, le seul domaine du breton, et non la Bretagne entière, comme beaucoup le croient. Sur les 3,400,000 hectares et les trois millions d'habitants de la Bretagne, l'antique langue ne règne que sur 1,400,000 hectares et environ 1,300,000 individus, laissant au français deux millions d'hectares avec 1,700,000 âmes.

A l'angle sud-ouest de la France, dans le département des Basses-Pyrénées, 120,000 Basques habitent des montagnes moyennes et des vallées ravissantes, depuis le beau pic d'Anie (2,500 mèt.), l'Olympe de leur race, jusqu'au Chulcocomendia, qui domine de loin la plage où la Bidassoa se jette dans la mer. De l'arête pyrénéenne à l'Adour, ils couvrent presque exactement les deux arrondissements de Bayonne et de Mauléon. Seulement la ville de Bayonne est française, béarnaise, et espagnole plus que basquaise. On a des raisons suffisantes pour croire que les Basques représentent les anciens Ibères, qui remplirent autrefois la péninsule appelée d'après eux ibérique et notre France du sud-ouest. Leur origine se cache dans les nuées les plus reculées du passé anté-historique. On les a rattachés aux Berbères, aux Sémites, aux Finnois dont ils n'ont

point le type, étant, hommes et femmes, de la plus grande
beauté de visage. A cette beauté s'allie une superbe noblesse
de proportions; il n'y a pas de peuple européen plus souple,
plus alerte, tous les Basques sont des Achille aux pieds légers.
Tous aussi mènent une vie simple et rieuse dans de jolies montagnes, et pourtant l'émigration vers la Plata décime leurs
villages. Les Basques apprennent le français, le béarnais,
l'espagnol, qui leur sont faciles, tandis que leur langue, très-
compliquée dans ses formes, répugne, malgré sa beauté, à
ceux qui ne la tiennent pas du berceau. Dans ces conditions, et
avec l'influence des villes où le français se parle couramment,
le basque ne peut que reculer : lentement sans doute, car
les montagnards sont résistants comme leurs roches. Nos Escualdunac, — ainsi se nomment eux-mêmes les Basques — s'appuient pour tenir tête à une civilisation plus riche et à une
langue plus cultivée, sur leurs frères les Basques d'Espagne,
qui sont cinq à six fois plus nombreux. Mais les Escualdunac
espagnols s'en vont aussi.

Les 260,000 habitants de la Corse sont Italiens par le langage épuré de leurs villes et les nombreux dialectes de la montagne.

Flamands, Allemands, Bretons, Basques et Corses font ensemble 3,200,000 individus. Restent pour les vrais Français environ 35 millions d'hommes. A leur tour, ceux-ci se partagent
entre deux grands dialectes, la **langue d'oil** et la **langue
d'oc**. Autrefois la distinction avait de l'importance. La
langue d'oil ou langue du Nord, le français en un mot, n'était
parlé que sur son territoire propre et les habitants d'une portion du centre et de tout le sud de la France ne connaissaient
que leurs idiomes fortement rhythmés, tirés du latin comme le
français, mais aussi voisins de l'espagnol et de l'italien que de
la langue nationale. Les Limousins, les Gascons, les Languedociens, les Provençaux n'étaient Français que pour payer l'impôt, verser leur sang et envoyer leurs nobles à la cour du Nord,
et non à Madrid ou chez les podestats d'Italie.

Aujourd'hui, cette distinction n'a plus de valeur. Le français règne dans toutes les villes. Où il n'est pas tout à fait le maître, il triomphe sous une forme déguisée, en s'infiltrant dans les patois. Chaque jour un mot d'oc tombe pour faire place à un équivalent français, chaque jour, les tournures originales des dialectes d'oc disparaissent. Quelques poëtes un instant célèbres sur le Rhône et la Garonne ont essayé de rendre la vie à ces langues mourantes. On les a lus, on a chanté leurs refrains, on les chante encore, et pourtant chaque heure amène un progrès du français, à chaque minute une pierre tombe de l'édifice des dialectes méridionaux.

La langue française, après tout, est autrement armée que les patois pour toutes les exigences de la pensée. Qu'importe que l'agénais, le béarnais, le toulousain, le provençal, aient plus d'harmonie, de grâce, et se prêtent mieux aux chants des poëtes ! Ils ne s'appuient ni sur une grande littérature, ni sur une immense réserve scientifique, ni sur de nombreux millions d'hommes. Leur vieillesse est venue, la mort les guette, et bientôt ils n'auront laissé d'eux que l'accent dit méridional, original dans la bouche des gens d'esprit, mais généralement insupportable et directement contraire à l'élocution fine et modérée sans laquelle le français n'est plus lui-même.

Les deux tiers des Français parlent la langue du Nord, avec d'insignifiants dialectes différant par quelques mots, quelques formes, quelques tournures, plus ou moins de vivacité et surtout de lourdeur dans l'accent. On admet dans les livres que la langue d'oil s'arrête à la Loire : il n'y a pas de plus grande erreur. En nul point de son cours ce fleuve ne sépare le langage du Nord des patois du Midi. Sur la route de Bordeaux, le dernier village d'oil, les Billaux, touche Libourne, c'est-à-dire qu'il est à plus de 300 kilomètres au sud de la Loire à Tours ! Souvent la langue d'oil passe à la langue d'oc par des transitions et la ligne de démarcation est malaisée à tracer. Souvent aussi il y a passage brusque, et d'une commune où le dernier des paysans ne parle que français, on tombe dans un village où même les plus instruits des bourgeois préfèrent leur jargon local à la langue de la nation. Tirer une ligne de séparation serait inutile, puisque les dialectes d'oc s'en vont; impossible, puisque le domaine d'oc se francise incessamment sur tous les points, plus encore dans son intérieur, autour des grandes villes, que sur les vieilles frontières de la langue du Nord.

Sur les 38 millions d'habitants de la France, il n'y a que 850,000 protestants et 89,000 juifs. Les protestants, luthériens (300,000), calvinistes (500,000) et dissidents (50,000), se massent autour de Strasbourg, dans le Bas-Rhin, le Haut-Rhin, le Doubs, et dans les Cévennes à l'ouest et au nord de Nimes, là même où ils défendirent leur conscience contre l'infaillibilité du Grand Roi, de sa maîtresse et de son confesseur. Le Gard en compte 123,000. La Lozère, l'Ardèche, la Drôme, la Charente-Inférieure, les Deux-Sèvres, et naturellement la Seine, en contiennent beaucoup, mais dans la majorité des départements ils ne comptent vraiment pas : ainsi, il n'y en a que 8 dans le Cantal. Partout ils ont plus d'activité, d'aisance, d'éducation que les catholiques; d'un village à l'autre la différence est visible aux regards les plus distraits.

Les Juifs nous sont principalement venus de l'Allemagne, de l'Alsace, du Portugal et de l'Espagne. Ils se rencontrent presque exclusivement dans les grandes villes, puis dans l'Alsace et la Lorraine. Dans quatre départements on n'en a pas recensé un seul. Il y en a 21,767 dans la Seine, 21,318 dans le Bas-Rhin, 14,496 dans le Haut-Rhin, 7,337 dans la Moselle, 5,240 dans la Meurthe, 3,164 dans les Bouches-du-Rhône, 2,618 dans la Gironde. Leur supériorité dans le commerce, leur intelligence pratique, leur conduite patiente, souple et raisonnée, leur avidité toujours en éveil, en ont fait la classe la plus riche de la nation.

Avec le bon équilibre de l'intelligence et la solidité du caractère national, ce qui fait la force d'un peuple c'est le nombre de ses citoyens. Or, en France ce nombre croît beaucoup moins rapidement que dans la plupart des autres vieilles contrées. Nous ne parlons pas des pays neufs, très-insuffisamment peuplés encore, qu'ils s'appellent Russie, États-Unis ou République Argentine. On sait la cause de cette lente augmentation : la France obéit à des lois équitables, la propriété du sol n'y est pas fixée dans quelques mains par les majorats, les substitutions, les dispositions féodales; tous y ont accès, et tous les enfants d'une famille partagent le patrimoine; l'aîné, chez nous, ne spolie pas les puînés par droit de primogéniture. Aussi la grande majorité de la nation se compose-t-elle de paysans propriétaires, et peu de ces paysans connaissent la vraie misère, la misère de l'Irlande et de la « libérale Angleterre » où il n'y a pas de paysans, mais seulement des seigneurs, des fermiers et des journaliers.

Dès que l'homme commande à un coin de terre, dès qu'il peut vivre avec indépendance, soit chichement, soit aisément, soit largement, il redoute l'accroissement de famille qui peut mener à la gêne, et qui plus tard entraînera par le partage la dissolution du domaine qu'il a mis toute son âme à créer. Pour le paysan, la terre, l'enclos, c'est vraiment l'enfant premier-né, et l'amour pour cet enfant retient dans le néant presque tous les descendants possibles.

Dans nos meilleures plaines, la population reste stationnaire, ou même diminue, non par l'excès de mortalité, mais par l'insuffisance des naissances; c'est ce qui a lieu par exemple dans le Lot-et-Garonne et en Normandie. Les pays à sol médiocre, à familles mal installées, mal soignées, mal nourries, perdent plus d'hommes que les bons pays, mais la préoccupation de la fortune personnelle et de l'aisance des enfants à venir y pèse moins sur le recrutement de la famille. Dans les contrées pauvres et chez les ouvriers des villes tout calcul disparaît et le flux des naissances apporte plus de marée humaine que n'emporte le reflux de la mort; c'est ce qui se passe en Bretagne, dans beaucoup de départements montagneux et dans les districts industriels où la négligence, la misère et la débauche ne détruisent pas absolument les saines conditions de la vie.

Tout compris, la population de la France augmente cependant d'à peu près 140 à 150,000 individus annuellement par l'excès des naissances. L'émigration ne porte qu'une faible atteinte à cet agrandissement de la patrie. Quatre, cinq, dix mille Français abandonnent tous les ans le sol natal pour des pays lointains qui le valent rarement. C'est avec regret qu'ils disent adieu à une vie aisée, à une société gaie, à une charmante nature, et beaucoup partent avec espoir de retour. Le plus grand nombre se dirige vers l'Amérique du Sud, principalement vers l'estuaire Platéen (République Argentine ou Bande Orientale). La préférence est ensuite à l'Algérie, et il faudrait peu d'efforts pour tourner vers cette nouvelle France plus de la moitié de l'émigration française. Arrivent ensuite les États-Unis, et depuis quelques mois le Canada. Enfin beaucoup de Français vont se fixer en Suisse, en Belgique, en Espagne, en Angleterre, en Italie. Peu de départements prennent part au mouvement d'expatriation. La Normandie, le Poitou, la Saintonge, qui jadis émigraient plus que les autres provinces, ont cessé de se porter au delà des mers lorsque le Canada, qu'elles colonisaient, est tombé dans les mains de l'Angleterre. Le bassin de l'Adour, qui a souvent fourni à lui seul plus du quart de toute l'expatriation annuelle, et les départements garonnais à partir de Toulouse, envoient leurs enfants vers l'Amérique espagnole ou portugaise, vers les Antilles et la Nouvelle-Orléans, et aussi vers l'Algérie et l'Espagne. Les départements pyrénéens à partir de Toulouse, ceux du Rhône inférieur et de la côte languedocienne et provençale les expédient presque tous en Algérie. L'Est se porte plutôt sur les États-Unis et le Canada ; la Seine émigre partout. C'est en 1830 que l'émigration française a pris les deux routes qu'elle préfère aujourd'hui. Cette année-là, nous mîmes le pied en Algérie, et juste à la même époque se montrèrent dans les Basses-Pyrénées les agents recruteurs auxquels on doit le mouvement qui entraîne les Basques et les Béarnais vers la Plata. Avant 1830, les États-Unis, les Antilles et quelques ports de l'Amérique latine recevaient tous nos expatriés, alors beaucoup moins nombreux que maintenant.

Nous avons eu quelque part à la colonisation des Antilles. Il s'agissait surtout alors d'acheter et de fouetter des esclaves : la Garonne et l'Adour fournirent les planteurs et les surveillants ; quant aux négriers, l'Europe en eût trouvé pour des plantations cent fois plus vastes, elle les trouverait encore. De la sorte, nous créâmes la Guadeloupe, la Martinique, beaucoup d'autres petites Antilles, la superbe Saint-Domingue, et plus tard la Trinité. Dans l'Océan des Indes, nous remplîmes Bourbon et l'île de France. Sur le continent d'Amérique, la France fit moins d'efforts, elle en porta la peine. Au lieu d'y planter des rangs serrés de paysans qui seraient devenus la nation prépondérante du globe, à peine si elle envoya quelques centaines d'hommes en Acadie, dix mille colons peut-être au Canada, et quelques aventuriers en Louisiane. Voilà pourquoi nous sommes petits sur la terre, mais l'histoire ne se recommence pas. Toutefois, il nous reste quelque espoir: la terre n'est pas pleine et l'émigration française augmente à vue d'œil depuis nos désastres; en se portant sur l'Afrique du Nord, sur le Saint-Laurent, sur la Plata, elle peut nous faire encore une place au soleil.

La grande exode française s'est retournée contre nous. Elle eut raison de renforcer l'ennemi, puisque cet ennemi lui offrait ce que refusait la patrie, le droit de penser, de croire et d'agir suivant sa foi. Lorsque le « Grand-Roi » révoqua l'édit de Nantes pour mériter l'absolution de son confesseur, quatre cent mille protestants préférèrent l'exil à la renégation. C'étaient nos meilleurs ouvriers, nos industriels, nos inventeurs, la tête de la nation. Rien ne les arrêta, ni le soldat, ni la peur du juge et du bourreau, ni l'avenir sur les galères, ni le froid, ni le lointain, ni la montagne. Nos cités les plus actives, nos meilleures usines, nos campagnes les plus soigneusement cultivées se dépeuplèrent. Ce que nous perdîmes de nombre, de science, de sagesse et de vigueur, la Hollande, la Prusse, l'Angleterre, nos plus grands ennemis le gagnèrent et s'en servirent contre nous. Les Huguenots montèrent sur les flottes qui nous faisaient la guerre, ils formèrent des régiments qui battirent les nôtres, ils élevèrent des industries qui firent la splendeur de l'étranger en face de nos manufactures désertes. Ils allèrent jusqu'à donner l'élan à la colonisation de l'Afrique australe et de New-York par les Néerlandais. Pourquoi faut-il qu'ils aient été chassés de la demeure natale, et puisqu'ils ont fui, quel malheur que le hasard du temps, un homme d'audace ou l'esprit d'aventures ne les aient pas menés comme les Puritains anglais dans un monde à prendre au néant !

Aux 88 départements de la France continentale, s'en ajoutent quatre autres, la Corse, île méditerranéenne, et les départements d'Alger, de Constantine et d'Oran, autrement dit l'Algérie, en Afrique. Ni l'une ni l'autre ne sont considérées comme des colonies, mais « comme le prolongement du territoire national ». La Corse est soumise aux mêmes lois que la France, et pas à pas l'Algérie s'achemine vers ce qu'elle réclame sous le nom d'assimilation.

La **CORSE**, vendue à la France il y a cent ans par les Génois, est une île italienne par la situation, le langage et l'histoire. Un coup de fortune nous l'enlèverait que la nation ne se sentirait guère diminuée, tandis que l'Italie se trouverait plus grande. Beaucoup de citadins y savent notre langue, mais il n'est aucun district rural qui la parle. Il n'y a de non-Italiens dans l'île que les mille Grecs de Cargèse, au nord d'Ajaccio, sur le golfe de Sagone : ces Grecs, qui n'ont pas abandonné leur dialecte péloponésien, leurs mœurs, leur secte orientale, vinrent, à la fin du XVIIe siècle, des monts moréens du Magne, au nombre de 700, sous la conduite d'un seigneur descendu de la famille impériale des Comnène.

Située à 170 kilom. de la côte provençale la plus rapprochée, à 460 du rivage de la province française de Constantine, la Corse surgit à 90 kilom. seulement de la côte de Toscane, et une île italienne, l'île d'Elbe, rapproche encore les deux pays. Un détroit qui n'a pas plus de 12 kilom. de largeur, le détroit de Bonifacio, sépare la Corse de la Sardaigne, autre île italienne beaucoup plus grande que l'île italo-française. Celle-ci, longue de 183 kilom., large de 50 à 80, a une superficie de 875,000 hectares.

Placée plus au nord, la Corse aurait des névés et des glaciers, car fort élevée est la chaîne de montagnes qui pèse sur elle et qui ne laisse place qu'à des gorges, à d'étroites vallées et à de minces bordures d'alluvions autour des baies sans nombre de la côte occidentale et sur la plage plus droite de l'orient. De ce dernier côté, sur la mer qui est très-peu profonde près du rivage, une plaine d'alluvions, avenir agricole de l'île, se prolonge sur 80 kilom. du nord au sud, avec une largeur moyenne de 10 kilom. Malheureusement, des marécages empestent ces terres magnifiques, et les Corses ne sont pas capables de les dessécher, eux qui ne cultivent pas même leur sol : pour bêcher, semer, récolter, couper les bois, ils font venir annuellement huit à dix mille Italiens, des Lucquois qui regagnent leur patrie n'emportant chacun de la Corse que de petites sommes, mais ces sommes réunies perdues tous les ans par l'île empêchent les insulaires de sortir de leur misère immémoriale. La nonchalance des Corses néglige autant la mer que la terre, et le cabotage des côtes est presque entièrement dans les mains des Sardes.

Les montagnes corses, où le granit domine à côté de la serpentine, des ardoises, des calcaires, des grès, tombent avec plus de roideur sur le versant occidental que sur le penchant de l'orient. Le Monte Rotondo (Mont-Rond), haut de 2,673 mètres, est le pic culminant ; on ne le gravit pas sans peine, mais de la cime on règne sur un horizon grandiose : on voit oute l'île, les monts de la Sardaigne et le profil confus de l'Italie, depuis la Rivière de Gênes jusqu'au littoral romain. Beaucoup d'autres monts dépassent 2000 mètres. De tous sautent de cascatelle en cascatelle, au grand air ou sous bois, de jolis torrents, qui malgré leurs détours expirent bientôt dans la mer de Toscane ou dans celle qui regarde au loin la France, les Baléares et l'Espagne. Les plus longs sont le Golo et le Tavignano.

Le Golo (82 kilom.) donna son nom à l'un des deux départements qui pendant quelque temps composèrent la Corse. — L'autre s'appelait Liamone, du nom d'un fleuve de la côte occidentale. — Le Tavignano (75 kilom.) coule devant Corte et s'engloutit dans la mer près des ruines de l'antique Aléria.

La Corse n'a pas maintenu ses forêts dans leur splendeur d'autrefois. On y a fait de la déforestation à outrance ; les conquérants ont brûlé dans la plaine, les Génois surtout, et le paysan a continué l'œuvre sauvage, incendiant les taillis, le grand bois même, pour semer dans les cendres fertilisantes. Le berger nomade, cavalier barbare accompagné de chiens hargneux et féroces, a causé plus de mal encore ; de nos jours comme aux jours passés, ses moutons et ses chèvres ruinent les versants de l'île, le mouton arrache les herbes, la chèvre dévore les jeunes pousses. De forêt solennelle, il y a des districts qui sont devenus déserts pierreux sans ruisseaux, sans rameaux et sans verdure, le Niolo par exemple, dans les montagnes centrales.

Les forêts encore debout en Corse n'ombragent plus que cent mille hectares, bois, roches et clairières. Sur les pentes inférieures, l'empire est au pin maritime et au superbe pin laricio qui s'élance à 45 et même à 50 mètres de hauteur. Au-dessus de 1200 mètres, le laricio ne se trouve plus dans la zone de son choix, et la montagne appartient principalement au chêne vert, au chêne blanc, au hêtre, à l'érable, au tremble, à l'if, au majestueux châtaignier, à l'aune ; dans les parages supérieurs se dressent le sapin austère et le blanc bouleau.

Plusieurs centaines de milliers d'hectares sont occupés par les *maquis*, « inextricables fourrés de genévriers, de myrtes, de lentisques, de bruyères arborescentes », où le sanglier fouille sa bauge. Hors de la forêt et du maquis, la grande place revient aux châtaigniers et aux oliviers. Le châtaignier, dont vit l'habitant, protége de son ombre opaque les villages contre le soleil ; ceux-ci, d'une saleté souvent immonde, couronnent de leurs maisons de pierres sèches croûlantes des rochers qui de loin semblent faire corps avec les misérables bâtiments du paysan presque barbare. L'olivier corse connaît peu la greffe et la taille, mais ce n'est pas ici l'arbre chétif et enlaidissant du Bas-Languedoc et de la Provence rhodanienne. Le climat, sous une latitude plus méridionale, hors des atteintes du mistral, dans un cercle de mer, supporte mieux les plantes du Midi que le ciel d'Avignon, de Nîmes et de Marseille. De la Corse à la rive septentrionale de l'Afrique, la différence est petite et les maquis contribuent à la ressemblance.

Les terres vagues ont longtemps grandi aux dépens du maquis incendié et de la forêt abattue pour ne plus se relever. Elles s'étendent sur de longues croupes dont la dégradation empire sous la persistance des causes qui les ont ruinées: l'extirpation des racines, la destruction des pousses, l'arrachement des herbes, la vaine pâture, l'action des torrents ravineurs. Il n'y a de passablement cultivé en Corse que la Balagne, dans le nord de l'île : là, dans le bassin du Golo, et sur le littoral de Bastia, qui s'achève avec les cédratiers du cap Corse, l'olivier se taille, il se greffe, et la vigne fournit des vins très-généreux.

Que les Corses respectent ce qui demeure de leurs splendides forêts, sauve-garde pour leurs monts, réservoirs de leurs torrents ! Mais ils devraient transformer leurs maquis en olivettes et en vignobles (quand l'altitude le souffre), en champs, en pâturages qui souvent pourraient s'irriguer. Il est honteux qu'il n'y ait que 260,000 habitants sur un sol aussi privilégié, sous un pareil climat, le long d'une telle mer, au pied de chaînes prodigues d'eaux d'arrosement, de roches, de marbres, de cuivre, de métaux, de sources minérales. Le Corse, qui est très-énergique, n'a jamais voulu se vouer aux travaux de la terre, à l'irrigation, aux carrières et aux mines. Il se fait plus volontiers lazzarone, chasseur, berger, surtout gardeur de chèvres. Depuis que le Corse est Corse, il a dépensé plus d'heures à guetter le moment de la vengeance qu'à chercher l'amélioration de son magnifique héritage. A l'état non civilisé, les côtés violents de sa forte nature l'emportent sur la raison. Les combinaisons de la *vendetta*, vengeance de l'insulte par l'insulte, du sang par le sang, de la mort par la mort, priment chez lui tout autre travail de la pensée ; vivre avec son fusil, guetter l'ennemi, tirer juste devient sa vie. De tout temps les Corses, faits d'Ibères, de Carthaginois, de Romains, de Grecs, de Goths, de Vandales et d'Arabes, ont été fameux par leur caractère sombre, altier, méfiant et par leur esprit de vindication, mais aussi par leur fierté, leur courage et leur ténacité de résistance à l'étranger. En beaucoup de points ils ressemblent aux Espagnols, peut-être par leur fond commun d'Ibères.

Maintenant ces hommes indomptables commencent à plier comme les autres. Les vendetta deviennent plus rares ; quelques défrichements se poursuivent ; les marais qui empoisonnent certains parages du littoral se dessèchent ; quelques

Corses abandonnent pour la plaine le versant où broute la chèvre et la roche pointue où les ancêtres avaient juché leur aire, par crainte de la fièvre paludéenne, des corsaires et de l'ennemi. Insensiblement l'île arrivera à ressembler non à la France, mais à l'Italie ou à l'Algérie. Le chef-lieu du département, **Ajaccio** (15,000 hab.), sur une baie de la côte occidentale, renferme moins d'habitants que **Bastia** (22,000 hab.), port du Nord, en face de l'île d'Elbe.

ALGÉRIE.

Par l'**ALGÉRIE**, la France a pris pied dans l'Afrique du Nord, le « dernier refuge de notre grandeur ». A elle d'y étendre sa race dans les limites de sa volonté, aussi loin que ses colons pourront irriguer, forer et cultiver. Tout l'Atlas et les premiers parages du Sahara nous sont immédiatement accessibles.

L'Algérie fait face à l'Espagne andalouse et catalane, à la France languedocienne et provençale, dont la séparent des profondeurs marines de plus de 2,000 mètres, et un peu à la côte italienne de Ligurie. Le zéro du méridien de Paris passe à quelques lieues seulement à l'ouest d'Alger, et c'est vis-à-vis des ports français de Nice, d'Antibes, de Saint-Tropez, de Toulon, de Marseille, d'Aigues-Mortes, de Cette, de la Nouvelle et de Port-Vendres, que l'Algérie oppose aux vagues de la Méditerranée un haut front montagneux de près de 1100 kilomètres entre le Maroc et Tunis. D'Alger à l'oasis des Chambâ d'El-Goléa, la largeur est presque aussi considérable. En donnant de ce côté, sur le Sahara, des limites à l'Algérie, limites qui de fait n'existent point, l'Afrique française du Nord s'étend sur 66 millions d'hectares, c'est-à-dire plus que la France, la Belgique, la Hollande et la Suisse réunies, ou si l'on veut plus que la France jusqu'au Rhin. Cette surface serait ou sera triplée avec l'annexion de ce qui manque à l'Algérie pour parfaire la région naturelle dont elle fait partie, l'Atlantide ou Berbérie. Il lui manque le Maroc et Tunis, pays qui lui ressemblent par le sol, les produits, les races et l'histoire. Si elle ne réalise pas tout ce qu'on peut espérer d'elle, il lui restera d'être, suivant une belle expression, «le portique d'un monde nouveau», et l'avenue menant de la Méditerranée occidentale au Soudan ou pays des Noirs et au cœur de l'Afrique, non sans de très-grandes difficultés, il est vrai, à cause de la largeur et de l'inhospitalité du Sahara. Malheureusement, les Français s'occupent peu de s'étendre au loin. Ils regardent les affaires du monde avec une lunette braquée sur la frontière du Rhin, une autre regardant la Tamise, une autre Constantinople, et quelques petites lunettes annexes d'une courte portée; le gros de la terre leur échappe. L'Afrique française, qui devrait être une de leurs principales préoccupations, est pourtant bien voisine de nos rivages. Il y a 750 kilomètres de Marseille, 659 seulement de Port-Vendres à la plage franco-africaine. La traversée de Marseille à Alger se fait généralement en 34, 40 ou 50 heures par bateau à vapeur. De la Sardaigne à Bône, de Carthagène à Oran, une nuit suffit. L'Algérie touche à l'Europe.

Les 66 millions d'hectares de l'Algérie sont loin de valoir 66 millions d'hectares de l'Europe occidentale. De même que toute la Berbérie, l'Afrique française se divise en Tell, en Steppes et en Sahara. Le Tell y prend quinze millions d'hectares, les Steppes dix millions, le Sahara quarante et un millions.

Le **TELL** embrasse l'aire de 24 ou 25 départements, plus du quart et moins du tiers de la France. Il part d'un rivage presque sans ports, sur une mer qui a ses jours de fureur, et s'élève avec les chaînes de l'Atlas. Exposé aux vents du « manoir liquide », il en reçoit les pluies; il a des rivières toujours courantes, de charmants torrents dans la montagne, des sources abondantes, plusieurs superbes. C'est le sol de production, le grenier et le cellier de l'Algérie, sa terre à blé, à lin, à vigne, à oliviers, à tabac et à coton. La plage marine s'y déroule sous un climat charmant, tempéré par la brise de terre et la brise de mer. A Bône, à Philippeville, à Alger, à Oran, la moyenne de l'année se tient aux environs de 18 degrés; l'hiver y amène beaucoup de pluie, très-peu de frimas ; la neige y est une curiosité ; l'été est chaud, mais non insupportable. La masse d'eau qui tombe dans les douze mois va en grandissant de l'ouest (400 millimètres par an) à l'est (1200 millimètres).

Derrière la côte et jusqu'aux têtes des montagnes après lesquelles commencent les Steppes, le climat, à mesure qu'on monte, abaisse sa moyenne annuelle. Il devient extrême ; l'été accable par 40 degrés de chaleur à l'ombre, mais l'hiver retrempe par des froids qui descendent à 5 et 10 degrés au-dessous de zéro. La France a perdu dans les monts du Tell bien des soldats par les tourmentes de neige, et la plupart des villes dont les noms retentissent souvent aux oreilles françaises, Médéa, Aumale, Sétif, Batna, Aïn-Beida, Tébessa, Constantine, Boghar, Teniet-el-Hâd, Tiaret, Daya, Sebdou, Géryville, tremblent sous le froid, la neige et les vents quand nos cités du nord de la France ne se plaignent que d'humidité, de pluie, de cieux noirs ou de glaces légères.

Par sa constitution montagneuse, qui se prête à l'écoulement des eaux et qui hausse les lieux d'habitations à des altitudes parfois très-considérables au-dessus du niveau de la mer, l'Algérie est, en bloc, un pays très-sain et capable de créer sur ses crêtes, sur ses plateaux, dans ses hautes vallées une race que l'élévation du sol sauvera de l'énervement. Sans la grande altitude de la masse de son Tell et de tous ses Steppes, l'Algérie, prise entre une mer tiède et le brasier du Sahara, entre le 30° et le 37° degré, serait une contrée où, de dégradation en dégradation, l'Europe occidentale verrait sortir de son sang un peuple indigne de la métropole du monde. Mais grâce aux étages de son relief elle échappe à la torridité. A deux pas des villes qu'embaume l'oranger, des villages font monter leurs prairies jusqu'à la lisière des forêts de chênes, de pins et de vieux cèdres hantées par de longs hivers. L'Afrique du Nord a tous les climats, moins le climat intertropical, le seul funeste aux fils de l'Europe tempérée. Autant de climats, autant de végétations, et l'Algérie peut tout produire, hors ce qui demande le Tropique et ses pluies régulières.

Cette terre salubre a pourtant le renom d'insalubrité, les premières colonies ayant été installées dans le bas pays, au bord de marais ou dans le marais même. Jusqu'en 1853 on pouvait dire d'elle qu'elle ne donnait que des dattes et des malades; les garnisons à nostalgie, les campements sous la tente, les coups de feu dévorèrent moins de soldats que les plaines palustres n'engloutirent de colons. L'Arabe déjà n'attaquait plus les cités et les blockhaus dix fois assaillis en vain, quand l'hyène assiégeait toujours les cimetières peuplés avant les villes, car telle colonie nouvelle perdait dans son année jusqu'à vingt et même trente habitants sur cent. Aujourd'hui, l'Européen, le Français, acclimatés dans les vallées et sur les plateaux d'où les marais s'effacent, et dans les montagnes où il n'y a point d'eaux stagnantes, croissent par l'excédant des naissances, tandis que les Indigènes diminuent. On a calculé que la population européenne, de sa seule force et sans immigration, finira dans quelques dizaines d'années par balancer en nombre la nation arabe, et peut-être naît-il en ce moment un Franco-Africain dont les derniers jours se lèveront sur une Algérie où les indigènes seront en minorité.

La grande intumescence du Tell, l'Atlas, n'atteint les neiges persistantes que dans le Maroc. En Algérie, ses plus hauts pics connus ne s'élèvent pas à 2,500 mètres, tout en dépassant de quelques centaines de mètres les premiers sommets de la France centrale. Le mont Chélia (province de Constantine), dans l'Aurès, a 2,312 mètres; le Lella Khedidja (province d'Alger), dans le Jurjura, 2,308; le Ksel (province d'Oran), 2,010. Les fleuves qui en découlent, larges et mauvais quand il pleut, ont fort peu d'eau dans la saison sèche; ils filtrent alors dans le sable entre les racines des tamarisques et des lauriers-roses. Leurs bassins sont fort restreints par le voisinage de la mer, toutefois le Chéliff a 695 kilomètres de cours.

Le **Chéliff** est l'*oued* le plus long peut-être de tout le Tell de Berbérie. *Oued*, qui signifie ruisseau ou rivière, *djebel*, qui veut dire montagne, *aïn*, source, et quelques autres mots arabes ont pris droit de cité dans le français d'Algérie.

Il a deux branches mères. La plus éloignée, mais non la plus abondante, arrive, sous plusieurs noms successifs, du massif nommé Djebel-Amour. Elle s'appelle d'abord Oued-Sebgague, puis Oued-el-Beïda, puis Oued-Taguin, enfin Oued-

Bellin. C'est une habitude commune aux peuples arabes de changer le nom d'un cours d'eau dès que ce cours d'eau se modifie en quoi que ce soit : quand il recueille un affluent, quand sa vallée prend un nouvel aspect, quand ses bords s'ombragent de telle ou telle espèce d'arbres, quand ses eaux sont coupées par un gué fréquenté des tribus, quand il passe près d'un campement, près d'un marché, près d'une chapelle de saint musulman, près d'un rocher, quand il change de teinte par suite de son passage dans d'autres terrains ou du confluent de rivières diversement colorées. Le Djebel-Amour, massif de 700,000 hectares, dresse des cimes de 1,500 à 2,000 mètres. La branche du Chéliff qui en descend coule, quand elle coule, sur des hauts plateaux et son lit, à sec pendant des mois entiers, rencontre le lit de l'autre branche, le Nahr-Ouassel, par 685 mètres d'altitude.

Le Nahr-Ouassel, non plus, n'a pas toujours de l'eau, quand, après 170 kilomètres de longueur, il se confond avec la rivière du Djebel-Amour, qui en a parcouru 270. Il a son *ras-el-aïoun* (tête des sources) dans les montagnes de **Tiaret** (1125 hab. ; 1,083 mèt. d'altitude), passe à la base des monts de **Teniet-el-Hâd** (668 hab. ; 1,161 mèt. d'altitude) et sépare le Tell du Sersou, haut plateau encore sans habitants. Le mot Nahr-Ouassel signifie *fleuve naissant*.

Le Chéliff entre dans le Tell au pied de la falaise de **Boghar**, par un peu moins de 600 mètres d'altitude. Boghar, à 400 mètres au-dessus du fleuve, n'a guère plus de 500 habitants. Du promontoire qu'elle occupe, la vue porte au loin sur des montagnes confuses, sur des vallées, et se perd au midi dans l'infini du Steppe ; aussi nomme-t-on Boghar le *Balcon du Sud*. Coulant désormais dans la plus longue vallée d'Algérie, qui est en même temps l'une des plus fertiles et la grande route entre l'ouest et l'est, le fleuve baigne tantôt la racine des montagnes qui rattachent le cap de Boghar au nœud de l'Ouaransenis par des pics de 1,500 à 1,814 mètres, tantôt il se rapproche de la chaîne jetée entre le val du Chéliff et la Metidja. Ses eaux, rares en été et fangeuses dans la saison des pluies, arrosent la plaine d'**Amoura**, embryon de ville dominé à l'orient par le massif de Médéa. **Duperré**, autre cité naissante, borde plus bas le fleuve, à 26 kilomètres de **Milliana** (8,000 hab.): celle-ci est un séjour charmant par le climat tempéré que lui vaut son altitude de 740 mètres, par les frais ruisseaux qui bondissent dans sa gorge, par les bois, les roches et les horizons des deux Zaccar (1,534, 1,631 mèt.).

Orléansville (2,300 hab.) est destinée à un grand avenir ; c'est la ville médiane entre Alger et Oran, le centre de la vallée du fleuve. Le Chéliff n'y est plus qu'à 140 mètres au-dessus de la mer ; c'est sur lui que reposera la fécondité du pays, ses irrigations seules pourront rafraîchir le sol calciné, le climat brûlant d'Orléansville. En amont de cette ville, en aval aussi, le Chéliff reçoit des torrents venus de l'Ouaransenis ou Ouanseris, massif surnommé l'Œil du Monde, et qui dresse un de ses pics à 1,991 mètres.

Le principal tributaire du fleuve, la *Mina*, n'a point sa source dans ce groupe de montagnes, autour duquel le Nahr-Ouassel, puis le chéliff, sa continuation, tracent un arc de 350 kilomètres de developpement pour 75 kilomètres de corde. La **Mina** (195 kilom.) vient des environs de Tiaret ; elle n'est encore qu'un ruisseau quand elle tombe d'une cinquantaine de mètres de hauteur par la charmante cascade de Hourara. Dans son cours inférieur, elle donne l'eau d'irrigation aux champs de coton qui sont la fortune de **Rélizane** (3,000 hab.).

Le Chéliff se verse dans la Méditerranée entre Mostaganem et le cap Ivi. La chaîne de montagnes qui s'élève entre sa vallée basse et la plage marine à l'ouest de **Ténès** (8,000 hab.), s'appelle Dahra, et n'a pas de pic atteignant 900 mètres.

Plusieurs torrents algériens roulent plus d'eau à l'étiage que cette Loire de Berbérie, semblable à notre Loire française par son trajet au cœur du pays et par la grande courbe de sa vallée dirigée d'abord du sud au nord jusqu'à Boghar, puis de l'est à l'ouest, ainsi que fait notre fleuve de sa source à Orléans, et d'Orléans à la mer.

Entre le Chéliff et Tunis, les principaux fleuves du Tell algérien sont le Mazafran, l'Harrach, l'Isser, le Sébaou, la Soummam, l'Oued-el-Kébir, le Saf-Saf, la Seybouse et la Medjerda. Entre le Chéliff et le Maroc, on ne rencontre guère que la Macta et la Tafna.

Le **Mazafran** n'a que 20 kilomètres de longueur. Il est fait de trois torrents dont un seul coule abondamment jusque dans le fort de l'été, la Chiffa. La *Chiffa* cache ses sources dans les forêts du beau Mouzaïa (1,608 mèt.) ; longtemps elle brise ses flots limpides, violents et froids contre les roches de gorges fameuses, puis elle entre dans la Métidja ; là, sert à l'irrigation et se souille tellement par les eaux que lui renvoie la plaine, qu'elle prend le nom de Mazafran (*eau de safran*) au-dessous du confluent du Bou-Roumi et de l'Oued-Ger. Le Mazafran contourne le ravissant coteau de **Coléa** (2,300 h.). Il y a 104 kilomètres de son embouchure au ras-el-aïoun, le plus reculé du Bou-Roumi.

L'Harrach (75 kilom.) finit dans la baie d'Alger. Elle commence dans des montagnes dont la plus haute est le Beni-Salah de Blida (1,640 mèt.). Comme la Chiffa, elle prête ses eaux à l'arrosement de l'opulente Métidja.

L'Isser parcourt, en beaucoup de circuits, 220 kilomètres, depuis ses sources dans le Kef-el-Akdar (Rocher-Vert), qui a 1,400 mètres d'altitude, jusqu'à son entrée en Méditerranée. Son bassin supérieur est le charmant plateau des Beni-Sliman, l'une des Arcadies de l'Atlas ; sa vallée inférieure offre des terres d'élite à la colonisation.

Le **Sébaou** (115 kilom.) passe pour la rivière d'Algérie qui se soutient le mieux en été. Il rassemble dans son lit capricieux les torrents septentrionaux de la plus haute chaîne de la Grande Kabylie, passe au nord de **Fort-Napoléon** (900 mèt. d'altitude), principale forteresse du pays kabyle, à une petite distance de **Tizi-Ouzou**, et se perd à l'ouest du port de **Dellys** (11,000 hab.).

La **Soummam**, ou **Sahel** (210 kilom.), doit ses premières fontaines au Dira (1,813 mèt.). Ce n'est qu'un petit torrent quand elle coule devant **Aumale** (5,000 hab. ; 850 mèt. d'altitude). Elle longe les versants méridionaux du Djurjura qui, vu de sa vallée, se dresse en un mur de près de 2,000 mètres de hauteur relative. Renforcée par l'oued qui vient d'échapper aux deux parois du profond défilé des Portes-de-Fer, elle rencontre un torrent de sa force, le *Bou-Sellam* (222 kilom.), venu des montagnes de Sétif par un chemin tortueux dans des gorges excessivement sauvages. Large désormais de 150 à 400 mètres, la Soummam se promène dans une riante vallée qui sépare le Djurdjura de la Petite Kabylie, citadelle escarpée où règnent les deux Babor (1,967 et 1,970 mèt.) et l'Adral-Amellal (1,995 mèt.). Son embouchure se trouve à 3 kilomètres de **Bougie** (2,800 hab.), ville assise au pied du Gouraya (705 mèt.), près d'une anse dont il sera facile de faire un des meilleurs ports de l'Afrique française.

L'**Oued-el-Kébir** (238 kilom.) ne s'appelle ainsi que dans le bas de son cours. Son nom, dont le Guadalquivir andalou n'est qu'une corruption, signifie Grande Rivière, mais les Arabes sont les rois de l'emphase, et il y a dans le Tell maint Oued-el-Kébir roulant à peine un filet d'eau. Au-dessus de Constantine, ce torrent se nomme le **Roumel**. Près de descendre dans la colossale fissure qui est la gloire de cette ville, il reçoit le *Bou-Merzoug*, né d'un des aïn les plus connus de l'Algérie. La source du Bou-Merzoug fournit à l'étiage, tout à fait exceptionnel, 450 litres par seconde, et si l'on en baissait le seuil, le débit atteindrait généralement un mètre cube; elle jaillit à la base du mont Guerioun, près de la route de Constantine à Batna, non loin de rangées de menhirs qui rappellent nos plus célèbres avenues de Bretagne. — Les monuments de ce genre, témoins d'un passé que l'histoire n'a pas fait revivre encore, sont extrêmement communs dans la province de l'Est. — En aval de Constantine, le Roumel se grossit de la rivière thermale du Hamma, constituée par des sources à 33 degrés débitant 700 litres à la seconde, puis il serpente jusqu'à la Méditerranée dans des gorges grandioses où les Français n'ont pas encore planté de colonies.

Le **Saf-Saf** (100 kilom.) a son terme à une demi-lieue de Philippeville. Son importance réside dans les irrigations qu'il pourra fournir à sa féconde vallée, qui est la route la plus naturelle entre Constantine et la mer.

Peu de rivières algériennes égalent la Seybouse pour l'abondance estivale, la beauté de la vallée et la fertilité des rives. La Seybouse a 232 kilomètres de développement. Elle ne prend ce nom qu'à quelques kilomètres au-dessus de Guelma, au confluent d'une rivière qui vient de passer près des célèbres sources thermales de Hammann-Meskhoutin (95°). A **Guelma** (4,000 hab. ; 275 mèt. d'altitude), centre d'une des meilleures régions agricoles de l'Atlas, la rivière a en moyenne 60 mètres de largeur. Plus la vallée s'approche de la mer, plus sa puissance de production augmente, pour atteindre son maximum près de l'embouchure, qui n'est qu'à 2 kilomètres de Bône.

La **Medjerda** se partage entre l'Algérie et la régence de Tunis. Celle-ci possède le cours inférieur et les fonds les plus riches de la vallée, à la France reviennent les sources du fleuve, ses parages les plus salubres, les plus pittoresques, et ses plus belles forêts. La Medjerda n'a que 100 kilomètres de parcours en Algérie. Elle sort de montagnes qui ne s'élèvent pas au-dessus de 1,200 mètres et baigne les coteaux de **Souk-Harras** (2,100 hab. ; 680 mèt. d'altitude), jadis *Thagaste*. Elle se gonfle en Tunisie d'une rivière qui coule sur notre territoire pendant 145 kilomètres, l'*Oued-Mellegue*, formée dans les monts de **Tébessa** (1,800 hab. ; 1,088 mèt. d'altitude) : Tébessa, autrefois *Theveste*, est encombrée de ruines romaines.

En se reportant à l'ouest du Chéliff, on trouve d'abord la Macta, puis la Tafna. La **Macta** provient du marais où se rejoignent l'Habra et le Sig. L'*Habra* (240 kilom.) commence dans les montagnes de **Daya** (1600 hab. ; 1,275 mèt. d'altitude), change plusieurs fois de nom, passe de défilés étroits en bassins féconds et arrose les cotonniers de **Perrégaux**. Il n'y a pas encore de grande ville française le long de ses rives. Sur un de ses sous-affluents s'élève **Saida** (2,800 habit. ; 890 mèt. d'altitude). Le *Sig* est exactement aussi long que l'Habra, mais il emporte beaucoup moins d'eau ; sous le nom de Mekerra, il vivifie les jardins de Sidi-bel-Abbès. Plus bas il irrigue les campagnes de la prospère colonie de **Saint-Denis du Sig** (8,600 hab.).

La sinueuse **Tafna** (172 kilom.) sort avec abondance d'une grotte du massif de Tlemcen. Elle passe à portée de **Sebdou** (1,580 hab., 958 mèt. d'altitude) et recueille ensuite les eaux transparentes des Beni-Snous, qui ont leur *ras-el-ma* (tête de l'eau) au pied de la superbe montagne de Toumzaït (1,834 mèt.), projetée en cap sur la limite du Maroc. Ses deux grands affluents sont la saumâtre *Mouilah,* en partie marocaine, et l'*Isser d'Occident* (100 kilom.), torrent clair qui devient rivière trouble en quittant par une cascade les ravissantes gorges de la chaîne tlemcénienne.

Aucune de ces rivières ne roule constamment à lit plein, nulle n'est navigable. Toutes pourtant sont importantes, parce que toutes peuvent irriguer leurs alluvions riveraines. Les aïn et les ras-el-ma bien aménagés, les barrages-réservoirs que dans un pays si montueux il est facile d'établir à l'issue des gorges, doivent avant longtemps transformer cette « Afrique au sol d'airain qu'un ciel brûlant calcine ». A la place des terres brûlées, l'eau d'arrosement doit créer des jardins de haute production ; les vergers, les vignobles fleuriront sur les versants maintenant décharnés, et la forêt, arrachée à la dent des bêtes broutantes, à la hache du bûcheron, à la torche du berger et du laboureur, reverdira sur les montagnes. Jadis, dit la légende, on pouvait aller de Tanger à Tripoli sans souffrir des rayons du soleil. Aujourd'hui, il serait plus facile de faire ce voyage sans trouver d'ombre sur le chemin.

Les colons Algériens ont le soleil, pour s'enrichir et s'étendre ils demandent des terres, des routes, de l'eau. C'est leur triple vœu qui revient toujours. Si près du Sahara et dans la patrie du dattier, tout vient à point à qui peut donner de temps en temps un filet d'eau à ses champs altérés.

Derrière le Tell, les **STEPPES**, appelés aussi Landes ou Hauts-Plateaux, s'étendent vers le Sud, de Tell à Sahara, sur dix millions d'hectares (16 à 17 départements). Dans la province de Constantine, cette nature de terrain se confond à peu près avec le Tell ; en dépit de son altitude considérable (800 à 1100 mèt.), de ses lacs salés, de ses vastes pâtures, elle y est terre de production comme le Tell. De Bône, port de mer, aux bas-fonds sahariens communs à l'Algérie et à la Tunisie, on ne quitte pas la zone de grande culture. Plus à l'ouest, sous le méridien de Bougie, le vaste bassin qui entoure le lac salé du Hodna, n'est pas non plus steppes, mais terre mixte, Tell quand on l'arrose, Sahara quand on ne l'arrose pas ; il est capable des plus opulentes moissons, sous un soleil qui lui donne une végétation « analogue à celle de l'Égypte ou du Sénégal ».

A l'ouest du Hodna, dans les provinces d'Alger et d'Oran, les steppes prennent leur vraie physionomie : monts au nord et monts au sud ; grands lacs salés (*chotts* ou *sebkhas*), chaudières d'évaporation avec plus de sel que d'eau ; lits desséchés tirant sur ces lacs entre des berges d'argile, de sable, de schiste ou de calcaire ; *rédirs* ou flaques d'eau persistant malgré le soleil dans les cuvettes à fond étanche ; puits saumâtres ; pâturages roussis ou verdoyants suivant la saison ; champs couverts à perte de vue d'alfa, de chiehh et de diss, plantes textiles ; des buissons ; des groupes de jujubiers sauvages et de bétoums ou térébinthes ; un climat que l'altitude et la latitude font terrible, de grands froids, des chaleurs atroces, peu de jours de pluie, des vents aigres et tenaces, une poussière qui rougit les yeux. L'altitude des Steppes varie presque constamment entre 1000 et 1100 mètres. La moyenne annuelle de la température y va de 15 à 16 degrés, l'oscillation thermométrique habituelle y est comprise entre 5 degrés au-dessous de zéro et 48 au-dessus.

Tels qu'ils se présentent, les Steppes répugnent, toutefois la colonisation y a de l'avenir. Leur climat, dur par ses extrêmes, est sain par la sécheresse de l'air et l'altitude des sites ; leurs pâturages aromatiques peuvent nourrir des millions et des dizaines de millions de moutons et de bœufs ; de bons sols s'y rencontrent ; le térébinthe, arbre superbe, et d'autres espèces y croissent à merveille, et de bouquets ne demandent qu'à devenir forêts. Enfin il y pleut assez pour qu'on irrigue quand on voudra le sol, à l'aide de puits allant chercher la veine liquide à 150 ou à 200 mètres de profondeur.

Au delà des monts qui bordent au midi les hauts plateaux des Steppes s'ouvre le **SAHARA**, large de 2000 kilomètres entre le pied de l'Atlas et le pays des Noirs. Arrêtée par les montagnes du Nord, la pluie y tombe rarement (280 millimètres par an à Biskara), et le soleil, que ne tamise aucun nuage, y donne de toute sa force ; aussi le Sahara algérien, bien que compris entre le 35° et 30° degré, à dix degrés seulement de la zone tempérée, est-il une des contrées les plus chaudes de l'univers. La moyenne cependant y oscille entre 21° 50 et 23° seulement, parce qu'il y a dans l'année de nombreuses nuits très-fraîches et même froides. Les journées, elles, sont terribles ; on a vu 56 degrés à l'ombre, température la plus forte observée jusqu'à ce jour, et cela dans une oasis où le mercure peut descendre à moins sept degrés. L'excès de chaleur et de reverbération amène avec lui son cortége habituel de maladies, avant tout les maladies d'yeux, mais en somme le climat, vu sa sécheresse, est sain, excepté sous le vent des canaux d'irrigation mal entretenus des oasis.

Pareil aux Steppes, le Sahara vaut mieux que son premier aspect. Dès qu'on y dispose de quelques gouttes d'eau, on y fait fleurir des oasis au milieu des sables ou dans la pierre des rochers. L'étendue de terres qu'on y arrachera à la fournaise pour la donner à l'humidité et à la verdure, dépend de l'abondance de la nappe souterraine alimentée au nord par ce que l'Atlas engouffre de pluies, et heureusement cette nappe paraît offrir de très-grandes réserves. Les sources de 30, 50, 100, 200 litres et plus par seconde sont nombreuses, au moins dans le Sahara constantinien, à l'ouest et à l'est de Biskara. Les puits artésiens forés en grand nombre par les Français ont fait monter au jour de vraies rivières, et grâce à eux des oasis, qui produisent peut-être les meilleures dattes du monde, voient leurs palmiers flétris reverdir et leurs merveilleux jardins étendre en tout sens leurs oliviers, leurs figuiers, leurs orangers, leurs jujubiers, leurs grenadiers, leurs vignes grimpantes, tous leurs arbres amis des soleils de flamme. **Biskara** (7,212 hab.), la plus belle oasis, compte 130,000 palmiers dattiers et 5,000 oliviers contemporains, dit-on, des Romains. Au sud-est de **Laghouat** (3,000 hab. ; 780 mèt. d'altitude), les Beni-Mzab, peuple berbère, cultivent au pied de roches pelées, à l'aide de puits et d'eaux de crue retenues par des barrages, environ 600,000 palmiers aux dattes médiocres.

Au dernier recensement quinquennal de la France (1866), l'Algérie renfermait 2,921,246 âmes. A ce jour, malgré l'accroissement constant des Européens, des Juifs, peut-être aussi des Kabyles, elle doit avoir 300,000 à 400,000 habitants de moins. La déperdition a porté en entier sur les Arabes ; elle provient du choléra de 1867 et de la famine de 1868-1869. En admettant pour les indigènes musulmans le chiffre de

2,400,000 individus, on se trouve en face de neuf cent mille à un million de Kabyles et de cinq cent mille Arabes purs. Le reste est formé par les Kabyles arabisants (Kabyles ayant adopté l'idiome arabe) et par quelques tribus d'Arabes kabylisants (c'est l'inverse).

Les Kabyles ou Berbères habitent les admirables massifs montagneux de la Grande-Kabylie (à l'est d'Alger) et de la Petite Kabylie (au nord de Sétif), et l'Aurès dont les pics froids et les croupes dépouillées dominent le Sahara biskarien. De nombreuses tribus de cette origine vivent aussi dans l'Atlas, entre le Chéliff et la Métidja ; dans le Dahra, entre le Chéliff et la mer ; dans l'Ouaransenis, au sud d'Orléansville ; dans les monts de Tlemcen, et en général dans les chaînes les plus hautes et les plus difficiles. — Il en est ainsi au Maroc, dans la Tunisie et la Tripolitide. — Dans le Sahara, purs, arabisés ou mêlés de sang noir, ils forment la majorité, quelquefois toute la nation, comme chez les Béni-Mzab.

Les Kabyles sont les maîtres immémoriaux du sol, les anciens Numides, les compatriotes de Jugurtha, de Massinissa et de Syphax. Ils ont été probablement influencés par les Carthaginois, les Romains, les Vandales, sûrement par le sang arabe. Refoulés dans les monts par les divers conquérants de la vallée, ils ont subi l'islam, mais aussi presque partout ils ont maintenu leur langue et leurs lois intactes.

On ne saurait trop distinguer le Kabyle de l'Arabe. Le Kabyle est l'Auvergnat de l'Afrique, l'Arabe en est le gentilhomme et le sportsman. La même religion fait leur seul lien, et encore l'Arabe est-il religieux par besoin d'imagination, et par le penchant même de sa race qui a produit les trois grandes religions monothéistes. Le Kabyle se trouve mahométan par naissance, par habitude, « parce qu'il faut avoir une religion ». L'Arabe, aussi beau de figure et de démarche que souvent le Kabyle est laid, n'a rien de commun avec le Berbère qui pioche la montagne, lui, le cavalier, l'aristocrate de la plaine et du désert, le contempteur du travail des champs. « Où entre la charrue entre la honte, » a dit Mahomet. Sous la tente, dans les *gourbis* misérables, l'Arabe aime à vivre en contemplateur oisif, pendant que sa femme et son bourricot versent leur sang en sueurs sous les cruels soleils. C'est l'ami de la poésie, même conventionnelle, des fleurs de rhétorique, des images outrées, des contes bleus racontés par un élégant diseur entre la cigarette et la tasse de café noir, l'ami des chansons nasillardes célébrant les beaux coups de force, les belles chevauchées, les belles amours, l'ami de la chasse, au besoin de la guerre, l'ami surtout du soleil et de l'ombre selon le temps, l'heure et la fantaisie. Il y a tel *ksar* (village) du Sahara où l'Arabe passe la matinée et la soirée du côté de la rue où darde le soleil et les heures étouffantes à l'ombre des murs, au vent du ruisseau d'irrigation, à la poussière du jet d'eau de la fontaine. Nomades par goût, ils le sont encore parce que la propriété est restée indivise dans beaucoup de tribus : cette indivision les empêche de se fixer au sol et de donner un corps à leurs ambitions, qui sortent peu du domaine des songes, quoique l'Arabe ait une grande passion pour l'or.

Le Kabyle aussi aime l'or et l'argent, et il travaille pour s'enrichir. Sa race remplit les villes, les ports, les champs algériens, de travailleurs économes, mettant à part tout ce qui dépasse le strict besoin journalier pour revenir au village avec de petites rentes. Ni religieux, ni rêveur, ni poëte, c'est un homme de labeur, d'industrie et d'affaires. La propriété est fortement constituée dans ses communes, administrées par des chefs élus au suffrage de tous. Les Kabylies n'offrent que peu de place à la colonisation française ; s'il y a encore beaucoup de terres inoccupées dans leurs vallées principales, il n'en est point de même dans leurs montagnes où pas un pouce de terrain ne se perd, et où souvent la population est aussi dense que dans la moyenne de nos départements. Heureusement, malgré les drames affreux de la révolte qui vient à peine d'être domptée, les Kabyles, à tout prendre, ne sont pas séparés des Français par le même fanatisme religieux que les Arabes ; ils ne détestent qu'à demi une domination qui leur laisse économiser dans la cité sans menacer leurs champs au village ; ils apprennent volontiers le français que parlent tous leurs émigrants, à côté de leur vieil idiome *témachek*. Les Kabyles semblent assimilables au même degré que nos Bretons bretonnants ; il suffira peut-être que notre langue prime leur langue, pour qu'ils passent dans le camp des conquérants de la dernière heure, après avoir lutté pendant une vingtaine de siècles contre les Romains, les Arabes et les Turcs. Les Kabyles arabisants et les Arabes berbérisants nous viendront peut-être également, car partout où le sang kabyle a pénétré dans des veines arabes, la tribu a perdu de son instinct nomade pour s'attacher sérieusement à la culture du sol. Cette influence du germe kabyle se fait sentir de la même manière dans tout le Nord de l'Afrique, de la dépression lybienne à l'Atlantique, de la Méditerranée bleue aux sables sahariens où les herbes naissent d'une nuit d'orage pour mourir d'un jour d'embrasement.

Voilà donc des Kabyles, montagnards laborieux tirant parti de tout leur sol, se maintenant ou s'augmentant, peu entamables par la colonisation, mais accessibles au commerce ; des Arabes diminuant très-vite, parce qu'ils se plient mal au travail, et dont les vastes plaines passent insensiblement dans les mains des Européens ; des Kabyles mêlés d'Arabes ; des Arabes mêlés de Kabyles. Les Nègres, venus du Soudan par le Désert en qualité d'esclaves, sont très-peu nombreux dans le Tell ; ils s'y rencontrent dans les grandes villes et forment quelques tribus rurales appelées *Abid*. Dans les hauts-plateaux et plus encore dans le Sahara, ils se sont mêlés aux Arabes et aux Berbères en proportions suffisantes pour modifier le type.

Les Juifs, au nombre de 34,000, séjournent dans les villes. Aussi intelligents, aussi habiles et actifs qu'ailleurs, ils remuent beaucoup d'argent en Algérie et brassent beaucoup d'affaires. Tous savent le français et l'arabe : par cet avantage considérable dans un pays bilingue, par leur esprit tourné aux idées pratiques, par leur entière soumission (on ne dit pas leur dévouement) à la France qui les a tirés, en 1830, d'une amère sujétion, ils peuvent être considérés, vis-à-vis des Indigènes, comme faisant partie de la nationalité française. On les a naturalisés Français en bloc.

Les Européens croissent à la fois par le bénéfice des naissances et celui de l'immigration. En 1830, quand les Français commencèrent la conquête de l'Afrique du Nord, il n'y avait en Algérie que quelques Européens, des Italiens, des Maltais, des Espagnols, des Marseillais s'occupant de commerce. En 1840, il n'y en avait pas encore 30,000; en 1850, ils dépassaient 125,000; en 1860, ils étaient un peu plus de 180,000; aujourd'hui ils doivent dépasser 250,000 âmes. Au dernier recensement (1866), ils étaient 218,000 — 226,000 en comptant ce qu'on nomme population en bloc (hôpitaux, lycées, prisons). — Sur les 218,000, on comptait 122,000 Français, 58 à 59,000 Espagnols, 16 à 17,000 Italiens, 10 à 11,000 Maltais, 5 à 6,000 Allemands. Le reste se composait de Belges, de Suisses, de Polonais, etc. Les étrangers ne faisaient pas tout à fait 96,000, contre plus de 122,000 Français : les Français ne sont donc point en minorité dans leur grande colonie, comme nous l'entendons répéter tous les jours. On dit aussi que les Européens ne peuvent s'acclimater en Algérie ; or les *Franco-Africains*, c'est-à-dire les colons nés sur le sol, font déjà le tiers de la nation nouvelle, car ils étaient 72,500 en 1866 [20,800 seulement en 1852, et 33,500 en 1856]. Chaque année l'excédant des naissances sur les morts ajoute quelques milliers d'individus à la phalange de ceux qui conquièrent maintenant par le soc la terre âpre à soumettre où la France a combattu quarante ans.

Provenus de diverses origines, ces 72,000 fils du sol parlent tous le français, qu'ils ont appris dans leurs familles s'ils procèdent de la France, dans les écoles et dans la vie commune s'ils viennent de l'étranger. Tous peuvent donc être considérés comme Français, quoique un grand nombre soient portés comme étrangers sur les listes de recensement. La majorité des colons nationaux s'en accroît d'autant, sans parler de l'influence qu'apportent au profit de la langue française les 50 à 80,000 soldats que nous tenons dans les garnisons des trois provinces.

Il y a dix ans, les Européens ne faisaient pas les sept centièmes de la population totale de l'Algérie, il y a cinq ans ils approchaient de huit centièmes. Aujourd'hui, après la terrible saignée faite aux Arabes par le choléra, la famine et le typhus, ils doivent former les dix centièmes, et le temps semble venir où leur croissance va prendre la rapidité qui distingue les jeunes colonies. La race est implantée, elle grandit de son propre fonds ; les Français des départements du Nord, qui ne s'acclimatent pas sans peine en Afrique, y assurent la solidité de leurs familles par de nombreux croisements avec les Européens nés sur le sol et avec les Espagnols et les Italiens, auxquels la transplantation en Algérie ne coûte ni morts, ni douleurs, ni malaises ; les Français du Midi ne passent pas par les mêmes épreuves d'acclimatement que ceux du Nord et de l'Est, et ils forment précisément la plus grande partie de l'émigration française vers le pays de l'Atlas. Les ports s'améliorent, les chemins de fer et les routes s'avancent vers l'intérieur, les terres s'ouvrent, la grande irrigation commence. Trop longtemps arrêtée par des décrets fous, l'immigration prend quelque activité ; les Espagnols de la côte méditerranéenne et des Baléares se portent en masse sur Oran et sur Alger ; les Italiens de la Corse, de la Sardaigne, de Naples et de la Sicile sur la province de Constantine ; les Alsaciens, les Lorrains et les Français d'autres origines vont un peu partout, principalement dans cette dernière province, la plus vaste, la plus élevée, la plus saine, la mieux arrosée : à elle seule, elle vaut les deux autres comme Tell et comme Sahara. Sous le nom de Numidie, elle fut l'un des territoires les plus fertiles et les plus peuplés de l'Empire romain. Si l'Algérie garde ses limites actuelles, cette province deviendra la tête de la colonie ; elle luttera avec ce que le Maroc et Tunis ont de mieux, si l'Algérie s'étend sur toute la montagne de l'Afrique du Nord. Elle prend l'est du pays, la province d'Oran prend l'ouest, la province d'Alger occupe le centre. Chaque province renferme un département, autrement dit un territoire civil qui gagne sur le territoire militaire à mesure que la colonisation marche devant elle.

Dans la province d'Alger, la capitale de l'Algérie, **Alger** (59,000 hab.), bien située à égale distance de Tunis et de l'empire du Maroc, s'élève en blanc amphithéâtre au bord de la mer, sur des collines roides faisant partie du massif de la Bouzaréa (402 mèt.). Elle tient pour le commerce le premier rang dans l'Algérie, mais Oran la serre de très-près. Par son site, son climat, ses environs, Alger est une ville enchanteresse.

A 48 kilomètres d'Alger, **Blida** « la voluptueuse » renferme 11,000 habitants. Elle est assise au pied de l'Atlas, au milieu de jardins d'orangers, sur l'O.-el-Kébir, descendu du Beni-Salah. Blida borde la Métidja, plaine d'alluvions de 211,000 hectares, capable de nourrir plusieurs centaines de milliers d'hommes.

Médéa (10,000 hab.) se trouve à 920 mètres d'altitude, sur les montagnes interposées entre l'Atlas et la Métidja.

Oran (33,000 hab.) commande à une province inférieure aux deux autres parce que la sécheresse y sévit plus longtemps et plus souvent, qu'il y a moins de ruisseaux courants et que les eaux potables y sont fréquemment chargées de substances chimiques nuisibles. Oran, mauvais port voisin d'un excellent mouillage (Mers-el-Kébir), est en relations très-actives avec l'Espagne.

Tlemcen (22,000 hab.), un des beaux sites du monde, à 816 mètres d'altitude, fut une capitale d'Empire; elle possède quelques-uns des plus curieux monuments de l'Islam.

La salubre **Mascara** (10,000 hab.), à 585 mètres, commande la féconde plaine d'Eghris.

Sidi-bel-Abbès n'a pas encore 10,000 âmes, mais sa situation est bonne, au cœur de la province, à mi-voie de la Méditerranée aux Plateaux, à 490 mètres d'altitude.

Dans la province de Constantine, la ville de Constantine (36,000 hab.), site des plus extraordinaires, couvre un plateau amphithéâtral, à 554-644 mètres au-dessus de la mer. Ce plateau repose sur un roc à pic de 60 à 200 mètres de hauteur que le Roumel contourne de trois côtés : ce torrent se perd quatre fois aux pieds de l'immense paroi sous des voûtes de travertin, et plonge en cascades dans des abîmes. « Partout, dit le vieux proverbe africain, les hommes craignent la fiente du corbeau; à Constantine c'est le contraire. » Constantine, l'antique Cirta, la roche imprenable, a bravé, dit-on, quatre-vingts siéges.

A 86 kilom. de Constantine, la moderne **Philippeville** (17,000 hab.) sert de port à la capitale de la province.

Au pied du bel Édough (1000 mèt.), près de l'embouchure de la Seybouse, **Bône** (16,000 hab.) est le port d'une région vaste et fertile. Derrière cette ville le Tell a plus de largeur que dans le reste de l'Algérie.

Sétif (10,000 hab.), dans une plaine froide, est à 1,085 mètres de haut, près du Magris (1,737 mèt.), sur le Bou-Sellam.

Batna, faible encore, n'a que 4,000 âmes, mais elle se trouve sur la route de la mer aux meilleures oasis, à peu près à égale distance entre Constantine et Biskara; son altitude est de 1021 mètres. A 12 kilomètres, au pied de l'Aurès, **Lambessa** rivalise pour le nombre et l'importance de ses monuments romains avec n'importe quelle cité du vieux monde, Rome exceptée. L'Afrique française, d'ailleurs, et principalement la province de Constantine, est pleine de débris du temps des Césars. Sur un sol qui renverse les édifices par ses tremblements de terre, mais sous un ciel qui les épargne et les dore, au milieu d'un peuple indolent qui dédaigne de bâtir, des villes qui furent célèbres, peuplées et riches, sont arrivées jusqu'à notre siècle presque intactes, ou du moins telles que les trouva le lendemain de leur destruction.

COLONIES FRANÇAISES.

Autrefois la France était maîtresse de colonies immenses. Elle les a perdues par les guerres dynastiques, les questions de prépondérance continentale, la soif de la frontière du Rhin. L'œil fixé sur la petite Europe de l'ouest, elle a perdu le Saint-Laurent et la Louisiane que lui donnaient l'Amérique du Nord, laissé prendre l'Inde, l'Afrique du Sud, l'Australie et la Nouvelle-Zélande par les Anglais. Éternellement absorbée dans d'inutiles querelles, elle néglige même l'Algérie que le sort a jetée dans dans ses bras pour l'indemniser des empires qui se sont enfuis d'elle. Au lieu de se répandre par l'Algérie sur le rivage méridional de la Méditerranée, les Français songent à la Belgique, à la rive gauche du Rhin, à la revanche de Waterloo (1), pendant que les Anglais, les Russes, les Espagnols et les Portugais couvrent la terre de leurs colonies. L'astre étranger monte dans le ciel, et nous, nous assistons sans amertume au soleil couchant de notre nationalité.

Nous ne sommes plus rien dans le monde, excepté dans l'Afrique du Nord.

COLONIES D'ASIE.

COLONIES DE L'INDE.

Dans l'Inde, que nous avons failli posséder tout entière, il nous reste cinq villes avec leur banlieue, pauvres épaves qui seraient emportées à la moindre tempête par quelque coup de vent britannique. La fatalité pesa sur les grands hommes qui voulurent donner l'empire du Gange à la France malgré la France : à Dupleix la misère, à Mahé de la Bourdonnaye le cachot, à Lally la hache du bourreau.

Pondichéry, sur la côte de Coromandel, compte, banlieue comprise, 126,000 habitants. C'est le chef-lieu de nos établissements dans l'Inde.

Yanaon, à 780 kilom. au nord de Pondichéry, sur la Godavery, près de la mer, compte 6,800 âmes.

Chandernagor, à 1,600 kilom. au nord-est de Pondichéry, s'élève dans un pays marécageux, sur l'Hougly, la branche navigable du Gange qui passe à Calcutta. Il n'y a que 25 kilom. de cette grande capitale à Chandernagor, ville qui n'a plus que 27,000 habitants. Dupleix en avait fait une cité de 100,000 âmes, le centre d'un commerce immense et d'une domination qu'il voulait étendre jusqu'à l'Himalaya.

(1) Depuis le jour ou s'écrivait ceci, la revanche de Sedan est devenue nécessaire.

Karikal, à 114 kilom. au sud de Pondichéry, sur la côte de Coromandel, se trouve sous l'équateur thermal, sur des bras du delta du Cavery, fleuve d'un débit moyen de 478 mètres cubes. La moyenne annuelle de la température y dépasse 28 degrés. Avec sa banlieue elle renferme 61,000 habitants.

Mahé, sur la côte de Malabar, à 450 kilom. de Pondichéry, occupe l'embouchure du Mahé, rivière navigable. La population y est de 7,000 habitants.

En tout, un peu plus de 50,000 hectares, sous le climat et avec les productions de l'Inde, et 253,000 habitants, Indous ou Mulsumans. Le nombre des Blancs ne s'élève qu'à 1500.

COCHINCHINE.

Dans ces dernières années, une guerre entreprise pour venger des missionnaires catholiques martyrisés, nous a valu la Basse Cochinchine, enlevée à l'Empire d'Annam.

La Basse-Cochinchine ajoute à nos possessions 5,600,000 hectares, avec un à deux millions d'hommes. Elle fait front sur la mer de Chine, qui la sépare de la lointaine Bornéo. Son point le plus septentrional se trouve entre le onzième et le douzième degré de latitude au nord de l'Équateur, son point le plus méridional, le cap Cambodge, est entre le huitième et le neuvième : c'est donc essentiellement une contrée tropicale. A l'est, elle confronte à l'Empire annamité ; au midi et à l'ouest, elle regarde la mer ; derrière elle s'étend le Cambodge, pays protégé.

Dans des montagnes inconnues, entre la Chine et le Tibet, se constitue un des plus puissants fleuves du monde, le Cambodge ou Mé-Khong. Quand, après avoir descendu entre monts une superbe vallée appartenant d'abord à la Chine, puis aux Laotiens siamois ou annamites, il arrive sur le territoire cambodgien, c'est une énorme rivière de dix à trente mètres et plus de profondeur, de 1,500 à 5,000 mètres de largeur. Au pied du mont solitaire de Phou-Fadang, il est vrai, il n'a guère que 200 mètres d'une rive à l'autre, mais a sonde n'y trouve pas le fond à 70 mètres. En revanche, sur un parcours embarrassé d'îles, il a jusqu'à cinq lieues de largeur. En aval de cet épanouissement, des cataractes, des rapides précèdent les chutes de Salaphe et de Papheng (15 mètres de haut ; 1,000 de long). Ces obstacles ne sont pas les seuls sur le cours du fleuve ; il y en a même tant, et de tellement insurmontables par le peu de profondeur de l'eau et par la violence du courant — à Préapatang, à Sombor, à Khon, et ailleurs — que les Français de la Cochinchine doivent renoncer à l'espoir de commercer avec le pays des Laotiens et avec la Chine par le moyen du Mé-Khong.

Au-dessous de la réception de l'effluent du grand lac Touli-Sap, le fleuve pénètre par deux bras dans la Cochinchine et va tomber en mer par les branches d'un delta fertile. De ses nombreuses et larges rivières deltaïques, encombrées de bancs et d'une navigation peu commode, une seule, la rivière de Mitho, porte de grands bâtiments.

Le riz, toutes les plantes amies du soleil, de l'humidité et des alluvions viennent à plaisir dans les terres basses de la Cochinchine, où les débordements périodiques du Mé-Khong et des autres fleuves réparent par le dépôt des crues ce que la production sans arrêt enlève au sol de puissance créatrice. Les terres hautes, à l'est et au nord de Saïgon, ont peu d'étendue ; on y trouve des forêts. La montagne proprement dite manque : nous ne possédons, sous forme de collines, que les dernières ramifications des monts de l'Annam.

L'immense majorité de la population est cochinchinoise. Elle descend de colons et de mendiants annamites, mêlés à des Chinois fuyant la Chine que l'empereur d'Annam avait consignés dans le delta du Mé-Khong. Les anciens maîtres du pays, les Cambodgiens, ne sont pas nombreux. Les Cochinchinois parlent un dialecte annamite monosyllabique. Les Chinois se fixent en nombre grandissant dans le pays, comme négociants, industriels, ouvriers et agriculteurs ; il faut compter sur eux plus que sur nous pour l'exploitation de cette contrée d'une prodigieuse richesse, car ils en supportent aisément le climat qui est au contraire très-pénible à l'Européen, moins par la chaleur (17 à 35 degrés) que par l'humidité. Il n'y a pas encore mille Européens dans les six provinces de la Colonie.

Appuyé sur les ressources infinies des terres d'alluvions, le commerce de la Cochinchine s'accroît très-rapidement et le budget de la Colonie fournit un excédant au profit d'une métropole peu habituée à des présents semblables. La situation du pays est superbe entre l'Inde, la Chine et l'Australie, à portée des îles les plus opulentes du globe, aux bouches d'un fleuve comme la France n'en possède pas d'autres. Malheureusement, le climat tropical empêchera toujours les Européens d'y faire souche et la France, qui peut y dominer, y diriger, y trafiquer, n'y installera jamais une colonie de son sang. Elle y restera campée, comme les Anglais dans l'Inde ou les Hollandais à Java.

Saïgon, la capitale, renferme 82,000 habitants, dont plus de 500 Européens, de 5,000 Chinois, de 75,000 Annamites. Elle est en plaine, sur un des bras formant le Donnaï, fleuve qui admet les grands navires, à une cinquantaine de kilomètres environ du rivage de la mer. La vallée inférieure du Donnaï, comme le delta du Mé-Khong, est un dédale de terres noyées et d'*arroyos*. — On appelle arroyos, d'un mot espagnol signifiant ruisseau, des chenaux bordés généralement de palétuviers et fréquentés par des tigres formidables et des crocodiles.

A 80 kilomètres de l'embouchure du grand bras méridional du Mé-Khong, **Poulo-Condore** est l'île principale d'un archipel dont la France a pris possession en même temps que de la Cochinchine. Condore, d'un sol aride, a peu de valeur ; elle sert de pénitencier. Il y a un pléonasme dans l'expression : île de Poulo-Condore, Poulo signifiant île en malais.

Au nord de la Cochinchine, le **CAMBODGE**, royaume de 8 millions et demi d'hectares, d'un million d'habitants, a accepté le protectorat de la France, malgré Siam qui depuis longtemps disputait à l'empire d'Annam la possession du cours moyen du Mé-Khong.

Le Cambodge occupe les bords du fleuve, très-entrecoupé

de rapides, et les rives du grand lac de Touli-Sap, grouillant de poissons. Le Touli-Sap sert de bassin régulateur au Mé-Khong, car le canal de 1,200 mètres de largeur par lequel il communique avec la grande artère cambodgienne et cochinchinoise reçoit, lors des pluies, l'excédant du Mé-Khong, et, lors des sécheresses, il dégorge son trop-plein dans le fleuve.

Il y a quelques siècles, le Cambodge appartenait aux Khmers, peuple qui a laissé des monuments prodigieux. La légende raconte que l'empereur des Khmers maintenait sous sa loi cent vingt rois par une armée de 5 millions de soldats. Les Portugais, qui firent tant de grandes choses de l'extrémité à l'autre d'un empire plus grand que celui d'Alexandre, parurent dans le pays vers le milieu du seizième siècle, et leur type se montre encore sur quelques visages indigènes.

Les ressources du *Sroc-Khmer* — ainsi se nomme le Cambodge dans la langue du pays — sont énormes. Le sol est excellent, il est irrigable, mais les Cambodgiens n'en savent point profiter ; ils ont besoin du secours des Chinois. Malgré leur nombre restreint, ceux-ci font tout dans le Cambodge ; loin de leur cercle d'action il n'y a plus ni labeur ni commerce.

Pnom-Penh (15,000 hab.), sur le Mé-Khong, vient de succéder comme capitale à **Oudong**, ville aux maisons en bambou. A une quinzaine de kilomètres des rives plates du grand lac, **Angcor** fut le siége de l'empire des Khmers ; elle avait alors 40 kilomètres de tour, plus que Paris. Elle peut lutter avec les sites de ruines les plus célèbres de l'univers ; ses fortifications, ses palais sculptés, ses terrasses, ses fossés immenses, ses lacs artificiels, ses avenues de géants de pierre et de dragons fantastiques, tout cela aux prises avec une végétation qui veut tout ronger, disjoindre et ensevelir, remplit de stupeur par ses proportions et d'admiration pour les architectes des Khmers. Le temple effondré d'Angcor est le Saint-Pierre et la Notre-Dame du bouddhisme.

COLONIES D'OCEANIE.

NOUVELLE-CALÉDONIE.

C'est Cook qui découvrit la Nouvelle-Calédonie en 1774. La France s'est emparée, en 1853, de cette île importante.

Son nom, mal choisi, fait penser à la brumeuse Écosse, tandis que la Nouvelle-Calédonie est chaude, sous des cieux éclatants. Elle s'allonge du nord-ouest au sud-est, à 1,300 kilomèt. des côtes de Queensland (Australie), sur 375 kilom. de longueur avec une largeur de 48 à 60 kilom. La pointe septentrionale touche presque le vingtième degré de latitude australe; la pointe du sud termine l'île entre le vingt-deuxième et le vingt-troisième degré : la Nouvelle-Calédonie est donc un pays tropical, c'est-à-dire le contraire de la région dont le navigateur anglais lui a imposé le nom.

Sa surface atteint 1,830,000 hectares, près de trois départements français moyens. Dans la ceinture de récifs madréporiques dangereuse qui environne l'île, s'ouvrent des passes menant à des eaux tranquilles, car ces récifs font office de brise-lames. De nombreuses baies, quelques-unes vastes et sûres, principalement dans la partie méridionale, donnent sur ces eaux intérieures et reçoivent des torrents sans importance, la montagne où ces torrents jaillissent étant toujours en vue de l'Océan où ils s'abîment. Le pic le plus haut mesuré jusqu'ici dans l'île, le mont Humboldt, s'élève à 1,642 mètres, presque la hauteur des sommets de la France centrale.

Climat heureux : rarement plus de 32 degrés dans les mois les plus chauds, jamais moins de 9, la nuit, dans les mois les plus froids, qui sont juillet et août, car en Nouvelle-Calédonie, terre australe, les saisons se comportent à l'inverse des nôtres. Le plus souvent le thermomètre se tient entre 20 et 24 degrés. Bien que la quantité de pluies annuelles soit très-suffisante et que l'île s'étende entre le Tropique et l'Équateur, par un privilége commun à plusieurs contrées de la zone australe, l'air y garde une salubrité parfaite. Les Européens peuvent y habiter sans dépérir, y cultiver en plein soleil et y fonder des familles persistantes. Les Français, les Anglais qui s'y établissent vantent ce climat, les galériens qu'on y a transportés y jouissent d'une vigueur égale à l'accablement dont les fièvres de la mortelle Guyane frappent les constitutions les plus fortement trempées.

Aussi la France a-t-elle renoncé depuis quelques années à envoyer ses condamnés en Guyane, excepté les Arabes et les Nègres, et tous les convois de criminels prennent maintenant la route de la Nouvelle-Calédonie. De cette façon se peuplera lentement cette longue île, de tristes éléments, il faut le dire, s'il est vrai que le penchant au crime peut se transmettre de père en fils comme la phthisie, l'épilepsie, la folie ou le cancer. En fait de colons libres, la Nouvelle-Calédonie reçoit en petit nombre des Français de France, cultivateurs, négociants, ouvriers, ex-marins, ex-soldats; des Français et des Anglais d'Australie; des créoles français de Maurice et de Bourbon : ceux-ci trouvent bon de s'installer dans une contrée produisant la canne à sucre et les autres plantes qui leur sont familières, sous un climat meilleur que celui de leurs îles natales. Jusqu'à ce jour, la plupart des immigrants se sont concentrés à **Nouméa**, qui est la capitale et qui borde une belle baie au sud-ouest de l'île, non loin du mont d'Or, ancien volcan de 775 mètres de haut dont la mer frappe le pied. Les Néo-Calédoniens d'origine blanche ne sont encore que quelques milliers, mais les fondements d'un nouveau peuple sont jetés, et le mouvement d'immigration s'accélère depuis que cette lointaine terre australe reçoit les déportés politiques de France, dont un certain nombre sont accompagnés de leur famille, et depuis qu'on a découvert des mines d'or vers l'extrémité septentrionale de l'île, dans la vallée de Balade, parcourue par le Diahot, qui est la plus longue rivière de la Nouvelle-Calédonie. On doit regretter que sous un pareil climat, dans une belle nature, cette île offre si peu d'espace à l'émigration française, car non-seulement elle n'a que 1,830,000 hectares, mais encore une grande partie de son territoire est de médiocre ou de nulle valeur, principalement dans la région volcanique du Sud. Les indigènes, Papouas laids et sauvages qui ont la chair humaine en grande estime, se divisent en faibles tribus. Peut-être sont-ils au nombre de 30,000. Ils se soucient peu de cultiver pour les planteurs européens, qui ont commencé à introduire des travailleurs océaniens, surtout des insulaires des Nouvelles-Hébrides.

De la Nouvelle-Calédonie dépendent l'île des Pins et les îles **Loyauté**.

L'île des Pins, la *Kounié* des indigènes, s'élève à 50 kilomètres au sud-est de la grande île. Elle est ainsi nommée de ses forêts de beaux pins colonnaires hauts de 50 mètres. L'île des Pins a comme la Nouvelle-Calédonie une enceinte de coraux, sur le pourtour de laquelle s'échancrent des vallons fertiles; au centre se prolongent des champs de fougères; au sud, sur la rive de l'Océan, monte un ancien volcan de 452 mètres d'altitude. 500 à 600 indigènes vivent dans cette île au climat plus doux et plus salubre encore que celui de la Nouvelle-Calédonie; il y en avait 1000 lors de la prise de possession. L'île des Pins vient de recevoir quelques centaines de déportés politiques.

A 100 kilomètres à l'est, les **îles Loyauté** comprennent 215,000 hectares. **Lifou**, la plus grande, se nomme aussi **Chabrol** et contient 7,000 habitants. Dans **Maré** ou **Nengone** il peut y avoir de 4 à 5,000 âmes, et seulement 2,000 dans le groupe d'**Ouvéa**. Ces trois îles sont de formation corallienne. Leurs sauvages ont presque tous abandonné le paganisme pour le protestantisme anglais ou pour le catholicisme.

TAITI.

Taïti, **Mooréa** ou **Aiméo**, **Tetouaroa** et **Maitea**, îles de l'archipel de la Société, reconnaissent le protectorat, autrement dit la souveraineté de la France. Ces quatre îles réunies ne font que le cinquième d'un département français moyen et elles ont 14,000 habitants au plus, des Polynésiens venus autrefois des Samoa et ayant ensuite essaimé les colons qui peuplèrent les îles Sandwich.

Taïti n'offre que 25,000 hectares de terres cultivables, et pourtant sa renommée a couru l'univers. C'est qu'on trouverait difficilement dans le monde un aussi charmant séjour.

Le climat est admirable. Cette île, rafraîchie par l'entour d'un océan immense, brave les rayons du 17ᵉ degré de latitude australe. Presque jamais le thermomètre n'y franchit 31 degrés, il peut descendre à 14, au mois de juillet, sur le bord de la mer, la moyenne annuelle monte à 24. Dans l'intérieur, il fait plus froid quand on s'élève sur les montagnes autour desquelles s'arrondit le rivage. La plus haute cime de Taïti, l'Orohéna, a 2,237 mètres d'altitude; le Diadème est un volcan éteint.

Près des bouquets de cocotiers, près des arbres à pain dont le fruit les nourrit, les Taïtiens vivent heureux sur le bord des clairs ruisseaux découlant de la montagne et sur la rive des criques baignées par une mer tiède sous un air limpide. Ils sont grands, très-bien découplés, souvent beaux; ils parlent une langue très-mélodieuse, presque sans consonnes, tout à fait enfantine, et passent pour les plus aimables et les plus voluptueux des sauvages. Les premiers navigateurs européens qui entrèrent dans les rades taïtiennes furent charmés de la bonne grâce, de la gaieté, de l'entrain au plaisir de ce petit peuple qui se laissait vivre au soleil, à l'ombre, au bain, sans travail, des fruits de ses arbres tropicaux. Bougainville appela l'île la *Nouvelle-Cythère*.

Depuis ce grand marin, la population taïtienne, que Cook évaluait à 80,000 individus, a considérablement diminué. La voici de moins de 10,000 âmes. Elle a pris le costume européen, quelques habitudes, bonnes ou mauvaises des Blancs, le protestantisme ou le catholicisme; elle n'en vaut ni mieux ni moins, et n'est plus aussi belle et aussi heureuse. Le voisinage des Européens, l'exemple de leur travail, l'influence de leurs idées plus sérieuses, ont enlevé aux Taïtiens beaucoup de leur insouciance et de leur bonne humeur puériles. Depuis quelques années, l'équilibre s'est rétabli chez eux entre les naissances et les décès, et cette petite nation ne semble plus menacée d'une disparition prochaine. Peu de tribus océaniennes sont dans le même cas.

A peine si les Européens, Français et Anglais, sont un millier d'hommes ; ils commercent ou dirigent des exploitations agricoles. La capitale, **Papéiti**, borde une rade commode de la côte du Nord-Ouest.

Moorea, ou **Aiméo**, beaucoup moins grande que Taïti, n'est pas moins charmante et fertile. Son pic le plus élevé dépasse 1,200 mètres.

A 600 kilom. au sud de Taïti, la France protége l'archipel des **Toubouaï**, îles polynésiennes peuplées de 550 habitants sur 10,000 hectares.

Au nord-est, à l'est, au sud-est de Taïti, notre protectorat s'étend aussi sur les 79 îles **Tuamotou**, également nommées îles Basses ou Archipel Dangereux : le mot polynésien *Tuamotou* veut dire *îles lointaines*. On a préféré ce mot à l'ancien nom de *Pomotou*, qui signifie *îles conquises*. 8,000 insulaires vivent dans cet archipel, sur 660,000 hectares partagés entre des îles plates, des îlots, des écueils et des *atolls*. Les atolls sont des récifs généralement ombragés de cocotiers, bâtis annulairement ou en croissant par des polypes et des madrépores autour de lagunes à l'eau d'un vert pâle. Les Polynésiens des îles Basses descendent d'immigrants taïtiens qui se sont alliés à des Négroïdes d'origine inconnue.

Au sud des îles Tuamotou, les **îles Gambier** ou **Magaréva** ont accepté le protectorat français en 1844. Elles ne renferment que 1,100 habitants, sur 3,000 hectares. En 1844, leur population était plus que double : 2,400 âmes. Les insulaires des Gambier proviennent de Polynésiens émigrés de Rarotonga. Ce petit archipel, où se profile un volcan mort, appelé Mont-Duff, n'a que des roches arides, mais on pêche dans sa mer l'huître perlière et la nacre.

A 1,200 — 1,500 kilom. au nord-est de Taïti, au-delà des Tuamotou, les onze **îles Marquises** appartiennent à la France. Un moment elles ont failli y devenir célèbres parce qu'une loi les avait désignées comme lieu de déportation, loi restée sans effet. Les Marquises, sur 125,000 hectares, sont la patrie de 10,000 Polynésiens, aussi sauvages que ceux de Taïti sont doux, et parlant un dialecte de la même langue, avec seulement huit consonnes. Les Marquésans des îles du Nord, et en particulier de Nouka-Hiva, ont pour ancêtres des Polynésiens de Vavao (archipel de Tonga). Ceux des îles du Sud sont de provenance samoane ou taïtienne. **Nouka-Hiva**, l'île principale de l'archipel, se relève en un pic de 1,170 mètres d'élévation. Comme grandeur **Hiva-Oa** vient ensuite.

Les Français n'ont fait aucune tentative de colonisation dans les Marquises, îles d'un climat assez modéré (moyenne 24°), bien qu'elles soient situées sous le dixième degré de latitude australe.

A 80 lieues environ à l'ouest des Samoa, la France protége aussi les îles **Wallis** et **Foutouna**, ensemble d'îlots de corail et de chapelets d'écueils groupés autour d'une terre plus importante, **Ouvéa**, île charmante, fertile et d'un bon climat, que parcourent des collines de 200 mètres de hauteur. Deux lacs y occupent deux cuvettes qui pourraient avoir lancé des flammes comme cratères, Ouvéa étant d'origine volcanique. Sur ses 2,500 hectares vivent 3,500 Polynésiens, bons catholiques, et dont le nombre s'accroît sensiblement. Une de leurs colonies a peuplé l'Ouvéa de l'archipel néo-calédonien, d'autres se sont dirigées vers les îles Fidji et vers Vavao (îles Tonga).

COLONIES D'AFRIQUE.

SÉNÉGAL.

Du Sahara à Sierra-Leone, de la mer Atlantique à la crête des monts derrière lesquels coule le Niger, le Sénégal ou Sénégambie dépend en grande partie de la France, qui règne ici sur 25 millions d'hectares, avec 600,000 individus, dont 200,000 immédiatement soumis.

Le Sénégal naît, sous le nom de Bafing, dans les Alpes du Fouta-Diallon, qui sont l'Abyssinie de la côte occidentale d'Afrique et auxquelles on donne plus de 4,000 mètres de haut. Bafing, dans la langue des Malinkés, veut dire Fleuve-Noir. Au-dessous du confluent du Bakhoy, le Sénégal tombe par la belle chute de Gouina, puis par la très-belle cascade de Félou, haute de plus de 25 mètres. A partir de celle-ci, commencent les comptoirs français, villages protégés par de mauvais forts et par de petits bateaux à vapeur : **Médine, Bakel, Matam, Saldé, Podor, Dagana**, etc. A partir de la chute du Félou, le fleuve admet en toute saison les bateaux calant un mètre, et dans la saison des pluies les navires qui calent quatre mètres.

Arrivé dans une plaine dont l'œil n'aperçoit pas les limites, il fléchit devant les sables sahariens, et ce cours d'eau qui a transpercé des montagnes pour couler vers le nord-ouest, tourne à l'ouest et au sud-ouest. Avant de se bifurquer en delta, il reçoit les chenaux du lac Cayor et du lac de Paniéfoul, sortes de lacs Mœris du Nil sénégalais qui absorbent dans les grandes eaux le trop-plein du fleuve pour le lui rendre à la sécheresse.

A Saint-Louis, le fleuve serre la ville entre deux bras, l'un de 1,800, l'autre de 3,000 mètres de largeur. En ce point, il n'est plus qu'à 150 mètres de l'Océan, mais les vents impétueux de l'ouest lui opposent une digue de sable qu'il ne peut franchir, et le Sénégal ne se mêle à l'Atlantique qu'à 16 kilom. en aval, par dessus une barre des plus dangereuses. Cette barre fait le Sénégal long de 2,000 kilomètres, inférieur en importance commerciale à la Gambie, fleuve anglais long de 1000 kilom. seulement. — L'embouchure de la Gambie forme un estuaire navigable pendant 350 kilom., jusqu'à Pisania, pour les grands vaisseaux, et pendant 700 pour les navires de 150 tonneaux, jusqu'aux rapides de Barraconda que don Joaô de Portugal voulut jadis supprimer.

Le Sénégal subit un climat terrible et des chaleurs mal famées, qu'on indique à tort sur nos thermomètres comme le point extrême atteint par la torridité solaire à l'ombre et sous l'astre. Les Européens ne résistent pas longtemps au soleil sénégalais; ils sont encore plus faibles devant la puissance désorganisante des pluies annuelles. Aussi les Français y sont-ils très-rares, à peine s'il s'en trouve quelques centaines, presque tous originaires du département de la Gironde, Bordeaux ayant de tout temps fait un grand commerce avec le Sénégal.

Par la force de son soleil et l'abondance de ses pluies dans leur saison, le Sénégal, situé en plein sous le Tropique, est un pays de grande production. Du colossal baobab, dont le tronc peut avoir 30 mètres de tour, et le cercle des branches plus de 150 mètres, jusqu'au coton, à l'arachide, au béraf, à l'indigo, à la gomme, il peut donner avec profusion toutes les plantes industrielles ou nourricières du climat équatorial. Le bœuf y prospère dans de magnifiques pâturages, l'hipopotame y encombre les fleuves, l'éléphant y fournirait d'ivoire le monde entier. L'or s'y trouve; le fer et le bois, sans lesquels il n'y a pas d'industrie, y abondent. Avec un climat moins violent, le Sénégal serait devenu l'Inde ou le Brésil de la France.

Le Sénégal est une arène où luttent les Blancs et les Noirs. Les premiers sont des Arabes mélangés de Berbères, les seconds forment plusieurs peuples distincts.

Les tribus dites Maures habitent la rive droite du Sénégal. Par le prosélytisme, les razzias, les coups d'audace, ils avançaient incessamment vers le Sud quand la France vint les arrêter. Quelques vieillards se souviennent du temps où les Nègres Yoloffs s'étendaient sur la rive droite du fleuve, front à front avec la belliqueuse tribu des Trarzas. Les Yoloffs connaissent la vie sédentaire, qui mène à toute civilisation, et leur case dépasse la tente arabe de tout un âge de l'humanité; ils ont pourtant cédé devant les Maures, plus intelligents et plus hardis. Les coupeurs de bourse ont eu raison du paysan et du berger, et le Oualo, royaume autrefois peuplé, est devenu, du fait de leurs pillages, un pauvre désert de 20,000 habitants.

Sur la rive gauche vivent les Noirs, divisés en États hostiles. Ils sont continuellement en transformation violente par suite de sanglants désaccords entre des races qui se superposent, mais ne se mêlent pas, et par suite du prosélytisme des tribus récemment converties à l'islamisme.

Les Yoloffs habitent surtout l'immense plaine du Sénégal, au sud de Saint-Louis et de Podor. Ce peuple d'un noir de suie, brave et mou tout à la fois, use d'une langue forte et sonore, dans laquelle le mot yoloff signifie précisément *noir*.

Les Malinkés, partagés en Malinkés et en Soninkés, ont la peau moins noire que les Yoloffs et plus noire que les Foulahs. Ce sont les Juifs, les Grecs, les Arméniens de l'Afrique occidentale. A l'esprit de commerce, ils réunissent le courage du Yoloff, les instincts pastoraux des Foulahs, l'ardeur de prosélytisme des Arabes. Ils peuplent généralement des terres élevées d'où ils se sont répandus en marchands, en cultivateurs, en missionnaires de l'Islam, jusque dans la Guinée et sur le cours moyen du Niger.

Les Foulahs ou Peuls, race très-importante qui domine dans le Soudan central, n'ont pas les traits des Nègres, mais plutôt ceux des Abyssins ou des Cafres; leur peau est d'un noir clair, leur langue d'une douceur exquise. Leurs habitudes étaient douces et pastorales, mais la plupart ont abandonné le paganisme et sont devenus des guerriers turbulents et sanguinaires qui propagent autour d'eux la religion de Mahomet. Ils habitent le long du haut Sénégal, sur la Falémé, son plus grand affluent, et au midi du cours moyen du fleuve. Les Français de la colonie donnent le nom de Toucouleurs aux tribus issues de l'alliance des Foulahs et des peuplades nègres.

43.

Dans le Kaarta, au nord des chutes de Gouina et du Félou, un peuple à part, les Bamanaos, qui sont encore idolâtres, a fourni la migration qui a fondé sur le Niger l'empire de Ségo.

La capitale du Sénégal français, **Saint-Louis** (18,000 hab.) est bâtie sur le Sénégal, près de l'océan Atlantique dont la séparent un bras du fleuve et une langue de sable étroite. La ville a quelque animation commerciale, mais le climat empêche la race européenne d'y prendre pied. Les environs sont arides et laids : « Qui n'a ressenti, dit un voyageur qui a beaucoup aimé le Sénégal, qui n'a éprouvé un serrement de cœur en regardant, de la Pointe du Nord, cet horizon terne où l'œil distingue péniblement des herbes flétries et le sombre feuillage de quelque manglier rachitique posé comme un regret sur les rives silencieuses du fleuve? Bien des familles ont quitté Saint-Louis, quand il n'eût fallu, pour les retenir, qu'un peu d'ombre et de fleurs. »

Gorée, rocher sans arbres, est une île qui a deux sources d'eau potable. Elle n'est guère qu'à 2 kilomètres de la presqu'île du cap Vert. 150 Européens et un peu moins de 3,000 indigènes vivent sur ses 17 hectares, dans un climat comparativement sain, bien que la moyenne annuelle approche de 25 degrés.

Sur le rivage de la presqu'île du cap Vert, **Dakar** (3,000 hab.), port d'avenir, doit être relié à Saint-Louis par un chemin de fer : ainsi serait atténué le désavantage de la barre du fleuve.

Sur le fleuve Cazamance, les Français possèdent **Sédhiou** et **Carabane**. Nous avons aussi des comptoirs à l'embouchure du **Rio-Nunez**.

COMPTOIRS DE GUINÉE.

Sur le littoral étouffant et fiévreux de la Guinée, les Français protègent le pays de **Porto-Novo** et possèdent, de l'ouest à l'est, les comptoirs fortifiés de Dabou, du Grand-Bassam et d'Assinie.

Dabou occupe la rive septentrionale d'une lagune navigable communiquant avec le fleuve du Grand-Bassam.

Le Grand-Bassam est établi sur une pointe qui regarde l'estuaire du fleuve Costa ou Grand-Bassam. Le Grand-Bassam, appelé en amont Aka, vient du haut pays par des chutes et des rapides, prend une largeur de 200 à 250 mètres et tombe dans la mer par une embouchure que gêne une barre périlleuse.

Assinie s'élève sur le fleuve du même nom, déversoir du grand lac Aki. Une barre incommode aussi l'embouchure de l'Assinie.

GABON.

Dans l'hémisphère austral, presque sous l'Équateur, la France s'est installée en 1842 sur le Gabon, qui est un estuaire fort important de la côte occidentale d'Afrique. Elle y règne déjà sur deux millions d'hectares, peuplés de 200,000 Noirs ou Négroïdes idolâtres : des Gabonais, des Enengas, des Boulous, des Bakalais, des Pahouins, ces derniers race envahissante.

Par lui-même le Gabon n'est qu'un très-bel estuaire parfaitement navigable, sous un climat équatorial, à saison sèche et saison pluvieuse, défavorable aux Blancs. La température y dépasse rarement 32 degrés, mais il y fait toujours chaud, de cette chaleur humide que nargue le Noir et que l'Européen supporte mal. L'estuaire engloutit le Como et le Bagoë, petites rivières descendues des Monts de Cristal, qui ont 800 à 1,400 mètres d'altitude.

Derrière ces montagnes coule un des grands fleuves de l'Afrique, l'Ogoouaï, que les Français ont essayé de reconnaître. Ils en ont exploré le cours inférieur, le déversoir du grand lac Jonanga et ce lac lui-même. L'immense masse d'eau du fleuve donne lieu de croire que son bras principal, l'Okanda, vient par des cataractes du grand plateau central de l'Afrique. Peut-être ses sources touchent-elles aux sources du Nil, ou à l'origine du Congo, ou à la naissance de la rivière considérable qui va se perdre dans le lac Tchad.

Si la France le veut, elle possède probablement dans l'Ogoouaï une route vers l'intérieur du continent, vers ces plateaux frais et sains autant que le rivage est torride et mal salubre. L'Ogoouaï traverse des forêts où gîte le gorille, singe anthropomorphe d'une force herculéenne et d'une férocité qu'on ne brave pas sans péril. Il atteint l'Océan dans les environs du cap Lopez, par les branches nombreuses d'un delta dont le Nazareth et le Fernan-Vaz semblent être les bouches les plus considérables.

BOURBON OU LA RÉUNION.

Cette île s'appelle officiellement la Réunion, mais le nom vrai, historique, celui sous lequel elle se colonisa, c'est Bourbon.

Bourbon, île de la mer des Indes, se trouve à plus de 4,000 kilomètre du cap de Bonne-Espérance, à 600 de la côte orientale de Madagascar, à 150 seulement de l'île Maurice ou île de France, qu'on nomme à Bourbon l'*île-sœur*, car ces deux colonies sont voisines, elles ont grandi ensemble des mêmes éléments et Maurice reste française par la langue de ses créoles malgré soixante ans de domination anglaise. Toutes deux prennent quelquefois la désignation commune de **Mascareignes**, d'après le Portugais qui les découvrit, Mascarenhas.

207 kilomètres de circuit; 71 kilomètres dans un sens, 51 dans l'autre; 251,000 hectares, les deux cinquièmes d'un département moyen; Bourbon, on le voit, est de mince étendue, mais il n'y a guère de petits pays aussi beaux. Une plage féconde, malheureusement sans port et n'ayant que de très-mauvaises rades foraines sur une mer triturée par les ouragans, y fait le tour d'un splendide massif volcanique qui porte

sa plus haute tête, le Piton-des-Neiges, à 3,069 mètres. A une pareille altitude, les frimas que ce nom désigne doivent, en effet, blanchir pendant des mois le sommet d'une montagne, même sous le Tropique — Bourbon est traversée par le 21ᵉ degré de latitude australe. — Le Grand-Bénard atteint à 2,970 mètres ; le cratère actif du sud-est, le Piton-de-Fournaise, entre Sainte-Rose, Saint-Joseph et Saint-Philippe, monte à 2,625 mètres. Des mornes ou pitons de la montagne, un grand nombre de torrents descendent de cascade en cascade, à la rencontre de la mer qu'on voit étinceler de toutes les crêtes de l'île : presque tous ces torrents sèchent en été ; le plus grand, la rivière du Mât, se fournit au Piton-des-Neiges, il a 40 kilomètres de long et 20 mètres de large.

Bernardin de Saint-Pierre a célébré l'île de France, mais Bourbon est bien autrement grandiose. Sans doute, le climat et la végétation se ressemblent à Maurice et à Bourbon, et quand les premiers colons abordèrent aux Mascareignes, ils s'y virent en face d'une faune originale analogue dans les deux îles, mais Bourbon a de plus que Maurice sa haute montagne avec ses étages de climats et de plantes ; elle a sa plaine des Cafres, plateau de 1,600 mètres d'altitude, et sa plaine de Salasie, autre plateau salubre et frais où l'on eut un instant l'idée, en 1837, d'exiler les condamnés politiques ; elle a son Cilaos, cirque arrondi au pied du Grand-Bénard et du Piton-des-Neiges, elle a ses lacs qui furent des cratères.

Les savanes prennent à l'île 18,000 hectares, les forêts et les bois 55,000, les terres vagues 15 à 16,000 ; les terrains en friche embrassent 150,000 hectares, les trois cinquièmes du sol. Près de 80,000 hectares sont consacrés à la culture, dont environ 50,000 à la canne à sucre et 20,000 au maïs. Le café de Bourbon, connu pour le meilleur du monde après le moka, fut longtemps le principal revenu de l'île, mais voici quarante années qu'il a perdu le premier rang ; ses huit millions de pieds provenaient d'un seul caféier dérobé dans l'Yémen en 1711. La vanille de Bourbon fait concurrence en France à la vanille du Mexique. Parmi les grands arbres, le cocotier, le dattier, le latanier, le palmiste et le vacoa, sont les plus beaux.

Le climat de Bourbon, d'un moyenne de 24 degrés, avec des

minima de 12 sur la côte et des maxima de 36, passait pour très-sain. L'Européen s'y acclimatait et y fondait des familles, mais depuis l'introduction en masse de coulies de l'Inde engagés pour remplacer les esclaves émancipés, le choléra et la petite vérole y ont fait des apparitions fatales, et dans l'espace de moins de 20 ans, le nombre des décès y a dépassé celui des naissances de près de 25,000. La saison des pluies, l'hivernage y dure environ six mois, la saison sèche autant, de mai à novembre. Les fureurs du vent y sont parfois terribles : en 1806, un ouragan déracina presque tous les arbres de l'île ; en 1829, les caféiers et les girofliers furent brisés par une tempête.

Sur 183,000 habitants, il y a 77 à 78,000 immigrants de toutes provenances : Négroïdes importés de la côte ferme d'Afrique ou de Madagascar, Arabes de Zanzibar, coulies indous ou chinois, Malais. L'ancienne population comprend les créoles, les Européens, les anciens esclaves noirs. Les créoles de Bourbon, connus pour leur hospitalité et leurs façons larges, ont pour ancêtres des Français venus dans la seconde moitié du dix-septième siècle. Français de toutes classes, marins et soldats des garnisons fiévreuses de Madagascar, aventuriers, orphelines et ouvriers expédiés par Colbert, Blancs qui eurent le bonheur de sortir vivants de Fort-Dauphin, poste méridional de l'île malgache enlevé par les Noirs, Calvinistes fatigués de la Hollande où ils s'étaient réfugiés après la révocation de l'édit de Nantes. Ces créoles, au nombre de 25 ou 30,000, ne sont point de race parfaitement droite, car dans la période qui suivit l'année où les colons de la première heure débarquèrent dans l'île, à la Possession, entre Saint-Denis et Saint-Paul, les femmes blanches manquaient, et les Européens épousèrent des négresses de Madagascar. On appelle petits Blancs une belle et forte population qui séjourne sur les plateaux élevés, et qui descend d'anciennes familles françaises et de quelques esclaves affranchis.

Les créoles bourboniens sont une race énergique. Ils n'auraient demandé qu'à coloniser Madagascar, ils exploitent Mayotte et se portent maintenant sur Saïgon et sur la Nouvelle-Calédonie. L'île sœur en fait autant.

La capitale de l'île, **Saint-Denis**, sur le littoral du Nord, a 36,000 âmes. A 107 kilomètres de Saint-Denis, sur le littoral du Sud, **Saint-Pierre** compte 28,000 habitants; on y travaille à la construction d'un port, qui sera le seul de l'île.

En attendant l'heure douteuse où les Français voudront se porter sur Madagascar, la grande île est côtoyée par nos établissements.

A 5-12 kilomètres du rivage oriental, l'île peu accidentée et très-allongée de **Sainte-Marie**, la *Nossi-Ibrahim* des Malgaches, est le seul reste de nos possessions dans la baie d'Anton-Gil. Elle enlève à la mer des Indes 91,000 hectares, sous le 17ᵉ degré de latitude australe. Les Européens ne résistent pas à son climat chaud-humide : quelques soldats et marins tremblants de fièvres, quelques trafiquants, quelques propriétaires, il n'y a pas d'autres Blancs à Sainte-Marie, d'ailleurs peu fertile, et en partie couverte de forêts (25,000 hectares). Les 5,700 indigènes, païens ou catholiques, viennent de la grande île, dont les Hovas les ont chassés.

De l'autre côté de Madagascar, au nord-ouest, **Nossi-Bé**, **Nossi-Cumba, Nossi-Fali, Nossi-Mitsiou** — *Nossi* veut dire *île* en malgache — très-voisines du littoral, ont aussi pour habitants des Malgaches et des Sakalaves expulsés de Madagascar par les Hovas. Nossi-Bé seule, entre le 13ᵉ et le 14ᵉ degré, a quelque importance ; elle s'étend sur 20,000 hectares d'un sol volcanique très-riche et a pour point culminant un pic de 453 mètres. Le climat, moins malsain qu'à Sainte-Marie, ne convient point aux Blancs, qui y sont très-peu nombreux ; on compte 15,000 indigènes. **Helleville**, chef-lieu, renferme presque tous les Européens de l'île.

Entre le 12ᵉ et le 13ᵉ degré, dans le canal de Mozambique, à 200 kilomètres du rivage nord-ouest de Madagascar, l'île de **Mayotte**, qui nous appartient depuis 1843, fait partie de l'archipel des Comores. Elle émerge d'un bassin tranquille environné de coraux, elle est volcanique, avec des pitons de 600 mètres d'élévation, et couvre 32,000 hectares de terres fécondes, propres à toutes les cultures tropicales. Le climat n'y vaut pas mieux qu'à Nossi-Bé et sur plus de 7,000 habitants (Malgaches, Africains, Arabes), à peine y a-t-il 200 Blancs, presque tous des créoles de Bourbon et de Maurice. **Dzaouzi**, la capitale, est bâtie sur une île qu'un chenal sépare de Mayotte ; elle est si malsaine qu'on se propose de transporter le siège du gouvernement de l'autre côté du chenal.

COLONIES D'AMÉRIQUE.

SAINT-PIERRE ET MIQUELON

Dans l'Amérique du Nord, nous avons perdu le Canada et la Louisiane, tout un monde, mais avons gardé Saint-Pierre et Miquelon, 21,000 hectares et 3,000 habitants.

Tout près de l'île de Terre-Neuve et du banc de Saint-Pierre, fréquenté par les morues, non loin du grand banc de Terre-Neuve, à 6,670 kilomètres de Brest, les trois couleurs flottent sur ce débris d'un empire vingt fois plus grand que la France. **Miquelon** comprend deux îles de granit recouvertes de tourbe : la Grande-Miquelon et la Petite-Miquelon ou Langlade, réunies depuis 1783 par une langue de sable. **Saint-Pierre**, beaucoup plus petite, mais trois fois plus peuplée, est aussi un îlot de granit.

Malgré leur exiguïté, Saint-Pierre et Miquelon nous rendent de grands services par l'aide qu'elles apportent dans la saison à nos pêcheurs de morue ; le mouvement des navires, la pêche, la salaison, donnent alors une prodigieuse animation à ces pauvres îles au sol indigent, au climat dur, mais très-sain.

Saint-Pierre, chef-lieu, dans l'île du même nom, a pour

horizon des collines basses portant un bois de sapins miscroscopiques : la cime des géants de cette forêt du Nord arrive à peine à l'épaule d'un enfant.

LA GUADELOUPE.

La Guadeloupe, une des petites Antilles, entre le 16e et le 17e degré de latitude septentrionale, avoisine les îles anglaises d'Antigua et de la Dominique, et n'est qu'à 100 kilomètres de la Martinique, autre colonie française. Avec ses dépendances, Marie-Galante, la Désirade, les Saintes et Saint-Martin, elle a 165,000 hectares et 141,000 habitants.

La Guadeloupe (138,000 hectares) se compose en réalité de deux îles qui se touchent le long d'un détroit marécageux nommé Rivière-Salée. La **Guadeloupe** proprement dite, qui est de forme ovale, donne presque toute son aire de 82,000 hectares à des montagnes volcaniques ayant dans leurs massifs des cirques grandioses, et pour pic supérieur un volcan fumant encore, le Piton de la Soufrière (1,484 mèt.). Haute et boisée, elle doit être salubre à partir de quelques centaines de mètres d'altitude : elle l'est, en effet, dans la moyenne montagne et sur les hauts sommets où même la température est froide, mais sur la côte pèse un climat très-chaud (moyenne 26 degrés ; minimum 20 ; maximum 32 ; hivernage de 3 mois), et les habitations y sont de temps en temps visitées par la fièvre jaune. Cette atroce maladie épidémique, les affections propres aux climats humides et brûlants, les ouragans tropicaux, des tremblements de terre qui renversent les villes comme des châteaux de cartes, ce sont là les ennemis irréconciliables de la Guadeloupe. Vu ses montagnes élevées, ses forêts, sa chute annuelle de pluies de 219 centimètres, — presque trois fois autant qu'en France, — elle possède beaucoup de petits torrents qui ajoutent à sa beauté, à sa fraîcheur et à sa fécondité : le plus abondant s'appelle Grande-Rivière à Goyaves, le plus calme se nommé Lézarde.

La Grande-Terre (56,000 hectares), l'autre fraction de la double île, n'a ni monts, ni bois, ni vraies rivières ; il y pleut moins que dans la Guadeloupe, et les sécheresses y sont plus longues. Le seul tremblement de terre de 1843 y fit pour 110 millions de dégâts. A part cela, le sol est fertile, l'étendue des terres cultivables plus grande que dans l'île sœur. De même que dans cette dernière on y cultive surtout la canne à sucre et le caféier.

Sur les 141,000 habitants de la colonie, la masse est formée par l'ancienne population, par des créoles français et des Nègres libérés ; le reste est formé par les Indiens, les Chinois et les Africains que les planteurs font venir pour remplacer les Noirs. Les Blancs par lesquels se colonisa l'île appartenaient à toutes les classes, c'étaient des marins, des soldats, des fonctionnaires, des marchands, des flibustiers, des corsaires, des cadets de famille, des aventuriers, des paysans et ouvriers français, engagés à temps. Plus tard, la Guadeloupe reçut, à mainte époque, des colons fuyant les îles qui venaient de tomber dans les mains anglaises. Aujourd'hui, les rares Européens qui s'y établissent viennent surtout du midi de la France. La population ne s'accroît que par l'immigration, et le climat y est si nuisible aux Blancs que nos garnisons s'y diminuent annuellement, malgré tous les soins hygiéniques, d'un contingent de morts quatre à cinq fois plus élevé qu'en France.

La capitale de la Guadeloupe, **Basse-Terre**, dans la Guadeloupe propre, sur le littoral du sud-ouest, ne l'emporte ni par la population (10,000 âmes), ni par son commerce, ni par son port qui n'est qu'une mauvaise rade. Le premier rang revient à la **Pointe-à-Pitre** (15,000 hab.), port vaste et sûr bordant l'estuaire par lequel la Rivière-Salée se confond avec la mer du midi.

Des 141,000 habitants de la colonie, la double île en prend 120,000 et n'en laisse que 21,000 aux dépendances. **Marie-Galante** nourrit plus de 14,000 individus sur 15,000 hectares. La **Désirade** n'a que 4,300 hectares, avec 1,788 résidents. Les **Saintes**, groupe d'îlots, sont le pied-à-terre de 1,425 habitants, pêcheurs et marins ; au siècle dernier, on les appelait le Gibraltar des Antilles, mais l'Angleterre en a détruit les forts.

La partie française (5,500 hectares) de **Saint-Martin** est peuplée de 3,500 hommes : la Hollande détient l'autre portion.

LA MARTINIQUE.

La Martinique, à 100 kilomètres au sud-est de la Guadeloupe, s'étend sur 99,000 hectares, dont 66,000 en montagnes, le reste en coteaux, en plaines et en littoral. Malgré l'apparence, le nom de cette île n'a rien de français, il ne vient pas de Martin ou de Saint-Martin, mais de *Martininia*, terme inconnu de l'idiome des sauvages qui furent remplacés dans la Martinique par les Caraïbes.

Cette île remarquablement belle a des rives extrêmement frangées, entre le 14° et le 15° degré. Elle doit son relief au travail de volcans morts, ou qui semblent l'être, et dont l'altitude n'atteint pas tout à fait celle des grands pitons de la Guadeloupe, la Montagne-Pelée ne s'élevant qu'à 1,350 mètres et les Pitons du Carbet à 1207. Sur ces monts ondulent des forêts touffues et profondes où glisse la vipère fer-de-lance, serpent dangereux ; à leurs pieds courent des torrents qui aiment les courbes, les gorges sauvages, les rapides et les cascades, et qui, faibles dans la saison sèche, sont gonflés pendant les trois mois d'hivernage. Comme à la Guadeloupe il pleut beaucoup (217 centimètres en 213 jours, au minimum, en 238 au maximum). Comme à la Guadeloupe encore, les tremblements de terre y font craquer et chuter les villes, témoin la catastrophe de 1838. Le climat, des plus chauds, a des maximum voisins de 35 degrés, des minimum oscillant autour de 20 et une moyenne de 27 : cela sur le pourtour littoral et dans les terres basses, qui seraient vraiment torrides sans la brise de terre et la brise de mer. Dans l'intérieur, les versants des montagnes sont favorisés par une température de plus en plus fraîche et fortifiante à mesure qu'on s'élève jusqu'à la hauteur des vieux cratères. A partir de 200 mètres d'altitude, les champs de canne à sucre, de coton, de café, de cacao, de plantes vivrières, deviennent rares ;

ils cèdent le pas aux terres vagues, aux savanes qui prennent le quart de l'île, aux forêts qui en font le cinquième. Le tiers seulement de l'île est en culture.

Sur 155,000 habitants (1865), 15,000 sont des Noirs, des Indous, des Chinois importés pour remplacer les Nègres émancipés. Les 140,000 autres se composent en majorité d'anciens esclaves, puis arrivent les créoles, enfin les Blancs originaires d'Europe, principalement du Béarn et de la Gascogne. Les créoles proviennent des mêmes éléments que les vieilles familles françaises de la Guadeloupe. Le climat de la Martinique ne convient pas aux Européens; les fièvres de marais, la fièvre jaune, les maladies communes aux pays chauds y enlèvent en foule nos soldats et nos planteurs. Il n'y a plus que 10,000 Blancs dans l'île; au milieu du siècle dernier on en compta jusqu'à 15,000.

Fort-de-France (11,000 hab.), la capitale, a l'avantage d'une rade superbe et d'un port qui admet les plus gros bâtiments. **Saint-Pierre** est deux fois plus peuplé que Fort-de-France.

GUYANE.

La Guyane est un grand pays soleilleux, pluvieux et très-fécond, et une triste colonie où les Européens s'énervent par anémie tropicale. Aucune tentative de colonisation n'y a réussi. La France ferait sagement de l'abandonner, au lieu de disputer au Brésil le vaste territoire compris entre l'Oyapock et le bassin de l'Amazone. Sans les terrains contestés, la Guyane française prélève environ neuf millions d'hectares sur l'Amérique méridionale; avec le pays désert réclamé au Brésil, elle s'étendrait sur à peu près quinze millions. La *France Equinoxiale*, telle que la comprenaient les premiers occupants, enfermait toute l'immense région que bornent la mer, l'Orénoque, le Rio-Negro et le fleuve des Amazones.

La Guyane française court le long de l'Atlantique, du 6° au

2° degré de latitude septentrionale. Son littoral presque droit, noyé de vases, bordé de palétuviers, n'ouvre aux vaisseaux qu'un seul port, Cayenne, et encore ce port refuse-t-il les navires de plus de 500 tonneaux. Les fleuves abondants qui viennent de l'intérieur expirent sur le sable et la boue des barres, et les gros bâtiments ne trouvent de refuge que dans la rade extra-continentale formée par les **îles du Salut**.

Derrière le rivage commencent les *Terres Mouillées*, bande large d'une vingtaine de kilomètres, souvent plus, et qui fut de tout temps, depuis la prise de possession par la France (1635), le siége des essais de colonisation. Immergées, les alluvions des Terres Mouillées produisent peu ou point ; desséchées, elles empoisonnent par leurs miasmes. Quand on a franchi cette première zone, on voit se dérouler au loin les *savanes* et les *pripris* : les savanes sont des pâturages nus avec quelques massifs d'arbres, les pripris sont des marais sans profondeur qui donnent de l'herbe quand les eaux se retirent.

Après les savanes viennent les *Terres Hautes* qui se poursuivent au loin vers le sud, couvertes de forêts, jusqu'à des monts de granit inconnus. Dans ces forêts de tout bois tropical, le mora, bon pour les navires, porte sa tête à 45 mètres. Du sol fait de troncs pourris, que frôlent des boas constrictors de huit mètres de long, jusqu'aux derniers rameaux des plus hauts arbres, la nature y déploie une activité, une puissance, une fécondité merveilleuse. L'homme, lui, y est indolent, faible et presque stérile, par un contraste fréquent sous les Tropiques. Des Indiens, quelques fils d'anciens esclaves fugitifs errent, pauvres et insoucieux, dans ces splendides monts sylvestres et dans les savanes qui s'abaissent vers les terres inondées.

Le long du littoral, jusqu'à une très-petite distance vers l'intérieur, sur le bas des rivières Mana, Sinnamary, Kourou, Cayenne, Comté, Approuague, Oyapock, se dispersent les vingt mille habitants de la colonie, qui sont presque tous des Noirs jadis esclaves. Il n'y a pas en Guyane hors de l'armée, de la marine, des fonctionnaires et des condamnés, 1,500 résidents de souche blanche, misérable reste du peuple de colons que leur mauvaise étoile amena sur ce rivage. En 1763 et en 1764, quinze mille malheureux débarquèrent en Guyane c'étaient des Alsaciens, des Lorrains, des Allemands. Un ministre français, monsieur de Choiseul, voulait remplacer le Canada, la Nouvelle-France du Nord, que nous venions de perdre, par une Nouvelle-France du Sud. Les émigrants furent entassés à l'embouchure du Kourou, vis-à-vis des îles du Salut. On n'avait rien préparé pour les abriter, les nourrir, les garantir de la maladie, les guérir de la fièvre ; 13,000 périrent, le reste fut rapatrié ou disparut sans descendance.

Les Nègres qui ne se vengent pas par le repos du travail arraché à leurs pères, et 2,500 engagés indous, africains et chinois, cultivent environ 7,000 hectares de roucou, de café, de canne à sucre, de girofle, de cacao, de plantes vivrières. Le roucou, spécial à la Guyane, donne une couleur rouge appréciée pour la teinture.

Il y a quelques années, on voulut faire de Cayenne une colonie pénitentiaire et les bagnes furent évacués sur la rive guyanaise. Le 1ᵉʳ janvier 1866, 7,000 galériens au moins se trouvaient installés aux îles du Salut et sur le Maroni, large fleuve qui sépare notre Guyane de la Guyane hollandaise. On espérait que les terres sablonneuses du Maroni épargneraient mieux que la zone mouillée le tempérament des Européens, que des colonies finiraient par s'y établir, et que si la première génération tenait mal, la seconde résisterait, la troisième prospérerait peut-être. Ce fut un rêve à prompt réveil. Le climat de la Guyane ne pardonne point aux Français, et la mort a tellement frappé sur les galériens qu'aujourd'hui on ne transporte plus les condamnés blancs à Cayenne, on les dirige tous sur la Nouvelle-Calédonie : à la Guyane sont réservés les Arabes et les Noirs, qui résistent mieux à ce terrible milieu.

Cayenne, la capitale, sur l'estuaire de la rivière du même nom, renferme 8,000 habitants, c'est-à-dire plus du quart de la population de la colonie. Le thermomètre y oscille entre 18 et 37 degrés.

FIN.

TABLE

Géographie....................	1

PREMIÈRE PARTIE.
ANCIEN CONTINENT [1] ET OCÉANIE.
Europe, Asie, Océanie et Australie; Afrique.

EUROPE....................	18
Royaume-Uni.................	31
Scandinavie..................	48
Danemark....................	56
Russie.......................	61
Allemagne....................	75
Autriche.....................	88
Belgique.....................	101
Hollande.....................	105
Suisse.......................	110
France, *à la 3ᵉ partie.*	
Espagne......................	117
Portugal.....................	129
Italie........................	134
Turquie d'Europe.............	149
Grèce........................	164
ASIE.......................	174
Asie russe...................	187
Turkestan russe..............	194
Dzoungarie...................	196
Transcaucasie russe..........	196
Turquie d'Asie ou Asie Mineure..	200
Arabie.......................	216
Perse ou Iran................	222
Bas-Turkestan et Touran......	232

1. Moins la France, décrite à la 3ᵉ partie.

Haut-Turkestan...............	235
Inde.........................	236
Indo-Chine...................	256
Archipel indo-chinois........	263
Chine........................	276
Japon........................	297
OCÉANIE...................	303
Australie....................	304
Archipel australien..........	321
Nouvelle-Zélande.............	334
Archipels polynésiens........	340
Archipels micronésiens.......	351
AFRIQUE...................	353
Égypte.......................	362
Abyssinie....................	371
Tripoli......................	375
Berbérie.....................	377
Tunisie......................	378
Maroc........................	380
Sahara.......................	384
Soudan.......................	388
Soudan maritime..............	389
Guinée; Sierra-Léone; Libéria...	389
Soudan intérieur.............	395
Congo........................	402
Colonies anglo-hollandaises..	405
Colonie du Cap...............	406
Natal........................	413
État libre d'Orange..........	414
République du Transvaal......	415
Côte orientale d'Afrique, Zambèze.	416
Iles d'Afrique...............	421

DEUXIÈME PARTIE.
NOUVEAU CONTINENT.

Amérique du Nord, Amérique du Sud.

AMÉRIQUE............ 439

AMÉRIQUE DU NORD.

Groenland.................... 458
Amérique anglaise du Nord..... 462
Canada....................... 463
Labrador..................... 471
Terre-Neuve.................. 472
Nouveau-Brunswick............ 474
Nouvelle-Écosse.............. 475
Région polaire............... 478
Grand-Ouest Canadien......... 482
Colombie anglaise............ 484
États-Unis................... 486
Mexique...................... 519
Amérique centrale Guatemala ; — San-Salvador — Honduras — Nicaragua — Costa-Rica — Honduras anglais................ 526
Antilles..................... 533

AMÉRIQUE DU SUD.

Nouvelle-Grenade............. 545
Équateur..................... 549
Vénézuéla.................... 552
Pérou........................ 556
Bolivie...................... 563
Chili........................ 568

La Plata, ou République Argentine. 573
Uruguay ou Bande Orientale..... 580
Paraguay..................... 582
Brésil....................... 585
Guyane....................... 601
Guyane hollandaise........... 603
Guyane anglaise.............. 604

TROISIÈME PARTIE.
LA FRANCE ET SES COLONIES.

FRANCE............... 605
Corse........................ 729
Algérie...................... 733

COLONIES............. 751
Colonies d'Asie............ 752
Comptoirs de l'Inde.......... 752
Cochinchine et Cambodge...... 753
Colonies d'Océanie......... 757
Nouvelle-Calédonie........... 757
Taïti, Marquises, etc........ 759
Colonies d'Afrique......... 763
Sénégal...................... 763
Comptoirs de Guinée.......... 766
Gabon........................ 767
Bourbon ou la Réunion........ 768
Nossi-Bé, Mayotte, etc....... 771
Colonies d'Amérique........ 772
Saint-Pierre et Miquelon..... 772
La Guadeloupe................ 773
La Martinique................ 775
Guyane....................... 776

FIN DE LA TABLE.

CORBEIL. — TYP. ET STÉR. DE CRÉTÉ FILS.

NOUVEAU
DICTIONNAIRE UNIVERSEL
DE LA
LANGUE FRANÇAISE
CONTENANT

LE VOCABULAIRE FRANÇAIS

LES NOTICES

HISTORIQUES, GÉOGRAPHIQUES, BIOGRAPHIQUES & MYTHOLOGIQUES

Les principaux termes usités dans

LES SCIENCES ET LES ARTS

LES LOCUTIONS LATINES, ANGLAISES ET ITALIENNES

employées dans la conversation

PAR

E. BOURSIN

Un volume in-18 de 872 pages

Cartonnage classique............................ 2 50
— toile rouge............................. 3 »

GÉOGRAPHIE
DE LA
FRANCE ET DE SES COLONIES

PAR

Onésime RECLUS

1 volume in-12 de 260 pages, broché.. 2 fr.

L'ÉCOLE PRIMAIRE

Arithmétique élémentaire, par E. Dameron, ancien élève de l'École normale supérieure, chef d'institution. 1 volume in-18, cartonné... » 75

Petite Histoire sainte, augmentée de tableaux synoptiques à la fin de chaque période, par H. Gausseron, ancien professeur de rhétorique de l'Université. 1 vol. in-18, cartonné................ » 75

Petite Histoire de France, augmentée de tableaux synoptiques à la fin de chaque période, par H. Gausseron, ancien professeur de réthorique de l'Université. 1 vol. in-18, cartonné............ » 90

Système métrique, avec questionnaire et exercices, suivi de tableaux donnant les valeurs des anciennes mesures françaises et des monnaies étrangères, par E. Didry, ingénieur civil. 1 vol. in-18, cartonné... » 60

Nouvelle Grammaire élémentaire, contenant de nombreux exercices sur la première partie et sur la syntaxe, par L. Feuillet, professeur à Paris. 1 vol. in-12, cartonné.................... » 75

Nouveau Dictionnaire universel de la langue française, contenant le vocabulaire français, les notices historiques, géographiques, biographiques et mythologiques, les principaux termes usités dans les sciences et les arts, les locutions latines, anglaises et italiennes employées dans la conversation, par E. Boursin. 1 vol. in-18 de 872 pages.
Cartonnage classique... 2 50
   —   toile rouge... 3 »

SOUS PRESSE

Géographie. | Choix de lectures.
Atlas élémentaire. | Méthode de lecture.

Traité théorique et pratique de Tenue des Livres, commerciale et industrielle, contenant l'exposé de la Tenue des livres en parties simples, de la Tenue des livres en parties doubles, et des différentes manières de calculer l'intérêt et les comptes courants, complété par des notions de droit commercial relatives aux commerçants, aux livres de commerce, aux effets de commerce et aux sociétés commerciales par St. Sibuet, lauréat de l'École supérieure de commerce de Paris. 1 volume in-12 broché.. 2 fr. 25

MODÈLES D'ÉCRITURE
SOIXANTE PLANCHES
Collection entièrement neuve et gravée avec le plus grand soin, par Lansraux, d'après Dubourque, etc., etc. Le cent.......... 11 fr.

CAHIERS D'ÉCRITURES
Nouveaux modèles d'écriture anglaise, écrits par Dubourque et gravés par Lansraux. 25 exemples en un cahier, broché.......... » 60
Calligraphie moderne, contenant 25 exemples d'écritures anglaise, ronde et gothique, écrits par Dubourque et gravés par Lansraux. Cahier oblong, broché.................................. « 75
Nouveaux exemples d'écritures anglaise, ronde et gothique écrits par Dubourque et gravés par Lansraux. Cahier oblong de 36 exemples, broché.. 1 »

PASSE-PARTOUT
Sept planches demi-raisin, ornements en noir pour composition d'écriture, le cent.. 12

BONS POINTS
8 PLANCHES DEMI-RAISIN IMPRIMÉES EN DIVERSES COULEURS

Écriture.	Arithmétique.
Lecture.	Piété
Grammaire.	Catéchisme.
Géographie.	Bon point (Passe-partout).

Le cent. .... 12 »

BONS POINTS
1 planche bon point (Passe-partout), imprimée sur cartes de couleurs variées. — 100 sur une demi-feuille raisin, le cent,........ 12 »

BIBLIOTHÈQUE IN-18 CARRÉ

NEUF VOLUMES IN-18

ORNÉS DE 5 FIGURES LITHOGRAPHIÉES

Cartonnés, ave une couverture en chromo....   1 »
—   — figures coloriées.   1 40

Le Livre des enfants, par M. A. Blanchart.

Les Anges de bonté,   —

Petites Histoires pour les enfants,   —

Qualités et Défauts des enfants,   —

La Récompense des enfants,   —

Contes et Histoires pour les enfants, —

Les Récits de la maman,   —

Les sept Péchés et les Vertus de l'enfance, par madame Pitolet.

Contes des fées, par Ch. Perrault.

Corbeil. — Typ. et stér. de Crété fils.

www.ingramcontent.com/pod-product-compliance
Lightning Source LLC
Chambersburg PA
CBHW052034290426
44111CB00011B/1498